保险法律合规工作手册

（第五卷）

财务管理 · 再保险 · 统计信息 · 其他

中国人民保险集团　编

法律出版社
LAW PRESS · CHINA

图书在版编目(CIP)数据

保险法律合规工作手册. 第5卷 / 中国人民保险集团编. —北京:法律出版社,2015.1
ISBN 978-7-5118-7430-6

Ⅰ.①保… Ⅱ.①中… Ⅲ.①保险法—汇编—中国 Ⅳ.①D922.284.9

中国版本图书馆CIP数据核字(2015)第005283号

责任编辑/马丽娟　　装帧设计/李　瞻

出版/法律出版社　　编辑统筹/法律出版社
总发行/中国法律图书有限公司　　经销/新华书店
印刷/三河市龙大印装有限公司　　责任印制/沙　磊

开本/787毫米×1092毫米　1/16　　印张/46　字数/851千
版本/2015年1月第1版　　印次/2015年1月第1次印刷

法律出版社/北京市丰台区莲花池西里7号(100073)
电子邮件/info@lawpress.com.cn　　销售热线/010-63939792/9779
网址/www.lawpress.com.cn　　咨询电话/010-63939796

中国法律图书有限公司/北京市丰台区莲花池西里7号(100073)
全国各地中法图分、子公司电话:
第一法律书店/010-63939781/9782　　西安分公司/029-85388843
重庆公司/023-65382816/2908　　上海公司/021-62071010/1636
北京分公司/010-62534456　　深圳公司/0755-83072995

书号:ISBN 978-7-5118-7430-6　　定价:138.00元

(如有缺页或倒装,中国法律图书有限公司负责退换)

目　录

一、财务管理

基本规范

1. 保险公司非寿险业务准备金管理办法(试行)(保监会令〔2004〕13号) ……… 1
2. 关于印发《保险公司非寿险业务准备金管理办法实施细则(试行)》的通知(保监发〔2005〕10号) …… 4
3. 金融企业财务规则(财政部令〔2006〕42号) …… 12
4. 财政部关于印发《金融企业财务规则——实施指南》的通知(财金〔2007〕23号) …… 24
5. 关于保险保障基金、保险业务监管费有关问题的批复(保监财会〔2007〕1143号) …… 33
6. 保险保障基金管理办法(保监会令〔2008〕2号) …… 33
7. 财政部关于企业为职工购买保险有关财务处理问题的通知(财企〔2003〕61号) …… 40
8. 财政部关于印发《保险中介公司会计核算办法》的通知(财会〔2004〕10号) …… 41
9. 关于印发《机动车交通事故责任强制保险业务单独核算管理暂行办法》的通知(保监发〔2006〕74号) …… 48
10. 关于印发《保险公司费用分摊指引》的通知(保监发〔2006〕90号) …… 53
11. 关于保险业实施新会计准则有关事项的通知(保监发〔2006〕96号) …… 59
12. 关于加强对保险机构所属境内非保险类经济实体和境外保险机构财务监管若干事项的通知(保监财会〔2006〕701号) …… 61
13. 关于保险资产管理公司年度财务报告有关问题的通知(保监发〔2008〕31号) …… 63
14. 关于保险集团(控股)公司、相互制保险公司资本保证金提存有关问题的通知(保监发〔2008〕66号) …… 64

15. 国家发展改革委、财政部关于保险业务监管费收费标准等有关问题的通知（发改价格〔2008〕3136 号） …… 65
16. 财政部关于印发《保险合同相关会计处理规定》的通知（财会〔2009〕15 号） …… 66
17. 关于保险业实施《企业会计准则解释第 2 号》有关事项的通知（保监发〔2009〕1 号） …… 70
18. 关于修订分红保险专题财务报告编报规则的通知（保监发〔2009〕5 号） …… 72
19. 关于印发《分红保险专题财务报告编报规则问题解答第 1 号》的通知（保监财会〔2009〕399 号） …… 89
20. 财政部、中国保监会关于从机动车交通事故责任强制保险保费收入中提取道路交通事故社会救助基金有关问题的通知（财金〔2010〕17 号） …… 92
21. 财政部、保监会关于从机动车交通事故责任强制保险保费收入中提取道路交通事故社会救助基金有关事项的通知（财金〔2013〕9 号） …… 93
22. 财政部关于印发《金融企业选聘会计师事务所招标管理办法（试行）》的通知（财金〔2010〕169 号） …… 94
23. 关于印发《保险公司资本保证金管理办法》的通知（保监发〔2011〕39 号） …… 101
24. 财政部关于印发《金融企业绩效评价办法》的通知（财金〔2011〕50 号） …… 106
25. 关于印发《保险公司财会工作规范》的通知（保监发〔2012〕8 号） …… 116
26. 关于调整保险业务监管费收费标准等有关事项的通知（保监发〔2012〕10 号） …… 128
27. 关于上市保险公司发行次级可转换债券有关事项的通知（保监发〔2012〕45 号） …… 130
28. 财政部、国家发展改革委关于同意对保险公司经营城乡居民大病保险业务免征保险业务监管费的复函（财综〔2012〕103 号） …… 132
29. 保险公司次级定期债务管理办法（保监会令〔2013〕5 号） …… 133
30. 财政部、人力资源社会保障部、卫生计生委、保监会关于利用基本医疗保险基金向商业保险机构购买城乡居民大病保险财务列支办法的通知（财社〔2013〕36 号） …… 139
31. 财政部关于国有金融企业发行可转换公司债券有关事宜的通知（财金〔2013〕116 号） …… 141
32. 财政部关于印发《农业保险大灾风险准备金管理办法》的通知（财金〔2013〕129 号） …… 144

33. 财政部关于印发《农业保险大灾风险准备金会计处理规定》的通知（财会〔2014〕12 号） …… 150
34. 关于免征保险公司经营城乡居民大病保险业务监管费的通知（保监财会〔2013〕250 号） …… 153
35. 关于清理规范保险公司投资性房地产评估增值有关事项的通知（保监财会〔2014〕81 号） …… 153

偿付能力监管

1. 保险公司偿付能力管理规定（保监会令〔2008〕1 号） …… 155
2. 关于印发《保险公司偿付能力报告编报规则——问题解答第 1 号》的通知（保监发〔2003〕121 号） …… 161
3. 关于印发偿付能力报告编报规则的通知（1 –5 号）（保监发〔2004〕153 号） …… 163
4. 关于印发偿付能力报告编报规则实务指南的通知（保监发〔2004〕154 号） …… 176
5. 关于印发《保险公司偿付能力报告编报规则——问题解答第 2 号：次级债、可转换债券、股票和境外外汇投资资产》的通知（保监发〔2004〕155 号） …… 217
6. 关于印发偿付能力报告编报规则（第 6 –9 号）的通知（保监会〔2005〕119 号） …… 220
7. 关于印发偿付能力报告编报规则（第 6 –9 号）实务指南的通知（保监发〔2005〕120 号） …… 230
8. 关于印发偿付能力报告编报规则的通知（2、10 –13 号）（保监发〔2007〕4 号） …… 271
9. 关于印发偿付能力报告编报规则实务指南的通知（保监发〔2007〕5 号） …… 286
10. 关于保险公司偿付能力报告编报工作有关问题的通知（保监发〔2007〕15 号） …… 339
11. 关于印发保险公司偿付能力报告编报规则问题解答（3 –6 号）的通知（保监财会〔2007〕391 号） …… 342
12. 关于编报季度偿付能力报告有关事项的通知（保监财会〔2007〕1301 号） …… 345
13. 关于编报年度偿付能力报告有关事项的通知（保监发〔2008〕12 号） …… 346
14. 关于印发《保险公司偿付能力报告编报规则第 14 号：保险集团》及

其实务指南的通知（保监发〔2008〕33 号） …… 347
15. 关于编报保险集团偿付能力报告有关事项的通知（保监发〔2008〕55 号） …… 369
16. 关于实施《保险公司偿付能力管理规定》有关事项的通知（保监发〔2008〕89 号） …… 371
17. 关于印发《保险公司偿付能力报告编报规则第 15 号：再保险业务》及其实务指南的通知（保监发〔2009〕53 号） …… 374
18. 关于印发《保险公司偿付能力报告编报规则——问题解答第 8 号：临时报告》的通知（保监发〔2009〕89 号） …… 388
19. 关于保监局履行偿付能力监管职责有关事项的通知（保监发〔2009〕124 号） …… 390
20. 关于印发《保险公司偿付能力报告编报规则第 16 号：动态偿付能力测试（财产保险公司）》及其实务指南的通知（保监发〔2010〕2 号） …… 392
21. 关于印发《保险公司偿付能力报告编报规则——问题解答第 9 号：偿付能力报告编报规则与〈企业会计准则解释第 2 号〉的衔接》的通知（保监发〔2010〕7 号） …… 403
22. 关于印发《保险公司偿付能力报告编报规则——问题解答第 10 号：无担保企业（公司）债券、不动产、未上市股权和保险资产管理公司创新试点投资产品》的通知（保监发〔2010〕98 号） …… 405
23. 关于印发《保险公司偿付能力报告编报规则——问题解答第 11 号：动态偿付能力测试的第三方独立审核》的通知（保监发〔2011〕2 号） …… 409
24. 关于动态偿付能力测试有关事项的通知（保监发〔2011〕3 号） …… 411
25. 关于印发《保险公司偿付能力报告编报规则——问题解答第 12 号：变额年金、农业保险、季度报告预测信息》的通知（保监财会〔2011〕1342 号） …… 413
26. 关于印发《保险公司偿付能力报告编报规则——问题解答第 13 号：次级债和股东增资》的通知（保监发〔2011〕66 号） …… 415
27. 关于印发《中国第二代偿付能力监管制度体系建设规划》的通知（保监发〔2012〕24 号） …… 416
28. 关于保险公司加强偿付能力管理有关事项的通知（保监发〔2012〕55 号） …… 420
29. 关于印发《保险公司偿付能力报告编报规则——问题解答第 14 号：城乡居民大病保险最低资本》的通知（保监发〔2013〕5 号） …… 422
30. 关于印发《保险公司偿付能力报告编报规则——问题解答第 15 号：

信用风险评估方法和信用评级》等 5 项问题解答的通知(保监发〔2013〕24 号) …… 424
31. 关于印发《中国第二代偿付能力监管制度体系整体框架》的通知(保监发〔2013〕42 号) …… 433
32. 关于印发《保险公司偿付能力报告编报规则——问题解答第 20 号：高现金价值产品最低资本》的通知(保监发〔2014〕34 号) …… 442
33. 关于印发《保险公司偿付能力报告编报规则——问题解答第 21 号：次级可转换债券》的通知(保监发〔2014〕27 号) …… 443
34. 关于印发《保险公司偿付能力报告编报规则——问题解答第 22 号：证券投资基金和资产管理产品》的通知(保监发〔2014〕29 号) …… 444
35. 关于印发《保险公司偿付能力报告编报规则——问题解答第 23 号：历史存量高利率保单资金投资的蓝筹股》的通知(保监发〔2014〕57 号) …… 446
36. 关于印发《保险公司偿付能力报告编报规则——问题解答第 24 号：信托计划》的通知(保监发〔2014〕77 号) …… 448

税　务

1. 中华人民共和国营业税暂行条例实施细则(财政部令〔2011〕65 号) …… 449
2. 财政部、国家税务总局关于印发《关于个人独资企业和合伙企业投资者征收个人所得税的规定》的通知(财税〔2000〕91 号) …… 453
3. 国家税务总局关于《关于个人独资企业和合伙企业投资者征收个人所得税的规定》执行口径的通知(国税函〔2001〕84 号) …… 459
4. 财政部、国家税务总局关于营业税若干政策问题的通知(财税〔2003〕16 号) …… 460
5. 国家税务总局关于保险营销员取得佣金收入征免个人所得税问题的通知(国税函〔2006〕454 号) …… 465
6. 国家税务总局关于加强一年期以上返还性人身保险业务营业税征收管理的通知(国税函〔2006〕796 号) …… 466
7. 关于调整非税收入执收单位和管理办法的通知(保监发〔2007〕88 号) …… 467
8. 财政部、国家税务总局关于合伙企业合伙人所得税问题的通知(财税〔2008〕159 号) …… 469
9. 财政部、国家税务总局关于补充养老保险费、补充医疗保险费有关企业所得税政策问题的通知(财税〔2009〕27 号) …… 470
10. 财政部、国家税务总局关于企业手续费及佣金支出税前扣除政策的通知(财税〔2009〕29 号) …… 470

11. 财政部、国家税务总局关于保险公司准备金支出企业所得税税前扣除有关问题的通知(财税〔2009〕48号) …… 471
12. 财政部、国家税务总局关于保险公司准备金支出企业所得税税前扣除有关政策问题的通知(财税〔2012〕45号) …… 473
13. 国家税务总局关于实施创业投资企业所得税优惠问题的通知(国税发〔2009〕87号) …… 475

外汇

1. 国家外汇管理局、中国保险监督管理委员会关于发布施行《保险业务外汇管理暂行规定》的通知(汇发〔2002〕95号) …… 477
2. 国家外汇管理局关于调整部分保险业务外汇管理政策有关问题的通知(汇发〔2006〕23号) …… 486
3. 国家外汇管理局关于境内居民通过特殊目的公司境外投融资及返程投资外汇管理有关问题的通知(汇发〔2014〕37号) …… 488

资产评估、转让

1. 金融企业国有资产评估监督管理暂行办法(财政部令〔2007〕47号) …… 492
2. 财政部关于金融企业国有资产评估监督管理有关问题的通知(财金〔2011〕59号) …… 497
3. 金融企业国有资产转让管理办法(财政部令〔2009〕54号) …… 501
4. 财政部关于贯彻落实《金融企业国有资产转让管理办法》有关事项的通知(财金〔2009〕178号) …… 511
5. 财政部关于印发《金融企业非上市国有产权交易规则》的通知(财金〔2011〕118号) …… 514
6. 财政部、国资委、中国证监会、社保基金会关于进一步明确金融企业国有股转持有关问题的通知(财金〔2013〕78号) …… 521

二、再保险

1. 再保险业务管理规定(保监会令〔2010〕8号) …… 523
2. 关于再保险业务安全性有关问题的通知(保监发〔2007〕112号) …… 528
3. 关于建立再保险信息定期报告制度的通知(保监发〔2009〕25号) …… 530
4. 关于跨境人民币结算再保险业务有关问题的通知(保监发〔2011〕49号) …… 530

5. 关于跨境人民币结算再保险业务有关问题的补充通知(保监厅发〔2013〕58 号) …… 534
6. 关于再保险业务安全性有关问题的通知(保监发〔2007〕112 号) …… 534
7. 对《关于再保险业务安全性有关问题的通知》适用范围的复函(保监厅函〔2012〕4 号) …… 536
8. 关于印发《财产保险公司再保险管理规范》的通知(保监发〔2012〕7 号) …… 537
9. 关于外资保险公司与其关联企业从事再保险交易有关问题的通知(保监发〔2014〕19 号) …… 556

三、统计信息

保险统计

1. 保险统计管理规定(保监会令〔2013〕1 号) …… 559
2. 关于规范保险公司公布资金运用收益信息行为的通知(保监发〔2002〕127 号) …… 564
3. 关于启用中国保险统计信息系统的通知(保监发〔2004〕123 号) …… 566
4. 关于发布"机构数"等统计指标填报标准的通知(保监厅发〔2005〕79 号) …… 569
5. 关于印发《中国保监会保险统计现场检查工作规程》的通知(保监发〔2005〕101 号) …… 571
6. 关于加强保险统计数据信息管理的通知(保监厅发〔2005〕112 号) …… 578
7. 关于规范"证券投资基金"指标统计口径的通知(保监厅发〔2005〕139 号) …… 579
8. 关于加强机动车交通事故责任强制保险统计工作管理的通知(保监厅发〔2006〕76 号) …… 581
9. 关于印发《保险外币统计币种及折算汇率管理办法》的通知(保监发〔2006〕126 号) …… 582
10. 关于印发修订后的保险统计制度的通知(保监发〔2006〕127 号) …… 583
11. 关于印发保险外币统计制度的通知(保监发〔2006〕130 号) …… 585
12. 关于印发机动车交通事故责任强制保险统计制度的通知(保监统信〔2006〕636 号) …… 586
13. 关于机动车交通事故责任强制保险统计信息使用和管理的通知(保

监统信〔2006〕637 号） …… 589
14. 关于开展新会计准则下保险统计制度转换和对接系统切换工作的通知（保监统信〔2006〕1334 号） …… 592
15. 关于印发《养老保险公司企业年金业务统计制度（试行）》的通知（保监统信〔2006〕1457 号） …… 593
16. 关于修订保险外币统计制度有关内容的通知（保监发〔2007〕41 号） …… 595
17. 关于印发《农业保险统计制度》的通知（保监发〔2007〕111 号） …… 596
18. 关于发布《保险行业机构代码编码规范》行业标准的通知（保监发〔2007〕128 号） …… 608
19. 关于发布《保险基础数据元目录》行业标准的通知（保监发〔2007〕130 号） …… 609
20. 关于发布《保险业务代码集》行业标准的通知（保监发〔2007〕131 号） …… 609
21. 关于发布《再保险数据交换规范》行业标准的通知（保监发〔2007〕132 号） …… 610
22. 关于发布《保险标准化工作指南》行业标准的通知（保监发〔2008〕4 号） …… 611
23. 中国保险监督管理委员会、中国人民银行关于发布《银行保险业务财产保险数据交换规范》行业标准的通知（保监发〔2008〕5 号） …… 611
24. 关于贯彻落实保险行业标准的通知（保监发〔2008〕14 号） …… 612
25. 关于印发《健康保险统计制度》的通知（保监发〔2008〕25 号） …… 613
26. 关于印发《新增长期意外险等业务统计指标》的通知（保监厅发〔2008〕45 号） …… 618
27. 关于印发健康保险统计制度分析指标和分析图表的通知（保监统信〔2008〕664 号） …… 623
28. 关于在年度决算报中增加资本属性统计指标的通知（保监统信〔2008〕1570 号） …… 623
29. 关于调整现金流量类统计指标报送内容有关事项的通知（保监发〔2009〕15 号） …… 624
30. 关于发布《2009 版保险术语》行业标准的通知（保监发〔2009〕29 号） …… 625
31. 关于发布《保险公司统计分析指标体系规范》行业标准的通知（保监发〔2009〕30 号） …… 626
32. 关于发布《保险基础数据模型》行业标准的通知（保监发〔2009〕31 号） …… 626

33. 关于发布《寿险柜面服务规范》行业标准的通知(保监发〔2009〕32号) …… 627
34. 关于发布《寿险单证》行业标准的通知(保监发〔2009〕33号) …… 627
35. 关于发布《产险单证》行业标准的通知(保监发〔2009〕34号) …… 628
36. 关于发布《机动车保险数据交换规范》行业标准的通知(保监发〔2009〕51号) …… 628
37. 关于发布《巨灾保险数据采集规范》行业标准的通知(保监发〔2009〕52号) …… 629
38. 关于开展保险业境外机构定期统计调查工作的通知(保监厅发〔2010〕47号) …… 629
39. 关于印发《保险资产管理公司统计制度》的通知(保监发〔2010〕85号) …… 631
40. 关于印发《保险公司资金运用统计制度》的通知(保监发〔2010〕86号) …… 635
41. 关于印发《大病保险统计制度(试行)》的通知(保监发〔2013〕77号) …… 639

信息安全

1. 关于进一步加强保险系统信息安全保障工作的通知(保监发〔2004〕62号) …… 642
2. 关于印发《保险公司分支机构开业统计与信息化建设验收指引》的通知(保监发〔2005〕44号) …… 644
3. 转发国务院信息化工作办公室关于印发《重要信息系统灾难恢复指南》的通知(保监厅发〔2005〕62号) …… 646
4. 关于印发《中国保险业发展"十一五"规划信息化重点专项规划》的通知(保监发〔2006〕125号) …… 647
5. 关于加强保险业信息化工作重大事项管理的通知(保监厅发〔2007〕8号) …… 655
6. 关于加强保险中介机构信息化建设的通知(保监发〔2007〕28号) …… 656
7. 关于开展保险业信息系统安全等级保护定级工作的通知(保监厅发〔2007〕45号) …… 658
8. 关于印发《保险业信息系统灾难恢复管理指引》的通知(保监发〔2008〕20号) …… 660
9. 关于印发《保险公司信息化工作管理指引(试行)》的通知(保监发〔2009〕133号) …… 669

10. 关于发布《保险信息安全风险评估指标体系规范》行业标准的通知（保监发〔2010〕57 号）…… 673
11. 关于印发《保险公司信息系统安全管理指引（试行）》的通知（保监发〔2011〕68 号）…… 674

四、其他

1. 保险业重大突发事件应急处理规定（保监会令〔2003〕3 号）…… 681
2. 中国保险监督管理委员会政府信息公开办法（保监会令〔2008〕3 号）…… 687
3. 中国保险监督管理委员会信访工作办法（保监会令〔2013〕9 号）…… 693
4. 中国保险监督管理委员会规章制定程序规定（保监会令〔2013〕11 号）…… 701
5. 关于印发我国加入 WTO 法律文件有关保险业内容的通知（保监办发〔2002〕14 号）…… 706
6. 关于印发《保险政务信息工作管理办法》的通知（保监发〔2004〕151 号）…… 710
7. 关于进一步做好突发事件的保险新闻宣传工作的通知（保监厅发〔2005〕104 号）…… 715
8. 关于印发《关于加强保险行业文化建设的工作方案》的通知（保监发〔2012〕30 号）…… 716
9. 关于印发《中国保险监督管理委员会规范性文件制定管理办法》的通知（保监发〔2013〕101 号）…… 720

一、财务管理·基本规范

保险公司非寿险业务准备金管理办法(试行)

(2003年12月22日中国保险监督管理委员会主席办公会审议通过
2004年12月15日公布　自2005年1月15日起施行)　保监会令〔2004〕13号

第一章　总　　则

第一条　为了加强对保险公司非寿险业务准备金的监督管理,保证保险公司稳健经营和偿付能力充足,保护被保险人利益,根据《中华人民共和国保险法》,制定本办法。

第二条　本办法所称非寿险业务,是指除人寿保险业务以外的保险业务,包括财产损失保险、责任保险、信用保险、短期健康保险和意外伤害保险业务以及上述业务的再保险业务。

第三条　本办法所称保险公司,是指在中华人民共和国境内依法设立的财产保险公司和再保险公司,包括中资保险公司、中外合资保险公司、外资独资保险公司以及外国保险公司分公司。

第四条　经营本办法所称非寿险业务的保险公司,应当按照中国保监会的规定,遵循非寿险精算的原理、方法和谨慎性原则,评估各项准备金,并根据评估结果,准确提取和结转。

第二章　准备金种类

第五条　保险公司非寿险业务准备金包括未到期责任准备金、未决赔款准备金和中国保监会规定的其他责任准备金。

第六条　未到期责任准备金是指在准备金评估日为尚未终止的保险责任而提取的准备金,包括保险公司为保险期间在一年以内(含一年)的保险合同项下尚未到期的保险责任而提取的准备金,以及为保险期间在一年以上(不含一年)的保险合同项下尚未到期的保险责任而提取的长期责任准备金。

第七条　未决赔款准备金是指保险公司为尚未结案的赔案而提取的准备金,包括已发生已报案未决赔款准备金、已发生未报案未决赔款准备金和理赔费用准备金。

第八条 已发生已报案未决赔款准备金是指为保险事故已经发生并已向保险公司提出索赔，保险公司尚未结案的赔案而提取的准备金。

第九条 已发生未报案未决赔款准备金是指为保险事故已经发生，但尚未向保险公司提出索赔的赔案而提取的准备金。

第十条 理赔费用准备金是指为尚未结案的赔案可能发生的费用而提取的准备金。其中为直接发生于具体赔案的专家费、律师费、损失检验费等而提取的为直接理赔费用准备金；为非直接发生于具体赔案的费用而提取的为间接理赔费用准备金。

第三章 准备金提取方法

第十一条 未到期责任准备金的提取，应当采用下列方法之一：

（一）二十四分之一法（以月为基础计提）；

（二）三百六十五分之一法（以天为基础计提）；

（三）对于某些特殊险种，根据其风险分布状况可以采用其他更为谨慎、合理的方法。

未到期责任准备金的提取方法一经确定，不得随意更改。

第十二条 保险公司在提取未到期责任准备金时，应当对其充足性进行测试。未到期责任准备金不足时，要提取保费不足准备金。

第十三条 对已发生已报案未决赔款准备金，应当采用逐案估计法、案均赔款法以及中国保监会认可的其他方法谨慎提取。

第十四条 对已发生未报案未决赔款准备金，应当根据险种的风险性质、分布、经验数据等因素采用至少下列两种方法进行谨慎评估提取：

（一）链梯法；

（二）案均赔款法；

（三）准备金进展法；

（四）B－F法等其他合适的方法。

第十五条 对直接理赔费用准备金，应当采取逐案预估法提取；对间接理赔费用准备金，采用比较合理的比率分摊法提取。

第十六条 对含投资或储蓄成分的保险产品，其风险保障部分按照上述方法提取未到期责任准备金和未决赔款准备金。

第十七条 保险公司提取的各项准备金不得贴现。

第四章 准备金的报告

第十八条 保险公司应当建立精算制度，指定精算责任人负责准备金的提取工作。

第十九条 保险公司应当定期向中国保监会报送由公司精算责任人签署的准备金评估报告。报告应当包括以下内容：

（一）报告的目的；

（二）声明报告所采用的方法符合保险监管部门的规定；

（三）对准备金提取的精算评估意见；

（四）对准备金评估的详细说明；

（五）对报告中特定术语及容易引起歧义概念的明确解释。

第二十条 对准备金评估的说明应当包括以下内容：

（一）险种或类别的明确划分标准和名称；

（二）险种或类别数据的完备性、准确性，并说明数据中存在的问题；

（三）评估的精算方法和模型，如精算方法和模型与过去采用的方法和模型不一致，要说明改变的原因和对准备金结果的影响；

（四）精算方法和模型所采用的重要假设及原因；

（五）上一次准备金提取的精算结果与实际情况之间的差异；

（六）准备金提取的充足性情况；

（七）对未到期责任准备金的提取，应当说明险种的周期性、保险费基准费率、风险调整系数、赔付率、费用率和退保率等因素的变化情况；

（八）未决赔款准备金的提取，应当说明赔款案件数发生规律、结案规律、案均赔款变化规律、承保实务、理赔实务、分保安排和额外成本增加等因素的变化情况。

第二十一条 保险公司应当按照业务险种或类别提取准备金，并分别按再保前、再保后报告准备金提取结果。

第二十二条 保险公司应当按照中国保监会规定的时间报送准备金评估报告。

第二十三条 本办法自2005年1月15日起施行。

关于印发《保险公司非寿险业务准备金管理办法实施细则（试行）》的通知

（2005年2月2日） 保监发〔2005〕10号

各财产保险公司和再保险公司：

为更好地贯彻落实《中华人民共和国保险法》，根据《保险公司非寿险业务准备金管理办法（试行）》（保监会令〔2004〕13号）（以下简称"《试行办法》"），我会制定了《保险公司非寿险业务准备金管理办法实施细则（试行）》（以下简称"《实施细则》"）。现印发给你们，请遵照执行。

为实现新旧制度的有效衔接和平稳过渡，2004年12月15日之前开业的保险公司在2007年1月1日前可按"双轨制"向中国保监会报送财务报告和偿付能力报告，即在按《保险公司财务制度》规定的标准计提责任准备金的同时，提供另一套按《试行办法》和《实施细则》规定的标准计提的责任准备金备考数据。从2007年1月1日起，各公司只按《试行办法》和《实施细则》规定的标准计提责任准备金。2004年12月15日之后开业的保险公司不适用"双轨制"，直接按照《试行办法》和《实施细则》规定的标准计提责任准备金。

保险公司非寿险业务准备金管理办法实施细则（试行）

第一条 为了更好地贯彻落实《中华人民共和国保险法》，根据中国保险监督管理委员会（以下简称"中国保监会"）发布的《保险公司非寿险业务准备金管理办法（试行）》（保监会令〔2004〕13号）（以下简称"《试行办法》"），制定本实施细则。

第二条 《试行办法》所称非寿险业务，是指除人寿保险业务以外的保险业务，包括以下保险业务及其再保险业务：

（一）企业财产保险

（二）家庭财产保险

（三）工程保险

（四）责任保险

（五）信用保险

（六）保证保险

（七）机动车辆法定第三者责任保险

（八）机动车辆商业第三者责任保险

（九）机动车辆车体损失保险

（十）机动车辆其他保险

（十一）船舶保险

（十二）货物运输保险

（十三）特殊风险保险

（十四）农业保险

（十五）短期健康保险

（十六）意外伤害保险

（十七）投资型非寿险

（十八）其他类保险

第三条 凡是经营《试行办法》所称非寿险业务的财产保险公司和再保险公司，应当按照中国保监会的规定，遵循非寿险精算的原理和方法，对未来可能发生的损失和费用进行充分的估计，谨慎评估各项准备金。

第四条 除未到期责任准备金和未决赔款准备金之外的中国保监会规定应当提取的其他责任准备金，如巨灾风险责任准备金等，由中国保监会另行规定。

第五条 保险公司应当采用二十四分之一法、三百六十五分之一法或者其他更为谨慎、合理的方法评估非寿险业务的未到期责任准备金。其中，对于机动车辆法定第三者责任保险，应当采用三百六十五分之一法评估其未到期责任准备金。

第六条 保险公司在评估未到期责任准备金时，要对其充足性进行测试。未到期责任准备金的提取金额应不低于以下两者中较大者：

（一）预期未来发生的赔款与费用扣除相关投资收入之后的余额；

（二）在责任准备金评估日假设所有保单退保时的退保金额。

当未到期责任准备金不足时，应提取保费不足准备金，提取的保费不足准备金应能弥补未到期责任准备金和上述两者较大者之间的差额。

第七条 保险公司在评估已发生已报案未决赔款准备金评估时，不得扣减为相应赔案所预付的赔款。

第八条 保险公司采用链梯法、案均赔款法、准备金进展法、B－F法等方法提取已发生未报案未决赔款准备金时，应采用至少两种方法进行谨慎评估，并根据评估结果的最大值确定最佳估计值。

第九条 保险公司应对直接理赔费用准备金和间接理赔费用准备金所包含的内容、间接理赔费用准备金分摊方法、分摊比率等在保险公司非寿险业务准备金报表（见附件）的附注中详细披露。

第十条 保险公司应当谨慎评估未决赔款准备金。对于在中国(不含港、澳、台)开业时间不足三年或本年度保费收入增长率超过50%的保险公司,按照评估的未决赔款准备金计算的本公司本事故年度赔付率不得低于全行业上一事故年度的平均赔付率。

第十一条 保险公司应当在报送年度偿付能力报告时,同时向中国保监会报送由公司精算责任人签署的准备金评估报告。本实施细则中规定的保险公司非寿险业务准备金报表是准备金评估报告的重要组成部分,保险公司应当认真编制,并在报送准备金评估报告时,将有关报表一同呈报保险监管部门。

第十二条 保险公司非寿险业务准备金报表主要分为两类,即反映未到期责任准备金评估情况的报表和未决赔款准备金评估情况的报表。

第十三条 有关报表的编制说明

一、"未到期责任准备金分析表"主要反映保险公司未到期责任准备金提取和转回的情况。

该表按照险种大类(或者险种),区分分保前的保险业务和分出业务进行填列。

"未到期责任准备金(直接业务+分入业务)"是指保险公司对承保的直接业务和分入业务提取的未到期责任准备金,该准备金根据保险公司分出保费前的保费收入进行提取和转回;"分出业务准备金"是指为直接业务的再保分出和分入业务的转分分出所提取和转回的准备金。"本期提取"是指报告期当期所提取的未到期责任准备金;"上期转回"是指报告期转回的上期提取的未到期责任准备金。

二、"再保后未到期责任准备金分析表——按保单未到期期限分类"主要反映保险公司提取的再保后未到期责任准备金的未到期期限的结构分布状况,以全面了解保险公司非寿险业务的负债与资产在时间上的匹配状况。

该表按照险种大类(或者险种)分别填列。表中的"1－12个月"、"13－24个月"、"25－36个月"、"36个月以上"是指对准备金评估日未到期期限分别在12个月以内(含12个月)、大于12个月但不大于24个月(含24个月)、大于24个月但不大于36个月(含36个月)、36个月以上的保险合同应提取的再保后未到期责任准备金。表中第5列的"合计"应等于表一"未到期责任准备金分析表"中第7列的"再保后未到期责任准备金"的"本期提取"相应金额。

三、"再保后未到期责任准备金分析表——按保单保险期间分类"主要反映保险公司提取的再保后未到期责任准备金在保险期间上的结构分布,以全面了解保险公司一年期以上保险业务的承保情况,及其承保标的的风险变化和退保风险的暴露总量。

该表按险种大类(或者险种)分别填列。表中的"1－12个月"、"13－24个月"、"25－36个月"、"36个月以上"是指对准备金评估日保险期间分别在12个月以内(含12个月)、大于12个月但不大于24个月(含24个月)、大于24个月但不大于36个月(含36个月)、36个月以上的保险合同应提取的再保后未到期责任准备金。表中的第5列“合计”应等于表一“未到期责任准备金分析表”中的“再保后未到期责任准备金”的第7列“本期提取”相应金额。

四、“赔款与理赔费用分析表”主要反映保险公司非寿险业务在各事故年度发生的赔案截止至准备金评估日提取的未决赔款与理赔费用准备金、已决赔款及理赔费用、财务年度的保费收入、已赚保费,以及在准备金评估日评估的各事故年度的赔付率等。

该表分为汇总分析表和分险种大类(或者险种)明细表,各险种大类(或者险种)明细表的编制方法和汇总分析表相同,有关项目的汇总应当和汇总表中的相关项目相一致。示例报表为2004年度赔款与理赔费用汇总分析表,以后各期报表需按照报告期所属年度自上往下更新事故年(或财务年)。其中,“事故年”是指保险责任范围内保险事故发生的年度。为了从历史角度反映公司经营管理的水平和业务的承保质量,事故年至少应反映10个年度。披露年度不足10年的保险公司,应说明具体原因,并逐步进行相关数据的积累,但保险公司应至少对报告期事故年度的相关数据予以披露。

预付赔款是指对于尚未结案的赔案,保险公司预先支付给被保险人的赔款。在填列该表时,不得将预付赔款从已发生已报案未决赔款准备金中扣减。

赔款与理赔费用分析表分为未决赔款与理赔费用准备金分析表、已决赔款与理赔费用分析表以及赔付率分析表。

(一)未决赔款与理赔费用准备金分析表

1. 未决赔款准备金、未决直接理赔费用准备金、未决间接理赔费用准备金分别在第1列至第10列填写。各事故年填写的未决赔款准备金、未决直接理赔费用准备金、未决间接理赔费用准备金是指保险事故发生在各事故年的赔案截止至报告期末的相应余额。

2. 预期的残余物资及追偿款收入。第11列和第12列分别以“再保前”和“再保后”填列预期的残余物资及追偿款收入。预期的残余物资及追偿款收入是指公司理赔人员根据保险标的发生损失的原因、损失程度等,对该保险标的的残余物资的作价或变卖收入和追偿款收入的估计。

3. 未决赔款与理赔费用准备金。第13列和第14列分别以“再保前”和“再保后”填列未决赔款与理赔费用准备金。其中,再保前未决赔款与理赔费用准备金(13)=(1)+(3)+(5)+(7)+(9)-(11);再保后未决赔款与理赔费用准备金(14)=(1)-(2)+(3)-(4)+(5)-(6)+(7)-(8)+(9)-(10)-(12)。

4. 未决赔案件数。第15列填写未决赔案件数,各事故年行填写的未决赔案件数是指发生在各事故年的赔案截止至报告期末的未决赔案件数。

(二)已决赔款与理赔费用分析表

1. 已决赔款及理赔费用。第16列至第21列填写已决赔款、已决直接理赔费用和已决间接理赔费用,各项应按照"再保前"和"再保摊回"分别填列。"以前年度"事故年行填写的已决赔款与理赔费用是指在"以前年度"事故年发生保险事故的赔案,在报告期所属年度发生的已决赔款和理赔费用的金额;1995~2004年各事故年行填写的已决赔款与理赔费用是指在各事故年发生保险事故的赔案,截止至报告期末累计的已决赔款和理赔费用的金额。

2. 残余物资及追偿款收入。第22列和第23列分别以"再保前"和"再保后"填列残余物资及追偿款收入。残余物资及追偿款收入是指保险公司因保险标的发生保险责任范围内的损失,并完全进行赔付后所收回的该保险标的的残余物资作价或变卖所得收入以及因第三者的过错造成保险标的的损失,在赔偿被保险人后取得代位求偿权并向第三者索回赔偿所取得的收入。已决赔款是指已经结案的赔案赔款数据,其中不应扣减残余物资及追偿款收入。如果公司已经从已决赔款中直接扣减了残余物资及追偿款收入,应当将其从已决赔款中区分出来并填列该项目。

其中,"以前年度"事故年行填写的残余物资及追偿款收入是指在"以前年度"事故年发生保险事故的赔案,在报告期所属年度获取的残余物资及追偿款收入;1995~2004年各事故年行填写的残余物资及追偿款收入是指在各事故年发生保险事故的赔案,截止至报告期末累计获取的残余物资及追偿款收入。

3. 已决赔款与理赔费用。第24列和第25列分别以"再保前"和"再保后"填写已决赔款与理赔费用。其中,再保前已决赔款与理赔费用(24)=(16)+(18)+(20)-(22),再保后已决赔款与理赔费用(25)=(16)-(17)+(18)-(19)+(20)-(21)-(23)。

4. 结案件数。第26列填写结案件数。"以前年度"事故年行填写的结案件数是指在"以前年度"事故年发生保险事故的赔案,在报告期所属年度结案的案件数;1995~2004年各事故年行填写结案件数是指在各事故年发生保险事故的赔案,截止至报告期末累计结案的案件数。

(三)赔付率分析表

1. 财务年度保费收入。第27~29列填写财务年度保费收入,此列表头的年份表示财务年度,填写的各财务年度的保费收入应与财务报表中的保费收入保持一致。

2. 未到期责任准备金提转差。第30~32列填写各财务年度的未到期责任准备金提转差,应当区分直接和分入业务、分出业务及自留业务分别填列。

3.已赚保费。第33～35列填写已赚保费，其中直接业务加分入业务已赚保费(33)=(27)-(30)，分出业务已赚保费(34)=(28)-(31)，自留业务已赚保费(35)=(29)-(32)。

4.总发生损失与理赔费用。第36～37列填写总发生损失与理赔费用。再保前总发生损失与理赔费用(36)=(13)+(24)；再保后总发生损失与理赔费用(37)=(14)+(25)。

5.赔付率。第38列和第39列分别"再保前"和"再保后"填写各事故年度的赔付率，此列表头的年份表示事故年。其中，再保前赔付率(38)=(36)/(33)，再保后赔付率(39)=(37)/(35)。

其中，"以前年度"事故年的相关数据不需填写，仅填写1995～2004年事故年的相关数据。

五、再保后终极损失与直接理赔费用分析表

本表主要反映保险公司在各事故年度发生的赔案截止至各发展年度末和报告期末评估的终极损失与直接理赔费用的发展变化。

该表分为汇总表和分险种大类(或者险种)明细表。分险种大类(或者险种)明细表的编制方法和汇总表相同，有关项目的汇总应当和汇总表中的相关项目相一致。

该汇总的三角形流量分析表按照再保后的金额填列。

示例的准备金报表格式为2004年准备金报表，以后各期报表须按照报告期所属年度自上往下更新事故年，自左往右更新发展年。

1.终极损失与直接理赔费用。本表填写的终极损失与直接理赔费用是指在各事故年度发生的所有赔案的损失总额以及直接理赔费用总额，包括已决赔款、未决赔款及其直接理赔费用，但不包含间接理赔费用。

2."以前年度"事故年。"以前年度"事故年行填写的各发展年度末和报告期末的终极损失与直接理赔费用与事故年1995～2004年行填写的相应数据存在差异。"以前年度"事故年行在发展年1995年列填写的终极损失与直接理赔费用为截止至1995年12月31日的未决赔款与直接理赔费用(即"以前年度"事故年在1995年发展年的"已决赔款与直接理赔费用"设置为零)；在发展年1996年及以后各年填写的终极损失与直接理赔费用为自1996年1月1日至发展年末和报告期末的已决赔款和直接理赔费用与截止至发展年末和报告期末的未决赔款和直接理赔费用之和。

3.1995～2004年事故年。1995年事故年行填写的数据应为保险事故发生在1995年的所有赔案分别截止至1995年、1996年、1997年、……2004年十个发展年度末和报告期末时点评估的终极损失与直接理赔费用；1996年事故年行填写的数据应为保险事故发生在1996年的所有赔案分别截止至1996年、1997年、……2004年九个发展年度末和报告期末时点评估的终极损失与直接理赔费用；以后年度依此类推。

4.终极损失和直接理赔费用年度发展。第11列和第12列分别填列发生损失和直接理赔费用的“一年发展”和“两年发展”，用于反映在最近一年和两年的时间间隔中重新评估的发生损失和直接理赔费用的发展变化，以揭示保险公司提取和评估未决赔款准备金的准确性、一致性和谨慎性。表的第12行“终极损失与直接理赔费用的年度发展合计”汇总终极损失与直接理赔费用的一年发展和两年发展，其中“一年发展”(11)=(10)-(9)，表示在报告期末2004年12月31日评估2003年及以前年度事故年的终极损失与直接理赔费用与在2003年12月31日评估2003年及以前年度事故年的终极损失与直接理赔费用的差额；“两年发展”(12)=(10)-(8)，表示在报告期末2004年12月31日评估2002年及以前年度事故年的终极损失与直接理赔费用与在2002年12月31日评估2002年及以前年度事故年的终极损失与直接理赔费用的差额。

六、累计再保后已决赔款与直接理赔费用分析表

本表主要用于反映保险公司在各事故年度发生的赔案截止至各发展年度末和报告期末评估的累计已决赔款与直接理赔费用的发展变化。

该表分为汇总表和分险种大类(或者险种)明细表。分险种大类(或者险种)明细表的编制方法和汇总表相同，有关项目的汇总应当和汇总表中的相关项目相一致。

该汇总的三角形流量分析表按照再保后的金额填列。

示例的准备金报表格式为2004年准备金报表，以后各期报表须按照报告期所属年度自上往下更新事故年，自左往右更新发展年。

该汇总表的填列与“再保后终极损失与直接理赔费用汇总表”基本一致，以下仅对不同之处进行说明。

1.“以前年度”事故年。“以前年度”事故年在发展年1995年的数据不予填写，报表已自动设置为零，在发展年1996年及以后各年列填写的数据为保险事故发生在“以前年度”事故年的赔案自1996年1月1日至各发展年末和报告期末的已决赔款和直接理赔费用。

2.有赔付的结案案件数和无赔付的结案案件数。“以前年度”事故年行的“有赔付的结案案件数”是指在“以前年度”事故年发生保险事故的赔案，自1996年1月1日截止至报告期末已经结案的有赔付的结案案件数，“无赔付的结案案件数”是指在“以前年度”事故年发生保险事故的赔案，自1996年1月1日截止至报告期末已经结案的无赔付的结案案件数。1995～2004年事故年行的“有赔付的结案案件数”和“无赔付的结案案件数”是指保险事故发生在各事故年的所有赔案截止至

报告期末的相关案件数。

七、再保后 IBNR 与直接理赔费用准备金分析表

本表主要用于反映保险公司在各事故年度发生的赔案截止至各发展年度末和报告期末评估的再保后 IBNR 与直接理赔费用准备金的发展变化。

该表分为汇总表和分险种大类(或者险种)明细表。分险种大类(或者险种)明细表的编制方法和汇总表相同,有关项目的汇总应当和汇总表中的相关项目相一致。

该汇总的三角形流量分析表按照再保后的金额填列。

示例的准备金报表格式为 2004 年准备金报表,以后各期报表须按照报告期所属年度自上往下更新事故年,自左往右更新发展年。

该汇总表的填列与"再保后终极损失与直接理赔费用汇总表"基本一致,填写的各项数据为发生在各事故年度的所有赔案截止至各发展年度末和报告期末的再保后 IBNR 与直接理赔费用准备金金额。

表的第 12 行"2004 年再保后 IBNR 与直接理赔费用准备金总额"表示保险事故发生在 2004 年及以前年度的赔案截止至报告期末 2004 年 12 月 31 日的再保后 IBNR 与直接理赔费用准备金总额。

八、赔案件数分析表

本表主要反映保险公司在各事故年度发生的保险事故截止至各发展年度末和报告期末的累计结案案件数、未决案件数以及报案案件数的发展变化,它揭示和反映保险公司赔案的处理速度,各事故年度的案件发展趋势等,结合相应的赔款流量表,可以获得各相关年度的案均赔款的变化趋势。

该表分为汇总表和分险种大类(或者险种)明细表。险种大类(或者险种)明细表的编制方法和汇总表相同,有关项目的汇总应当和汇总表中的相关项目相一致。

示例报表为 2004 年赔案件数分析表,以后各期报表须按照报告期所属年度自上往下更新事故年,自左往右更新发展年。

赔案件数分析表分为累计有赔付的结案案件数分析表、未决案件数分析表和报案案件数分析表。

累计有赔付的结案案件数分析表与累计已决赔款与直接理赔费用汇总分析表类似,它是反映在各事故年度发生的赔案截止至各发展年度末和报告期末的累计已决案件数变化的三角形流量表。"以前年度"表示保险事故发生在"以前年度"事故年的赔案在 1995 年发展年度内及以后各发展年度和报告期内实际发生的已决赔案案件数而非累计已决赔案案件;但是其他各事故年的发展填列累计量。

未决案件数分析表是反映在各事故年度发生的赔案截止至各发展年度末和报

告期末的未决案件数变化的三角形流量表。

报案案件数分析表是反映在各事故年度发生的赔案截止至各发展年度末和报告期末的累计已报案案件数变化的三角形流量表。“以前年度”表示保险事故发生在“以前年度”事故年的赔案在1995年发展年度内及以后各发展年度和报告期内内实际报案案件数而非累计报案案件;但是其他各事故年的发展填列累计量。

第十四条 本实施细则从2005年1月15日起施行。

附件:《保险公司非寿险业务准备金报表》(略)

金融企业财务规则

(2006年12月7日公布 自2007年1月1日起施行) 财政部令〔2006〕42号

第一章 总 则

第一条 为了加强金融企业财务管理,规范金融企业财务行为,促进金融企业法人治理结构的建立和完善,防范金融企业财务风险,保护金融企业及其相关方合法权益,维护社会经济秩序,根据有关法律、行政法规和国务院相关规定,制定本规则。

第二条 在中华人民共和国境内依法设立的国有及国有控股金融企业、金融控股公司、担保公司,城市商业银行、农村商业银行、农村合作银行、信用社(以下简称金融企业)适用本规则。

其他金融企业参照本规则执行。

第三条 金融企业应当根据本规则的规定,以及自身发展的需要,建立健全内部财务管理制度,设置财务管理职能部门,配备专业财务管理人员,综合运用规划、预测、计划、预算、控制、监督、考核、评价和分析等方法,筹集资金,营运资产,控制成本,分配收益,配置资源,反映经营状况,防范和化解财务风险,实现持续经营和价值最大化。

第四条 各级人民政府财政部门(以下简称财政部门)依法指导、管理和监督本级金融企业的财务管理工作。

省级以上人民政府财政部门的派出机构,应当在规定职责范围内依法履行指导、管理和监督金融企业财务管理工作的职责。

金融企业在完成工商登记后30日内,应当向同级财政部门提交设立批准证书、营业执照、验资证明、章程等文件的复印件。

金融企业发生分立、合并、设立分支机构,以及主要工商登记事项发生变更时,在依法完成工商变更登记后30日内,应当向同级财政部门提交有关的变更文件复印件。

第五条 金融企业应当依法纳税。金融企业财务处理与税收法律、行政法规规定不一致的,纳税时应当依法进行调整。

第二章 职责、职权

第六条 财政部门履行下列财务管理职责:

(一)监督金融企业执行本规则以及其他的财务管理规定,指导、督促金融企业建立健全内部财务管理制度;

(二)指导、督促金融企业建立健全财务风险控制体系,监测金融企业财务风险及其营运状况,监督金融企业的财务行为;

(三)加强金融企业财务信息管理,实施金融企业财务评价;

(四)监督金融企业接受社会审计和资产评估;

(五)制定并实施促进金融企业改革和发展的财政、财务政策,组织金融企业财务管理人员的业务培训;

(六)有关法律、行政法规规定的其他财务管理职责。

第七条 金融企业的投资者(以下简称投资者)一般通过股东(大)会、董事会或者其他形式的治理机构行使下列财务管理职权:

(一)执行并督促经营者执行国家有关金融企业财务管理的规定;

(二)决定内部财务管理制度,明确经营者的财务管理权限;

(三)决定财务管理职能部门的设置;

(四)决定财务计划和财务预算,决定筹资、投资、处置重大资产、依法提供除主营担保业务范围以外的担保、捐赠、重组、经营者报酬、利润分配等重大财务事项;

(五)对经营者实施财务监督和财务考核,决定聘任或者解聘财务负责人;

(六)决定聘用或者解聘承办社会审计和资产评估等业务的社会中介机构;

(七)按照章程的规定,行使其他财务管理职权。

投资者可以通过制度规范、章程约定等方式,将投资者财务管理职权全部或者部分授予经营者。

金融企业按规定可以向其控股的企业委派或者推荐财务总监。

第八条 金融企业的经营者(以下简称经营者)按照规定行使下列财务管理职权:

(一)执行国家有关金融企业财务管理的规定;

(二)拟订内部财务管理制度,经投资者议定后报同级财政部门备案,并具体组织实施;

(三)组织财务预测,编制财务计划和财务预算草案,实施财务控制、分析和考核;

(四)组织实施筹资、投资、处置重大资产、担保、捐赠、重组和利润分配等财务管理方案;

(五)组织财务事项审批;

(六)组织缴纳税金、规费;

(七)执行国家有关职工劳动报酬和劳动保护的规定,依法缴纳社会保险费、住房公积金等,保障职工合法权益;

(八)归集财务信息,依法组织编制和报送财务会计报告;

(九)提请聘任或者解聘财务负责人;

(十)配合有关机构依法实施的审计、评估和监督检查;

(十一)按照章程的规定,以及股东(大)会或者董事会的要求,行使其他财务管理职权。

第三章 财务风险

第九条 金融企业应当根据本规则的规定,以及内部财务管理制度的要求,建立健全包括识别、计量、监测和控制等内容的财务风险控制体系,明确财务风险管理的权限、程序、应急方案和具体措施,以及财务风险形成当事人应承担的责任,防范和化解财务风险。

第十条 金融企业应当建立规范有效的资本补充机制,保持业务规模与资本规模相适应,在资本充足率、偿付能力等方面满足有关法律、法规的要求。

从事商业银行业务的金融企业,资本充足率不得低于8%,核心资本充足率不得低于4%;从事保险业务的金融企业,偿付能力充足率不得低于规定的数额;从事证券业务的金融企业,净资本负债率应满足规定的数额要求。

第十一条 金融企业应当按照保障相关各方利益、保证支付能力、实现持续经营的原则,根据有关法律、法规的规定,控制资产负债比例,足额提留用于清偿债务的资金。

从事银行业务的金融企业,应按规定交存存款准备金,留足备付金;从事保险业务的金融企业,应按注册资本的20%提取资本保证金,存入指定银行,除清算时用于清偿债务外,不得动用;从事证券业务的金融企业,负债与净资产的比例应满足规定的数额要求。

第十二条 金融企业应当定期或者至少于每年年终对各类资产进行评价,并逐步实现动态评价，按照规定进行风险分类，对可收回金额低于账面价值的部分，按照国家有关规定计提资产减值准备。

金融企业对计提减值准备的资产，应当落实监管责任。对能够收回或者继续使用的，应当收回或者使用；对已经损失的，应当按照规定的程序核销；对已经核销的，应当实行账销案存管理。

第十三条 金融企业应当及时分析市场利率、汇率波动情况，预计可能发生的风险，并按照规定的程序，运用金融衍生工具，减少利率、汇率风险损失。

第十四条 金融企业发生关联交易，必须履行规定的程序，并按照规定控制总量和规模，遵循公开、公平、公正的原则，确定并及时结算资源、劳务或者义务的价款，不得利用关联交易操纵利润、逃避税收。

第十五条 金融企业委托其他机构理财或者从事其他业务，应当进行风险评估，依法签订书面合同，明确业务授权和具体操作程序，定期对账，制定风险防范的具体措施。

金融企业委托其他机构理财或者从事其他业务，投入的资金不得影响主营业务的开展，取得的收入应当纳入账内核算。

第十六条 金融企业依法受托发放贷款、经营衍生产品、进行证券期货交易、买卖黄金、管理资产以及开展其他业务，应当与自营业务分开管理，按照合同约定分配收益、承担责任，不得挪用客户资金，不得转嫁经营风险。

第十七条 金融企业对外提供担保应当符合法律、行政法规的规定，根据被担保对象的资信及偿债能力，采取相应的风险控制措施，并设立备查账簿登记，及时跟踪监督。

金融企业提供除主营担保业务范围以外的担保，应当由股东(大)会或者董事会决议；为金融企业投资者或者实际控制人提供担保的，应当由股东(大)会决议。

第十八条 金融企业应当根据资本规模控制表外业务总量。

金融企业应当按照风险程度对表外业务进行授权，并严格按照授权执行，禁止违规操作。

金融企业应当及时、完整记录所有表外业务，跟踪检查表外业务变动情况，预计可能发生的损失，并按照有关规定进行披露。

第十九条 金融企业设立分支机构，应当按照规定拨付与分支机构经营规模相适应的营运资金，并不得超过规定的限额。

金融企业应当对分支机构实行统一核算，统一调度资金，分级管理的财务管理制度。条件具备的，可以实行统一核算，统一调度资金，业务单元制管理的财务管理制度。

金融企业应当加强对分支机构的财务监管，关注资金异常变动，监督并跟踪分析分支机构财务指标的情况，督促境外分支机构遵守所在国家（地区）关于金融企业财务管理的规定。

第四章 资金筹集

第二十条 金融企业筹集资本金，应当符合国家有关资本金管理的规定，根据发展战略和经营规划拟定筹资方案，履行规定的程序。

金融企业在国家法律、行政法规允许的范围内，可以接受货币出资，也可以接受实物、知识产权、土地使用权等可以用货币估价并可以依法转让的非货币财产出资，或者采取发行股票等方式筹集资本金。

金融企业接受非货币财产出资，应当进行评估作价，核实财产，按照评估确认或者合同约定的价值计价；采取发行股票方式筹集的资本金，按照股票面值计价。

金融企业筹集资本金，应当聘请会计师事务所验资。办理工商登记后，应当向投资者出具出资证明书。

第二十一条 金融企业筹集的资本金，在持续经营期间，投资者除依法进行转让外，不得以任何方式抽走。

金融企业在筹集资本金活动中，投资者缴付的出资额超出资本金的差额（包括发行股票的溢价净收入），计入资本公积。

经投资者决议后，资本公积用于转增资本金。

第二十二条 金融企业以借款、吸收存款、发行债券、融资租赁、向人民银行再贷款等方式筹集资金，应当符合国家有关规定，明确筹资目的，考虑资金需求和债务风险，签订书面合同，不得擅自提高或者变相提高利率以及付费标准，并应适时合理调整负债结构，降低筹资成本。

第二十三条 金融企业取得国家投资、财政补助等财政资金，区分以下情况处理：

（一）属于国家直接投资的，按照国家有关规定增加国家资本金或者资本公积；

（二）属于投资补助的，增加资本公积或者资本金。国家拨款时对权属有规定的，按规定执行。没有规定的，由全体投资者共同享有；

（三）属于贷款贴息、专项经费补助的，作为收益处理；

（四）属于弥补亏损、救助损失或者其他用途的，作为收益处理；

（五）属于政府转贷、偿还性资助的，作为负债管理。

第五章 资产营运

第二十四条 金融企业应当统一管理资金账户，明确资金调度的条件、权限和程序。调度资金应当按照内部财务管理制度，依据有效合同和合法凭证办理手续，不得私存私放资金。

向境外调度资金必须符合国家外汇管理的有关规定,并履行相应的审批程序。

第二十五条 金融企业管理库存现金、库存金银、存放中央银行与同业的款项,以及其他形式的现金资产,应当满足流动性要求,并控制现金资产总量。

第二十六条 金融企业应当按照内部财务管理制度对合同进行财务审核,跟踪履约情况,明确债权,制定收账政策,及时清收应收款项。

第二十七条 金融企业在法律、法规允许的范围内,经股东(大)会或者董事会决议,可以用货币对外投资,也可以用实物、知识产权、土地使用权等可以用货币估价并可以依法转让的非货币财产对外投资,但不得以国家授予的特许经营权对外投资。

用非货币财产对外投资的,应当聘请资产评估机构进行评估并按评估确认后的价值计价。

对外投资应当签订书面合同,明确投资权益,按照内部财务管理制度规定的程序支付投资款项,所需资金纳入财务预算管理,不得在成本费用或者营业外支出中列支,并及时监控和考核投资项目的效益,落实项目决策者和实施者的责任。

向境外投资的,应当符合国家境外投资项目核准和外汇管理等相关规定。

第二十八条 金融企业收取、保管和处置抵债资产,应当按照内部财务管理制度规定的工作程序办理。

收取抵债资产应当按照规定确定接收价格,核实产权。

保管抵债资产应当按照安全、完整、有效的原则,及时进行账务处理,定期检查、账实核对。

处置抵债资产应当按照公开、透明的原则,聘请资产评估机构评估作价。一般采用公开拍卖的方式进行处置。采用其他方式的,应当引入竞争机制选择抵债资产买受人。

抵债资产不得转为自用。因客观条件需要转为自用的,应当履行规定的程序后,纳入相应的资产进行管理。

第二十九条 金融企业应当按照内部财务管理制度规定,定期清查核实各类固定资产,落实使用和管理责任。

购建重要固定资产、实施重大技术改造,应当进行可行性论证,并落实决策和执行责任。

固定资产折旧可以依据产业发展态势和技术进步的要求,结合固定资产经济寿命及其使用状况,确定折旧年限,选用折旧方法,按季(月)计提。固定资产折旧政策一经选用,一般不得变更,确需变更的,应当经股东(大)会或者董事会决议后执行。有关法律、行政法规规定必须披露变更理由的,应当及时披露。

已交付使用而未办理竣工决算的在建工程项目，应当比照固定资产进行管理。

金融企业固定资产账面价值和在建工程账面价值之和占净资产的比重，从事银行业务的最高不得超过40%，从事保险及其他非银行业务的最高不得超过50%。国家另有规定的，从其规定。

第三十条 金融企业通过自创、购买、接受投资等方式取得的商标权、著作权、专利权及专有技术等无形资产，应当依法明确权属，落实经营和管理责任。

变更无形资产权属时应当进行评估，并签订书面合同。

第三十一条 金融企业发生的资产损失，包括信贷资产损失、坏账损失、投资损失、固定资产及在建工程损失等，应当及时核实，查清责任，追偿损失，并按照国家有关规定进行处理。

金融企业以出售、出租、抵押、置换、报废等方式处置资产，应当根据有关法律、法规的规定，履行相应程序。

处置主营业务所用资产，涉及业务调整或者资产重组的，应当根据发展战略和经营规划，制订业务调整或者资产重组方案，履行规定的程序后执行。

金融企业对外捐赠应当符合有关法律、法规的规定，明确捐赠的范围和条件，落实执行责任，严格办理捐赠资产的交接手续。

第六章 成本、费用

第三十二条 金融企业应当结合自身特点，按照内部财务管理制度，强化成本费用预算约束，实行成本费用全员管理和全过程控制。

金融企业的成本费用支出应当按照国家规定纳入账内核算，不得违反规定进行调整。

第三十三条 金融企业在经营过程中发生的与经营有关的支出，包括各项利息支出（含贴息）扣除允许资本化的部分、手续费支出、佣金支出、业务给付支出、业务赔款支出、保护（保障、保险）基金支出、应计入损益的各种准备金和其他有关支出，应当按照国家有关规定计入当期损益。

第三十四条 金融企业的成本核算，应当严格区分本期成本与下期成本的界限、成本支出与营业外支出的界限、收益性支出与资本性支出的界限。

金融企业的成本核算，应当以季（月）、年为计算期。同一计算期内，核算成本和营业收入的起止日期、计算范围和口径应当一致。

第三十五条 金融企业应当注重费用支出与经济效益的配比，实行费用支出的归口、分级管理和预算控制，确定必要的费用支出范围、标准和报销审批程序。

除国家规定的专用账户外，金融企业每一独立核算单位分币种只能设立一个费用存款专户，除税金及附加、折旧、资产摊销、准备金和坏账损失以外的各项费用,应当从费用专户中开支。

金融企业应当强化费用支出约束,对业务宣传费、业务招待费、差旅费、会议费、通讯费、维修费、出国经费、董事会经费、捐赠等实行重点监控。

金融企业的业务宣传费、委托代办手续费、防预费、业务招待费一律按规定据实列支,不得预提。

第三十六条 金融企业技术研发和实施科技成果产业化所需经费应当纳入财务预算,形成的资产应当纳入相应的资产进行管理。

第三十七条 金融企业应当按照国家有关规定,以及与职工签订的劳动合同,核定和计发职工薪酬。

金融企业根据有关法律、法规和政策的规定,经股东(大)会或者董事会决议,可以对经营者、核心技术人员和核心管理人员实行与其他职工不同的薪酬办法。

金融企业经股东(大)会或者董事会决议,可以在工资计划中安排一定数额,对研发核心技术、促进安全营运、开拓市场等作出突出贡献的职工给予奖励。

第三十八条 金融企业根据有关法律、法规和政策的规定,为职工缴纳的基本医疗保险、基本养老保险、失业保险和工伤保险等社会保险费用,应当据实列入成本(费用)。

参加基本医疗保险、基本养老保险且按时足额缴费的金融企业,具有持续盈利能力和支付能力的,可以根据有关法律、法规的规定,为职工建立补充医疗保险和补充养老保险(企业年金)制度,相关费用应当按照国家有关规定列支。

第三十九条 金融企业为职工缴纳住房公积金以及职工住房货币化分配的处理,按照国家有关规定执行。

工会经费按照国家规定的比例提取,拨交工会使用。

职工教育经费按照国家规定的比例提取,用于职工教育和职业培训。

第四十条 金融企业应当依法缴纳行政事业性收费、政府性基金以及使用或者占用国有资源的费用等。

金融企业有权拒绝没有法律、法规和规章依据,或者超过法律、法规和规章规定范围和标准的收费。

第四十一条 金融企业根据经营情况支付必要的佣金、手续费等支出,应当签订合同,明确支出标准和执行责任。除对个人代理人外,不得以现金支付。

第七章 收益、分配

第四十二条 金融企业经营业务范围内的各项收入和其他营业收入、营业外收入,应当在依法设置的会计账簿上按照国家有关规定统一登记、核算,不得存放其他单位,或者以任何理由坐支。

投资者、经营者及其他职工履行本单位职务所得收入，包括业务收入以及对方给予的佣金、手续费等，全部属于金融企业，应当纳入账内核算，不得隐匿、转移、私存私放、坐支或者擅自用于职工福利。

第四十三条 金融企业发生年度亏损的，可以用下一年度的税前利润弥补；下一年度的税前利润不足以弥补的，可以逐年延续弥补；延续弥补期超过法定税前弥补期限的，可以用缴纳所得税后的利润弥补。

第四十四条 金融企业本年实现净利润（减弥补亏损，下同），应当按照提取法定盈余公积金、提取一般（风险）准备金、向投资者分配利润的顺序进行分配。法律、行政法规另有规定的从其规定。

法定盈余公积金按照本年实现净利润的10%提取，法定盈余公积金累计达到注册资本的50%时，可不再提取。

从事银行业务的，应当于每年年终根据承担风险和损失的资产余额的一定比例提取一般准备金，用于弥补尚未识别的可能性损失；从事其他业务的，应当按照国家有关规定从本年实现净利润中提取风险准备金，用于补偿风险损失。

以前年度未分配的利润，并入本年实现净利润向投资者分配。其中，股份有限公司按照下列顺序分配：

（一）支付优先股股利；

（二）提取任意盈余公积金；

（三）支付普通股股利；

（四）转作资本（股本）。

资本充足率、偿付能力充足率、净资本负债率未达到有关法律、行政法规规定标准的，不得向投资者分配利润。

任意盈余公积金按照公司章程或者股东（大）会决议提取和使用。

经股东（大）会决议，金融企业可以用法定盈余公积金和任意盈余公积金弥补亏损或者转增资本。法定盈余公积金转为资本时，所留存的该项公积金不得少于转增前金融企业注册资本的25%。

第四十五条 金融企业根据有关法律、法规的规定，经股东（大）会决议，可以对经营者和核心技术人员、核心管理人员实行股权激励。

经营者及其他职工以劳动、技术、管理等要素参与收益分配的，分配办法应当符合有关法律、法规和政策的规定，经股东（大）会决议后，区别以下情况处理：

（一）取得股权的，与其他投资者一同分配利润；

（二）没有取得股权的，在相关业务实现的利润限额和分配标准内，从当期费用中列支。

第八章　重组、清算

第四十六条　金融企业根据有关法律、法规的规定，可以通过分立、合并等方式进行重组。

实施重组应当进行可行性论证，履行规定程序，组织开展财产清查，聘请会计师事务所进行审计、资产评估机构进行资产评估，组织与债权人协商，制订债务处置或者承继、股权设置、资本重组的实施方案。

第四十七条　金融企业分立，应当按照资产相关性或者业务相关性原则分割财产、承担债务，并明确分立后的产权关系。

对不能分割的财产，在评估的基础上，经各方协商，由拥有财产的一方给予其他方经济补偿。

第四十八条　金融企业合并，应当由合并后存续的金融企业或者新设的金融企业承继合并各方的债权、债务，并明确合并后的产权关系。

金融企业合并净资产超出注册资本的部分，作为资本公积；少于注册资本的部分，应当变更注册资本或者由投资者补足出资。

对资不抵债金融企业以承担债务方式合并的，合并方应当采取重整措施，按照合并方案履行偿债义务。

第四十九条　金融企业实行托管经营，应当签订托管经营合同，明确被托管企业的财务状况、托管经营目标、托管财产处置权限以及收益分配办法等，并落实财务监管责任。

受托金融企业应当根据托管经营合同制定相关方案，重组托管金融企业的财产与债务、调整业务、安置职工。

托管经营合同没有约定且未经托管金融企业股东（大）会同意，受托金融企业不得擅自改组、改制、转让托管金融企业，不得非法转移托管金融企业的财产和业务，不得以托管金融企业名义或者以托管财产对外担保。

第五十条　金融企业进行重组时，对已占用的国有划拨土地应当按照有关规定进行评估，履行相关手续后，区别以下情况处理：

（一）继续采取划拨方式的，可以不纳入资产管理，但应当明确划拨土地使用权权益，并按规定用途使用，设立备查账簿登记；

（二）采取作价入股方式的，将应缴纳的土地出让金转作国家资本，形成的国有股权由重组前的国有资本持有单位或者财政部门确认的单位持有；

（三）采取出让方式的，由金融企业购买土地使用权，支付出让费用；

（四）采取租赁方式的，由金融企业租赁使用，租金水平参照银行同期贷款利率确定，并在租赁合同中约定。

金融企业进行重组时，对已占用的特许经营权等国有资源，依法可以转让的，比照前款处理。

第五十一条 金融企业重组过程中，对拖欠职工的工资和医疗、伤残补助、抚恤费用以及欠缴的基本社会保险费、住房公积金、工会经费等，应当以金融企业现有资产优先清偿。

第五十二条 金融企业被责令关闭、依法破产或者经营期限届满终止经营或者解散的，应当按照国家法律、行政法规和金融企业章程的规定实施清算。

金融企业自愿清算的，由金融企业股东（大）会决议后执行。

金融企业依法进行清算，应当对非货币财产进行资产评估。

第五十三条 金融企业的清算财产支付清算费用后，按照国家有关法律、行政法规规定的顺序清偿债务。

第五十四条 金融企业清算完毕，应当编制清算报告，聘用会计师事务所审计，并将清算报告和审计报告报投资者决议或者人民法院确认后，向相关部门、债权人以及其他利益相关人通告。

第五十五条 金融企业与职工解除劳动合同，应当按照国家有关规定支付职工经济补偿金，除正常经营期间发生的列入当期费用以外，应当区别以下情况处理：

（一）重组中发生的，依次从未分配利润、盈余公积、资本公积、实收资本中支付；

（二）清算时发生的，以扣除清算费用后的清算财产优先清偿。

第九章 财务信息

第五十六条 金融企业应当在会计电算化的基础上，整合业务和信息流程，推行财务管理信息化，逐步实现财务、业务相关信息一次性处理和实时共享。

第五十七条 金融企业应当根据有关法律、行政法规的规定，以及财政部的统一要求编制中期财务会计报告和年度财务会计报告，并通过内部审核，在规定期限内向财政部门以及其他与金融企业有关的使用者报送，不得拒绝、拖延财务信息的披露。

第五十八条 金融企业报送的年度财务会计报告应当经会计师事务所审计。

金融企业不得编制和对外提供虚假的或者隐瞒重要事实的财务信息。

金融企业负责人对本企业财务信息的真实性、完整性负责。

第五十九条 财政部门应当建立健全金融企业财务评价制度，对金融企业资本充足状况、偿付能力状况、资产质量状况、盈利状况和社会贡献等进行评价。评价结果作为制定有关金融企业财务管理政策和考核有关金融企业的依据。

金融企业应当按财务评价制度的要求,对财务状况和经营成果进行总结、评价和考核。

第六十条 财政部门及其工作人员应当履行保密义务,谨慎、合法地保管、使用金融企业提供的财务信息,不得利用未公开的财务信息牟取利益或者损害金融企业利益。

第十章 罚 则

第六十一条 金融企业有下列情形之一的,由财政部门责令限期改正,或者予以通报批评:

(一)不按规定提交设立、变更文件的;

(二)财务风险控制未达到规定要求的;

(三)筹集和运用资金不符合规定要求的;

(四)不按规定开设和管理资金账户的;

(五)资产管理不符合规定,形成账外资产的;

(六)不按规定列支经营成本、费用的;

(七)不按规定确认经营收益的;

(八)不按规定计提减值准备、提留准备金、分配利润的;

(九)不按规定处理财政资金、国有资源的;

(十)不按规定顺序清偿债务、处理财产的;

(十一)不按规定处理职工社会保险费、经济补偿金的;

(十二)其他违反金融企业财务管理有关规定的。

第六十二条 金融企业有下列情形之一的,由财政部门责令限期改正,并对金融企业及其负责人和其他直接责任人员给予警告:

(一)不按照规定建立内部财务管理制度的;

(二)内部财务管理制度明显与国家法律、法规和统一的财务管理规章制度相抵触,且不按财政部门要求修改的;

(三)不按照规定提供财务信息的;

(四)拒绝、阻扰依法实施的财务监督的。

第六十三条 金融企业违反本规则,有关法律、法规另有规定的,依照其规定处理、处罚。

财政部门在依法实施财务监督中,对不属于本部门职责范围的事项,应当依法移送相关管理部门。

第六十四条 财政部门工作人员在履行财务管理职责过程中滥用职权、玩忽职守、徇私舞弊,或者泄露国家秘密、商业秘密的,依法进行处理。

第十一章　附　　则

第六十五条　各省、自治区、直辖市、计划单列市财政部门可以依据本规则和财政部的其他规定，结合本地区金融企业实际，制定具体的实施办法，报财政部备案。

第六十六条　本规则自 2007 年 1 月 1 日起施行，《金融保险企业财务制度》（〔93〕财商字第 11 号）、《保险公司财务制度》（财债字〔1999〕8 号）、《证券公司财务制度》（财债字〔1999〕215 号）、《金融资产管理公司财务制度（试行）》（财金〔2000〕17 号）同时废止。

财政部关于印发《金融企业财务规则——实施指南》的通知

（2007 年 3 月 30 日）　财金〔2007〕23 号

国务院有关部委、有关直属机构，各省、自治区、直辖市、计划单列市财政厅（局），新疆生产建设兵团财务局，财政部驻各省、自治区、直辖市、计划单列市财政监察专员办事处，各中央管理金融企业：

为贯彻落实《金融企业财务规则》（财政部令第 42 号），实现新旧金融企业财务制度的充分衔接，我部制定了《金融企业财务规则——实施指南》，现予印发，自印发之日起施行。

各有关部门、金融企业应当认真组织实施《金融企业财务规则》（财政部令第 42 号）及《金融企业财务规则——实施指南》，结合具体情况开展宣传和培训工作，各金融企业还应当按照《金融企业财务规则》（财政部令第 42 号）的规定健全内部财务管理制度，确保新旧财务制度顺利转换。

执行中如有问题，请及时反馈我部。

附件：

金融企业财务规则——实施指南

一、《金融企业财务规则》的适用范围

《金融企业财务规则》（财政部令第 42 号，以下简称《规则》）第 2 条规定：“在中华人民共和国境内依法设立的国有及国有控股金融企业、金融控股公司、担保公司,城市商业银行、农村商业银行、农村合作银行、信用社(以下简称金融企业)适用本规则。其他金融企业参照本规则执行。”

(一)关于国有及国有控股企业

国有企业是指依照《中华人民共和国公司法》设立的国有独资公司;由两个及两个以上的国有独资公司或者各级人民政府及其部门、机构或者其他国有单位出资设立的有限责任公司和股份有限公司。

国有控股企业是指国有资本占实收资本50%以上的有限责任公司和股份有限公司;国有资本占实收资本的比例虽然不足50%,但国有资本投资者享有的表决权已足以对股东(大)会的决议产生重大影响的有限责任公司和股份有限公司;国有资本占实收资本的比例虽然不足50%,但通过投资关系、协议或者其他安排,国有资本投资者能够实际支配金融企业行为的金融企业。

(二)关于金融企业

金融企业是指执行业务需要取得金融监管部门授予的金融业务许可证的企业,包括执业需取得银行业务许可证的政策性银行、邮政储蓄银行、国有商业银行、股份制商业银行、信托投资公司、金融资产管理公司、金融租赁公司和财务公司等;执业需取得证券业务许可证的证券公司、期货公司和基金管理公司等;执业需取得保险业务许可证的各类保险公司等。

金融控股公司、担保公司目前尚未明确其金融业的性质,但本质上属于金融企业。因此,这两类公司也适用《规则》。

金融监管部门所属的从事相关金融业务的企业也纳入金融企业的范围。

(三)关于其他金融企业

其他金融企业是指外资金融企业和民营金融企业等。

二、金融企业财务管理的基本特点

《规则》第3条规定:“金融企业应当根据本规则的规定,以及自身发展的需要,建立健全内部财务管理制度,设置财务管理职能部门,配备专业财务管理人员,综合运用规划、预测、计划、预算、控制、监督、考核、评价和分析等方法,筹集资金,营运资产,控制成本,分配收益,配置资源,反映经营状况,防范和化解财务风险,实现持续经营和价值最大化。”

(一)关于财务管理的基本要求

1. 建立健全内部财务管理制度。包括金融企业基本的财务制度以及关于资金管理、资产管理、成本管理、费用管理、营业外收支管理、收入管理等方面的内部规定和办法。

2. 设置财务管理职能部门。为归口管理财务事项,便于分清职责,金融企业应当设置财务管理职能部门，具体履行金融企业经营者的财务管理职权，并承担相应的责任。

3. 配备专业财务管理人员。从事金融企业财务管理工作的人员必须是熟悉财务、会计知识的专业人员，并具有会计从业资格。

（二）关于财务管理的基本方法

财务管理的基本方法包括规划、预测、计划、预算、控制、监督、考核、评价和分析等，这是区分财务管理与会计管理的基本标志之一。

（三）关于财务管理的基本要素

《规则》将财务管理的要素归纳为风险防控、资金筹集、资产营运、成本控制、收益分配、信息管理等六个方面，并逐一提出规范性要求。

三、财务管理工作的管辖和登记

《规则》第 4 条规定："各级人民政府财政部门（以下简称财政部门）依法指导、管理和监督本级金融企业的财务管理工作。

省级以上人民政府财政部门的派出机构，应当在规定职责范围内依法履行指导、管理和监督金融企业财务管理工作的职责。

金融企业在完成工商登记后 30 日内，应当向同级财政部门提交设立批准证书、营业执照、验资证明、章程等文件的复印件。

金融企业发生分立、合并、设立分支机构，以及主要工商登记事项发生变更时，在依法完成工商变更登记后 30 日内，应当向同级财政部门提交有关的变更文件复印件。"

（一）关于财务管理工作的管辖

财政部门对金融企业财务管理工作的管辖总体上按照出资关系区分：国务院及其部门、直属机构出资金融企业的财务管理工作，由财政部直接负责；省、市、县级人民政府及其部门、机构出资金融企业的财务管理工作，相应分别由省、市、县级人民政府财政部门负责；不同级次政府及其部门、机构均出资金融企业的财务管理工作，已明确的，按规定办理，未明确的，由出资额相对多的一级人民政府财政部门负责。

各级人民政府及其部门、机构没有出资，或者出资额不致其占控股地位的金融企业，按照相应的行政管理级次确定金融企业财务管理工作的管辖。

省级以上人民政府财政部门派出机构是指，财政部驻各省、自治区、直辖市及计划单列市财政监察专员办事处。按照财政部的授权，财政部驻各地财政监察专员办事处应当在规定职责范围内依法履行指导、管理和监督金融企业财务管理工作的职责。

(二)关于财务登记

金融企业到财政部门进行财务登记是为了便于财政部门掌握金融企业的基本情况,其性质是备案登记,而非核准登记。

本条中"分支机构"是指直属金融企业总部的独立核算的经营单位。

本条"主要工商登记事项发生变更"是指金融企业的名称、法人代表、注册地、注册资本、经营范围等发生变更。

四、关于金融企业投资者财务管理职权的规定

《规则》第7条规定:"金融企业的投资者(以下简称投资者)一般通过股东(大)会、董事会或其他形式的治理机构行使财务管理职权";"投资者可以通过制度规范、章程约定等方式,将投资者财务管理职权全部或部分授予经营者";"金融企业按规定可以向其控股的企业委派或推荐财务总监"。

(一)关于财务管理职权的行使

根据《中华人民共和国公司法》的规定,金融企业投资者通过股东(大)会或董事会拥有决定内部管理制度、决定部门设置、决定重大财务事项、决定聘任或解聘财务负责人、决定聘用或解聘社会中介机构的权力。

已经设立股东(大)会、董事会的金融企业,由投资者依法通过股东(大)会、董事会行使以上职权;

尚未设立股东(大)会、董事会的金融企业,国家财政部门作为金融企业的投资者,按国家现行有关文件的规定,将财务管理职权全部或部分授予经营者。经营者通过行长办公会或总裁办公会、总经理办公会等形式行使财务管理职权。

其他尚未设立股东(大)会、董事会的金融企业,投资者通过理事会等其他形式的治理机构行使财务管理职权。

(二)关于财务总监的规定

金融企业要积极探索财务总监委派制,对分支机构委派财务总监,充分发挥财务总监在强化财务管理和财务监督中的职能作用。

五、关于金融企业资本充足率、偿付能力充足率等方面的要求

《规则》第10条规定:"金融企业应当建立规范有效的资本补充机制,保持业务规模与资本规模相适应,在资本充足率、偿付能力等方面满足有关法律、法规的要求。"

本条所称的"有关法律、法规的要求"主要包括:

从事商业银行业务的金融企业,资本充足率不得低于8%,核心资本充足率不得低于4%。

从事保险业务的金融企业,偿付能力充足率不得小于100%。

从事证券业务的金融企业,净资本与负债的比例不得低于8%。

从事信托投资业务的金融企业，其固有财产对同一借款人及其关系人的授信及投资余额不得超过自身资本净额的10%；对全部关系人的授信及投资余额不得超过自身资本净额的50%。

主营担保业务的企业，对单个客户提供的担保责任金额最高不得超过自身实收资本的10%；担保责任总额一般不超过自身实收资本的5倍，最高不得超过10倍。

从事金融租赁业务的金融企业，拆入资金余额不得超过资本总额的100%；资本总额不得低于风险资产总额的10%。

属于财务公司性质的金融企业，资本充足率不得低于10%；拆入资金余额不得超过资本总额的100%。

六、关于金融企业支付能力的要求

《规则》第11条规定："金融企业应当按照保障相关各方利益、保证支付能力、实现持续经营的原则，根据有关法律、法规的规定，控制资产负债比例，足额提留用于清偿债务的资金。"

本条所称的"有关法律、法规的规定"主要包括：

从事银行业务的金融企业，应按规定交存存款准备金，留足备付金。

从事保险业务的金融企业，应按注册资本的20%提取资本保证金，存入指定的银行，除金融企业清算时用于清偿债务外，不得动用。

从事证券业务的金融企业，净资产与负债的比例不得低于20%。

主营担保业务的企业，应按注册资本的10%提取资本保证金，存入指定的银行，除金融企业清算时用于清偿债务外，不得挪作他用。

从事金融租赁业务的金融企业，对同一承租人的租赁加贷款融资余额最高不得超过资本总额的15%；对承租人提供的流动资金贷款不得超过租赁合同金额的60%；租赁资产（含委托租赁、转租赁资产）比重不得低于总资产的60%。

属于财务公司性质的金融企业，应按规定交存存款准备金。

七、关于金融企业受托业务风险管理的要求

《规则》第16条规定："金融企业依法受托发放贷款、经营衍生产品、进行证券期货交易、买卖黄金、管理资产以及开展其他业务，应当与自营业务分开管理，按照合同约定分配收益、承担责任，不得挪用客户资金，不得转嫁经营风险。"

从事证券业务的金融企业，必须将经纪业务与自营业务分开办理，不得混合操作；接受证券买卖的委托，应根据委托书载明的内容，按交易规则代理买卖证券，如实进行交易记录。

从事期货经纪业务的金融企业，应在指定结算银行开立客户保证金账户专门存放客户保证金，与自有资金分户存放。

从事信托投资业务的金融企业，应将信托财产与其固有财产分别管理、分别记账,并将不同委托人的信托财产分别管理、分别记账。

主营担保业务的企业,应为受托运作的担保基金设立专门账户,并将担保基金业务与自身业务分开管理、核算。

从事基金管理业务的金融企业,自身资产与基金资产、不同基金的资产和其他委托资产要实行独立运作,分别核算。

从事金融租赁业务的金融企业,应对受托经营的委托租赁财产和作为转租人经营的转租赁财产单独建账,分别管理。

从事保险资产管理业务的金融企业,受托管理资产应独立于自有资产分开管理、核算。

八、关于金融企业担保业务风险管理的要求

《规则》第17条规定:"金融企业对外提供担保应当符合法律、行政法规的规定,根据被担保对象的资信及偿付能力,采取相应的风险控制措施,并设立备查账簿登记,及时跟踪监督。"

金融企业对外提供担保要在充分评价被担保对象的资信及偿付能力的基础上;对已提供的担保,金融企业要采取相应的风险控制措施,规范操作规程,明确执行权限,控制担保范围,严格办理担保涉及的资产手续,落实相关责任,实行跟踪监督。

从事证券业务的金融企业,不得为其投资者或投资者的关联人提供担保。

从事期货经纪业务的金融企业,不得对外提供担保。

从事信托投资业务的金融企业,以固有财产提供担保或拆入资金的余额不得超过其注册资本。

从事金融租赁业务的金融企业,对外担保余额不得超过资本总额的200%。

属于财务公司性质的金融企业,担保余额不得高于资本总额。

九、关于金融企业社会保险费用管理的要求

《规则》第38条规定:"金融企业根据有关法律、法规和政策的规定,为职工缴纳的基本医疗保险、基本养老保险、失业保险和工伤保险等社会保险费用,应当据实列入成本(费用)。

参加基本医疗保险、基本养老保险且按时足额缴费的金融企业,具有持续盈利能力和支付能力的,可以根据有关法律、法规的规定,为职工建立补充医疗保险和补充养老保险(企业年金)制度,相关费用应当按照国家有关规定列支。"

(一)关于职工福利费

《规则》实施后,金融企业不再计提职工福利费,金融企业按规定发生的职工福利支出,直接在成本(费用)中据实列支。金融企业2007年已经计提的职工福利费应当予以冲回。

截至2006年12月31日，金融企业应付职工福利费账面余额区别以下情况处理：

1. 余额为赤字的金融企业，应当将职工福利费余额转入2007年年初未分配利润，由此造成年初未分配利润出现负数的，依次以任意盈余公积金和法定盈余公积金弥补，仍不足弥补的，以2007年及以后年度实现的净利润弥补。

2. 余额为结余、执行新企业会计准则的金融企业，应当将职工福利费余额全部转入应付职工薪酬（职工福利）；未执行新企业会计准则的金融企业，应当将职工福利费余额全部转入应付职工工资（职工福利）。

对于应付职工福利费的结余，金融企业应当遵循职工福利费用于职工集体福利的基本规定，逐步消化，可用于支付以前年度欠缴的基本医疗保险、基本养老保险、失业保险、工伤保险和生育保险等社会保险费用，也可根据形势发展综合考虑职工福利计划，按照内部议事规则，经投资者决议，按照国家有关规定支付补充医疗保险和补充养老保险费用，或支付为职工购买商业保险等其他职工福利方面的支出。

（二）关于企业年金

金融企业不再计提职工福利费，年金的列支渠道如下：

参加基本养老保险且按时足额缴费的金融企业，根据有关规定为职工建立年金制度，所需费用在冲减职工福利费结余后，作为社会保险费直接列入成本（费用），但金融企业每年列支成本（费用）的年金费用不得超过本企业职工工资总额的4%。

十、关于工会经费和职工教育经费的规定

《规则》第39条规定："金融企业为职工缴纳住房公积金以及职工住房货币化分配的处理，按照国家有关规定执行。

工会经费按照国家规定的比例提取，拨交工会使用。

职工教育经费按照国家规定的比例提取，用于职工教育和职业培训。"

（一）关于工会经费

金融企业工会经费按照职工工资总额的2%计提，拨交工会使用。

（二）关于职工教育经费

金融企业可按照不超过职工工资总额的2.5%提取职工教育培训经费。

金融企业的职工教育培训经费必须专款专用，面向全体职工开展教育培训，特别是要加强各类高技能人才的培养。金融企业职工教育培训经费的列支范围按有关规定办理。

金融企业职工参加社会上的学历教育以及个人为取得学位而参加的在职教育，所需费用应当由个人承担，不得挤占金融企业的职工教育培训经费。

对于金融企业高层管理人员的境外培训和考察,其一次性单项支出较高的费用应当从其他管理费用中支出,不得挤占日常的职工教育培训经费开支。

十一、关于金融企业利润分配的规定

《规则》第44条规定:“金融企业本年实现净利润(减弥补亏损,下同),应当按照提取法定盈余公积金、提取一般(风险)准备金、向投资者分配利润的顺序进行分配。法律、行政法规另有规定的从其规定。”

(一)关于一般准备金的提取

从事银行业务的金融企业,应于每年年度终了根据承担风险和损失的资产余额的一定比例提取一般准备金,用于弥补尚未识别的可能性损失。一般准备金的计提比例由金融企业综合考虑其所面临的风险状况等因素确定,原则上一般准备金余额不低于风险资产期末余额的1%。

从事保险业务的金融企业,应按本年实现净利润的10%提取总准备金,用于巨灾风险的补偿,不得用于分红、转增资本。

从事证券业务的金融企业,应按本年实现净利润的10%提取交易风险准备金,用于弥补证券交易的损失,不得用于分红、转增资本。

从事期货经纪业务的金融企业,应按本年实现净利润的10%提取风险准备金,用于风险的补偿,不得用于分红、转增资本。

从事信托投资业务的金融企业,应按本年实现净利润的5%提取信托赔偿准备金,用于弥补亏损,不得用于分红、转增资本。信托赔偿准备金累计总额达到公司注册资本的20%时,可不再提取。

主营担保业务的企业,应按本年实现净利润的10%提取一般风险准备金,用于弥补亏损,不得用于分红、转增资本。

从事基金管理业务的金融企业,应按本年实现净利润的1%提取风险准备金,用于弥补亏损,不得用于分红、转增资本。

从事金融租赁业务的金融企业,应按本年实现净利润的1%提取一般风险准备金,用于弥补亏损,不得用于分红、转增资本。

属于财务公司性质的金融企业,应按本年实现净利润的1%提取一般风险准备金,用于弥补亏损,不得用于分红、转增资本。

(二)关于公益金余额的处理

根据《中华人民共和国公司法》的规定,金融企业进行利润分配不再提取公益金。金融企业对公益金结余,转作法定盈余公积金管理使用;公益金赤字,依次以任意盈余公积金、法定盈余公积金、资本公积金、以前年度未分配利润弥补,仍有赤字的,结转未分配利润账户,用以后年度实现的税后利润弥补。

金融企业按照国家统一规定实行住房分配货币化改革后,不得再为职工购建住房，盈余公积金不得列支相关支出。

金融企业原属于公益金使用范围的内设职工食堂、医务室等集体福利机构所需固定资产购建支出，应当严格履行内部财务管理制度规定的程序和权限进行审批，并按照金融企业经营资产的相关管理制度执行。

十二、关于金融企业财务信息的报送要求

《规则》第57条规定："金融企业应当根据有关法律、行政法规的规定，以及财政部的统一要求编制中期财务会计报告和年度财务会计报告，并通过内部审核，在规定期限内向财政部门以及其他与金融企业有关的使用者报送，不得拒绝、拖延财务信息的披露。"

依据《中华人民共和国公司法》的规定，公司应当在每一会计年度终了时编制财务会计报告，财务会计报告应当依照法律、行政法规和国务院财政部门的规定制作。

本规则所称"财务信息"是指，金融企业的财务会计报告以及关于金融企业经济活动的分析、总结、评价和考核等内容的报告。

实行集团化管理的金融企业，应当先向集团公司（或控股母公司）报送财务信息，再由集团公司（或控股公司）向财政部门报送。

十三、关于本规则生效及其他制度废止的规定

《规则》第65条规定："本规则自2007年1月1日起施行，《金融保险企业财务制度》（〔93〕财商字第11号）、《保险公司财务制度》（财债字〔1999〕8号）、《证券公司财务制度》（财债字〔1999〕215号）、《金融资产管理公司财务制度（试行）》（财金〔2000〕17号）同时废止。"

《规则》发布后，财政部以前印发的《金融保险企业财务制度》（〔93〕财商字第11号）等即行废止。目前施行的《关于国有独资商业银行财务管理的规定》（财商字〔1997〕43号）、《国家政策性银行财务管理规定》（财商字〔1997〕491号）、《中国出口信用保险公司财务管理办法》（财金〔2003〕63号）等暂不废止。

今后，财政部将以《规则》为依据，在金融企业财务评价管理、财务信息管理、财务风险控制、社会审计和资产评估管理等方面，根据现实需要，制定一些具体的管理办法。

关于保险保障基金、保险业务监管费有关问题的批复

（2007年9月6日）　保监财会〔2007〕1143号

中国平安人寿保险股份有限公司：

你公司《关于保险业务监管费有关问题的请示》（平保寿发〔2007〕180号）以及《关于保险保障基金相关问题的请示》（平保寿发〔2007〕181号）收悉。经研究，现批复如下：

保险公司提取、缴纳保险业务监管费和保险保障基金的内容和范围是在新会计准则实施前，根据《保险法》及有关法律法规，由《国家发展改革委、财政部关于保险业务监管费收费标准等有关问题的通知》（发改价格〔2005〕2581号）、《财政部、国家税务总局关于保险公司缴纳保险保障基金所得税税前扣除问题的通知》（财税〔2005〕136号）和《保险保障基金管理办法》（保监会令〔2004〕16号）确定的。新会计准则的实施不能改变保险业务监管费和保险保障基金的提取范围和标准。

在保险业务监管费收费标准和《保险保障基金管理办法》修改之前，你公司仍须按既定原则提取、缴纳保险业务监管费和保险保障基金。

保险保障基金管理办法

（中国保险监督管理委员会、中华人民共和国财政部、中国人民银行共同制定
2008年9月11日公布　自公布之日起施行）　保监会令〔2008〕2号

第一章　总　　则

第一条　为了规范保险保障基金的筹集、管理和使用，保障保单持有人合法权益，促进保险业健康发展，维护金融稳定，根据《中华人民共和国保险法》等有关法律、行政法规，制定本办法。

第二条　本办法所称保险公司，是指经保险监督管理机构批准设立，并在境内依法登记注册的中资保险公司、中外合资保险公司、外资独资保险公司和外国保险公司分公司。

第三条 本办法所称保险保障基金，是指按照《中华人民共和国保险法》和本办法规定缴纳形成，在本办法第十六条规定的情形下，用于救助保单持有人、保单受让公司或者处置保险业风险的非政府性行业风险救助基金。

本办法所称保单持有人，是指在保险公司被依法撤销或者依法实施破产的情形下，对保单利益依法享有请求权的保险合同当事人，包括投保人、被保险人或者受益人。

本办法所称保单受让公司，是指经营有人寿保险业务的保险公司被依法撤销或者依法实施破产的，接受该保险公司依法转让的人寿保险合同的经营有人寿保险业务的保险公司。

第四条 保险保障基金分为财产保险保障基金和人身保险保障基金。

财产保险保障基金由财产保险公司缴纳形成。

人身保险保障基金由人身保险公司缴纳形成。

第五条 保险保障基金以保障保单持有人利益、维护保险业稳健经营为使用原则，依法集中管理，统筹使用。

第六条 设立国有独资的中国保险保障基金有限责任公司（以下简称保险保障基金公司），依法负责保险保障基金的筹集、管理和使用。

保险保障基金公司依法独立运作，其董事会对保险保障基金的合法使用以及安全负责。

第二章 保险保障基金公司

第七条 保险保障基金公司依法建立健全公司治理结构、内部控制制度和风险管理制度，依法运营，独立核算。

第八条 保险保障基金公司依法从事下列业务：

（一）筹集、管理、运作保险保障基金；

（二）监测保险业风险，发现保险公司经营管理中出现可能危及保单持有人和保险行业的重大风险时，向中国保险监督管理委员会（以下简称中国保监会）提出监管处置建议；

（三）对保单持有人、保单受让公司等个人和机构提供救助或者参与对保险业的风险处置工作；

（四）在保险公司被依法撤销或者依法实施破产等情形下，参与保险公司的清算工作；

（五）管理和处分受偿资产；

（六）国务院批准的其他业务。

保险保障基金公司按照前款第（二）项规定向中国保监会提出监管处置建议

的,应当及时将有关情况同时抄报财政部、中国人民银行。

第九条 保险保障基金公司设立董事会,董事会成员由中国保监会、财政部、中国人民银行、国家税务总局、国务院法制办推荐。董事长为公司法定代表人,由中国保监会推荐,报国务院批准。

保险保障基金公司应当按照《中华人民共和国公司法》的规定设立有关组织机构,完善公司治理。

第十条 为依法救助保单持有人和保单受让公司、处置保险业风险的需要,经中国保监会商有关部门制定融资方案并报国务院批准后,保险保障基金公司可以多种形式融资。

第十一条 保险保障基金公司应当与中国保监会建立保险公司信息共享机制。

中国保监会定期向保险保障基金公司提供保险公司财务、业务等经营管理信息。中国保监会认定存在风险隐患的保险公司,由中国保监会向保险保障基金公司提供该保险公司财务、业务等专项数据和资料。

保险保障基金公司对所获悉的保险公司各项数据和资料负有保密义务。

第十二条 保险保障基金公司解散须经国务院批准。

第三章 保险保障基金的筹集

第十三条 保险保障基金的来源:

(一)境内保险公司依法缴纳的保险保障基金;

(二)保险保障基金公司依法从破产保险公司清算财产中获得的受偿收入;

(三)捐赠;

(四)上述资金的投资收益;

(五)其他合法收入。

第十四条 保险公司应当按照下列规定,对经营的财产保险业务或者人身保险业务缴纳保险保障基金,缴纳保险保障基金的保险业务纳入保险保障基金救助范围:

(一)非投资型财产保险按照保费收入的0.8%缴纳,投资型财产保险,有保证收益的,按照业务收入的0.08%缴纳,无保证收益的,按照业务收入的0.05%缴纳;

(二)有保证收益的人寿保险按照业务收入的0.15%缴纳,无保证收益的人寿保险按照业务收入的0.05%缴纳;

(三)短期健康保险按照保费收入的0.8%缴纳,长期健康保险按照保费收入的0.15%缴纳;

（四）非投资型意外伤害保险按照保费收入的0.8%缴纳，投资型意外伤害保险，有保证收益的，按照业务收入的0.08%缴纳，无保证收益的，按照业务收入的0.05%缴纳。

本办法所称业务收入，是指投保人按照保险合同约定，为购买相应的保险产品支付给保险公司的全部金额。

第十五条 保险公司应当及时、足额将保险保障基金缴纳到保险保障基金公司的专门账户，有下列情形之一的，可以暂停缴纳：

（一）财产保险公司的保险保障基金余额达到公司总资产6%的；

（二）人身保险公司的保险保障基金余额达到公司总资产1%的。

保险公司的保险保障基金余额减少或者总资产增加，其保险保障基金余额占总资产比例不能满足前款要求的，应当自动恢复缴纳保险保障基金。

保险保障基金公司应当对每一保险公司缴纳的保险保障基金及其变动情况进行单独核算。

保险公司的保险保障基金余额，是指该公司累计缴纳的保险保障基金金额加上分摊的投资收益，扣除各项分摊的费用支出和使用额以后的金额。

第四章 保险保障基金的使用

第十六条 有下列情形之一的，可以动用保险保障基金：

（一）保险公司被依法撤销或者依法实施破产，其清算财产不足以偿付保单利益的；

（二）中国保监会经商有关部门认定，保险公司存在重大风险，可能严重危及社会公共利益和金融稳定的。

第十七条 动用保险保障基金，由中国保监会拟定风险处置方案和使用办法，商有关部门后，报经国务院批准。

保险保障基金公司按照风险处置方案和使用办法的规定，负责办理登记、发放、资金划拨等具体事宜。

第十八条 保险保障基金公司应当对财产保险保障基金和人身保险保障基金分账管理、分别使用。

财产保险保障基金仅用于向财产保险公司的保单持有人提供救助，以及在根据本办法第十六条第（二）项认定存在重大风险的情形下，对财产保险公司进行风险处置。

人身保险保障基金仅用于向人身保险公司的保单持有人和接受人寿保险合同的保单受让公司提供救助，以及在根据本办法第十六条第（二）项认定存在重大风险的情形下，对人身保险公司进行风险处置。

第十九条　保险公司被依法撤销或者依法实施破产，其清算财产不足以偿付保单利益的，保险保障基金按照下列规则对非人寿保险合同的保单持有人提供救助：

（一）保单持有人的损失在人民币5万元以内的部分，保险保障基金予以全额救助；

（二）保单持有人为个人的，对其损失超过人民币5万元的部分，保险保障基金的救助金额为超过部分金额的90%；保单持有人为机构的，对其损失超过人民币5万元的部分，保险保障基金的救助金额为超过部分金额的80%。

前款所称保单持有人的损失，是指保单持有人的保单利益与其从清算财产中获得的清偿金额之间的差额。

第二十条　经营有人寿保险业务的保险公司被依法撤销或者依法实施破产的，其持有的人寿保险合同，必须依法转让给其他经营有人寿保险业务的保险公司；不能同其他保险公司达成转让协议的，由中国保监会指定经营有人寿保险业务的保险公司接收。

第二十一条　被依法撤销或者依法实施破产的保险公司的清算资产不足以偿付人寿保险合同保单利益的，保险保障基金可以按照下列规则向保单受让公司提供救助：

（一）保单持有人为个人的，救助金额以转让后保单利益不超过转让前保单利益的90%为限；

（二）保单持有人为机构的，救助金额以转让后保单利益不超过转让前保单利益的80%为限。

保险保障基金依照前款规定向保单受让公司提供救助的，救助金额应以保护中小保单持有人权益以维护保险市场稳定，并根据保险保障基金资金状况为原则确定。

第二十二条　为保障保单持有人的合法权益，根据社会经济发展的实际情况，经国务院批准，中国保监会可会同有关部门适时调整保险保障基金的救助金额和比例。

第二十三条　保险公司被依法撤销或者依法实施破产，保险保障基金对保单持有人或者保单受让公司予以救助的，按照下列顺序从保险保障基金中扣减：

（一）被依法撤销或者依法实施破产的保险公司保险保障基金余额；

（二）其他保险公司保险保障基金余额。

其他保险公司保险保障基金余额的扣减金额，按照各保险公司上一年度市场份额计算。

第二十四条　保险公司被依法撤销或者依法实施破产的，在撤销决定作出后或者在破产申请依法向人民法院提出前，保单持有人可以与保险保障基金公司签订债权转让协议，保险保障基金公司以保险保障基金向其支付救助款，并获得保单持有人对保险公司的债权。

清算结束后，保险保障基金获得的清偿金额多于支付的救助款的，保险保障基金应当将差额部分返还给保单持有人。

第二十五条 下列业务不属于保险保障基金的救助范围，不缴纳保险保障基金：

（一）保险公司承保的境外直接保险业务；

（二）保险公司的再保险分入业务；

（三）由国务院确定的国家财政承担最终风险的政策性保险业务；

（四）保险公司从事的企业年金受托人、账户管理人等企业年金管理业务；

（五）中国保监会会同有关部门认定的其他不属于保险保障基金救助范围的业务。

保险公司被依法撤销或者依法实施破产，其董事、高级管理人员或者股东因违反法律、行政法规或者国家有关规定，对公司被依法撤销或者依法实施破产负有直接责任的，对该董事、高级管理人员在该保险公司持有的保单利益、该股东在该保险公司持有的财产损失保险的保单利益，保险保障基金不予救助。

第五章 管理和监督

第二十六条 中国保监会依法对保险保障基金公司的业务和保险保障基金的筹集、管理、运作进行监管。

第二十七条 财政部负责保险保障基金公司的国有资产管理和财务监督。

保险保障基金公司预算、决算方案由保险保障基金公司董事会制定，报财政部审批。

第二十八条 保险保障基金公司应当建立科学的业绩考评制度，并将考核结果定期报送中国保监会、财政部等有关部门。

第二十九条 保险保障基金的资金运用应当遵循安全性、流动性和收益性原则，在确保资产安全的前提下实现保值增值。

保险保障基金的资金运用限于银行存款，买卖政府债券、中央银行票据、中央企业债券、中央级金融机构发行的金融债券，以及国务院批准的其他资金运用形式。

第三十条 保险保障基金公司可以委托专业的投资管理机构对保险保障基金进行投资管理，并对委托投资管理的保险保障基金实行第三方托管。

第三十一条 保险保障基金公司应当按照下列规定提交有关报告：

（一）按月向中国保监会、财政部、中国人民银行等有关部门报送保险保障基金筹集、运用、使用情况；

（二）按照有关规定，向中国保监会、财政部、中国人民银行等有关部门报送经审计的公司年度财务报告；

（三）应当依法提交的其他报告。

保险保障基金公司未按照本办法规定及时向国家有关部门提交有关报告的，由国家有关部门责令改正。

第三十二条 保险保障基金公司应当定期向保险公司披露保险保障基金的相关财务信息。

第六章 法律责任

第三十三条 保险公司违反《中华人民共和国保险法》规定，未按照本办法规定及时缴纳保险保障基金的，由中国保监会对保险公司和负有直接责任的高级管理人员、直接责任人员依法进行处罚。

第三十四条 保险保障基金公司董事、高级管理人员以及其他工作人员，违反法律、行政法规和本办法规定运用保险保障基金，或者以侵吞、窃取、骗取等手段非法占有保险保障基金，构成犯罪的，依法追究刑事责任。

第七章 附 则

第三十五条 本办法由中国保监会会同财政部、中国人民银行解释。

第三十六条 本办法自发布之日起施行，中国保监会2004年12月30日发布的《保险保障基金管理办法》（保监会令〔2004〕16号）同时废止。

财政部关于企业为职工购买保险有关财务处理问题的通知

（2003年2月9日） 财企〔2003〕61号

国务院各部委、各直属机构，各省、自治区、直辖市、计划单列市财政厅（局），新疆生产建设兵团财务局，各中央管理企业：

随着保险业的发展，企业和职工的保险意识逐渐增强，据一些地方和企业反映，企业在国家规定的社会保险统筹之外，为职工个人购买商业保险所需资金如何列支，不同行业、不同所有制的企业财务处理不一致，不利于财务管理规范化。为了加强企业财务管理，维护企业所有者和职工的合法权益，促进保险业的健康发展，现就企业为职工购买保险有关财务处理问题通知如下：

一、各类型企业按照《中华人民共和国劳动法》以及国家有关规定参加基本养老保险、失业保险、基本医疗保险等社会保险统筹，为职工缴纳的除基本医疗保险费以外的社会保险费，作为劳动保险费列入成本（费用），为职工缴纳的基本医疗保险费，从应付福利费中列支；由职工缴纳的社会保险费从职工个人的应发工资中扣缴。

二、有条件的企业为职工建立补充养老保险，辽宁等完善城镇社会保障体系试点地区的企业，提取额在工资总额4%以内的部分，作为劳动保险费列入成本（费用）；非试点地区的企业，从应付福利费中列支，但不得因此导致应付福利费发生赤字。

参加基本医疗保险的企业，为职工建立补充医疗保险，所需费用在工资总额4%以内的部分，从应付福利费中列文，应付福利费不足部分作为劳动保险费直接列入成本（费用）。

三、职工向商业保险公司购买财产保险、人身保险等商业保险，属于个人投资行为，其所需资金一律由职工个人负担，不得由企业报销。

四、企业按照内部议事规则，经过董事会或者经理（厂长）办公会决议，改革内部分配制度，在实际发放工资和社会保险统筹之外，为职工购买商业保险，作为职工奖励的，所需资金从应付工资中列支；作为职工福利的，所需资金从结余的应付福利费中列支，但不得因此导致应付福利费发生赤字。涉及的税收问题，按照国家税收政策的有关规定处理。

五、公益金属于企业所有者权益的组成部分，企业在正常生产经营期间，按规定应当用于职工集体福利设施方面的资本性支出，不得用于支付职工的保险费用。

六、本通知自2003年4月1日起执行。财政部《关于商贸金融企业有关保险资金列支渠道问题的通知》(财商字〔1998〕104号)同时废止。其他文件与本通知相抵触的，以本通知为准。

财政部关于印发《保险中介公司会计核算办法》的通知

(2004年9月20日) 财会〔2004〕10号

各省、自治区、直辖市、计划单列市财政厅(局)，新疆生产建设兵团财务局，中国保险监督管理委员会：

为了规范保险中介公司的会计核算，提高保险中介公司会计信息质量，根据《中华人民共和国会计法》、《企业财务会计报告条例》、《企业会计制度》以及国家有关法律、法规，结合保险中介公司的实际情况，我部制定了《保险中介公司会计核算办法》，现予印发，于2005年1月1日起在已执行《企业会计制度》的各保险中介公司执行。执行中有何问题，请及时反馈我部。

附件：

保险中介公司会计核算办法

一、总说明

(一)为了统一规范保险中介公司的会计核算，真实、完整地提供企业的会计信息，根据《中华人民共和国会计法》、《企业财务会计报告条例》、《企业会计制度》和国家有关法律、法规，并结合保险中介公司特点及实际情况，特制定《保险中介公司会计核算办法》(以下简称“本办法”)。

(二)中华人民共和国境内所有保险中介公司在执行《企业会计制度》的同时，执行本办法。

本办法中的保险中介公司是指经中国保险监督管理委员会批准取得营业许可证，从事保险中介服务并采取有限责任公司和股份有限公司组织形式的专业保险代理公司、保险经纪公司和保险公估公司。

（三）采取有限责任公司和股份有限公司以外其他组织形式设立的保险中介机构，其日常经营业务的核算应参照本办法执行，所有者出资、与所有者往来等的核算另行规定。

二、补充会计科目使用说明

（一）会计科目的设置

本办法在《企业会计制度》的基础上增设了"存出营业保证金"科目；在"应收账款"下增设了"垫付保费"、"代垫费用"二级科目；在"应付账款"下增设了"代收保费"二级科目；在"其他应付款"下增设了"协作业务费用"二级科目；在"主营业务收入"下增设了"代理佣金收入"、"经纪佣金收入"、"咨询费收入"、"公估费收入"二级科目，并对这些科目的核算内容进行了补充规定。

（二）补充会计科目的使用说明

1131 应收账款

一、本科目核算保险中介公司因提供劳务等应向接受劳务单位收取的款项等。

二、在本科目下设置"垫付保费"明细科目，核算保险代理公司或保险经纪公司为投保人垫付给保险公司的保费。

三、为投保人垫付保费支付给保险公司时，应借记本科目（垫付保费），贷记"现金"、"银行存款"等科目。收到投保人支付的保费时，应借记"现金"、"银行存款"等科目，贷记本科目（垫付保费）。

四、"应收账款——垫付保费"科目应按投保人设置明细账，进行明细核算。

五、在本科目下设置"代垫费用"明细科目。代垫费用是指根据合同规定的，保险中介公司在完成业务的过程中为客户暂时垫付的费用，如合同中规定的差旅费、查勘费、专家咨询费、检测费等。如果业务合同中未明确规定为代垫费用的，应作为保险中介公司的业务成本进行核算。

六、发生代垫费用时，借记本科目（代垫费用），贷记"现金"、"银行存款"等科目。收到客户归还的代垫费用时，借记"现金"、"银行存款"等科目，贷记本科目（代垫费用）。

七、"应收账款——代垫费用"科目应按客户等设置明细账，进行明细核算。

1905 存出营业保证金

一、本科目用来核算保险中介公司缴存的营业保证金。

二、缴存保证金时，借记本科目，贷记"银行存款"科目。

三、本科目期末借方余额，反映保险中介公司缴存的营业保证金余额。

2121 应付账款

一、本科目核算保险中介公司因购入商品、接受劳务等应付给供应单位的款项等。

二、在本科目下设置"代收保费"明细科目,核算保险代理公司或保险经纪公司向投保人收取、之后再解付给保险公司的保费。

三、收到投保人交付的保费时,借记"现金"或"银行存款"等科目,贷记本科目(代收保费)。

将保费解付给保险公司时,应借记本科目(代收保费),贷记"现金"、"银行存款"等科目。

四、"应付账款——代收保费"科目应按保险公司设置明细账,进行明细核算。

2181 其他应付款

一、本科目用来核算保险中介机构应付、暂收其他单位和个人的除代收保费之外的款项。

二、在本科目下设置"协作业务费用"明细科目,核算保险经纪公司或保险公估公司进行业务协作时一方支付给另一方的费用。

三、发生协作业务时,保险中介公司按应支付给其他中介机构的业务协作费用,借记"银行存款"、"应收账款"等科目,贷记本科目(协作业务费用)。

保险中介公司支付给协作方的业务协作费,借记本科目(协作业务费用),贷记"银行存款"等科目。

四、"其他应付款——协作业务费用"科目应按各协作方设置明细账,进行明细核算。

5101 主营业务收入

一、本科目核算保险中介公司从事其主营业务所产生的收入。

二、保险代理公司主营业务收入是向保险人收取的保险代理佣金,本办法在"主营业务收入"下设置"代理佣金收入"明细科目进行核算。

保险经纪公司主营业务收入包含经纪佣金收入、咨询费收入,本办法在"主营业务收入"下分别设置"经纪佣金收入"、"咨询费收入"明细科目进行核算。经纪佣金收入指为客户拟订投保或分保方案、办理投保手续、代办检验、索赔等业务的收入;咨询费收入指为客户提供防灾、防损或风险评估、风险管理咨询等服务的收入。

保险公估公司的主营业务收入是承保前或承保后检验、估价和风险评估,及标的出险后查勘、检验、估损及理算等业务的收入,本办法在"主营业务收入"下设置"公估费收入"明细科目进行核算。

三、保险中介公司在同一会计年度内开始并完成的劳务,应当在完成劳务时确认收入。

保险代理公司应在保险公司签发保单给保险代理公司或投保人时确认收入,

按照与保险公司约定的佣金金额，借记“应收账款”等科目，贷记“主营业务收入——代理佣金收入”科目。

保险经纪公司应当在合同约定的劳务全部完成时确认经纪佣金收入，应当在出具评估报告或咨询报告时确认咨询费收入，借记“应收账款”、“预收账款”等科目，贷记“主营业务收入——经纪佣金收入”或“主营业务收入——咨询费收入”科目。

保险公估公司应当在出具公估报告时确认公估收入，按照合同约定的金额，借记“应收账款”等科目，贷记“主营业务收入——公估费收入”科目。

保险中介公司提供追偿服务、教育服务等业务获得的收入，在“其他业务收入”科目核算，不在本科目核算；与之相关的成本也相应计入“其他业务支出”科目。

保险中介公司的协作业务收入应当在本公司与其他中介机构协作业务的劳务全部完成时确认收入。如果合同约定，即使协作方未履行完劳务，本公司亦可在完成自己的任务后获得相应的收入，则保险中介公司应在完成自己的任务时确认收入。保险经纪公司或保险公估公司在确认收入时，不包括与其他中介机构进行协作应归属于其他中介机构的协作费用。

保险中介公司应按应收取的服务费，借记“应收账款”等科目，按应支付给其他中介机构的业务协作费，贷记“其他应付款——协作业务费用”科目，按其差额，贷记“主营业务收入”相应的二级明细科目。保险中介公司支付给协作方的业务协作费，借记“其他应付款——协作业务费用”科目，贷记“银行存款”等科目。

本公司应收的其他中介机构的业务协作费，借记“应收账款”、“银行存款”等科目，贷记“主营业务收入”相应的二级明细科目。

四、如果保险中介公司提供劳务的开始和完成分属不同的会计年度，在提供劳务交易的结果能够可靠估计的情况下，应当在资产负债表日按完工百分比法确认相关的劳务收入。当劳务的总收入和总成本能够可靠计量、与交易相关的经济利益能够流入企业、劳务的完成程度能够可靠确定时，则交易的结果能够可靠的估计。

在提供劳务交易结果不能可靠估计的情况下，应当在资产负债表日对收入分别三种情况进行确认和计量：

1. 如果已经发生的劳务成本预计能够得到补偿，应按已经发生的劳务成本金额确认收入，并按相同的金额结转成本；

2. 如果已经发生的劳务成本预计不能全部得到补偿，应按能够得到补偿的劳务成本金额确认收入，并按已经发生的劳务成本作为当期费用；

3. 如果已经发生的劳务成本预计全部不能得到补偿,应按已经发生的劳务成本计入当期费用,不确认收入。

5401 主营业务成本

一、本科目核算保险中介公司从事主营业务而发生的实际成本。包括支付给营销员的佣金,业务部门的办公费、折旧费、水电费、人员工资、福利费、差旅费、交通费、通讯费,以及其他与主营业务直接相关的成本。

二、对于同一会计年度开始并完成的业务,公司应当在结转主营业务收入的同时结转主营业务成本;对于跨年度业务,应当在年末按规定的方法计算确定应结转的主营业务成本。结转主营业务成本时应借记"主营业务成本"等科目,贷记相关科目。

三、期末,应将本科目的余额转入"本年利润"科目,结转后本科目应无余额。

三、会计报表格式及补充报表项目

(一)保险中介公司对外提供的会计报表中至少应包含资产负债表、利润表、利润分配表和现金流量表。

(二)本办法在《企业会计制度》的基础上在资产负债表中增加了"存出营业保证金" 项目,在"应收账款"下增加了"其中:垫付保费"明细项目,在"应付账款"下增加了"其中:代收保费"明细项目。

"存出营业保证金"科目余额应在资产负债表的"长期待摊费用"与"其他长期资产"项目之间单列"存出营业保证金"项目反映。

(三)在利润表中的"主营业务收入"下增加了"其中:代理佣金收入"、"其中:经纪佣金收入"、"其中:咨询费收入"、"其中:公估费收入"等明细项目。

(四)利润分配表和现金流量表不做变动。

根据本办法,变动后的资产负债表和利润表的格式如下:

资产负债表

会企01表

编制单位： 年 月 日 单位：元

资产	行次	年初数	期末数	负债和所有者权益（或股东权益）	行次	年初数	期末数
流动资产：				流动负债：			
货币资金				短期借款			
短期投资				应付票据			
应收票据				应付账款			
应收股利				其中：代收保费			
应收利息				预收账款			
应收账款				应付工资			
其中：垫付保费				应付福利费			
其他应收款				应付股利			
预付账款				应交税金			
存货				其他应交款			
待摊费用				其他应付款			
一年内到期的长期债权投资				预提费用			
其他流动资产				预计负债			
流动资产合计				一年内到期的长期负债			
				其他流动负债			
长期投资：				流动负债合计			
长期股权投资							
长期债权投资				长期负债：			
长期投资合计				长期借款			
固定资产：				应付债券			
固定资产原价				长期应付款			
减：累计折旧				专项应付款			
固定资产净值				其他长期负债			
减：固定资产减值准备				长期负债合计			
固定资产净额				递延税项：			
工程物资				递延税项贷项			
在建工程				负债合计			
固定资产清理							
固定资产合计				所有者权益（或股东权益）：			
无形资产及其他资产：				实收资本（或股本）			

续表

资产	行次	年初数	期末数	负债和所有者权益（或股东权益）	行次	年初数	期末数
无形资产				减:已归还投资			
长期待摊费用				实收资本（或股本）净额			
存出营业保证金				资本公积			
其他长期资产				盈余公积			
无形资产及其他资产合计				其中:法定公益金			
				未分配利润			
递延税项:				所有者权益（或股东权益）合计			
递延税款借项							
资产总计				负债和所有者权益（或股东权益）总计			

利润表

会企02表

编制单位: 年 月 单位:元

项　　目	行次	本月数	本年累计数
一、主营业务收入			
其中:代理佣金收入			
经纪佣金收入			
咨询费收入			
公估费收入			
减:主营业务成本			
主营业务税金及附加			
二、主营业务利润（亏损以“－”号填列）			
加:其他业务利润（亏损以“－”号填列）			
减:营业费用			
管理费用			
财务费用			
三、营业利润（亏损以“－”号填列）			
加:投资收益（亏损以“－”号填列）			
营业外收入			
减:营业外支出			
四、利润总额（亏损以“－”号填列）			
减:所得税			
五、净利润（亏损以“－”号填列）			

关于印发《机动车交通事故责任强制保险业务单独核算管理暂行办法》的通知

（2006年6月30日） 保监发〔2006〕74号

各中资财产保险公司，各保监局：

根据《机动车交通事故责任强制保险条例》，为加强对机动车交通事故责任强制保险业务单独核算的监督管理，我会制定了《机动车交通事故责任强制保险业务单独核算管理暂行办法》。现予印发，请遵照执行。

机动车交通事故责任强制保险业务单独核算管理暂行办法

第一章 总 则

第一条 为了规范机动车交通事故责任强制保险业务（以下简称交强险）的核算和报告，根据《机动车交通事故责任强制保险条例》（以下简称《条例》）和有关法规，制定本办法。

第二条 本办法所称保险公司，指经中国保监会批准，经营交强险的保险公司。

第二章 核算原则

第三条 保险公司应当遵循"准确、公平、透明"的基本原则，单独核算、单独报告交强险的经营损益、专属资产和专属负债。

前款所指专属资产，是指仅由交强险的交易或事项形成的资产。

前款所指专属负债，是指仅由交强险的交易或事项形成的负债。

第四条 保险公司应当准确核算交强险的经营损益、专属资产、专属负债。公司应当根据业务的经济实质，采用科学、合理、公平的标准，准确认定各项收入和费用的归属对象。

第五条 保险公司在单独核算交强险损益时，资金管理方式和会计政策的选择应当公平对待交强险保单持有人和其他保险业务保单持有人的利益。交强险的会计政策应当和其他保险业务的会计政策相同。

保险公司在核算交强险损益时，不得挤占其他保险业务的成本，不得随意分摊费用，不得用经营费用挤占赔款性支出。

第六条 保险公司应当按照中国保监会的有关要求，及时、充分地报告和披露交强险的收入、支出、损益和专属资产、专属负债等财务信息。

第七条 缴纳的救助基金作为保险公司的支出，计入交强险的经营费用。

第八条 保险公司根据《条例》第二十二条的规定在责任限额内垫付或承诺支付的抢救费用，应当按照实质重于形式的原则，作为当期的赔款支出。向致害人追偿的款项，应当在确有证据表明能够收回且其金额可以可靠计量时，作为当期的赔款的减项。

第九条 保险公司应当严格按照《保险公司非寿险业务准备金管理办法（试行）》（保监会令〔2004〕13 号）的要求评估交强险的各项准备金。其中，未到期责任准备金按照三百六十五分之一法评估。

第三章 核算要求

第十条 申请经营交强险的保险公司应当具备能够准确、公平核算交强险损益和专属资产、专属负债的组织体制、专业人员和技术条件。

保险公司应当通过加强内部控制、改造业务流程、明确岗位职责、完善信息系统、开展专业培训，来达到本办法规定的核算要求。

保险公司应当根据本办法，结合自身实际，制定具体的核算制度和实施办法，加强对分支机构的管理，确保分支机构能够严格按照本办法的有关规定单独核算交强险。

第十一条 保险公司应当为交强险设定单独代码，在财务、承保、理赔、再保等信息系统中实现交强险的单独记录和处理。

保险公司应当在会计核算系统中通过明细核算来准确反映交强险的经营损益、专属资产、专属负债。

保险公司应定期对财务系统与业务系统中交强险的数据进行检验，保证业务系统数据与财务系统数据的一致性。

第十二条 交强险的资金可以单独管理和运用，也可以不单独管理和运用。

交强险的资金单独管理和运用时，保险公司不得以任何方式在交强险资金账户和其他业务资金账户之间转移利益。

第十三条 交强险的资金单独运用时，保险公司应当以日、周或月为基础，按照收付实现制的原则确认、计量交强险实际可运用资金量并定期、及时归集和划转。实际可运用资金量 = 实际收到的保费 - 实际支付的赔款性支出 - 实际支付的专属费用性支出 - 应当归属于交强险的实际支付的共同费用性支出 - 实际支付的分保账款+实际收到的分保账款。无法按照上述公式准确计量的，可以用“实际收到的保费－实际支付的赔款”来确定交强险的可运用资金量。

按照上款规定计算出的某日、周或月的实际可运用资金量小于零时，可从交强险的资金归集专户中转出，也可在以后各日、周或月划入的实际可运用资金量中扣减。

专属费用，指专为经营交强险所发生的、应当全部归属于交强险的费用，如：交强险的手续费、佣金、保单印制费等。

共同费用，指不是专为经营交强险发生的，不能全部归属于交强险的费用，如：房屋租赁费和折旧费、行政管理人员的薪酬等。

第十四条 保险公司应当根据中国保监会的有关规定，结合公司实际，对交强险的收入和费用项目进行细分，将每项收入认定为专属收入或共同收入，将每项费用认定为专属费用或共同费用，并且能够对共同收入、共同费用实施公平、合理的分摊，同时在会计核算系统中做出明确的标识。

专属收入，指仅由交强险产生的收入。如：保费收入、资金单独运用情况下的投资收益等。

共同收入，指交强险和其他保险业务共同产生的收入，如：资金未单独运用情况下的投资收益等。

第十五条 保险公司应当在单独核算交强险损益的基础上，按照家庭用车、非营业客车、营业客车、非营业货车、营业货车、特种车、摩托车、拖拉机、挂车9大类车型核算交强险业务分部的经营损益，同时按照省级（自治区/直辖市）行政区划核算交强险地区分部的经营损益。

第四章 共同收入和共同费用的分摊

第十六条 保险公司应当按照《保险公司费用分摊指引》的规定进行费用的认定和分摊。《保险公司费用分摊指引》由中国保监会另行制定。

保险公司应当根据本办法和《保险公司费用分摊指引》的规定，结合公司自身情况，制定具体的费用分摊实施办法，并获得公司董事会的批准。

第十七条 保险公司应当在《保险公司费用分摊指引》发布后2个月内将公司制定的费用分摊实施办法报中国保监会备案。

保险公司应当填报《保险公司费用分摊实施办法备案表》（附件1）一式两份，报中国保监会备案。中国保监会审核后加盖财务会计部印章表示认可备案。

中国保监会认为公司备案材料不符合本办法规定的，有权要求公司更正。

保险公司分公司应当将经中国保监会认可备案的《保险公司费用分摊实施办法备案表》及相关材料的复印件向当地保监局备案。

第十八条 在资金未单独运用的情况下，保险公司应当以实际可运用资金量的比例将投资收益在交强险和其他保险业务之间进行分摊。

实际可运用资金量根据本办法第十三条规定的方法确定。

第十九条 在核算交强险业务分部和地区分部的经营损益时,保险公司应当以"报告期实际收到的保费 - 报告期实际支付的赔款"的比例将交强险业务投资收益在各业务分部或地区分部之间进行分摊。

交强险各业务(地区)分部之间共同费用分摊的原则、方法应当符合《保险公司费用分摊指引》的规定。

第二十条 保险公司不得随意变更收入、费用的认定结果和分摊标准。如确有需要变更,应当说明变更的原因和对交强险损益的影响,并于决定变更之日起10日内按照本办法第十七条的规定重新履行备案程序。

第二十一条 保险公司应当保留可供核查和审计的收入、费用认定和分摊的依据。

第五章 专题财务报告

第二十二条 保险公司应当在每年的4月30日前报送上一年度的交强险专题财务报告和注册会计师审计报告。

中国保监会可以根据监管需要,调整交强险专题财务报告的报送频率和时间。

第二十三条 交强险专题财务报告由以下各部分内容组成:

(一)交强险业务基本情况;

(二)管理层对交强险损益状况的分析;

(三)交强险损益表(附件3);

(四)交强险经营费用明细表(附件4);

(五)交强险分部损益表(业务分部)(附件5);

(六)交强险分部损益表(地区分部)(附件6);

(七)交强险专属资产和专属负债表(附件7);

(八)报表附注;

(九)注册会计师审计意见。

第二十四条 交强险业务基本情况包括公司获得经营资格的时间、公司为保证交强险的准确核算采取的措施、报告期经营情况等内容。

第二十五条 管理层对交强险损益情况的分析包括管理层对报告期交强险业务结构、收入和赔付情况、费用结构(专属费用和共同费用)分析等内容。

第二十六条 报表附注包括:

(一)会计政策和会计政策变更的原因及其影响;

(二)资金管理方式和投资收益的分摊方法,包括资金是否单独运用、资金没有单独运用时投资收益的分摊方法和分摊计算公式；

（三）重要报表项目的明细；

（四）保险公司报告期内发生和累计发生的实际垫付以及以承诺支付方式垫付的抢救费用金额及追偿情况；

（五）或有负债等其他应披露的信息。

第二十七条 交强险专题财务报告应当由注册会计师审计。注册会计师应当就以下两方面发表审计意见：

（一）各项费用的认定结果及共同费用的分摊方法是否与公司向保监会的备案一致，共同收入、共同费用的分摊结果是否准确、合理；

（二）交强险经营损益、专属资产、专属负债的核算和表达是否公允。

此外，注册会计师还应当关注相关内部控制是否健全、有效，财务核算系统是否能满足交强险单独核算的要求以及业务系统数据和财务核算系统数据是否定期核对并能保持一致等问题，并发表审核意见。

第六章 附 则

第二十八条 各保监局应当加强对辖区内保险公司分支机构交强险核算工作的指导，并对分支机构的会计核算是否符合本办法有关规定实施监督检查。

第二十九条 保险公司有违反本办法规定行为的，中国保监会将按照《保险法》及《条例》等有关法规进行处罚。

第三十条 本办法自发布之日起施行。

附件：1. 保险公司费用分摊实施办法备案表（略）

2. 董事长声明书（略）

3. 交强险损益表（略）

4. 交强险经营费用明细表（略）

5. 交强险分部损益表（业务分部）（略）

6. 交强险分部损益表（地区分部）（略）

7. 交强险专属资产和专属负债表（略）

关于印发《保险公司费用分摊指引》的通知

（2006年8月29日） 保监发〔2006〕90号

各保监局，各保险公司、保险资产管理公司：

为了规范保险公司费用分摊，提高会计信息质量和公司财务管理水平，为公司产品定价、经营决策、分支机构业绩考核和监管工作提供科学、准确的财务信息，我会制定了《保险公司费用分摊指引》。现予印发，请遵照执行。

保险公司费用分摊指引

一、总则

1. 为了规范保险公司费用分摊，提高会计信息质量和公司财务管理水平，为公司产品定价、经营决策、分支机构业绩考核和监管工作提供科学、准确的财务信息，制定本指引。

2. 本指引所称费用，指保险公司在日常经营活动中发生的、会导致所有者权益减少的、与向所有者分配利润无关的经济利益的总流出，包括赔款支出、分保赔款支出、各类给付、退保金、准备金提转差、佣金、手续费、分保费用支出、营业税金及附加、营业费用、提取保险保障基金等。

3. 保险公司向中国保险监督管理委员会（以下简称“中国保监会”）报送的和对外公开披露的所有报告、数据涉及的费用分摊均应参照本指引的规定，包括偿付能力报告、财务会计报告、交强险专题财务报告、分红保险专题财务报告以及向中国保险统计信息系统报送的数据等。

4. 保险公司出于内部管理等其他目的进行的费用分摊，可以不适用本指引。

二、专属费用和共同费用的认定

5. 保险公司应当根据业务的经济实质，将每项费用准确认定为专属费用或共同费用。

专属费用是指专门为某一归属对象发生的，能够全部归属于该归属对象的费用。

共同费用是指不是专门为某一归属对象发生的，不能全部归属于该归属对象的费用。

6. 专属费用和共同费用的认定结果会因分摊目的和管理水平的不同而不同。

6.1 保险公司费用分摊的目的不同，确定的费用归属对象就不同，因而专属费用和共同费用的认定结果也会不同，即同一项费用在不同的分摊目的下会认定为不同的属性。如：当产险公司核算各险种大类的损益时，其费用归属对象是车险、企财险、家财险等险种大类，车险的赔款和车险承保管理人员的薪酬就是车险的专属费用；但当公司核算交强险损益时，费用归属对象就要细化到车险内部的交强险、车损险以及其他车险险种类别，车险承保管理人员的薪酬就成为共同费用，需要采用一定标准在交强险、车损险和其他车险险种之间进行分摊。

6.2 保险公司管理和核算水平不同，费用的细分程度就会不同，费用认定结果也会不同。公司的基础管理越细化，费用记录的相关信息越充分，该费用越有可能直接认定为专属费用，因而越有可能减少需要分摊的共同费用的项目，从而越有可能增加费用分摊的准确性。

7. 保险公司应当根据实际需要和不同的分摊目的，确定不同的费用归属对象，进而准确认定其专属费用和共同费用。以下是常见的三种情况。

7.1 在有些情况下，保险公司需要将费用分摊至险种。如：保险公司向中国保监会报送财务会计报告、交强险专题财务报告、分红保险专题财务报告以及向中国保险统计信息系统报送数据时，需要将费用分摊到险种。此时，就应当将险种确定为费用归属对象。

7.1.1 险种作为费用归属对象时，专门为某险种发生的费用应当认定为该险种的专属费用，如：在核算交强险损益时，交强险的手续费、赔款支出、保单印制费、广告宣传费均应当认定为交强险的专属费用。不是专门为某险种发生的、不能全部归属于该险种的费用则应当认定为共同费用，如：在核算交强险中家庭用车的损益时，交强险的广告宣传费就应当认定为共同费用。

7.2 在有些情况下，保险公司需要将费用分摊至业务类别。如：保险公司向中国保监会报送偿付能力报告时，应当根据《保险公司偿付能力报告编报规则第9号：综合收益》的规定将费用分摊至承保业务、投资业务、受托管理业务和其他业务4大业务类别。此时，就应当将业务类别确定为费用归属对象。

7.2.1 业务类别作为费用归属对象时，专门为某类业务发生的费用应当认定为该类业务的专属费用，如：车险承保人员的薪酬应当认定为承保业务的专属费用。不是专门为某类业务发生的、不能全部归属于该类业务的费用应当认定为共同费用，如：财务部门和人力资源部门人员的薪酬。

7.3 在有些情况下，保险公司需要将费用分摊至分支机构。如：保险公司向中国保监会报送交强险专题财务报告时，需要将费用分摊至按照省级（自治区/直辖市）行政区划确定的交强险地区分部（分支机构）。此时，就应当将分支机构确定为费用归属对象。

7.3.1　分支机构作为费用归属对象时，专门为某分支机构发生的费用应当认定为该分支机构的专属费用，如：某公司北京地区发生的交强险赔款支出、手续费、在北京地区投放的广告费用应当认定为该公司北京地区分部的专属费用。不是专门为某分支机构发生的、不能全部归属于该分支机构的费用应当认定为共同费用，如：公司在中央电视台投放的交强险广告宣传费应当认定为共同费用。

7.4　投资业务费用应当根据不同的费用归属对象，采用不同的认定、分摊方法。如：当业务类别作为费用归属对象时，投资业务发生的费用应当认定为投资业务的专属费用。当险种作为费用归属对象时，除独立账户资金等单独运用资金的投资业务发生的费用应当认定为相应险种的专属费用外，保险公司不必对其他资金的投资业务费用逐项进行分摊，只需按照资产负债匹配的要求，将扣除投资业务费用后的投资收益在险种之间进行分摊即可。当分支机构作为费用归属对象时，保险公司不必对投资业务费用逐项进行认定和分摊，只将扣除投资业务费用后的投资收益在分支机构之间进行分摊即可。

三、共同费用的分摊程序和标准

8.保险公司在进行共同费用分摊时，应当将公司部门分为直接业务部门和后援管理部门2类。

直接业务部门是指直接从事保单销售、核保核赔、理赔服务、再保业务操作和管理的部门，如：销售、承保、理赔、再保、客户服务等部门。

后援管理部门是指为直接业务部门提供服务和进行公共管理的部门，如：财务、精算、信息技术、法律、投资管理、稽核、办公室、人力资源、总经理室等部门。

保险公司应当根据自身的组织架构确定直接业务部门、后援管理部门的范围和具体名称。

9.保险公司在将部门分为直接业务部门和后援管理部门的同时，应当将需要分摊的共同费用分为人力成本、资产占用费和其他营业费用3类。

人力成本，是指职工薪酬及其相关的支出，如：职工工资、职工福利费、职工教育费、住房公积金、社会统筹保险费、补充养老保险费等。

资产占用费，是指由于资产占用而发生或应当承担的费用，如：固定资产折旧和租赁费、电子设备运转费、无形资产摊销、土地使用税、房产税、长期待摊费用等。

其他营业费用，是指除了人力成本和资产占用费之外的其他共同性营业费用，如：业务招待费、会议费、差旅费、水电费等。

10.保险公司应当按照以下步骤（流程图见附件1），采用《共同费用向险种分

摊标准表》(附件3)和《共同费用向业务类别分摊标准表》(附件4)中规定的分摊标准将共同费用分摊到险种或业务类别:

第一步,将资产占用费分摊到各部门;

第二步,将后援管理部门(投资管理部门除外)的费用(包括人力成本、分摊的资产占用费以及业务招待费、会议费、差旅费)分摊到直接业务部门,同时将投资管理部门的费用全部计入"投资收益";

第三步,将直接业务部门归集和分摊到的费用、其他营业费用、投资收益分摊到险种或业务类别。

11. 在遵照《保险公司非寿险业务准备金管理办法(试行)》(保监会令〔2004〕13号)规定的前提下,如果保险公司根据业务的风险特征,对几个险种合并评估其已发生未报案未决赔款准备金(IBNR),就需要将合并评估的已发生未报案未决赔款准备金(IBNR)认定为共同费用,按照下述公式分摊到各险种:

某险种的已发生未报案未决赔款准备金(IBNR)=各险种分摊比例×〔该险种截止至报告期末滚动(至少)12个月分保后已决赔款+该险种报告期末分保后已发生已报案未决赔款准备金〕

其中:各险种分摊比例=报告期末几个险种合并评估的已发生未报案未决赔款准备金(IBNR)÷〔合并评估险种截止至报告期末滚动(至少)12个月分保后已决赔款+合并评估险种报告期末分保后已发生已报案未决赔款准备金〕

〔例〕 甲公司2005年12月31日对A、B两个险种合并评估IBNR,结果见表1。

表1

单位:万元

险种	截止至报告期末滚动36个月分保后已决赔款	报告期末分保后已发生已报案未决赔款准备金	合并评估的IBNR
A	200	100	130
B	700	300	

各险种IBNR分摊比例=130/〔(200+700)+(100+300)〕=10%

A险种应分摊的IBNR=10%×(200+100)=30(万元)

B险种应分摊的IBNR=10%×(700+300)=100(万元)。

12. 保险公司应当按照以下步骤(流程图见附件2),采用《共同费用向分支机构分摊标准表》(附件5)中规定的分摊标准将总公司发生的共同费用分摊到各分支机构:

第一步,将总公司的资产占用费分摊到总公司各部门;

第二步，将总公司各部门归集和分摊到的费用、其他营业费用、投资收益分摊到各分支机构。

13. 分支机构作为费用归属对象时，原则上保险公司应当在整个公司层面上对各险种的已发生未报案未决赔款准备金（IBNR）进行总体评估，并将评估的已发生未报案未决赔款准备金（IBNR）作为共同费用按照下述公式分摊到各分支机构：

分摊到某分支机构的某险种已发生未报案未决赔款准备金（IBNR）= 各分支机构某险种分摊比例 ×〔该分支机构某险种截止至报告期末滚动（至少）12 个月分保后已决赔款 + 该分支机构某险种报告期末分保后已发生已报案未决赔款准备金〕

其中：各分支机构某险种分摊比例 = 某险种总体评估的已发生未报案未决赔款准备金（IBNR）÷〔各分支机构该险种截止至报告期末滚动（至少）12 个月分保后已决赔款 + 各分支机构该险种报告期末分保后已发生已报案未决赔款准备金〕

〔例〕 甲公司 2005 年 12 月 31 日对车损险 IBNR 进行总体评估，结果见表 2。

表 2

单位：万元

分支机构	截止至报告期末车损险滚动 36 个月分保后已决赔款	报告期末车损险分保后已发生已报案未决赔款准备金	总体评估的车损险 IBNR
A	2400	600	375
B	3000	1500	

各分支机构车损险 IBNR 分摊比例 = 375/〔(2400 + 3000) + (600 + 1500)〕= 5%

A 分支机构应分摊的车损险 IBNR = 5% × (2400 + 600) = 150（万元）

B 分支机构应分摊的车损险 IBNR = 5% × (3000 + 1500) = 225（万元）。

14. 以上分摊程序不要求考虑后援管理部门之间相互提供服务而产生的共同费用交互分配需求，但有条件的公司可以对以上分摊程序进行必要修正，引入共同费用交互分配程序。

15. 保险公司应当按照资产负债匹配的要求，将投资收益分摊到相应的归属对象。对于资产负债匹配要求相同的资金，应当按照实际可运用资金量的比例将其投资收益分摊到所确定的归属对象。

15.1 在将资产负债匹配要求相同的资金投资收益分摊到相应的险种时，保险公司应当以日、周或月为基础，按照收付实现制的原则确认、计量各险种实际可运用资金量。各险种实际可运用资金量 = 期初该险种实际可运用资金量 + 报告期该险种实际收到的保费 − 报告期该险种实际支付的赔款、给付 − 报告期归属于该险种的实际支出的专属费用和共同费用。保险公司也可以用“期初该险种实际可运用资金量+报告期该险种实际收到的保费-报告期该险种实际支付的赔款、给付”来简化确定各险种的实际可运用资金量。

15.2 将投资收益分摊到分支机构时,保险公司应当以日、周或月为基础,按照收付实现制的原则确认、计量各分支机构实际可运用资金量。各分支机构的实际可运用资金量=期初该分支机构实际可运用资金量+报告期该分支机构实际上划的保费-报告期实际下划给该分支机构的赔款、费用等。

四、监管要求

16. 保险公司应当不断改进基础管理,完善信息系统,细化费用认定程序,尽可能将更多的费用认定为专属费用,增加费用分摊的准确性。

17. 本指引是保险公司费用分摊程序和标准的最低要求。保险公司可以在遵循本指引基本原则的前提下,结合公司实际情况开发更为科学、准确、合理的费用分摊方法,也可以开发作业成本法等更为先进的成本核算和管理模式,但要向中国保监会申请验收合格后方可实施。

18. 保险公司应当根据本指引的规定,结合公司自身情况,制定具体的费用分摊实施办法,报中国保监会备案。

19. 总公司应当加强对各级分支机构的管理,确保各级分支机构按照总公司统一制定的费用分摊办法准确认定、分摊费用。

20. 保险公司不得随意变更费用的认定程序和分摊标准。如确有需要变更,应当说明变更原因及其对相关报告、数据的影响,并于决定变更之日起10日内报中国保监会备案。

五、附则

21. 保险资产管理公司的费用分摊应当参照本指引执行。

22. 本指引由中国保监会负责解释和修订。

23. 本指引自发布之日起施行。

附件:1. 共同费用向险种或业务类别分摊流程图(略)

2. 共同费用向分支机构分摊流程图(略)

3. 共同费用向险种分摊标准表(略)

4. 共同费用向业务类别分摊标准表(略)

5. 共同费用向分支机构分摊标准表(略)

关于保险业实施新会计准则有关事项的通知

（2006 年 9 月 20 日） 保监发〔2006〕96 号

各保监局，各保险公司、保险资产管理公司：

2006 年 2 月 15 日，财政部颁布了 39 项企业会计准则（以下简称“新会计准则”），要求自 2007 年 1 月 1 日起在上市公司范围内施行，同时鼓励其他企业执行。为了提高保险公司的会计信息质量和内部管理水平，促进保险业又快又好发展，我会决定从 2007 年 1 月 1 日起全行业同时执行新会计准则。现就有关事项通知如下：

一、新会计准则总体实施方案

新会计准则的总体实施方案为“同时切换，分步到位”。所谓“同时切换”，是指全行业统一从 2007 年 1 月 1 日同时切换到新会计准则。所谓“分步到位”，就是将全部实施过程分为两个阶段，先易后难。分两个阶段实施是最低要求，是完成实施工作的最后期限，有条件的公司可以一步到位，也可以分步提前完成。

第一阶段：2007 年 1 月 1 日起实现“会计报表层面的切换”。各公司在现行会计核算系统生成会计报表的基础上，针对新旧会计准则的差异点，将旧制度下的会计报表切换成新会计准则下的会计报表，即调表不调账。

第二阶段：2008 年 1 月 1 日之前实现“管理流程层面的切换”和“会计账目层面的切换”。各公司应当根据新会计准则对产品开发、精算、投资、内控程序、风险管理等管理流程进行必要的调整，将新会计准则贯彻到管理流程层面。在实现管理流程再造的基础上，各公司应当完成对会计核算系统的调整，实现会计核算系统的切换。

二、新会计准则实施领导小组

为了保证新会计准则的顺利实施，我会成立了新会计准则实施领导小组（以下简称“领导小组”）。领导小组负责对行业实施新会计准则进行指导和协调，包括系统研究和全面清理新旧会计标准的差异点；研究制定有关技术标准，为保险公司实施新会计准则提供政策和技术上的指导；拟定新会计准则的培训计划和标准，统一规划，统筹管理。领导小组办公室设在我会财务会计部财务监管处，承担领导小组的日常工作。领导小组人员构成如下：

组　长：李克穆　保监会副主席

副组长：王新棣　保监会财务会计部主任
　　　　江先学　保监会财务会计部副主任
　　　　裴　光　保监会统计信息部副主任
　　　　高　艳　保监会资金运用监管部副主任
成　员：庄作瑾　中国人寿保险(集团)公司副总裁
　　　　王银成　中国人民财产保险股份有限公司副总裁
　　　　沈喜忠　中国再保险(集团)公司副总经理
　　　　汤大生　中国太平洋保险(集团)股份有限公司副总经理
　　　　任汇川　中国平安保险(集团)股份有限公司财务总监
　　　　顾　强　美国美亚保险公司上海分公司财务总监
　　　　李汉雄　中宏人寿保险股份有限公司财务总监
　　　　林同文　普华永道中天会计师事务所合伙人
　　　　宋晨阳　毕马威华振会计师事务所合伙人
　　　　颜颖慈　毕马威华振会计师事务所合伙人
　　　　徐英伟　安永华明会计师事务所合伙人

三、具体要求

(一)提高思想认识,促进保险业又快又好发展

各保监局、保险公司、保险资产管理公司应当充分提高认识,把新会计准则的实施作为贯彻落实《国务院关于保险业改革发展的若干意见》的一项重点工作来抓,以实施新会计准则为契机,带动公司管理水平的提高和管理流程的改造,促进保险业又快又好地发展。

(二)加强组织领导,保证各项工作顺利开展

新会计准则的实施涉及到公司财务、产品开发、精算、投资、信息技术、内控、风险管理等环节,各公司应当成立以公司领导为负责人的新会计准则实施工作小组,统一组织和协调,责任落实到人,确保新会计准则实施工作的顺利进行。

(三)认真研究学习,全面掌握新会计准则的内涵和精神实质

各保监局、保险公司、保险资产管理公司应当在我会的统一组织和协调下,做好新会计准则的学习、培训工作,培养一大批真正全面掌握、深入理解新会计准则内涵和精神实质的干部队伍和业务骨干。新会计准则培训方案另行发布。

(四)做好统筹安排,狠抓落实,保证新会计准则的顺利实施

新会计准则的实施工作时间紧,任务重,各项工作应按照“同时切换,分步到位”总体实施方案的进度要求,尽早制定工作计划,确定工作重点,统筹安排,狠抓落实,既要提高实施效率,也要保证工作质量,确保新会计准则按期顺利实施。

如有新会计准则实施方面的建议或实施过程中遇到问题,请及时与我会财务会计部财务监管处联系。

联系人:栗利玲　高明

电话:010－66286183,66288363

关于加强对保险机构所属境内非保险类经济实体和境外保险机构财务监管若干事项的通知

(2006年6月30日)　保监财会〔2006〕701号

各保险公司:

为适应保险业快速、健康发展的客观需要,切实履行对保险行业的财务监管职责,健全统一归口管理的行业财务监管体制,为下一步实施对保险集团(控股)公司的并表监管做好准备,有效防范和化解行业财务风险,促进保险业又快又好发展,现就加强对保险公司(含集团公司、控股公司)所属境内非保险类经济实体和境外保险机构(以下简称所属非保险和境外机构)财务监管工作有关事项通知如下:

一、建立管理制度备案制度和重大财务事项报告制度

(一)本通知所称保险公司所属境内非保险类经济实体,是指保险公司能对其实施控制、共同控制或重大影响的除保险公司、保险资产管理公司、健康保险公司、养老保险公司之外的各类经济实体,包括保险公司所属银行、证券公司、信托公司、保险中介机构及其他独立经营、独立核算的经济实体或投资项目。保险公司所属境外保险机构,是指保险公司能对其实施控制、共同控制或重大影响的境外的保险营业机构,其中包括境外分支机构,但不包括在境外设立的代表处、办事处等非营业性机构。

(二)保险公司所属非保险和境外机构的资产质量、财务状况、经营效益直接关系到保险公司和整个行业的资产安全和偿付能力,是促进保险业发展和防范保险业风险的重要环节。保险公司应当建立以财会部门牵头,相关部门密切配合的财务管理体制,将所属非保险和境外机构的会计核算、筹资、投资、资金收益分配、预算、业绩考核等财务管理活动纳入公司整体财务管理的框架中,在符合公司治理原则的前提下,切实履行对所属非保险和境外机构应尽的财务监督职责。

(三)保险公司应建立健全资产管理制度,加强对长期股权投资尤其是所属非保险和境外机构的长期股权的日常管理，将有关管理制度和办法报保监会财务会计部备案。有关制度和办法修订后，应向保监会及时更新备案材料。

（四）保险公司应当将其长期股权投资有关的重大财务决策、事项，以及所属非保险和境外机构有可能对保险公司财务状况和偿付能力产生重大影响的事项，及时向保监会报告。与长期股权投资有关的重大财务决策、事项包括：转让所属非保险和境外机构股权；投资设立或参股非保险类经济实体或境外机构；所属非保险和境外机构上市融资等。可能对保险公司财务状况和偿付能力产生重大影响的事项包括所属非保险和境外机构发生严重亏损或进行重大债务重组等。

（五）对于不具备持续经营条件或已无法进行正常经营活动的所属非保险和境外机构（例如停业、被吊销营业执照或被监管部门接管等），保险公司应当加强清理整顿工作，并将有关情况及时向保监会报告。

二、建立财务报告的定期报告、外部审计和监管审核制度

（一）各保险公司于每年4月30日前，向保监会财务会计部报送所属非保险和境外机构上一会计年度的财务报告的纸质文本和电子文本。其中，境外保险机构的财务报告应分别按照中国会计准则和境外机构所在国（地区）会计准则编制。

（二）所属境内非保险类经济实体的财务报告和所属境外保险机构按所在国（地区）会计准则编制的财务报告应经会计师事务所审计。

（三）所属非保险和境外机构本身属于控股管理机构，不从事实体经营的，保险公司在报送该所属机构财务报告的同时应报送其控股管理的下一级经济实体的财务报告。

（四）不具备持续经营条件或已无法进行正常经营活动的所属非保险和境外机构可以不报送财务报告，但保险公司应当向保监会附送专题报告，汇总说明该类机构上一会计年度的经营情况、清理整顿情况或清算情况。

（五）保监会依法对保险公司所属非保险和境外机构的财务报告实施监管审核。对违反国家财会制度和监管法规的，保监会将根据监管职责实施查处，不属于保监会职权范围内的事项，移送其他监管部门查处。

三、其他事项

（一）凡投资有境内非保险类经济实体和境外保险机构的保险公司，应于2006年8月15日前向保监会财务会计部报送以下材料：

1. 所属境内非保险类经济实体和境外保险机构基本情况一览表（见附件）；

2. 保险公司财会部门制定的长期股权投资管理制度、对所属非保险和境外机构的财务管理办法等相关内部管理制度；

3. 所属非保险和境外机构经审计后的2005年度财务报告。其中，电子文本通过电子邮件发送到ac_jgc@circ.gov.cn 。

(二)执行中遇到问题,请及时向保监会财务会计部报告。

联系人:郭菁　栗利玲

电话:010－66286182　66286183

传真:010－66288102

附件:所属境内非保险类经济实体和境外保险机构基本情况一览表(略)

关于保险资产管理公司年度财务报告有关问题的通知

(2008年4月29日)　保监发〔2008〕31号

各保险资产管理公司:

近期,财政部发布《关于印发保险资产管理公司财务报表列报要求的通知》(财办会〔2008〕3号)(见附件1),对保险资产管理公司财务报表内容与格式做出具体规定。为切实做好保险资产管理公司年度财务报告的编报工作,现就有关事项通知如下:

一、请各保险资产管理公司按照财政部文件要求编报财务报表及附注,其他编报要求执行我会2007年2月13日发布的《关于年度报告编报工作有关问题的通知》(保监发〔2007〕13号)。

二、在向保监会报送年度财务报告的同时,各公司还应当按照以下要求编报补充信息:

(一)补充信息的内容

1. 财务监管附表

为加强财务监管,我会制定了财务监管报表(见附件2、3、4),包括"一对一"签订委托合同、发行债权/股权投资计划、发行"创新投资"试点产品和其他方式受托管理的保险资金运用情况的报表。其中,除了"一对一"签订委托合同方式以外,以发行债权/股权投资计划、发行"创新投资"试点产品或其他方式受托管理保险资金的报表应分别每一产品或计划进行单独审计,并同时报送审计报告。

2. 受托管理企业年金有关信息

如果公司拥有受托管理企业年金的有关资格,还应当披露获得的资格类型及经营状况有关信息。拥有企业年金投资管理人资格的公司,披露的信息应当包括报告日受托管理的企业年金资产规模。

3. 公司认为有助于说明公司财务状况和经营成果的其他信息

以上 2 和 3 规定的补充信息可以不经过审计。

（二）补充信息作为年度财务报告的附件报送。

（三）公司对外公开披露的年度财务报告，不包括以上补充信息。

三、考虑到以上特别情况，2007 年年度报告的报送时间可以延迟至 2008 年 4 月 30 日，各公司无需另外申请延期。

附件：1. 财政部《关于印发保险资产管理公司财务报表列报要求的通知》（财办会〔2008〕3 号）（略）

2. 受托资金来源与运用表（略）

3. 受托资金投资收益表（略）

4. "创新试点"投资产品（或债权/股权投资计划）持有人份额表（略）

关于保险集团（控股）公司、相互制保险公司资本保证金提存有关问题的通知

（2008 年 8 月 12 日） 保监发〔2008〕66 号

各保险集团（控股）公司、相互制保险公司：

根据《保险法》第七十九条规定，保险公司成立后应按照其注册资本总额的百分之二十提取保证金，并存入保险监督管理机构指定的银行。2007 年，我会下发了《保险公司资本保证金管理暂行办法》（保监发〔2007〕66 号）（以下简称《暂行办法》），对保险公司提存资本保证金问题做出了明确规定。为规范保险集团（控股）公司、相互制保险公司资本保证金的提存工作，维护保险市场的健康、稳定发展，现就有关事项通知如下：

一、凡直接经营保险业务，或虽不直接经营保险业务，但尚承担保险责任的保险集团（控股）公司，应按照《暂行办法》的有关要求提存资本保证金；凡不直接经营保险业务，且不承担保险责任的保险集团（控股）公司，可不提取资本保证金。

二、相互制保险公司应按照《暂行办法》的有关要求，按照营运资金的 20% 提存资本保证金。

三、本通知下发后，凡资本保证金提存不符合《暂行办法》及本通知要求的保险机构，应于 15 个工作日内予以纠正，并向中国保监会备案。

国家发展改革委、财政部关于保险业务监管费收费标准等有关问题的通知

(2008 年 11 月 21 号) 发改价格〔2008〕3136 号

中国保险监督管理委员会：

你会《关于重新申报保险业务监管费收费标准的函》(保监财会〔2008〕675 号)收悉。经研究,现将保险业务监管费收费标准及有关问题通知如下：

一、降低你会对保险公司收取的保险业务监管费收费标准。

(一)对保险公司经营的责任保险和短期健康保险业务,由按保险公司年度自留保费收入的 1.8‰降为按保险公司年度自留保费的 1.6‰收取;其他财产险业务、人身意外险业务,由按保险公司年度自留保费收入的 1.9‰降为按保险公司年度自留保费的 1.7‰收取。

(二)对保险公司经营的长期人寿保险业务,由按保险公司年度自留保费收入的 1.1‰降为按保险公司年度自留保费的 0.9‰收取;对保险公司经营的长期健康保险业务,由按保险公司年度自留保费收入的 1.0‰降为按保险公司年度自留保费的 0.8‰收取。

(三)对保险公司经营的政策性出口信用保险业务、新型农村合作医疗保险业务、农村小额人身保险业务、计划生育保险业务和农业保险业务免收保险业务监管费。其中,农业保险是指保险公司经营的对种植业、养殖业等农业产业在生产过程中因受特定自然灾害、事故或者疫病所造成的经济损失进行赔偿的保险业务。

二、降低你会对从事保险中介业务的机构收取的保险业务监管费收费标准。

(一)对专门从事保险中介业务的机构,由按代办业务营业收入的 1.5‰降为按代办业务营业收入的 1.2‰收取,其中,保险代理机构、保险公估机构的保险业务监管费每年每家机构不低于 800 元,保险经纪机构的保险业务监管费每年每家机构不低于 1200 元。

(二)对从事保险兼业代理的机构免收保险业务监管费。

三、你会对外国保险机构代表处收取保险业务监管费标准,仍按每年每个代表处 2 万元执行。

四、你会对保险资产管理公司经营的受托管理业务,按营业收入的 0.5% 收取保险业务监管费,但最高不超过 30 万元。

五、你会实施收费应按规定到国家发展改革委办理收费许可证变更手续，并按照财政部有关规定使用票据。你会应严格执行上述规定，自觉接受价格、财政、审计部门的监督检查。

六、本通知自2008年1月1日起执行，有效期3年。有效期满后按规定程序，由你会报国家发展改革委、财政部重新审批。《国家计委、财政部关于保险业务监管费收费标准等有关问题的通知》（发改价格〔2005〕2581号）同时废止。

财政部关于印发《保险合同相关会计处理规定》的通知

（2009年12月22日） 财会〔2009〕15号

国务院有关部委、有关直属机构，各省、自治区、直辖市、计划单列市财政厅（局），新疆生产建设兵团财务局，有关保险公司：

为了规范保险混合合同分拆、重大保险风险测试和保险合同准备金计量的会计处理，根据《中华人民共和国会计法》和《企业会计准则——基本准则》等有关法律法规，我部制定了《保险合同相关会计处理规定》，现予印发。

执行中有何问题，请及时反馈我部。

附件：

保险合同相关会计处理规定

为了规范保险混合合同分拆、重大保险风险测试和保险合同准备金计量等问题，现就有关会计处理规定如下：

一、保险混合合同分拆

（一）保险人与投保人签订的合同，使保险人既承担保险风险又承担其他风险的，应当分别下列情况进行处理：

1.保险风险部分和其他风险部分能够区分，并且能够单独计量的，应当将保险风险部分和其他风险部分进行分拆。保险风险部分，确定为保险合同；其他风险部分，不确定为保险合同。

2.保险风险部分和其他风险部分不能够区分，或者虽能够区分但不能够单独计量的，如果保险风险重大，应当将整个合同确定为保险合同；如果保险风险不重大，不应当将整个合同确定为保险合同。

（二）确定为保险合同的，应当按照《企业会计准则第25号——原保险合同》、《企业会计准则第26号——再保险合同》等进行处理；不确定为保险合同的，应当按照《企业会计准则第22号——金融工具确认和计量》、《企业会计准则第37号——金融工具列报》等进行处理。

二、重大保险风险测试

（一）保险人与投保人签订的需要进行重大保险风险测试的合同，应当在合同初始确认日进行重大保险风险测试。保险人应当以单项合同为基础进行重大保险风险测试；不同合同的保险风险同质的，可以按合同组合为基础进行重大保险风险测试。

测试结果表明，发生合同约定的保险事故可能导致保险人支付重大附加利益的，即认定该保险风险重大，但不具有商业实质的除外。合同的签发对交易双方的经济利益没有可辨认的影响的，表明保险人与投保人签订的合同不具有商业实质。附加利益，是指保险人在发生保险事故时的支付额，超过不发生保险事故时的支付额的金额。

（二）保险人应当在附注中披露与重大保险风险测试有关的下列信息：

1. 重大保险风险的测试方法和标准；

2. 重大保险风险测试中合同的分组标准和选取方法；

3. 重大保险风险测试假设的设定依据。

经过重大保险风险测试后，未确认为保险合同的重大合同，应当披露其交易金额、保险责任、保险期间等信息。

三、保险合同准备金计量

保险人应当在资产负债表日计量保险合同准备金，以如实反映保险合同负债。寿险保险合同准备金包括寿险责任准备金、长期健康险责任准备金，分别由未到期责任准备金和未决赔款准备金组成。非寿险保险合同准备金包括未到期责任准备金、未决赔款准备金。

（一）保险合同准备金计量的基本要求

1. 保险人在确定保险合同准备金时，应当将单项保险合同作为一个计量单元，也可以将具有同质保险风险的保险合同组合作为一个计量单元。计量单元的确定标准应当在各个会计期间保持一致，不得随意变更。

2. 保险合同准备金应当以保险人履行保险合同相关义务所需支出的合理估计金额为基础进行计量。

保险人履行保险合同相关义务所需支出，是指由保险合同产生的预期未来现金流出与预期未来现金流入的差额，即预期未来净现金流出。其中，预期未来现金流出，是指保险人为履行保险合同相关义务所必需的合理现金流出，主要包括：（1）根据保险合同承诺的保证利益，包括死亡给付、残疾给付、疾病给付、生存给付、满期给付等；(2)根据保险合同构成推定义务的非保证利益，包括保单红利给付等；(3)管理保险合同或处理相关赔付必需的合理费用，包括保单维持费用、理赔费用等。预期未来现金流入，是指保险人为承担保险合同相关义务而获得的现金流入，包括保险费和其他收费。

预期未来净现金流出的合理估计金额，应当以资产负债表日可获取的当前信息为基础，按照各种情形的可能结果及相关概率计算确定。

3. 保险人在确定保险合同准备金时，应当考虑边际因素，并单独计量。保险人应当在保险期间内，采用系统、合理的方法，将边际计入当期损益。

保险人在保险合同初始确认日不应当确认首日利得，发生首日损失的，应当予以确认并计入当期损益。

4. 保险人在确定保险合同准备金时，应当考虑货币时间价值的影响。

货币时间价值影响重大的，应当对相关未来现金流量进行折现。计量货币时间价值所采用的折现率，应当以资产负债表日可获取的当前信息为基础确定，不得锁定。

5. 原保险合同现金流量和与其相关的再保险合同现金流量应当分别估计，并应当将从再保险分入人摊回的保险合同准备金确认为资产。

6. 保险人在确定保险合同准备金时，不得计提以平滑收益为目的的巨灾准备金、平衡准备金、平滑准备金等。

（二）未到期责任准备金的计量假设和期间

1. 未到期责任准备金计量假设应当以资产负债表日可获取的当前信息为基础确定。

(1)对于未来保险利益不受对应资产组合投资收益影响的保险合同，用于计算未到期责任准备金的折现率，应当根据与负债现金流出期限和风险相当的市场利率确定；对于未来保险利益随对应资产组合投资收益变化的保险合同，用于计算未到期责任准备金的折现率，应当根据对应资产组合预期产生的未来投资收益率确定。

(2)保险人应当根据实际经验和未来的发展变化趋势，确定合理估计值，作为保险事故发生率假设，如死亡发生率、疾病发生率、伤残率等。

(3)保险人应当根据实际经验和未来的发展变化趋势，确定合理估计值，作为退保率假设。

(4)保险人应当根据费用分析结果和未来的发展变化趋势，确定合理估计值，作为费用假设。

未来费用水平对通货膨胀反应敏感的，保险人在确定费用假设时应当考虑通货膨胀因素的影响。保险人确定的通货膨胀率假设，应当与确定折现率假设时采用的通货膨胀率假设保持一致。

(5)保险人应当根据分红保险账户的预期投资收益率、管理层的红利政策、保单持有人的合理预期等因素，确定合理估计值，作为保单红利假设。

2. 保险人在计量未到期责任准备金时，预测未来净现金流出的期间为整个保险期间。对于包含可续保选择权的保险合同，如果保单持有人很可能执行续保选择权并且保险人不具有重新厘定保险费的权利，保险人应当将预测期间延长至续保选择权终止的期间。

（三）未决赔款准备金的计量方法

1. 未决赔款准备金包括已发生已报案未决赔款准备金、已发生未报案未决赔款准备金和理赔费用准备金等。

2. 保险人应当采用逐案估损法、案均赔款法等方法，以最终赔付的合理估计金额为基础，同时考虑边际因素，计量已发生已报案未决赔款准备金。

3. 保险人应当根据保险风险的性质和分布、赔款发展模式、经验数据等因素，采用链梯法、案均赔款法、准备金进展法、B－F法等方法，以最终赔付的合理估计金额为基础，同时考虑边际因素，计量已发生未报案未决赔款准备金。

4. 保险人应当以未来必需发生的理赔费用的合理估计金额为基础，计量理赔费用准备金。

（四）相关信息的披露

保险人应当在附注中披露与保险合同准备金计量有关的下列信息：

1. 各项保险合同准备金的增减变动情况；

2. 考虑分出业务和不考虑分出业务的索赔进展情况；

3. 保险合同准备金的计量方法、计量单元及其确定方法；

4. 预期未来现金流入和流出金额的组成内容和计量方法；

5. 保险合同准备金包含的边际的计量方法和计入当期损益的方法；

6. 计量保险合同准备金使用的重大假设及其来源，重大假设的敏感性分析，以及不同假设之间的关系；

7. 对重大假设产生影响的不确定性事项及其影响程度，以及重大假设确定过程中如何考虑过去经验和当前情况的描述；

8. 计量保险合同准备金使用的重大假设与可观察到的市场参数或其他公开信息的符合程度及其原因；

9. 计量保险合同准备金使用的方法和重大假设发生变更的，应当披露变更的事实、原因及其影响。

四、新旧衔接

保险公司应当自编制2009年年度财务报告开始实施本规定。以前年度发生的有关交易或事项的会计处理与本规定不一致的，应当进行追溯调整。但是，追溯调整不切实可行的除外。

关于保险业实施《企业会计准则解释第2号》有关事项的通知

（2009年1月5日） 保监发〔2009〕1号

各保险公司：

2008年8月7日，财政部印发了《企业会计准则解释第2号》(以下简称"《2号解释》")，要求境内外上市保险公司对同一交易事项采用相同的会计政策和会计估计进行确认、计量和报告。经商财政部，现就保险业执行《2号解释》的有关事项通知如下：

一、《2号解释》总体实施要求

（一）《2号解释》的总体实施方案是"统一执行，一步到位"。"统一执行"是指所有保险公司，无论是否在境内、境外上市，均执行新的统一的会计政策；"一步到位"是指保险公司在编制2009年年度财务报告时，对目前导致境内外会计报表差异的各项会计政策同时进行变更。

（二）包括境内、境外上市保险公司在内的所有保险公司，编制2009年年度境内、境外财务报告时应遵循以下会计政策：

1. 保费收入的确认和计量引入重大保险风险测试和分拆处理；

2. 保单获取成本不递延，计入当期损益；

3. 采用新的基于最佳估计原则下的准备金评估标准。

重大保险风险测试标准、保费分拆标准、新准备金评估标准另行发布。在上述新标准发布实施前，各公司暂按目前会计政策核算，待新标准实施后，再对以前年度数据进行追溯调整。

（三）在境内外同时上市的保险公司，除上述报表差异外，其他报表项目存在的差异，原则上也应按《2号解释》的要求，对同一交易事项采用相同的会计政策和会计估计，消除境内外会计报表的差异。

二、组织保证

为保证《2号解释》顺利实施，保监会牵头成立"保险业贯彻实施《2号解释》领导小组"(以下简称"领导小组")，负责对《2号解释》实施进行总体指导和协调，审议具体方案和技术标准。领导小组办公室设在保监会财会部，负责日常工作。领导小组下设两个执行层面的工作小组：会计小组和精算小组，其中，精算小组负责起草新的基于最佳估计原则下的保单责任准备金负债评估标准。

领导小组人员构成如下：

组　长：

魏迎宁(保监会副主席)

副组长：

王新棣(保监会财务会计部主任)

应　唯(财政部会计司副司长)

成　员：

保监会发改部、产险部、寿险部、统信部部门负责人

陆建桥(财政部会计司准则一处处长)

庄作瑾(中国人寿保险集团副总裁)

吴达川(中国太平洋保险集团首席财务官)

姚　波(中国平安保险集团总经理助理兼总精算师)

三、具体实施要求

(一)提高思想认识。保险公司应当高度重视，把《2 号解释》的实施作为贯彻落实科学发展观的一项重点工作来抓，以实施《2 号解释》为契机，调整业务结构，提高风险管理水平，促进保险业又好又快地发展。

(二)加强组织领导。《2 号解释》的实施涉及到公司财务、精算、投资、信息技术、风险管理等各个环节，各公司应当成立以公司领导为负责人的《2 号解释》实施工作小组，统一组织和协调，责任落实到人，确保《2 号解释》实施工作的顺利进行。

(三)做好统筹安排。《2 号解释》实施工作时间紧，任务重，各项工作应按照有关要求，尽早制定工作计划，确定工作重点，统筹安排，狠抓落实，既要提高实施效率，也要保证工作质量，确保《2 号解释》按期顺利实施。

如在《2 号解释》实施过程中遇到问题，请及时与我会财务会计部财务监管处联系。

联系人：黄洋、郭菁

电话：010－66286125　66286182

传真：010－66288102

邮箱：ac_jgc@ circ. gov. cn

关于修订分红保险专题财务报告编报规则的通知

（2009 年 1 月 8 日） 保监发〔2009〕5 号

各寿险公司、养老保险公司、健康保险公司：

为加强财务监管，提高分红保险专题财务报告（以下简称“专题财务报告”）的信息质量，同时适应新会计准则的变化，我会修订了专题财务报告的编报要求，制定了《分红保险专题财务报告编报规则》（以下简称“《编报规则》”）（见附件），并制作了分红保险专题财务报告模版（以下简称“模版”）（从“www. circ. gov. cn/财务监管/财会工作管理”栏目下载）。现将专题财务报告的编报要求通知如下：

一、请各公司严格按照编报规则的要求和模版的格式编制、装订专题财务报告。专题财务报告的纸质文本应当按照规定的纸张规格和装订方式制作，电子文本应当按照规定的电子文件类型制作。

二、各公司应当向中国保监会报送以下报告：

（一）专题财务报告和审计报告纸质文本（一式两份）；

（二）专题财务报告和审计报告的 Word 电子文本；

（三）专题财务报告中分红保险利润表、分红保险资产负债状况表和不分费差的分红保险业务盈余计算与分配备考表的 Excel 格式电子文本。

电子文件可通过寄送光盘或者发送电子邮件（ac_jgc@ circ. gov. cn）的方式报送，不得使用软盘报送。

三、各公司应当在每个会计年度的 4 月 15 日前报送上一会计年度经审计的专题财务报告。2007 年度的专题财务报告和 2008 年度的专题财务报告同时报送。

四、尚未将费用分摊实施办法向中国保监会备案的公司，应当在 2009 年 2 月 15 日之前完成备案。

五、美国友邦保险有限公司在中国境内的分支机构应当确定 1 家主报告公司，合并报送专题财务报告。

报告期内实际经营期不超过 3 个月的新公司的专题财务报告可以不经过注册会计师审计。

《关于做好分红保险专题财务报告编报工作的通知》（保监发〔2002〕8 号）和《关于做好分红保险专题财务报告编报工作的补充通知》（保监发〔2003〕19 号）同

时废止。

以上，请遵照执行。执行中遇到问题，请与我会财务会计部联系。

附件：

分红保险专题财务报告编报规则

本规则用于规范保险公司分红保险专题财务报告（以下简称“专题财务报告”）的编报，以真实、公允地反映保险公司分红保险业务的实际盈利状况。本规则主要规范保险公司分红保险专题财务报告的编报，并不用于规范公司根据企业会计准则编制的（汇总）财务报告，保险公司并非必须改变公司（汇总）财务报告的编制方法以及分红保险的业务、财务管理方式。

一、专题财务报告的内容

专题财务报告由以下五部分内容组成：董事会和管理层声明、审计意见、分红保险业务基本情况、分红保险利润表和资产负债状况表、分红保险保单红利分配方案。

（一）董事会和管理层声明

保险公司应当在董事会和管理层声明部分披露以下信息：

1. 董事会和管理层对专题财务报告所载内容真实、准确、完整、合规的保证和承担法律责任的承诺。保险公司应当声明“本报告已经通过公司董事会批准，公司董事会和管理层保证本报告所载资料不存在任何虚假记载、误导性陈述或者重大遗漏，内容真实、准确、完整、合规，并对我们的保证承担个别和连带的法律责任。”外国保险公司分公司在此部分只需披露管理层声明，即声明“公司管理层保证本报告所载资料不存在任何虚假记载、误导性陈述或者重大遗漏，内容真实、准确、完整、合规，并对我们的保证承担个别和连带的法律责任。”

2. 董事长和有关高级管理人员的签名及公司的印章。其中，有关高级管理人员指符合中国保险监督管理委员会（以下简称“中国保监会”）有关规定并经中国保监会核准任职资格的以下人员：

（1）总经理或具有相同职权的负责人；

（2）财务负责人或行使相同职权的负责人；

（3）总精算师或行使相同职权的负责人。

披露此部分信息时，需要注意以下两点：

（1）外国保险公司分公司只需要上述高级管理人员的签名及公司的印章，不需要董事长的签名。

美国友邦保险有限公司在中国境内的分支机构在确定1家主报告公司合并报

送专题财务报告时，所有分支机构的总经理或具有相同职权的负责人均应在报告上签字。

（2）如果由于某种原因上述人员委托代理人代为发表意见的，则可以由代理人签名，并附书面委托合同复印件。

3. 董事会对报告的审议情况，包括：

（1）各位董事对专题财务报告的投票情况；

（2）如果公司董事无法保证专题财务报告内容的真实性、准确性、完整性、合规性或对此存有异议的，应当单独陈述其意见和理由。

外国保险公司分公司不需要披露董事会对报告的审议情况。

（二）审计意见

1. 注册会计师应当对以下事项发表审计意见：

（1）分红保险利润表和资产负债状况表的编制是否符合中国保监会的有关规定，是否真实、公允地反映了公司分红保险业务的经营成果和资产负债状况；

（2）保单红利分配结果是否符合公司的保单红利分配方案；

（3）会计核算所采用的收入分配及费用分摊方法是否和公司向中国保监会的备案保持一致。

2. 保险公司应当披露以下关于审计意见的信息：

（1）出具审计意见的会计师事务所的名称；

（2）审计意见的类型及审计报告中审计意见段的内容。如果会计师事务所出具非标准审计报告，还应当披露审计报告中强调事项段或者说明段的内容；

（3）会计师事务所出具非标准审计报告的原因。管理层应当具体说明与会计师事务所的分歧，以及专题财务报告中会计师事务所要求调整但未调整的内容、未调整原因的解释；

（4）报告期内为保险公司提供专题财务报告审计服务的会计师事务所的变更情况，包括前、后任会计师事务所的名称、更换时间、更换原因和审计收费等。

（三）分红保险业务基本情况

1. 分红保险产品基本信息

保险公司应当以表格形式披露分红保险产品的以下基本信息：保险公司经营的分红保险产品名称、每一产品的开办时间、销售范围、经营状态（停售/在售）、定价利率、红利来源、分红方式、资金是否单独运用、是否转移保险风险等内容。

2. 分红保险业务资金管理

（1）对于没有单独运用资金的分红保险业务，保险公司应当披露以下信息：

①负责所有保险业务资金归集的部门、归集方式、归集频率等；

②负责计算、确定可投资资金量的部门、计算方法、向投资账户划拨资金的频

率等；

③负责资产负债匹配的部门或机构；

④负责投资运作的部门；

⑤投资账户和核算账户的管理：详细说明公司全部实际投资账户和核算账户的设置和管理情况，包括实际投资账户和公司内部核算账户的层级结构和账户明细；各个实际投资账户和内部核算账户的资金范围；各个实际投资账户之间有无资金往来，如分红险账户和万能险等账户资产小于其对应的负债时，是否会从其他账户划拨资金；保单红利分配方案宣告后，公司是否将分配给公司的红利资金在不同账户之间进行划拨等；

⑥分红保险各项投资收益、各项资产和负债项目的计算和分配方法。

(2)对于单独运用资金的分红保险业务，保险公司应当披露以下信息：

①是否对分红保险业务资金单独归集？请详细披露负责资金归集的部门、归集方式和归集频率等信息；

②负责计算、确定分红保险业务可投资资金量的部门、计算方法、向投资账户划拨资金的频率等；

③负责资产负债匹配的部门或机构；

④负责分红保险业务资金投资运用的部门；

⑤投资账户和核算账户的管理：详细说明公司全部投资账户和核算账户的设置和管理情况，包括实际投资账户和公司内部核算账户的层级结构和账户明细；各个实际投资账户和内部核算账户的资金范围；各个实际投资账户之间有无资金往来，如分红险账户和万能险等账户资产小于其对应的负债时，是否会从其他账户划拨资金；保单红利分配方案宣告后，公司是否将分配给公司的红利资金从分红保险投资账户划拨至其他相应账户等；

⑥分红保险投资收益的分配方法。

(四)分红保险利润表和资产负债状况表

1. 分红保险利润表和资产负债状况表

(1)分红保险利润表

分红保险利润表

编制单位： 年 单位：万元

项　　目	本年数	上年数
一、营业收入		
保费收入		
分入保费		

续表

项　　目	本年数	上年数
减：分出保费		
投资收益（损失以“－”号列示）		
公允价值变动收益（损失以“－”号列示）		
可供出售金融资产公允价值变动收益（损失以“－”号列示）		
汇兑收益（损失以“－”号列示）		
其他收入		
二、营业支出		
退保金		
赔付支出（减：摊回赔付支出）		
提取保险责任准备金（减：摊回准备金）		
分保费用		
营业税金及附加		
手续费及佣金支出		
业务及管理费（减：摊回分保费用）		
资产减值损失		
其他支出		
三、本期营业利润（亏损以“－”号列示）		
四、累计营业利润（亏损以“－”号列示）		
五、当期宣告支付给保户的保单红利		
六、当期宣告支付给公司的保单红利		
七、期末累计宣告支付给保户的保单红利		
八、期末累计宣告支付给公司的保单红利		

（2）分红保险资产负债状况表

分红保险资产负债状况表

编报单位：　　　　　　　　　　　年　月　日　　　　　　　　　　　单位：万元

资　产	年末数	年初数	负　债	年末数	年初数
货币资金			拆入资金		
拆出资金			交易性金融负债		
保单质押贷款			衍生金融负债		
交易性金融资产			卖出回购金融资产款		
衍生金融资产			预收保费		
买入返售金融资产			应付手续费及佣金		
可供出售金融资产			应付分保账款		
持有至到期投资			应付赔付款		

续表

资 产	年末数	年初数	负 债	年末数	年初数
定期存款			累计生息保单红利		
长期股权投资			应付保户保单红利		
其他投资资产			应付公司保单红利		
应收保费			应交税费		
应收利息			保险保障基金		
应收股利			保户储金及投资款		
预付赔款			寿险责任准备金		
应收分保准备金			长期健康险责任准备金		
应收分保账款			其他负债		
其他资产					
资产合计			负债合计		

(3)报表附注,至少应当包括以下内容:

①分红保险利润表及资产负债状况表的编制基础;

②重要会计政策和会计估计;

③会计政策和会计估计变更以及差错更正的说明;

④报表重要项目的说明;

⑤分红保险特别储备余额以及在公司(汇总)财务报表中的列报方式;

⑥资产负债表日后事项;

⑦或有事项;

⑧公司认为其他有助于理解分红保险实际利润和资产负债状况以及保单红利分配的信息;

⑨不分费差的分红保险业务盈余计算与分配备考表(见附件)。

2. 分红保险利润表与资产负债状况表的编报说明

(1)分红保险利润表

①分红保险利润表反映保险公司分红保险业务的实际经营成果,无论分红保险业务红利来源是“两差”、“三差”或其他来源,利润表中各收入、费用项目都要按照实际发生数填列,不得填列产品设计时的预定费用或者仅仅根据保单红利分配预案而计提的保单红利支出等预计数字。

②利润表中各共同收入、共同费用项目应当按照经中国保监会备案认可的分摊方法进行分摊填列。公司如果变更分摊标准或方法,应当重新向中国保监会

备案。

③利润表中“可供出售金融资产公允价值变动收益”项目列报分红保险业务投资资产中分类为可供出售金融资产部分公允价值变动形成的利得或损失。

④利润表“累计营业利润”项目的上年数应当列报上一个会计年度末累计的、分红保险保单红利分配之前的实际营业利润(或亏损)。在首次按照本编报说明编报分红保险利润表时,即编报2007年分红保险利润表时,应当按照以下步骤,对2006年及以前年度分红保险专题财务报告中“分红保险业务盈余计算与分配表”(保监发〔2003〕19号文规定的表式)的部分项目进行以下调整,计算出“累计营业利润”的上年数:

对于不分费差的公司,首先应当将预定费用调整为实际费用,计算出调整后的“业务盈余”,即得出当年的分红保险“营业利润”;其次,将2006年及以前各年度调整计算出的分红保险“营业利润”相加,计算得出2007年分红保险利润表的“累计营业利润”的上年数,其中不得扣减分红保险特别储备。

对于分全部利润的公司,可以直接将2006年及以前各年度的“业务盈余”相加,计算得出2007年分红保险利润表的“累计营业利润”上年数,其中不得扣减分红保险特别储备。

⑤利润表“当期宣告支付给保户的保单红利”和“当期宣告支付给公司的保单红利”项目,反映保险公司会计年度内由于宣告保单红利分配方案而应当支付的保单红利,即应当向分红保单持有人和公司支付的保单红利。以“增额红利”方式支付保单红利的,应当列报会计年度内由于宣告发放增额红利而需要在未来一段时间内增加的保单保额所对应的净保费。

如果公司是在资产负债表日和专题财务报告批准报出日之间针对报告期的分红保险经营成果宣告保单红利分配方案,公司应当将该事项作为资产负债表日后调整事项,在专题财务报告中按照宣告的方案列报保单红利支出和保单红利负债项目,并披露该方案的有关信息。

如果公司是在专题财务报告批准报出日之后宣告保单红利分配方案,即使这一方案的保单红利源于报告期的可分配盈余,公司也应当将该事项作为资产负债表日后非调整事项,将宣告的保单红利分配方案确认为宣告日所处会计年度的红利分配方案,而不是报告期的保单红利分配方案,不能在报告期专题财务报告中确认。专题财务报告中应当确认报告期内实际宣告的红利分配方案,不得在报告期结束时确认预计未来将要宣告的保单红利。

〔例1〕某公司2007年会计年度结束后,根据2007年的分红保险经营业绩和市场状况,于2008年3月1日宣告保单红利分配方案,该方案适用于2008年1月1日至2008年12月31日到达保单周年日的保单。经测算,公司应当支付给保户

7 亿元现金红利，支付给公司 3 亿元现金红利。公司董事会于 2008 年 3 月 30 日批准报出专题财务报告。根据本规则，公司在编报 2007 年专题财务报告时，应当把该事项作为资产负债表日后调整事项，在专题财务报告中按照宣告的方案列报保单红利支出，即在分红保险利润表中确认 7 亿元“当期宣告支付给保户的保单红利”和 3 亿元“当期宣告支付给公司的保单红利”。

〔例 2〕某公司 2006 年会计年度结束后，根据 2006 年的分红保险经营业绩和市场状况，于 2007 年 6 月 30 日宣告保单红利分配方案，该方案适用于 2007 年 7 月 1 日至 2008 年 6 月 30 日期间到达保单周年日的分红保单。经测算，公司应当支付给保户 6 亿元现金红利，支付给公司 2 亿元现金红利。2007 年会计年度结束后，根据 2007 年的分红保险经营业绩和市场状况，于 2008 年 6 月 30 日宣告保单红利分配方案，该方案适用于 2008 年 7 月 1 日至 2009 年 6 月 30 日期间到达保单周年日的分红保单。经测算，公司应当支付给保户 7 亿元现金红利，支付给公司 3 亿元现金红利。由于公司 2007 年的专题财务报告已经董事会批准于 2008 年 4 月 10 日报出。根据本规则，公司在编报 2007 年专题财务报告时，应当根据 2007 年 6 月 30 日宣告的分配方案确认红利支出和相应负债，即在分红保险利润表中确认 6 亿元“当期宣告支付给保户的保单红利”和 2 亿元“当期宣告支付给公司的保单红利”，而不是确认预计在 2008 年将要宣告支付给保户的 7 亿元保单红利和支付给公司的 3 亿元保单红利。

⑥利润表“期末累计宣告支付给保户的保单红利”和“期末累计宣告支付给公司的保单红利”反映公司自开办分红保险业务以来，根据历年已经宣告的保单红利分配方案而累计计算的应当支付的保单红利，包括实际已经支付的和尚未支付的部分。

（2）分红保险资产负债状况表

①“应付保户保单红利”和“应付公司保单红利”项目列报根据公司实际宣告的分配方案，应当支付但尚未支付的保单红利，不得包括预计未来将要宣告的保单红利。

〔例 3〕续〔例 2〕，公司在编报 2007 年分红保险专题财务报告时，应当在利润表中确认 6 亿元“支付给保户的保单红利”和 2 亿元“支付给公司的保单红利”的同时，在资产负债状况表中的“应付保单红利”列报已经宣告的 8 亿元保单红利在 2007 年 12 月 31 日尚未支付的部分。

②“保户储金及投资款”项目列报没有转移保险风险、在财务报表中没有确认为保险合同的分红保险产品对应的负债。

（3）为了更加客观、清晰地反映分红保险的实际利润和资产负债状况，在编报专题财务报告时，保险公司不得在分红保险利润表和资产负债状况表中确认分红保险特别储备，即使公司在制定保单红利分配方案时计提了分红保险特别储备，在编报分红保险利润表和资产负债表状况表时也不得确认为负债和营业支出，不得在分红保险利润表“提取保险责任准备金”和资产负债表的“寿险责任准备金”、“长期健康险责任准备金”等项目反映。

3. 不分费差的分红保险业务盈余计算与分配备考表编报说明

（1）“手续费及佣金支出”、“业务及管理费”和“其他支出”项目按照公司产品设计时的预定费用填列；

（2）“本期业务盈余”项目填列“营业收入”减去“营业支出”后的余额；

（3）“计提的分红保险特别储备”项目列报会计年度内宣告的保单红利分配方案中计提的分红保险特别储备；

（4）其他项目的列报口径和方法与分红保险利润表中相同项目的列报口径和方法相同。

（五）分红保险保单红利分配方案

为了对分红保险利润表中“当期宣告支付给保户的保单红利”和“当期宣告支付给公司的保单红利”项目以及资产负债状况表中相应负债项目作充分披露，保险公司应当至少披露以下信息：

1. 公司分红保险保单红利分配方案的确定、审批、宣告等公司内部决策程序、时间安排、涉及的部门及各自的职责；

2. 会计年度内宣告的分红保险保单红利分配方案的确定过程和详细计算依据，至少应当包括：可分配盈余的确定和计算过程、保单红利分配比例的确定、分红保险特别储备的计提、保单红利分配方案的宣告时间、分配对象等。在披露有关信息时，保险公司可以根据具体情况，采用文字、表格等方式详细说明整体过程及计算依据。

由于实务总存在各种不同做法，为了方便公司更加客观、清晰地披露保单红利分配方案的有关信息，本规则针对目前实务中存在的4种典型做法做了举例，各公司可以根据自身情况参照附件2中〔做法1〕-〔做法4〕的表述进行披露。

需要注意的是，如果公司同时采取多种分配方式或多个分配方案的（如，同时采用现金红利和增额红利2种分配方式、个险和团险业务采用不同的红利分配方案等），应当分别进行披露。如果公司宣告发放特别红利，特别红利方案也应当参照附录中举例进行披露。

二、专题财务报告的编报格式

专题财务报告由封面、扉页、目录、正文和封底依次组成。保险公司应当严格按照中国保监会制作的模版和规定的格式编制报告，不得随意删改内容与格式。具体要求如下：

（一）封面、封脊和封底的格式要求

1. 格式模版：请从"www. circ. gov. cn/财务监管/财会工作管理"栏目下载分红保险专题财务报告封面、封脊和封底的PSD格式的电子模版，并对公司名称和报告期等相应内容进行修改。公司可以根据报告的厚度选择是否保留封脊内容。

2. 颜色要求：封面、封脊和封底应采用红色（色号为C0　M100 Y100　K20）颜色印刷。

3. 印刷质量：报告封面、封脊和封底应采用质地优良的250克铜版纸彩色印刷。

（二）扉页、目录和正文的格式要求

1. 专题财务报告的扉页、目录和正文，应当在页面排版、文字和数字规格、报表格式、页码编制等方面严格按照中国保监会的模版制作，禁止随意删改。

2. 扉页、目录和正文应采用幅面为209×285毫米、质地优良的纸张打印。

（三）装订要求

保险公司可以根据报告的厚度选择以下装订方式：

1. 平装无线胶订方式，白胶装订；

2. 骑马钉装订方式。

（四）电子文本格式要求

电子文本应当按照中国保监会制作的模版编报，内容、格式应当与纸质文本保持一致，并采用Word格式报送。

附件1：

不分费差的分红保险业务盈余计算与分配备考表

编制单位：　　　　　　　　　　年　　　　　　　　　　单位：万元

项　目	本年数	上年数
一、营业收入		
保费收入		
分入保费		
减：分出保费		
投资收益（损失以"－"号列示）		
公允价值变动收益（损失以"－"号列示）		
可供出售金融资产公允价值变动收益（损失以"－"号列示）		

续表

项 目	本年数	上年数
汇兑收益（损失以"－"号列示）		
其他收入		
二、营业支出		
退保金		
赔付支出（减：摊回赔付支出）		
提取保险责任准备金（减：摊回准备金）		
分保费用		
营业税金及附加		
手续费及佣金支出		
业务及管理费（减：摊回分保费用）		
资产减值损失		
其他支出		
三、本期业务盈余（亏损以"－"号列示）		
四、计提的分红保险特别储备		
五、当期宣告支付给保户的保单红利		
六、当期宣告支付给公司的保单红利		

附件2：

分红保险保单红利分配方案披露示例

实务中，不同公司可能采用不同方法来确定保单红利分配方案。本附录对实务中的4种典型做法及其披露进行了举例说明，各公司应当根据自身情况参照以下披露方法进行披露。以下4种做法，是参照目前的实务操作编写的，并不代表中国保监会一定认可这些保单红利分配方案的决定方法。编写此附录的目的仅在于向各公司演示应当如何在专题财务报告中披露保单红利分配方案的重要细节。

做法1：根据分红保险产品销售时宣传的保单红利演示水平为基础确定保单红利分配水平，分项、逐单计算红利分配数额

采用这种方式确定保单红利分配水平的保险公司，一般会以各险种或各类产品销售时宣传的红利演示水平为基础确定向保户分配的利差、死差、费差（如果分配费差）的分配因子，分项、逐单计算红利分配数额，再加总计算得出向保户分配的利差、

死差、费差(如果分配费差)总额,然后根据公司确定的向保户和公司的分配比例,倒算出向公司分配的保单红利总额和总的可分配盈余,再与分红保险的实际利润进行比较(如果是分两差,则可以是和计算出来的两差盈余作比较),计提分红保险特别储备。

在披露此类分红方案有关信息时,保险公司重点要说明向保户分配的利差、死差、费差(如果分配费差)的分配因子的确定过程和具体计算方法、公式。

〔例1〕甲公司目前销售A、B、C、D、E五个分红保险产品,红利来源是利差和死差。其中产品A、B采用现金分红方式分配红利,产品C、D、E采用增额红利方式分配红利。公司以各产品销售时宣传的红利演示水平为基础决定保单红利分配方案。公司披露信息如下:

本公司主要以各分红保险产品销售时宣传的红利演示水平为基础,结合当期实际经营业绩,确定保单红利实际分配水平。公司各分红产品红利演示水平分为"高"、"中"、"低"三档。

1. 保单红利分配水平的确定

由于2007年投资业绩较好,分红保险业务利润大幅度增长,为满足保户分红预期,结合市场分红水平,公司决定在"高"档红利演示水平的基础上确定分红方案。公司参照银行同期5年定期存款税后收益水平,经过测算,将保单红利评估使用的投资收益率确定为8%,保单红利评估使用的死亡率采用100%的《中国人寿保险业经验生命表(2000-2003)》。

2. 保单红利支出、可分配盈余、分红保险特别储备的计算

分红保单利差计算公式:

$$I = (V_0 + P)(i' - i)$$

其中:

I指该张保单享有的利差;

V_0指按评估基础计算的上一保单期末准备金,其中不包括上一保单期末的生存给付金金额;

P指按评估基础计算的净保费;

i'指公司确定的保单红利评估使用的投资收益率,2007年确定为8%;

i指评估利率。

分红保单死差计算公式:

$$D = (q - q')(S - V_1)$$

其中:

D指该张保单享有的死差;

q指评估死亡率,采用100%×CL(2000-2003);

q'指实际经验死亡率;

S 指死亡保险金；

V_1 指按评估基础计算的保单期末准备金。

另外，对于以增额红利方式分配红利的分红险保单，公司同样在“高”档红利演示水平的基础上确定分红方案。分配方案见下表：

产品名称	缴费类别	年度红利率	终了分红率					
		2007 年	保单年度满 1 年	保单年度满 2 年	保单年度满 3 年	保单年度满 4 年	保单年度满 5 年	保单年度满 6 年
产品 C	趸交	0.9%				0.90%	1.10%	1.30%
	期交	0.9%						
产品 D	趸交	1.20%				2.50%	3.00%	3.50%
产品 E	趸交	1.3%	0.50%	0.70%	1.00%	1.10%	1.20%	1.30%

每张保单增额红利成本（即红利保额对应的净保费）的计算公式为：

$RB_t \times A$

其中：RB_t 为该保单在 t 时刻分配到的增额红利保额；

A 为按照评估基础计算的在 t 时刻购买原保单责任的趸交净保费费率。

根据上述公式，在逐单计算每张保单应享有的利差、死差的基础上，加总得出：

分配给保户的利差总额：6.5 亿元

分配给保户的死差总额：0.5 亿元

分配给保户的保单红利小计：7（=6.5+0.5）亿元

假设公司决定向保户分配的比例为 70%，因此：

可分配盈余为 10（=7/70%）亿元

分配给公司的保单红利：3（=10-7）亿元

假设公司当年分红保险利差和死差实际盈余（用产品设计时的预定费用代替实际费用计算得出）为 15 亿元，并且期初分红保险特别储备余额为 0，则期末分红保险特别储备为 5（=15-10）亿元。

3. 分配方案的宣告时间和分配对象

此保单红利分配方案于 2007 年 6 月 30 日宣告，适用于 2007 年 7 月 1 日至 2008 年 6 月 30 日期间到达周年日的分红保险保单。

做法 2：根据市场保单红利分配水平确定公司保单红利分配水平，以分红保险责任准备金为基数计算保单红利数额

采用这种做法的公司根据同期市场上同业的保单红利分配水平确定公司的保单红利分配水平和分配比率，以分红保险期末责任准备金数额为基础计算得出向

保户分配的红利数额,然后倒算出向公司分配的红利数额和可分配盈余。经与分红保险实际利润比较(如果是分两差,则可以与计算出来的两差盈余作比较),计算得出分红保险特别储备。

保险公司要重点披露保单红利分配比率的确定依据和计算过程。

〔例2〕乙保险公司目前销售2个分红保险产品,都采用现金分红方式分配红利,红利来源均为所有利润。公司根据市场水平确定公司保单红利分配水平,并以分红保险责任准备金为基数计算应当分配的红利数额。公司披露信息如下:

本公司根据2007年市场同业的保单红利分配水平确定公司的保单红利分配水平,以分红保险责任准备金为基数计算红利分配数额。

1. 保单红利分配水平的确定

根据市场信息的分析和测算,2007年同业保单红利分配水平大致为分红保险责任准备金的7% -8%,公司决定将保单红利分配水平确定为分红保险责任准备金的7.5%。

2. 保单红利支出、可分配盈余、分红保险特别储备的计算

2007年6月30日的分红保险责任准备金为150亿元。经计算得出:

向保户分配的保单红利为11.25(=150×7.5%)亿元

假设公司决定向保户分配的比例为75%,因此:

可分配盈余为15(=11.25/75%)亿元

分配给公司的保单红利:3.75(=15 -11.25)亿元

假设公司当年分红保险实际利润为25亿元,并且期初分红保险特别储备余额为0,则期末分红保险特别储备为10(=25 -15)亿元。

3. 分配方案的宣告时间和分配对象

此分红方案于2007年6月30日宣告,适用于2007年7月1日至2008年6月30日期间到达周年日的保单。

做法3:通过资产负债匹配方法确定保单红利分配方案

采用这种做法的公司,首先会确定一个保单红利分配的"基础方案"。一般情况下,会将产品开发时确定的"中等"红利演示作为最初的"基础方案"。在以后的各年度,则会以上一年度的分配方案作为"基础方案",将当年的保单红利分配的大致水平确定为:"基础方案"×X%。然后在不同的"X%"水平下对分红保险账户中的资产和负债进行评估、比较,最终确定一个能够保证评估后的资产略大于负债、并且各年度分红水平比较平稳的分红方案,将此"X%"水平下的方案最终确定为当年的分红方案。在确定分红方案后,可以计算出应当向保户分配的保单红利,然后倒算出向公司分配的保单红利、可分配盈余,再和分红保险业务实际利润相比,计算出分红保险特别储备。

〔例3〕丙保险公司以资产负债匹配方法来确定分红保险的保单红利分配方案。公司披露信息如下：

本公司分红保险产品红利来源为全部利润，通过对分红保险账户的资产及负债进行评估的方法确定本年度保单红利分配方案。

1. 保单红利分配水平的确定

首先，确定一个保单红利分配的"基础方案"，这个"基础方案"应当反映公司对未来分红保险业务发展的展望及分红保险客户的理性预期。在产品开发时，公司将该产品未来预期可分配的红利水平分为"高"、"中"、"低"三个档次，并反映在红利演示示例中。公司将产品开发时确定的"中等"红利水平作为最初的"基础方案"。在以后的各年度，则以上一年度的分配方案作为"基础方案"，在此基础上进行调整，将当年的保单红利分配的大致水平确定为："基础方案"×X%。确定了分配方案后，公司会对不同"X%"水平下的分红保险账户中的资产和负债进行评估，找到能够保证评估后的资产略大于负债、而且各年度分红水平比较平稳的"X%"数值，最终确定当年的分红方案。

步骤一：在确定2007年分红保险保单红利分配方案时，公司将2006年的保单红利分配方案设定为"基础方案"。以一位30岁的客户在2006年购买的某8年期分红产品为例，按照2006年的分红方案，其未来分红水平如下表：

保单年度	1	2	3	4	5	6	7	8
每千元保额现金红利(元)	1	2	12	37	65	101	145	199

步骤二：评估分红账户资产

我公司分红账户资产的评估方法不同于在编制（汇总）会计报表时采用的方法。在评估时，固定收益类资产以摊余成本计量，权益类资产以成本计量，不确认未实现资本利得或损失。经评估，2007年12月31日分红账户资产价值为11亿元。

步骤三：评估分红保险账户负债

我公司采用毛保费准备金评估方法及对死亡率、退保率、费用率及未来的投资收益率的最优估计假设评估分红保险账户负债。测算后的4个不同"X%"水平下的分红保险账户负债如下：

"基础方案"的百分比(X%)	分红账户的负债(亿元)
100%	8
110%	8.9
120%	10
130%	11.2

步骤四：确定分红保险账户资产可支持的分红方案对应“基础方案”的百分比（X%）

我公司希望评估后的分红保险账户资产/负债水平保持在100% –110%之间。经测算，4个不同“X%”水平下的资产负债状况如下表：

“基础方案”的X%	评估后分红保险账户资产（亿元）	评估后分红保险账户负债（亿元）	资产/负债
100%	11	8	137.5%
110%	11	8.9	123.6%
120%	11	10	110%
130%	11	11.2	98.2%

因此，公司将“X%”确定为120%。则30岁的客户在2006年购买的某8年期分红产品，按照2007年的分红方案，其未来分红水平如下表：

保单年度	2	3	4	5	6	7	8
每千元保额现金红利（元）	2.4	14.4	44.4	78	121.2	174	238.8

2. 保单红利支出、可分配盈余、分红保险特别储备的计算

根据确定的“基础方案×120%”的保单红利分配方案，经计算得出：

向保户分配的保单红利为1亿元

假设公司决定向保户分配的比例为80%，因此：

可分配盈余为1.25（=1/80%）亿元

分配给公司的红利：0.25（=1.25 –1）亿元

假设公司当年分红保险实际利润为2亿元，并且期初分红保险特别储备余额为0，则期末分红保险特别储备为0.75（=2 –1.25）亿元。

3. 分配方案的宣告时间和分配对象

此分红方案于2007年6月30日宣告，适用于2007年7月1日至2008年6月30日期间到达周年日的保单。

做法4：按照红利利源分析结果确定红利分配方案

采用这种做法的公司，首先计算出当年分红保险业务的利差、死差、费差等实际盈余，然后综合考虑过去和未来的保单红利分配水平，计提分红保险特别储备，进而确定当年的实际可分配盈余。在此基础上，确定向保户和公司的分配比例，计算出应当分配给保户和公司的保单红利数额。

在这种情况下，公司应当重点披露各红利来源的具体计算方法及公式、分红保

险特别储备的计提依据和计算过程。

［例4］丁保险公司分红保险业务保单红利来源为利差和死差，公司按照利源分析结果确定保单红利分配方案。公司披露信息如下：

本公司分红保险业务按照利源分析结果确定保单红利分配方案。

1. 保单红利分配水平、保单红利支出、可分配盈余等的确定

2007年分红保险业务利差盈余为12.4亿元，计算过程如下表：

项　　目	2007年数额（亿元）
分红业务投资收入	72
投资收益	31
公允价值变动损益	14.35
可供出售资产公允价值变动损益	26.50
其他收入	0.15
分红业务投资支出	6
投资业务费用	1
营业税金及附加	2
业务及管理费	3
其他支出	0
分红业务净投资收益	66
减：评估要求的年投资收益	53.6
利率因素损益额	12.4

分红保险业务死差盈余为1.8亿元，保单死差盈余计算公式为：

$$D=(q-q')(S-V_1)$$

其中：

D指分红保险业务的死差盈余；

q指评估死亡率，采用100%×CL（2000－2003）；

q′指实际经验死亡率；

S指死亡保险金；

V_1指按评估基础计算的保单期末准备金。

根据上述计算结果，2007年公司利差和死差盈余总计为14.2（＝12.4＋1.8）亿元。

假设公司分红保险特别储备期初余额为0，为了保持保单红利分配水平的平稳增长，公司结合过去分配水平以及未来预计分配水平，公司计提分红保险特别储

备7亿元,则2007年可分配盈余为7.2亿元。

公司决定按照70%的比例向保户分配保单红利,则:

应向保户分配的保单红利为:5.04(=7.2×70%)亿元

应向公司分配的保单红利为:2.16(=7.2×30%)亿元。

2. 分配方案的宣告时间和分配对象

此分红方案于2007年6月30日宣告,适用于2007年7月1日至2008年6月30日期间到达周年日的保单。

关于印发《分红保险专题财务报告编报规则问题解答第1号》的通知

(2009年5月12日)　保监财会〔2009〕399号

各寿险公司、养老保险公司、健康保险公司:

为便于各公司做好分红保险专题财务报告的编报工作,我会制定了《分红保险专题财务报告编报规则问题解答第1号》。现予印发,请遵照执行。执行中遇到问题,请及时向我会财务会计部报告。

分红保险专题财务报告编报规则问题解答第1号

问:2007年分红保险专题财务报告(以下简称"专题财务报告")中的期初可比数是否需要追溯调整?在计算累计营业利润时,2006年以前的营业利润是否需要按照新企业会计准则追溯调整?共同费用的分摊是否也要按现行向保监会备案的分摊办法进行追溯调整?

答:各公司应当按照以下原则填报2007年度专题财务报告中的期初可比数:

(1)各公司应当对期初可比数进行追溯调整;

(2)如果追溯调整确有困难,可以不对金融资产、共同费用分摊等事项进行追溯调整,但是,确定2007年分红保险利润表的累计营业利润时,应当按照《分红保险专题财务报告编报规则》(以下简称"《编报规则》")的规定,计算2007年以前年度的营业利润,包括:不得扣减分红保险特别储备;对于不分费差的公司,应当将预定费用调整为实际费用,以确保2007年分红保险利润表的"累计营业利润"反映实际营业利润的累计金额。

问:《编报规则》规定,分红保险利润表和分红保险资产负债状况表,应当反映保险公司会计年度内由于宣告保单红利分配方案而应当支付的保单红利。这里的“宣告日”是指哪个时点?

答:宣告日是指,根据有关法律法规或公司章程的规定,经过公司决策程序,使得红利分配方案产生法律效力,构成公司法定义务的日期,并不必须是公司正式对外宣告红利分配方案的日期。公司应当在专题财务报告“分红保险保单红利分配方案”部分明确披露公司红利分配宣告日的时点。

问:《编报规则》规定,保险公司以增额红利方式支付保单红利,应当在分红保险利润表的“当期宣告支付给保户的保单红利”项目中列报会计年度内由于宣告发放增额红利而需要在未来一段时间内增加的保单保额对应的净保费。那么,如果增额红利计入当年保户红利支出,第二年的责任准备金提转差是否应当扣除增额红利对应的准备金提转差?

答:《编报规则》中的增额红利是指保额分红方式下支付的保单红利,并非现金分红方式下的缴清增额红利。

公司在编制专题财务报告时,应当将当期由于宣告发放增额红利而需要在未来一段时间内增加的保单保额所对应的净保费计入分红保险利润表的“当期宣告支付给保户的保单红利”项目。在次年的保单周年日将对应的责任准备金提转差计入“提取保险责任准备金”项目。

问:宣告分配的红利与实际发放的红利之间的差额在分红保险利润表中如何反映?

答:(1)公司在宣告红利分配方案时,由于无法准确估计未来保单年度内的退保率等因素,导致宣告分配的红利和实际发放的红利之间存在差额,属于会计估计变更,原则上应当按照《会计政策、会计估计和差错更正》准则进行处理。

(2)《编报规则》明确规定:分红保险利润表中的“期末累计宣告支付给保户的保单红利”项目,反映历年已经宣告的保单红利分配方案而累计计算的应当支付的保单红利,包括实际已经支付的和尚未支付的部分。即“期末累计宣告支付给保户的保单红利”项目对已发放的红利应按实际发放数而非宣告数列报,因此,不需在分红保险利润表中直接反映宣告分配的红利与实际发放的红利之间的会计估计差异。

问:根据《编报规则》,注册会计师应当对“保单红利分配结果是否符合公司的保单红利分配方案”发表审计意见,这里的保单红利分配结果是否是指公司实际支付的红利?

答:保单红利分配结果是否符合公司的保单红利分配方案,是指公司是否按照宣告的红利分配方案分配红利,而不是指公司实际支付的红利金额是否等于公司宣告的红利金额。

问:向分红险分摊的共同费用是否需要在分红保险资产负债状况表中反映?可供出售金融资产公允价值变动相关的递延税项如何反映?

答:(1)分红保险资产负债状况表不是完整和严格定义的资产负债表,与利润表之间没有勾稽关系,向分红险分摊的共同费用应在分红保险利润表中反映,但可以不在分红保险资产负债状况表中反映。

(2)分红保险不是单独的纳税主体,在分红保险利润表中不考虑所得税费用和递延税项的影响。

问:如果某公司2008年6月30日宣告2007年度红利分配方案(在2007年专题财务报告报出日之后),2009年4月1日宣告2008年度红利分配方案(在2008年专题财务报告报出日之前),则2008年专题财务报告中是否需要确认上述两个宣告的红利方案?如果报告期内无宣告的红利分配方案,应如何处理?

答:(1)在同一个报告期内宣告的红利分配方案,均应在该报告期的专题财务报告中反映。上述提到的2008年6月30日宣告的红利分配方案和2009年4月1日宣告的红利分配方案均应在2008年专题财务报告中反映,并应分别披露两个红利分配方案的相关信息。

(2)如果报告期内无宣告的红利分配方案,则应在专题财务报告的“分红保险保单红利分配方案”部分明确说明报告期内无宣告的红利分配方案。

问:根据保监会关于保险公司投资基础设施的有关规定,保险公司运用分红险资金购买的基础设施债权投资计划、股权投资计划在分红保险资产负债状况表中哪个项目反映?

答:在编制分红保险资产负债状况表时,保险公司购买的基础设施债权投资计划、股权投资计划应当在“其他投资资产”项目中反映,并在报表附注中披露明细信息。

问:如果公司既有不分费差分红产品,又有全差分红产品,全差分红产品是否需要在不分费差的分红保险业务盈余计算与分配备考表中反映?

答:不分费差的分红保险业务盈余计算与分配备考表仅反映不分费差的分红产品的业务盈余和分配情况,全差分红产品不需要在该备考表中反映。

问:《关于修订分红保险专题财务报告编报规则的通知》(保监发〔2009〕5号)要求,2008年和2007年的专题财务报告同时报送,是否可以合并为一份报告报送?

答:2007年和2008年的专题财务报告必须分开单独报送,不能合并报送。

财政部、中国保监会关于从机动车交通事故责任强制保险保费收入中提取道路交通事故社会救助基金有关问题的通知

（2010年2月23日） 财金〔2010〕17号

各省、自治区、直辖市、计划单列市财政厅（局），各保监局，各保险公司，中国保险行业协会：

根据《道路交通事故社会救助基金管理试行办法》（财政部保监会公安部卫生部农业部令第56号，以下简称《办法》），现将2010年从机动车交通事故责任强制保险（以下简称交强险）保费收入中提取道路交通事故社会救助基金（以下简称救助基金）的比例等问题通知如下：

一、2010年从交强险保费收入中提取救助基金的比例为交强险保费收入的2%。

二、各保险机构应当按照确定的比例，在交强险保险单相应栏目中打印救助基金的提取比例和金额，并在每季度结束后10个工作日内，通过银行转账方式将应提取的救助基金全额转入省级救助基金特设专户。

三、各保监局应加强对保险机构及时足额向救助基金管理机构缴纳救助基金的监督检查力度，对于违反《办法》有关规定的，依法进行查处。

四、各保监局、各保险机构、各地保险行业协会要积极配合救助基金管理机构垫付相关费用的核实工作。已经建立车险联合信息平台的地区，可通过平台协助救助管理机构查询机动车投保交强险和商业三者险的情况，有条件的地区可逐步建立与救助基金管理机构的信息共享机制。

财政部、保监会关于从机动车交通事故责任强制保险保费收入中提取道路交通事故社会救助基金有关事项的通知

（2013年3月18日） 财金〔2013〕9号

各省、自治区、直辖市、计划单列市财政厅（局），各保监局，各保险公司，中国保险行业协会：

根据《道路交通事故社会救助基金管理试行办法》（财政部、保监会、公安部、卫生部、农业部令第56号），现将2013年从机动车交通事故责任强制保险（以下简称交强险）保费收入中提取道路交通事故社会救助基金（以下简称救助基金）的比例幅度等事项通知如下：

一、2013年从交强险保费收入中提取救助基金的比例幅度，由交强险保费收入的2%调整为1%～2%。请各省（区、市）根据相关规定，结合实际情况，按照收支平衡的原则，在上述幅度范围内确定本地区具体提取比例。

二、各保险机构应当按照确定的提取比例，在交强险保险单相应栏目中打印救助基金的提取比例和金额，并在每季度结束后10个工作日内，通过银行转账方式将应提取的救助基金全额转入省级救助基金特设专户。

三、各保监局应当进一步加强监督检查力度，督促保险机构及时、足额向救助基金管理机构缴纳救助基金，并对相关违规行为依法进行查处。

四、各保监局、各保险机构、各地保险行业协会要继续加强与救助基金主管部门、管理机构等方面的沟通协作，通过车险联合信息平台等方式，逐步建立健全信息共享机制，积极协助做好救助基金的筹集、垫付等相关工作。

五、各省（区、市）应当按照第56号令等有关规定，进一步建立和完善救助基金制度，认真做好救助基金相关工作，并按规定及时报告有关情况。

财政部关于印发《金融企业选聘会计师事务所招标管理办法(试行)》的通知

(2010年12月3日) 财金〔2010〕169号

各中央管理金融企业,中国投资有限责任公司,各省、自治区、直辖市、计划单列市财政厅(局),新疆生产建设兵团财务局,财政部驻各省、自治区、直辖市、计划单列市财政监察专员办事处:

为加强国有金融资产管理,规范国有及国有控股金融企业选聘会计师事务所行为,提高会计信息质量,促进注册会计师行业的公平竞争,保护金融企业和会计师事务所的合法权益,现将《金融企业选聘会计师事务所招标管理办法(试行)》印发给你们,请遵照执行。

各省、自治区、直辖市、计划单列市财政厅(局)及新疆生产建设兵团财务局请将本文转发地方国有及国有控股金融企业执行。

附件:

金融企业选聘会计师事务所招标管理办法(试行)

第一章 总 则

第一条 为加强国有金融资产管理,规范金融企业选聘会计师事务所行为,提高会计信息质量,促进注册会计师行业的公平竞争,保护金融企业和会计师事务所的合法权益,根据《中华人民共和国招标投标法》、《中华人民共和国注册会计师法》及相关法律法规,制定本办法。

第二条 在中华人民共和国境内依法设立的国有及国有控股金融企业、中国投资有限责任公司适用本办法,其他金融企业参照本办法执行。

第三条 本办法所称金融企业,指获得金融业务(包括证券、保险业务)许可证的政策性银行、邮政储蓄银行、国有商业银行、股份制商业银行、城市商业银行、农村商业银行、农村合作银行、信用社、新型农村金融机构、信托投资公司、金融租赁公司、金融资产管理公司、财务公司、保险公司、证券公司、期货公司、基金管理公司,以及金融控股公司、融资性担保公司、金融监管部门所属的从事相关金融业务的企业等。

第四条 本办法所称金融企业选聘会计师事务所是指金融企业根据相关法律法规要求,聘用会计师事务所对财务报告(包括中国会计准则财务报告和国际会计准则财务报告,下同)发表审计意见、出具审计报告的行为。

第五条 金融企业选聘会计师事务所,服务费用达到或超过100万元的,应采用公开招标或邀请招标的采购方式;服务费用不足100万元的,可采用公开招标、邀请招标或竞争性谈判等采购方式。

第六条 金融企业合并资产总额在5000亿元及以内或者控股企业户数在50户及以内的,其全部企业原则上聘用同一家会计师事务所实施审计;金融企业合并资产总额在5000亿元以上,并且控股企业户数在50户以上的,其全部企业最多可聘用不超过5家会计师事务所审计。对于聘用多家会计师事务所审计的,应确定其中一家为主审会计师事务所。主审会计师事务所承担的审计业务量一般不低于50%,并且金融企业母公司报表及合并报表必须由主审会计师事务所审计。参与审计的会计师事务所对各自审计的内容承担审计责任,主审会计师事务所对金融企业母公司报表及合并报表承担审计责任。

第七条 金融企业选聘会计师事务所招标投标活动应当遵循公开、公平、公正和诚实信用的原则。

任何单位和个人不得违反法律、行政法规规定,限制或者排斥会计师事务所参加投标,不得以任何方式非法干涉招标投标活动。

会计师事务所通过投标承接和执行审计业务的,应当遵守审计准则和职业道德规范,严格按照业务约定书履行义务、完成中标项目。

第二章 会计师事务所资质要求

第八条 金融企业聘用的会计师事务所要具备以下基本资质:

(一)在中国境内依法注册成立3年及以上,由有限责任制转为特殊的普通合伙制或普通合伙制的会计师事务所,延续转制前的经营年限;

(二)具有固定的工作场所,组织机构健全,内部管理和控制制度较为完善并且执行有效;

(三)具有良好的执业质量记录,按时保质完成审计工作任务,在审计工作中没有出现重大审计质量问题和不良记录,具备承担相应审计风险的能力;

(四)具有良好的职业道德记录和社会声誉,认真执行有关财务审计的法律、法规和政策规定;

(五)能够保守被审计金融企业的商业秘密,维护国家金融信息安全;

（六）财政部规定的其他条件。

第九条 承担金融企业审计业务的会计师事务所，注册会计师人数、经营年限、业务规模等资质条件必须与金融企业规模相适应。具体要符合以下条件：

（一）金融企业合并资产规模在5000亿元以上的，受聘会计师事务所注册会计师人数不少于200人，近3年内有连续从事金融企业审计相关经验；

（二）金融企业合并资产规模达10000亿元以上的，受聘会计师事务所注册会计师不少于400人，近3年内有连续从事金融企业审计相关经验。受聘会计师事务所在承接该项审计业务后，单项业务收入占事务所当年总收入的比例原则上不得超过40%。

第十条 会计师事务所存在下列情况之一的，不得从事金融企业审计业务：

（一）近3年内因违法违规行为被财政部、省级财政部门或其他相关部门给予没收违法所得、罚款、暂停执行部分或全部业务、吊销有关执业许可证和撤销会计师事务所等行政处罚；

（二）近3年内因审计质量等问题被国家相关主管部门给予警告或通报批评两次（含）以上；

（三）财政部、省级财政部门根据会计师事务所执业质量，明确其不适合承担金融企业审计工作。

第十一条 金融企业在境外上市，应当优先选择有利于保障国家经济信息安全的大型会计师事务所提供相关服务。金融企业在境外上市，根据相关要求聘用境外会计师事务所的，受聘会计师事务所应具备良好的职业道德记录和社会声誉，并在中国境内设立有相关成员机构。该境内相关成员机构符合本办法第八条、第九条和第十条的规定。

第十二条 金融企业在选聘会计师事务所过程中，应按本办法规定要求投标会计师事务所提供有关资质证明文件，充分运用财政部门和注册会计师协会公开的行业信息，对会计师事务所进行资格审查。

第三章 招标、投标、开标、评标规范

第十三条 金融企业通过招标选聘会计师事务所，招标方式分为公开招标和邀请招标。

（一）公开招标，指通过在公开媒体发布招标公告，邀请会计师事务所投标的选聘方式。

（二）邀请招标，指通过投标邀请书，邀请3家及以上会计师事务所投标的选聘方式。

第十四条 金融企业负责组织内部相关业务部门编制选聘会计师事务所招标

文件。招标文件应当包括下列内容：

（一）招标项目介绍；

（二）对投标会计师事务所资质审查的标准；

（三）投标报价要求；

（四）评标标准；

（五）拟签订业务约定书的主要条款。

招标单位应当在招标文件中详细披露便于投标会计师事务所确定工作量、制定工作方案、提出合理报价、编制投标文件的招标项目信息，包括金融企业的组织架构、所处行业、业务类型、地域分布、财务信息（如资产规模及结构、负债水平、年业务收入水平、其他相关财务指标）等。

第十五条　会计师事务所根据招标公告的要求或投标邀请书中的规定进行投标。会计师事务所应按照规定的程序及相关要求，在规定时间内将投标文件报送招标人。未按招标公告及相关要求密封的投标文件、迟报的投标文件均为无效投标。

第十六条　会计师事务所在投标书中对以下方面作出明确的承诺和陈述：

（一）会计师事务所的营业执照和执业证书复印件；

（二）同意承担招标书规定的工作内容；

（三）审计工作方案及保证措施；

（四）会计师事务所近3年年检情况及奖惩情况；

（五）项目小组人员构成、项目负责人及主要成员简介及其相关资格证书的复印件；

（六）收取费用预算及支付方式（费用预算中人工费用、差旅费用、其他费用等应分别列示）；

（七）未经金融企业有关监管部门和被审计金融企业书面同意，不将审计工作底稿及审计过程中获得的有关被审计单位的相关信息在审计团队以外流传，根据法律、法规、职业道德守则要求向有关监管部门提供信息或披露信息的除外；

（八）其他需要报送的材料和情况。

第十七条　在会计师事务所按规定投标后，金融企业应密封保存，并于评标时在监票人员的监督下统一开标。

第十八条　金融企业应当组建评标专家库。专家库成员应由招标金融企业的代表和熟悉金融业务或财务会计业务的外部专家组成。

金融企业应从专家库成员中抽取5人以上单数组成评标委员会负责评标，其中熟悉金融业务或财务会计业务的外部专家一般不应少于成员总数的1/3。

评标委员会名单在中标结果确定前应当保密。

第十九条　金融企业应当采取必要的措施，保证评标在严格保密的情况下进行。任何单位和个人不得非法干预、影响评标的过程和结果。

第二十条　评标委员会应当制定评标标准，并在评标之前予以公布。评标标准至少应当包括：

（一）投标事务所的资质条件；

（二）投标事务所的工作方案、人员配备、相关工作经验、职业道德记录和质量控制水平、商务响应程度；

（三）投标事务所的报价；

（四）其他评标委员会认为应评定的标准。

评标委员会可参照附表（评标标准及权重设计参考表）设计适用于招标金融企业的评标标准及权重表。

第二十一条　评标委员会应当按照公平、公正、择优的原则进行评标，认真对投标会计师事务所的投标文件和陈述进行审核，依据评标标准对投标会计师事务所进行评分，按照得分高低次序排出名次，并根据名次向金融企业推荐中标候选事务所，同时提供书面评标报告。

第四章　金融企业决策程序规范

第二十二条　金融企业应在评标委员会推荐的中标候选会计师事务所中确定一名中标会计师事务所。

在同等条件下，对于符合下列条件之一的会计师事务所应优先考虑：

（一）高级管理团队关系和谐、年富力强的；

（二）运用信息化手段实施质量控制和内部管理的；

（三）由有限责任制转为特殊的普通合伙制的；

（四）由财政部和证监会推荐从事 H 股企业审计业务的；

（五）具有较强的执业责任承担能力的。

第二十三条　股份制金融企业，由金融企业经营管理层或董事会专门委员会初步确定中标会计师事务所后，应按企业章程规定，履行董事会或股东会（股东大会）审议程序，决定聘用中标会计师事务所，并确定会计师事务所的报酬。

第二十四条　股份制金融企业，如董事会或股东会（股东大会）未审议通过聘用中标会计师事务所，金融企业经营管理层或董事会专门委员会应在评标委员会推荐的中标候选会计师事务所中另行确定一名中标会计师事务所，重新提请董事会或股东会（股东大会）审议。如中标候选会计师事务所均未获通过，金融企业应重新启动会计师事务所选聘程序。

第二十五条　金融企业履行内部决策程序决定聘用中标会计师事务所后，应向中标会计师事务所发出中标通知书,同时将中标结果通知所有未中标的投标会计师事务所。

第五章 会计师事务所中标有效期

第二十六条 会计师事务所一经中标,有效期限最长为3年。在中标有效期内,金融企业续聘同一会计师事务所的,可以不再招标,按公司治理程序续聘。

第二十七条 会计师事务所在中标有效期内,存在以下情况的,金融企业有权终止与会计师事务所的业务约定:

(一)会计师事务所未按业务约定将审计报告等服务成果提交金融企业的;

(二)会计师事务所出具的审计报告不符合审计工作要求,存在明显审计质量问题的;

(三)会计师事务所将服务分包或转包给其他机构的;

(四)会计师事务所与金融企业有关人员串通,虚假投标的;

(五)会计师事务所资质条件发生变化,不符合本办法第八条、第九条、第十条规定的;

(六)其他违反法律、法规和业务约定的行为。

第二十八条 金融企业解聘、不再续聘会计师事务所,会计师事务所辞聘,会计师事务所中标有效期满,或金融企业连续聘用同一会计师事务达到规定年限的,金融企业应根据本办法规定,重新履行会计师事务所招标程序。

第二十九条 金融企业连续聘用同一会计师事务所(包括该事务所的相关成员单位)原则上不超过5年。连续聘用会计师事务所的起始年限从该会计师事务所实际承担金融企业财务报告审计业务的当年开始计算。

截至2010年12月31日,如果金融企业连续聘用同一会计师事务所年限已经达到或超过5年的,最长可延缓3年更换,但连续聘用年限最长不得超过10年。

第三十条 签字注册会计师连续承担同一金融企业审计业务不超过5年。

第六章 管理与监督

第三十一条 经履行本办法规定程序,金融企业决定聘用中标会计师事务所后15个工作日内,应将选聘会计师事务所情况报同级财政部门备案。备案内容包括招标、投标、评标、中标情况,以及履行内部审议程序的情况等。

第三十二条 除金融企业连续聘用同一会计师事务达到规定年限的情况外,在中标有效期满前,金融企业解聘会计师事务所或会计师事务所辞聘的,金融企业应将有关情况报同级财政部门备案。备案内容包括金融企业解聘会计师事务所或会计师事务所辞聘的主要原因,金融企业对该会计师事务所执业质量和职业道德等情况的基本评价，会计师事务所的陈述意见，以及其他需要说明的情况。

第三十三条 各级财政部门负责对同级金融企业选聘会计师事务所的行为实施监督和管理，对相关违规行为及时予以制止和纠正，并依法进行处理。

第七章 附 则

第三十四条 金融企业聘用会计师事务所从事其他审计、审阅、鉴证、咨询等业务，以及聘用其他中介机构（包括评估机构、律师事务所、咨询公司等）参照本办法执行。

第三十五条 本办法由财政部负责解释。金融企业可以根据本办法制定本企业选聘会计师事务所管理实施细则，并报同级财政部门备案。

第三十六条 本办法自2011年1月1日起施行。

附表：

评标标准及其权重设计参考表

评审内容	权重
工作方案	15%
人员配备	20%
报价	25%
相关工作经验	15%
职业道德记录和质量控制水平	10%
会计师事务所资质	10%
商务响应程度	5%

注：1. 对于报价的评审，应当以报价与平均报价差异的绝对值作为评审标准，差异绝对值越小，所得分值越高。

2. 评标委员会可根据招标金融企业的特点及业务需求对评标表中及其权重予以适当调整，调整幅度在参考权重标准的20%以内。

关于印发《保险公司资本保证金管理办法》的通知

（2011年7月7日） 保监发〔2011〕39号

各保险公司：

为进一步加强对保险公司资本保证金的监管，保护投保人利益，维护保险市场的平稳、健康发展，我会对《保险公司资本保证金管理暂行办法》（保监发〔2007〕66号，以下简称"《暂行办法》"）进行了修订，制定了《保险公司资本保证金管理办法》（以下简称"本办法"），现印发给你们，请遵照执行。

为实现新旧办法的有效衔接和平稳过渡，各保险公司对已经提存的资本保证金存款不符合本办法规定的，应区分不同情况进行处理：

一、存放银行不符合本办法规定，但符合《暂行办法》要求的，可在资本保证金存款到期后再转存入符合本办法规定的银行。

二、存放地点不符合本办法规定，但符合《暂行办法》要求的，可在资本保证金存款到期后再转存入符合本办法规定的存放地点。

三、单笔资本保证金存款金额低于人民币1000万元（或等额外币）的，保险公司应在存款到期后予以更正。

四、《资本保证金存款协议》的条款不符合本办法规定的，保险公司应在资本保证金存款到期后，签订新的资本保证金存款协议时予以更正。

五、对不符合本办法规定的其他问题，应予以整改和纠正。

各保险公司应当对照本办法对资本保证金的提存、备案和处置情况进行自查，并于2011年8月5日前提交书面自查报告。

保险公司资本保证金管理办法

第一章 总 则

第一条 为加强对保险公司资本保证金的管理，维护保险市场平稳、健康发展，根据《中华人民共和国保险法》（以下简称《保险法》），制定本办法。

第二条 本办法所称保险公司，是指经保险监督管理机构批准设立，并依法登记注册的商业保险公司。

第三条 本办法所称资本保证金，是指根据《保险法》的规定，保险公司成立后按照其注册资本总额的20%提取的，除保险公司清算时用于清偿债务外不得动用的资金。

第四条 中国保险监督管理委员会（以下简称“中国保监会”）依法对保险公司资本保证金进行监督管理，保险公司提存、处置资本保证金等行为应符合本办法规定。

第五条 保险公司应遵循“足额、安全、稳定”的原则提存资本保证金。

第二章 存 放

第六条 保险公司应当选择两家以上商业银行作为资本保证金的存放银行。存放银行应符合以下条件：

（一）全国性中资商业银行；

（二）上年末净资产不少于200亿元人民币；

（三）上年末资本充足率、不良资产率符合银行业监管部门有关规定；

（四）具有完善的公司治理结构、内部稽核监控制度和风险控制制度；

（五）与本公司不具有关联方关系；

（六）最近两年无重大违法违规记录。

第七条 保险公司应将资本保证金存放在保险公司法人机构住所地、直辖市、计划单列市或省会城市的指定银行。

第八条 保险公司应当开立独立银行账户存放资本保证金。

第九条 资本保证金存款存放期间，如存放银行不符合本办法规定，或者存在可能对资本保证金的安全存放具有重大不利影响的事项（如，因发生重大违法违规事件受到监管部门处罚、资本充足率不足等），保险公司应及时向中国保监会报告，并将资本保证金存款转存至符合规定的银行。

第十条 保险公司应在中国保监会批准开业后30个工作日或批准增加注册资本（营运资金）后30个工作日内，将资本保证金按时足额存入符合中国保监会规定的银行。

第十一条 保险公司可以以下形式存放资本保证金：

（一）定期存款；

（二）大额协议存款；

（三）中国保监会批准的其他形式。

第十二条 资本保证金存款存期不得短于一年。

第十三条 每笔资本保证金存款的金额不得低于人民币1000万元（或等额外币）。保险公司增加注册资本（营运资金）低于人民币5000万元（或等额外币）的，对增资部分应当提存一笔资本保证金。

第十四条 保险公司提存资本保证金,应与拟存放银行的总行或一级分行签订《资本保证金存款协议》。未经中国保监会批准,合同双方不得擅自撤销协议。

第十五条 保险公司应要求存放银行对资本保证金存单进行背书:“本存款为资本保证金存款。存款银行未见到中国保监会的书面批准,不得同意存款人变更存款的性质、将存款本金转出本存款银行以及其他对本存款的处置要求。存款银行未尽审查义务的,应当在被动用的资本保证金额度内对保险公司的债务承担连带责任。”

第十六条 保险公司应在资本保证金存妥后10个工作日内向中国保监会事后备案。保险公司事后备案时应提交以下资料:

(一)资本保证金存款备案文件;

(二)保险公司资本保证金备案表(一式两份);

(三)《资本保证金存款协议》原件一份;

(四)资本保证金存单复印件以及存单背书复印件;

(五)中国保监会要求报送的其他材料。

第十七条 保险公司应密切关注外币资本保证金存款的汇率波动。因汇率波动造成资本保证金总额(折合人民币)连续20个工作日低于法定要求的保险公司,应自下一个工作日起5个工作日内,按照本办法的规定提足资本保证金并办理相关事后备案手续。

第三章 监　　管

第十八条 中国保监会自收到事后备案材料之日起20个工作日内,作出事后备案或不予事后备案的书面答复。

第十九条 未经中国保监会事后备案或者中国保监会不予事后备案的,不认定为资本保证金存款。

第二十条 保险公司对资本保证金的以下处置行为,应事先得到中国保监会的批准:

(一)到期变更存款性质;

(二)提前支取;

(三)转存其他银行,包括在同一银行所属分支机构之间转存;

(四)清算时使用资本保证金偿还债务;

(五)注册资本(营运资金)减少时,部分支取资本保证金;

(六)其他动用和处置资本保证金的行为。

第二十一条 保险公司申请到期变更资本保证金存款性质或申请提前支取资本保证金的,应向中国保监会提交以下资料:

（一）资本保证金处置申请文件；

（二）保险公司资本保证金处置申请表；

（三）拟处置的《资本保证金存款协议》复印件；

（四）拟处置的资本保证金存款存单复印件及存单背书复印件；

（五）拟存放的资本保证金备案资料（按本办法第十六条要求提供）；

（六）中国保监会要求报送的其他资料。

第二十二条 保险公司申请将资本保证金转存其他银行，包括在同一银行所属分支机构之间转存的，除向中国保监会提交第二十一条第（一）项、第（二）项、第（三）项、第（四）项、第（六）项资料外，还需提供拟签订的《资本保证金存款协议》（草案）。

第二十三条 保险公司清算时申请使用资本保证金偿还债务的，除向中国保监会提交第二十一条第（一）项、第（二）项、第（三）项、第（四）项、第（六）项资料外，还需提供中国保监会批准保险公司清算文件。

第二十四条 保险公司注册资本（营运资金）减少，申请部分支取资本保证金的，除向中国保监会提交第二十一条第（一）项、第（二）项、第（三）项、第（四）项、第（六）项资料外，还需提供中国保监会批准保险公司减资文件。

第二十五条 中国保监会自受理保险公司资本保证金处置申请之日起20个工作日内做出批准或不予批准的书面决定。

第二十六条 除清算时用于清偿债务外，保险公司不得动用资本保证金。

第二十七条 在存放期限内，保险公司不得变更资本保证金存款的性质。

第二十八条 资本保证金存款不得用于质押融资。

第二十九条 未按照本办法规定提存、处置资本保证金的，中国保监会将依法进行处罚。

第四章 附 则

第三十条 经营保险业务的保险控股公司和保险集团公司资本保证金的管理，适用本办法。

第三十一条 本办法由中国保监会负责解释。

第三十二条 本办法自发布之日起实施，《关于印发〈保险公司资本保证金管理暂行办法〉的通知》（保监发〔2007〕66号）同时废止。

附件1：

资本保证金存款协议(基本条款示例)

甲方：中国银行上海分行

地址：上海浦东大道号

乙方：人寿保险股份有限公司

地址：上海浦东新区路号

根据《中华人民共和国保险法》和《保险公司资本保证金管理办法》，本着平等互利、恪守信用的原则，经双方协商一致，签订本协议：

一、乙方的资本保证金人民币元，以年期定期存款的形式存放在中国××银行××分行××支行。甲方向乙方出具定期存单。

二、资本保证金的定期存款起息日为20　年　月　日。

三、资本保证金定期存款的计息方式为每付息一次，利率为　　，付息日为　　。

四、本存款不得用于质押融资。

五、本存款为资本保证金存款，甲方未见到中国保险监督管理委员会的书面批准，不得同意乙方变更存款的性质、将存款本金转出甲方以及其他对本存款的处置要求。甲方未尽审查义务的，应当在被动用的资本保证金额度内对乙方的债务承担连带责任。

六、甲、乙双方如因本合同发生争议，按照中华人民共和国法律法规解决，并将结果报送中国保险监督管理委员会。

七、甲、乙双方提前终止本协议，应报中国保险监督管理委员会批准。

八、本协议未经保监会备案或保监会不予备案，甲乙双方可以协商解除。

九、本协议一式份，甲乙双方各执份，一份报中国保险监督管理委员会备案。

甲方：中国银行上海分行(盖章)

法定代表人(或授权委托人)：(签字)

日期：　　年　月　日

乙方：人寿保险股份有限公司(盖章)

法定代表人(或授权委托人)：(签字)

日期：　　年　月　日

附件2：保险公司资本保证金处置申请表(略)

附件3：保险公司资本保证金备案表(略)

财政部关于印发《金融企业绩效评价办法》的通知

（2011年5月12日） 财金〔2011〕50号

各中央管理金融企业，各省、自治区、直辖市、计划单列市财政厅（局），新疆生产建设兵团财务局，财政部驻各省、自治区、直辖市、计划单列市财政监察专员办事处：

为了加强对金融企业的财务监管，进一步规范金融企业绩效评价工作，综合反映金融企业资产营运质量，推动金融企业提升经营管理水平，促进金融企业健康发展，现印发《金融企业绩效评价办法》及《金融企业绩效评价指标及结果计分表》、《金融企业绩效评价指标计算公式说明》，请遵照执行。

附件：1. 金融企业绩效评价办法

2. 金融企业绩效评价指标及结果计分表（略）

3. 金融企业绩效评价指标计算公式说明

附件1：

金融企业绩效评价办法

第一章 总 则

第一条 为了加强对金融企业的财务监管，进一步规范金融企业绩效评价工作，综合反映金融企业资产营运质量，推动金融企业提升经营管理水平，促进金融企业健康发展，根据《金融企业财务规则》（财政部令第42号）等有关法律法规，制定本办法。

第二条 在中华人民共和国境内依法设立金融企业的绩效评价工作，适用本办法，金融企业具体包括：

（一）执业需取得银行业务许可证的政策性银行、邮政储蓄银行、国有商业银行、股份制商业银行、城市商业银行、农村商业银行、农村合作银行、信用社、新型农村金融机构、信托公司、金融租赁公司、金融资产管理公司和财务公司等；

（二）执业需取得保险业务许可证的各类保险企业等；

（三）执业需取得证券业务许可证的证券公司、期货公司和基金管理公司等；

（四）各类金融控股公司、信用担保公司以及金融监管部门所属的从事相关金融业务的企业。

第三条 本办法所称绩效评价，是指通过建立评价财务指标体系，对照相应行业评价标准，对金融企业一个会计年度的盈利能力、资产质量、偿付能力以及经营增长状况等进行的综合评判。

第四条 财政部依据本办法组织实施中央管理金融企业的绩效评价工作；省级人民政府财政部门（以下简称财政部门）依据本办法组织实施本地区金融企业的绩效评价工作。

第五条 金融企业绩效评价工作应当遵循以下原则：

（一）综合性原则。金融企业绩效评价应当通过建立综合的指标体系，对金融企业特定会计期间的财务状况和经营成果进行多角度的分析和综合评判；

（二）客观性原则。金融企业绩效评价应当充分考虑市场竞争环境，依据统一测算的、同一期间的国内行业标准值，客观公正地评判金融企业的经营成果；

（三）发展性原则。金融企业绩效评价应当在综合反映金融企业年度财务状况和经营成果的基础上，客观分析金融企业年度之间的增长状况及发展水平。

第六条 为确保绩效评价工作的客观、公正与公平，绩效评价工作原则上应当以社会中介机构按中国审计准则审计后的财务会计报告为基础，其中，财务报表应当是按中国会计准则编制的合并财务报表。

第七条 金融企业绩效评价标准值根据金融企业年度财务会计报告数据，运用数理统计方法，分年度、分行业统一测算并公布。根据金融企业的实际情况，本办法划分为银行业、保险业、证券业和其他金融业 4 大类金融企业进行绩效评价。

第八条 金融企业绩效评价结果作为评价金融企业绩效、确定金融企业负责人薪酬、加强金融企业经营管理的重要依据，应当反馈给金融企业及相关部门，并以适当形式予以公开。

第二章　评价指标与权重

第九条 金融企业的绩效评价指标具体包括：

（一）盈利能力指标：包括资本利润率（净资产收益率）、资产利润率（总资产报酬率）、成本收入比、收入利润率、支出利润率、加权平均净资产收益率6 个指标，主要反映金融企业一定经营期间的投入产出水平和盈利质量。

（二）经营增长指标：包括国有资本保值增值率、利润增长率、经济利润率 3 个指标，主要反映金融企业的资本增值状况和经营增长水平。

（三）资产质量指标：包括不良贷款率、拨备覆盖率、杠杆率、认可资产率、应收账款比率、净资本与风险准备比率、净资本与净资产比率 7 个指标，主要反映金融企业所占用经济资源的利用效率、资产管理水平与资产的安全性。

（四）偿付能力指标：包括资本充足率、核心资本充足率、偿付能力充足率、净资本负债率、资产负债率5个指标，主要反映金融企业的债务负担水平、偿债能力及其面临的债务风险。

第十条 金融企业绩效评价各单项指标的权重，依据指标的重要性和引导功能确定，具体见分行业金融企业绩效评价结果计分表。各单项指标计分加权形成金融企业绩效评价综合指标得分。

第三章 评价基础数据与调整

第十一条 金融企业绩效评价基础数据资料具体包括：

（一）金融企业的年度财务会计报告，其中，金融资产管理公司政策性业务尚未清算前，使用商业化数据进行考核；

（二）会计师事务所出具的审计报告，其中，金融企业不能提供会计师事务所出具的审计报告的，以该金融企业提供的、经财政部门认可的年度会计报表为依据进行考核，若以后发现所提供的财务数据不实，财政部门将追溯调整金融企业的绩效评价结果；

（三）关于金融企业经营情况的说明或财务分析报告。

第十二条 为了确保绩效评价工作的真实、完整、合理，金融企业可以按照重要性和可比性原则对评价期间的基础数据申请进行适当调整，有关财务指标相应加上客观减少因素、减去客观增加因素。可以进行调整的事项主要包括：

（一）金融企业在评价期间损益中消化处理以前年度资产或业务损失的，可把损失金额作为当年利润的客观减少因素；

（二）金融企业承担政策性业务对经营成果或资产质量产生重大影响的，可把影响金额作为当年利润或资产的客观减少因素；

（三）金融企业会计政策与会计估计变更对经营成果产生重大影响的，可把影响金额作为当年资产或利润的客观影响因素；

（四）金融企业被出具非标准无保留意见审计报告的，应当根据审计报告披露影响经营成果的重大事项，调整评价基础数据；

金融企业申请调整事项对绩效评价指标的影响超过1%的，作为重大影响。

第十三条 金融企业发生客观调整因素，相应调整以下绩效评价指标：

（一）收入、成本发生变动时，相应调整资本利润率、净资产收益率、资产利润率、总资产报酬率、成本收入比、收入利润率、支出利润率、加权平均净资产收益率、国有资本保值增值率、利润增长率、经济利润率等；

（二）利润发生变动时，相应调整资本利润率、净资产收益率、资产利润率、总资产报酬率、收入利润率、支出利润率、加权平均净资产收益率、国有资本保值增值率、利润增长率、经济利润率等；

（三）资产发生变动时，相应调整资产利润率、总资产报酬率、国有资本保值增值率、净资本与净资产比率、资本充足率、核心资本充足率、不良贷款率、拨备覆盖率、杠杆率、资产负债率等。

第十四条 金融企业对基础数据进行调整的说明材料包括：

（一）《金融企业绩效评价基础数据调整表》（附表1）；

（二）调整事项有关证明材料。

调整事项主要适用于当年基础数据资料的调整，必要时也可调整以前年度事项，由金融企业申报。

组织实施单位根据被评价金融企业提供的绩效评价基础数据资料和调整说明材料分别进行审查、复核和确认。

第四章 评价标准与评价计分

第十五条 财政部根据中央管理金融企业和省级财政部门报送的资料，对金融企业数据进行筛选，剔除不适合参与测算的金融企业数据，保留符合测算要求的数据，建立样本库。

被剔除的金融企业数据主要包括：

（一）根据评价指标的经济特性，不符合计算模型需要的数据，如计算相对值时分母和分子同时为负数的数据；

（二）相关指标与正常金融企业相差很大，如正处于停业、托管或业务清算状态的金融企业数据。

第十六条 财政部根据金融企业绩效评价基础数据，分行业统一测算金融企业绩效评价标准值。

金融企业经营多种业务的，以其主营业务为基础，确定评价指标适用的行业。标准值适用情况如下：

（一）政策性银行、邮政储蓄银行、国有商业银行、股份制商业银行、城市商业银行、农村商业银行、农村合作银行、信用社等适用银行业标准值；

（二）各类保险企业适用保险业标准值；

（三）证券公司、期货公司和基金管理公司等适用证券业标准值；

（四）各类信用担保公司、新型农村金融机构、信托公司、金融租赁公司、财务公司以及金融监管部门所属的从事相关金融业务的企业等适用其他金融业标准值；

（五）金融控股集团公司、金融资产管理公司、金融投资管理公司等金融企业先按控股子公司（企业）持有金融业务许可证的类型分别确定所适用的行业标准值（无金融业务许可证的控股子公司（企业）适用其他金融业标准值），再按控股子公司（企业）各自得分及其净资产权重综合计算绩效评价得分。对阶段性持股子公司（企业）不进行单独评价。

第十七条 依据所建样本库中金融企业的数据，财政部采用分段简单平均法测算每项财务指标的标准值。具体步骤包括：

（一）对测算样本的财务指标按照实际值从大到小（对于逆向指标，从小到大）进行排序；

（二）将排好序的样本，平均划分为4部分，前25%的样本数据为第一段，前50%的样本数据为第二段，全部样本数据作为第三段，后50%的样本数据为第四段，后25%的样本为第五段；

（三）将每一段样本的财务指标实际值加总，再除以样本个数，得到该段财务指标的简单平均数；

（四）将五段财务指标的简单平均数分别作为该财务指标的"优秀值"、"良好值"、"平均值"、"较低值"和"较差值"，对应五档评价标准的标准系数分别为1.0、0.8、0.6、0.4、0.2。

第十八条 评价计分是将金融企业调整后的评价指标实际值对照金融企业所处行业标准值，按照以下计算公式，利用绩效评价软件计算各项基本指标得分：

绩效评价指标总得分 = ∑单项指标得分

单项指标得分 = 本档基础分 + 调整分

本档基础分 = 指标权数 × 本档标准系数

调整分 = 功效系数 ×（上档基础分 − 本档基础分）

上档基础分 = 指标权数 × 上档标准系数

功效系数 =（实际值 − 本档标准值）/（上档标准值 − 本档标准值）

本档标准值是指上下两档标准值中居于较低的一档标准值。

第十九条 考虑到金融企业的实际情况，政策性银行的"资本充足率"、"核心资本充足率"、"杠杆率"、"资产利润率"、"资本利润率"五项指标，主营政策性业务保险公司的"偿付能力充足率"、"净资产收益率"、"总资产报酬率"三项指标，以及金融基础设施企业的"资本利润率"指标按平均值取分。

第二十条 金融企业发放较多涉农贷款、中小企业贷款，提供较多农业保险的，给予适当加分，以充分反映不同金融企业社会贡献。具体的加分办法如下：

（一）涉农贷款加分：金融企业提供的涉农贷款占比超过10%加1分，超过15%加1.5分，超过20%加2分，超过25%加2.5分，超过30%加3分。其中，涉农贷款占比 = 年末涉农贷款余额/年末贷款余额 ×100%；

（二）中小企业贷款加分：金融企业提供的中小企业贷款占比超过20%加1

分，超过25%加1.5分，超过30%加2分，超过35%加2.5分，超过40%加3分，其中，中小企业贷款占比=年末中小企业贷款余额/年末贷款余额×100%；

（三）农业保险加分：金融企业提供的农业保险市场占比超过10%加1分，超过15%加1.5分，超过20%加2分，超过25%加2.5分，超过30%加3分；金融企业提供的农业保险如市场占比在10%以下，但自身占比超过50%加1分，超过60%加1.5分，超过70%加2分，超过80%加2.5分，超过90%加3分。其中，农业保险市场占比=年度农业保险保费收入总额/全部财产保险公司年度农业保险保费收入总额×100%，农业保险自身占比=年度农业保险保费收入总额/年度全部财产保险保费收入总额×100%。

以上在计算涉农贷款和中小企业贷款占比时，分子分母均采用境内口径；农业保险按保险监管部门规定的口径执行。

第二十一条 对被评价金融企业所评价期间（年度）发生以下不良重大事项，予以扣分：

（一）重大事项扣分：金融企业发生属于当期责任的重大资产损失事项、重大违规违纪案件，或发生造成重大不利社会影响的事件，根据相关部门的处理处罚情况扣1－3分。正常的资产减值准备计提不在此列；

（二）信息质量扣分：金融企业不按照规定提供财务会计信息，或提供虚假财务会计信息，根据相关部门的处理处罚情况扣1－3分。金融企业财务快报与财务决算报表报送净利润数值增幅（减幅）超过10%扣1分，超过15%扣1.5分，超过20%扣2分，超过25%扣2.5分，超过30%扣3分。

第二十二条 对存在加分和扣分事项的，财政部门与金融企业和有关部门核实，获得必要证据后，应当填写《金融企业绩效评价加减分事项表》（附表2）。

第五章 评价结果与评价报告

第二十三条 为平滑不同金融行业的年度经营状况，财政部根据金融企业报送的资料分行业设定绩效评价行业调节系数。

金融企业绩效评价分数（行业调节后）=本期绩效评价分数×行业调节系数

其中，金融控股集团公司、金融资产管理公司、金融投资管理公司等金融企业在综合计算绩效评价得分后，采用其他金融业行业调节系数进行调节。

第二十四条 为平滑不同年度绩效评价得分的明显波动，财政部根据金融企业报送的资料设定绩效评价年度调节系数。

金融企业绩效评价年度调节系数以绩效评价年度平均得分为基础，综合考虑年度GDP增减、CPI增减、财政货币政策和会计准则的变化，以及行业盈利状况等因素确定。

金融企业绩效评价分数（年度调节后）= 金融企业绩效评价分数（行业调节后）× 年度调节系数。

第二十五条 绩效评价结果是指根据绩效评价分数及分析得出的评价结论，以评价得分、评价类型和评价级别表示。

评价得分用百分制表示。

评价类型是根据评价分数对企业综合绩效所划分的水平档次，用文字和字母表示，分为优（A）、良（B）、中（C）、低（D）、差（E）五种类型。

评价级别是对每种类型再划分级次，以体现同一评价类型的不同差异，采用在字母后重复标注该字母的方式表示。

第二十六条 绩效评价结果以80、65、50、40分作为类型判定的分数线。

（一）评价得分达到80分以上（含85分）的评价类型为优（A），在此基础上划分为3个级别，分别为：AAA≥90分；90分>AA≥85分；85分>A≥80分。

（二）评价得分达到65分以上（含65分）不足80分的评价类型为良（B），在此基础上划分为3个级别，分别为：80分>BBB≥75分；75分>BB≥70分；70分>B≥65分。

（三）评价得分达到50分以上（含50分）不足65分的评价类型为中（C），在此基础上划分为2个级别，分别为：65分>CC≥60分；60分>C≥50分。

（四）评价得分在40分以上（含40分）不足50分的评价类型为低（D）。

（五）评价得分在40分以下的评价类型为差（E）。

第二十七条 金融企业绩效评价报告是根据评价结果编制、反映被评价金融企业绩效状况的文本文件。

财政部门在收到金融企业的绩效评价材料后，按规定填列计算《金融企业绩效评价基础数据调整表》、《金融企业绩效评价加分扣分事项表》和《金融企业绩效评价结果计分表》（附表3、附表4、附表5、附表6），并及时将金融企业绩效评价结果反馈给金融企业及相关部门。

第六章 工作要求与责任

第二十八条 中央管理金融企业应当于每年5月15日前，一式两份向财政部报送上一年度绩效评价的基础数据资料、对基础数据进行调整的说明材料。

第二十九条 地方金融企业向本级财政部门报送绩效评价材料的具体内容和时间要求，由省级财政部门确定。

第三十条 金融企业应当提供真实、全面的绩效评价基础数据资料，金融企业主要负责人、总会计师或主管财务会计工作的负责人应当对提供的年度财务会计报告和相关评价基础资料的真实性、完整性负责。

金融企业在报送绩效评价材料中，存在故意漏报、瞒报以及提供虚假材料等情况的,由本级财政部门责令限期改正,并给予警告。

第三十一条 中央管理金融企业和省级财政部门应当根据《金融企业国有资本保值增值结果确认暂行办法》(财政部令第43号)和财政部年度财务决算工作的安排做好国有资本保值增值结果的确认工作。

第三十二条 省级财政部门应当于每年5月15日前,分户(按法人单位)将上一年度本地区金融企业调整后的绩效评价基础数据资料和情况说明报送财政部。

第三十三条 财政部根据中央管理金融企业和省级财政部门报送的资料,于每年6月底前分别公布银行业、保险业、证券业和其他金融业4大类金融行业评价指标的标准值、行业调节系数和年度调节系数。

第三十四条 省级财政部门应当遵循以上原则要求做好本地区金融企业的绩效评价工作,并于每年11月30日前,将本地区金融企业的绩效评价结果汇总报送财政部。

第三十五条 财政部门的相关工作人员组织开展金融企业绩效评价工作应当恪尽职守、规范程序、加强指导。

对于在绩效评价过程中滥用职权、玩忽职守、徇私舞弊,或者泄露金融企业商业秘密的,依法给予行政处分。

第三十六条 受托开展金融企业审计业务的机构及其相关工作人员应严格执行金融企业绩效评价工作的规定,规范技术操作,确保评价过程独立、客观、公正,评价结论适当,并严守金融企业的商业秘密。

对参与造假、违反程序和工作规定,导致评价结论失实以及泄露金融企业商业秘密的,财政部门将责令不再委托其承担金融企业审计业务,并将有关情况通报其行业主管机关,建议给予相应处罚。

第七章 附 则

第三十七条 金融企业开展内部绩效评价工作,可依据本办法制定具体的工作规范。

第三十八条 各省、自治区、直辖市、计划单列市财政部门可以依据本办法和财政部的其他规定,结合本地区金融企业实际,制定具体的实施办法,报财政部备案。

第三十九条 本办法自印发之日起施行,金融企业2010年度绩效评价工作执行本办法。《财政部关于印发〈金融类国有及国有控股企业绩效评价暂行办法〉的通知》(财金〔2009〕3号)、《财政部关于金融类国有及国有控股企业绩效评价相关事项的通知》(财金〔2009〕27号)和《财政部关于印发〈金融类国有及国有控股企业绩效评价实施细则〉的通知》(财金〔2009〕169号)同时废止。

附：1. 金融企业绩效评价基础数据调整表(略)

2. 金融企业绩效评价加减分事项表(略)

3. 银行类金融企业绩效评价结果计分表(略)

4. 保险类金融企业绩效评价结果计分表(略)

5. 证券类金融企业绩效评价结果计分表(略)

6. 其他类金融企业绩效评价结果计分表(略)

附件3：

金融企业绩效评价指标计算公式说明

一、盈利能力指标

1. 资本利润率(净资产收益率)=净利润/净资产平均余额×100%

净资产平均余额=(年初所有者权益余额+年末所有者权益余额)/2

2. 资产利润率(总资产报酬率)=利润总额/资产平均总额×100%

资产平均总额=(年初资产总额+年末资产总额)/2

证券公司资产、负债不包括客户资产、负债，下同。

3. 成本收入比=营业费用/营业收入×100%

4. 收入利润率=营业利润/营业收入×100%

5. 支出利润率=营业利润/营业支出×100%

6. 加权平均净资产收益率=

$$P/(E_0+NP\div 2+E_i\times M_i\div M_0-E_j\times M_j\div M_0\pm E_k\times M_k\div M_0)\times 100\%$$

其中：P为扣除非经常性损益后归属于公司普通股股东的净利润；NP为归属于公司普通股股东的净利润；E_0为归属于公司普通股股东的期初净资产；E_i为报告期发行新股或债转股等新增的、归属于公司普通股股东的净资产；E_j为报告期回购或现金分红等减少的、归属于公司普通股股东的净资产；M_0为报告期月份数；M_i为新增净资产下一月份起至报告期期末的月份数；M_j为减少净资产下一月份起至报告期期末的月份数；E_k为因其他交易或事项引起的净资产增减变动；M_k为发生其他净资产增减变动下一月份起至报告期期末的月份数。

二、经营增长指标

1. 国有资本保值增值率=[(年末国有资本±客观增减因素影响额)÷年初国有资本]×100%

2. 利润增长率=(本年利润总额-上年利润总额)/上年利润总额×100%

3. 经济利润率=(净利润-净资产平均余额×资金成本)/净资产平均余额×100%

资金成本系按年度内中国人民银行公布的一年期流动资金贷款不同利率的时间覆盖比例为权数计算的加权平均资金成本。

三、资产质量指标

1. 不良贷款率 =（次级类贷款 + 可疑类贷款 + 损失类贷款）/各类贷款余额 ×100%

银行按照中国银监会的规定计算不良贷款率，以后变化，从其规定。

2. 拨备覆盖率 = 贷款减值准备/（次级类贷款 + 可疑类贷款 + 损失类贷款）×100%

银行按照中国银监会的规定计算拨备覆盖率，以后变化，从其规定。

3. 杠杆率 = 一级资本/调整后表内外资产余额 ×100%

4. 认可资产率 = 认可资产/资产总额 ×100%

其中：认可资产是指保险监管机构对保险公司进行偿付能力考核时，按照一定的标准予以认可，纳入偿付能力额度计算的资产。

5. 应收账款比率 =（应收保费 + 应收利息 + 其他应收款）/资产总计 ×100%

6. 净资本与风险准备比率 = 期末净资本/各项风险准备之和 ×100%

其中：净资本 = 净资产 - 金融资产的风险调整 - 其他资产的风险调整 - 或有负债的风险调整 -/+ 中国证监会认定或核准的其他调整项目。

因目前净资本计算只能涉及单体公司，因此涉及证券公司净资本指标的，需用母公司数据。

证券公司按照中国证监会规定的证券公司风险资本准备计算标准计算各项风险资本准备。目前，证券公司提取六项风险准备之和，以后变化，从其规定。

7. 净资本与净资产比率 = 期末净资本/期末净资产 ×100%

四、偿付能力指标

1. 资本充足率 =（资本 - 扣除项）/（风险加权资产 + 12.5 倍的市场风险资本）×100%

其中：资本扣除项 = 商誉 + 对未并表银行机构资本投资 + 对未并表非银行金融机构资本投资 + 对非自用不动产投资 + 对工商企业资本投资 + 贷款损失准备尚未提足部分。

银行按照中国银监会的规定计算资本充足率，以后变化，从其规定。

2. 核心资本充足率 =（核心资本 - 核心资本扣除项）/（风险加权资产 + 12.5 倍的市场风险资本）×100%

其中：核心资本 = 实收资本（或普通股）+ 资本公积 + 盈余公积 + 未分配利润 + 少数股权。

核心资本扣除项 = 商誉 +（对未并表银行机构资本投资 + 对未并表非银行金

融机构资本投资+对非自用不动产投资+对工商企业资本投资）×50%+贷款损失准备尚未提足部分。

银行按照中国银监会的规定计算核心资本充足率,以后变化,从其规定。

3.偿付能力充足率=实际资本/最低资本×100%

其中:实际资本等于认可资产减去认可负债的差额。

认可负债是指保险监管机构对保险公司进行偿付能力考核时,按照一定的标准予以认可,纳入偿付能力额度计算的负债。

最低资本是指保险公司在经营中应具备的偿付能力的最低限额数。

4.净资本负债率=期末净资本/期末负债×100%

其中:负债指对外负债,不含代理买卖证券款。

5.资产负债率=期末负债总额/期末资产总额×100%

其中:资产指自身资产,不含代买卖证券款对应的资产;负债指对外负债,不含代理买卖证券款。

关于印发《保险公司财会工作规范》的通知

（2012年1月12日） 保监发〔2012〕8号

各保险公司、保险资产管理公司:

为加强保险公司财会工作管理,规范保险公司财会行为,有效防范和化解风险,我会制定了《保险公司财会工作规范》。现予印发,请遵照执行。

保险公司财会工作规范

第一章 总 则

第一条 为加强保险公司财会工作管理,规范保险公司财务行为,有效防范和化解风险,依据《中华人民共和国保险法》、《中华人民共和国会计法》等有关法律法规,制定本规范。

第二条 本规范所称保险公司和保险集团公司,是指根据《中华人民共和国保险法》及保监会有关规定分别设立的保险公司和保险集团公司。

第三条 保险公司应当加强财会工作管理,根据公司发展战略、业务规模、销售渠道和产品特征等情况,建立符合自身实际的财会工作管理机制和制度,有效降低管控风险,提高财务运行效率。

第四条 保险公司董事长、总经理对本公司财会工作合规性和会计资料的真实性、完整性负责。

第五条 保险集团公司对所属子公司财会工作的指导和管理应当遵循《公司法》和公司章程的规定。

第六条 中国保监会依据有关法律法规和本规范对保险公司财会工作及财务负责人的履职情况进行监管、评价。

第二章 机构和人员

第七条 保险公司应当设立单独的财会部门,履行下列职责:

(一)负责会计核算和编制财务报告;

(二)负责资金管理;

(三)负责预算管理;

(四)负责税务管理、外汇管理;

(五)负责或者参与资产管理、负债管理、资本管理、有价单证管理;

(六)中国保监会规定、公司内部管理规定以及依法应当履行的其他职责。

保险公司原则上应当设立一个财会部门集中履行上述职责。设立多个部门履行上述(一)、(二)、(三)、(四)项财会工作职责或者将上述(一)、(二)、(三)、(四)项职能在有关部门之间进行调整的,应当向中国保监会报告。

第八条 保险公司分支机构应当设立独立的财会部门。规模较小或实行集中化管理的保险公司省级以下分支机构,在满足财会管理需要和有效控制风险的前提下,可不再设置单独的财会部门。

第九条 保险公司应当配备与业务规模、管理模式、风险状况相适应的一定数量、具有专业资质的财会人员。

第十条 保险公司总公司财会部门应当配备熟悉保险责任准备金评估原理和实务的人员。

第十一条 保险公司总公司应当统一制定各级财会人员的管理制度,包括:岗位设置、岗位责任、任职条件、考核办法、轮岗制度、培训制度以及分支机构财会人员管理体制等。

第十二条 保险公司应当设置财务负责人职位。财务负责人行使《保险公司财务负责人任职资格管理规定》规定的职责、权限,直接对公司董事会和总经理负责。

第十三条 保险公司应当设置财会部门负责人职位。担任保险公司财会部门负责人应当具备下列条件:

（一）大学本科以上学历；

（二）从事会计工作 5 年以上或从事经济、金融工作 10 年以上；

（三）熟悉履行职责所需的法律法规和监管规定，在会计、财务、投资、精算或者风险管理等方面具有良好的专业基础；

（四）具有财会专业学士以上学位，或者国内外会计、财务、投资、精算等相关领域的合法专业资格，或者国内会计或者审计系列高级职称；

（五）具有在企事业单位或者国家机关担任领导或者管理职务的任职经历；

（六）能够熟练使用中文进行工作；

（七）中国保监会规定的其他条件。

第十四条 有下列情形之一的，不得担任保险公司财会部门负责人：

（一）被判处刑罚，执行期满未逾 3 年；

（二）被金融监管部门取消、撤销任职资格，自被取消或者撤销任职资格之日起未逾 5 年；

（三）受到中国保监会和其他行政管理部门重大行政处罚未逾 2 年；

（四）因违法行为或者违纪行为被吊销执业资格的律师、注册会计师或者资产评估机构、验证机构等机构的专业人员，自被吊销执业资格之日起未逾 5 年；

（五）中国保监会规定的其他情形。

第十五条 保险公司任命财会部门负责人，应当在做出任职决定之日起 10 个工作日内向中国保监会报告。需要指定临时财会部门负责人的，应当在做出任职决定之日起 10 个工作日内向中国保监会报告。临时财会部门负责人的任职时间不得超过 3 个月。

保险公司设立多个部门履行本规范第七条规定的财会工作职责的，应当就履行第（一）项职责的部门负责人任职资格向中国保监会报告。

第十六条 保险公司向中国保监会报告财会部门负责人任职资格，应当提交下列材料：

（一）保险公司财会部门负责人履历表（附件）；

（二）保险公司的任职决定；

（三）财会部门负责人的居民身份证（护照）、学历证书、学位证书、专业资格、专业技术职务任职资格证书等有关证书的复印件；

（四）离任审计报告；

（五）中国保监会要求提供的其他材料。

没有进行离任审计的，由原任职单位做出未进行离任审计的说明。不能提供离任审计报告或者原任职单位说明材料的，由财会部门负责人做出书面说明。

第十七条 保险公司任命的财会部门负责人不符合有关规定的，中国保监会将责令公司改正。

第十八条 财会人员调动或离职，应当按照国家法律法规和公司规定与接替人员办理交接手续，并按规定监交。按照国家法律法规和公司规定属于离任审计范围的，应当进行离任审计。

第十九条 财会部门负责人调动或离职，应当将有关任免文件同时抄送中国保监会。

第二十条 保险公司应当建立财会人员的培训制度，按照国家有关规定组织财会人员参加后续教育，包括中国保监会组织或认可的培训。

第二十一条 保险公司应当实施分支机构财务经理委派制，各级分支机构财务经理的聘任、考核和薪酬应当由上级机构或者总公司统一管理。

第二十二条 保险公司总公司应当加强对分支机构财会部门和人员的指导、监督，定期进行检查，防范分支机构的财务风险。

第三章 会计核算和财务报告

第二十三条 保险公司应当根据实际发生的经济业务事项进行会计核算，编制财务报告，保证会计信息真实、完整。

任何公司不得以虚假的经济业务事项或者资料进行会计核算。

第二十四条 保险公司应当根据企业会计准则和公司实际情况制定内部会计核算制度，对公司所有经济事项的会计处理进行规范。内部会计核算制度至少应当包括以下内容：

(一)会计政策；

(二)会计估计；

(三)会计科目；

(四)账务处理；

(五)财务报告。

第二十五条 保险公司内部会计核算制度应当明确下列事项：

(一)保险责任准备金的计量单元、计量方法、计量假设等具体规则；

(二)重大保险风险测试的方法、标准、保单分组、样本选取等具体规则；

(三)分拆核算的收入、费用确认标准等具体规则。

第二十六条 除本规范第九十三条规定的情形外，保险公司不得委托代理记账机构进行代理记账。

第二十七条 保险公司应当建立业务、财务、精算、投资等数据的定期对账制度，确保基础数据的一致性。

第二十八条 保险公司应当明确各类金融资产分类的标准和流程，准确核算各类金融资产。

第二十九条 保险公司精算部门应当按照企业会计准则计量财务报告准备金，对准备金的真实性、公允性负责。

保险公司财会部门编制财务报告时，应当对精算部门提供的责任准备金进行独立分析，重点关注各项责任准备金计量方法、计量假设的合规性以及责任准备金的偏差率、波动性，对发现的不符合准则要求和不合理的情况，应当与精算部门沟通或向公司管理层报告。

第三十条 保险公司委托保险资产管理公司投资或者将资金进行托管时，会计核算应当符合下列要求：

（一）保险公司、保险资产管理公司、托管方应当明确各方在委托资产会计核算、单证交接、数据传输以及数据核对等方面的职责分工；

（二）主核算人应当按照委托方的会计核算制度进行会计核算。

第三十一条 保险公司会计核算采用集中模式的，应完善内部流程，加强对会计核算所依据的原始凭证的管理。采用远程传送影像技术的，应当加强对原始凭证影像、扫描件的审核，确保与原件相符，保证财务数据的真实性。

第三十二条 保险公司应建立健全财务报告编制、审批、报送的内控流程，明确财务报告、偿付能力报告、各项专题财务报告编制的流程和职责分工，确保各项财务报告真实、完整和及时报送。

第三十三条 保险公司应当建立电子会计档案管理制度，明确会计凭证、会计账簿、财务报告等电子会计档案的保管、备份、查阅等管理要求，保证电子会计档案安全、完整。

第三十四条 保险公司应当完整保存责任准备金计量和重大保险风险测试的文档记录及相关支持材料，作为重要会计档案保存。

第四章 资 金 管 理

第三十五条 保险公司应当建立财会部门牵头，其他部门密切配合的资金管理机制，健全资金筹措、归集、存放、划拨、支付等内部管理制度，确保资金安全。

第三十六条 保险公司总公司应当对银行账户进行统一管理，各级机构银行账户的开设、变更、撤销等相关事项应当报总公司审批或者备案。

保险公司总公司和分支机构应当严格按照国家对银行账户管理的有关规定以及公司规定的账户类型和用途进行资金收付。

第三十七条 保险公司应当建立专人专岗负责各类资金的划拨、清算，并不得与会计核算、投资交易、筹资交易等岗位兼职。

第三十八条 保险公司应当实行“收支两条线”，分支机构保费及其他收入上划总公司，费用及业务支出由总公司拨入。

保险公司应当建立健全保费及其他收入的定期或自动上划机制，加强对分支机构资金量的监控，提高资金归集速度和使用效率。

第三十九条 保险公司的佣金和手续费应当由总公司或省级分公司通过银行转账等非现金方式集中支付，保险公司不得以现金方式支付佣金和手续费，省级以下分支机构不得支付佣金和手续费。

第四十条 保险公司收取的保费、支付的赔付金和退保金原则上应当由总公司或省级分公司通过银行转账等非现金方式集中收付，下列情况除外：

（一）保险公司在营业场所内进行收付；

（二）保险公司委托保险代理机构在保险代理机构营业场所内进行收付；

（三）保险公司在营业场所外通过保险销售从业人员进行收付，依照保险合同单次金额不超过人民币1000元；

（四）中国保监会规定的其他收付费方式。

第四十一条 保险公司应当建立规范统一的收付费管理制度，明确规定收付费的管理流程、作业要求和岗位职责，防止侵占、挪用及违规支付等行为，确保资金安全。

第四十二条 保险公司应当建立投资资金的划拨、清算等内控制度，确保投资决策、交易、资金划拨、清算的相互隔离。保险公司可以根据管控需要，建立资金内部或外部托管制度。

第四十三条 保险公司投资资金管理应当符合下列要求：

（一）保险公司财会部门和保险资产管理公司应当设立专人专岗负责投资资金划拨、清算，并不得与投资交易等岗位兼职；

（二）保险公司应当通过签订协议、定期检查等方式确保保险资产管理公司对其自有资金和受托资金、对受托管理的不同委托人的投资资金分设账户，单独管理；

（三）保险公司内部、保险公司与资产管理公司之间、保险公司与托管银行之间应当定期核对投资资金划拨金额；

（四）中国保监会规定的其他要求。

第四十四条 保险公司通过非金融支付机构划转、结算资金的，应当符合下列条件：

（一）非金融支付机构应当取得监管机构颁发的支付业务许可证；

（二）在非金融支付机构留存的备付金不得超过公司总资产的1%。

上述非金融支付机构不包括经人民银行特别许可办理银行业金融机构之间货币资金转移的非金融支付机构。

第四十五条　保险公司应当根据有关法律法规，建立大额和可疑交易鉴别、审批、报告的反洗钱内部控制制度。

第五章　资 产 管 理

第四十六条　保险公司应当建立有效的资产管理制度和机制，确保公司各项金融资产、实物资产、无形资产等资产的安全、完整。

第四十七条　保险公司应当加强投资资产管理，识别投资资产的市场风险、信用风险、流动性风险、集中度风险，确保公司偿付能力充足，满足流动性需求。

第四十八条　保险公司应当以偿付能力充足和流动性充足为条件，制定投资策略，安排投资资产结构。

保险公司应当根据偿付能力状况、流动性需求等因素，及时调整投资策略和投资资产结构。

第四十九条　保险公司应当加强银行存款的管理。总资产在100亿元以上的寿险公司、总资产在20亿元以上的产险公司和再保险公司的银行存款应当符合下列要求：

（一）在一家非全国性商业银行的存款不得超过公司银行存款总额的20%；

（二）在非全国性商业银行的存款不得超过公司银行存款总额的60%；

（三）中国保监会的其他规定。

第五十条　保险公司应当加强长期股权投资管理，建立长期股权投资决策机制和程序，定期分析子公司、合营企业、联营企业的经营状况和财务状况。

第五十一条　保险公司应当建立信用风险管理制度和机制，加强对保单质押贷款、应收款项、应收分保准备金等债权资产的管理。

第五十二条　保险公司应当加强房地产资产的管理，严格区分自用房地产和投资性房地产，分别进行管理。

保险公司不得将为赚取租金或资本增值，或两者兼有而持有的房地产纳入自用房地产管理。保险公司不得将为提供劳务或者经营管理而持有的房地产纳入投资性房地产管理。

第五十三条　保险公司固定资产账面价值和在建工程账面价值之和占净资产的比重最高不得超过50%。

第五十四条　保险公司应当加强损余物资和理赔收回资产的管理，建立此类资产的收取、保管、处置、清查等内控流程。

第六章　负 债 管 理

第五十五条　保险公司应建立健全责任准备金负债、金融负债、资本性负债等负债管理制度,并对制度运行情况定期进行检查评估,确保制度有效运行。

第五十六条 保险公司财务报告准备金负债计量由公司董事会负总责。准备金计量涉及的重大会计政策和会计估计应当经财务负责人和总精算师(或精算责任人)同意后,提交公司董事会或总经理办公会研究决定。

外资保险公司分公司由管理层对准备金计量工作负总责。

第五十七条 保险公司应制定财务报告准备金负债评估工作流程和内控体系,确保准备金提取真实、公允,有效防范准备金计量的随意性。准备金负债评估的工作流程和内控体系应当向中国保监会报告。

第五十八条 保险公司应当根据重大保险风险测试结果,识别保险风险和投资风险,对通过重大保险风险测试的保险合同负债和未通过重大保险风险测试的投资合同负债区别管理。

保险公司应当制定重大保险风险测试的内控制度和流程,并向中国保监会报告。

第五十九条 保险公司应当加强资产负债匹配管理,定期分析资产负债在利率、期限、币种等方面存在的匹配风险,合理安排资金支付赔款、保险金和退保金。

第六十条 保险公司应当加强对证券回购、拆入资金、银行借款等融资行为的管理,建立健全融资管理制度,监测防范融资风险。

第六十一条 保险公司证券回购融资余额不得超过公司债券资产余额的50%。

第六十二条 保险公司应当加强或有负债等表外负债的管理,定期监测和分析,及时防范、化解风险。

第六十三条 保险公司应当建立健全次级债等资本性负债的管理制度,专户管理资本性负债融入资金,按时归还到期债务,防范和化解财务风险。

第七章 预算管理

第六十四条 保险公司应当实行预算管理,根据发展战略、经营规划、偿付能力等编制预算,确定科学、合理、明确的预算目标,促进公司持续、稳健发展。

第六十五条 保险公司预算应当经过股东(大)会批准。

保险公司应当定期向董事会报告预算执行情况。

第六十六条 保险公司应当建立健全预算管理制度,明确预算编制、审批、执行、分析、调整、考核等职责分工和操作流程,合理分配财务、实物及人力等各项资源。

第六十七条 保险公司应当以偿付能力充足为前提条件,编制收入、费用、利润、融资、投资、机构设立等各项预算。

第六十八条 保险公司应当编制资本预算，预计公司资本需求，安排资本补充，确保偿付能力充足。

第六十九条 保险公司应当按照险种、产品、销售渠道、费用性质等因素，编制各项费用预算。

第七十条 保险公司应当将预算作为预算期内组织、协调各项经营活动的基本依据，严格预算执行，控制费用支出和预算偏差，确保年度预算目标的实现。

第七十一条 保险公司应当对预算的执行情况进行定期或不定期监控、分析预算执行情况及执行差异，及时纠正预算执行中的问题，确保预算有效执行。

第八章 会计监督

第七十二条 保险公司应当按照《会计法》等相关法规要求，建立董事长（或总经理）负责，财会部门、内部审计部门、监事会职责分工明确的内部会计监督机制。

第七十三条 保险公司董事长、总经理应当保证财会部门、财会人员依法履行职责，不得授意、指使、强令财会部门、财会人员违法办理会计事项。

第七十四条 保险公司内部审计部门应当建立有效的内部审计制度，对本单位各项经营管理活动和财务活动的真实性、合法性进行监督。

第七十五条 保险公司监事会应当履行《公司法》和公司章程规定的职责，依法监督公司财务活动。

第七十六条 保险公司各级财会部门和财会人员应当履行《会计法》赋予的职责和权力，对本单位经济业务事项是否符合财经法规以及各项收支的合规性进行监督。

第七十七条 保险公司财会人员发现公司存在下列行为的，应当予以制止和纠正。制止和纠正无效的，应及时向公司财务负责人、公司负责人直至上级机构和监管部门报告：

（一）保险责任准备金数据弄虚作假、不符合会计准则要求；

（二）私设“小金库”；

（三）总公司或分支机构负责人强制要求财会人员违反有关规定办理会计事项的；

（四）虚假承保、虚假批退、虚列费用、虚假理赔、虚假挂单等账实不符行为；

（五）其他违反法律法规和本规范的行为。

保险公司财会人员履行了上述制止、纠正和报告义务的，可以免除或减轻其行政责任。

第七十八条 保险公司业务部门对职责范围内的业务活动的真实性负责。业务部门存在虚构经济业务事项、提供虚假票据、未及时提供相关经济业务事项资料等情形，导致会计信息不真实、不完整的，应当依法追究业务部门和直接责任人的法律责任。

第九章　财务信息系统

第七十九条　保险公司应当建立符合业务发展和管理需要的财务信息系统，制定财务信息系统的管理制度，规范财务信息系统的统筹规划、设计开发、运行维护、安全管理等事项，提高财务管理的信息化水平。

第八十条　保险公司财务信息系统应当符合下列要求：

（一）满足日常会计核算需要，可生成各类财务报表，包括分红保险财务报表、交强险财务报表等；

（二）满足偿付能力评估需要，可生成各类偿付能力报表；

（三）满足财务分析需要；

（四）与单证系统、业务系统、再保系统、精算系统等对接，实现系统间数据自动交换；

（五）将预算管理、资金管理、资产管理、单证管理等内控流程内嵌于信息系统；

（六）总公司可实时查询、管理各级分支机构的财务数据；

（七）中国保监会规定的其他要求。

第八十一条　保险公司财务信息系统的开发和改造应当由总公司统一负责，各级分支机构不得随意开发和修改。

第八十二条　保险公司财务信息系统中的业务、财务数据应当在中国境内存储，并进行异地备份。

第八十三条　保险公司应当加强财务信息系统的账户管理和权限管理，明确分支机构和相关人员的权限和职责。

第八十四条　保险公司应当定期对财务信息系统的内设公式、逻辑关系、权限设置等进行检查，确保系统运行安全、数据准确。

第十章　聘请会计师事务所进行年度审计

第八十五条　保险公司聘请或者解聘会计师事务所为其提供年度审计服务，应当向中国保监会报告。

第八十六条　保险公司应当对会计师事务所的独立性、专业胜任能力和声誉进行评估，选择具有与自身业务规模、经营模式等相匹配的资源和风险承受能力的会计师事务所提供年度审计服务。

第八十七条　保险公司新聘请会计师事务所的，应当于做出聘请决定的 10 个工作日内向中国保监会报告，并提交以下材料：

（一）公司聘请会计师事务所的决议；

（二）会计师事务所的基本情况，包括：业务开展情况、主要服务内容、主要客户等；

（三）公司项目主要负责人的简历；

（四）保监会规定提交的其他材料。

第八十八条 保险公司解聘会计师事务所的，应当于做出解聘决定的10个工作日内向保监会报告，并提交以下材料：

（一）公司解聘会计师事务所的决议；

（二）公司解聘会计师事务所的原因；

（三）保监会规定提交的其他材料。

第八十九条 保险公司应当建立审计轮换制度。

国有及国有控股保险公司聘请、轮换会计师事务所应当执行《财政部关于印发〈金融企业选聘会计师事务所招标管理办法（试行）〉的通知》（财金〔2010〕169号）的规定。

其他保险公司至少每5年轮换一次签字注册会计师或会计师事务所。截至2012年12月31日，如果连续聘用同一会计师事务所的年限或者同一注册会计师连续签字的年限已经达到或者超过5年的，最长可延缓2年更换，但最长不得超过10年。

第九十条 中国保监会有权对保险公司进行抽查，复核保险公司报送的经过会计师事务所审计的有关报告。如发现会计师事务所在审计过程中存在违规行为、重大工作疏漏或失误等，将移交有关部门进行处理，并可要求保险公司终止对该会计师事务所的委托。

第十一章 集团化经营模式下的财会管理

第九十一条 本规范第二章到第十章的规定适用于保险集团公司。

第九十二条 保险集团的财会工作，应当切实防范财务和资金集中风险、内部传染风险等风险。

第九十三条 实行财务集中化管理的保险集团，其所属保险子公司可以将部分核算职能委托集团公司或其他关联公司代理记账。受托代理记账的机构应当符合下列条件：

（一）具有代理记账许可证；

（二）注册地和住所地在中国境内；

（三）与委托方签有明确的委托代理记账协议。

受托代理记账机构的负责人应当符合本规范第十三条和第十四条的规定，并按照第十五条、第十六条的规定向中国保监会报告。

第九十四条 保险集团公司可以通过内设部门,集中处理所属保险子公司的账务。负责集中核算的部门负责人,应当符合本规范第十三条和第十四条的规定,并按照第十五条、第十六条的规定向中国保监会报告。

第九十五条 保险集团公司及其所属子公司应制定和执行统一的会计政策。如果采用不同的会计政策,应当制定转换方法及审批流程。

第九十六条 对同一审计事项,集团内各公司原则上应当委托同一家会计师事务所。

第九十七条 保险集团应当在各子公司间建立资金的防火墙制度,不得将子公司资金混用或变相混用。

第九十八条 保险集团内各子公司的保险资金委托集团公司统一管理、投资的,应当符合下列要求:

(一)对各子公司的资金分设账户,单独管理;

(二)以各子公司的名义持有和交易投资资产。

第九十九条 保险集团内各公司之间相互融资、担保、租赁、销售产品、资产转让等关联交易应当符合有关监管法规,不得以集团内不同行业子公司之间关联交易的方式,逃避或变相逃避保险、银行和证券业务的监管;关联交易的定价应当公允,禁止违规转移利益;应当按照监管部门的要求及时报告和充分披露有关信息。

第一百条 保险集团公司应当建立长期资本规划,定期对集团和各子公司的偿付能力状况进行预测分析,及时补充资本,确保集团和各子公司偿付能力充足。

第十二章 附 则

第一百零一条 保险资产管理公司参照本规范执行。

第一百零二条 经中国保监会批准筹建的保险公司申请开业时,应当设有独立的财会部门,财会人员、财会制度、内控管理、财务信息系统等应当符合本规范和中国保监会相关规定。

第一百零三条 本规范由中国保监会负责解释。

第一百零四条 本规范自2012年7月1日起施行。

第一百零五条 《关于保险公司委托会计师事务所开展审计业务有关问题的通知》(保监发〔1999〕235号)同时废止。

附件:保险公司财会部门负责人履历表(略)

关于调整保险业务监管费收费标准等有关事项的通知

（2012 年 1 月 29 日） 保监发〔2012〕10 号

各保监局、保险公司、保险资产管理公司、保险中介机构、外国保险机构代表处：

根据《国家发展改革委 财政部关于降低保险业务监管费收费标准等有关问题的通知》（发改价格〔2011〕3228 号）规定，现将调整保险业务监管费收费范围、收费标准和收费办法等有关事项通知如下：

一、保险业务监管费收费范围

经批准，中国保监会对下列被监管机构收取保险业务监管费：

（一）各类商业保险公司；

（二）专门从事保险中介业务的机构；

（三）外国保险机构代表处；

（四）保险资产管理公司。

二、保险业务监管费收费标准

（一）降低对保险公司收取的保险业务监管费收费标准。

1. 对保险公司经营的责任保险和短期健康保险业务，由按保险公司年度自留保费的1.6‰降为按保险公司年度自留保费的 1.3‰收取；对其他财产险业务、人身意外险业务，由按保险公司年度自留保费的 1.7‰降为按保险公司年度自留保费的 1.45‰收取。

2. 对保险公司经营的长期人寿保险业务，由按保险公司年度自留保费的0.9‰降为按保险公司年度自留保费的 0.75‰收取；对保险公司经营的长期健康保险业务，由按保险公司年度自留保费的0.8‰降为按保险公司年度自留保费的0.65‰收取。

上述保险业务监管费 2012 年和 2013 年的费率按上述标准逐年递减 10%。其中，保费是指投保人按保险合同约定向保险公司支付的费用；自留保费是指保费加上分入保费减去分出保费。

3. 对保险公司经营的政策性出口信用保险业务、农业保险业务、新型农村合作医疗保险业务、农村小额人身保险业务和计划生育保险业务仍免收保险业务监管费。其中，农业保险是指保险公司经营的对种植业、养殖业等农业产业在生产过程中因受特定自然灾害、事故或者疫病所造成的经济损失进行赔偿的保险业务。

（二）调整对专门从事保险中介业务的机构收取的保险业务监管费收费标准。对专门从事保险中介业务的机构，由按代办业务营业收入的1.2‰降为按代办业务营业收入的0.9‰收取。其中，保险代理机构、保险公估机构由每年每家不低于800元调整为不低于3000元，保险经纪机构由每年每家不低于1200元调整为不低于5000元。

（三）对外国保险机构代表处收取的保险业务监管费标准，仍按每年每个代表处2万元执行。

（四）对保险资产管理公司经营受托管理业务收取的监管费，按最高不超过30万元收取。

三、保险业务监管费执收单位

中国保监会负责收缴各保险公司、保险资产管理公司和外国保险机构代表处的保险业务监管费；各保监局负责收缴专门从事保险中介业务机构的保险业务监管费（各执收单位的缴费账户信息见附件2）。

四、保险业务监管费缴纳办法

（一）保险公司的保险业务监管费由法人机构统一汇缴，采取按季缴费、年终清缴的办法。

保险公司应以上年自留保费为基数计算本年预缴额，按季度平均缴纳，与当年应缴额的差额部分待年终决算后清缴。对于实缴额大于应缴额的部分，可抵扣今后年度应缴纳的保险业务监管费。

对于年缴费额不足5万元的保险公司，可采取一次性缴费、年终清缴的办法。

（二）专门从事保险中介业务机构的保险业务监管费由法人机构统一汇缴，采取一次性缴费、年终清缴的办法。

专门从事保险中介业务的机构应按照相应的最低缴费额一次性缴纳，实缴额与当年应缴额的差额部分待年终决算后清缴。

（三）外国保险机构代表处的保险业务监管费采取按2万元定额标准一次性缴纳的办法。

（四）保险资产管理公司的保险业务监管费采取按30万元定额标准一次性缴纳的办法。

（五）新批设的机构应缴纳当年的保险业务监管费，采取年终清缴的办法。

（六）保险业务监管费的缴费单位计算到"元"。执收单位凭银行收款凭证开据《非税收入一般缴款书》。缴款人在当地保监局领取缴费收据。

五、缴款时间

（一）按季度缴纳时间为每季度首月10日前。

（二）一次性缴费时间为每年4月30日前。

（三）年终清缴的时间不得晚于次年4月30日。

六、监督检查

中国保监会和各保监局对应缴纳保险业务监管费的缴款人有权进行监督检查。对违反规定少缴、迟缴保险业务监管费的，可以责令其补缴。对拒不缴纳保险业务监管费的，可以依法给予行政处罚。

本通知自2011年1月1日起执行，有效期3年。2008年中国保监会下发的《关于调整保险业务监管费收费标准及收费办法有关事项的通知》（保监发〔2008〕121号）同时废止。

附件：1. 国家发展改革委 财政部关于降低保险业务监管费收费标准等有关问题的通知（发改价格〔2011〕3228号）（略）

2. 各执收单位中央财政汇缴专户开户银行及账号（略）

3. 保险机构缴纳保险业务监管费报告单（略）

关于上市保险公司发行次级可转换债券有关事项的通知

（2012年5月15日） 保监发〔2012〕45号

各保险公司：

为拓宽保险公司资本补充渠道，提高保险公司偿付能力管理水平，经研究，我会决定允许上市保险公司和上市保险集团公司（以下通称保险公司）发行次级可转换债券。现将有关事项通知如下：

一、保险公司次级可转换债券（以下简称次级可转债），是指保险公司依照法定程序发行的、期限在5年以上（含5年）、破产清偿时本金和利息的清偿顺序列于保单责任和其他普通负债之后、且在一定期限内依据约定的条件可以转换成公司股份的债券。

二、保险公司次级可转债在转换为股份前，可以计入公司的附属资本。保险公司次级可转债计入附属资本的比例和标准由中国保监会另行规定。

三、保险公司申请发行次级可转债，除应当符合证券监管部门规定的条件外，还应当符合下列条件：

（一）破产清偿时，次级可转债本金和利息的清偿顺序列于保单责任和其他普通负债之后；

（二）保险公司发行次级可转债，不得以公司的资产为抵押或质押；

（三）保险公司次级可转债的条款设计应当有利于促进债券持有人将可转债转换为股票；

（四）除证券监管部门规定的情形之外，发行人不得另外赋予次级可转债债券持有人主动回售的权利。

四、保险公司申请发行次级可转债，应当向中国保监会提交书面申请，并报送下列文件：

（一）股东大会有关本次次级可转债发行的决议，包括募集规模、期限、转股条件、募集次级可转债决议的有效期、募集资金用途等内容；

（二）本次次级可转债发行方案；

（三）可行性研究报告；

（四）已募集但尚未偿付的次级债、次级可转债等附属资本工具的发行总额、余额及募集资金运用情况；

（五）中国保监会规定提供的其他材料。

五、保险公司申请发行次级可转债，应当取得中国保监会的监管意见。

申请出具监管意见时，保险公司应当提交本通知第四条第（一）、（二）、（三）项规定的材料，并报送偿付能力与公司治理状况说明、经营业绩与财务状况说明等其他材料。

六、发行人应当在可行性研究报告中提供如下信息：

（一）公司未来三年的资本规划；

（二）转股的可行性分析及促进转股的具体方案；

（三）本次次级可转债募集资金用途，包括集团公司向子公司注资的金额和比例。

七、保险公司应当在募集说明书中明确约定发行人依法进入破产偿债程序后，次级可转债本金和利息的清偿顺序列于保单责任和其他普通负债之后。

八、保险公司应当在中国保监会批准次级可转债发行之日起6个月内向证券监管部门提交发行申请。发行人未能在规定期限内提交申请的，原批准文件自动失效。

九、发行人应当在次级可转债发行结束后十个工作日内向中国保监会报告发行情况。

十、在次级可转债到期前，发行人提前赎回次级可转债、债权人回售次级可转债，应当在赎回或回售结束后十个工作日内向中国保监会报告。

十一、发行人应当对次级可转债募集资金实施专户管理，并严格按照股东大会决议、可行性研究报告及募集说明书中募集资金的用途使用募集资金。

十二、次级可转债到期时，发行人支付全部本息后，应当在十个工作日内向中国保监会报告。

十三、发行人应当在季度偿付能力报告和年度偿付能力报告中详细说明次级可转债赎回、回售和转股的情况，及其对公司偿付能力的影响。

十四、发行人因为次级可转债转换为公司股份而影响注册资本的，应当依照有关规定向中国保监会申请变更注册资本和修改公司章程。

财政部、国家发展改革委关于同意对保险公司经营城乡居民大病保险业务免征保险业务监管费的复函

（2012 年 12 月 31 日） 财综〔2012〕103 号

中国保险监督管理委员会：

你会《关于建议免征保险公司开展城乡居民大病保险监管费的函》（保监函〔2012〕81 号）收悉。经研究，现就有关事项函复如下：

为降低大病保险运行成本，充分发挥大病保险资金效用，提高大病保险保障水平，同意你会对保险公司经营城乡居民大病保险业务取得的保费收入免征保险业务监管费。

此复。

保险公司次级定期债务管理办法

（2011年10月6日中国保险监督管理委员会令2011年第2号发布
根据2013年3月15日《中国保险监督管理委员会关于修改
〈保险公司次级定期债务管理办法〉的决定》修订） 保监会令〔2013〕5号

第一章 总 则

第一条 为了规范保险公司次级定期债务（以下简称“次级债”）的募集、管理、还本付息和信息披露行为，保证保险公司的偿付能力，根据《中华人民共和国公司法》、《中华人民共和国保险法》及有关法律、行政法规的规定，制定本办法。

第二条 本办法所称保险公司，是指依照中国法律在中国境内设立的中资保险公司、中外合资保险公司和外资独资保险公司。

第三条 本办法所称次级债，是指保险公司为了弥补临时性或者阶段性资本不足，经批准募集、期限在五年以上（含五年），且本金和利息的清偿顺序列于保单责任和其他负债之后、先于保险公司股权资本的保险公司债务。

第四条 保险公司募集次级债所获取的资金，可以计入附属资本，但不得用于弥补保险公司日常经营损失。保险公司计入附属资本的次级债金额不得超过净资产的50%，具体认可标准由中国保险监督管理委员会（以下简称中国保监会）另行规定。

第五条 保险集团（或控股）公司募集次级债适用本办法。

第六条 中国保监会依法对保险公司次级债的募集、管理、还本付息和信息披露行为进行监督管理。

第七条 募集次级债的保险公司（以下简称“募集人”）应当稳健经营，保护次级债债权人的合法权益。

第二章 申 请

第八条 保险公司募集次级债必须符合本办法规定的条件，并报中国保监会审批。

第九条 保险公司偿付能力充足率低于150%或者预计未来两年内偿付能力充足率将低于150%的，可以申请募集次级债。

第十条 保险公司申请募集次级债，应当符合下列条件：

（一）开业时间超过三年；

（二）经审计的上年度末净资产不低于人民币5亿元；

（三）募集后，累计未偿付的次级债本息额不超过上年度末经审计的净资产的50%；

（四）具备偿债能力；

（五）具有良好的公司治理结构；

（六）内部控制制度健全且能得到严格遵循；

（七）资产未被具有实际控制权的自然人、法人或者其他组织及其关联方占用；

（八）最近两年内未受到重大行政处罚；

（九）中国保监会规定的其他条件。

第十一条　保险公司募集次级债应当由董事会制定方案，股东（大）会对下列事项作出专项决议：

（一）募集规模、期限、利率；

（二）募集方式和募集对象；

（三）募集资金用途；

（四）募集次级债决议的有效期；

（五）与本次次级债募集相关的其他重要事项。

第十二条　募集人应当聘请律师事务所对本次次级债募集出具法律意见书。

法律意见书应当对募集条件、募集方案、募集条款、信用评级等事项的合法合规性明确发表意见。律师事务所应当客观、公正地出具法律意见书并承担相应责任。

第十三条　募集人可以聘请资信评级机构对本次次级债进行信用评级。

资信评级机构应当客观、公正地出具有关报告文件并承担相应责任。

第十四条　保险公司申请募集次级债，应当向中国保监会报送下列文件：

（一）次级债募集申请报告；

（二）股东（大）会有关本次次级债募集的专项决议；

（三）可行性研究报告；

可行性研究报告应当包括以下内容：

1. 募集次级债的必要性；

2. 次级债的成本效益分析（募集资金的规模、期限、债务定价及成本分析、募集资金的用途、收益预测、对偿付能力的影响等）；

3. 募集方式和募集对象。

（四）招募说明书；

（五）次级债的协议（合同）文本；

(六)法律意见书;

(七)公司最近三年经审计的年度财务报告和偿付能力报告以及最近季度末的财务报告和偿付能力报告;

(八)已募集但尚未偿付的次级债总额及募集资金运用情况;

(九)募集人制定的次级债管理方案;

(十)与次级债募集相关的其他重要合同;

(十一)中国保监会规定提供的其他材料。

保险公司对本次募集次级债进行了信用评级的,还应当报送次级债信用评级报告。

第十五条 募集人向中国保监会报送的材料应当真实、准确、完整。可行性报告中应当包含有关偿付能力预测的方法、参数和假设。

第十六条 保险公司及其股东和其他第三方不得为募集的次级债提供担保。

第三章 募 集

第十七条 募集人应当在中国保监会批准次级债募集之日起六个月内完成次级债募集工作,募集工作可以分期完成。

募集人未能在规定期限内完成募集的,原批准文件自动失效,募集人如需募集次级债,应当另行申请。

第十八条 保险公司募集的次级债金额不得超过中国保监会批准的额度。

第十九条 保险公司次级债应当向合格投资者募集。

合格投资者是指具备购买次级债的独立分析能力和风险承受能力的境内和境外法人,但不包括:

(一)募集人控制的公司;

(二)与募集人受同一第三方控制的公司。

第二十条 募集人的单个股东和股东的控制方持有的次级债不得超过单次或者累计募集额的10%,并且单次或者累计募集额的持有比例不得为最高。

募集人的全部股东和所有股东的控制方累计持有的次级债不得超过单次或者累计募集额的20%。

募集人分期发行次级债的,应当合并作为一次次级债适用前述两款的规定。

第二十一条 募集人向保险公司或者保险资产管理公司募集次级债的条件和额度,应当符合中国保监会的有关规定。

第二十二条 募集人可以自行或者委托具有证券承销业务资格的机构募集次级债。

第二十三条 募集人应当在次级债募集结束后的十个工作日内向中国保监会

报告募集情况，并将与次级债债权人签订的次级债合同的复印件报送中国保监会。

第四章 管理和偿还

第二十四条 募集人可以委托中央国债登记结算有限责任公司或者中国证券登记结算有限责任公司作为次级债的登记、托管机构，并可委托其代为兑付本息。

第二十五条 募集人应当对次级债募集的资金实施专户管理，严格按照可行性研究报告中募集资金的用途和次级债管理方案使用募集资金。

第二十六条 次级债募集资金的运用应当符合中国保监会的有关规定，不得用于投资股权、不动产和基础设施。

第二十七条 募集人只有在确保偿还次级债本息后偿付能力充足率不低于100%的前提下，才能偿付本息。

第二十八条 募集人在不能按时偿付次级债本息期间，不得向股东分配利润。

第二十九条 募集人可以对次级债设定赎回权，赎回时间应当设定在次级债募集五年后。

次级债合同中不得规定债权人具有次级债回售权。

次级债根据合同提前赎回的，必须确保赎回后保险公司偿付能力充足率不低于100%。

除依据前款设定的赎回权外，募集人不得提前赎回次级债。

第三十条 募集人偿还次级债全部本息或者提前赎回次级债后，应当在十个工作日内向中国保监会报告偿还或者赎回情况。

第三十一条 次级债需要延期的，募集人应当对延期期限、利率调整等事项提出议案，并经次级债债权人同意。

募集人应当在与次级债债权人签订延期协议后的五个工作日内，向中国保监会报告延期情况，并将相关合同文本的复印件报送中国保监会。

第三十二条 债权人可以向其他合格投资者转让次级债。

第五章 信息披露

第三十三条 次级债招募说明书、专题财务报告及重大事项告知等信息披露文件的内容及其制作、发布等，应当符合中国保监会的有关规定。

第三十四条 募集人应当按照中国保监会的有关规定制作次级债招募说明书和其他信息披露文件，保证真实、准确、完整、及时地披露一切对募集对象有实质性影响的信息。

募集人和有关当事人不得以任何方式误导投资者购买次级债。

第三十五条 募集人应当在招募说明书的显著位置提示投资者："投资者购买

本期次级定期债务，应当认真阅读本招募说明书及有关的信息披露文件，进行独立的投资判断。中国保险监督管理委员会对本期次级定期债务募集的批准，并不表明其对本期债务的投资价值作出了任何评价，也不表明对本期债务的投资风险作出了任何判断"。

第三十六条 募集人应当在招募说明书的募集条款中明确约定：

(一)募集人只有在确保偿还次级债本息后偿付能力充足率不低于100%的前提下，才能偿付本息；

(二)募集人在无法按时支付利息或者偿还本金时，债权人无权向法院申请对募集人实施破产清偿；

(三)募集人依法进入破产偿债程序后，次级债本金和利息的清偿顺序列于所有非次级债务之后。

第三十七条 招募说明书中的募集条款应当具体明确，向投资者充分披露本办法关于次级债募集、赎回、延期和本息偿付的规定，详细约定次级债当事人双方的权利和义务，约定条款的内容不得违反法律、行政法规和中国保监会的强制性规定。

招募说明书至少应当包括下列内容：

(一)次级债募集的规模、期限(起止时间)、利率；

(二)募集方式和募集对象；

(三)募集资金的用途；

(四)本息偿付的法定条件、时间、程序、方式；

(五)次级债的转让和赎回；

(六)募集人和次级债债权人的违约责任；

(七)中介机构及其责任。

募集人对本次次级债募集进行了信用评级的，招募说明书中还应当包括信用评级报告及跟踪评级安排的内容。

第三十八条 在次级债存续期间，募集人应当在每个会计年度结束后四个月内，向次级债债权人披露上一年度的次级债专题财务报告。该报告至少应当包括下列内容：

(一)经审计的财务报表；

(二)经审计的偿付能力状况表、最低资本计算表、认可资产表和认可负债表；

(三)债务本息的支付情况；

(四)募集资金的运用情况；

(五)影响次级债本息偿付的重大投资、关联交易等事项；

(六)其他对次级债债权人有重大影响的信息。

募集人进行了跟踪评级的，还应当包括跟踪评级情况。

第三十九条 募集人出现下列情形之一的，应当及时告知次级债债权人，并同时报告中国保监会：

（一）偿付能力状况发生重大不利变动；

（二）预计到期难以偿付次级债利息或者本金；

（三）订立可能对次级债还本付息产生重大影响的担保合同及其他重要合同；

（四）发生重大亏损或者遭受超过净资产10%以上的重大损失；

（五）发生重大仲裁、诉讼；

（六）减资、合并、分立、解散及申请破产；

（七）拟进行重大债务重组；

（八）中国保监会规定的其他情形。

第六章 监督管理

第四十条 募集人应当在每年4月30日之前向中国保监会提交次级债专题报告，内容包括已募集但尚未偿付的次级债的下列信息：

（一）金额、期限、利率；

（二）登记和托管情况；

（三）募集资金的运用情况；

（四）本息支付情况；

（五）影响本息偿付的重大投资、关联交易等事项；

（六）中国保监会要求报告的其他信息。

第四十一条 募集人按照第二十四条的规定登记、托管次级债的，应当于每季度结束后十五个工作日内向中国保监会提交次级债专项报告，内容包括：

（一）次级债登记和托管情况；

（二）次级债转让情况；

（三）其他需要说明的重要事项。

第四十二条 中国保监会可以对保险公司次级债的管理、募集资金的运用等情况进行现场检查。

第四十三条 对违反本办法规定的保险公司，中国保监会可以责令其限期改正，并可以根据具体情况采取下列监管措施：

（一）三年内不再受理该保险公司的次级债募集申请；

（二）暂停认定可计入该保险公司附属资本的次级债金额。

第四十四条 募集人或者其从业人员违反本规定，由中国保监会依照法律、行政法规进行处罚；法律、行政法规没有规定的，由中国保监会责令改正，给予警告，对有违法所得的处以违法所得1倍以上3倍以下罚款,但最高不超过3万元,对没有违法所得的处以1万元以下罚款;涉嫌犯罪的,依法移交司法机构追究刑事责任。

第七章 附 则

第四十五条 本办法规定的重大行政处罚,是指保险公司受到下列行政处罚:

(一)单次罚款金额在150万元人民币以上(含150万元)的;

(二)限制业务范围的;

(三)责令停止接受新业务一年以上(含一年)的;

(四)责令停业整顿的;

(五)计划单列市分公司或者省级分公司被吊销业务许可证的;

(六)董事长、总经理被撤销任职资格或者行业禁入的;

(七)中国保监会规定的其他重大行政处罚。

第四十六条 本办法由中国保监会负责解释。

第四十七条 本办法自发布之日起施行。中国保监会2004年9月29日发布的《保险公司次级定期债务管理暂行办法》(保监会令〔2004〕10号)同时废止。

财政部、人力资源社会保障部、卫生计生委、保监会关于利用基本医疗保险基金向商业保险机构购买城乡居民大病保险财务列支办法的通知

(2013年5月24日) 财社〔2013〕36号

各省、自治区、直辖市、计划单列市财政厅(局)、人力资源社会保障厅(局)、卫生厅(局、卫生计生委)、保监局,新疆生产建设兵团财务局、人力资源社会保障局、卫生局:

按照国家发展改革委、原卫生部、财政部、人力资源社会保障部、民政部、保监会等六部门《关于开展城乡居民大病保险工作的指导意见》(发改社会〔2012〕2605号)的要求,现对财政部、原卫生部《关于印发新型农村合作医疗基金财务制度的通知》(财社〔2008〕8号)、财政部、原劳动和社会保障部《关于印发〈社会保险基金财务制度〉的通知》(财社字〔1999〕60号)和财政部、人力资源社会保障部《关于加强城镇居民基本医疗保险基金和财政补助资金管理有关问题的通知》(财社

〔2008〕116号）作如下补充通知：

一、新型农村合作医疗（以下简称新农合）和城镇居民基本医疗保险（以下简称城镇居民医保）等基本医疗保险基金的“基金支出”中增设“购买大病保险支出”项目，反映从新农合和城镇居民医保等基本医疗保险基金中划出的用于购买城乡居民大病保险的资金。在基本医疗保险经办机构设立“社会保险基金支出户”（以下简称支出户）的地区，其新农合和城镇居民医保基金支出项目中增加“向大病保险承办机构拨付大病保险资金”，反映支出户支出的用于购买城乡居民大病保险的资金；在基本医疗保险经办机构未设立支出户的地区，应在社会保障基金财政专户管理的新农合和城镇居民医保基金支出项目中增加相应的科目反映相应支出。基本医疗保险经办机构是指新农合、城镇居民医保等基本医疗保险经办机构。

二、根据城乡居民大病保险承办合同，商业保险机构因承办城乡居民大病保险出现超过合同约定盈余，需向新农合和城镇居民医保等基本医疗保险基金返还资金；或因新农合和城镇居民医保等基本医疗保险政策调整等政策性原因给商业保险机构承办城乡居民大病保险带来亏损，需由新农合和城镇居民医保等基本医疗保险基金进行补偿时，基本医疗保险经办机构相应调整上年度新农合和城镇居民医保等基本医疗保险基金统筹基金余额。

三、基本医疗保险经办机构应按照城乡居民大病保险合同约定，及时、均衡、足额向商业保险机构拨付城乡居民大病保险资金。商业保险机构应会同基本医疗保险经办机构定期向统筹地区人力资源社会保障、卫生计生、财政等部门报送城乡居民大病保险资金收支和结余情况，并向社会公告，接受社会监督。

四、人力资源社会保障、卫生计生、财政、审计等部门要加强对城乡居民大病保险承办情况的监督检查，发现问题及时纠正，并向同级政府和社会保险基金监督组织报告。

特此通知。

财政部关于国有金融企业发行可转换公司债券有关事宜的通知

(2013年11月16日) 财金〔2013〕116号

各中央管理金融企业,各省、自治区、直辖市、计划单列市财政厅(局),新疆生产建设兵团财务局:

为规范国有金融企业发行可转换公司债券行为,促进证券市场健康发展,根据《中华人民共和国公司法》和《中华人民共和国证券法》等法律规定,现就有关事项通知如下:

一、国有金融企业发行可转换公司债券,发行主体应当为境内外上市公司,同时符合以下原则:

(一)审慎性原则。国有金融企业发行可转换公司债券,要综合考虑经济形势、产业发展前景、外部融资环境、长期发展战略等因素,分析论证各种融资方式后统筹进行决策。

(二)控制力原则。国有金融企业发行可转换公司债券,要切实维护国有出资人权益,保持国有控制力。可转换公司债券行权后,原则上国有控股地位应当保持不变。

(三)合理布局原则。国有金融企业发行可转换公司债券,要坚持以金融为主业的发展方向,募集资金投向应当符合宏观经济政策和国家产业政策,满足公司业务布局调整和优化的需要。

(四)保护投资者权益原则。国有金融企业发行可转换公司债券,应当严格遵守有关法律法规,有利于提高上市公司的核心竞争力和可持续发展能力,保障投资者的合法权益。

二、国有金融企业发行可转换公司债券,应当满足上市公司证券发行管理相关规定的要求。发行认股权和债券分离交易的可转换公司债券的,还应当同时满足以下要求:

(一)公司最近一期末经审计的净资产不低于人民币50亿元。

(二)最近3个会计年度实现的可分配利润均不低于公司发行债券1年的利息。

(三)本次发行后,累计公司债券余额不得超过最近一期末净资产额的20%,

预计所附认股权全部行权后募集资金总额，不得超过本次拟发行可转换公司债券的金额。

三、国有金融企业发行可转换公司债券，应当根据国家有关产业政策规定、资本市场状况以及公司发展需要，进行充分的可行性研究，严格履行内部决策程序。

四、国有金融企业发行可转换公司债券，应当按照市场化原则，综合考虑银行贷款利率、同类债券利率以及上市公司未来发展前景等因素，合理确定债券利率和转股价格。

五、可转换公司债券转股价格应不低于债券募集说明书公告日前 1 个交易日、前 20 个交易日、前 30 个交易日该公司股票均价中的最高者。

六、可转换公司债券发行后，因配股、增发、送股、派息、分立及其他原因引起公司股份变动的，国有金融企业应当同时调整转股价格。

七、国有金融企业发行可转换公司债券，应当设定有条件赎回条款。在转股期内，公司股票在任何连续 30 个交易日中超过 15 个交易日（含）的收盘价格高于（含）当期转股价格的 130%（含）时，国有金融企业控股股东有权通过公司治理程序，要求以约定价格赎回全部或部分未转股债券。

八、完成公司制改革的中央直接管理国有金融企业及其子公司发行可转换公司债券，按照公司治理程序进行决策，并报财政部备案；未完成公司制改革的中央直接管理国有金融企业，其子公司发行可转换公司债券，报财政部审核。

九、地方管理的国有金融企业及其子公司发行可转换公司债券，参照中央直接管理国有金融企业的做法，报省级财政部门备案或者审核。

十、国有金融企业发行可转换公司债券，须履行审核手续的，相关申请材料应在上市公司股东大会的 20 个工作日前报送财政部门；履行备案手续的，应在可转换公司债券发行前、上市公司股东大会召开后 20 个工作日内，将备案材料报送至财政部门。

十一、国有金融企业发行可转换公司债券，应当向财政部门报送以下材料：

（一）发行可转换公司债券的请示或报告，以及公司董事会关于发行可转换公司债券的决议。履行备案手续的，还需提供股东大会关于发行可转换公司债券的决议。

（二）可转换公司债券发行方案，以及国有金融企业关于上市公司发行可转换公司债券对控股股东地位、上市公司股价和资本市场影响的分析及应对预案。

（三）国有金融企业和上市公司控股股东基本情况、营业执照、公司章程、国有资产产权登记文件、认购股份情况及上一年度经会计师事务所审计的财务会计报告。

（四）公司基本情况、最近一期年度财务会计报告和中期财务会计报告，以及上市公司前次募集资金使用情况的报告及本次募集资金使用方向是否符合国家相关政策规定。

（五）上市公司发行可转换公司债券投资项目可行性报告，以及上市公司发行可转换公司债券的风险评估论证情况、还本付息的具体方案以及发生债务风险的应对预案。

（六）律师事务所出具的法律意见书，以及财政部门要求提供的其他材料。

十二、国有金融企业发行可转换公司债券，须履行审核手续的，财政部门应在20个工作日内作出答复。在召开股东大会时，国有控股股东应当按照财政部门出具的意见对方案进行表决。股东大会召开前尚未取得财政部门意见的，国有控股股东应当按照规定，提议延期召开股东大会。

十三、国有金融企业不得发行可交换公司债券。本通知所称可交换公司债券是指公司发行的在一定期限内依据约定的条件可以交换成该公司所持特定公司股份的债券。

十四、可转换公司债券行权后，国有金融企业应当按照国家有关规定及时办理国有产权变更登记手续。年度终了后3个月内，省级财政部门和中央直接管理金融企业应将上一年度国有金融企业发行可转换公司债券情况统计汇总后报财政部。

十五、本通知适用的国有金融企业，是指依法设立的国有独资及国有控股金融企业（含实业类子公司），包括政策性银行、国有商业银行、股份制商业银行、城市商业银行、农村商业银行、农村合作银行、农村信用合作社、城市信用合作社、新型农村金融机构、信托公司、金融资产管理公司、金融租赁公司、财务公司、保险类公司、证券类公司、期货公司、基金管理公司，以及金融控股公司、融资性担保公司等。其他金融类企业参照执行。

十六、本通知自公布之日起30日后施行。

财政部关于印发《农业保险大灾风险准备金管理办法》的通知

（2013年12月8日） 财金〔2013〕129号

各有关保险机构，各省、自治区、直辖市、计划单列市财政厅（局），新疆生产建设兵团财务局，财政部驻各省、自治区、直辖市、计划单列市财政监察专员办事处：

为贯彻落实《农业保险条例》、《国务院办公厅关于金融支持经济结构调整和转型升级的指导意见》（国办发〔2013〕67号）等有关要求，进一步完善农业保险大灾风险分散机制，规范农业保险大灾风险准备金管理，促进农业保险持续健康发展，现印发《农业保险大灾风险准备金管理办法》，请遵照执行。

附件：

农业保险大灾风险准备金管理办法

第一章 总 则

第一条 为进一步完善农业保险大灾风险分散机制，规范农业保险大灾风险准备金（以下简称大灾准备金）管理，促进农业保险持续健康发展，根据《农业保险条例》、《金融企业财务规则》及中央财政农业保险保费补贴政策等相关规定，制定本办法。

第二条 本办法所称大灾准备金，是指农业保险经办机构（以下简称保险机构）根据有关法律法规和本办法规定，在经营农业保险过程中，为增强风险抵御能力、应对农业大灾风险专门计提的准备金。

第三条 本办法适用于各级财政按规定给予保费补贴的种植业、养殖业、林业等农业保险业务（以下简称农业保险）。

第四条 大灾准备金的管理遵循以下原则：

（一）独立运作。保险机构根据本办法规定自主计提、使用和管理大灾准备金，对其实行专户管理、独立核算。

（二）因地制宜。保险机构根据本办法规定，结合不同区域风险特征、当地农业保险工作实际和自身风险管控能力等,合理确定大灾准备金的计提比例。

(三)分级管理。保险机构总部与经营农业保险的省级分支机构(以下简称相关省级分支机构),根据本办法规定,计提、使用和管理大灾准备金,并依法接受相关部门的监督。

(四)统筹使用。保险机构计提的大灾准备金可以在本机构农业保险各险种之间、相关省级分支机构之间统筹使用,专门用于弥补农业大灾风险损失。

第二章　大灾准备金的计提

第五条　保险机构应当根据本办法规定,分别按照农业保险保费收入和超额承保利润的一定比例,计提大灾准备金(以下分别简称保费准备金和利润准备金),逐年滚存。

第六条　保险机构应当按照相关规定,公平、合理拟订农业保险条款与费率,结合风险损失、经营状况等建立健全费率调整机制。

保险机构农业保险实现承保盈利,且承保利润率连续3年高于财产险行业承保利润率,原则上应当适当降低农业保险盈利险种的保险费率,省级财政部门应当依法予以监督。

本办法所称承保利润率为“1－综合成本率”。其中,财产险行业综合成本率以行业监管部门发布数据为准,保险机构综合成本率以经审计的数据为准。

第七条　保险机构计提保费准备金,应当分别以种植业、养殖业、森林等大类险种(以下简称大类险种)的保费收入为计提基础。

保险机构总部经营农业保险的,参照所在地省级分支机构计提保费准备金。

本办法所称保费收入为自留保费,即保险业务收入减去分出保费的净额(按照国内企业会计准则)。

第八条　保险机构计提保费准备金的比例,由保险机构按照《农业保险大灾风险准备金计提比例表》(见附件)规定的区间范围,在听取省级财政等有关部门意见的基础上,结合农业灾害风险水平、风险损失数据、农业保险经营状况等因素合理确定。

计提比例一旦确定,原则上应当保持3年以上有效。期间,如因特殊情况须调整计提比例,应当由保险机构总部商相关省级财政部门同意后,自下一年度进行调整。

第九条　保险机构计提保费准备金,滚存余额达到当年农业保险自留保费的,可以暂停计提。

第十条　保险机构经营农业保险实现年度及累计承保盈利,且满足以下条件的,其总部应当在依法提取法定公积金、一般(风险)准备金后,从年度净利润中计

提利润准备金,计提标准为超额承保利润的75%(如不足超额承保利润的75%,则全额计提),不得将其用于分红、转增资本:

(一)保险机构农业保险的整体承保利润率超过其自身财产险业务承保利润率,且农业保险综合赔付率低于70%;

(二)专业农业保险机构的整体承保利润率超过其自身与财产险行业承保利润率的均值,且其综合赔付率低于70%;

(三)前两款中,保险机构自身财产险业务承保利润率、专业农业保险机构自身与财产险行业承保利润率的均值为负的,按照其近3年的均值(如近3年均值为负或不足3年则按0确定),计算应当计提的利润准备金。

其中,财产险行业综合赔付率以行业监管部门发布数据为准,保险机构综合赔付率以经审计的数据为准。

第十一条 保险机构应当按照相关规定,及时足额计提大灾准备金,并在年度财务报表中予以反映,逐年滚存,逐步积累应对农业大灾风险的能力。

第三章 大灾准备金的使用

第十二条 大灾准备金专项用于弥补农业大灾风险损失,可以在农业保险各大类险种之间统筹使用。

保险机构使用大灾准备金,应当履行内部相关程序。

第十三条 保险机构应当以农业保险大类险种的综合赔付率,作为使用大灾准备金的触发标准。

第十四条 当出现以下情形时,保险机构可以使用大灾准备金:

(一)保险机构相关省级分支机构或总部,其当年6月末、12月末的农业保险大类险种综合赔付率超过75%(具体由保险机构结合实际确定,以下简称大灾赔付率),且已决赔案中至少有1次赔案的事故年度已报告赔付率不低于大灾赔付率,可以在再保险的基础上,使用本机构本地区的保费准备金。

(二)根据前款规定不足以支付赔款的,保险机构总部可以动用利润准备金;仍不足的,可以通过统筹其各省级分支机构大灾准备金,以及其他方式支付赔款。

本办法所称事故年度已报告赔付率=(已决赔款+已发生已报告赔案的估损金额)/已赚保费。

第十五条 大灾准备金的使用额度,以农业保险大类险种实际赔付率超过大灾赔付率部分对应的再保后已发生赔款为限。

保险机构应当采取有效措施,及时足额支付应赔偿的保险金,不得违规封顶赔付。

本办法所称再保后已发生赔款=已决赔款-摊回分保赔款。

第四章　大灾准备金的管理

第十六条　保险机构应当按照专户管理、独立核算的原则，加强大灾准备金管理。

第十七条　保险机构当期计提的保费准备金，在成本中列支，计入当期损益。

保险机构计提的利润准备金，在所有者权益项下列示。财务处理参照《金融企业财务规则》相关准备金规定执行。

第十八条　保险机构应当根据保险资金运用的有关规定，按照其内部投资管理制度，审慎开展大灾准备金的资金运用，资金运用收益纳入大灾准备金专户管理。

第十九条　保险机构应当与有关方面加强防灾防损，通过再保险等方式，多渠道分散农业大灾风险。

第二十条　保险机构计提大灾准备金，按税收法律及其有关规定享受税前扣除政策。

第二十一条　保险机构不再经营农业保险的，可以将以前年度计提的保费准备金作为损益逐年转回，并按照国家税收政策补缴企业所得税。对利润准备金，可以转入一般（风险）准备金，按照相关规定使用。

第二十二条　各级财政、行业监管部门依法对大灾准备金的计提、管理、使用等实施监督。

第二十三条　保险机构应当按规定及时足额计提大灾准备金，并于每年5月底之前，将上年度大灾准备金的计提、使用、管理等情况报告同级财政部门、行业监管部门。

省级财政部门应当于每年6月底之前，将本地区保险机构大灾准备金的计提、使用、管理等情况报告财政部。

第五章　附　　则

第二十四条　保险机构应当根据本办法规定，制定、完善大灾准备金管理实施细则，并报同级财政部门。

第二十五条　鼓励地方政府通过多种形式，防范和分散农业大灾风险。

第二十六条　非公司制的农业互助保险组织的大灾准备金管理办法另行制定。

第二十七条　本办法自2014年1月1日起施行。财政部此前发布的有关规定与本办法不一致的，以本办法为准。

保险机构在本办法生效之前计提的大灾准备金，按照本办法规定管理和使用。

附：

农业保险大灾风险准备金计提比例表

根据《农业保险大灾风险准备金管理办法》规定，结合各地区种植业、养殖业、森林等农业保险工作情况，依据相关经验数据和保险精算原理，保险机构应当按照农业保险保费收入的一定比例计提保费准备金，具体比例区间如下：

序号	地区	保费准备金计提比例区间		
		种植业保险	养殖业保险	森林保险
1	北京	6% -8%	3% -4%	4% -6%
2	天津	2% -4%	3% -4%	4% -6%
3	河北	4% -6%	2% -3%	4% -6%
4	山西	4% -6%	3% -4%	6% -8%
5	内蒙古	6% -8%	2% -3%	8% -10%
6	辽宁	6% -8%	3% -4%	6% -8%
7	吉林	6% -8%	3% -4%	8% -10%
8	黑龙江	6% -8%	2% -3%	8% -10%
9	上海	4% -6%	1% -2%	4% -6%
10	江苏	2% -4%	2% -3%	4% -6%
11	浙江	4% -6%	3% -4%	8% -10%
12	安徽	6% -8%	2% -3%	4% -6%
13	福建	4% -6%	3% -4%	8% -10%
14	江西	6% -8%	2% -3%	8% -10%
15	山东	6% -8%	3% -4%	6% -8%
16	河南	4% -6%	3% -4%	4% -6%
17	湖北	6% -8%	3% -4%	6% -8%
18	湖南	6% -8%	2% -3%	8% -10%
19	广东	4% -6%	3% -4%	6% -8%
20	广西	4% -6%	3% -4%	8% -10%
21	海南	6% -8%	3% -4%	8% -10%

续表

序号	地区	保费准备金计提比例区间		
		种植业保险	养殖业保险	森林保险
22	重庆	2%－4%	2%－3%	6%－8%
23	四川	4%－6%	2%－3%	6%－8%
24	贵州	6%－8%	3%－4%	8%－10%
25	云南	6%－8%	3%－4%	8%－10%
26	西藏	4%－6%	1%－2%	6%－8%
27	陕西	6%－8%	3%－4%	6%－8%
28	甘肃	2%－4%	1%－2%	6%－8%
29	青海	6%－8%	2%－3%	6%－8%
30	宁夏	2%－4%	1%－2%	4%－6%
31	新疆	6%－8%	1%－2%	6%－8%

财政部关于印发《农业保险大灾风险准备金会计处理规定》的通知

（2014 年 2 月 28 日） 财会〔2014〕12 号

各省、自治区、直辖市、计划单列市财政厅（局），新疆生产建设兵团财务局，有关保险机构：

为了贯彻落实《农业保险条例》、《国务院办公厅关于金融支持经济结构调整和转型升级的指导意见》（国办发〔2013〕67 号）等有关要求，规范农业保险大灾风险准备金的会计处理，根据《中华人民共和国会计法》和企业会计准则，结合《农业保险大灾风险准备金管理办法》（财金〔2013〕129 号），我部制定了《农业保险大灾风险准备金会计处理规定》，现予印发。

执行中有何问题，请及时反馈我部。

附件：

农业保险大灾风险准备金会计处理规定

为了规范农业保险大灾风险准备金（包括保费准备金和利润准备金，以下简称大灾准备金）的会计处理，根据《中华人民共和国会计法》、企业会计准则等法律法规，现就有关事项规定如下：

一、适用范围

农业保险经办机构（以下简称保险机构）从事各级财政按规定给予保费补贴的种植业、养殖业、林业等农业保险业务（以下简称农业保险），其计提、使用、转回大灾准备金的会计处理，适用本规定。

保险机构计提的保险合同准备金（不含本规定所指的大灾准备金），应当按照《保险合同相关会计处理规定》（财会〔2009〕15 号）等相关规定进行会计处理。

二、科目设置

保险机构应当设置下列会计科目，对大灾准备金进行会计核算：

（一）在损益类科目中设置“6505 提取保费准备金”科目，核算保险机构按规定当期从农业保险保费收入中提取的保费准备金。本科目应按种植业、养殖业、森林等大类险种进行明细核算。

（二）在负债类科目中设置"2605 保费准备金"科目，核算保险机构按规定从农业保险保费收入中提取，并按规定使用和转回的保费准备金。本科目应按种植业、养殖业、森林等大类险种进行明细核算。

（三）在所有者权益类科目中设置"4105 大灾风险利润准备"科目，核算保险机构按规定从净利润中提取，并按规定使用和转回的利润准备金，以及大灾准备金资金运用形成的收益。

在"利润分配"科目下设置"提取利润准备"明细科目，核算保险机构按规定从当期净利润中提取的利润准备金。

在"利润分配"科目下设置"大灾准备金投资收益"明细科目，核算保险机构以大灾准备金所对应的资金用于投资等所产生的收益。

三、主要账务处理

（一）期末，保险机构按照各类农业保险当期实现的自留保费（即保险业务收入减去分出保费的净额）和规定的保费准备金计提比例计算应提取的保费准备金，借记"提取保费准备金"科目，贷记"保费准备金"科目。

（二）期末，保险机构总部在依法提取法定公积金、一般风险准备金后，按规定从年度净利润中提取的利润准备金，借记"利润分配——提取利润准备"科目，贷记"大灾风险利润准备"科目。

（三）保险机构按规定以大灾准备金所对应的资金用于投资等所产生的收益，借记"应收利息"、"应收股利"等科目，贷记"投资收益"等科目；同时，借记"利润分配——大灾准备金投资收益"科目，贷记"大灾风险利润准备"科目。

（四）保险机构在确定支付赔付款项金额或实际发生理赔费用的当期，按照应赔付或实际赔付的金额，借记"赔付支出"科目，贷记"应付赔付款"、"银行存款"等科目；按规定以大灾准备金用于弥补农业大灾风险损失时，按弥补的金额依次冲减"保费准备金"、"大灾风险利润准备"科目，借记"保费准备金"、"大灾风险利润准备"科目，贷记"提取保费准备金"、"利润分配——提取利润准备"科目。

（五）保险机构不再经营农业保险的，将以前年度计提的保费准备金的余额逐年转回损益时，按转回的金额，借记"保费准备金"科目，贷记"提取保费准备金"科目；将利润准备金的余额转入一般风险准备时，按转回的金额，借记"大灾风险利润准备"科目，贷记"一般风险准备"科目。

四、列示与披露

（一）保险机构应当在资产负债表负债项下"长期借款"项目之上增设"保费准备金"项目，反映期末保费准备金的余额。

（二）保险机构应当在资产负债表所有者权益项下"一般风险准备"项目和"未

分配利润”项目之间增设“大灾风险利润准备”项目，反映期末利润准备金的余额。

（三）保险机构应当在利润表“减：摊回保险责任准备金”项目和“保单红利支出”项目之间，增设“提取保费准备金”项目，反映保险机构当期按规定提取的保费准备金净额。

（四）保险机构应当在所有者权益变动表“未分配利润”栏目前增设“大灾风险利润准备”栏，反映保险机构期末利润准备金余额的情况；同时，在“（四）利润分配”类的“提取一般风险准备”项目之下增设“提取利润准备”项目，反映保险机构当期按规定提取的利润准备金净额。

（五）保险机构应当在财务报表附注中披露与大灾准备金有关的下列信息：

1. 按各大类险种提取保费准备金的比例及金额。披露格式如下：

项目	本期		上期	
种植业保险	金额	计提比例	金额	计提比例
养殖业保险				
森林保险				
……				
其他				
合计		–		–

2. 大灾准备金的期初账面余额、本期增加数、本期减少数和期末账面余额。披露格式如下：

项目	期初账面余额	本期增加	本期减少	期末账面余额
1. 利润准备金				
2. 保费准备金				
种植业保险				
养殖业保险				
森林保险				
……				
其他				
合计				

五、实施日期及衔接规定

本规定自发布之日起实施。

本规定发布前保险机构提取的大灾准备金的会计处理与本规定不一致的，应将发布之日前原提取的大灾准备金余额,按照其计提来源(保费或利润)从相关科目分别转入“保费准备金”、“大灾风险利润准备”科目的相关明细科目,并不再按原办法计提和使用大灾准备金。

关于免征保险公司经营城乡居民大病保险业务监管费的通知

(2013年3月15日) 保监财会〔2013〕250号

各保监局,各保险公司:

根据《财政部 国家发展改革委关于同意对保险公司经营城乡居民大病保险业务免征保险业务监管费的复函》(财综〔2012〕103号),现对保险公司经营城乡居民大病保险业务取得的保费收入免征保险业务监管费。

附件:《财政部 国家发展改革委关于同意对保险公司经营城乡居民大病保险业务免征保险业务监管费的复函》(财综〔2012〕103号)(略)

关于清理规范保险公司投资性房地产评估增值有关事项的通知

(2014年5月26日) 保监财会〔2014〕81号

各保险公司:

为加强偿付能力监管,防范房地产投资风险,保监会决定对保险公司的投资性房地产的评估增值进行清理和规范。现将有关事项通知如下:

一、清理范围

(一)保险公司以物权方式直接持有的、且以公允价值计量的投资性房地产。

(二)保险公司通过设立或入股项目公司间接持有的、且以公允价值计量的投资性房地产。

二、工作要求

持有上述投资性房地产的保险公司，应当于6月5日前向保监会报送下列材料：

（一）《保险公司以公允价值计量的投资性房地产情况表》（详见附件）。

（二）每项投资性房地产持有目的和意图的证明文件（如董事会决议、公司投资委员会决议等）。

（三）每项投资性房地产公允价值确定的依据，包括公允价值能够持续可靠取得的证据、中介机构出具的评估报告等。

（四）已经出租的投资性房地产的租赁合同。

（五）通过项目公司持有以公允价值计量的投资性房地产，还应报送项目公司的有关情况，包括成立时间、股东情况、经营情况、上年末经审计的财务报告等。

三、保监会将对保险公司报送的以公允价值计量的投资性房地产逐项审核，对不符合会计准则和偿付能力监管规定的，将责令公司调整会计报表账面价值和偿付能力报表认可价值，并区分问题性质确定是否对以前各期偿付能力报告进行追溯重述。

四、保监会正在修订投资性房地产的偿付能力资产认可标准，目前此项工作正处于公开征求意见阶段。在新的认可标准发布实施和本次清理工作完成前，各保险公司应暂停执行投资性房地产公允价值计量政策，具体要求为：

（一）已经采用公允价值计量的投资性房地产，以2014年3月31日账面余额为基准，不得再确认新的评估增值。

（二）采用成本计量的投资性房地产不得改用公允价值计量。

联系人：王浩

电　话：010－66286011

附件：保险公司以公允价值计量的投资性房地产情况表（略）

偿付能力监管

保险公司偿付能力管理规定

（2008年6月30日中国保险监督管理委员会主席办公会审议通过
2008年7月10日公布　自2008年9月1日起施行）　保监会令〔2008〕1号

第一章　总　　则

第一条　为了加强保险公司偿付能力监管，维护被保险人利益，促进保险业健康、稳定、持续发展，根据《中华人民共和国保险法》，制定本规定。

第二条　本规定所称保险公司，是指依法设立的经营商业保险业务的保险公司和外国保险公司分公司。

本规定所称保险公司偿付能力是指保险公司偿还债务的能力。

第三条　保险公司应当具有与其风险和业务规模相适应的资本，确保偿付能力充足率不低于100%。

偿付能力充足率即资本充足率，是指保险公司的实际资本与最低资本的比率。

第四条　保险公司应当建立偿付能力管理制度，强化资本约束，保证公司偿付能力充足。

保险公司董事会和管理层对本公司偿付能力管理负责。外国保险公司分公司的管理层对本公司的偿付能力管理负责。保险公司和外国保险公司分公司应当指定一名高级管理人员负责公司偿付能力管理的具体事务。

第五条　中国保险监督管理委员会（以下简称中国保监会）建立以风险为基础的动态偿付能力监管标准和监管机制，对保险公司偿付能力进行综合评价和监督检查，并依法采取监管措施。

第二章　偿付能力评估

第六条　保险公司应当按照中国保监会制定的保险公司偿付能力报告编报规则定期进行偿付能力评估，计算最低资本和实际资本，进行动态偿付能力测试。

保险公司应当以风险为基础评估偿付能力。

第七条　保险公司的最低资本，是指保险公司为应对资产风险、承保风险等风险对偿付能力的不利影响，依据中国保监会的规定而应当具有的资本数额。

第八条 保险公司的实际资本，是指认可资产与认可负债的差额。

认可资产是保险公司在评估偿付能力时依据中国保监会的规定所确认的资产。认可资产适用列举法。

认可负债是保险公司在评估偿付能力时依据中国保监会的规定所确认的负债。

第九条 保险公司应当按照中国保监会的规定进行动态偿付能力测试，对未来规定时间内不同情形下的偿付能力趋势进行预测和评价。

第十条 在中国境内设有多家分公司的外国保险公司应当合并评估境内所有分支机构的整体偿付能力。

第三章 偿付能力报告

第十一条 保险公司应当按照中国保监会制定的保险公司偿付能力报告编报规则及有关规定编制和报送偿付能力报告，确保报告信息真实、准确、完整、合规。

保险公司偿付能力报告包括年度报告、季度报告和临时报告。

第十二条 保险公司董事会和管理层对偿付能力报告内容的真实性、准确性、完整性和合规性负责。

第十三条 保险公司应当于每个会计年度结束后，按照中国保监会的规定，报送董事会批准的经审计的年度偿付能力报告。

第十四条 保险公司年度偿付能力报告的内容应当包括：

（一）董事会和管理层声明；

（二）外部机构独立意见；

（三）基本信息；

（四）管理层的讨论与分析；

（五）内部风险管理说明；

（六）最低资本；

（七）实际资本；

（八）动态偿付能力测试。

第十五条 保险公司应当于每季度结束后，按照中国保监会的规定报送季度偿付能力报告。

第十六条 保险公司在定期报告日之外的任何时点出现偿付能力不足的，保险公司董事会和管理层应当在发现之日起 5 个工作日内向中国保监会报告，并采取有效措施改善公司的偿付能力。

第十七条 保险公司发生下列对偿付能力产生重大不利影响的事项的，应当自该事项发生之日起 5 个工作日内向中国保监会报告：

(一)重大投资损失;

(二)重大赔付、大规模退保或者遭遇重大诉讼;

(三)子公司和合营企业出现财务危机或者被金融监管机构接管;

(四)外国保险公司分公司的总公司由于偿付能力问题受到行政处罚、被实施强制监管措施或者申请破产保护;

(五)母公司出现财务危机或者被金融监管机构接管;

(六)重大资产遭司法机关冻结或者受到其他行政机关的重大行政处罚;

(七)对偿付能力产生重大不利影响的其他事项。

第十八条　在中国境内有多家分公司的外国保险公司应当指定一家在华分公司作为主报告机构,负责履行本规定的报告责任。

第十九条　保险公司投资设立的境外保险公司向当地保险监管机构报送按当地监管规则编制的偿付能力报告的,应当同时将该报告报送中国保监会。

第二十条　中国保监会可以根据监管需要,调整保险公司偿付能力报告的报送频率。

第二十一条　保险公司应当根据国家法律、行政法规和中国保监会的规定,公开披露偿付能力状况。

第四章　偿付能力管理

第二十二条　保险公司的综合风险管理,影响公司偿付能力的因素都应当纳入公司的内部偿付能力管理体系。保险公司偿付能力管理体系包括:

(一)资产管理;

(二)负债管理;

(三)资产负债匹配管理;

(四)资本管理。

第二十三条　保险公司应当建立有效的资产管理制度和机制,重点从以下方面识别、防范和化解集中度风险、信用风险、流动性风险、市场风险等资产风险:

(一)加强对承保、再保、赔付、投资、融资等环节的资金流动的监控;

(二)建立有效的资金运用管理机制,根据自身投资业务性质和内部组织架构,建立决策、操作、托管、考核相互分离和相互牵制的投资管理体制;

(三)加强对子公司、合营企业及联营企业的股权管理、风险管理和内部关联交易管理,监测集团内部风险转移和传递情况;

(四)加强对固定资产等实物资产的管理,建立有效的资产隔离和授权制度;

(五)建立信用风险管理制度和机制,加强对债权投资、应收分保准备金等信用风险较集中的资产的管理。

第二十四条 保险公司应当重点从以下方面识别、防范和化解承保风险、担保风险、融资风险等各类负债风险：

（一）明确定价、销售、核保、核赔、再保等关键控制环节的控制程序，降低承保风险；

（二）建立和完善准备金负债评估制度，确保准备金负债评估的准确性和充足性；

（三）建立融资管理制度和机制，明确融资环节的风险控制程序；

（四）严格保险业务以外的担保程序，遵循法律、行政法规和中国保监会的有关规定，根据被担保对象的资信及偿债能力，采取谨慎的风险控制措施，及时跟踪监督。

第二十五条 保险公司应当加强资产负债管理，建立资产负债管理制度和机制，及时识别、防范和化解资产负债在期限、利率、币种等方面的不匹配风险及其他风险。

第二十六条 保险公司应当建立健全资本管理制度，持续完善公司治理，及时识别、防范和化解公司的治理风险和操作风险。

第二十七条 保险公司应当建立资本约束机制，在制定发展战略、经营规划、设计产品、资金运用等时考虑对偿付能力的影响。

第二十八条 保险公司应当建立与其发展战略和经营规划相适应的资本补充机制，通过融资和提高盈利能力保持公司偿付能力充足。

第二十九条 偿付能力充足率不高于150%的保险公司，应当以下述两者的低者作为利润分配的基础：

（一）根据企业会计准则确定的可分配利润；

（二）根据保险公司偿付能力报告编报规则确定的剩余综合收益。

第三十条 保险公司应当建立董事会和管理层负责的偿付能力管理机制，明确相关机构和人员在资产管理、负债管理、资产负债管理、资本管理中的职责、权限以及偿付能力管理的程序和具体措施。

第三十一条 保险公司应当建立偿付能力管理培训制度，对公司偿付能力管理人员和其他相关人员定期进行偿付能力管理及合规培训。

第三十二条 保险公司管理层应当定期对偿付能力管理的有效性进行评估和改进，并向董事会或者股东（大）会报告。

第五章 偿付能力监督

第三十三条 中国保监会对保险公司偿付能力的监督检查采取现场监管与非现场监管相结合的方式。

第三十四条 中国保监会对保险公司报送的偿付能力报告进行审查。

中国保监会可以委托中介机构对保险公司报送的偿付能力报告及相关信息实施审查。

第三十五条 中国保监会在每季度结束后,根据保险公司报送的偿付能力报告和其他资料对保险公司偿付能力进行分析。

第三十六条 中国保监会定期或者不定期对保险公司偿付能力管理的下列内容实施现场检查:

(一)偿付能力管理的合规性和有效性;

(二)偿付能力评估的合规性和真实性;

(三)对中国保监会监管措施的执行情况;

(四)中国保监会认为需要检查的其他方面。

第三十七条 中国保监会根据保险公司偿付能力状况将保险公司分为下列三类,实施分类监管:

(一)不足类公司,指偿付能力充足率低于100%的保险公司;

(二)充足Ⅰ类公司,指偿付能力充足率在100%到150%之间的保险公司;

(三)充足Ⅱ类公司,指偿付能力充足率高于150%的保险公司。

中国保监会不将保险公司的动态偿付能力测试结果作为实施监管措施的依据。

第三十八条 对于不足类公司,中国保监会应当区分不同情形,采取下列一项或者多项监管措施:

(一)责令增加资本金或者限制向股东分红;

(二)限制董事、高级管理人员的薪酬水平和在职消费水平;

(三)限制商业性广告;

(四)限制增设分支机构、限制业务范围、责令停止开展新业务、责令转让保险业务或者责令办理分出业务;

(五)责令拍卖资产或者限制固定资产购置;

(六)限制资金运用渠道;

(七)调整负责人及有关管理人员;

(八)接管;

(九)中国保监会认为必要的其他监管措施。

第三十九条 中国保监会可以要求充足Ⅰ类公司提交和实施预防偿付能力不足的计划。

第四十条 充足Ⅰ类公司和充足Ⅱ类公司存在重大偿付能力风险的,中国保监会可以要求其进行整改或者采取必要的监管措施。

第四十一条 对于未按本规定建立和执行偿付能力管理制度的保险公司，中国保监会可以要求其进行整改，情节严重的，可以采取相应的监管措施，并依法给予行政处罚。

第四十二条 中国保监会对外国保险公司在境内分支机构的偿付能力实施合并评估，偿付能力监管措施适用境内所有分支机构。

第四十三条 中国保监会派出机构根据保监会授权，在偿付能力监管中履行以下职责：

（一）对保险公司分支机构的内部风险管理的合规性和有效性实施监督检查；

（二）对保险公司分支机构财务信息等偿付能力监管的基础数据的完整性和真实性实施监督检查；

（三）防范和化解保险公司分支机构的市场行为风险，防止重大的市场行为风险转化为偿付能力风险；

（四）执行中国保监会对保险公司采取的监管措施，确保监管措施在分支机构层面得到严格执行；

（五）识别、监测、防范和化解辖区内的重大偿付能力风险；

（六）中国保监会授予的其他偿付能力监管职责。

第六章 附 则

第四十四条 保险集团的偿付能力监管适用本规定；法律、行政法规或者中国保监会另有规定的，适用其规定。

第四十五条 本规定由中国保监会负责解释和修订。

第四十六条 本规定自2008年9月1日起施行。《保险公司偿付能力额度及监管指标管理规定》（保监会令〔2003〕1号）同时废止。

关于印发《保险公司偿付能力报告编报规则——问题解答第1号》的通知*

(2003年9月8日)　保监发〔2003〕121号

各保险公司：

随着保险业的快速发展，保险产品不断创新，保险资金运用渠道不断拓宽，国有保险公司股份制改造进一步推进，出现了一些《保险公司偿付能力额度及监管指标管理规定》(保监会令〔2003〕第1号)未涉及的新的资产项目，需要及时明确其认可标准，以便科学、准确地评估保险公司的偿付能力。针对几个反映比较集中的问题，我会研究制定了《保险公司偿付能力报告编报规则——问题解答第1号：部分新增资金运用形式及固定资产评估增值》，现予印发，请遵照执行。

保险公司偿付能力报告编报规则——问题解答第1号：部分新增资金运用形式及固定资产评估增值

问：最近中国保监会将保险公司投资企业债券的范围放宽到AA级以上的企业债券，新增的企业债券种类如何认可？

答：根据《保险公司偿付能力及监管指标管理规定》(保监会令〔2003〕第1号，以下简称1号令)关于资产认可的确认原则，保监会对保险公司的资产采取列举法进行认可，即一项资产如果被保监会明确指明为非认可资产，或者没有被明确指明为认可资产，均应确认为非认可资产。1号令只列举了电力、铁路、三峡、电信通讯等四类企业债券为认可资产。经研究，现将企业债券的认可范围按照《保险公司投资企业债券管理暂行办法》(保监发〔2003〕74号)的口径做相应调整，即扩大到所

* 注：(1)根据《关于印发偿付能力报告编报规则的通知》(保监发〔2004〕153号)和《关于印发偿付能力报告编报规则实务指南的通知》(保监发〔2004〕154号)，本篇中有关固定资产、土地使用权和计算机软件的规定停止执行。

(2)根据《关于印发偿付能力报告编报规则(第6-9号)的通知》(保监发〔2005〕119号)，本篇中关于负债的规定停止执行。

(3)根据《关于印发偿付能力报告编报规则的通知》(保监发〔2007〕4号)，本篇中有关投资资产和现金及流动性管理工具的规定停止执行。

有经国家主管部门批准发行、且经监管部门认可的信用评级机构评级在 AA 级以上的企业债券。

问：中央银行票据是否属于认可资产？在认可资产表中如何反映？

答：最近，保监会《关于保险公司投资中央银行票据的通知》（保监发〔2003〕91号）允许保险公司在银行间债券市场投资中央银行票据。中央银行票据符合认可资产的定义，应确认为认可资产。中央银行票据在认可资产表中的金融债券项目中反映。

问：保险公司法定资产评估所产生的固定资产评估增值如何进行认可？

答：1 号令规定保险公司的固定资产为认可资产，其认可价值的上限为资产负债表中实收资本、资本公积、盈余公积三项之和的 50%，但未对法定资产评估产生的固定资产评估增值如何认可做规定。符合监管规定的固定资产法定评估增值是保险公司固定资产市场价值的一部分，能够用来履行对保单持有人的责任，可按照一定标准确认为认可资产。现规定：保险公司按照国家有关法律、法规的要求进行资产评估所产生的固定资产评估增值，经保监会认定后，按照保监会认定的评估增值金额确认为认可资产。具体分为两种情况：（1）若根据国家有关规定不需按评估值进行调账，则固定资产的总认可价值 = MIN（计提减值准备后的固定资产账面净值，实收资本、资本公积、盈余公积三项之和的 50%）+ 固定资产评估增值；（2）若已根据国家有关规定按评估值调账，则固定资产的总认可价值 = MIN（计提减值准备后的固定资产账面净值与固定资产评估增值之差，实收资本、资本公积、盈余公积三项之和的 50%）+ 固定资产评估增值，其中 MIN 表示对括号内的两数取其小者。

关于印发偿付能力报告编报规则的通知

（2004年12月24日） 保监发〔2004〕153号

各保险公司：

为加强偿付能力监管，科学评估保险公司的偿付能力，我会研究制定了《保险公司偿付能力报告编报规则第1号：固定资产、土地使用权和计算机软件》、《保险公司偿付能力报告编报规则第2号：货币资金和结构性存款》、《保险公司偿付能力报告编报规则第3号：应收及预付款项》、《保险公司偿付能力报告编报规则第4号：委托投资资产》、《保险公司偿付能力报告编报规则第5号：证券回购》。现予印发，请遵照执行。

保险公司偿付能力报告编报规则第1号：固定资产、土地使用权和计算机软件

引　言

1. 本规则规范财产保险公司、人寿保险公司和再保险公司的固定资产、土地使用权和计算机软件在偿付能力报告中的编报。

定　义

2. 本规则使用的下列术语，其定义为：

（1）固定资产，指同时具有以下特征的有形资产：

①为提供服务、出租或经营管理而持有的；

②使用年限超过1年(不含1年)；

③单位价值较高。

（2）房地产，指房屋和土地使用权。

（3）可收回金额，指资产的销售净价与预期从该资产的持续使用和使用寿命结束时的处置中形成的现金流量的现值两者之中的较高者。其中，销售净价是指，资产的销售价格减去处置资产所发生的相关税费后的余额。

（4）评估增值，指保险公司按照中国保险监督管理委员会（以下简称“中国保监会”）的要求委托评估机构对房地产价值进行评估后所确定的房地产价值的变

动。某次评估的评估增值等于房地产的评估价值减去评估基准日的账面净额和评估增值余额之和后的金额。

(5)减值,指固定资产或土地使用权的可收回金额低于账面净额和评估增值余额之和。

(6)准备金,指根据中国保监会有关规定计算的在认可负债表中列报的责任准备金,其中,不包括计入认可负债表“独立账户负债”项目的单位准备金。

(7)新公司,指开业时间不满5年的保险公司。

固定资产分类

3. 保险公司应当将固定资产分为房屋、机器设备、交通运输设备、在建工程、办公家具及其他固定资产。其中:

(1)房屋分为:营业用房屋和非营业用房屋。

(2)机器设备分为:机械、动力及安全保卫设备;电器设备;电子数据处理设备;办公、通讯及文字处理设备;医疗设备。

(3)交通运输设备分为:专用理赔车和其他运输设备。

固定资产减值

4. 保险公司应当于期末对固定资产进行逐项检查。如果有迹象表明某项固定资产可能发生减值,则应当计算该项固定资产的可收回金额,并按账面净额和评估增值余额之和超过可收回金额的部分确定该项固定资产应计提的减值准备。

5. 如果有迹象表明以前期间据以计提固定资产减值准备的各种因素发生变化,使得固定资产的可收回金额大于其账面净额和评估增值余额之和,则以前期间已确认的减值损失应当转回,但转回的金额不得超过原已计提的固定资产减值准备。

固定资产的认可标准

一般性规定

6. 有迹象表明保险公司不能任意处置的固定资产为非认可资产,包括但不限于:

(1)作为担保物的固定资产;

(2)作为诉讼标的的固定资产;

(3)被扣押、查封的固定资产。

房屋

7. 房屋为认可资产。房屋的最高认可金额为下述两项之和:

(1)非寿险业务的准备金的15%；

(2)寿险业务和长期健康险业务的准备金的5%。

保险公司应当以房屋的账面净额与最高认可金额的低者作为其认可价值。

机器设备

8. 机械、动力及安全保卫设备为非认可资产。

9. 电器设备为非认可资产。

10. 电子数据处理设备为认可资产。电子数据处理设备的最高认可金额为下述两项之和：

(1)非寿险业务的准备金的3%；

(2)寿险业务和长期健康险业务的准备金的0.4%。

保险公司应当以电子数据处理设备的账面净额与最高认可金额的低者作为其认可价值。

11. 办公、通讯及文字处理设备为非认可资产。

12. 医疗设备为非认可资产。

交通运输设备

13. 交通运输设备为认可资产。交通运输设备的最高认可金额为下述两项之和：

(1)非寿险业务的准备金的1%；

(2)寿险业务和长期健康险业务的准备金的0.2%。

保险公司应当以交通运输设备的账面净额与最高认可金额的低者作为其认可价值。

在建工程

14. 在建房屋和在建电子数据处理设备为认可资产，其他在建工程为非认可资产。

在建房屋的最高认可金额为本规则第7条规定的房屋的最高认可金额与房屋的账面净额之差。保险公司应当以在建房屋的账面净额与最高认可金额的低者作为其认可价值。

在建电子数据处理设备的最高认可金额为本规则第10条规定的电子数据处理设备的最高认可金额与电子数据处理设备的账面净额之差。保险公司应当以在建电子数据处理设备的账面净额与最高认可金额的低者作为其认可价值。

办公家具及其他固定资产

15. 办公家具及其他固定资产为非认可资产。

新公司的固定资产最高认可金额

16. 新公司可以选择以下任一方法确定房屋、电子数据处理设备、交通运输设备、在建房屋和在建电子数据处理设备的最高认可金额：

（1）按照本规则第7条、第10条、第13条和第14条的规定分别确定房屋、电子数据处理设备、交通运输设备、在建房屋和在建电子数据处理设备的最高认可金额；

（2）房屋、电子数据处理设备、交通运输设备、在建房屋和在建电子数据处理设备的最高认可金额总额为实收资本（或股本）、资本公积和盈余公积之和的50%。

土地使用权

17. 土地使用权为认可资产。但由于担保物权限制或其他原因而不能任意处置的土地使用权为非认可资产。

18. 尚未开发或建造自用项目的土地使用权，以账面净额作为其认可价值。

19. 已经开发或建造自用项目的土地使用权（包括连同房屋一并购入的土地使用权），如果不能单独区分土地使用权的取得成本，则应当与其所附着的房屋或在建工程一同按房屋或在建工程的认可标准认可；如果能够区分土地使用权的取得成本，则可以按尚未开发或建造自用项目的土地使用权的认可标准认可，并以相同的方式进行摊销和列报。土地使用权的认可方式一经选定，不得随意调整。

20. 保险公司应当于期末对土地使用权进行逐项检查。如果有迹象表明某项土地使用权可能发生减值，则应当对该项土地使用权的可收回金额进行估计，并按该项土地使用权的账面净额和评估增值余额之和超过可收回金额的部分确定应计提的减值准备。

21. 如果表明土地使用权发生减值的迹象全部消失或部分消失，使得土地使用权的可收回金额大于其账面净额和评估增值余额之和，则以前期间已确认的减值损失应当转回，但转回的金额不得超过原已计提的土地使用权减值准备。

房地产评估增值

22. 房屋和土地使用权的价值因市场环境变化或其他原因而大幅度变化时，保险公司可以向中国保监会提交报告，说明导致资产价值发生变动的事实或者原因以及该价值变动对公司偿付能力的可能影响。

23. 中国保监会可以在认为必要时，要求保险公司委托具有相关评估资质的评估机构对房地产价值进行评估。

24. 保险公司应当在中国保监会规定的时限内完成房地产评估。

25. 保险公司应当对符合下列任一条件的房屋和土地使用权同时进行评估，不得仅就个别资产进行评估。

（1）账面净额在5000万元以上；

（2）账面净额占全部房屋或土地使用权账面净额5%以上。

26. 根据中国保监会要求进行房地产评估所确定的评估增值为认可资产。如果中国保监会认为评估增值有失公允,可以要求保险公司重新确定评估增值的认可价值并调整认可资产表相关项目余额。

27. 保险公司应当以评估增值的房屋或土地使用权的折旧(摊销)方法按其剩余折旧(摊销)年限对评估增值余额计算折旧(摊销)。

计算机软件

28. 在电子计算机制造环节预装的计算机软件以及与电子计算机一起购买的在取得成本上无法区分的计算机软件,应当按电子数据处理设备的认可标准进行认可。

29. 核心业务系统形成的资产为认可资产,但最高认可金额为实收资本(或股本)、资本公积和盈余公积之和的3%。

30. 除本规则第28条和第29条规定的软件外,其他计算机软件均为非认可资产。

披　露

31. 保险公司应当在偿付能力报表附注中披露以下信息:

(1)固定资产的确认标准;

(2)固定资产、土地使用权和计算机软件的折旧(摊销)政策,包括折旧(摊销)年限、折旧(摊销)方法、预计净残值以及折旧(摊销)政策的一致性;

(3)土地使用权的认可方式及其一致性;

(4)正在进行的房地产评估和预计完成时间;

(5)已承诺将为购买固定资产、土地使用权和计算机软件支付的金额。

32. 保险公司应当在偿付能力报告明细表中披露以下信息:

(1)固定资产的认可情况,包括各类固定资产的账面原值、账面净值、非认可价值和认可价值;

(2)房屋的所在地点、状态、取得时间、取得方式、账面原值、累计折旧、账面净值、减值准备、认可价值;

(3)承租人为关联方和非关联方的经营性租出固定资产的承租人、租赁开始日、租赁期、账面净值、报告期内收取的租金总额;

(4)出租人为关联方和非关联方的经营性租入固定资产的所在地点、出租人、租赁开始日、租赁期、报告期内支付的租金总额;

(5)土地使用权的所在地点、状态、取得时间、取得方式、摊销年限、取得成本、账面净额、认可价值;

(6)最近一次房地产评估时间、评估增值以及房地产评估增值余额;

(7)计算机软件期末和期初的认可价值,以及核心业务系统的描述。

附　则

33. 本规则及相关问题解答等规定未涉及的固定资产、土地使用权和计算机软件的编报要求,适用国家统一的会计制度。

34. 健康保险公司参照本规则执行,中国保监会另有规定的除外。

35. 本规则自2004年度偿付能力报告编报起施行。

36.《保险公司偿付能力额度及监管指标管理规定》(保监会令〔2003〕1号)以及《保险公司偿付能力报告编报规则——问题解答第1号:部分新增资金运用形式及固定资产评估增值》(保监发〔2003〕121号)中有关固定资产、土地使用权和计算机软件的规定同时停止执行。

保险公司偿付能力报告编报规则第2号:货币资金和结构性存款

(已废止,略)

保险公司偿付能力报告编报规则第3号:应收及预付款项

引　言

1. 本规则规范保险公司应收及预付款项在偿付能力报告中的编报。

2. 本规则规范的应收及预付款项包括保险公司的应收保费、应收分保账款、应收利息、应收股利、预付赔款、存出分保准备金、存出保证金和其他应收款等应收、暂付款项。

定　义

3. 本规则使用的下列术语,其定义为:

(1)应收保费,指保险公司按照合同约定应向投保人收取但尚未收到的保费收入。

(2)应收利息,指保险公司的各类存款、购买的债券和次级债、保单质押贷款等资产产生的已到付息日但尚未领取的利息,以及合同约定到期一次还本付息的定期银行存款、协议存款、结构性存款等尚未到期的资产产生的应计利息。

(3)其他应收款,指保险公司除应收保费、应收分保账款、应收利息、应收股利、预付赔款、存出分保准备金和存出保证金之外的其他应收、暂付款项。

(4)外国保险公司分公司的总公司,包括对外国保险公司分公司直接投资的公司,以及其他隶属于同一集团的境外公司(含分公司)。

认可标准

一般性规定

4. 保险公司应当合理预计除预付赔款、存出分保准备金和存出保证金之外的应收及预付款项的可收回程度和潜在损失,并计提坏账准备。

5. 保险责任已经终止但尚未收到的保费收入应全额计提坏账准备。

6. 外国保险公司分公司对总公司的应收及预付款项为非认可资产。

应收保费

7. 账龄不大于12个月的应收保费为认可资产。其中,账龄不大于3个月的,最高认可金额为其账面余额的100%;账龄大于3个月但不大于6个月的,最高认可金额为其账面余额的80%;账龄大于6个月但不大于12个月的,最高认可金额为其账面余额的30%。保险公司应当以账面价值与最高认可金额的低者作为其认可价值。

8. 账龄大于12个月的应收保费为非认可资产。

应收分保账款

9. 账龄不大于9个月的应收分保账款为认可资产,以账面价值作为其认可价值。

10. 账龄大于9个月的应收分保账款为非认可资产。

应收利息

11. 除本规则第12条所列的应收利息外,其他的应收利息为认可资产,以账面价值作为其认可价值。

12. 下列应收利息为非认可资产:

(1)违反中国保险监督管理委员会规定而持有的资产的应收利息;

(2)除《保险公司偿付能力报告编报规则第2号:货币资金和结构性存款》第6条所列的存款之外的其他存款产生的应收利息;

(3)逾期3个月以上的应收利息。

应收股利

13. 账龄不大于3个月的应收股利为认可资产,以账面价值作为其认可价值。

14. 账龄大于3个月的应收股利为非认可资产。

预付赔款

15. 预付赔款为认可资产，以账面价值作为其认可价值。

存出分保准备金

16. 存出分保准备金为认可资产，以账面价值作为其认可价值。

存出保证金

17. 存出保证金为认可资产，以账面价值作为其认可价值。

其他应收款

18. 账龄不大于12个月的其他应收款为认可资产，最高认可金额为其账面余额的80%。保险公司应当以账面价值与最高认可金额的低者作为其认可价值。

19. 账龄大于12个月的其他应收款为非认可资产。

披　露

20. 保险公司应当在偿付能力报表附注中披露各项应收及预付款项计提坏账准备的政策。

21. 保险公司应当在偿付能力报告明细表中披露以下信息：

（1）各项应收及预付款项的账面余额、非认可价值、认可价值；

（2）各险种应收保费的账龄、期末账面余额、期初账面余额；

（3）应收分保账款的前十大债务人名称、所在国（地区）、与本公司的关系，以及相应债权的账龄、期末账面余额、期初账面余额；

（4）其他应收款的前十大债务人名称、与本公司的关系、债权内容简述，以及相应债权的账龄、期末账面余额、期初账面余额；

（5）外国保险公司分公司对总公司的应收及预付款项的债务人名称、所在国（地区）、与本公司的关系、债权内容简述，以及各项应收及预付款项的期末账面余额、期初账面余额。

附　则

22. 本规则及相关问题解答等规定未涉及的应收及预付款项的编报要求，适用国家统一的会计制度。

23. 本规则自2004年度偿付能力报告编报起施行。

24.《保险公司偿付能力额度及监管指标管理规定》（保监会令〔2003〕1号）中有关应收及预付款项的规定同时停止执行。

保险公司偿付能力报告编报规则第4号：委托投资资产

引　言

1. 本规则规范保险公司委托投资资产在偿付能力报告中的编报。

定　义

2. 本规则使用的下列术语，其定义为：

(1)委托投资，指保险公司(委托人)委托境内或境外投资机构(受托人)进行投资的行为。

(2)委托投资资产，指保险公司委托投资所形成的资产，包括银行存款、债券、证券投资基金、股票等。

认可条件

3. 不符合以下任何一项要求的委托投资所形成的资产为非认可资产：

(1)委托人、受托人、托管人(如有)和托管代理人(如有)的资格符合中国保险监督管理委员会(以下简称“中国保监会”)的有关规定。

(2)委托与托管由保险公司总公司统一安排。

(3)委托人与受托人、托管人(如有)签订合法、有效的书面资产委托管理协议和托管协议(如有)。

(4)委托投资资产以委托人的名义交易和持有。

编报基础

4. 委托人进行委托时，应将中国保监会规定的须单独管理、设立单独账户或单独核算的资金与其他资金严格区分，区分方法应科学、合理、一贯。

5. 受托人或托管人应对自有资产和受托资产分开管理，应对受托管理的不同委托人的资产分开管理，应对受托管理的同一委托人的须单独管理的资产和其他资产分开管理。

6. 委托投资资产的所有权凭证应由委托人或托管人(托管代理人)保管。

7. 委托人、受托人和托管人(如有)应及时核对委托投资资产的相关数据，确保数据准确、一致。

8. 委托投资资产应由委托人或托管人作为主核算人。委托人和托管人必须确保委托投资资产核算的完整、准确。

9. 主核算人应对本规则第 4 条所列的不同类别资金形成的资产单独核算。

10. 当托管人担任主核算人时,应采用委托人编报偿付能力报告所应遵循的原则和方法。

11. 委托人应将委托投资资产的不同投资品种归入相应资产项目在认可资产表中分项列报。

披　露

12. 保险公司应当在偿付能力报表附注中披露以下信息:

(1)委托投资的受托人、托管人(如有)、托管代理人(如有)的基本情况及各方之间的关系;

(2)本规则第 4 条所列的不同类别资金的区分方法及一致性;

(3)委托人、受托人、托管人(如有)和托管代理人(如有)各方关于资产管理费和托管费的约定,以及报告期资产管理费和托管费的金额。

13. 保险公司应当在偿付能力报告明细表中披露以下信息:

(1)不同资金来源形成的委托投资资产的期末账面价值和期初账面价值;

(2)不同投资品种的委托投资资产的账面余额、减值(跌价)准备,以及分别按成本和市价计价的期末账面价值和期初账面价值。

附　则

14. 本规则自 2005 年第 2 季度偿付能力报告编报起施行。

保险公司偿付能力报告编报规则第 5 号:证券回购

引　言

1. 本规则规范保险公司的证券回购业务在偿付能力报告中的编报。

2. 本规则不涉及投资连结保险独立账户中的证券回购业务。

定　义

3. 本规则使用的下列术语,其定义为:

(1)证券回购,指交易双方进行的以证券为权利质押的一种短期资金融通业务,包括封闭式回购和买断式回购。

(2)封闭式回购,指资金融入方(正回购方)在将证券出质给资金融出方(逆回购方)融入资金的同时,双方约定在将来某一日期由正回购方按约定回购利率计算的资金额向逆回购方返还资金,逆回购方向正回购方返还原出质证券的融资行为。

(3)买断式回购,指证券持有人(正回购方)将证券卖给证券购买方(逆回购方)的同时,双方约定在将来某一日期,正回购方再以约定价格从逆回购方买回相等数量同种证券的交易行为。

(4)到期结算金额,指在到期结算时,按照回购协议正回购方向逆回购方支付的资金额。

认 可 标 准

封闭式逆回购

4. 保险公司(逆回购方)应当在封闭式回购协议生效时,确认一项新的金融资产(买入返售证券)。

5. 买入返售证券为认可资产。保险公司在证券交易所市场进行封闭式逆回购取得的买入返售证券,以账面价值作为其认可价值;保险公司在银行间债券市场进行封闭式逆回购取得的买入返售证券,以账面价值与质押证券的市价的低者作为其认可价值。

6. 除银行、保险公司、基金管理公司、邮政储蓄机构、社保基金理事会外,保险公司在银行间债券市场与其他交易对手进行封闭式逆回购取得的买入返售证券为非认可资产。

买断式逆回购

7. 保险公司(逆回购方)应当在支付款项时,按照实际支付的全部价款确认一项新的金融资产(买入返售证券款)。

同时,逆回购方应当在购入待返售证券时按照实际支付的全部价款确认一项新的金融负债(应付返售证券)。待返售证券应当并入相应证券类别进行认可。

8. 买入返售证券款为认可资产,以账面价值作为其认可价值。

9. 应付返售证券为认可负债,以账面价值作为其认可价值。

10. 逆回购方在买断式回购期间售出待返售证券,应当减少待返售证券的账面价值。

11. 买断式回购期间证券派息,应当视同正回购方提前偿还部分融资款,逆回购方应当冲减买入返售证券款的账面价值。

12. 买断式回购协议到期时,逆回购方应当将到期结算金额与买入返售证券款的账面价值之间的差额计入当期损益。

13. 买断式回购协议的任何一方违约,逆回购方应当终止确认买入返售证券款和应付返售证券。

封闭式正回购

14. 保险公司(正回购方)应当在封闭式回购协议生效时,确认一项新的金融负债(卖出回购证券)。

15. 卖出回购证券为认可负债,以账面价值作为其认可价值。

16. 保险公司进行封闭式正回购所形成的质押证券为认可资产,以账面价值作为其认可价值,同时,应当遵循本规则第23条的修正性认可标准。

买断式正回购

17. 保险公司(正回购方)应当在售出证券时以售出证券的账面价值确认一项新的金融资产(待回购证券)。

同时,在收到款项时按照实际收到的款项确认一项新的金融负债(卖出回购证券款)。

18. 待回购证券为认可资产,以账面价值作为其认可价值,同时,应当遵循本规则第23条的修正性认可标准。

19. 卖出回购证券款为认可负债,以账面价值作为其认可价值。

20. 买断式回购期间证券派息,正回购方应当冲减卖出回购证券款的账面价值。

21. 买断式回购协议到期时,正回购方应当将到期结算金额与卖出回购证券款的账面价值之间的差额计入当期损益。

22. 买断式回购协议的任何一方违约,正回购方应当终止确认待回购证券和卖出回购证券款,并将待回购证券的账面价值与卖出回购证券款的账面价值之间的差额计入当期损益。

修正性认可标准

23. 如果卖出回购证券和卖出回购证券款的账面价值之和超过债券投资和待回购证券的账面价值之和的50%,保险公司应当将质押证券和待回购证券的认可价值修正为零。

披　露

24. 保险公司应当在偿付能力报表附注中披露以下信息:

(1)正(逆)回购业务资金融入(出)的目的及交易策略;

(2)本规则第5条中质押证券市价的确定方法及确定方法在不同期间的一致性;

(3)证券回购业务重大事项(如违约)的特别说明(如有)。

25. 保险公司应当在偿付能力报告明细表中披露以下信息:

(1)报告期内在银行间债券市场和证券交易所市场从事回购业务的类型、累计结算金额、未到期余额和相关资产负债的认可价值；

(2)报告期内单日交易金额居前十位的各类回购业务的交易日期、交易金额、交易类型、交易场所；

(3)报告期内累计结算金额居前五位和报告期末未到期余额居前五位的正回购期限、逆回购期限以及相应的结算金额；

(4)报告期内在银行间债券市场从事的各类回购业务中累计结算金额居前五位的交易对手及结算金额、未到期余额。

附　　则

26. 本规则及相关问题解答等规定未涉及的有关证券回购业务的编报要求,适用国家统一的会计制度。

27. 本规则自2004年度偿付能力报告编报起施行。

28.《保险公司偿付能力额度及监管指标管理规定》(保监会令〔2003〕1号)中有关证券回购业务的规定同时停止执行。

关于印发偿付能力报告编报规则实务指南的通知

（2004年12月24日） 保监发〔2004〕154号

各保险公司：

为有助于保险公司贯彻执行偿付能力报告编报规则，准确评估偿付能力，我会研究制定了《保险公司偿付能力报告编报规则第1号：固定资产、土地使用权和计算机软件》实务指南、《保险公司偿付能力报告编报规则第2号：货币资金和结构性存款》实务指南、《保险公司偿付能力报告编报规则第3号：应收及预付款项》实务指南、《保险公司偿付能力报告编报规则第4号：委托投资资产》实务指南、《保险公司偿付能力报告编报规则第5号：证券回购》实务指南。现予印发，请遵照执行。

附件：

《保险公司偿付能力报告编报规则第1号：固定资产、土地使用权和计算机软件》实务指南

一、关于引言

《保险公司偿付能力报告编报规则第1号：固定资产、土地使用权和计算机软件》（以下简称"本规则"）在引言部分指出，其旨在规范保险公司偿付能力报告中固定资产、土地使用权和计算机软件的编报，适用于财产保险公司、人寿保险公司和再保险公司。

二、关于定义

（一）固定资产

保险公司持有固定资产的目的是为了提供金融服务、出租或经营管理，如果公司持有资产的目的是为了出售，则该资产不属于固定资产。本规则除了强调固定资产的持有目的外，还强调使用年限超过1年和单位价值较高两个特征。保险公司应当根据自身实际情况确定固定资产的价值标准和范围。

（二）可收回金额

可收回金额，指资产的销售净价与预期从该资产的持续使用和使用寿命结束时的处置中形成的现金流量的现值两者之中的较高者。其中，销售净价是指，资产

的销售价格减去处置资产所发生的相关税费后的余额。本规则与国家统一的会计制度(以下简称“会计制度”)所规定的可收回金额的确定方法完全相同。

(三)评估增值

评估增值,指保险公司按照中国保险监督管理委员会(以下简称“中国保监会”)的要求委托评估机构对房地产价值进行评估后所确定的房地产价值的变动。某次评估的评估增值等于房地产的评估价值减去评估基准日的账面净额和评估增值余额之和后的金额(金额为正代表房地产有正增值,金额为负代表房地产有负增值),其中,评估增值余额就是评估基准日房地产评估增值项目的余额,即评估基准日累计评估增值计算折旧后的金额。

保险公司应对评估基准日和评估完成日之间房地产价值发生的变动进行相应调整。包括但不限于:

1. 对房屋和土地使用权以及相应的评估增值计算折旧(摊销);

2. 房屋和土地使用权的增加或减少;

3. 如果评估基准日与评估完成日之间房屋和土地使用权的价格又发生大幅变动,则应当考虑重新确定评估基准日。

(四)减值

减值,指固定资产或土地使用权的可收回金额低于其账面净额和评估增值余额之和。具体而言,非房屋固定资产的减值是指,非房屋固定资产的可收回金额低于账面净额;房屋和土地使用权的减值是指,房屋和土地使用权的可收回金额低于账面净额和评估增值余额之和。

偿付能力报告编报规则所称的账面余额,指扣除备抵项目(如坏账准备、减值准备)之前各项目在账簿上的余额;所称的账面价值,指各项目的账面余额减去相关备抵项目后的净额。本规则所称的账面净额,即账面价值,指固定资产或土地使用权的账面净值(或账面余额)减去减值准备之后的金额。其中,固定资产的账面净值指固定资产账面原值减去累计折旧之后的金额。根据本规则第 19 条规定,对于房屋和在建工程而言,账面原值的确定具体可分为以下两种情况:

1. 如果房屋或在建工程所附着的土地使用权按照尚未开发或建造自用项目的土地使用权的认可标准进行认可,则外购房屋的账面原值应当按扣除相应土地使用权的取得成本之后的金额确定,自建房屋和在建工程的账面原值应当按扣除相应土地使用权在土地开发时的账面净额之后的金额确定。

土地使用权的取得成本,指取得土地使用权时的实际成本,保险公司应当按照会计制度确定土地使用权的取得成本。例如,甲人寿保险公司(以下简称“甲公司”)于 2001 年 1 月购入一处土地的使用权,实际支付价款为 3600 万元(即土地使用权的取得成本为 3600 万元),摊销年限为 30 年。2001 年 7 月,该公司在该土地上建造办公大楼,此时,该土地使用权的账面净额为3540万元,2002年11月,办公大楼达到预定可使用状态,确定其账面原值为9200万元。2003年末该公司决定该办公大楼的土地使用权按照尚未开发或建造自用项目的土地使用权的认可标准进行认可,则该办公大楼的账面原值为5660(=9200-3540)万元。

2.如果房屋或在建工程所附着的土地使用权按照房屋或在建工程的认可标准认可,则房屋或在建工程的账面原值为会计账簿上的记录价值。

因此,在第一种情况下,偿付能力报告中的房屋和土地使用权的账面净额与通用会计报表中的账面净额不同。

(五)准备金

准备金,指根据中国保监会有关规定计算的在认可负债表中列报的责任准备金,包括未到期责任准备金和未决赔款准备金,但不包括计入认可负债表"独立账户负债"项目的准备金(如投资连结保险的单位准备金)。保险公司应当严格按照中国保监会有关规定计提各项准备金。

准备金按业务性质可分为非寿险业务的准备金、寿险业务的准备金和长期健康险业务的准备金。财产保险公司和财产再保险公司的准备金包括对各项非寿险业务(产险、意外险、短期健康险)提取的责任准备金。

人寿保险公司和人寿再保险公司的准备金包括非寿险业务(意外险、短期健康险)的准备金、寿险业务的准备金和长期健康险业务的准备金。

综合性再保险公司的准备金包括非寿险业务(产险、意外险、短期健康险)的准备金、寿险业务的准备金和长期健康险业务的准备金。

(六)新公司

本规则对新公司的定义强调,在偿付能力报告日开业时间不满5年的保险公司为新公司。

三、关于固定资产分类

本规则第3条规定了固定资产的分类。会计制度允许保险公司在编制通用会计报表时根据自身情况对固定资产进行分类,但本规则要求在编制偿付能力报告时,保险公司必须按照本规则的规定对固定资产进行分类,计算各类固定资产的认可价值,并披露相关信息。同时,保险公司编制通用会计报表时可以采用本规则的固定资产分类标准。

根据本规则对固定资产进行归类时,应当注意以下几点:

1.房屋包括营业用房、办公用房、库房、住宿用房、食堂及其他房屋等。保险公司应将房屋划分为营业用房屋和非营业用房屋。营业用房屋,指作为主要营业场所、用于开展主营业务的房屋,包括办公楼所、仓库、用于提供服务的房屋等。非营业用房屋,指不作为主要营业场所的房屋,如职工宿舍、食堂等福利设施用房。

2. 电子数据处理设备，指由集成电路、晶体管、电子管等电子元器件组成，应用电子技术(包括软件)发挥作用的设备，包括电子计算机以及由电子计算机控制的机器人、数控或者程控系统、网络设备等。

(1)所有电子计算机均应列入“电子数据处理设备”，而不应列入“办公、通讯及文字处理设备”或“电器设备”。电子计算机虽然具有打字、编辑等文字处理功能，但通常其预定使用目的是信息处理，而不限于文字处理，因此，应当将其列入电子数据处理设备。

(2)具有复印、传真、打印等功能的一体化办公设备，应列入办公、通讯及文字处理设备。

3. 办公家具，指保险公司配置的符合固定资产标准，未包括在机器设备、医疗设备、交通运输设备之中的写字桌、文件柜、电脑桌、工作椅、会议桌、沙发等家具及其成套组合。在装修过程中购置的办公家具应当单独归类，不得连同装修开支一并记入房屋的账面原值。

4. 保险公司拥有的除房屋之外的其他建筑物应当计入其他固定资产，包括独立结构车库、塔、池、槽、井、架、棚(不包括临时工棚、车棚等简易设施)、场、路、桥、平台、码头、船坞、涵洞以及独立于房屋和机器设备之外的管道、烟囱、围墙等。

四、关于折旧

根据本规则第33条规定，保险公司应当按照会计制度的规定确定各类固定资产的折旧年限、预计净残值和折旧方法，计算累计折旧。

五、关于固定资产减值

(一)判断固定资产发生减值的迹象

保险公司应当于期末对固定资产进行逐项检查，如发现存在下列情况，应当计算固定资产的可收回金额，以确定资产是否已经发生减值：

(1)固定资产市价大幅度下跌，其跌幅大大高于因时间推移或正常使用而预计的下跌，并且预计在近期内不可能恢复；

(2)同期市场利率等大幅度提高，进而很可能影响企业计算固定资产可收回金额的折现率，并导致固定资产可收回金额大幅度降低；

(3)固定资产陈旧过时或发生实体损坏等；

(4)固定资产预计使用方式发生重大不利变化，如企业计划终止或重组该资产所属的经营业务、提前处置资产等情形，从而对企业产生负面影响；

(5)其他有可能表明资产已发生减值的情况。

(二)计提固定资产减值准备

保险公司应当按账面净额和评估增值余额之和超过可收回金额的部分确定固定资产应计提的减值准备。

1. 非房屋固定资产,应当按账面净额超过可收回金额的部分计提减值准备。如果应计提的减值准备金额高于已计提的减值准备余额,应当按其差额补提减值准备。其中,应计提的减值准备金额等于资产的账面净额减去可收回金额后的金额。

2. 房屋减值准备的计提具体分为以下两种情况:

(1)如果房屋没有评估增值余额,应当按照非房屋固定资产的方法计提减值准备;

(2)如果房屋有评估增值余额,应当按账面净额和评估增值余额之和超过可收回金额的部分计提减值准备。如果应计提的减值准备金额高于已计提的减值准备余额,应当按其差额补提减值准备。其中,应计提的减值准备金额等于资产的账面净额和评估增值余额之和减去可收回金额后的金额。计提减值准备的具体方法详见本指南第八部分——关于房地产评估增值。

本规则强调,保险公司应当于期末对固定资产逐项进行检查,并按单项资产计提减值准备,而不能按固定资产类别或固定资产总体计提减值准备。

(三)减值准备的转回

如果有迹象表明以前期间据以计提固定资产减值准备的各种因素发生变化,使得固定资产的可收回金额大于其账面净额和评估增值余额之和,则应当将以前期间已确认的减值损失予以全部或部分转回,但转回的金额不得超过原已计提的固定资产减值准备。对于减值准备的转回,本规则第5条强调:

1. 只有在以前计提固定资产减值准备的迹象发生变化而引起的固定资产可收回金额高于其账面净额和评估增值余额之和时,才能将已计提的减值准备转回。

2. 转回的减值准备金额不得超过原已计提的固定资产减值准备。

六、关于固定资产的认可标准

(一)一般性规定

本规则第6条规定,有迹象表明保险公司不能任意处置的固定资产为非认可资产,包括但不限于:

(1)作为担保物的固定资产;

(2)作为诉讼标的的固定资产;

(3)被扣押、查封的固定资产。

(二)房屋的认可标准

本规则第7条规定房屋为认可资产。但是,存在本规则第6条所列情况的房屋为非认可资产。

保险公司应当按账面净额与最高认可金额孰低的原则确定房屋的认可价值。房屋的最高认可金额为下述两项之和:

（1）非寿险业务的准备金的15%；

（2）寿险业务和长期健康险业务的准备金的5%。

〔例1〕乙财产保险股份有限公司（以下简称“乙公司”）于1997年2月开业。2003年12月31日，乙公司拥有房屋4处，均为营业用房屋，会计账簿上的账面原值总计为43200万元，已知：

（1）甲公司于2003年3月宣称房屋#4属该公司所有，并向法院提起诉讼；2003年12月31日，法院尚未对此案作出判决。

（2）乙公司营业用房屋的折旧年限均为30年，采用直线法计算折旧。假设预计净残值均为0，2003年前该公司的房屋未发生过减值。

（3）乙公司房屋的土地使用权按照房屋的认可标准进行认可。

（4）2003年12月31日，乙公司认可负债表中未决赔款准备金和未到期责任准备金（包括长期险责任准备金）的期末余额分别为96500万元和123700万元。

（5）乙公司未进行过符合本规则要求的房地产评估。

乙公司2003年末每项房屋的累计折旧和账面净值如表1所示。由于房屋#2和房屋#4的可收回金额低于账面净额（2003年之前乙公司所有的房屋都没有发生过减值，所以房屋的账面净额等于账面净值），乙公司应当对房屋#2和房屋#4分别计提减值准备275（=18150－17875）万元和154（=4620－4466）万元。

由于房屋#4为诉讼标的，因此，该房屋为非认可资产。2003年末乙公司房屋账面净额的计算如下：

房屋的账面净值	39490万元
减：减值准备余额	429万元
房屋的账面净额	39061万元
减：权利受限资产的账面净额	4466万元
认可的房屋的账面净额	34595万元

表1

单位：万元

房屋	账面原值	土地使用权的取得成本	房屋的取得时间	累计折旧	账面净值	可收回金额
房屋#1	10800	3600	2002年12月	360	10440	10500
房屋#2	19800	4320	2001年6月	1650（=660×2.5）	18150	17875
房屋#3	7200	无法区分	2000年2月	920（=20×10+240×3）	6280	6310

续表

房屋	账面原值	土地使用权的取得成本	房屋的取得时间	累计折旧	账面净值	可收回金额
房屋#4	5400	无法区分	1999 年 8 月	780（ =15 × 4 +180 ×4）	4620	4466
合计	43200	—	—	3710	39490	39151

2003 年末房屋的最高认可金额 =（96500 +123700）×15% =33030 万元，房屋的认可价值 = min（34595，33030） = 33030 万元（min 表示两个数值中取小值，下同），超过最高认可金额的部分 =34595 -33030 =1565 万元。

〔例 2〕承例 1，如果乙公司决定已经开发或建造自用项目的土地使用权按照尚未开发或建造自用项目的土地使用权的认可标准进行认可，则该公司房屋的账面原值应当按照会计账簿上的固定资产原值扣除土地开发时土地使用权的账面净额（或取得成本）之后的金额确定。假设房屋#1 的土地使用权的取得时间为 2001 年 4 月，房屋#2 的土地使用权的取得时间为 2000 年 1 月，乙公司在取得房屋#1 和房屋#2 的土地使用权之月开始建造房屋#1 和房屋#2，且不考虑当月土地使用权摊销的因素，则这两处土地使用权开发时的账面净额等于其取得成本。2003 年末每项房屋的账面原值、累计折旧和账面净值如表 2 所示。

同样，乙公司应当对房屋#2 和房屋#4 分别计提减值准备 275 万元和 154 万元。2003 年末房屋账面净额的计算如下：

房屋的账面净值	32050 万元
减：减值准备余额	429 万元
房屋的账面净额	31621 万元
减：权利受限资产的账面净额	4466 万元
认可的房屋的账面净额	27155 万元

表 2

单位：万元

房屋	账面原值	土地使用权的取得成本	房屋的取得时间	累计折旧	账面净值	可收回金额
房屋#1	7200	3600	2002 年 12 月	240	6960	6980
房屋#2	15480	4320	2001 年 6 月	1290（ =43 × 6 +516 ×2）	14190	13915
房屋#3	7200	无法区分	2000 年 2 月	920（ =20 × 10 +240 ×3）	6280	6310

续表

房屋	账面原值	土地使用权的取得成本	房屋的取得时间	累计折旧	账面净值	可收回金额
房屋#4	5400	无法区分	1999 年 8 月	780(=15 × 4 + 180 ×4)	4620	4466
合计	35280	—	—	3230	32050	31671

2003 年末乙公司房屋的最高认可金额仍然为 33030 万元,房屋的认可价值 = min(27155,33030) =27155 万元,房屋的账面净额未超过最高认可金额。

(三)机器设备的认可标准

本规则第 8 条至第 12 条规定,除电子数据处理设备外,下列机器设备为非认可资产:

(1)机械、动力及安全保卫设备;

(2)电器设备;

(3)办公、通讯及文字处理设备;

(4)医疗设备。

但是,存在本规则第 6 条所列情况的电子数据处理设备为非认可资产。

保险公司应当按账面净额与最高认可金额孰低的原则确定电子数据处理设备的认可价值。电子数据处理设备的最高认可金额为下述两项之和:

(1)非寿险业务的准备金的 3%;

(2)寿险业务和长期健康险业务的准备金的 0.4%。

〔例 3〕承例 1,乙公司对机器设备采用直线法计算折旧。2003 年 12 月 31 日,该公司机器设备不存在本规则第 6 条所列情况,在会计账簿上的账面原值和累计折旧如表 3 所示。

表 3

单位:万元

机器设备	账面原值	累计折旧	账面净值	减值准备余额	账面净额
机械、动力及安全保卫设备	200	80	120	0	120
电器设备	300	140	160	0	160
电子数据处理设备	4000	1600	2400	120	2280
办公、通讯及文字处理设备	420	280	140	0	140
合计	4920	2100	2820	120	2700

2003 年 12 月 31 日，电子数据处理设备的账面净额计算如下：

电子数据处理设备的账面净值	2400 万元
减：减值准备	120 万元
电子数据处理设备的账面净额	2280 万元

电子数据处理设备的最高认可金额 =（96500 + 123700）× 3% = 6606 万元，认可价值 = min（2280，6606）= 2280 万元，电子数据处理设备的账面净额未超过最高认可金额。

（四）交通运输设备的认可标准

本规则第 13 条规定，交通运输设备为认可资产。但是，存在本规则第 6 条所列情况的交通运输设备为非认可资产。

保险公司应当按账面净额与最高认可金额孰低的原则确定交通运输设备的认可价值。交通运输设备的最高认可金额为下述两项之和：

（1）非寿险业务的准备金的 1%；

（2）寿险业务和长期健康险业务的准备金的 0.2%。

〔例 4〕承例 1，乙公司 2003 年 12 月 31 日交通运输设备的账面原值为 3500 万元，其中：

（1）专用理赔车的账面原值为 2400 万元，累计折旧为 1020 万元，减值准备余额为 120 万元；其他交通运输工具的账面原值为 1100 万元，累计折旧为 560 万元，减值准备余额为 98 万元。

（2）由于乙公司涉及一综诉讼案件，法院查封其专用理赔车 2 辆，其他交通运输工具 3 辆，查封车辆在会计账簿上的账面原值为 358 万元，累计折旧为 116 万元，减值准备余额为 15 万元。

交通运输设备 2003 年末的账面净额计算如下：

交通运输设备的账面原值	3500 万元
减：累计折旧	1580 万元
交通运输设备的账面净值	1920 万元
减：减值准备余额	218 万元
权利受限资产的账面净额	227 万元
认可的交通运输设备的账面净额	1475 万元

交通运输设备的最高认可金额 =（96500 + 123700）× 1% = 2202 万元。

交通运输设备的认可价值 = min（1475，2202）= 1475 万元。

（五）在建工程的认可标准

本规则第14条规定，在建房屋和在建电子数据处理设备为认可资产，其他在建工程为非认可资产。但是，存在本规则第6条所列情况的在建房屋和在建电子数据处理设备为非认可资产。

在建房屋的最高认可金额为本规则第7条规定的房屋的最高认可金额与房屋的账面净额之差。保险公司应当按账面净额与最高认可金额孰低的原则确定在建房屋的认可价值。

在建电子数据处理设备的最高认可金额为本规则第10条规定的电子数据处理设备的最高认可金额与电子数据处理设备的账面净额之差。保险公司应当按账面净额与最高认可金额孰低的原则确定在建电子数据处理设备的认可价值。

〔例5〕承例1，如果乙公司2003年末仅有一处在建房屋，账面净额为6200万元。由于房屋的账面净额（34595万元）高于最高认可金额（33030万元），因此，在建房屋的最高认可金额为零，在建房屋的认可价值＝min（6200，0）＝0。

假设乙公司2003年末认可负债表中未决赔款准备金和未到期责任准备金（包括长期险责任准备金）的期末余额分别为96500万元和168000万元，其他条件不变。则乙公司2003年末在建房屋的最高认可金额＝（96500＋168000）×15%－34595＝5080万元，在建房屋的认可价值＝min（6200，5080）＝5080万元。

（六）办公家具及其他固定资产的认可标准

本规则第15条规定，办公家具及其他固定资产为非认可资产。本规则要求保险公司应当将符合固定资产标准的办公家具列入"办公家具及其他固定资产"项目，不应当直接计入装修费用或者随同装修费用计入房屋的账面原值。

办公家具及其他固定资产通常是保险公司经营活动的辅助工具，一般具有种类繁多、形式多样、单位价格高低差异明显、通过批量采购取得等特点。从其性质上看，虽然办公家具符合资产定义，但其变现能力较低，难以用于履行对保单持有人的偿付义务，因此，应当确认为非认可资产。

（七）新公司的固定资产的最高认可金额

本规则第16条规定，新公司可以选择以下任一方法确定房屋、电子数据处理设备、交通运输设备、在建房屋和在建电子数据处理设备的最高认可金额：

（1）按照本规则第7条、第10条、第13条和第14条的规定分别确定房屋、电子数据处理设备、交通运输设备、在建房屋和在建电子数据处理设备的最高认可金额；

（2）房屋、电子数据处理设备、交通运输设备、在建房屋和在建电子数据处理设备的最高认可金额总额为实收资本（或股本）、资本公积和盈余公积之和的50%。

第一种方法可以分别确定房屋等五类认可固定资产的最高认可金额。第二种方法下,实收资本(或股本)、资本公积和盈余公积之和的50%不是某类固定资产的最高认可金额,也不是全部固定资产的最高认可金额,而是房屋等五类认可固定资产最高认可金额的总额,在此种方法下,无法确定各类固定资产的最高认可金额。

第16条仅仅是对新公司房屋、电子数据处理设备、交通运输设备、在建房屋和在建电子数据处理设备等五类认可资产的最高认可金额的规定,新公司在确定固定资产的认可价值时,仍然要按照本规则第7条至第15条的规定将电器设备、医疗设备等固定资产确认为非认可资产。

〔例6〕丙人寿保险有限公司(以下简称"丙公司")于2002年5月开业。2003年12月31日,丙公司有关资料如下:

(1)实收资本2亿元,资本公积和盈余公积均为零;

(2)房屋均为经营性租入,电器设备的账面净额为23万元,电子数据处理设备的账面净额为320万元,办公、通讯及文字处理设备的账面净额为18万元,医疗设备的账面净额为12万元,交通运输设备的账面净额为140万元,无在建工程;

(3)认可负债表中非寿险业务的未决赔款准备金和未到期责任准备金分别为15万元和930万元,寿险业务的未到期责任准备金为5908万元,长期健康险业务的未决赔款准备金和未到期责任准备金分别为32万元和900万元;

(4)固定资产不存在本规则第6条所列情况。

根据本规则规定,丙公司电器设备、办公、通讯及文字处理设备、医疗设备为非认可资产。由于丙公司属于新公司,因此可以选择第16条中的两种方法之一确定电子数据处理设备、交通运输设备的最高认可金额。

如果丙公司采用第一种方法,电子数据处理设备和交通运输设备的最高认可金额分别为55.71[=(15 +930)×3% +(5908 +932)×0.4%]万元和23.13[=(15 +930)×1% +(5908 +932)×0.2%]万元,电子数据处理设备和交通运输设备的认可价值分别为55.71万元和23.13万元,2003年末丙公司认可资产表中"固定资产"项目的认可价值为78.84万元。

如果丙公司采用第二种方法,房屋、电子数据处理设备、交通运输设备、在建房屋和在建电子数据处理设备的最高认可金额的总额为1(=2×50%)亿元,电子数据处理设备和交通运输设备的认可价值分别为320万元和140万元,2003年末丙公司认可资产表中"固定资产"项目的认可价值为460万元。

当新公司采用第二种方法确定认可固定资产的最高认可金额时,如果认可固定资产的账面净额超过最高认可金额,则超过最高认可金额的非认可价值应当按账面净额在认可固定资产之间分配。

〔例7〕假设丙公司于2001年1月成立,2003年12月31日该公司的有关资料如下:

(1)实收资本为80000万元,资本公积为8000万元,盈余公积为零。

(2)房屋的账面净额为45000万元,电器设备的账面净额为530万元,电子数据处理设备的账面净额为3800万元,办公、通讯及文字处理设备的账面净额为380万元,医疗设备的账面净额为12万元,交通运输设备的账面净额为1200万元,无在建工程;

(3)固定资产不存在本规则第6条所列情况;

(4)采用本规则第6条规定的第二种方法确定认可固定资产的最高认可金额。

丙公司2003年末认可固定资产的账面净额=45000+3800+1200=50000万元,最高认可金额=(80000+8000)×50%=44000万元,固定资产的认可价值为44000万元。超过最高认可金额的非认可价值6000万元,应当以账面净额为标准在房屋、电子数据处理设备和交通运输设备之间分配:

房屋的非认可价值=[6000÷(45000+3800+1200)]×45000=5400万元

电子数据处理设备的非认可价值=[6000÷(45000+3800+1200)]×3800=456万元

交通运输设备的非认可价值=[6000÷(45000+3800+1200)]×1200=144万元

2003年末丙公司应在明细表FA的第1.1行至第1.3行的"超过最高认可金额的部分"栏中分别填列房屋、电子数据处理设备和交通运输设备上述非认可价值。

七、关于土地使用权

本规则规定土地使用权为认可资产。但由于担保物权限制或其他原因而不能任意处置的土地使用权为非认可资产,包括但不限于:

(1)作为担保物的土地使用权;

(2)作为诉讼标的的土地使用权。

(一)摊销

根据本规则第33条规定,保险公司应当按照《金融企业会计制度》或《企业会计准则——无形资产》确定土地使用权的摊销年限,并按规定在摊销年限内分期平均摊销。

(二)减值准备

保险公司应当于期末对土地使用权进行逐项检查。如果有迹象表明某项土地使用权可能发生减值,则应当对该项土地使用权的可收回金额进行估计,并按该项土地使用权的账面净额和评估增值余额之和超过可收回金额的部分确定应计提的减值准备。

如果表明土地使用权发生减值的迹象全部消失或部分消失,使得土地使用权的可收回金额大于其账面净额和评估增值余额之和,则以前期间已确认的减值损失应当全部或部分转回,但转回的金额不得超过原已计提的土地使用权减值准备。

土地使用权减值准备的计提和转回详见本指南第八部分——关于房地产评估增值。

(三)认可价值的确定

本规则规定,保险公司应当以土地使用权的账面净额作为其认可价值。土地使用权的认可价值,具体应按以下情况分别确定:

1. 尚未开发或建造自用项目的土地使用权,以账面净额作为其认可价值。

2. 已经开发或建造自用项目的土地使用权(包括连同房屋一并购入的土地使用权):

(1)如果不能单独区分土地使用权的取得成本,则应当与其所附着的房屋或在建工程一同按房屋或在建工程的认可标准认可。

(2)如果能够区分土地使用权的取得成本,则可以按尚未开发或建造自用项目的土地使用权的认可标准认可,并以相同的方式进行摊销和列报。即如果选择这种认可方式,保险公司应当按照相关规定对已经开发或建造自用项目的土地使用权进行摊销,并在无形资产的土地使用权中列报。

(3)已经开发或建造自用项目的土地使用权的认可方式一经确定,不得随意调整。

从履行对保单持有人的偿付义务的能力来看,已经开发或建造自用项目的土地使用权和尚未开发或建造自用项目的土地使用权在本质上没有区别。但是,某些情况下要对土地使用权和该土地上的建造项目的取得成本加以区分是比较困难的。例如,保险公司以外购方式购入房屋,土地使用权价款和房屋价款可能难以区分开来,因此,在这种情况下,土地使用权应当与其所附着的房屋一同按房屋的认可标准认可。

［例8］承例1,2003年12月31日,乙公司除了四项房屋的已经开发或建造自用项目的土地使用权之外,还有2处尚未开发或建造自用项目的土地使用权(该公司对土地使用权分期平均摊销),其取得成本、摊销年限和期末账面净额如表4所示。

表4

单位:万元

尚未开发或建造自用项目的土地使用权	取得时间	取得成本	摊销年限	减值准备余额	账面净额
土地使用权#1	2001年7月	9000	50年	0	8550
土地使用权#2	2000年10月	6000	40年	0	5512.5

如果该公司已经开发或建造自用项目的土地使用权按照房屋的认可标准认可,该公司2003年末土地使用权的认可价值为14062.5(=8550+5512.5)万元。

〔例9〕承例2和例8,如果乙公司已经开发或建造自用项目的土地使用权按照尚未开发或建造自用项目的土地使用权的认可标准认可,由于房屋#3和房屋#4的土地使用权的取得成本无法单独区分,因此,只有房屋#1和房屋#2的土地使用权可以按照尚未开发或建造自用项目的土地使用权的认可标准认可,其取得成本和2003年末的账面净额如表5所示。

2003年末已经开发或建造自用项目的土地使用权的认可价值为7240.5(=3352.5+3888)万元,土地使用权的认可价值为21303(=14062.5+7240.5)万元,即2003年末认可资产表的无形资产项目中土地使用权的认可价值为21303万元。

表5

单位:万元

已经开发或建造自用项目的土地使用权	取得时间	取得成本	摊销年限	减值准备余额	账面净额
房屋#1的土地使用权	2001年4月	3600	40年	0	3352.5
房屋#2的土地使用权	2000年1月	4320	40年	0	3888

八、关于房地产评估增值

本规则对保险公司房地产评估的条件、时间和范围,以及房地产评估增值的认可标准和折旧(摊销)计算进行了规定。对于房地产评估增值,本规则强调以下几点:

1. 房屋和土地使用权的价值因市场环境变化或其他原因而大幅度变化时,保险公司可以向中国保监会提交报告,说明导致资产价值发生变动的事实或原因以及该价值变动对公司偿付能力的可能影响。

2. 无论保险公司是否提交报告,中国保监会可以在认为必要时,要求保险公司委托具有相关评估资质的评估机构对房地产价值进行评估。

3. 保险公司应当在中国保监会规定的时限内完成房地产评估。逾期实施评估或在规定时限内未完成评估的,其评估增值为非认可资产。

4. 保险公司应当对符合下列任一条件的房屋和土地使用权同时进行评估,不得仅就个别资产进行评估。

（1）账面净额在5000万元以上；

（2）账面净额占全部房屋或土地使用权账面净额5%以上。

5. 根据中国保监会要求进行房地产评估所确定的评估增值为认可资产。保险公司应对房地产评估增值单独认可和反映（在认可资产表“房地产评估增值”项目中列报），不并入房屋和土地使用权进行认可和反映，因此，房地产评估增值不受本规则第7条房屋的最高认可金额的限制。

如果中国保监会认为评估增值有失公允，可以要求保险公司重新确定评估增值的认可价值并调整认可资产表相关项目余额。

6. 对于偿付能力报告日尚未完成的房地产评估，应当视不同情况进行处理：

（1）如果在偿付能力报告批准报出日之前完成评估，应当调整偿付能力报告日已编制的认可资产表相关项目余额，即应当视同偿付能力报告所属期间发生的事项一样，进行相应处理。

（2）如果在偿付能力报告批准报出日之后完成评估，则不需要调整已编制的认可资产表相关项目余额，而是作为下一报告期所发生的事项进行处理。

7. 对于房地产评估增值，保险公司应当辨别不同情况进行处理：

（1）如果某项房地产的评估增值大于零：

①如果该项房地产在评估前没有减值准备，应当直接将评估增值计入房地产评估增值项目，即按照本次评估增值的金额直接增加该项房地产的评估增值余额。

②如果该项房地产在评估前有减值准备，应当先将减值准备转回，然后再将评估增值与转回的减值准备的差额计入房地产评估增值项目。例如，2003年甲公司根据中国保监会要求对房地产进行了评估，假设该公司于偿付能力报告日之前完成评估，房屋A评估基准日的账面净值为500万元，减值准备余额为120万元，评估增值余额为－40万元，评估价值为640万元，即评估增值为300［＝640－（500－120－40）］万元，则该公司应当先将房屋A的减值准备余额120万元转回，然后再按评估增值与转回的减值准备之差180万元增加该房屋的评估增值余额，调整之后，该房屋评估基准日的评估增值余额为140万元。

（2）如果某项房地产的评估增值小于零：

①如果该项房地产在评估前没有减值准备，应当直接将评估增值计入房地产评估增值项目，即按照本次评估增值的金额直接增加该项房地产的评估增值余额。

②如果该项房地产在评估前有减值准备，应当按照本次评估增值的金额增加评估增值余额，但不对减值准备做任何处理。例如，假设2003年甲公司房屋A评估基准日的账面净值为500万元，减值准备余额为120万元，评估增值余额为－100万元，评估价值为200万元，即评估增值为－80［＝200－（500－120－100）］万元，则该公司应当按本次评估增值－80万元增加该房屋的评估增值余额，使该

房屋评估基准日的评估增值余额增加至－180万元。但不对减值准备做任何处理，该房屋评估基准日的减值准备余额仍然为120万元。

8.保险公司应当在每次评估之后，重新确定各项房地产的评估增值余额。评估增值的房屋应当自评估基准日次月起按相应房屋的剩余折旧年限和折旧方法对重新确定的评估增值余额计算折旧；评估增值的土地使用权应当自评估基准日当月起按相应土地使用权的剩余摊销年限对重新确定的评估增值余额摊销。评估之后，评估增值的房地产计算折旧和摊销时，不需要考虑评估增值余额，房地产评估增值余额应当单独计算折旧和摊销。

9.如果在房地产评估之后，保险公司发现某项房地产的可收回金额低于账面净额和评估增值余额之和，则应当计提减值准备。具体有以下几种情况：

（1）如果该项房地产的评估增值余额小于零，计提减值准备时，应按照账面净额和评估增值余额之和与可收回金额之间的差额计提减值准备。例如，假设2003年末甲公司房屋B的账面净值为1000万元，减值准备余额为100万元，评估增值余额为－300万元，可收回金额为450万元，则应当对该房屋补提150[＝(1000－100－300)－450]万元的减值准备。补提减值准备之后，该房屋减值准备期末余额为250万元，评估增值期末余额仍为－300万元。

（2）如果该项房地产的评估增值余额大于零，计提减值准备时，应冲减评估增值余额（评估增值余额以减记至零为限），然后再计提减值准备。

①如果账面净额和评估增值余额之和与可收回金额之间的差额大于评估增值余额，即账面净额高于可收回金额，公司应当首先将评估增值余额冲减至零，然后再按账面净额超过可收回金额的部分计提减值准备。例如，假设2003年末甲公司房屋B的账面净值为1000万元，评估增值余额为300万元，可收回金额为800万元，则该公司应当首先冲减该房屋的评估增值余额300万元，然后，再计提200(＝1000－800)万元的减值准备，期末房屋B的评估增值余额为零。

②如果账面净额和评估增值余额之和与可收回金额之间的差额小于评估增值余额，即账面净额低于可收回金额，公司只需冲减评估增值余额，而不需要计提减值准备。例如，假设2003年末甲公司房屋B的账面净值为1000万元，评估增值余额为300万元，可收回金额为1100万元，则该公司只需冲减该房屋评估增值余额200[＝(1000＋300)－1100]万元，而不需要计提减值准备，冲减之后，期末该房屋的评估增值余额为100万元。

（3）如果该项房地产的评估增值余额等于零，应当按账面净额超过可收回金额的部分计提减值准备。

10.如果在房地产评估之后，保险公司发现某项房地产的可收回金额高于账面净额和评估增值余额之和，则应视不同情况区别处理：

(1)如果该项房地产的评估增值余额小于零,公司不应当冲减评估增值余额,而只能将计提的减值准备转回。具体可以分为以下两种情况:

①如果该项房地产没有减值准备,公司不需要做任何处理。

②如果该项房地产有减值准备,公司应当将计提的减值准备转回,但不能冲减评估增值余额。具体而言,如果该项房地产的账面净额和评估增值余额之和与可收回金额之间的差额大于减值准备余额,公司应当将已计提的减值准备全部转回。例如,假设2003年末甲公司房屋A的账面净值为500万元,减值准备余额为120万元,评估增值余额为-100万元。2003年末该房屋可收回金额为480万元,高于账面净额和评估增值余额之和(280万元),且二者之间的差额高于减值准备余额。因此,甲公司应当将减值准备余额120万元转回,但不冲减评估增值余额,即2003年末,该房屋无减值准备,评估增值余额仍为-100万元。

如果该项房地产的账面净额和评估增值余额之和与可收回金额之间的差额小于减值准备余额,公司应当将已计提的减值准备部分转回,即转回已计提的减值准备之后,房地产的账面净额和评估增值余额之和不应超过可收回金额。例如,假设2003年末甲公司房屋A的账面净值为500万元,减值准备余额为120万元,评估增值余额为-100万元。2003年末该房屋可收回金额为360万元,高于账面净额和评估增值余额之和(280万元),但小于账面净额(380万元),由于该房屋账面净额和评估增值余额之和与可收回金额之间的差额小于减值准备余额,因此,该公司应当转回该房屋的减值准备80(=360-280)万元,期末该房屋的减值准备余额为40万元。

可见,在编制通用会计报表时,房地产的可收回金额高于账面净额时才能转回减值准备,而在编制偿付能力报告时,房地产的可收回金额小于账面净额,但高于账面净额与评估增值余额之和时,就应当将减值准备转回。

(2)如果该项房地产的评估增值余额大于零,公司不作任何处理。

(3)如果该项房地产的评估增值余额等于零,公司不作任何处理。

11. 保险公司不能按照根据本规则所进行的房地产评估的结果,调整公司通用会计报表相关项目的金额。但是,公司可以在备查登记簿中记录每项房地产的评估增值及累计折旧(摊销)情况。

〔例10〕丁再保险有限公司(以下简称"丁公司")只有1处营业用房屋,账面原值为4000万元,折旧年限为20年,折旧方法为直线法,假设该房屋的预计净残值为零,该公司对该房屋从未计提过减值准备。由于市场环境的变化,该公司分别于房屋使用的第3年、第6年、第12年和第17年向中国保监会提交了房地产价值变动报告,并根据中国保监会的要求在规定时间内委托评估机构对房屋进行了评估。评估基准日分别为第2年的12月31日、第6年的6月30日、第12年的9月31日和第16年的12月31日,假设4次评估均在本年内完成。评估增值和评估增值余额的计算过程如表6所示。

丁公司在每次评估之后,都应当重新确定评估增值余额,并按该房屋的剩余折旧年限和折旧方法对新确定的评估增值余额计算折旧。在第20年末,该房屋的账面价值和房地产评估增值余额均为0。

本例中,如果第3次评估在第13年4月完成,丁公司第12年的偿付能力报告批准报出日为第13年的3月13日,则该项评估增值应当作为第13年的事项进行处理,在第13年的偿付能力报告中反映,即第13年末认可资产表中房地产评估增值项目余额为-168[=-198-(-24×1.25)]万元。在第12年的偿付能力报告中不反映本次评估结果,但是,丁公司应当在第12年末的偿付能力报表附注中披露正在进行的这项房地产评估和预计完成时间。

如果第3次评估在第13年的3月3日完成,即在偿付能力报告批准报出日之前完成,丁公司应将其作为第12年的事项进行处理,调整相关报表项目余额,第12年末认可资产表中房地产评估增值项目余额为-192[=-198-(-24×0.25)]万元。

表6　丁公司房屋评估增值和评估增值余额计算表

单位:万元

项目	行次	第1次评估	第2次评估	第3次评估	第4次评估
账面原值	1	4000	4000	4000	4000
评估基准日的剩余折旧年限(年)	2	18	14.5	8.25	4
评估基准日的累计折旧	3	400	1100	2350	3200
评估基准日的账面净值	4	3600	2900	1650	800
评估前评估基准日的评估增值余额	5	0	290(=360-20×3.5)	231(=406-28×6.25)	-96[=-198-(-24×4.25)]
评估价值	6	3960	3306	1452	820
评估增值	7=6-4-5	360	116	-429	116
重新确定的评估基准日的评估增值余额	8=5+7=6-4	360	406*	-198*	20*
评估增值余额的年折旧额	9=8÷2	20	28	-24	5
评估基准日所在年末的评估增值余额	10	360	392	-192	20
累计评估增值	11	360	476	47	163

*注:评估基准日的评估增值余额亦可以按照累计评估增值减去累计折旧之后的金额确定:

第2次评估:406=476-(20×3.5)

第3次评估:-198=47-(20×3.5)-(28×6.25)

第4次评估:20=163-(20×3.5)-(28×6.25)-(-24×4.25)

〔例11〕承例1和例8，假设2004年10月，由于房地产市场环境发生较大变化，中国保监会要求乙公司进行房地产评估。该公司在规定时间内委托评估机构对房地产实施了评估，评估基准日为2004年12月31日，2005年2月20日完成评估，2004年度偿付能力报告批准报出日为2005年3月18日。评估价值和评估增值如表7和表8所示。乙公司已经开发或建造自用项目的土地使用权按房屋的认可标准进行认可；2004年5月，法院判决房屋#4所有权归乙公司所有。

房屋#1、#2、#3的账面净额均在5000万元以上，房屋#4的账面净额虽然低于5000万元，但占全部房屋账面净额的比例（11.4%）超过了5%，因此，乙公司对全部4项房屋都实施了评估。

表7　2004年12月31日房屋评估增值计算表

单位：万元

房屋	账面原值	累计折旧	账面净值	减值准备余额	账面净额	评估价值	评估增值
房屋#1	10800	720	10080	0	10080	9996	-84
房屋#2	19800	2300	17500	275	17225	17765	540
房屋#3	7200	1160	6040	0	6040	6342	302
房屋#4	5400	954	4446	154	4292	3996	-296
合计	43200	5134	38066	429	37637	38099	462

首先，由于乙公司此次评估在2004年度偿付能力报告批准报出日之前完成，因此，应当作为2004年的事项进行处理。

2003年末房屋#2和房屋#4计提了减值准备，因此，2004年初乙公司按照这两项资产的账面净额以及尚可使用寿命重新计算确定折旧率和折旧额。其中：

房屋#2在2004年初的剩余折旧年限为27.5年，2004年初应计折旧额为17875（=19800-1650-275）万元，2004年应计算的折旧为650（=17875÷27.5）万元，2004年末的累计折旧为2300（=1650+650）万元。

房屋#4在2004年初的剩余折旧年限为25年零8个月（即308个月），2004年初应计折旧额为4466（=5400-780-154）万元，2004年应计算的折旧为174（=4466÷308×12）万元，2004年末的累计折旧为954（=780+174）万元。

表8　2004年12月31日土地使用权评估增值计算表

单位：万元

土地使用权	账面余额	减值准备余额	账面净额	评估价值	评估增值
土地使用权#1	8370	0	8370	8835	465
土地使用权#2	5362.5	0	5362.5	4933.5	-429
合计	13732.5	0	13732.5	13768.5	36

对于本次评估增值,2004 年末乙公司应作如下处理:

(1)将房屋#1 的评估增值 -84 万元直接计入评估增值项目,即 2004 年末房屋#1 的评估增值余额为 -84 万元,但不对房屋#1 计提减值准备。

(2)2004 年末房屋#2 的评估增值为 540(=17765 -17225)万元,乙公司应当首先将房屋#2 的 275 万元减值准备转回,然后按评估增值与转回的减值准备的差额 265(=540 -275)万元增加该房屋评估增值余额,即 2004 年末房屋#2 的评估增值余额为 265 万元。

(3)将房屋#3 的评估增值 302 万元直接计入评估增值项目,即 2004 年末房屋#3 的评估增值余额为 302 万元。

(4)按房屋#4 的评估增值 -296 万元增加该房屋评估增值余额,但不补提减值准备,即 2004 年末房屋#4 的评估增值余额为 -296 万元,减值准备余额仍为 154 万元。

(5)按土地使用权#1 和土地使用权#2 的评估增值金额直接增加二者的评估增值余额。

2004 年 12 月 31 日,该公司认可资产表的"房地产评估增值"项目期末余额为 223(=187 +36)万元,即房地产评估增值的认可价值为 223 万元。

表 9 2005 年 12 月 31 日房地产评估增值余额计算表

单位:万元

房地产	评估增值期初余额	期初的剩余折旧(摊销)年限	累计折旧(摊销)	评估增值期末余额
房屋#1	-84	28 年	-3	-81
房屋#2	265	26.5 年	10	255
房屋#3	302	25 年零 2 个月	12	290
房屋#4	-296	24 年零 8 个月	-12	-284
合计	187	—	7	180
土地使用权#1	465	46.5 年	10	455
土地使用权#2	-429	35 年零 9 个月	-12	-417
合计	36	—	-2	38

自 2005 年起乙公司应以各项房屋、土地使用权的折旧(摊销)方法按相应资产的剩余折旧(摊销)年限对评估增值余额计算折旧或摊销。2005 年末评估增值余额的累计折旧(摊销金额)和期末数如表 9 所示。

2005 年 12 月 31 日,乙公司认可资产表中房地产评估增值项目期末余额为 218(=180 +38)万元,即房地产评估增值的认可价值为 218 万元。

［例12］承例11，乙公司进行房地产评估之后可能会出现以下几种情况（本例中的6种情况均是相互独立的）：

情况1：由于市场环境发生变化，房地产价格大幅下跌，2005年末乙公司房屋#3的可收回金额为5700万元，低于账面净额和评估增值余额之和，则乙公司应当首先冲减评估增值余额290万元，然后再计提减值准备100（=6090－5700－290）万元。相关计算过程如下：

2005年末房屋#3的账面净额　5800［=7200－（20×10+240×5）］万元

加：评估增值余额　290万元

账面净额和评估增值余额之和　6090万元

情况2：由于房屋实体受到意外损伤，2005年末乙公司房屋#3的可收回金额为5900万元，低于账面净额和评估增值余额之和，则乙公司应当冲减评估增值余额190（=6090－5900）万元，但不需要计提减值准备，冲减之后，2005年底房屋#3的评估增值余额为100万元。自2006年起，乙公司应当按剩余折旧年限对评估增值余额100万元计算折旧。

情况3：2005年末乙公司房屋#3的可收回金额为6182万元，高于账面净额和评估增值余额之和，则乙公司不做任何处理，评估增值余额仍然为290万元。

情况4：房屋#1在2005年末的可收回金额为9504万元，低于账面净额与评估增值余额之和，则乙公司应当对房屋#1计提减值准备135万元，相关计算过程如下：

2005年末房屋#1的账面净额　9720（=10800－1080）万元

加：评估增值余额　－81万元

账面净额与评估增值余额之和　9639万元

减：可收回金额　9504万元

应计提的减值准备　135万元

假设2006年末房屋#1的可收回金额为9300万元，高于账面净额和评估增值余额之和（9152万元），则乙公司应当将已计提的减值准备135万元转回，但不能冲减评估增值余额，即2006年末评估增值余额仍为－78万元。相关计算过程如下：

2006年末房屋#1的账面净值　9365［=10800－（1080+355）］万元

减：减值准备　135万元

账面净额　9230万元

加：评估增值余额　－78（=－84+3×2）万元

账面净额和评估增值余额之和　9152万元

2006年初房屋#1的剩余折旧年限为27年，2006年该房屋应计算的折旧为

355[=(10800 - 1080 - 135) ÷27]万元。

情况5:2005年末房屋#4的可收回金额为4100万元,低于其账面净额,但高于账面净额和评估增值余额之和,其账面净额和评估增值余额之和与可收回金额之间的差额(266万元)大于减值准备余额(154万元),因此,乙公司应当转回减值准备154万元。2005年末,房屋#4无减值准备,评估增值余额为 -284万元。相关计算过程如下:

2005年末房屋#4的账面净额	4118[=5400 -(780 +174 ×2) -154]万元
加:评估增值余额	-284万元
账面净额和评估增值余额之和	3834万元

情况6:土地使用权#2在2005年末的可收回金额为5100万元,高于账面净额和评估增值余额之和,乙公司对此应不做任何处理,2005年末该房屋的评估增值余额仍为 -417万元。相关计算过程如下:

期末土地使用权#2的账面净额	5212.5(=6000 -787.5)万元
加:评估增值余额	-417万元
账面净额和评估增值余额之和	4795.5万元

九、关于计算机软件

对于计算机软件的认可标准,本规则强调以下几点:

1. 在电子计算机制造环节预装的计算机软件以及与电子计算机一起购买的在取得成本上无法区分的计算机软件,应当按电子数据处理设备的认可标准进行认可。

2. 核心业务系统形成的资产为认可资产,但最高认可金额为公司实收资本(或股本)和公积金(资本公积和盈余公积)之和的3%。

核心业务系统通常是指符合以下条件的计算机软件:

(1)适用于公司整体经营,公司的承保、理赔、会计核算、数据统计、资金管理等均要通过该系统实现,是公司正常运营的必不可少的条件。仅仅适用于某一个或几个分支机构的软件不属于核心业务系统。

(2)已经投入使用或达到预定可使用状态。

虽然核心业务系统大多都是按照公司实际情况量体裁衣设计的,变现能力也较差,但是,它是保险公司正常运营的必备条件,是公司提高风险抵御能力和经营效率的重要途径,可以有效增强公司整体偿付能力。因此,本规则规定,核心业务系统形成的资产为认可资产。

3. 除本规则第28条和第29条规定的软件外,其他计算机软件均为非认可资产,包括公司通过购买、自行开发、委托开发等途径取得的各种非核心业务系统软件。

4. 根据本规则第 33 条,保险公司应当按照会计制度确定计算机软件的摊销年限,并按规定在摊销年限内分期平均摊销。

十、关于披露

（一）保险公司应当在偿付能力报表附注中披露以下信息

1. 固定资产的确认标准,包括持有目的、使用年限和单位价值;

2. 固定资产的折旧政策,包括:(1)折旧年限;(2)折旧方法;(3)预计净残值;(4)折旧政策的一致性,即与以前年度相比,折旧年限、折旧方法和预计净残值的变更情况及原因。

土地使用权和计算机软件的摊销政策,包括摊销年限、摊销方法和摊销政策在不同期间的一致性。

3. 土地使用权的认可方式(即根据本规则第 19 条所确定的土地使用权的认可方式)及其在不同期间的一致性。

4. 正在进行的房地产评估和预计完成时间,即偿付能力报告批准报出日尚未完成的房地产评估和预计的完成时间。

5. 已承诺将为购买固定资产、土地使用权和计算机软件支付的价款金额。公司应当披露通过书面协议(例如预购协议等)承诺将要购买的固定资产、土地使用权和计算机软件的价款金额和已经支付的预付款。

（二）保险公司应当严格按照明细表 FA、明细表 FA－1、明细表 FA－2、明细表 FA－3、明细表 ITA－1、明细表 ITA－2 的格式和要求披露以下信息

1. 固定资产的认可情况,包括各类固定资产的账面原值、账面净值、非认可价值和认可价值等;

2. 房屋的所在地点、状态、取得时间、取得方式、账面原值、累计折旧、账面净值、减值准备、认可价值;

3. 承租人为关联方和非关联方的经营性租出固定资产的承租人、租赁开始日、租赁期、账面净值、报告期内收取的租金总额;

4. 出租人为关联方和非关联方的经营性租入固定资产的所在地点、出租人、租赁开始日、租赁期、报告期内支付的租金总额;

5. 土地使用权的所在地点、状态、取得时间、取得方式、摊销年限、取得成本、账面净额、认可价值;

6. 最近一次房地产评估时间、评估增值及房地产评估增值余额;

7. 计算机软件期末和期初的认可价值,以及核心业务系统的描述。

十一、关于附则

保险公司应当根据偿付能力报告编报规则等规定编报偿付能力报告,提供公司偿付能力状况信息;根据会计制度等规定编制通用会计报表,提供公司盈利能力

和财务状况信息。在编报偿付能力报告时,保险公司应当根据本规则的规定计算和列报固定资产、土地使用权和计算机软件的认可价值。对于固定资产折旧、土地使用权的摊销年限等本规则及相关问题解答等规定没有具体列明的编报要求,应当遵循会计制度的相关规定。

健康保险公司编报偿付能力报告时,应当参照本规则确定固定资产、土地使用权和计算机软件的认可价值,披露相关信息。但中国保监会另有规定的除外。

本规则自2004年度偿付能力报告编报起施行,即2004年度以及以后期间的偿付能力报告应当根据本规则编报。

《保险公司偿付能力额度及监管指标管理规定》(保监会令〔2003〕1号)以及《保险公司偿付能力报告编报规则——问题解答第1号:部分新增资金运用形式及固定资产评估增值》(保监发〔2003〕121号)中有关固定资产、土地使用权和计算机软件的规定同时停止执行。

明细表及填表说明(略)

《保险公司偿付能力报告编报规则第2号:货币资金和结构性存款》实务指南

(已废止,略)

《保险公司偿付能力报告编报规则第3号:应收及预付款项》实务指南

一、关于引言

《保险公司偿付能力报告编报规则第3号:应收及预付款项》(以下简称"本规则")在引言部分指出,其旨在规范保险公司应收及预付款项在偿付能力报告中的编报,同时明确规定了本规则所规范的应收及预付款项的内容,即包括保险公司的应收保费、应收分保账款、应收利息、应收股利、预付赔款、存出分保准备金、存出保证金和其他应收款等应收、暂付款项。

二、关于定义

(一)应收保费

本规则将应收保费定义为:保险公司按照合同约定应向投保人收取但尚未收到的保费收入。在编报偿付能力报告时,保险公司应当按照以下原则确认应收保费:

1. 对于财产保险合同、意外伤害保险合同和短期健康保险合同,保险公司应当在保险合同约定的开始承担保险责任的日期将所有应收但尚未收到的保费收入全额确认为应收保费。对合同约定分期缴纳保费的，以后各期应收的保费收入也应同时确认为应收保费。

2. 对于长期人身保险合同，合同约定一次缴纳保费的，保险公司应当在保险合同约定的开始承担保险责任的日期确认应收保费；合同约定分期缴纳保费的，保险公司应当在保险合同约定的开始承担保险责任的日期确认首期应收保费，在合同约定的以后各期投保人缴费日确认相应各期的应收保费。根据这一原则，对于宽限期内应收未收的保费收入，保险公司应当确认应收保费。

〔例1〕2004年12月31日，某保险公司签发4张保单：

(1)签发一张1年期的财产保险保单，合同约定次日开始承担保险责任，投保人应当于次日一次缴纳保费100万元。投保人于2005年5月1日缴纳了该保单项下的100万元保费。

(2)签发一张1年期的财产保险保单，合同约定次日开始承担保险责任，投保人应当于次日和2005年7月1日分两次缴纳保费，每次缴纳50万元。投保人已经如期缴纳了第一期保费。

(3)签发一张2年期的财产保险保单，合同约定次日开始承担保险责任，投保人应当于次日一次缴纳保费100万元。投保人于2005年5月1日缴纳了该保单项下的100万元保费。

(4)签发一张3年期的财产保险保单，合同约定次日开始承担保险责任，投保人应当于次日、2005年2月1日、2006年1月1日、2007年1月1日分四次缴纳保费，每次缴纳25万元。投保人已经如期缴纳了第一期保费。

2005年1月1日，保险公司应当确认325万元的应收保费，包括：对第一张保单确认的100万元应收保费，对第二张保单确认的50万元应收保费，对第三张保单确认的100万元应收保费，对第四张保单确认的75万元应收保费。

(二)应收利息

本规则规定，应收利息包括两部分内容：一是指保险公司的各类存款、购买的债券和次级债、保单质押贷款等资产产生的已到付息日但尚未领取的利息；二是指合同约定到期一次还本付息的定期银行存款、协议存款、结构性存款等尚未到期的资产产生的应计利息。

对于保险公司持有的、合同约定到期一次还本付息的长期债券投资，在到期前所产生的应计利息应当计入债权投资的账面余额，不在应收利息中反映。

(三)其他应收款

本规则规定，其他应收款是指保险公司除应收保费、应收分保账款、应收利息、应收股利、预付赔款、存出分保准备金和存出保证金之外的其他各种应收、暂付款项。这和《保险公司偿付能力额度和监管指标管理规定》(保监会令〔2003〕1号)

(以下简称“1 号令”)对其他应收款的定义不同。1 号令将应收股利和存出保证金计入其他应收款进行合并认可,本规则将应收股利和存出保证金从其他应收款中单列出来进行认可,即本规则规定的其他应收款中不再包括应收股利和存出保证金。

(四)外国保险公司分公司的总公司

本规则所称外国保险公司分公司的总公司,包括对外国保险公司分公司直接投资的公司,以及其他隶属于同一集团的境外公司(含分公司)。例如,美国友邦保险有限公司上海分公司的总公司不仅包括对其直接投资的美国友邦保险有限公司(AIA),还包括其他同属于 AIG 集团的中国境外子公司和分公司,即:AIA 在中国境外的子公司和分公司、AIA 的母公司美国国际再保险公司(AIRCO)、AIRCO 在中国境外的子公司和分公司、AIRCO 的母公司美国国际集团公司(AIG)、AIG 的子公司美国美亚保险公司(AIU),以及美国国际集团的其他中国境外子公司和分公司。但不包括美国友邦保险有限公司和美国美亚保险公司在中国境内的其他分公司。

三、关于认可标准

(一)一般性规定

1. 本规则第 4 条规定,保险公司应当合理预计应收及预付款项的可收回程度和潜在损失,并计提坏账准备。计提的坏账准备在认可资产表的“非认可价值”中反映。对预付赔款、存出分保准备金和存出保证金,保险公司可以不计提坏账准备。

保险公司可以采用账龄分析法、余额百分比法和个别认定法等方法计提坏账准备,但均应按照本规则的规定分账龄填报有关偿付能力报告明细表(具体操作可参阅〔例 2〕中有关处理)。

2. 本规则第 5 条规定,对保险责任已经终止但尚未收到的保费收入,应全额计提坏账准备。

3. 本规则第 6 条规定,外国保险公司分公司对总公司的应收及预付款项为非认可资产。其中,外国保险公司分公司的总公司是指符合本规则第 3 条第 4 款定义的公司,应收及预付款项是指本规则第 2 条列出的各项应收及预付款项。保险公司在对各项应收及预付款项进行认可时,应当将其对总公司的债权确认为非认可资产。

(二)应收保费的认可标准

1. 本规则第 7、8 条规定,账龄不大于 12 个月的应收保费为认可资产。其中,账龄不大于 3 个月的,最高认可金额为其账面余额的 100%;账龄大于 3 个月但不大于 6 个月的,最高认可金额为其账面余额的 80%;账龄大于 6 个月但不大于 12 个月的,最高认可金额为其账面余额的 30%。保险公司应当区分不同的账龄区间,按照账面价值与最高认可金额孰低的原则确定其认可价值。

账龄大于12个月的应收保费，为非认可资产。

2. 关于账面余额和账面价值

偿付能力报告编报规则所称的账面余额，指扣除备抵项目（如坏账准备、减值准备）之前各项目在账簿上的余额；所称的账面价值，指各项目的账面余额减去相关备抵项目后的净额。

3. 关于应收保费的账龄

在本规则中，应收保费的账龄是指从合同约定的投保人缴费日到偿付能力报告日所经过的时间，而不是指从应收保费确认之日到偿付能力报告日所经过的时间。因此，无论是寿险合同还是非寿险合同，均应当根据应缴未缴保费的“逾期时间”来计算应收保费的账龄。

(1)合同约定一次缴纳保险费的，应收保费的账龄应当从合同约定的投保人缴费日起计算。在实务中，合同约定的投保人缴费日和应收保费的确认时点通常是一致的。

(2)合同约定分期缴纳保险费的，各期应收保费的账龄应当从合同约定的投保人各期缴费日起计算。

［例2］承例1，假设从2005年1月1日到2005年3月31日，未发生该四项保险合同项下的保险事故，保险公司也未收到投保人应于2005年2月1日缴纳的保费。期末，保险公司按照应收保费余额的1%计提坏账准备。2005年3月31日，该公司对4笔应收保费共计提9.75（=325×1%×3）万元的坏账准备。

首先，计算2005年3月31日应收保费的账龄（见表1）。

表1　应收保费的账龄

保　单	应收保费账面余额（万元）	账龄计算起期	账龄（月）
第一张保单	100	2005年1月1日	3
第二张保单	50	2005年7月1日	0
第三张保单	100	2005年1月1日	3
第四张保单	25	2005年2月1日	2
	25	2006年1月1日	0
	25	2007年1月1日	0
合　计	325	—	—

其次，将计提的9.75万元坏账准备分配至不同账龄的应收保费（见表2）。如果保险公司采用账龄分析法或个别认定法对应收保费计提坏账准备，则无需对坏账准备进行分配。

最后,计算2005年3月31日应收保费的认可价值。应收保费的认可价值为:315.25(=325-9.75)万元。

表2　坏账准备分配表

单位:万元

账龄(月)	应收保费账面余额	分配因子	应分配的坏账准备
(1)	(2)	(3)	(4)=(1)×(2)×(3)
2	25	0.015	0.75
3	200	0.015	9
合计	225	—	9.75

注:分配因子指账龄为1个月的每万元应收保费应分配的坏账准备。

(三)应收分保账款的认可标准

本规则第9、10条规定,账龄不大于9个月的应收分保账款为认可资产,以账面价值作为其认可价值,账龄大于9个月的应收分保账款为非认可资产。

应收分保账款的账龄是指从应收分保账款确认之时到偿付能力报告日所经过的时间。

(四)应收利息的认可标准

本规则第11、12条规定,下列应收利息为非认可资产:

(1)违反中国保险监督管理委员会(以下简称"中国保监会")规定而持有的资产的应收利息;

(2)除《保险公司偿付能力报告编报规则第2号:货币资金和结构性存款》第6条所列的存款之外的其他存款产生的应收利息;

(3)逾期3个月以上的应收利息。

除了上述所列的应收利息之外,其他的应收利息为认可资产,以账面价值作为其认可价值。

上述第1项中"违反中国保监会规定而持有的资产"是指违反中国保监会保险资金运用有关规定而超范围、超比例持有的生息资产。例如,2004年12月31日,某保险公司购买的企业债按成本价格计算的余额为5亿元,相应应收利息为2500万元,按照中国保监会规定的投资比例限制计算的企业债投资上限为4亿元,则该公司超比例持有的1亿元企业债以及此部分企业债产生的500(=2500÷50000×10000)万元应收利息为非认可资产。但应当明确的是,认可生息资产中的非认可部分所产生的应收利息为认可资产。例如,2004年12月31日,某保险公司结构性存款的账面价值为1亿元,合同约定提前支取时银行不保证本金,相应应收利息账面价值为500万元(逾期时间未超过3个月)。根据《保险公司偿付能力报告编报规则第 2 号：货币资金和结构性存款》，该公司的结构性存款为认可资产，非认可价值为 500（=10000×5%）万元，但非认可的 500 万元结构性存款产生的 25（=500×5%）万元应收利息为认可资产，即结构性存款的应收利息的认可价值为 500 万元。

上述第 2 项中"除《保险公司偿付能力报告编报规则第 2 号：货币资金和结构性存款》第 6 条所列的存款之外的其他存款"是指除下列存款之外的存款：(1) 在中国人民银行、全国性商业银行、区域性城市商业银行和外资商业银行的存款；(2) 符合中国保监会规定比例限制的，在中资商业银行的境外分行和国际公认评级机构最近 3 年对其长期信用评级在 A 级或者相当于 A 级以上的外国银行的存款；(3) 在邮政储蓄机构的存款；(4) 在中国证券登记结算公司、中央国债登记结算公司的清算备付金；(5) 在证券公司的存出投资款。

上述第 3 项中"逾期 3 个月以上"是指从合同约定的付息日到偿付能力报告日所经过的时间长于 3 个月。对于合同约定到期一次还本付息的定期银行存款、协议存款、结构性存款等尚未到期的资产产生的应计利息，在相应生息资产到期后 3 个月以上（不含 3 个月）尚未收到的利息为非认可资产。

（五）应收股利的认可标准

本规则第 13、14 条规定，账龄不大于 3 个月的应收股利为认可资产，以账面价值作为其认可价值。账龄大于 3 个月的应收股利为非认可资产。

（六）预付赔款的认可标准

本规则第 15 条规定，预付赔款为认可资产，以账面价值作为其认可价值。

保险公司应当严格遵照《保险公司非寿险业务准备金管理办法（试行）》（保监会令〔2004〕13 号）和中国保监会有关规定谨慎评估责任准备金。在评估未决赔款准备金时，不得扣减预付赔款。

（七）存出分保准备金的认可标准

本规则第 16 条规定，存出分保准备金为认可资产，以账面价值作为其认可价值。

（八）存出保证金的认可标准

本规则第 17 条规定，存出保证金为认可资产，以账面价值作为其认可价值。

保险公司通常不对预付赔款、存出分保准备金和存出保证金计提坏账准备，其账面价值和账面余额是一致的。

（九）其他应收款的认可标准

本规则第 18、19 条规定，账龄不大于 12 个月的其他应收款为认可资产，最高认可金额为其账面余额的 80%。保险公司应当以账面价值与最高认可金额的低者作为其认可价值。账龄大于 12 个月的其他应收款为非认可资产。

四、关于披露

（一）保险公司应当在偿付能力报表附注中披露各项应收及预付款项计提坏账准备的政策，包括计提原则和方法。

（二）保险公司应当严格按照明细表 RP－1、明细表 RP－2、明细表 RP－3、明细表 RP－4、明细表 RP－5、明细表 RP－6、明细表 RP－7 的格式和要求披露以下信息：

1. 各项应收及预付款项的账面余额、非认可价值、认可价值；

2. 各险种应收保费的账龄、期末账面余额、期初账面余额；

3. 应收分保账款的前十大债务人名称、所在国（地区）、与本公司的关系，以及相应债权的账龄、期末账面余额、期初账面余额；

4. 其他应收款的前十大债务人名称、与本公司的关系、债权内容简述，以及相应债权的账龄、期末账面余额、期初账面余额；

5. 外国保险公司分公司对总公司的应收及预付款项的债务人名称、所在国（地区）、与本公司的关系、债权内容简述，以及各项应收及预付款项的期末账面余额、期初账面余额。

五、关于附则

本规则及相关问题解答等规定未涉及的应收及预付款项的编报要求，适用国家统一的会计制度。

本规则自 2004 年度偿付能力报告编报起施行，即 2004 年度及以后期间的偿付能力报告应当根据本规则编报。

《保险公司偿付能力额度及监管指标管理规定》（保监会令〔2003〕1 号）中有关应收及预付款项的规定同时停止执行。

明细表及填表说明（略）

《保险公司偿付能力报告编报规则第 4 号：委托投资资产》实务指南

一、关于引言

《保险公司偿付能力报告编报规则第 4 号：委托投资资产》（以下简称“本规则”）在引言部分指出，其旨在规范保险公司委托投资资产在偿付能力报告中的编报，包括认可条件、编报基础和披露要求。

二、关于定义

1. 委托投资，指保险公司（委托人）委托境内或境外投资机构（受托人）进行投资的行为。目前，保险公司可以委托保险资产管理公司、所属的集团（控股）公司等机构进行投资，还可以将外汇资金委托境外投资机构进行投资。

2. 委托投资资产，指保险公司委托投资所形成的资产，包括银行存款、债券、证券投资基金、股票等。可见，委托投资资产并不是银行存款、债券等投资资产之外的单独的资产项目，而只是保险公司对外委托投资所形成资产的统称。因此，在偿付能力报告中，保险公司应当将委托投资资产的不同投资品种分别列示于认可资产表的银行存款、政府债券、金融债券、企业债券等投资资产项目中。

三、关于认可条件

本规则第3条规定的认可条件是保障委托人对委托投资资产合法权益的基本条件，也是偿付能力报告正确编报的必要基础。只要不符合其中任何一项规定，相应的委托投资资产即为非认可资产。

1. 委托投资至少会涉及委托人和受托人，如果保险公司对委托投资资产进行了托管，还会涉及到托管人。保险公司外汇资金进行境外委托投资时，还可能涉及到托管代理人。委托投资涉及到的这几方关系人的资格必须符合中国保险监督管理委员会（以下简称"中国保监会"）的有关规定。否则，相应的委托投资资产为非认可资产。

2. 资产的委托与托管应由保险公司总公司统一安排，分支机构对外进行的委托投资所形成的资产为非认可资产。其中，外国保险公司分公司可视同为在中国境内的总公司。

3. 委托人应当和受托人签订书面资产委托管理协议，如果对委托投资资产进行了托管，还应当和有关各方签订书面资产托管协议。资产委托管理协议的内容应当遵守有关法律、法规，至少包括：委托投资资金的性质和数额、委托投资期限、投资范围、投资比例、委托投资资产有关数据的报告和核对、资产管理费的计算方法和支付方式等。

4. 委托投资资产应当以委托人的名义交易和持有，否则，为非认可资产。以委托人的名义交易和持有，是指委托投资资产的银行账户、资金账户、证券账户等应以委托人的名义开立，资产所有权凭证记载的所有权人为委托人，资产的交易都以委托人的名义进行。

四、关于编报基础

1. 委托人进行委托时，应将中国保监会规定的须单独管理、设立单独账户或单独核算的资金与其他资金严格区分，区分方法应科学、合理、一贯。

按照中国保监会规定，投资连结保险独立账户的资产应当单独管理，次级债募集的资金应当专户管理（即单独管理），万能保险应当设立单独账户，分红保险应当单独核算。委托人在委托时对不同类别资金进行区分，是受托人和核算人在投资管理过程中对不同类别资金进行单独管理或者单独核算的前提条件。因此，委托人在进行保险资金的委托时，应当将投资连结保险独立账户资金、次级债募集的资金、万能保险单独账户资金、分红保险资金与其他资金进行严格的区分。

委托人采用的区分方法应当科学合理,能够准确区分不同类别资金的现金流。区分方法一经确定,不得随意变更。

2. 为了保证委托投资资产的所有权归属明确,在投资管理过程中,受托人应对自有资产和受托资产分开管理、应对受托管理的不同委托人的资产分开管理、应对受托管理的同一委托人的须单独管理的资产和其他资产分开管理,包括账户设置、投资决策、投资交易等。

3. 委托投资资产的所有权凭证应由委托人或托管人(托管代理人)保管。委托投资资产的实物凭证管理是保证资产安全、完整的重要措施。委托人对实物凭证采取内部存管的,应当制定相应的实物凭证管理制度;委托人对实物凭证进行托管的,应在托管协议中明确双方在实物凭证管理方面的权利、义务。外汇资金进行境外委托投资的,委托人、托管人和托管代理人(如有)应当在相关协议中对实物凭证的管理做出明确约定。委托人还应当定期对实物凭证的保管情况进行检查核实。

4. 委托人将资产进行委托投资后,应当和受托人、托管人(如有)及时对委托资金本金、投资收益、投资品种等进行核对,确保各方数据准确、一致。

5. 在委托投资关系中,通常由委托人或托管人(如有)作为主核算人。当委托人的集团(控股)公司同时履行委托投资资产的受托管理和托管(主核算人)职责时,应当由其内部两个相互独立的部门分别履行投资管理和托管(主核算人)职责。托管人担任主核算人时,委托人应当采取定期检查、审计等措施来保证核算的完整和准确。

6. 无论由委托人还是托管人作为委托投资资产的主核算人,都应当对投资连结保险独立账户资产、次级债募集的资金形成的资产、万能保险单独账户资产和分红保险资金形成的资产等需要单独核算的资产单独核算。当托管人作为主核算人时,还应当对自有资产和受托资产、受托管理的不同委托人的资产单独核算。

7. 当托管人或符合条件的受托人(包括委托人的集团(控股)公司)任主核算人时,委托投资资产的核算方法要和委托人保持一致,即要采用委托人编报偿付能力报告所应遵循的核算原则和方法。

8. 在偿付能力报告中,委托人应将委托投资资产还原为各项投资品种在认可资产表中列报,即按照不同的投资品种分别在银行存款、政府债券、金融债券、企业债券、证券投资基金等项目中列报,不得以“委托投资资产”、“其他流动资产”、“其他应收款”等项目列报。

五、关于披露

(一)保险公司应当在偿付能力报表附注中披露以下信息

1. 委托投资的受托人、托管人(如有)、托管代理人(如有)的基本情况及各方之间的关系。基本情况至少包括：公司名称、成立日期、注册地、实收资本、净资产、受托管理（托管）资产规模、托管人是否具有境内证券投资基金托管资格、是否与委托人签订书面的资产委托管理协议或托管协议、托管代理人代理托管的本保险公司的资产规模以及是否签订书面代理托管协议。各方之间的关系描述包括各方之间是否存在关联方关系。

2. 本规则第4条所列的不同类别资金的区分方法及其一致性。

3. 委托人、受托人、托管人（如有）和托管代理人（如有）各方关于资产管理费和托管费的约定，以及报告期资产管理费和托管费的金额。

（二）保险公司应当严格按照明细表TIA－1、明细表TIA－2的格式和要求披露以下信息

1. 不同资金来源形成的委托投资资产的账面余额、减值准备、账面价值；

2. 不同投资品种的委托投资资产的账面余额、减值（跌价）准备，以及分别按成本和市价计价的期末账面价值和期初账面价值。

六、关于附则

本规则自2005年第2季度偿付能力报告编报起施行，即2005年第2季度及以后期间的偿付能力报告应当根据本规则编报。

明细表及填表说明（略）

《保险公司偿付能力报告编报规则第5号：证券回购》实务指南

一、关于引言

《保险公司偿付能力报告编报规则第5号：证券回购》（以下简称“本规则”）在引言部分指出，其旨在规范保险公司的证券回购业务在偿付能力报告中的编报，包括证券回购业务相关资产、负债的认可标准及披露要求。

由于投资连结保险独立账户的偿付风险具有特殊性，独立账户中的证券回购业务在偿付能力报告中的编报不在本规则中规范。

二、关于定义

（一）证券回购

证券回购，指交易双方进行的以证券为权利质押的一种短期资金融通业务，包括封闭式回购和买断式回购。

1. 封闭式回购，指资金融入方（正回购方）在将证券出质给资金融出方（逆回购方）融入资金的同时，双方约定在将来某一日期由正回购方按约定回购利率计算的资金额向逆回购方返还资金，逆回购方向正回购方返还原出质证券的融资行为。

逆回购方不具有质押证券的所有权,在回购期限内不能动用质押证券。

2. 买断式回购,指证券持有人(正回购方)将证券卖给证券购买方(逆回购方)的同时,双方约定在将来某一日期,正回购方再以约定价格从逆回购方买回相等数量同种证券的交易行为。逆回购方拥有证券的所有权,在回购期限内可以处置购买的证券。

虽然在买断式回购中证券的所有权发生了转移,但买断式回购与封闭式回购都是一种融资行为。因为,买断式回购协议的到期价是双方在回购协议生效时就确定的,证券价格变动产生的风险和报酬均由正回购方承担,与逆回购方无关,即证券的风险和报酬并未转移。但是,在买断式回购中,证券所有权的转移导致控制权发生转移,在回购期间,逆回购方可以处置待返售的证券,这点与封闭式回购不同。

(二)到期结算金额

到期结算金额,指在到期结算时,按照回购协议正回购方向逆回购方支付的资金额。与到期结算金额对应的是首次结算金额,即回购协议生效时,逆回购方向正回购方支付的资金额。

如果回购期间证券派息,则到期结算金额应当是扣除利息之后的金额(参见〔例1〕)。

三、关于认可标准

(一)封闭式逆回购

保险公司(逆回购方)应当在封闭式回购协议生效时,确认一项金融资产(买入返售证券)。根据本规则第26条规定,保险公司应当按照国家统一的会计制度(以下简称"会计制度")确认和计量买入返售证券和买入返售证券收入。本规则第4条规定,保险公司进行封闭式逆回购取得的买入返售证券为认可资产。但是交易场所不同,买入返售证券认可价值的确定方法也不同。

1. 在证券交易所市场进行的封闭式逆回购

保险公司在证券交易所进行封闭式逆回购取得的买入返售证券,以账面价值作为其认可价值。

偿付能力报告编报规则所称的账面余额,指扣除备抵项目(如坏账准备、减值准备)之前各项目在账簿上的余额;所称的账面价值,指各项目的账面余额减去相关备抵项目后的净额。

2. 在银行间债券市场进行的封闭式逆回购

保险公司在银行间债券市场进行封闭式逆回购取得的买入返售证券,以账面价值与质押证券市价的低者作为其认可价值。但是,除银行、保险公司、基金管理公司、邮政储蓄机构、社保基金理事会外,保险公司在银行间债券市场与其他交易对手进行封闭式逆回购取得的买入返售证券为非认可资产。

质押证券的市价应当按照以下原则确定：如果证券在证券交易所上市交易，则应当以估值日证券的收盘价作为其市价，估值日没有交易的，以最近交易日的收盘价作为其市价；如果证券未在证券交易所上市，则应当参照与其类似的上市证券的市场价格，并经适当的差异调整后确定；如果没有类似的上市证券，则应当采用适当的计价模型确定其市价。

（二）买断式逆回购

本规则对买断式回购业务相关资产、负债的确认、计量以及认可价值的确定标准进行了规定，保险公司在编制通用会计报表时可以根据会计制度并结合自身实际采用不同的会计政策，反映买断式回购业务。但是，在编制偿付能力报告时，保险公司必须根据本规则的规定确认和计量相关资产、负债，确定其认可价值，披露相关信息。

1. 初始确认

本规则第7条规定，保险公司（逆回购方）应当在支付款项时，按照实际支付的全部价款确认一项新的金融资产（买入返售证券款）。

同时，逆回购方应当在购入待返售证券时按照实际支付的全部价款确认一项新的金融负债（应付返售证券）。待返售证券应当并入相应证券类别，按政府债券、企业债券和金融债券等的认可标准进行认可和披露。

2. 认可标准

（1）买入返售证券款为认可资产。保险公司应当以买入返售证券款的账面价值作为其认可价值。

（2）应付返售证券为认可负债。保险公司应当以应付返售证券的账面价值作为其认可价值。

3. 账面价值的调整

（1）待返售证券期末应当按照成本与市价孰低法计价。因为，虽然待返售证券的风险和报酬仍由正回购方承担，但是，从偿付能力评估的角度看，如果证券市价下跌，正回购方的违约风险就变大，因此，应当在期末反映待返售证券的减值。

（2）逆回购方在买断式回购期间售出待返售证券，应当减少待返售证券的账面价值。

（3）买断式回购期间证券派息，应当视同正回购方提前偿还部分融资款，逆回购方应冲减买入返售证券款的账面价值。同时，逆回购方应当按照利息金额冲减待返售证券和应付返售证券的账面价值。

4. 终止确认

（1）买断式回购协议到期时，逆回购方应当将到期结算金额与买入返售证券款账面价值之间的差额计入当期损益，即计入买入返售证券收入项目。

（2）买断式回购协议的任何一方违约，逆回购方应当冲销买入返售证券款和应付返售证券的账面价值。

〔例1〕甲财产保险公司(逆回购方,以下简称“甲公司”)与乙人寿保险公司(正回购方,以下简称“乙公司”)于2004年12月20日达成国债买断式回购协议,回购期限28天,回购债券面值为1000万元(在乙公司的账面余额为1000万元,已计提跌价准备50万元),目前市值为950万元,回购首次结算金额为950万元,若回购期间不派息,回购到期结算金额为980万元;若回购期间派息(假设派息20万元),回购到期结算金额为960万元。假设不考虑相关的交易费用。

甲公司的会计处理如下:

(1)回购首期,甲公司应当按照实际支付的全部价款作为待返售证券、买入返售证券款和应付返售证券的入账价值。

借:买入返售证券款　950

　贷:银行存款　950

借:短期投资——债券投资(待返售国债)　950

　贷:应付返售证券　950

(2)若12月31日待返售国债的市价跌至920万元,甲公司应当计提跌价准备30万元。

借:投资收益　30

　贷:短期投资跌价准备　30

12月31日,甲公司买入返售证券款的认可价值为950万元,应付返售证券的认可价值为950万元,待返售的国债应按政府债券的认可标准认可,其认可价值为920(=950-30)万元。假设甲公司没有其他未到期的回购业务,由于买入返售证券和买入返售证券款均在认可资产表“买入返售证券”项目中反映,甲公司年末认可资产表中“买入返售证券”项目的认可价值为950万元。假设甲公司年末还有其他国债,账面价值为2100万元(未超过中国保监会规定的比例限制),则甲公司年末认可资产表中“政府债券”项目的认可价值为3020万元。

(3)若回购期间未派息,则回购到期时,甲公司应当将到期结算金额与买入返售证券款账面价值之间的差额计入当期损益。

借:银行存款　980

　贷:买入返售证券款　950

　　买入返售证券收入　30

借:应付返售证券　950

　贷:短期投资——债券投资(待返售国债)　950

借:短期投资跌价准备　30

　贷:投资收益　30

(4)若回购期间(12 月 26 日)派息 20 万元,收到利息时应冲减买入返售证券款、待返售证券和应付返售证券的账面价值。

借:银行存款 20

贷:买入返售证券款 20

借:应付返售证券 20

贷:短期投资——债券投资(待返售国债) 20

12 月 26 日,甲公司买入返售证券款和应付返售证券的认可价值为 930(=950 - 20)万元,待返售国债的认可价值为 900 万元。回购到期时应作如下处理:

借:银行存款 960

贷:买入返售证券款 930

买入返售证券收入 30

借:应付返售证券 930

贷:短期投资——债券投资(待返售国债) 930

借:短期投资跌价准备 30

贷:投资收益 30

(5)若甲公司预计该国债的市场价格将持续走低,于 12 月 30 日以 920 万元售出该笔国债,且该公司还有面值 1000 万元的同品种短期国债投资,账面价值为 970 万元,则该品种国债投资的加权平均成本为 960[=(970 +950) ÷2]万元(假设该公司未对待返售国债计提跌价准备)。

借:银行存款 920

投资收益 40

贷:短期投资——债券投资 960

若该公司又于 2 周后以 860 万元的价格买入同等数量同品种国债。

借:短期投资——债券投资 860

贷:银行存款 860

则回购到期时,该品种国债投资的加权平均成本为 910[=(960 +860) ÷2]万元。

借:应付返售证券 950

贷:短期投资——债券投资 910

投资收益 40

从上面看出,虽然两次交易的投资收益合计为零,但甲公司该品种国债投资的加权平均成本出现下降。如果从单笔融券作空看(假设该公司没有同品种的国债),甲公司通过此项交易,投资收益实现 60 万元(如下所示)。

借:银行存款 920

投资收益　　　　　　　　　　　　　　　30

贷:短期投资——债券投资(待返售国债)　　950

若该公司又于2周后以860万元的价格买入同等数量同品种国债。

借:短期投资——债券投资(待返售国债)　860

贷:银行存款　　　　　　　　　　　　　860

则回购到期时,应确认融券作空的投资收益。

借:应付返售证券　　　　　　　　　　950

贷:短期投资——债券投资(待返售国债)　860

投资收益　　　　　　　　　　　　　　　90

(6)若回购协议到期时,乙公司违约,且回购期间派息,则甲公司应当冲销买入返售证券款和应付返售证券的账面价值:

借:应付返售证券　　　　　　　　930

贷:买入返售证券款　　　　　　　　　930

若甲公司准备长期持有该国债,则应将其从短期投资中转入长期投资。

(三)封闭式正回购

本规则第14条规定,保险公司(正回购方)应当在封闭式回购协议生效时,确认一项金融负债(卖出回购证券)。根据本规则第26条规定,保险公司应当按照会计制度确认和计量卖出回购证券和卖出回购证券支出。

卖出回购证券为认可负债。保险公司应当以卖出回购证券的账面价值作为其认可价值。

保险公司进行封闭式正回购所形成的质押证券为认可资产,以账面价值作为其认可价值,同时,应当遵循本规则第23条的修正性认可标准(参见〔例3〕)。

(四)买断式正回购

1. 初始确认

保险公司(正回购方)应当在售出证券时按照售出证券的账面价值确认一项新的金融资产(待回购证券)。

同时,在收到款项时按照实际收到的款项确认一项新的金融负债(卖出回购证券款)。

买断式回购表面上是两次证券买卖交易,但实质上是一次融资交易。因此,正回购方在回购首期不应当确认损益。

2. 认可标准

(1)待回购证券为认可资产。正回购方应当以待回购证券的账面价值作为其认可价值。同时,应当遵循本规则第23条的修正性认可标准(参见〔例3〕)。

(2)卖出回购证券款为认可负债。正回购方应当以卖出回购证券款的账面价值作为其认可价值。

3. 账面价值调整

待回购证券期末应当按照成本与市价孰低法计价，因为证券的风险和报酬均由正回购方承担，正回购方应当反映待回购证券的价格变动。若待回购证券的市价低于成本，正回购方应冲减待回购证券的账面价值。若待回购证券的市价高于成本，正回购方不做任何处理，因为，从偿付能力评估的角度看，如果待回购证券的市价高于成本，逆回购方有可能违约，正回购方不应当确认待回购证券市价高于成本的部分。

买断式回购期间证券派息，应当视同正回购方提前偿还部分融资款，正回购方应冲减卖出回购证券款的账面价值。同时，应区别以下情况对利息收入进行处理：

(1)如果正回购方准备长期持有待回购的证券，应当将利息收入计入当期损益；

(2)如果正回购方不准备长期持有待回购的证券，应当按利息金额冲减待回购证券的账面价值。

4. 终止确认

(1)买断式回购到期时，正回购方应当按照待回购证券的账面价值作为回购证券的入账价值，并将到期结算金额与卖出回购证券款的账面价值之间的差额计入当期损益，即计入卖出回购证券支出项目。

(2)买断式回购协议的任何一方违约，正回购方应当冲销待回购证券和卖出回购证券款的账面价值，并将卖出回购证券款的账面价值与待回购证券的账面价值之间的差额计入当期损益。

〔例2〕承例1，乙公司的会计处理如下：

(1)回购首期，乙公司应当按照实际收到的款项作为卖出回购证券款的入账价值，按照售出债券的账面价值作为待回购证券的入账价值，不确认损益。

借：银行存款　　　　　　950

　贷：卖出回购证券款　　　　　　950

借：待回购证券　　　　　950

　　短期投资跌价准备　　　　　　50

贷：短期投资——债券投资　　　1000

(2)若12月31日该国债市价跌至920万元。

借：投资收益　　　　　　30

　贷：待回购证券　　　　　　30

2003年末，乙公司待回购证券的认可价值为920万元，卖出回购证券款的认可价值为950万元。假设乙公司没有其他未到期的回购业务，由于卖出回购证券和卖出回购证券款均在认可负债表“卖出回购证券”项目中反映，乙公司年末认可负债表中“卖出回购证券”项目的认可价值为 950 万元。

(3)若回购期间未派息,回购到期时:

借:卖出回购证券款　　950

　　卖出回购证券支出　　30

　贷:银行存款　　980

借:短期投资——债券投资　　1000

　贷:待回购证券　　920

　　　短期投资跌价准备　　80

(4)若回购期间(12 月 26 日)派息 20 万元。

借:卖出回购证券款　　20

　贷:待回购证券　　20

2003 年末,乙公司待回购证券的账面价值和认可价值为 900(=950 - 30 - 20)万元,卖出回购证券款的认可价值为 930(=950 - 20)万元。回购到期时:

借:卖出回购证券款　　930

　　卖出回购证券支出　　30

　贷:银行存款　　960

借:短期投资——债券投资　　980

　贷:待回购证券　　900

　　　短期投资跌价准备　　80

(5)若回购到期时,乙公司违约(假设回购期间未派息)。

借:卖出回购证券款　　950

　贷:待回购证券　　920

　　　投资收益　　30

(五)修正性认可标准

本规则第 23 条规定,如果卖出回购证券和卖出回购证券款的账面价值之和超过债券投资和待回购证券的账面价值之和的 50%,保险公司应当将质押证券和待回购证券的认可价值修正为零。

〔例 3〕2004 年 12 月 31 日,丙人寿保险股份有限公司(以下简称“丙公司”)的政府债券、企业债券和金融债券的账面价值分别为 1200 万元、300 万元和 500 万元(假设均未超过中国保监会规定的比例限制),待回购证券和卖出回购证券款的账面价值均为 800 万元,进行封闭式正回购形成的卖出回购证券的账面价值为 700 万元,形成的质押债券的账面价值为 720 万元。

根据本规则第 16 条、18 条规定,丙公司 2004 年末的待回购证券和质押债券的认可价值分别为 800 万元和 720 万元,但是,丙公司卖出回购证券和卖出回购证券款的账面价值之和为1500万元,超过了债券投资和待回购证券账面价值之和的50%(1400万元),因此,根据本规则第23条规定,丙公司应将待回购证券和质押债券的认可价值修正为零,将债券投资的认可价值修正为1280(=2000-720)万元。

如果丙公司进行封闭式正回购形成的卖出回购证券的账面价值为400万元,其他条件不变,丙公司卖出回购证券和卖出回购证券款的账面价值之和为1200万元,未超过债券投资和待回购证券账面价值之和的50%(1400万元),则2004年末丙公司待回购证券的认可价值为800万元,质押债券的认可价值为720万元,债券投资的认可价值为2000万元。

四、关于披露

(一)保险公司应当在偿付能力报表附注中披露以下信息:

1.报告期内正(逆)回购业务资金融入(出)的目的及交易策略;

2.本规则第5条中质押证券市价的确定方法及确定方法在不同期间的一致性。

3.证券回购业务重大事项(如违约)的特别说明(如有)。

(二)保险公司应当严格按照明细表SER-1、明细表SER-2、明细表SER-3、明细表SER-4的格式和要求披露以下信息:

1.报告期内在银行间债券市场和证券交易所市场从事回购业务的类型、累计结算金额、未到期余额和相关资产负债的认可价值;

2.报告期内单日交易金额居前十位的各类回购业务的交易日期、交易金额、交易类型、交易场所;

3.报告期内累计结算金额居前五位和报告期末未到期余额居前五位的正回购期限、逆回购期限以及相应的结算金额;

4.报告期内在银行间债券市场从事的各类回购业务中累计结算金额居前五位的交易对手及结算金额、未到期余额。

五、关于附则

本规则及相关问题解答等规定未涉及的有关证券回购业务的编报要求,适用国家统一的会计制度。

本规则自2004年度偿付能力报告编报起施行,即2004年度及以后期间的偿付能力报告应当根据本规则编报。

《保险公司偿付能力额度及监管指标管理规定》(保监会令〔2003〕1号)中有关证券回购业务的规定同时停止执行。

明细表及填表说明(略)

关于印发《保险公司偿付能力报告编报规则——问题解答第2号:次级债、可转换债券、股票和境外外汇投资资产》的通知*

(2004年12月28日)　保监发〔2004〕155号

各保险公司:

随着保险公司融资渠道和投资渠道的不断拓宽,保险公司偿付能力报告编报中出现了一些新的资产和负债项目,需要及时明确其认可标准,以便科学、准确地评估保险公司的偿付能力。经研究,我会制定了《保险公司偿付能力报告编报规则——问题解答第2号:次级债、可转换债券、股票和境外外汇投资资产》,现予印发,请遵照执行。

附件:

保险公司偿付能力报告编报规则——问题解答第2号:次级债、可转换债券、股票和境外外汇投资资产

问:最近中国保监会允许保险公司购买商业银行和保险公司发行的次级债,保险公司应当如何在偿付能力报告中认可自己持有的次级债?如何披露相关信息?

答:保险公司持有的次级债应当按照以下标准进行认可:

(1)保险公司根据中国保监会的规定持有的商业银行和其他保险公司发行的次级债为认可资产,但超过比例限制持有的部分为非认可资产。保险公司应当以次级债的账面价值(指账面余额扣减计提的减值或跌价准备之后的金额,下同)作为其认可价值。

(2)如果发行人已经逾期3个月以上未支付或保险公司预期发行人将无法支付次级债的利息,保险公司应当对持有的所有该发行人的次级债全额计提减值准备,并

* 注:(1)根据《关于印发偿付能力报告编报规则(第6-9号)的通知》(保监发〔2005〕119号),本篇中关于负债的规定停止执行。

(2)根据《关于印发偿付能力报告编报规则的通知》(保监发〔2007〕4号),本篇中有关投资资产和现金及流动性管理工具的规定停止执行,有关保险公司在子公司、合营企业和联营企业中的权益的规定停止执行。

将其应收利息确认为非认可资产。如果发行人随后全额支付了所欠利息，且保险公司有恰当的证据（如发行人的现金流和盈利能力有明显改善）合理预期发行人能够支付以后的本息，则可以将计提的减值准备转回，并在偿付能力报表附注中披露相关证据。

保险公司持有的次级债在认可资产表的“金融债券”项目中反映。保险公司应当在偿付能力报表附注中披露：（1）报告期内次级债的增减情况；（2）可能影响次级债本息可收回性的重大事项；（3）报告期内将次级债重新确认为认可资产（如有）的证据。

保险公司应当在偿付能力报告明细表SDA（见附件1）中披露发行人和次级债合同的相关信息，以及次级债的认可价值等信息。

问：保险公司如何在偿付能力报告中认可和反映定向募集的次级债？

答：保险公司根据《保险公司次级定期债务管理暂行办法》（保监会令〔2004〕10号）定向募集的次级债，应当在到期日前将次级债按以下折算比例确认为认可负债，认可价值为次级债的账面价值（包括一次还本付息次级债的应计利息）与相应折算比例的乘积：

剩余年限在4年（含4年）以上	0
剩余年限在3－4年（含3年）的	20%
剩余年限在2－3年（含2年）的	40%
剩余年限在1－2年（含1年）的	60%
剩余年限在1年以内的	80%

分期付息次级债的应付利息为认可负债，以账面价值作为其认可价值。

如果保险公司提前偿还某合同下的全部（或部分）次级债，则应当从合同双方确定提前偿还之日起，将所要偿还的次级债本息确认为认可负债，该合同下未偿还的次级债本息仍按上述折算比例确认为认可负债。

保险公司应当在认可负债表的“卖出回购证券”项目与“其他负债”项目之间增加“应付次级债”项目反映次级债确认为认可负债的价值。保险公司应当在偿付能力报表附注中披露报告期内次级债的募集情况和影响次级债本息偿付能力的重大事项，并在偿付能力报告明细表SDL（见附件2）中披露债权人和次级债合同的相关信息，以及次级债的账面价值和认可价值等信息。

问：可转换债券（以下简称“可转债”）是否属于认可资产？在认可资产表中如何反映？

答：可转债为认可资产，但违反中国保监会规定比例限制持有的可转债为非认可资产。无论公司管理层是否有意长期持有可转债，保险公司均应以可转债的账面价值与市价的低者作为其认可价值。可转债在认可资产表的“企业债券”项目中反映。

问:保险公司根据《保险机构投资者股票投资管理暂行办法》(保监会令〔2004〕12号)持有的股票应当如何认可？如何披露相关信息？

答:保险公司根据《保险机构投资者股票投资管理暂行办法》持有的股票为认可资产。无论公司管理层是否有意长期持有,保险公司均应以股票的账面价值与市价的低者作为其认可价值。由于被投资公司业绩下滑、人为操纵股价等因素使保险公司持有的股票成为《保险机构投资者股票投资管理暂行办法》第十四条所规定的禁止投资的股票,保险公司应当将其确认为非认可资产。

保险公司除了应当在认可资产表的“股权投资”项目中反映股票投资的认可价值外,还应当在偿付能力报告明细表SK(见附件3)中披露股票投资的被投资人、持股比例、取得时间、账面价值、市价、认可价值等信息。

问:保险公司外汇资金境外运用所取得的投资资产如何认可？在认可资产表中如何反映？

答:保险公司根据《保险外汇资金境外运用管理暂行办法》(保监会令〔2004〕9号)取得的外汇投资资产为认可资产,其中:

(1)保险公司在中资商业银行的境外分行和外国银行的存款以账面价值作为其认可价值,在认可资产表的“存款”项目中反映。

(2)保险公司购买的债券以账面价值作为其认可价值。保险公司购买的中国政府在境外发行的债券和外国政府债券在认可资产表的“政府债券”项目中反映,购买的国际金融组织债券在认可资产表的“金融债券”项目中反映,购买的中国企业在境外发行的债券和外国公司债券按债券类别在认可资产表的“企业债券”或“金融债券”项目中反映。

(3)保险公司购买的货币市场产品应当按照成本与市价孰低法计价,在认可资产表的“其他投资资产”项目中反映。

保险公司持有的下列境外外汇投资资产为非认可资产:

(1)违反中国保监会规定比例限制持有的境外外汇投资资产;

(2)由于当地的外汇管制、政治动乱、战争、金融危机等原因而导致保险公司对其支配或处置受到限制的境外外汇投资资产。

保险公司应当在偿付能力报告明细表FIA(见附件4)中披露外汇资金余额、国家外汇管理局批准的投资付汇额度、外汇资金境外运用的投资品种、国别、信用等级、到期日、利率、账面价值、认可价值等信息。

附件:1. 明细表SDA:持有的次级债(略)

2. 明细表SDL:募集的次级债(略)

3. 明细表SK:持有的股权投资(略)

4. 明细表FIA:持有的境外外汇投资资产(略)

关于印发偿付能力报告编报规则(第6-9号)的通知

（2005年12月9日） 保监发〔2005〕119号

各保险公司：

为加强偿付能力监管，科学评估保险公司的偿付能力，我会研究制定了《保险公司偿付能力报告编报规则第6号：认可负债》、《保险公司偿付能力报告编报规则第7号：投资连结保险》、《保险公司偿付能力报告编报规则第8号：实际资本》和《保险公司偿付能力报告编报规则第9号：综合收益》。现予印发，请遵照执行。

保险公司偿付能力报告编报规则第6号：认可负债

引　言

1. 本规则规范保险公司的各项负债在偿付能力报告中的编报。

2. 本规则不涉及保险公司证券回购业务产生的负债和独立账户负债。

定　义

3. 本规则使用的下列术语，其定义为：

(1)未到期责任准备金，指保险公司为尚未发生保险事故的保单责任提取的责任准备金。

(2)未决赔款责任准备金，指保险公司为已经发生但尚未结案的保险事故提取的责任准备金，包括已发生已报案未决赔款责任准备金和已发生未报案未决赔款责任准备金，但不包括已经结案尚未支付的各种赔付款项。

(3)应付赔付款，指保险公司已经结案但尚未支付的各种赔款和给付款项。

(4)应付保户红利，指保险公司已经预计但尚未支付给分红保险保单持有人的红利。

(5)保户储金，指财产保险公司向投保人收取的、在保险合同到期时必须返还的资金及相应的投资回报。

(6)应付分保款项，指保险公司由于分保业务而形成的各种应付、预收等结算款项，但不包括对分入业务提取的责任准备金。

(7)资本性负债，指保险公司募集的、清偿顺序在保单责任和其他债务之后、保险公司股权资本之前的长期债务。其中包括保险公司募集的次级债。

认 可 标 准

一般性规定

4. 除对资本性负债进行特别规定外,保险公司的各项负债和对外保证担保形成的或有负债为认可负债。

5. 保险公司的各项负债应当以账面余额作为其认可价值,本规则另有规定的除外。

责任准备金

6. 财产保险公司、再保险公司的责任准备金的认可价值是按照中国保险监督管理委员会(以下简称"中国保监会")规定的标准评估的分保(转分保)前责任准备金。

7. 人寿保险公司、健康保险公司的责任准备金的认可价值是按照中国保监会规定的法定最低标准评估的分保(转分保)前责任准备金。

资本性负债

8. 保险公司应当按照中国保监会的规定将资本性负债确认为认可负债。

其中,保险公司募集的次级债应当在到期日前按照以下比例折算确认为认可负债,以折算后的账面余额作为其认可价值。

剩余年限在1年以内的,折算比例为80%;剩余年限在1年以上(含1年)2年以内的,折算比例为60%;剩余年限在2年以上(含2年)3年以内的,折算比例为40%;剩余年限在3年以上(含3年)4年以内的,折算比例为20%;剩余年限在4年以上(含4年)的,折算比例为零。

如果保险公司与债权人协议改变所募集次级债的偿还时间,则应当按照双方重新约定的到期日计算该部分次级债的剩余年限,按上述比例折算确认为认可负债。

预计负债

9. 预计负债应当以账面余额作为其认可价值,但对外抵押、质押担保形成的预计负债的认可价值为零,对外保证担保形成的预计负债的认可价值不得低于担保金额的50%。

对外保证担保形成的或有负债

10. 对外保证担保形成的或有负债的认可价值不得低于其担保金额的50%。

披 露

11. 保险公司应当在偿付能力报告明细表中披露准备金负债的以下信息:

(1)保险业务责任准备金

①财产保险、人寿保险、健康保险、意外伤害保险业务的分保(转分保)前责任准备金;

②个人业务、团体业务的分保(转分保)前责任准备金。

(2)直接保险公司的财产保险业务责任准备金

①不同险种的责任准备金;

②分保(转分保)前、分保(转分保)后的责任准备金。

(3)直接保险公司的人寿保险业务责任准备金

①传统寿险、分红寿险、万能寿险业务的法定最低责任准备金;

②个人业务、团体业务的法定最低责任准备金;

③直接业务和分入业务、分出业务责任准备金的评估基础和评估方法、保单数量、承保人数(团体业务)、有效保额、法定最低责任准备金、风险保额。

(4)直接保险公司的健康保险业务责任准备金

①传统健康保险业务、分红健康保险业务的(法定最低)责任准备金;

②个人业务、团体业务的(法定最低)责任准备金;

③短期健康保险业务、长期健康保险业务的(法定最低)责任准备金;

④直接业务和分入业务、分出业务责任准备金的评估基础和评估方法、保单数量、承保人数(团体业务)、有效保额、(法定最低)责任准备金、风险保额。

(5)直接保险公司的意外伤害保险业务责任准备金

①短期意外伤害保险业务、长期意外伤害保险业务的(法定最低)责任准备金;

②直接业务和分入业务、分出业务责任准备金的评估利率、评估方法、保单数量、有效保额、(法定最低)责任准备金、风险保额。

(6)人寿保险公司的承保险种集中度

人寿保险公司法定最低责任准备金占前十位和报告期内新契约法定最低责任准备金占前十位的产品名称、责任准备金、占全部责任准备金比例(或占报告期内新契约责任准备金比例)、责任准备金的评估基础和评估方法、保单数量、有效保额、期交保费占比、产品开始销售和停止销售的时间。

(7)专业再保险公司的责任准备金

①财产再保险业务、人身再保险业务的责任准备金;

②不同分保方式业务的分入保费、保额、转分保前和转分保后责任准备金、风险保额。

(8)责任准备金评估基础变更

财产保险、人寿保险、健康保险、意外伤害保险业务报告期内发生责任准备金评估基础变更的险种类别或产品名称、承保类型、准备金类型、变更内容和对责任准备金的影响。

12. 保险公司应当在偿付能力报告明细表中披露非准备金负债和或有负债的以下信息：

(1)应付分保款项前十位债权人的名称、所在国(地区)、与本公司的关系、期末及期初账面余额；

(2)应付次级债的债权人名称、与本公司的关系、募集日、利率、付息频率、到期日、剩余年限、账面余额、认可负债价值、实际资本价值以及应付利息的账面余额；

(3)对外保证担保形成的预计负债的债务人名称、与本公司关系、保证担保方式、债务人履行债务的期限、被保证的主债权的金额、担保金额及认可价值等；

诉讼事项形成的预计负债的诉讼对方名称、诉讼原因、诉讼现状、诉讼起始时间、诉讼标的和金额及认可价值；

形成预计负债的其他事项的产生原因、现状、发生时间、预计事项结果确定的时间、因该事项被要求的金额和认可价值；

(4)对外保证担保形成的或有负债的债务人名称、与本公司关系、保证担保方式、债务人履行债务的期限、被保证的主债权的金额、担保金额及认可价值。

附　　则

13. 本规则及相关问题解答等规定未涉及的负债项目的编报要求，适用国家统一的会计制度。

14. 本规则自2005年度偿付能力报告编报起施行。

15.《保险公司偿付能力额度及监管指标管理规定》(保监会令〔2003〕1号)及《保险公司偿付能力报告编报规则—问题解答第2号：次级债、可转换债券、股票和境外外汇投资资产》中有关负债的规定同时停止执行。

保险公司偿付能力报告编报规则第7号：投资连结保险

引　　言

1. 本规则规范保险公司的投资连结保险业务在偿付能力报告中的编报。

定　　义

2. 本规则使用的下列术语，其定义为：

(1)投资账户，指保险公司根据投资连结保险合同建立的资产单独管理、投资风险完全由保单持有人承担的资金账户。

(2)独立账户资产,指投资连结保险各个投资账户中的投资资产组合。

(3)独立账户负债,指保险公司对投资连结保险提取的单位准备金和投资账户负债。其中,投资账户负债是指在投资账户资产投资过程中形成的卖出回购证券、应付款项等负债。

(4)单位准备金,指保险公司按照准备金评估日的投资连结保险保单持有人享有的投资账户价值提取的责任准备金。其中,投资账户价值应当按照中国保险监督管理委员会(以下简称"中国保监会")关于投资连结保险投资账户价值评估的规定计算。

投资连结保险合同形成的资产

3. 保险公司因投资连结保险合同的履行而形成的资产,包括独立账户资产、未转入投资账户的资产和转出投资账户的资产。

4. 独立账户资产为认可资产,以投资账户资产的评估价值作为其认可价值。

5. 投资账户资产的评估价值应当按照中国保监会关于投资连结保险投资账户资产评估的规定计算。

6. 独立账户资产应当在认可资产表中单独列示。

7. 保险公司应当按照中国保监会规定的相应资产认可标准和披露要求确定未转入投资账户的资产和转出投资账户的资产的认可价值,并披露有关信息。

投资连结保险合同形成的负债

8. 保险公司履行投资连结保险合同而形成的负债包括独立账户负债、非单位准备金和其他负债。

9. 独立账户负债为认可负债,其中,以投资连结保险保单持有人享有的投资账户价值作为单位准备金的认可价值,以投资账户负债的账面余额作为其认可价值。

10. 独立账户负债应当在认可负债表中单独列示。

11. 保险公司应当按照《保险公司偿付能力报告编报规则第6号:认可负债》规定的认可标准和披露要求,确定投资连结保险合同形成的非单位准备金和其他负债的认可价值,并披露有关信息。

投资连结保险合同形成的综合收益

12. 保险公司因投资连结保险合同的履行而导致的资产变动或负债变动,应当计入当期综合收益。

13. 保险公司运用投资账户资金投资产生的投资收益中,由保险公司享有的部分,应当计入当期综合收益;由投资连结保险保单持有人享有的部分,不应当计入当期综合收益。

披　露

14. 保险公司应当在偿付能力报告明细表中披露以下信息:

(1)各投资账户中各项资产的期末评估价值和评估原则。

(2)各投资账户中各项负债的期末账面余额。

(3)各投资账户期末的投资账户价值、投资单位数、保险公司享有的投资单位数、投资单位价值、单位准备金。

(4)报告期间各投资账户的投资收益,包括导致资产增加或负债减少的债券投资收益、基金投资收益、股票投资收益、存款利息收入、未实现利得等,导致资产减少或负债增加的卖出回购证券支出、未实现损失等。

(5)报告期间各投资账户价值的增减变动情况,包括保单持有人投入和收回的资金、保险公司收取的费用、投资账户的投资收益等。

附　则

15. 本规则及相关问题解答等规定未涉及的投资连结保险业务的编报要求,适用国家统一的会计制度。

16. 本规则自 2005 年度偿付能力报告编报起施行。

17.《保险公司偿付能力额度及监管指标管理规定》(保监会令〔2003〕1 号)中有关投资连结保险业务的规定同时停止执行。

保险公司偿付能力报告编报规则第 8 号:实际资本

引　言

1. 本规则规范保险公司的实际资本在偿付能力报告中的编报。

定　义

2. 本规则使用的下列术语,其定义为:

(1)实际资本,指保险公司的认可资产减去认可负债后的余额。实际资本包括投入资本、剩余综合收益、计入实际资本的资本性负债。

(2)资本交易,指保险公司与实际资本出资人之间发生的导致实际资本总额增减变动的经济活动。导致实际资本增加的资本交易包括保险公司接受所有者投入的资本、接受捐赠资产、募集资本性负债等,导致实际资本减少的资本交易包括保险公司减少注册资本、偿还资本性负债、分配现金股利(或利润)等。

实际资本的构成

3. 投入资本，指保险公司的所有者和捐赠者通过资本交易实际投入的资本。

4. 剩余综合收益，指保险公司的综合收益减去分配的现金股利(或利润)后的余额。其中，综合收益是指保险公司按照《保险公司偿付能力报告编报规则第9号：综合收益》确定的综合收益；分配的现金股利(或利润)是指保险公司根据《公司法》等法规向所有者分配的现金股利(或利润)。

5. 计入实际资本的资本性负债，指保险公司按照《保险公司偿付能力报告编报规则第6号：认可负债》的规定不确认为认可负债而计入实际资本的负债。

实际资本表和实际资本变动表

6. 实际资本表是反映保险公司在某一特定日期实际资本总额及构成情况的报表。

7. 保险公司应当在实际资本表中分项列示投入资本、剩余综合收益和计入实际资本的资本性负债的期末余额。

8. 保险公司应当在实际资本表的投入资本项目中分项列示所有者投入的资本和捐赠者捐赠的资本。

9. 实际资本变动表是反映保险公司在一定期间实际资本各组成部分变动情况的报表。

10. 保险公司应当在实际资本变动表中分项列示：

(1)资本交易导致的实际资本增减；

(2)非资本交易和事项导致的实际资本增减。

其中，资本交易导致的实际资本增减变动应当按照实际资本增加和实际资本减少分项列示。

11. 保险公司应当对编制的实际资本表、实际资本变动表进行校验，报表项目金额与有关偿付能力报表项目金额之间应当符合勾稽关系。

披　露

12. 保险公司应当在偿付能力报告明细表中披露以下信息：

(1)期末和期初的股权结构及报告期间的股权结构变动；

(2)期末前十大所有者及持股情况，包括所有者基本情况，所持股份的类别、数量，所持股份状态，所有者之间的关联方关系；

(3)股权转让情况，包括转让时间、转让双方名称、转让股份数量或出资额、转让价格等。

附　　则

13. 本规则及相关问题解答等规定未涉及的保险公司实际资本的编报要求，适用国家统一的会计制度。

14. 本规则自2005年度偿付能力报告编报起施行。

附件一：实际资本表的格式(略)

附件二：实际资本变动表的格式(略)

保险公司偿付能力报告编报规则第9号：综合收益

引　　言

1. 本规则规范保险公司的综合收益在偿付能力报告中的编报。

定　　义

2. 本规则使用的下列术语，其定义为：

综合收益，指除了资本交易以外的交易和事项导致的保险公司实际资本的变动。

综合收益的构成

3. 保险公司的综合收益包括：

(1)承保业务收益；

(2)投资业务收益；

(3)管理业务收益；

(4)其他收益；

(5)资产非认可价值变动额；

(6)或有负债和预计负债的认可价值变动额。

4. 承保业务收益，是指保险公司承保业务导致的资产或负债的变动结果。

5. 承保业务导致的资产增加或负债减少的项目包括：

(1)直接业务保费；

(2)分入保费。

6. 承保业务导致的资产减少或负债增加的项目包括：

(1)分出保费；

(2)赔款(减：摊回分保赔款、追偿款)；

(3)各类给付(减:摊回分保赔款);

(4)保户红利支出;

(5)退保金;

(6)未到期责任准备金变动额;

(7)未决赔款责任准备金变动额;

(8)投连险单位准备金变动额(减:投连险投资账户投资收益);

(9)承保佣金和手续费(减:摊回分保佣金和手续费);

(10)承保业务营业税金及附加(减:摊回分保营业税金及附加);

(11)承保业务营业费用;

(12)分保费用支出;

(13)提取保险保障基金。

7. 投资业务收益,是指保险公司投资业务导致的资产或负债的变动结果。

8. 投资业务导致的资产增加或负债减少的项目包括:

(1)投资业务收入。

9. 投资业务导致的资产减少或负债增加的项目包括:

(1)投资业务费用;

(2)投资业务营业税金及附加;

(3)投资业务营业费用。

10. 受托管理业务收益,是指保险公司从事企业年金管理、健康管理等受托管理业务导致的资产或负债的变动结果。

11. 受托管理业务导致的资产增加或负债减少的项目包括:

(1)企业年金管理收入;

(2)健康管理收入;

(3)其他受托管理业务收入。

12. 受托管理业务导致的资产减少或负债增加的项目包括:

(1)企业年金管理支出;

(2)健康管理支出;

(3)其他受托管理业务支出。

13. 其他收益,是指保险公司除了承保业务、投资业务、受托管理业务以外的其他非资本交易和事项导致的资产或负债的变动结果。

14. 其他非资本交易和事项导致的资产增加或负债减少的项目包括:

(1)房地产评估增值净增加额;

(2)其他业务收入;

(3)营业外收入;

(4)投资资产非经营性增值。

15. 其他非资本交易和事项导致的资产减少或负债增加的项目包括：

(1)房地产评估增值净减少额；

(2)其他业务支出；

(3)营业外支出；

(4)所得税。

16. 资产非认可价值变动额，是指除了计提的资产减值准备以外的资产非认可价值期末金额减去期初金额后的差额。

17. 或有负债和预计负债的认可价值变动额，是指对外担保或有事项导致的认可负债的变动结果，包括：

(1)对外保证担保形成的或有负债的期末认可价值减去期初认可价值后的差额；

(2)对外保证担保形成的预计负债的认可价值变动额减去账面余额变动额后的差额；

(3)对外抵押、质押担保形成的预计负债的认可价值变动额减去账面余额变动额后的差额。

综合收益表的编报

18. 保险公司应当在综合收益表中分项列示报告期间的承保业务收益、投资业务收益、受托管理业务收益、其他收益、资产非认可价值变动额、或有负债认可价值变动额、预计负债认可价值变动额和综合收益。

19. 承保业务收益、投资业务收益、受托管理业务收益和其他收益应当按照资产增加或负债减少的项目、资产减少或负债增加的项目分项列示。

20. 保险公司编报综合收益表的数据应当根据相关会计账户的发生额或中国保险监督管理委员会有关规定分析填列。

21. 保险公司应当分别核算承保业务、投资业务、受托管理业务和其他业务的营业费用。对共同承担的营业费用，应当采用合理的标准在承保业务、投资业务、受托管理业务和其他业务之间分配。分配标准一旦选用，不得随意变更。

披　露

22. 保险公司应当在偿付能力报表附注中披露营业费用在承保业务、投资业务、受托管理业务和其他业务之间的分配标准。

23. 保险公司应当在偿付能力报告明细表中披露以下信息：

(1)各险种的直接业务保费、分入保费、分出保费、赔款和给付、退保金；

(2)寿险公司按照交费方式、销售渠道、承保方式划分的保费收入；

(3)寿险公司保费收入居前十位的保险产品的明细信息，包括保费收入、预定利率、预定费用率、销售时间等；

(4)比例分保和非比例分保的分出保费居前五位的分入人的基本信息，以及分出保费、摊回分保赔款、摊回佣金和手续费、摊回营业税金及附加；

(5)比例分保和非比例分保的分入保费居前五位的分出人的基本信息，以及分入保费、分保赔款支出、分保佣金和手续费、分保营业税金及附加。

附　　则

24. 本规则及相关问题解答等规定未涉及的综合收益的编报要求，适用国家统一的会计制度。

25. 本规则自2005年度偿付能力报告编报起施行。

附件：保险公司综合收益表的格式(略)

关于印发偿付能力报告编报规则(第6-9号)实务指南的通知

(2005年12月26日)　保监发〔2005〕120号

各保险公司：

为有助于保险公司贯彻执行偿付能力报告编报规则，准确评估偿付能力，我会研究制定了《保险公司偿付能力报告编报规则第6号：认可负债》实务指南、《保险公司偿付能力报告编报规则第7号：投资连结保险》实务指南、《保险公司偿付能力报告编报规则第8号：实际资本》实务指南和《保险公司偿付能力报告编报规则第9号：综合收益》实务指南。现予印发，请参照执行。

《保险公司偿付能力报告编报规则第6号：认可负债》实务指南

一、关于引言

1.《保险公司偿付能力报告编报规则第6号：认可负债》(以下简称"本规则")在引言部分指出，其旨在规范保险公司的各项负债在偿付能力报告中的编报,包括各项负债的定义、认可标准和披露要求。

2. 保险公司证券回购业务产生的负债和独立账户负债在偿付能力报告中的编报分别由《保险公司偿付能力报告编报规则第5号:证券回购》和《保险公司偿付能力报告编报规则第7号:投资连结保险》进行规范,本规则不涉及这些项目的编报。

二、关于定义

(一)未到期责任准备金

本规则所称的未到期责任准备金,是指保险公司为尚未发生保险事故的保单责任提取的责任准备金。

保险事故,是指保险合同约定的保险责任范围内的事故。除了发生可能造成财产损失的事故外,被保险人死亡、伤残、发生疾病、达到合同约定的年龄或期限等都是本规则所称的保险事故。

保险公司签发的、需要为之承担保险责任的保单在报告期末可能处于多种状态。对于处于不同状态的保单,保险公司应当承担不同的保险责任,从而确认不同性质的负债。

如图1所示,保险公司需要为处于保险期间内、从未发生过保险事故的保单和虽然已经发生保险事故、但继续有效的保单提取未到期责任准备金。

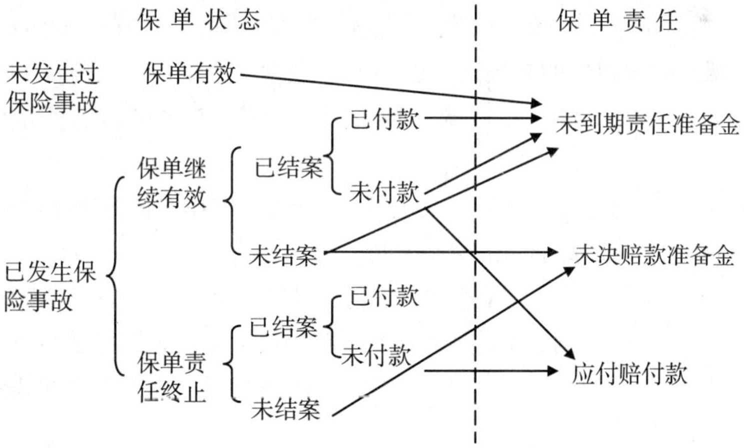

图1:保单状态和保单责任

从保单责任的期限来看,未到期责任准备金不仅包括为保险期间在一年以内(含一年)的保险合同项下的保单责任提取的责任准备金,还包括为保险期间在一年以上(不含一年)的保险合同项下的保单责任提取的责任准备金。从业务角度来看,保险公司应当为其经营的所有保险业务提取未到期责任准备金,包括财产保险业务、人寿保险业务、健康保险业务和意外伤害保险业务。其中,人寿保险业务的未到期责任准备金中投资连结保险对应的部分是非单位准备金,单位准备金部分包括在独立账户负债中,由《保险公司偿付能力报告编报规则第7号:投资连结保险》进行规范。

(二)未决赔款准备金

本规则所称的未决赔款准备金,是指保险公司为已经发生但尚未结案的保险事故提取的准备金,包括已发生已报案未决赔款准备金和已发生未报案未决赔款准备金(IBNR)。

已发生已报案未决赔款准备金是指为已经发生并已经向保险公司提出索赔、但尚未结案的保险事故而提取的准备金。已发生未报案未决赔款准备金是指为已经发生、但尚未向保险公司报案的保险事故而提取的准备金。

根据《保险公司非寿险业务准备金管理办法(试行)》(保监会令〔2004〕13号,以下简称"13号令")及其实施细则的规定,财产保险公司和再保险公司应当为已经发生但尚未结案的保险事故可能发生的费用提取理赔费用准备金。需要指出的是,在13号令中,理赔费用准备金是单独列示的。但在报送偿付能力报告时,保险公司应当按照本规则的要求,在评估已发生已报案未决赔款准备金和已发生未报案未决赔款准备金时均将理赔费用准备金考虑在内,而无需在认可负债表和偿付能力报告明细表中单独列报理赔费用准备金。

按照本规则的定义,未决赔款准备金不包括已经结案尚未支付的赔付款项,这部分应付未付款项应当在认可负债表的应付赔付款项目中列报。由于在目前的精算实务中,保险公司提取的未决赔款准备金中包含了已经结案尚未支付的赔付款项。因此,保险公司在编报偿付能力报告时,应当对未决赔款准备金作相应的调整。

由于预付赔款已经作为保险公司的认可资产,所以在评估未决赔款准备金时,不得将预付赔款从未决赔款准备金中扣除。

从以上定义可以看出,本规则对《保险公司偿付能力额度及监管指标管理规定》(保监会令〔2003〕1号,以下简称"1号令")中准备金的规定进行了较大的修订,包括准备金的定义和分类。保险公司应当严格遵照本规则的规定编报偿付能力报告。

(三)应付赔付款

本规则所称的应付赔付款,是指保险公司已经结案但尚未支付的各种赔款和给付款项,包括已发生保险事故并已结案、已到支付期、保单已经满期或者已经办理退保手续尚未支付给保单持有人的赔款、保险金或退保金等。对于财产保险、健康保险和意外伤害保险业务,主要指已经结案但尚未支付的赔款和死伤医疗给付等。对于人寿保险业务,主要指已到保险合同规定的支付期尚未支付的保险金和养老金、应当给付的效力终止保单的现金价值以及已办退保手续但尚未支付给保单持有人的退保金等。

虽然应付赔付款和未决赔款准备金都是保险公司对已经发生的保险事故所承担的责任,但这两种责任存在明显的区别。首先,责任所对应的保险事故、赔案状态不同。应付赔付款所对应的保险事故有关的赔案已经结案,而未决赔款准备金所对应的保险事故,有的是已经报案但赔案尚未结案,有的是已经发生事故还没有报案。其次,赔付金额的确定性不同。应付赔付款是保险公司承担的金额确定的赔付义务,它反映的是保险公司的付款延迟。而未决赔款准备金所对应的赔付金额尚不确定,需要运用专门的精算方法进行评估,它反映的是保险公司所面临的报案延迟和结案延迟。因此,本规则要求区别这两种不同的责任,在认可负债表和偿付能力报告明细表中分别列报。

保险公司因购买商品、劳务等形成的应向供应商支付的应付款项和由于分保业务形成的应付款项,不包括在该项目中。

(四)应付保户红利

应付保户红利,指保险公司已经预计但尚未支付给分红保险保单持有人的红利。本规则对1号令中应付保户红利的定义进行了修订。在1号令中,应付保户红利是指保险公司已经宣告但尚未支付给保单持有人的红利。但是,由于在实务中保险公司宣告红利的时间、频率和偿付能力报告的报送时间、频率不一致,如果只将“已经宣告尚未支付的保单红利”确认为负债,会导致所报告的应付保户红利不能完整地反映保险公司报告期末的负债。因此,本规则将1号令应付保户红利定义中的“宣告”修订为“预计”,要求保险公司在偿付能力报告中列报截至报告日、按照权责发生制确认的对分红保险保单持有人的红利负债。

为了在偿付能力报告中合理列报应付保户红利,保险公司应当对保单红利进行如下的处理:

(1)报告期末

报告期末(季末或年末),保险公司应当根据预定的红利分配方案,计算截至报告日预计向分红保险保单持有人支付的红利,并以相应的金额确认应付保户红利负债。

(2)保单生效对应日

实务操作中,保险公司通常会在保单生效对应日,按照最近实际宣告的分配方案(而非预计的分配方案)向分红保险保单持有人支付红利。此时,保险公司应当减少应付保户红利,同时根据保险合同约定的不同支付方式,分别确认保费收入(交清增额方式、抵交保费方式)、累计生息保单红利(累计生息方式);选择现金支付方式的,应当确认现金等资产的减少。

(3)退保的处理

分红保险发生退保时,如果按照条款的规定,保单持有人应当享有保单实际存续期间的红利，保险公司则应当按照该保单的实际存续日历天数计算退保人应享有的红利金额，相应减少应付保户红利，同时确认应付赔付款负债或减少现金等资产。

（五）保户储金

本规则所称的保户储金，是指财产保险公司向投保人收取的、在保险合同到期时必须返还的资金及相应的投资回报。

1 号令将保户储金定义为保险公司开办以储金利息作为保费收入的保险业务而收到保户交存的资金，本规则对 1 号令进行了修订，扩展了保户储金的定义。按照本规则的定义，保户储金项目不仅包括财产保险公司以前开办以储金利息作为保费收入的保险业务而收到保户交存的资金，还包括财产保险公司目前开办投资型非寿险业务向保户收取的资金及其承诺的投资回报。另外，如果人寿保险公司以前曾经开办过储金业务，也应将收取的储金在本项目列报。

（六）应付分保款项

应付分保款项，指保险公司由于分保业务而形成的各种应付、预收等结算款项，包括分出业务产生的应付分出保费、预收分保摊回赔款、存入分保保证金（即通用会计报表中的存入分保准备金，下同）及利息等，以及分入业务产生的应付手续费、应付分保赔款、应付分保税金及附加等。但是，保险公司为分入业务所提取的准备金应当包含在相应的准备金项目中，不在本项目反映。

1. 保险公司应当严格遵循权责发生制原则，确认分保业务产生的负债。对分出公司来讲，应当在确认原保险合同保费收入、为原保险合同提取未到期责任准备金的当期，按照再保险合同的约定计算分出保费，并确认应付分出保费；应当在预先收到分保摊回赔款、收到存入分保保证金时确认预收分保摊回赔款和存入分保保证金；如果再保险合同约定应对存入分保保证金计提利息，则应按期计提利息计入存入分保保证金项目。对分入公司来讲，应当在确认分保费收入的当期，根据再保险合同的约定，预计应当支付给分出公司的分保手续费和分保税金及附加，确认应付手续费、应付分保税金及附加；应当根据分出公司提供的信息或者经验估计，计算（或预估）应当向分出公司支付的赔款，确认应付分保赔款。

2. 保险公司不得将分保业务产生的债权、债务进行抵销，应当以债权、债务各自的总额分别在偿付能力报告中列报。这包含两层含义：

（1）对同一公司的分出与分入业务分别形成的债权、债务不得相互抵销，不得以抵销后的净额列报。保险公司与另一家保险公司同时有分出、分入业务时，分出业务和分入业务均会产生相关的债权和债务。按照本规则规定，保险公司既不能将对这家公司的分出业务债权和分入业务债务相互抵销，也不能将对这家公司的分出业务债务和分入业务债权相互抵销，应当区分不同的业务、遵循权责发生制的原则以全额确认相应的债权和债务,并分别在偿付能力报告中列报。

(2)对同一笔分保业务产生的债权和债务不得相互抵销,不得以抵销后的净额列报,而应当以债权和债务各自的总额分别在偿付能力报告中列报,除非债权和债务的结算时点相同或者双方在合同中约定可以抵销。对于一笔分保业务,分出公司对分入公司会同时产生债权和债务,分入公司对分出公司也会同时产生债权和债务。对分出公司来讲,不得将由此产生的对分入公司的债权和债务相互抵销,而分入公司也不得将由此产生的对分出公司的债权和债务相互抵销。但是,如果此笔分保业务产生的债权和债务的结算时点相同或者双方在合同中约定可以抵销,则保险公司可以将同一笔分保业务产生的债权和债务相互抵销,以抵销后的净额在偿付能力报告中列报。

在编制通用会计报表时,保险公司由于分保业务产生的各项应付、预收结算款项会在应付分保账款、预收分保赔款、存入分保准备金(即偿付能力报告中的存入分保保证金)等项目列报,但在编报偿付能力报告时,保险公司应当按照本规则的规定在认可负债表的应付分保款项项目列报。

(七)资本性负债

本规则所称的资本性负债,指保险公司募集的、清偿顺序在保单责任和其他债务之后、股权资本之前的长期债务。从国际上保险公司的融资实践来看,资本性负债主要有次级债、可转换债券、盈余票据等形式。资本性负债有以下两个特点:(1)次级性。资本性负债的清偿顺序一般在普通债务之后,有的还对清偿附加了严格的条件;(2)长期性。资本性负债必须是长期债务,偿还期越长,吸收保险公司偿付风险的资本特性越强。由于具有以上特征,从评估保险公司偿付能力的角度看,它具备了负债和资本的双重性质。

目前,我国保险公司的资本性负债主要是次级债。根据《保险公司次级定期债务管理暂行办法》(保监会令〔2004〕10号)的规定,经保监会批准,保险公司可以定向募集5年期以上(含5年)的次级债。保险公司募集的次级债除了具有上述次级性和长期性两个特征外,还具有偿还的非保证性,即在保险公司偿付能力不足的情况下,不能偿付次级债本金及利息。

三、关于认可标准

(一)一般性规定

1. 本规则第4条规定,除对资本性负债进行特别规定外,保险公司的各项负债和对外保证担保形成的或有负债为认可负债。出于评估保险公司偿付能力的目的,本规则在对保险公司的负债进行认可时,对资本性负债和或有负债作了特别规定。这主要是因为:①本规则所定义的资本性负债和普通负债有较大区别,它具备了负债和资本的双重性质。因此,应当按照一定的标准将资本性负债(目前主要是次级债）部分认可为负债，部分认可为实际资本；②虽然或有负债不是通用会计报表中的负债，但从偿付能力评估的角度看，应当充分考虑或有负债对保险公司偿付能力的影响。因此，和国际上的通行做法一致，本规则将或有负债纳入认可负债的范围。从形成或有负债的原因看，或有负债包含的内容较多，有对外担保形成的或有负债，有未决诉讼、未决仲裁形成的或有负债等。但从中国的实际情况出发，考虑到各项或有负债内容的重要性和计量的可靠性，本规则将保险公司对外保证担保形成的或有负债确认为认可负债，其他或有负债暂不确认为认可负债。

2. 本规则第 5 条规定，保险公司的各项负债应当以账面余额作为其认可价值，本规则另有规定的除外。

（1）由于偿付能力报表与通用会计报表的编制目的不同，因此在这两套报表中，有的项目即使名称相同，也可能定义不同、分类不同、计量标准不同，因而报告含义也不同。本规则此处所规定的"账面余额"是指按照偿付能力报告编报规则的规定所确认、计量的负债项目的账面余额，而不是通用会计报表中的"账面余额"。有些项目的账面余额和通用会计报表中的账面余额一致，有些项目则可能不一致，甚至还存在较大差异。账面余额一致的项目主要有：累计生息保单红利、预收保费、应付佣金及手续费、应付工资及福利费、应交税金、应缴保险保障基金、应付利润等；可能不一致的项目主要有：各项责任准备金、应付保户红利、应付赔付款、保户储金、应付分保款项、应付次级债、预计负债和或有负债等。因此在编报偿付能力报告时，保险公司不能直接将通用会计报表中有关项目的账面余额作为偿付能力报告中相应项目的账面余额，而应当严格按照偿付能力报告编报规则的要求确认、计量各项负债。

（2）本规则对责任准备金、资本性负债、预计负债和或有负债的认可标准在第 6 条至第 10 条做了特别规定。

（二）责任准备金的认可标准

本规则对 1 号令的责任准备金认可标准进行了修订，将责任准备金的认可价值由再保后责任准备金修订为"分保（转分保）前责任准备金"。这是因为：①保险公司不能因为再保险分入人违约而拒绝承担对保单持有人的保险责任。如果以再保后责任准备金作为负债的认可价值，就会低估保险公司对保单持有人的负债，也不能反映再保人的信用风险。②这种做法和国际惯例保持了一致。因此，无论保险公司在会计实务中是以再保后还是再保前列报责任准备金，在编报偿付能力报告时，都应当以再保前列报各项责任准备金。

1. 本规则第 6 条规定，财产保险公司、再保险公司的责任准备金的认可价值是按照中国保监会规定的标准评估的分保（转分保）前责任准备金，即财产保险公司和再保险公司责任准备金的认可价值是按照 13 号令及其实施细则规定的标准评估的分保(转分保)前责任准备金。

2. 本规则第7条规定,人寿保险公司、健康保险公司的责任准备金的认可价值是按照中国保监会规定的法定最低标准评估的分保(转分保)前责任准备金。

由于通用会计报表中报告的责任准备金是不低于法定最低标准的最佳估计数,因此本规则中责任准备金的认可价值和通用会计报表所报告的责任准备金账面余额可能不同。

(三)资本性负债的认可标准

资本性负债工具有次级债、可转换债券等多种形式,中国保监会将分别对不同形式的资本性负债规定其认可标准。鉴于目前国内保险公司只有次级债一种资本性负债工具,本规则只对募集的次级债的认可标准进行规范。

在次级债的存续期间内,随着剩余偿还年限的缩短,其资本的特性越来越弱,负债的特性越来越强。因此,本规则规定,剩余偿还年限越短,次级债认可为负债的部分就越多,保险公司应当将募集的次级债按以下比例折算确认为认可负债,并以折算后的账面余额作为其认可价值。

剩余年限在1年以内的,折算比例为80%;剩余年限在1年以上(含1年)2年以内的,折算比例为60%;剩余年限在2年以上(含2年)3年以内的,折算比例为40%;剩余年限在3年以上(含3年)4年以内的,折算比例为20%;剩余年限在4年以上(含4年)的,折算比例为零。

如果保险公司和债权人协议改变所募集次级债的偿还时间(提前或延迟偿还),则该部分次级债应按照重新确定的到期日计算剩余年限,按上述比例折算确认为认可负债。

按照本规则的规定,保险公司募集的一次还本付息次级债的应计利息也要按照上述比例进行折算,在资本性负债(应付次级债)项目列报,而分期付息次级债的应计利息则无需折算,直接在认可负债表的其他负债项目中列报。

应当注意的是,资本性负债项目中的应付次级债的认可价值和通用会计报表中的应付次级债的账面余额不同。通用会计报表中应付次级债的账面余额是次级债本金和一次还本付息次级债的应计利息之和,而本规则规定的应付次级债的认可价值是按照规定比例折算后的金额,其折算基数与通用会计报表中应付次级债的账面余额相同。

(四)预计负债的认可标准

本规则所称的预计负债,与保险公司通用会计报表中的预计负债口径是一致的。即:在编报偿付能力报告时,如果与或有事项相关的义务同时满足以下条件,保险公司应将其确认为预计负债:①该义务是保险公司承担的现时义务;②该义务的履行很可能导致经济利益流出保险公司;③该义务的金额能够可靠地计量。保险公司经营信用保险和保证保险业务所承担的保险责任，应当以准备金负债在偿付能力报告中列报，不作为公司的预计负债。

在通用会计报表中，保险公司一般以最佳估计数列报预计负债。但在编报偿付能力报告时，应当按照本规则的以下规定来确定预计负债的认可价值：

(1)以抵押、质押等方式对外担保形成的预计负债的认可价值为零。同时，保险公司应当将已经设定抵押和质押的资产确认为非认可资产。

(2)对外保证担保形成的预计负债的认可价值不得低于担保金额的50%。在编制偿付能力报告时，保险公司应当以对外保证担保形成的预计负债的最佳估计数和担保金额的50%的高者作为其认可价值。其中，担保金额是指对外保证担保合同所明确约定的担保金额。如果对同一债务还有除保险公司之外的其他保证人，而且保证人之间没有约定各自的保证份额，保险公司则会因此而承担连带责任，此时担保金额包括保险公司承担的连带责任的金额。

(3)如果产生预计负债的未决诉讼及未决仲裁事项是由于保险公司的保险业务引起的，且保险公司对该事项可能产生的赔付责任已经计提了未决赔款准备金，则该项预计负债的认可价值为其最佳估计数高于相应未决赔款准备金的数额。

(4)除了以上(1)、(2)、(3)规定的预计负债外，其他预计负债均应以账面余额作为其认可价值。该账面余额指的是预计负债的最佳估计数，与通用会计报表中的账面余额是一致的。

(五)对外保证担保形成的或有负债的认可标准

本规则中的或有负债与国家统一会计制度中规定的或有负债口径是一致的，包括：(1)过去的交易或事项形成的潜在义务，其存在须通过未来不确定事项的发生或不发生予以证实；(2)过去的交易或事项形成的现时义务，履行该义务不是很可能导致经济利益流出企业或该义务的金额不能可靠地计量。保险公司的或有负债主要有对外担保、未决诉讼、未决仲裁等事项形成的或有负债，但不包括经营信用保险和保证保险业务而承担的保险责任。

按照本规则第4条规定，只有对外保证担保形成的或有负债才确认为认可负债。第10条规定，对外保证担保形成的或有负债的认可价值不低于担保金额的50%。其中，担保金额是指对外保证担保合同所明确约定的担保金额。如果对同一债务有除了保险公司之外的其他保证人，而且保证人之间没有约定各自的保证份额，保险公司则会因此而承担连带责任，此时担保金额包括保险公司承担的连带责任金额。

本规则对或有负债的规定和国家统一的会计制度有较大的不同。国家统一的会计制度规定，或有负债不确认为负债，只是在报表附注中进行披露。但在编报偿付能力报告时，保险公司应严格按照本规则的规定确认、计量、列报或有负债。

四、关于披露

1．保险公司应当严格按照明细表 RT、明细表 PCR、明细表 TLR－I、明细表 TLR－G、明细表 DLR－I、明细表 DLR－G、明细表 ULR－I、明细表 ULR－G、明细表 THR－I、明细表 THR－G、明细表 DHR－I、明细表 DHR－G、明细表 CR、明细表 RC－1、明细表 RC－2、明细表 PRR、明细表 LRR、明细表 RCH 的格式和要求披露准备金负债的以下信息：

（1）保险业务责任准备金

①财产保险、人寿保险、健康保险、意外伤害保险业务的分保（转分保）前责任准备金；

②个人业务、团体业务的分保（转分保）前责任准备金。

其中，人寿保险公司和健康保险公司应当按照本规则的规定填列按照法定最低标准评估的责任准备金。

未决赔款准备金中的已发生已报案未决赔款准备金和已发生未报案未决赔款准备金（IBNR）中均应当将理赔费用准备金考虑在内。

（2）直接保险公司的财产保险业务准备金

①不同险种的责任准备金；

②分保（转分保）前、分保（转分保）后的责任准备金。

其中，对于机动车辆法定第三者责任保险，应当采用三百六十五分之一法评估其未到期责任准备金。

（3）直接保险公司的人寿保险业务责任准备金

①传统寿险、分红寿险、万能寿险业务的法定最低责任准备金；

②个人业务、团体业务的法定最低责任准备金；

③直接业务和分入业务、分出业务责任准备金的评估基础（评估利率、生命表或发病率表）和评估方法、保单数量、承保人数（团体业务）、有效保额、法定最低责任准备金（有效保单责任准备金、效力中止保单责任准备金、未决赔款准备金）、风险保额。

保险公司在按照个人、团体业务填列明细表时，通过各种代理渠道（包括银行代理、邮政代理等）销售的产品均应当按照承保对象区分为个人、团体业务分别填列。

人寿保险附加合同指附加于人身保险合同的以残疾或约定的保险责任为给付条件，提供豁免保险费或提前保险金给付等补充保险利益的保险合同。

（4）直接保险公司的健康保险业务责任准备金

①传统健康保险业务、分红健康保险业务的（法定最低）责任准备金；

②个人业务、团体业务的（法定最低）责任准备金；

③短期健康保险业务、长期健康保险业务的(法定最低)责任准备金；

④直接业务和分入业务、分出业务责任准备金的评估基础(评估利率、生命表或发病率表)和评估方法、保单数量、承保人数(团体业务)、有效保额、(法定最低)责任准备金(有效保单责任准备金、效力中止保单责任准备金、未决赔款准备金)、风险保额。

其中,人寿保险公司和健康保险公司应当按照本规则的规定填列按照法定最低标准评估的责任准备金。

如果同一个健康保险产品中包含两种或两种以上保险责任,不同保险责任应当分开填列。如果确有困难不能分开填列的,则按照主要责任填列。

(5)直接保险公司的意外伤害保险业务责任准备金

①短期意外伤害保险业务、长期意外伤害保险业务的(法定最低)责任准备金；

②直接业务和分入业务、分出业务责任准备金的评估利率、评估方法、保单数量、有效保额、(法定最低)责任准备金、风险保额。

(6)人寿保险公司的承保险种集中度

为了反映人寿保险公司累计的以及报告期内新承保险种责任的集中度,保险公司应当分别披露人寿保险公司法定最低责任准备金占前十位和报告期内新契约法定最低责任准备金占前十位的产品名称、责任准备金、占全部责任准备金比例(或占报告期内新契约责任准备金比例)、责任准备金的评估基础和评估方法、保单数量、有效保额、期交保费占比、产品开始销售和停止销售的时间。

在填列该表时,若公司的险种集中度较高,则填列责任准备金累计占比达到95%的人寿保险或健康保险产品相关信息即可。

(7)专业再保险公司的责任准备金

①财产再保险业务、人身再保险业务的责任准备金；

②不同分保方式的分入保费、保额、转分保前和转分保后责任准备金、风险保额。

(8)责任准备金评估基础变更

财产保险、人寿保险、健康保险、意外伤害保险业务报告期内发生责任准备金评估基础变更的险种类别或产品名称、承保类型、准备金类型、变更内容和对责任准备金的影响。

2. 保险公司应当严格按照明细表DR、明细表SDL、明细表IL、明细表CL的格式和要求披露非准备金负债和或有负债的以下信息：

(1)应付分保款项前十位债权人的名称、所在国(地区)、与本公司的关系、期末及期初账面余额；

(2)应付次级债的债权人名称、与本公司的关系、募集日、利率、付息频率、到期日、剩余年限、账面余额、认可负债价值、实际资本价值以及应付利息的账面余额；

(3)对外保证担保形成的预计负债的债务人名称、与本公司关系、保证担保方式、债务人履行债务的期限、被保证的主债权的金额、担保金额及认可价值；

诉讼事项形成的预计负债的诉讼对方名称、诉讼原因、诉讼现状、诉讼起始时间、诉讼标的和金额及认可价值；

形成预计负债的其他事项的产生原因、现状、发生时间、预计事项结果确定的时间、因该事项被要求的金额和认可价值；

(4)对外保证担保形成的或有负债的债务人名称、与本公司关系、保证担保方式、债务人履行债务的期限、被保证的主债权的金额、担保金额及认可价值。

五、关于附则

本规则及相关问题解答等规定未涉及的负债项目的编报要求，适用国家统一的会计制度。

本规则自2005年度偿付能力报告编报起实施，即2005年度及以后期间的偿付能力报告应当根据本规则编报。

《保险公司偿付能力额度及监管指标管理规定》(保监会令〔2003〕1号)及《保险公司偿付能力报告编报规则——问题解答第2号：次级债、可转换债券、股票和境外外汇投资资产》中有关负债的规定同时停止执行。

明细表及填表说明(略)

《保险公司偿付能力报告编报规则第7号：投资连结保险》实务指南

一、关于引言

《保险公司偿付能力报告编报规则第7号：投资连结保险》(以下简称“本规则”)在引言部分指出，其旨在规范保险公司的投资连结保险业务在偿付能力报告中的编报，包括投资连结保险业务形成的资产、负债、综合收益的认可标准及披露要求。

投资连结保险兼有保险保障和投资的功能，投资风险完全由保单持有人承担。投资风险不完全由保单持有人承担的保险业务在偿付能力报告中的编报不由本规则规范。

二、关于定义

(一)投资账户

投资账户，指保险公司根据投资连结保险合同建立的资产单独管理、投资风险完全由保单持有人承担的资金账户。通常所称的“独立账户”是保险公司根据投资连结保险合同为保单持有人投资建立的投资结构、投资策略不同的各种投资账户的总称。

1. 投资账户资产单独管理包含三层含义:一是,保险公司为投资账户在银行和投资代理机构单独设立资金账户;二是,投资账户的资金投资单独运作,不与其他险种资金或保险公司管理的其他资金混合运作,且各投资账户之间的资金也不混合运用;三是,保险公司对投资账户的财务状况和投资损益进行单独核算。

2. 投资账户投资风险完全由保单持有人承担是指,保险公司不向投资连结保险保单持有人保证投资账户的投资收益。保险公司运用保单持有人投入到投资账户中的资金进行投资产生的投资收益完全由保单持有人享有,产生的投资损失完全由保单持有人承担。需要强调的是:

(1)如果保险公司在投资连结保险合同条款中向保单持有人提供最低(或固定)收益保证,则保单持有人只承担了部分投资风险,而不是全部投资风险,这种合同也不符合中国保监会《个人投资连结保险精算规定》。

(2)如果保险公司将公司的资金投入投资账户,则保险公司按照其在投资账户的出资比例享有或承担该投资账户的投资收益或亏损,保单持有人不承担该部分资金的投资风险。即保单持有人只承担其投入投资账户资金的投资风险。

(二)独立账户资产

独立账户资产,指投资连结保险各个投资账户中的投资资产组合。

1. 投资账户资产可以划分为若干等额的投资单位。投资连结保险的投保人以一定数量的投资单位数作为其在投资连结保险各个投资账户的出资额,并按照出资额的比例享有或承担各个投资账户的投资收益或亏损。

2. 投资账户资产包括现金、银行存款、债券投资、买入返售证券、基金投资、股票投资、应收利息和股利等。

3. 投资账户资产的来源一般为投资连结保险的投保人交纳的保费。保险公司将投资连结保险的投保人交纳的保费扣除了初始费用后,按投资单位买入价计算的相应投资单位数转入各个投资账户,就形成了各个投资账户中的资产。此外,保险公司也可能出于投资运作、资金管理等的需要,以购买投资单位数的形式将公司的资金转入投资连结保险的各个投资账户,形成各投资账户中的资产。例如,在投资账户设立初期,资金规模较小的情况下,为了提高投资账户的投资收益率,公司可以投入一部分资金(通常称为种子资金或启动资金),在资金规模达到一定程度后,公司再将该部分资金转出投资账户。

4. 投资账户资产价值等于该投资账户各项资产评估价值的合计数。独立账户资产价值等于各个投资账户资产价值的合计数。

(三)独立账户负债

独立账户负债,指保险公司对投资连结保险提取的单位准备金和投资账户负债。独立账户负债包括两部分:

1. 单位准备金,详细解释见定义(四);

2. 投资账户负债,指在投资账户资产投资过程中形成的卖出回购证券、应付返售证券、应交税金、其他应付款等负债。

(四)单位准备金

单位准备金,指保险公司按照准备金评估日投资连结保险保单持有人享有的投资账户价值提取的责任准备金。它等于保单持有人持有的投资单位数和投资单位价值的乘积。

1. 单位准备金是保险公司为履行其对投资连结保险保单持有人的给付义务而提取的责任准备金。保险公司在投资账户中投入的公司资金只是公司内部资产的转移,不形成公司负债,因此,单位准备金不包括保险公司持有的投资单位对应的投资账户价值。单位准备金的计算公式如下:

单位准备金 = Σ(保单持有人持有的某投资账户的投资单位数 × 该投资账户的投资单位价值) = Σ[(某投资账户的投资单位数 - 保险公司持有该投资账户的投资单位数) × 该投资账户的投资单位价值]

某投资账户的投资单位价值 = 该投资账户价值 ÷ 该投资账户的投资单位数

某投资账户价值 = 该投资账户资产的评估价值 - 该投资账户负债的账面余额

投资账户价值应当按照中国保险监督管理委员会(以下简称"中国保监会")颁布的《个人投资连结保险精算规定》对投资账户价值评估的规定计算。

因此,如果保险公司没有向投资账户投入公司资金,单位准备金和投资账户价值相等,独立账户资产与独立账户负债也相等。如果保险公司向投资账户投入公司资金,单位准备金和投资账户价值就不相等,独立账户资产与独立账户负债也不相等。

2. 单位准备金与按照财政部颁布的《保险公司投资连结产品等业务会计处理规定》计算的独立账户净资产不同:①计算单位准备金使用的是投资账户资产的评估价值,要考虑交易费用,而计算独立账户净资产使用的是投资账户资产的账面价值,不考虑交易费用;②单位准备金包括独立账户未实现利得和损失,而独立账户净资产不包括独立账户未实现利得和损失;③单位准备金要扣除投资账户价值中保险公司享有的部分,而独立账户净资产是投资账户资产减去投资账户负债的余额,未扣除保险公司享有的部分。

三、关于投资连结保险合同形成的资产

(一)投资连结保险合同形成的资产

本规则第3条规定:"保险公司因投资连结保险合同的履行而形成的资产,包括独立账户资产、未转入投资账户的资产和转出投资账户的资产”。其中：

1. 未转入投资账户的资产，是指保险公司按照投资连结保险合同向投保人收取的保费形成的资产中未转入投资账户的部分，主要是扣除的初始费用和买入卖出差价形成的资产。

2. 转出投资账户的资产，是指保险公司按照投资连结保险合同约定从投资账户中转出的资产，包括：

(1)保险公司从投资账户扣除风险管理费、保单管理费、资产管理费、手续费、退保费等费用所转出的资金形成的资产；

(2)由于保单持有人退保或部分领取而转出投资账户、尚未支付给保单持有人的资金形成的资产。

未转入投资账户的资产和转出投资账户的资产不属于独立账户资产，其存在形态可能是银行存款、债券投资、基金投资等。

(二)独立账户资产的认可标准和披露要求

本规则第4条、第5条和第6条规定，独立账户资产为认可资产，以投资账户资产的评估价值作为其认可价值；投资账户资产的评估价值应当按照中国保监会关于投资连结保险投资账户价值评估的规定计算；独立账户资产应当在认可资产表中单独列示。

1. 独立账户资产的认可标准

投资账户的投资风险完全由投资连结保险保单持有人承担，所以，独立账户资产的认可标准与非独立账户资产的认可标准不同，主要体现在以下方面：

(1)认可资产的范围不同。根据《保险公司偿付能力报告编报规则第2号：货币资金和结构性存款》、《保险公司偿付能力报告编报规则第5号：证券回购》等规定，非独立账户资产中的银行存款、买入返售证券等资产不完全都是认可资产。例如，除银行、保险公司、基金管理公司、邮政储蓄机构、社保基金理事会外，保险公司在银行间债券市场与其他交易对手进行封闭式逆回购取得的买入返售证券为非认可资产。而投资连结保险投资账户中的买入返售证券均为认可资产。

(2)认可价值的计量标准不同。非独立账户资产的认可价值按照资产的账面价值计量，只考虑资产减值，不考虑资产升值。独立账户资产的认可价值按照资产的评估价值计量，资产减值和升值均要考虑。例如，对于买断式回购，《保险公司偿付能力报告编报规则第5号：证券回购》及其实务指南规定，逆回购方应当确认待返售证券的跌价损失，正回购方应当确认待回购证券的跌价损失，但是，双方都不确认证券市价上升的利得。而投资连结保险的投资风险完全由保单持有人承担，因此，对于投资账户发生的买断式回购，保险公司应当按市价确定待返售证券和待回购证券的认可价值，确认其利得和损失。

2. 独立账户资产认可价值的确定

根据本规则第5条规定，独立账户资产认可价值的确定也就是各个投资账户资产的评估价值的确定。根据中国保监会现行精算规定，评估投资账户价值时，应按市价对投资账户资产进行估值。投资账户资产的市价应按以下方法确定：上市流通的资产，应当以估值日资产的收盘价或平均价作为其市价，估值日没有交易的，以最近交易日的收盘价或平均价作为其市价；非上市流通的资产，应当以账面价值作为其市价。

为了使不参加交易的其他保单持有人不受投资账户资产交易的影响，对各项资产的估值应当考虑发生的交易费用。即对处于扩张阶段的投资账户资产，应当以资产的市价（买入价）加上假设评估日进行资产交易的交易费用和税金作为其评估价值；对处于收缩阶段的投资账户资产，应当以资产的市价（卖出价）减去假设评估日进行资产交易的交易费用和税金作为其评估价值。用公式表示为：

处于扩张阶段的投资账户的某项资产评估价值＝该项资产的买入价＋假设账户评估日买入该项资产时发生的交易费用和税金

处于收缩阶段的投资账户的某项资产评估价值＝该项资产的卖出价－假设账户评估日卖出该项资产时发生的交易费用和税金

3. 独立账户资产的披露要求

由于独立账户资产的特殊性质和风险，独立账户资产应当在认可资产表中单独列示，并按照本规则第14条规定披露有关明细信息。

（三）未转入及转出投资账户的资产的认可标准和披露要求

本规则第7条规定："保险公司应当按照中国保监会规定的相应资产认可标准和披露要求确定未转入投资账户的资产和转出投资账户的资产的认可价值，并披露有关信息。"保险公司因投资连结保险合同的履行而形成的资产中未转入投资账户以及转出投资账户的资产，已经包含在保险公司的现金、银行存款、债券投资、基金投资等非独立账户资产中。所以，保险公司按规定对各项非独立账户资产进行认可和列报时，就已经对未转入投资账户以及转出投资账户的资产进行了认可和列报。

四、关于投资连结保险合同形成的负债

（一）投资连结保险合同形成的负债

本规则第8条规定："保险公司履行投资连结保险合同而形成的负债包括独立账户负债、非单位准备金和其他负债。"其中：

1. 非单位准备金是指，保险公司按照中国保监会发布的《个人投资连结保险精算规定》提取的非单位准备金。

2. 其他负债是指，保险公司为履行合同义务而确认的除独立账户负债、非单位准备金以外的负债，例如因保险事故发生而应付保单持有人的给付款、应付退保金等。

（二）独立账户负债的认可标准和披露要求

1. 独立账户负债的认可标准

本规则第 9 条规定，独立账户负债为认可负债。其中，保险公司应当以投资连结保险保单持有人享有的投资账户价值作为单位准备金的认可价值，以投资账户负债的账面余额作为其认可价值。

2. 独立账户负债的披露要求

由于投资连结保险的特殊性质和风险，本规则第 10 条规定，独立账户负债应当在认可负债表中单独列示。此外，保险公司还应当按照本规则第 14 条规定披露有关明细信息。

（三）非单位准备金和其他负债的认可标准和披露要求

投资连结保险合同形成的非单位准备金和其他负债按照中国保监会规定的负债认可标准，即《保险公司偿付能力报告编报规则第 6 号：认可负债》的规定确定其认可价值。由于保险公司因投资连结保险合同的履行而形成的非单位准备金和其他负债，已经包含在保险公司的“未到期责任准备金——寿险责任准备金”、“应付赔付款”等负债项目中。所以，保险公司按规定对独立账户负债以外的其他各项负债进行认可和列报时，就已经对上述非单位准备金和其他负债进行了认可和列报。

五、关于投资连结保险合同形成的综合收益

（一）投资连结保险导致的资产和负债变动

本规则第 12 条规定，保险公司因投资连结保险合同的履行而导致的资产变动或负债变动，应当计入当期综合收益。投资连结保险合同的履行会导致保险公司认可资产、认可负债、实际资本发生变动。

导致资产增加或负债减少的事项主要有：

（1）收取投资连结保险保费。

（2）收取风险保费、资产管理费、保单管理费、手续费。由于投资连结保险的保费全部计入承保业务收益中的直接业务保费，因此，保险公司收取的风险保费、资产管理费、保单管理费、手续费不增加公司资产，而是减少了单位准备金负债，从而计入综合收益。

（3）退保或部分领取。退保或部分领取时，退保金增加，单位准备金减少。如果保险公司收取退保费用，退保金的增加额小于单位准备金的减少额，退保或部分领取会减少公司负债。如果保险公司不收取退保费用，退保金的增加额等于单位准备金的减少额，退保或部分领取使独立账户资产和独立账户负债等额同增同减。

(4)保险公司计提的非单位准备金减少。

(5)保险公司投入投资账户的资金产生投资收益。

(6)保单持有人投入投资账户的资金产生投资收益(或损失)。

导致资产减少或负债增加的事项有:

(1)收取的保费转入投资账户使单位准备金增加。

(2)给付保险金。发生保险事故给付保险金会导致单位准备金减少,给付增加。对于没有风险保障的团体投资连结保险,给付保险金使独立账户资产和独立账户负债等额同增同减。

(3)保险公司计提的非单位准备金增加。

(4)保险公司投入投资账户的资金产生投资损失。

(5)保单持有人投入投资账户的资金产生投资损失(或收益)。

除保单持有人享有的投资账户投资收益或损失引起的资产负债变动外,上述资产负债变动均计入承保业务收益或投资业务收益。

(二)投资账户投资收益对保险公司综合收益的影响

1. 投资账户收益是保险公司运用投资账户资产投资所产生的投资收入或损失。包括已实现投资收益和未实现投资收益两部分。已实现投资收益包括债券投资收益、基金投资收益、股票投资收益、存款利息收入、买入返售证券收入、卖出回购证券支出、利息支出、营业税金及附加等。

2. 投资连结保险的投资风险完全由保单持有人承担,投资收益或损失完全由保单持有人享有或承担。因此,投资连结保险投资账户产生的投资损益不应当计入保险公司的综合收益。但是,按照现行精算规定和会计制度,评估单位准备金时按市价确定投资账户资产价值,因此,投资账户投资收益(或损失)引起的单位准备金增加(或减少),会减少(或增加)保险公司的综合收益中的承保业务收益,最终影响综合收益。因此,在确定保险公司的综合收益时,要剔除投资连结保险投资账户的投资收益对综合收益的影响,详细说明见《保险公司偿付能力报告编报规则第9号:综合收益》实务指南。

3. 如果保险公司对投资账户投入了资金,保险公司应当按照投资比例承担投资风险,将投资账户的投资收益中保险公司享有的部分计入保险公司的综合收益,即计入投资业务收益。

保险公司享有的投资账户投资收益 = Σ[投资账户投资收益 ×(保险公司持有的投资账户单位数 ÷ 投资账户单位数)]

保单持有人享有的投资账户投资收益 = Σ[投资账户投资收益 ×(投资账户单位数 - 保险公司持有的投资账户单位数) ÷ 投资账户单位数]

六、关于披露

保险公司应当按照明细表 IL－1、明细表 IL－2、明细表 IL－3 的格式和内容披露投资连结保险投资账户的以下信息：

1. 各投资账户中银行存款、债券投资、买入返售证券、基金投资、股票投资等资产的期末评估价值和评估原则。

2. 各投资账户中卖出回购证券、应交税金等负债的期末账面余额。

3. 各投资账户期末的投资账户价值、投资单位数、保险公司享有的投资单位数、投资单位价值、单位准备金。

4. 报告期间各投资账户的投资收益，包括导致资产增加或负债减少的债券投资收益、基金投资收益、股票投资收益、存款利息收入、未实现利得等，导致资产减少或负债增加的卖出回购证券支出、未实现损失等。

5. 报告期间各投资账户价值的增减变动情况，包括保单持有人投入和收回的资金、保险公司收取的费用、投资账户的投资收益等情况。

七、关于附则

本规则及相关问题解答等规定未涉及的保险公司投资连结保险业务的编报要求，适用国家统一的会计制度。

本规则自 2005 年度偿付能力报告编报起施行，即 2005 年度及以后期间的偿付能力报告应当根据本规则编报。《保险公司偿付能力额度及监管指标管理规定》（保监会令〔2003〕1 号）中有关投资连结保险业务的规定同时停止执行。

明细表及填表说明（略）

《保险公司偿付能力报告编报规则第 8 号：实际资本》实务指南

一、关于引言

《保险公司偿付能力报告编报规则第 8 号：实际资本》（以下简称“本规则”）在引言部分指出，其旨在规范保险公司的实际资本在偿付能力报告中的编报，包括实际资本的定义、实际资本表和实际资本变动表的编报要求、有关明细表的披露要求。

保险公司应当通过备查簿记录实际资本增减变动情况，以助于提高偿付能力报告的信息质量和编报效率。

二、关于定义

（一）实际资本

实际资本，指保险公司的认可资产减去认可负债后的余额。实际资本包括投入资本、剩余综合收益和计入实际资本的资本性负债。本规则定义的实际资本，就是《保险公司偿付能力额度及监管指标管理规定》(保监会令〔2003年〕1号)中的实际偿付能力额度。

1. 实际资本的特征

实际资本是认可资产减去认可负债后的余额。这一定义体现了实际资本的以下基本特征：

(1)永久的(或长期的)、无限制的。永久的(或长期的)，即实际资本没有到期期限(或者期限很长)；无限制的，即没有任何条件或情况(如担保、冻结或其他第三方权益)限制保险公司用实际资本履行对保单持有人的赔付义务。

(2)易于吸收风险损失。实际资本应当具有较好的流动性，风险较低。例如，保险公司在国有商业银行存款的风险较低，属于认可资产，应计入实际资本；保险公司在信用社的存款信用风险较高，属于非认可资产，就不能计入实际资本。

(3)清偿顺序在保单责任和其他债务之后。保险公司清算时，在履行完对保单持有人的赔付义务和其他债务(如所欠税款、所欠职工工资)之前，实际资本出资人无权动用实际资本。

2. 实际资本与所有者权益的区别

实际资本与通用会计报表中的所有者权益不同。主要表现在以下几方面：

(1)性质不同。实际资本是保险公司能够履行对保单持有人赔付义务的资本。所有者权益是所有者在企业中享有的经济利益。

(2)目的不同。评估实际资本的目的是为了衡量保险公司的偿付能力。确认所有者权益的目的是为了衡量所有者在企业中享有的经济利益，评价企业的财务状况和管理者的经营业绩。

(3)构成不同(详细区别见本指南第三部分——关于实际资本的构成)。实际资本包括投入资本、剩余综合收益和计入实际资本的资本性负债，这种构成反映了实际资本的质量和形成原因。所有者权益包括实收资本(或股本)、资本公积、盈余公积和未分配利润，这种构成反映了各所有者享有的权益。

(4)确认和计量标准不同。实际资本是认可资产与认可负债的差额，所有者权益是资产与负债的差额。由于偿付能力报告的目的和通用会计报表的目的不同，因此，认可资产与资产、认可负债与负债的确认、计量标准不同，所有者权益和实际资本的确认、计量标准也不同。例如，保险公司募集的次级债不确认为所有者权益，但可以按照一定比例确认为实际资本。再如，偿付能力评估时不需要区分盈余公积和未分配利润，因为，它们都是保险公司内部资本积累的一部分，在履行对保单持有人赔付义务的能力上没有区别。

（二）资本交易

导致实际资本总额增减变动的原因有两种。一种是资本交易，指保险公司与实际资本出资人之间发生的导致实际资本总额增减变动的经济活动。另一种是非资本交易和事项，主要是保险公司在经营活动中发生的各类交易和事项。因此，实际资本与认可资产、认可负债之间的关系可以表述为下面的等式。

期末实际资本＝期末认可资产－期末认可负债

＝（期初认可资产－期初认可负债）＋本期资本交易导致的实际资本变动＋本期非资本交易和事项导致的实际资本变动（即本期综合收益）

资本交易导致的实际资本变动，反映了外部资本投入对保险公司实际资本的影响；非资本交易和事项导致的实际资本变动，反映了保险公司经营活动对实际资本的影响。本规则主要规范资本交易所导致的实际资本总额的增减变动在偿付能力报告中的编报，非资本交易和事项导致的实际资本总额的增减变动（即综合收益）在偿付能力报告中的编报由《保险公司偿付能力报告编报规则第9号：综合收益》规范。

资本交易有两个特点：一是，资本交易是保险公司与实际资本出资人之间的交易，实际资本出资人包括保险公司的所有者（股东）、向保险公司无偿捐赠财产物资的捐赠人、购买保险公司发行的次级债的债权人等。保险公司与投保人、其他债权人之间发生的销售保单、债务重组等交易不属于资本交易。保险公司与实际资本出资人之间发生的销售保单、提供咨询服务和资产管理服务等交易也不属于资本交易。二是，资本交易会导致保险公司实际资本总额发生增减变动，保险公司与实际资本出资人之间发生的不导致实际资本总额增减的交易不属于资本交易，例如，盈余公积转增资本、资本公积转增资本和分配股票股利等事项不会导致实际资本总额增加或减少，也不会使实际资本内部结构发生变动，因此，不属于资本交易。

导致实际资本增加的资本交易包括但不限于：

（1）保险公司接受所有者投入的资本，如公开发行股票；

（2）保险公司募集资本性负债，如募集次级债；

（3）保险公司接受捐赠资产。

导致实际资本减少的资本交易包括但不限于：

（1）保险公司减少注册资本；

（2）保险公司偿还资本性负债，如向次级债债权人偿还次级债；

（3）保险公司分配现金股利（或利润）。

三、关于实际资本的构成

从资本的来源看，实际资本可以分为两部分：外部获得的实际资本和内部积累的实际资本。外部获得的实际资本包括保险公司所有者投入的资本金、保险公司接受的捐赠资产、募集的资本性负债。内部积累的实际资本是保险公司通过非资本交易和事项形成的实际资本,即综合收益。从资本的质量看,实际资本分为核心资本和附属资本,核心资本包括投入资本和剩余综合收益,附属资本包括资本性负债。因此,本规则将实际资本分为投入资本、剩余综合收益和计入实际资本的资本性负债三部分。

(一)实际资本的构成

1. 投入资本

投入资本,指保险公司的所有者和捐赠者通过资本交易投入的资本。投入资本来源于两个方面:(1)保险公司所有者投入的货币资金;(2)保险公司接受的现金和非现金资产捐赠。所有者投入的资本和捐赠者捐赠的资本有一个根本区别,即前者是为了获取享有公司经济利益的权利而投入的资本,后者则无此目的。因此,保险公司所有者捐赠的资产不计入所有者投入的资本,而是计入捐赠者捐赠的资本。

保险公司所有者通过非资本交易和事项投入的资本不属于投入资本,例如,保险公司用盈余公积和未分配利润转增的资本不计入投入资本,仍在剩余综合收益中反映。

2. 剩余综合收益

剩余综合收益,指保险公司的综合收益减去分配的现金股利(或利润)后的余额,其中:

(1)综合收益是指保险公司按照《保险公司偿付能力报告编报规则第9号:综合收益》所确定的综合收益。

(2)分配的现金股利(或利润)是指保险公司根据《公司法》等法规向所有者分配的现金股利(或利润)。

期末剩余综合收益=期初剩余综合收益+(本期综合收益-本期分配的现金股利或利润)

3. 计入实际资本的资本性负债

计入实际资本的资本性负债,指保险公司按照《保险公司偿付能力报告编报规则第6号:认可负债》的规定不确认为认可负债而计入实际资本的资本性负债。资本性负债通常具有债务和权益双重属性,可以履行对保单持有人的赔付义务,随着剩余期限的缩短,资本性负债的负债性质逐渐增强,资本性质逐渐减弱。因此,资本性负债不应当全部确认为认可负债,而应当将部分资本性负债计入实际资本。计入实际资本的资本性负债金额,等于资本性负债的账面余额与其确认为认可负债的认可价值之间的差额。

目前我国保险公司的资本性负债主要是募集的次级债。由于次级债具有期限较长(一般在5年以上),清偿顺序在保单责任和其他负债之后,只有偿付能力达到监管标准才能偿还本息等特点，在未到偿还期以前，可以充当吸收保险公司未来风险损失的实际资本。因此《保险公司偿付能力报告编报规则第 6 号：认可负债》按照次级债剩余期限的长短，规定了次级债确认为认可负债的标准。相应的，保险公司应当根据该标准将不确认为认可负债的次级债计入实际资本。

（二）实际资本与所有者权益内部构成的比较

虽然实际资本和所有者权益有本质区别，但是，实际资本和所有者权益的主要来源都是所有者投入的资本和公司经营过程中形成的内部资本积累，其内部构成有一定的对应关系（见表 1）。

1. 实际资本中的投入资本与所有者权益中的实收资本、资本公积之间的关系。从偿付能力评估的角度看，所有者权益中的实收资本（或股本）和资本公积分为两部分：

（1）所有者和捐赠者通过资本交易投入的资本，属于本规则实际资本中的投入资本，包括：①实收资本（或股本）和资本（或股本）溢价中所有者通过资本交易投入的部分；②资本公积中的外币资本折算差额、现金捐赠、非现金资产捐赠准备和转入其他资本公积中的非现金资产捐赠准备。

（2）非资本交易和事项产生的实收资本和资本公积，属于本规则实际资本中的剩余综合收益。包括公积金转增资本和分配股票股利形成的实收资本（或股本）和资本（或股本）溢价、资本公积中的股权投资准备、关联方交易差价、债务重组收益等。

表 1　实际资本内部构成与所有者权益内部构成对照表

实际资本		所有者权益
投入资本	所有者投入的资本	（1）实收资本（或股本）中所有者通过资本交易投入的部分、用资本（或股本）溢价转增的部分； （2）所有者通过资本交易投资形成的资本（或股本）溢价； （3）外币资本折算差额。
	捐赠者捐赠的资本	资本公积中的现金捐赠和非现金资产捐赠准备（包括转入其他资本公积的非现金资产捐赠准备）。
剩余综合收益		（1）实收资本（或股本）中用资本（或股本）溢价、捐赠资产以外的其他资本公积、留存收益转增的部分； （2）分配股票股利和盈余公积转增资本形成的资本（或股本）溢价； （3）资本公积中的股权投资准备、关联方交易差价、债务重组收益等； （4）盈余公积； （5）总准备金； （6）未分配利润。
计入实际资本的资本性负债		——

2. 实际资本中的剩余综合收益与所有者权益中的留存收益之间的关系。留存收益是保险公司尚未向所有者分配的利润和具有特定用途的公积金,剩余综合收益则是非资本交易和事项以及分配现金股利导致的认可资产或认可负债的变化。因此,剩余综合收益与留存收益不仅性质不同,内部构成不同,而且,金额通常也不相等。

四、关于实际资本表和实际资本变动表的编报

偿付能力报表体系分为三个层次。第一层次报表是主表,包括认可资产表、认可负债表、实际资本表、风险资本表等;第二层次报表是附表,包括实际资本变动表、综合收益表等;第三层次报表是明细表。主表反映了保险公司特定时点的实际资本和风险资本总额及构成情况;附表反映了实际资本的变动情况和原因,是对主表信息的解释和补充;明细表则提供主表和附表各项目的明细信息,便于信息使用者进一步评价保险公司的偿付能力和面临的风险。

(一)实际资本表的编报

1. 实际资本表反映特定日期保险公司的实际资本总额及构成情况。

2. 编制年度实际资本表时,实际资本表中“期初数”栏内各项数字,应当根据上年末实际资本表“期末数”栏内所列数字填列。编制季度实际资本表时,实际资本表中“期初数”栏内各项数字,应当根据上季末实际资本表“期末数”栏内所列数字填列。

3. 实际资本表中“期末数”栏内各项目的内容及填列方法:

(1)“投入资本”项目,反映保险公司所有者和捐赠者通过资本交易投入的资本。本项目包括所有者投入的资本和捐赠者捐赠的资本两个明细项目。“所有者投入的资本”明细项目应当根据保险公司所有者通过资本交易累计投入的资本的金额填列。“捐赠者捐赠的资本”明细项目应当根据捐赠者累计捐赠的资产的金额填列,保险公司接受捐赠资产应当交纳的企业所得税,不计入捐赠资本。

(2)“剩余综合收益”项目,反映非资本交易和事项所形成的实际资本扣除分配的现金股利(或利润)后的余额。本项目应当根据实际资本表中“剩余综合收益”项目“期初数”栏所列数字加上本期综合收益表中“综合收益”项目“本年数”栏(或“本季度数”栏)所列数字,减去本期分配的现金股利(或利润)后的余额填列。

(3)“计入实际资本的资本性负债”项目,反映保险公司不确认为认可负债而计入实际资本的资本性负债。本项目应当根据资本性负债的期末账面余额减去认可负债表中资本性负债的期末认可价值后的余额填列。

(二)实际资本变动表的编报

1. 实际资本变动表反映保险公司一定时期内实际资本及其组成部分的变动情

况。实际资本变动表分为两部分：第一部分是资本交易导致的实际资本增减变动情况；第二部分是非资本交易和事项导致的实际资本增减变动情况。由于非资本交易和事项导致的实际资本增减变动较为复杂，其具体变动情况在综合收益表中反映。

2. 实际资本变动表中“上年数”栏内各项数字，应当根据上年实际资本变动表“本年数”栏内所列数字填列。

3. 实际资本变动表中“本年数”栏内各项目的内容及填列方法：

（1）“新增投入资本”项目，反映报告期内所有者和捐赠者通过资本交易投入保险公司的资本。本项目应当根据报告期内所有者投入资本金额和捐赠者捐赠资本金额的合计数填列。本项目下的“所有者投入的资本”明细项目应当根据本期所有者通过资本交易投入资本的发生额分析填列。本项目下的“捐赠者捐赠的资本”明细项目应当根据本期捐赠资产的发生额分析填列。

（2）“计入实际资本的资本性负债增加额”项目，反映报告期内保险公司不确认为认可负债的资本性负债增加金额。本项目应当根据新募集资本性负债的账面余额，延长剩余期限的资本性负债确认为认可负债部分的认可价值减少额分析填列。

（3）“减少注册资本导致的实际资本减少”项目，反映报告期内因保险公司减少注册资本而减少的实际资本。本项目应当按照减少注册资本的金额或购回股票支付的价款填列。减少注册资本导致的实际资本减少额应当全部作为所有者投入资本的减少额。

（4）“计入实际资本的资本性负债减少额”项目，反映报告期内保险公司由于偿还资本性负债或募集的资本性负债剩余期限缩短所导致的不确认为认可负债的资本性负债的减少金额。本项目应当根据剩余期限缩短的资本性负债确认为认可负债部分的认可价值增加额分析填列。

（5）“分配现金股利（或利润）”项目，反映报告期内保险公司分配的现金股利（或利润）。本项目应当根据报告期内分配的现金股利（或利润）的金额填列。

（6）“本期综合收益”项目，反映报告期内非资本交易和事项导致的实际资本的变动。本项目应当根据本年综合收益表中“综合收益”项目的“本年数”栏所列数字填列。

（三）首次采用本规则编报实际资本表和实际资本变动表

本规则颁布实施后，保险公司首次编报实际资本表时，应当按照以下原则确定实际资本表各项目的期初余额：

1. 根据以往各年会计账簿记录的所有者通过资本交易投入的资本的发生额分析计算所有者累计投入的资本金额，作为“所有者投入的资本”项目的期初余额；

根据以往各年会计账簿记录的捐赠资产的发生额分析计算捐赠者累计捐赠的资本金额,作为“捐赠者捐赠的资本”项目的期初余额。

2. 剩余综合收益的期初余额 = 认可资产期初余额 - 认可负债期初余额 - 投入资本期初余额 - 计入实际资本的资本性负债的期初余额

3. 计入实际资本的资本性负债的期初余额根据编报规则第 6 号的规定计算确定。

〔例 1〕甲人寿保险股份有限公司于 1998 年成立,成立时股本 4 亿元(每股面值 1 元)。该公司 2005 年初认可资产为 220 亿元,认可负债为 200 亿元;2005 年综合收益为 5100 万元。已知该公司成立以来有以下事项:

(1)2000 年 6 月增资扩股 2 亿股,募集资金 3.5 亿元;2003 年 3 月增资扩股 1 亿股,募集资金 4 亿元;

(2)2002 年接受股东捐赠固定资产 2000 万元(已扣除应交所得税);

(3)2003 年 10 月用股本溢价 1 亿元转增股本;

(4)2004 年 10 月募集 6 年期次级债 10 亿元,每年付息一次;

(5)2005 年以前该公司没有分配过股利。2005 年 7 月宣布每 10 股送 1 股(按面值计算)派 0.2 元,分配股票股利的金额为 8000 万元,分配现金股利的金额为 1600 万元。2005 年 8 月分派股利。

根据上述资料可以得出 2005 年该公司实际资本各项目的年初余额分别为:

年初投入资本 = 所有者历年投入的资本(4 亿元 + 3.5 亿元 + 4 亿元) + 捐赠者历年捐赠的资本 0.2 亿元 = 11.7 亿元

年初剩余综合收益 = 认可资产 220 亿元 - 认可负债 200 亿元 - 投入资本 11.7 亿元 - 计入实际资本的资本性负债 10 亿元 = -1.7 亿元

年初计入实际资本的资本性负债 = 资本性负债的期初账面余额 10 亿元 - 期初认可价值 0 = 10 亿元(编报规则第 6 号规定,剩余年限在 4 年以上的次级债的认可价值为 0)

2005 年该公司实际资本各项目的年末余额分别为:

年末投入资本 = 年初投入资本 11.7 亿元 + 本年所有者和捐赠者投入的资本 0 亿元 = 11.7 亿元

年末剩余综合收益 = 年初剩余综合收益(-1.7 亿元) + 本年综合收益 0.51 亿元 - 分配的现金股利 0.16 亿元 = -1.35 亿元。

年末计入实际资本的资本性负债 = 年初计入实际资本的资本性负债 10 亿元 - 认可负债表中资本性负债的认可价值变动额 0 = 10 亿元

表2　2005年甲公司实际资本和所有者权益对照表

（单位:万元）

实际资本			所有者权益		
项目	期初	期末	项目	期初	期末
投入资本	117000	117000	股本	80000	88000
其中:所有者投入资本	115000	115000	资本公积	37000	37000
捐赠者捐赠资本	2000	2000	其中:股本溢价	35000	35000
剩余综合收益	－17000	－13500	盈余公积	1500	3200
资本性负债	100000	100000	未分配利润	4000	9000
实际资本合计	200000	203500	所有者权益合计	122500	137200

从本例可以看到:

(1)该公司实际资本的主要来源是外部资本投入,其内部资本积累能力还比较差。2005年该公司实际资本增加的主要原因是,经营活动产生了5100万元的实际资本。

(2)所有者投入的资本既包括股本7亿元,也包括股本溢价4.5亿元。由于发生转增资本事项,实际资本中的投入资本不等于所有者权益中股本和资本公积之和。

(3)转增资本不会改变实际资本的来源和实际资本的内部构成,但是转增资本会引起所有者所持股份变化和所有者权益内部结构变化。因此,编报实际资本表和实际资本变动表时,不需要考虑转增资本的行为,而在编制通用会计报表时,要反映转增资本所引起的所有者权益内部结构的变化。在本例中,投入资本和剩余综合收益不因为转增资本而发生变化,但所有者权益内部结构发生了变化(见表2)。

(4)由于计算剩余综合收益时要扣除非认可资产,因此,剩余综合收益与留存收益在金额上可能相差很大。

(三)实际资本表与其他偿付能力报表之间的勾稽关系

实际资本表与其他偿付能力报表、通用会计报表之间的勾稽关系主要体现在以下几个方面:

1.实际资本表与认可资产表、认可负债表之间的勾稽关系。实际资本是认可资产减去认可负债后的余额,因此,实际资本表中"实际资本合计"项目"期末数"栏所列数字,应当等于认可资产表"资产合计"项目"期末认可价值"栏所列数字减去认可负债表"认可负债合计"项目"期末数"栏所列数字后的余额。

2.实际资本表与实际资本变动表之间的勾稽关系。实际资本表"期初数"栏的各个项目金额加上和减去实际资本变动表有关项目增加数和减少数，应当等于实际资本表“期末数”栏的各个项目金额。

某项实际资本期末余额 = 该项实际资本期初余额 ± 本期资本交易导致的该项实际资本变动额 ± 本期非资本交易和事项导致的该项实际资本变动额

3. 实际资本变动表与综合收益表之间的勾稽关系。实际资本变动表中的“本期综合收益”项目“本年数”栏所列数字应当等于综合收益表“综合收益”项目“本年数”栏所列数字。

4. 实际资本表与明细表之间的勾稽关系。实际资本表中“计入实际资本的资本性负债”项目“期末数”栏所列数字等于明细表 SDL 中“应付次级债的认可价值”项目“实际资本价值”栏所列数字。

5. 实际资本表与通用会计报表之间的勾稽关系。正如前述所言，实际资本与所有者权益的内部构成存在一定的对应关系，因此，实际资本表与通用会计报表某些项目的金额相等。例如，“分配的现金股利(或利润)”项目本期发生额应当与利润分配表中“应付优先股股利”、“应付普通股股利”项目的本期发生额合计数相等。再如，如果没有转增资本和资本溢价的情况，实际资本表“所有者投入资本”项目“期末数”栏所列数字，应当等于同期资产负债表中所有者权益部分“实收资本(或股本)”项目“期末数”栏所列数字。

保险公司应当根据上述勾稽关系，校验编制的实际资本表、实际资本变动表中数字的准确性。

五、关于披露

保险公司应当严格按照明细表 AC-1、明细表 AC-2、明细表 AC-3 的格式和要求披露以下信息：

1. 期末和期初的股权结构及报告期间的股权结构变动，包括按所有者类别、上市流通和非上市流通、境内上市和境外上市等分别列示的股权结构，以及报告期间由于增资、股权转让所导致的股权结构变化。

2. 期末前十大所有者及持股情况，包括：

(1)所有者基本情况；

(2)所持股份的类别、数量，所持股份状态；

(3)所有者在董事会和监事会中的席位；

(4)前十大所有者之间的关联方关系，前十大所有者与非前十大所有者之间的关联方关系。但仅持有上市流通社会公众股、且持股比例不超过 5% 的所有者不包括在内。

3. 股权转让情况，包括转让时间、转让双方名称、转让股份数量或出资额、转让价格等。上市流通股的转让情况不需要披露。

六、关于附则

保险公司编报偿付能力报告时，应当按照本规则确定各项实际资本的期末余额和变动情况，编报实际资本表和实际资本变动表。本规则及相关问题解答等规定未涉及的有关实际资本的编报要求，适用国家统一的会计制度。

本规则自2005年度偿付能力报告编报起施行，即2005年度及以后期间的偿付能力报告应当根据本规则编报。

明细表及填表说明（略）

《保险公司偿付能力报告编报规则第9号：综合收益》实务指南

一、关于引言

《保险公司偿付能力报告编报规则第9号：综合收益》（以下简称"本规则"）在引言部分指出，其旨在规范保险公司的综合收益在偿付能力报告中的编报，包括综合收益的定义、综合收益的构成、综合收益表的编报要求、明细信息的披露要求等。

综合收益是实际资本变动的重要组成部分。通过分析综合收益可以了解保险公司实际资本变动的原因，评价保险公司内部资本积累能力和偿付能力的未来发展趋势。保险公司应当通过备查簿记录各类交易和事项产生的综合收益，以助于提高偿付能力报告的信息质量和编报效率。

二、关于定义

本规则第2条将综合收益定义为"除了资本交易以外的交易和事项导致的保险公司实际资本的变动"。

（一）采用综合收益观确定综合收益

除了《保险公司偿付能力报告编报规则第8号：实际资本》所定义的资本交易以外的交易和事项导致的认可资产和认可负债的变动都应当计入综合收益。其中：

1. 资本交易以外的交易（即非资本交易）是指保险公司在承保业务、投资业务、受托管理业务、其他业务中发生的交易，如销售保单、债券投资、债务重组、财产转让等。保险公司向实际资本出资人（股东、次级债债权人等）销售保单、提供保险咨询服务和资产管理服务等交易均属于非资本交易。

2. 资本交易以外的事项是指由于市场价格、财产变现环境等因素造成的资产认可价值的增加或减少，如房地产评估增值、计提的资产减值准备等。

（二）采用资产负债观计量综合收益

按照资产负债观，收益是企业某一特定时期内未来经济利益（资产或资本）的净增加额。具体对综合收益而言,综合收益是保险公司某一特定时期内资本交易以外的交易和事项导致的实际资本的净增加额,即认可资产的净增加额或认可负债的净减少额。因此,确定综合收益就是确定认可资产和认可负债的变动额。

1. 偿付能力评估的目的是评价保险公司的资产是否足以履行对保单持有人的赔付义务,因此,偿付能力的变动直接体现为认可资产和认可负债的变化,用资产负债观计量综合收益更符合偿付能力评估目的。

2. 确定综合收益的目的是为了分析实际资本增减变动的原因,评价保险公司经营活动对偿付能力的影响。因此,如果保险公司的某些经营活动导致资产和负债等额同增同减,即不导致实际资本的增减,这类资产或负债的变动不应当计入综合收益。例如,保险公司通过借款等对外融资引起资产和负债等额同增同减,支付其他应付款引起资产负债等额同增同减,都不计入综合收益。

(三)综合收益与净利润之间的关系

综合收益和通用会计报表中的净利润是两个完全不同的概念。确定综合收益的目的是为了分析保险公司实际资本的变动情况,确定净利润的目的是为了向股东等信息使用者提供评价保险公司的盈利能力和管理层经营业绩的信息。因此,两者金额可能并不相等。具体而言,主要有以下项目导致综合收益与净利润之间出现差异(见表1)。

1. 责任准备金变动额。《保险公司偿付能力报告编报规则第6号:认可负债》(以下简称"编报规则第6号")规定,寿险公司和健康险公司的责任准备金的认可价值根据中国保监会规定的法定最低标准评估。而这些公司编制通用会计报表时,责任准备金依据精算结果确定。如果编制通用会计报表时,实际提取的责任准备金大于根据法定最低标准提取的责任准备金,计算净利润的责任准备金变动额与计算综合收益的责任准备金变动额就不相等。如果编报偿付能力报告和编制通用会计报表时采用的准备金评估政策相同,则计算综合收益和净利润的责任准备金变动额相等。

2. 债务重组收益、关联交易差价。根据本规则,资本交易以外的交易和事项导致的资产或负债的变动计入综合收益,因此,偿付能力评估时,保险公司应当将债务重组收益计入综合收益的"营业外收入"项目,将各种关联交易差价按照其产生的交易类型计入相应的综合收益项目。编制通用会计报表时,债务重组收益、关联交易差价不计入当期损益,而计入资本公积。

3. 房地产评估增值。《保险公司偿付能力报告编报规则第1号:固定资产、土地使用权和计算机软件》(以下简称"编报规则第1号")规定,保险公司可以根据中国保监会的规定对房地产进行评估,并将房地产评估增值确认为认可资产。因此,本规则规定房地产评估增值变动计入当期综合收益。但编制通用会计报表时,一般都按照历史成本计量房地产，不确认房地产评估增值。

4. 投资资产非经营性增值。被投资单位增资扩股或接受捐赠导致保险公司投资资产增加，属于非资本交易和事项导致的资产变动，因此，本规则规定该项资产变动计入当期综合收益。编制通用会计报表时，投资资产的这种变动应计入资本公积和长期股权投资的股权投资准备。

表1 综合收益与净利润的主要差异

项目	综合收益	净利润
责任准备金变动额	寿险公司和健康险公司按照法定最低标准确定责任准备金的认可价值	按照有关精算规定提取
债务重组收益、关联交易差价	债务重组收益计入营业外收入；关联交易差价按照交易类型计入相应综合收益项目。	计入资本公积、不计入当期损益
房地产评估增值	计入其他收益	不确认资产评估增值
投资资产非经营性增值	计入其他收益	计入资本公积
所得税	当期应当缴纳的所得税	应付税款法下是当期应当缴纳的所得税；纳税影响会计法下是应缴纳的所得税和递延税款贷项或借项。
资产的非认可价值变动	按照编报规则确定的资产非认可价值的变动应当计入当期综合收益，包括计提的资产减值准备。	不确认资产的非认可价值，仅将计提的资产减值准备计入当期损益
对外保证担保形成的或有负债	期末认可价值与期初认可价值的差额计入综合收益。	表外披露
对外保证担保形成的预计负债	如果该项负债的账面余额低于担保金额的50%，按认可价值变动额计入综合收益；如果该项负债的账面余额不低于担保金额的50%，按账面余额变动额计入综合收益。	将账面余额（最佳估计数）变动额计入当期损益
对外抵押、质押担保形成的预计负债	认可价值为0，不计入当期综合收益	将账面余额（最佳估计数）变动额计入当期损益

5. 所得税。导致实际资本发生变动的是保险公司当期实际应当缴纳的所得税。因此，综合收益中的所得税是保险公司按照税法确定的当期应当缴纳的企业所得税。相应的在认可资产表和认可负债表中不应当确认递延税款借项或递延税

款贷项。编制通用会计报表时可以采用应付税款法或纳税影响会计法核算所得税费用，所得税费用不一定等于当期应当缴纳的企业所得税。

6. 资产的非认可价值变动。评估偿付能力时，保险公司应当根据有关编报规则确定资产的非认可价值，不仅包括计提的资产减值准备，还包括抵押的资产、机器设备等非认可资产，其报告期间的变动反映了资本交易以外的交易和事项导致的认可资产的变动，因此，资产的非认可价值的变动都计入综合收益。编制通用会计报表时，保险公司仅对资产计提相应的减值准备，并计入当期损益。

7. 对外担保形成的或有负债和预计负债。编报规则第6号规定对外保证担保形成的或有负债为认可负债，认可价值的变动计入当期综合收益；编制通用会计报表时，对外保证担保形成的或有负债不符合负债的定义，其增减变动不计入当期损益，而是在表外披露。编报规则第6号规定，对外保证担保形成的预计负债的认可价值不得低于担保金额的50%，对外抵押、质押担保形成的预计负债认可价值为0，认可价值与账面余额的不同，使上述负债计入当期综合收益的认可价值变动额与计入当期损益的账面余额变动额不同。（详见本指南第三部分“关于综合收益的构成”）

三、关于综合收益的构成

（一）综合收益的构成

本规则第3条规定，综合收益包括承保业务收益、投资业务收益、受托管理业务收益、其他收益、资产的非认可价值变动额、或有负债和预计负债认可价值变动额。承保业务收益、投资业务收益、受托管理业务收益、其他收益反映了各类业务导致的资产或负债的变动，资产的非认可价值变动反映了各类业务导致的资产非认可价值的变动，或有负债和预计负债认可价值变动反映了各类业务导致的或有负债和预计负债认可价值的变动。这六部分都属于实际资本的变动，其总和就是非资本交易和事项导致的认可资产和认可负债的变动净额。

综合收益＝承保业务收益＋投资业务收益＋受托管理业务收益＋其他收益－资产的非认可价值变动额－或有负债和预计负债认可价值变动额

1. 承保业务收益，是指保险公司承保业务导致的资产或负债的变动结果。承保业务导致的资产增加或负债减少的项目包括：直接业务保费和分入保费。其中，投资连结保险的全部保费应当在直接业务保费中反映。

承保业务导致的资产减少或负债增加的项目包括：

（1）分出保费；

（2）赔款（减：摊回分保赔款、追偿款）；

（3）各类给付（减：摊回分保赔款），包括死伤医疗给付、满期给付、年金给付；

（4）保户红利支出；

(5)退保金；

(6)未到期责任准备金变动额，等于按中国保监会规定的法定(最低)标准评估的再保后未到期责任准备金期末认可价值与期初认可价值的差额，不包括投连险单位准备金的变动额；

(7)未决赔款责任准备金变动额，等于按中国保监会规定的法定(最低)标准评估的再保后未决赔款责任准备金期末认可价值与期初认可价值的差额；

(8)投连险单位准备金变动额(减：投连险投资账户投资收益)，详细解释见“(二)投资连结保险投资账户投资收益的影响”部分；

(9)承保佣金和手续费(减：摊回分保佣金和手续费)；

(10)承保营业税金及附加(减：摊回分保营业税金及附加)；

(11)承保业务营业费用；

(12)分保费用支出；

(13)提取保险保障基金。

2. 投资业务收益，是指保险公司投资业务导致的资产或负债的变动结果。投资业务导致的资产增加或负债减少包括存款利息收入、债券投资收入、基金投资收入、股票投资收入、买入返售证券收入、汇兑损益等，本规则第8条将其统称为投资业务收入。保险公司享有的投资连结保险投资账户的投资收益也计入投资业务收益。

投资业务导致的资产减少或负债增加包括投资业务费用、投资业务营业税金及附加、投资业务营业费用。

3. 受托管理业务收益，是指保险公司从事企业年金管理、健康管理等受托管理业务导致的资产或负债的变动结果。受托管理业务导致的资产增加或负债减少包括：(1)企业年金管理收入(主要是收取的账户管理费、投资管理费等)；(2)健康管理收入；(3)其他受托管理业务收入。受托管理业务导致的资产减少或负债增加包括：(1)企业年金管理支出；(2)健康管理支出；(3)其他受托管理业务支出。

4. 其他收益，是指保险公司除了承保业务、投资业务、受托管理业务以外的其他非资本交易和事项导致的资产或负债的变动结果。其他非资本交易和事项导致的资产增加或负债减少包括：

(1)其他业务收入，指保险公司除承保业务、投资业务、受托管理业务以外的其他业务取得的收入，包括租赁收入、资产管理费收入、咨询收入、代理查勘收入、手续费收入、无形资产使用权转让收入等；

(2)营业外收入，与通用会计报表中的营业外收入基本相同，但包括债务重组收益；

(3)投资资产非经营性增值，是指由于被投资单位增资扩股或接受捐赠导致被投资单位净资产增加,使保险公司投资资产增加。

其他非资本交易和事项导致的资产减少或负债增加包括:

(1)其他业务支出,指保险公司除承保业务、投资业务、受托管理业务以外的其他业务(如咨询服务、代理查勘、转让无形资产使用权等)发生的劳务成本或结转的无形资产成本,以及相关的营业税金及附加、营业费用等;

(2)营业外支出,与通用会计报表中的营业外支出基本相同;

(3)所得税,指保险公司按照应纳税所得额和现行所得税税率计算的当期应当缴纳的企业所得税。如果保险公司编制通用会计报表时采用应付税款法核算所得税,综合收益中的所得税和净利润中的所得税相等。如果保险公司编制通用会计报表时采用纳税影响会计法核算所得税,综合收益中的所得税和净利润中的所得税不一定相等。

此外,其他收益还包括房地产评估增值变动额。即保险公司根据编报规则第1号确定的房地产评估增值在报告期内的变动额。例如,重新对房地产进行评估导致的房地产评估增值的变动,对房地产评估增值计提折旧导致的评估增值减少。

5. 资产非认可价值变动额,是指除了计提资产减值准备以外的资产非认可价值期末金额减去期初金额后的差额。

(1)计提的资产减值准备指保险公司计提的坏账准备、短期投资跌价准备、长期投资减值准备、固定资产(在建工程)减值准备、无形资产减值准备等。

(2)由于资产减值已经包含在投资业务收益、营业费用、营业外支出等项目中,因此,资产的非认可价值变动额不包括计提的资产减值准备的变动。

资产的非认可价值变动额 = (期末资产非认可价值 - 期末资产减值准备余额) - (期初资产非认可价值 - 期初资产减值准备余额)。

6. 或有负债和预计负债认可价值变动额,是指对外担保或有事项导致的认可负债的变动结果,包括:

(1)对外保证担保形成的或有负债的期末认可价值减去期初认可价值后的差额。

(2)对外保证担保形成的预计负债的认可价值变动额减去账面余额变动额后的差额。编报规则第6号规定,对外保证担保形成的预计负债以账面余额作为其认可价值,但不得低于担保金额的50%。如果保险公司对外保证担保形成的预计负债的账面余额不低于担保金额的50%,则该项预计负债的认可价值与账面余额相等,根据本规则规定,该项预计负债认可价值的变动额已经计入了当期综合收益。如果保险公司对外保证担保形成的预计负债的账面余额低于担保金额的50%,则该项预计负债的认可价值大于账面余额,由于该项预计负债账面余额的变动额已经计入当期综合收益,因此,保险公司应当将该项负债认可价值变动额减去账面余额变动额后的差额计入预计负债认可价值变动额。

(3)对外抵押、质押担保形成的预计负债认可价值变动额与其账面余额变动额的差额。编报规则第6号规定,对外抵押、质押担保形成的预计负债的认可价值为0,即该项负债的变动不计入当期综合收益,但由于保险公司在确定其他综合收益时,根据本规则规定,已将该项负债的变动计入了营业外支出等项目,因此,应当通过本项目将其冲减。

(二)投资连结保险投资账户投资收益的影响

投资连结保险的投资风险完全由保单持有人承担,投资账户资产投资产生的收益和损失均由保单持有人享有和承担,与保险公司无关。因此,保单持有人享有的投资账户投资收益不应当影响保险公司的综合收益,即不应当计入当期综合收益。但是,按照现行精算规定,独立账户负债中的单位准备金包括了投资账户投资收益,而投资账户投资收益导致的独立账户资产的变动未计入承保业务收益,因此,如果不对单位准备金进行调整,就会使投资账户投资收益计入承保业务收益,最终影响综合收益。

[例1]假设某人寿保险公司2002年至2005年综合收益的有关资料如下:

(1)直接业务保费均为103000万元,无分入保费和分出保费;

(2)赔款和给付、退保金总额均为5000万元,未到期责任准备金变动额均为70000万元,承保业务费用(包括承保佣金、承保营业税金及附加、承保业务营业费用等)均为20000万元;

(3)2002年至2005年投资连结保险投资账户的未实现利得分别为500万元、-300万元、-300万元、0,已实现投资收益分别为0、600万元、0、200万元,收取的风险管理费、资产管理费和保单管理费均为400万元,2002年至2005年间投资连结保险无新增保费、也无退保,投资账户中无保险公司投入的公司资金;

(4)投资业务收益均为4200万元,受托管理业务收益和其他收益均为0,资产的非认可价值变动额均为1000万元,或有负债认可价值变动额为0。

根据上述资料计算的该保险公司各年的综合收益如表2所示。表2第1行至第9行是按照现行精算规定和会计制度确定的承保业务收益和综合收益,第10行至第11行是公司真实的承保业务收益和综合收益。可以看到,该公司各年计入承保业务收益的单位准备金变动额均为-400万元,如果直接按照现行精算规定确定综合收益,就会将投资连结保险投资账户的投资收益计入综合收益。

表 2

（单位：万元）

项　目	行次	2002 年	2003 年	2004 年	2005 年
直接业务保费	1	103000	103000	103000	103000
赔款与给付	2	5000	5000	5000	5000
未到期责任准备金变动额	3	70000	70000	70000	70000
单位准备金变动额	4	100	－100	－700	－200
其中：未实现利得	4.1	500	－300	－300	0
已实现投资收益	4.2	0	600	0	200
收取的管理费	4.3	－400	－400	－400	－400
承保业务费用	5	20000	20000	20000	20000
受到投资账户投资收益影响的承保业务收益	6＝1－2－3－4－5	7900	8100	8700	8200
投资业务收益	7	4200	4200	4200	4200
资产的非认可价值变动额	8	1000	1000	1000	1000
受到投资账户投资收益影响的综合收益	9＝6＋7－8	11100	11300	11900	11400
剔除投资账户投资收益影响的承保业务收益	10＝1－2－3－4.3	8400	8400	8400	8400
剔除投资账户投资收益影响的综合收益	11	11600	11600	11600	11600

为了剔除投连险投资账户投资收益对保险公司综合收益的影响，本规则第 6 条规定，承保业务收益中的投连险单位准备金变动额应扣除投连险投资账户投资收益。这样就可以冲减投资连结保险投资账户投资收益引起的单位准备金变动，消除投资连结保险投资账户投资收益通过单位准备金变动对保险公司综合收益总额和结构的影响。

（三）关于营业费用的分配

本规则第 21 条规定，保险公司应当分别核算承保业务、投资业务、受托管理业务、其他业务的营业费用。

对于能够直接归属于承保业务、投资业务、受托管理业务、其他业务的营业费用，应当直接计入承保业务营业费用、投资业务营业费用、受托管理业务营业费用、其他业务营业费用。对于不能直接归属于承保业务、投资业务、受托管理业务、其他业务的共同营业费用,应当按照系统、合理的标准将其在承保业务、投资业务、受托管理业务、其他业务之间进行分配。分配标准一旦选用,不得随意变更。

保险公司应当按照重要性原则和成本效益原则分摊共同营业费用,对分摊计算复杂、金额不大的营业费用,可以不进行分摊,直接计入业务量较大的相关业务的营业费用。

四、关于综合收益表的编报

综合收益表和实际资本变动表都属于实际资本表的附表,反映实际资本的变动情况。由于资本交易以外的交易和事项引起的实际资本的变动较为复杂,因此,实际资本变动表主要反映的是资本交易引起的实际资本的变动情况,资本交易以外的交易和事项引起的实际资本的变动情况则通过综合收益表反映。实际资本变动表的编报由《保险公司偿付能力报告编报规则第 8 号:实际资本》规范。

(一)综合收益表的结构

综合收益表反映保险公司报告期间非资本交易和事项引起的实际资本变动情况。综合收益表分为两部分,第一部分反映非资本交易和事项导致的资产或负债的变动情况,其中又分别反映承保业务、投资业务、受托管理业务、其他非资本交易和事项导致的资产或负债的变动情况;第二部分反映非资本交易和事项导致的资产非认可价值的变动情况、或有负债和预计负债认可价值的变动情况。

由于按照资产负债观来确定综合收益,因此,在综合收益表中,承保业务收益、投资业务收益、受托管理业务收益和其他收益都按照"资产增加或负债减少"、"资产减少或负债增加"分项列示。

(二)综合收益表的编报

1. 综合收益表中"上年数"栏内各项数字,应当根据上年综合收益表"本年数"栏内所列数字填列。编制季度综合收益表时,应将"上年数"栏改为"本季度数"栏,填列本季度实际发生数,将"本年数"栏改为"本年累计数"栏,填列本年累计实际发生数。

2. 综合收益表中"本年数"栏内各项目的内容及填列方法:

(1)"直接业务保费"项目,反映保险公司直接承保业务所取得的保费。本项目应当根据"保费收入"账户的发生额分析填列。

"其中:转入投资账户的投连险保费"项目,反映根据投资连结保险合同约定转入投资账户的投资连结保险保费。本项目应当根据转入各投资账户的投资连结保险保费的合计数填列。

(2)"分入保费"项目,反映保险公司分入保险业务所取得的保费。本项目应当根据"分入保费"账户的发生额分析填列。

(3)“分出保费”项目,反映保险公司分出保险业务向分入公司分出的保费。本项目应当根据“分出保费”账户发生额分析填列。

(4)“赔款(减:摊回分保赔款、追偿款)”项目,反映保险公司直接承保业务和分入保险业务发生的赔款减去相应的摊回分保赔款、追偿款后的净额。本项目应当根据“赔款支出”、“分保赔款支出”、“摊回分保赔款”、“追偿款收入”账户的发生额分析填列。

(5)“各类给付(减:摊回分保赔款)”项目,反映由于保险事故发生导致保险公司向保单持有人支付的各类给付减去相应的摊回分保赔款后的净额。本项目应当根据“死伤医疗给付”、“满期给付”、“年金给付”、“摊回分保赔款”等账户发生额分析填列。

(6)“保户红利支出”项目,反映保险公司向分红保险保单持有人支付的红利。本项目应当根据“保户红利支出”账户的发生额分析填列。

(7)“退保金”项目,反映保险公司按寿险合同约定退还给被保险人的保单的现金价值。本项目应当根据“退保金”账户的发生额分析填列。

(8)“未到期责任准备金变动额”项目,反映按中国保监会规定的法定(最低)标准评估的再保后未到期责任准备金认可价值的变动额。本项目应当根据法定(最低)标准评估的再保后未到期责任准备金的期末认可价值减去期初认可价值后的差额填列。如果为负值,以“-”号填列。

(9)“未决赔款责任准备金变动额”项目,反映按中国保监会规定的法定(最低)标准评估的再保后未决赔款责任准备金认可价值的变动额。本项目应当根据法定(最低)标准评估的再保后未决赔款责任准备金的期末认可价值减去期初认可价值后的差额填列。如果为负值,以“-”号填列。

(10)“投连险单位准备金变动额”项目,反映保险公司按《保险公司偿付能力报告编报规则第7号:投资连结保险》规定提取的单位准备金在报告期内的变动金额。本项目应当根据单位准备金的期末余额减去期初余额后的差额填列。如果为负值,以“-”号填列。

(11)“减:投连险投资账户投资收益”项目,反映保险公司按《保险公司偿付能力报告编报规则第7号:投资连结保险》规定计算的保单持有人享有的投资账户投资收益。本项目应当根据保单持有人享有的投资连结保险各投资账户投资收益发生额的合计数填列。保险公司享有的投资账户投资收益不在本项目中反映,而是在“投资业务收入”项目中反映。如果保险公司未向投资账户投入资金,本项目金额应当与明细表IL-2中“投资收益”项目“各投资账户合计”栏所列数字相等。

(12)“承保佣金和手续费(减:摊回分保佣金和手续费)”项目,反映保险公司向保险中介机构和个人支付的佣金和手续费,减去摊回的分保佣金和手续费后的净额。本项目应当根据“佣金支出”、“手续费支出”、“摊回分保费用”等账户的发生额分析填列。

（13）“承保业务营业税金及附加（减：摊回分保营业税金及附加）”项目，反映保险公司由于承保业务发生的营业税、城市维护建设税及教育费附加，减去摊回的分保营业税金及附加后的净额。本项目应当根据“营业税金及附加”、“摊回分保费用”等账户的发生额分析填列。

（14）“承保业务营业费用”项目，反映保险公司承保业务发生的各项营业费用。本项目应当根据“营业费用”账户的发生额分析填列。

（15）“分保费用支出”项目，反映保险公司分入保险业务承担的各项费用，包括佣金和手续费、营业税金及附加等。本项目应当根据“分保费用支出”账户的发生额分析填列。

（16）“提取保险保障基金”项目，反映保险公司按规定提取的保险保障基金。本项目应当根据“提取保险保障基金”账户的发生额填列。

（17）“投资业务收入”项目，反映保险公司由于银行存款、债权投资、股权投资、买入返售证券等投资业务取得的收益。本项目应当根据“利息收入”、“投资收益”、“买入返售证券收入”、“汇兑损益”等账户的发生额分析填列。保险公司享有的投资连结保险投资账户投资收益也在本项目中反映。

（18）“投资业务费用”项目，反映保险公司因筹集资金等发生的费用。本项目应当根据“利息支出”、“卖出回购证券支出”等账户的发生额分析填列。保险公司承担的投资连结保险投资账户投资费用也在本项目中反映。

（19）“投资业务营业税金及附加”项目，反映保险公司投资业务发生的营业税、城市维护建设税及教育费附加。本项目应当根据“营业税金及附加”账户的发生额分析填列。

（20）“投资业务营业费用”项目，反映保险公司投资业务发生的营业费用。本项目应当根据“营业费用”账户的发生额分析填列。

（21）“企业年金管理收入”项目，反映保险公司受托管理信托型企业年金所收取的账户管理费、投资管理费等。本项目应当根据保险公司收取的企业年金各项管理费的发生额分析填列。

（22）“健康管理收入”项目，反映保险公司从事受托型健康管理业务取得的收入，包括收取的管理费等。本项目应当根据保险公司收取的受托型健康管理业务各类管理费的发生额分析填列。

（23）“其他受托管理业务收入”项目，反映保险公司除企业年金管理、健康管理以外的其他受托管理业务所取得的收入。本项目应当根据其他受托管理业务收入的发生额分析填列。

(24)“企业年金管理支出”项目,反映保险公司为受托管理信托型企业年金所发生的各项费用。本项目应当根据企业年金管理费用的发生额分析填列。

(25)“健康管理支出”项目,反映保险公司健康管理业务发生的各项费用。本项目应当根据保险公司健康管理业务各项费用的发生额分析填列。

(26)“其他受托管理业务支出”项目,反映保险公司除企业年金管理、健康管理以外的其他受托管理业务所发生的各项费用。本项目应当根据保险公司为其他受托管理业务所发生的各项费用的发生额分析填列。

(27)“房地产评估增值净增加额”项目,反映保险公司在报告期间按编报规则第1号规定确认的房地产评估增值余额的变动净额。本项目应当根据认可资产表“房地产评估增值”项目期末认可价值与期初认可价值之间的差额填列。如为负值,在“房地产评估增值净减少额”项目填列。

(28)“其他业务收入”项目,反映保险公司除承保业务、投资业务、受托管理业务以外的其他业务取得的收入,包括租赁收入、资产管理费收入、咨询收入、代理查勘收入、手续费收入等。本项目应当根据“其他业务收入”账户发生额分析填列。

(29)“营业外收入”项目,反映保险公司发生的与日常经营业务无直接关系的营业外收入。本项目应当根据“营业外收入”账户发生额填列。保险公司发生的债务重组收益也在本项目中反映。

(30)“投资资产非经营性增值”项目,反映由于保险公司投资的企业发生增资扩股、接受捐赠等导致的保险公司股权投资资产的增加额。本项目应当根据“长期股权投资——股权投资准备”账户发生额分析填列。

(31)“房地产评估增值净减少额”项目,反映保险公司在报告期间按编报规则第1号规定确认的房地产评估增值余额的变动净额。本项目应当根据认可资产表“房地产评估增值”项目期末认可价值与期初认可价值之间的差额填列。如为正值,在“房地产评估增值净增加额”项目中填列。

(32)“其他业务支出”项目,反映保险公司除承保业务、投资业务、受托管理业务以外的其他业务如咨询服务、代理查勘、转让无形资产使用权等发生的劳务成本或结转的无形资产成本,以及相关的营业税金及附加、营业费用。本项目应当根据“其他业务支出”、“营业税金及附加”、“营业费用”等账户的发生额分析填列。

(33)“营业外支出”项目,反映保险公司发生的与日常经营活动无直接关系的营业外支出。本项目应当根据“营业外支出”账户发生额填列。

(34)“所得税”项目,反映保险公司应当缴纳的企业所得税。本项目应当根据报告期应当缴纳的企业所得税金额填列。

(35)“资产的非认可价值变动额”项目,反映保险公司在报告期内计提的资产减值准备以外的资产非认可价值的变动额。本项目应当根据计提的资产减值准备以外的资产非认可价值的期末金额减去期初金额后的差额填列。如果为负值，以“－”号列示。

(36)“或有负债认可价值变动额”项目，反映对外保证担保或有事项形成的或有负债认可价值的变动情况。本项目应当根据或有负债的期末认可价值减去期初认可价值后的差额填列。如果为负值，以“－”号列示。

(37)“预计负债认可价值变动额”项目，反映对外担保或有事项形成的预计负债认可价值的变动情况。本项目应当根据对外保证、质押、抵押担保形成的预计负债的认可价值变动额减去账面余额变动额后的差额填列。如果为负值，以“－”号列示。

五、关于披露

(一)保险公司应当在偿付能力报表附注中披露营业费用在承保业务、投资业务、受托管理业务、其他业务之间的分配标准。如果变更分配标准，应当说明变更原因。

(二)保险公司应当严格按照明细表 PR、明细表 PR－1、明细表 PR－2、明细表 PR－3、明细表 CB－1、明细表 CB－2、明细表 RI－1、明细表 RI－2 的格式和内容披露以下信息：

(1)各险种的直接业务保费、分入保费、分出保费、赔款和给付、退保金；

(2)寿险公司按照交费方式、销售渠道、承保方式划分的保费收入；

(3)寿险公司保费收入居前十位的保险产品的明细信息，包括保费收入、预定利率、预定费用率、销售时间等；

(4)比例分保和非比例分保的分出保费居前五位的分入人的基本信息，以及分出保费、摊回分保赔款、摊回佣金和手续费、摊回营业税金及附加；

(5)比例分保和非比例分保的分入保费居前五位的分出人的基本信息，以及分入保费、分保赔款支出、分保佣金和手续费、分保营业税金及附加。

六、关于附则

保险公司编报偿付能力报告时，应当按照本规则确定当期综合收益，编制综合收益表。本规则及相关问题解答等规定未涉及的保险公司综合收益的编报要求，例如，分入保费、各类给付、承保佣金和手续费的确认和计量标准，适用国家统一的会计制度。

本规则自 2005 年度偿付能力报告编报起施行，即 2005 年度以及以后期间的偿付能力报告应当根据本规则编报。

明细表及填表说明(略)

关于印发偿付能力报告编报规则的通知

（2007 年 1 月 17 日） 保监发〔2007〕4 号

各保险公司：

为加强偿付能力监管，科学评估保险公司的偿付能力，我会研究制定了《保险公司偿付能力报告编报规则第 10 号：子公司、合营企业和联营企业》、《保险公司偿付能力报告编报规则第 11 号：动态偿付能力测试（人寿保险公司）》、《保险公司偿付能力报告编报规则第 12 号：年度报告的内容与格式》和《保险公司偿付能力报告编报规则第 13 号：季度报告》，并对《保险公司偿付能力报告编报规则第 2 号：货币资金和结构性存款》进行了修订，更名为《保险公司偿付能力报告编报规则第 2 号：投资资产》。现予印发，请遵照执行。

保险公司偿付能力报告编报规则第 2 号：投资资产*

引 言

1. 本规则规范保险公司的下列资产在偿付能力报告中的编报：

（1）投资资产；

（2）现金及流动性管理工具。

2. 下列资产适用其他相关编报规则：

（1）保险公司在子公司、合营企业和联营企业中的权益，适用《保险公司偿付能力报告编报规则第 10 号：子公司、合营企业和联营企业》；

（2）证券回购业务产生的资产，适用《保险公司偿付能力报告编报规则第 5 号：证券回购》；

（3）投资连结保险独立账户中的各项投资资产，适用《保险公司偿付能力报告编报规则第 7 号：投资连结保险》。

定 义

3. 本规则使用的下列术语，其定义为：

---

* 注：根据《中国保监会关于印发〈保险公司偿付能力报告编报规则——问题解答第 22 号：证券投资基金和资产管理产品〉的通知》（保监发〔2014〕29 号），本篇中关于证券投资基金的有关规定已被废止。

(1)金融债,指保险公司存放在金融机构的定期存款、协议存款、结构性存款、拥有的由金融机构发行的债券以及对金融机构的其他债权,包括金融机构发行的可转换债券,但不包括保险公司对金融机构的应收保费、其他应收款等应收及预付款项。

(2)企业债券,指保险公司拥有的由非金融机构企业发行的债券,包括非金融机构企业发行的可转换债券。

(3)资产证券化产品,指保险公司持有的由金融机构发行的资产支持证券和住房抵押贷款证券。

(4)信托资产,指保险公司进行信托投资所产生的资产。信托投资是保险公司基于对受托人的信任,将其财产权委托给受托人,由受托人按保险公司的意愿以自己的名义,为受益人的利益或者特定目的,进行管理或者处分的行为。

(5)现金及流动性管理工具,指保险公司持有的现金以及通常可用于现金管理的金融工具。其中,现金包括库存现金和活期存款,流动性管理工具包括货币基金、短期融资券、买入返售证券、央行票据、商业银行票据、大额可转让存单和拆出资金等。

投资资产的分类

4. 保险公司应当将投资资产按其性质分为政府债券、金融债、企业债券、资产证券化产品、信托资产、权益投资、贷款和其他投资资产。其中:

(1)金融债分为定期存款、协议存款、结构性存款、金融债券、次级债和其他金融债;

(2)权益投资分为上市股票、证券投资基金和其他权益投资,但不包括保险公司对子公司、合营企业和联营企业的权益投资。

5. 保险公司应当将政府债券、金融债券、次级债、企业债券、资产证券化产品等投资资产进一步按持有目的和能力分为持有至到期投资和非持有至到期投资。

投资资产的认可标准

一般性规定

6. 有迹象表明保险公司到期不能处置或者对其处置受到限制的投资资产为非认可资产,包括但不限于:

(1)被依法冻结的投资资产;

(2)为他人担保而被质押的投资资产;

(3)由于交易另一方出现财务危机、被监管机构接管、被宣告破产等事项而导致保险公司对其处置受到限制的投资资产;

(4)由于当地的管制、政治动乱、战争、金融危机等原因而导致保险公司对其处置受到限制的境外投资资产。

政府债券

7.政府债券为认可资产。保险公司应当以政府债券的账面价值作为其认可价值。

金融债

8.保险公司的下列定期存款为认可资产：

(1)存放在商业银行的定期存款；

(2)存放在中国证券登记结算公司和中央国债登记结算公司的清算备付金。

保险公司应当按照如下标准确定定期存款的认可价值：

(1)存放在国有独资商业银行和资本充足率不低于8%的非国有独资商业银行的定期存款，以账面价值作为其认可价值；存放在资本充足率低于8%的非国有独资商业银行的定期存款，以账面价值的90%作为其认可价值；

(2)存放在中国证券登记结算公司和中央国债登记结算公司的清算备付金，以账面价值作为其认可价值。

9.协议存款为认可资产。保险公司应当按照如下标准确定协议存款的认可价值：

(1)存放在国有独资商业银行和资本充足率不低于8%的非国有独资商业银行的协议存款，以账面价值作为其认可价值；

(2)存放在资本充足率低于8%的非国有独资商业银行的协议存款，以账面价值的90%作为其认可价值。

10.结构性存款为认可资产。保险公司应当按照如下标准确定结构性存款的认可价值：

(1)提前支取时银行保证本金的结构性存款，如果存款所在银行的资本充足率不低于8%或存款所在银行为国有独资商业银行，以存款的账面价值作为其认可价值；如果存款所在银行的资本充足率低于8%且非国有独资商业银行，以存款账面价值的90%作为其认可价值；

(2)提前支取时银行不保证本金的结构性存款，以账面价值的85%作为其认可价值。

11.金融债券为认可资产。保险公司应当按照如下标准确定金融债券的认可价值：

(1)政策性银行、国有独资商业银行和资本充足率不低于8%的非国有独资商业银行发行的金融债券，以账面价值作为其认可价值；资本充足率低于8%的非国有独资商业银行发行的金融债券，以账面价值的90%作为其认可价值；

(2)非银行金融机构发行的信用评级在AA级以上(含AA级)的金融债券，以账面价值作为其认可价值；非银行金融机构发行的信用评级在AA级以下的金融债券,以账面价值的90%作为其认可价值。

12.次级债为认可资产。保险公司应当按照如下标准确定次级债的认可价值:

(1)保险公司发行的次级债,如果发行公司的偿付能力充足率不低于100%,以次级债的账面价值作为其认可价值;如果发行公司的偿付能力充足率低于100%,以次级债账面价值的90%作为其认可价值;

(2)商业银行发行的次级债,如果发行银行的资本充足率不低于8%,以次级债的账面价值作为其认可价值;如果发行银行的资本充足率低于8%,以次级债账面价值的90%作为其认可价值。

13.其他金融债为非认可资产,中国保险监督管理委员会(以下简称"中国保监会")另有认可标准规定的除外。

企业债券

14.企业债券为认可资产。信用评级在AA级以上(含AA级)的企业债券,以账面价值作为其认可价值;信用评级在AA级以下的企业债券,以账面价值的90%作为其认可价值。

资产证券化产品

15.资产证券化产品为认可资产。信用评级为AAA级的资产证券化产品,以账面价值作为其认可价值;信用评级在AAA级以下的资产证券化产品,以账面价值的90%作为其认可价值。中国保监会另有认可标准规定的除外。

信托资产

16.信托资产为认可资产。保险公司应当以信托资产账面价值的95%作为其认可价值,中国保监会另有认可标准规定的除外。

权益投资

17.保险公司持有的未被证券交易所实施特别处理的上市股票为认可资产。保险公司应当以该类股票账面价值的95%作为其认可价值。保险公司持有的被证券交易所实施特别处理的上市股票为非认可资产。

18.证券投资基金为认可资产。保险公司应当以证券投资基金账面价值的95%作为其认可价值。

19.其他权益投资为非认可资产,中国保监会另有认可标准规定的除外。

贷款

20.保单质押贷款为认可资产。保险公司应当以保单质押贷款的账面价值作为其认可价值。

21.其他贷款为非认可资产,中国保监会另有认可标准规定的除外。

其他投资资产

22.其他投资资产为非认可资产,中国保监会另有认可标准规定的除外。

现金及流动性管理工具的认可标准

23. 有迹象表明保险公司到期不能处置或者对其处置受到限制的现金及流动性管理工具为非认可资产，包括但不限于：

（1）被依法冻结的现金及流动性管理工具；

（2）为他人担保而被质押的现金及流动性管理工具；

（3）由于交易另一方出现财务危机、被监管机构接管、被宣告破产等事项而导致保险公司对其处置受到限制的现金及流动性管理工具；

（4）由于当地的管制、政治动乱、战争、金融危机等原因而导致保险公司对其处置受到限制的境外现金及流动性管理工具。

24. 保险公司的下列现金为认可资产：

（1）库存现金；

（2）存放在商业银行的活期存款；

（3）存放在证券公司的存出投资款。

保险公司应当以上述现金的账面价值作为其认可价值。

25. 流动性管理工具为认可资产。保险公司应当以流动性管理工具的账面价值作为其认可价值。

披　露

26. 保险公司应当在偿付能力报表附注中披露以下信息：

（1）保险公司将政府债券、金融债券、次级债、企业债券、资产证券化产品等投资资产分为持有至到期投资和非持有至到期投资的程序以及相应的依据；

（2）保险公司将政府债券、金融债券、次级债、企业债券、资产证券化产品等投资资产在持有至到期投资和非持有至到期投资之间重分类的程序以及相应的依据；

（3）保险公司将权益投资在上市股票和其他权益投资之间重分类的程序、相应的依据以及影响金额；

（4）关于权利受限投资资产的特别说明。

27. 保险公司应当在偿付能力报告明细表中披露以下信息：

（1）政府债券的认可情况，包括债券名称、发行国家、付息频率、账面余额、认可价值等；

（2）金融债的认可情况，包括金融机构的名称、各类金融债的期限、利率、付息频率、账面余额、认可价值等；

（3）企业债券的认可情况，包括债券名称、发行机构名称、利率、付息频率、账面余额、认可价值等；

（4）资产证券化产品的认可情况，包括产品名称、发行机构名称、利率、付息频率、账面余额、认可价值等；

（5）基础设施投资的认可情况，包括项目名称、受托机构名称、项目预算总额、账面余额、认可价值等；

（6）上市股票的认可情况，包括股票名称、股票代码、期末每股市价、期末持股比例、账面余额、认可价值等；

（7）证券投资基金的认可情况，包括基金名称、初始投资成本、基金净值、账面余额、认可价值等；

（8）其他投资资产的认可情况，包括其他投资资产的种类、账面余额、认可价值等；

（9）持有的境外外汇投资资产的认可情况，包括外汇资金余额、国家外汇管理局批准的投资付汇额度、外汇资金境外运用的投资品种、国别、信用等级、到期日、利率、账面余额、认可价值等；

（10）外币投资资产的认可情况，包括外币投资资产的种类、账面余额、认可价值等；

（11）流动性管理工具的认可情况，包括持有的流动性管理工具的种类、账面余额、认可价值等。

附　　则

28. 本规则及相关问题解答等规定未涉及的有关投资资产的编报要求，适用《企业会计准则》。

29. 本规则自2007年第1季度偿付能力报告编报起施行。保险公司在2007年3月31日前形成的定期存款、协议存款和结构性存款可以按照原《保险公司偿付能力报告编报规则第2号：货币资金和结构性存款》进行认可。保险公司在2007年3月31日后续存和新增资金形成的定期存款、协议存款和结构性存款应当按照本规则进行认可。

30.《保险公司偿付能力额度及监管指标管理规定》（保监会令〔2003〕1号）、《保险公司偿付能力报告编报规则——问题解答第1号：部分新增资金运用形式及固定资产评估增值》和《保险公司偿付能力报告编报规则——问题解答第2号：次级债、可转换债券、股票和境外外汇投资资产》中有关投资资产和现金及流动性管理工具的规定同时停止执行。

31. 本规则于2004年12月首次发布，于2007年1月第一次修订，原《保险公司偿付能力报告编报规则第2号：货币资金和结构性存款》自本规则发布之日起同时废止。

保险公司偿付能力报告编报规则第10号：子公司、合营企业和联营企业

引　言

1. 本规则规范保险公司在子公司、合营企业和联营企业中的权益在偿付能力报告中的编报。

定　义

2. 本规则使用的下列术语，其定义为：

(1) 子公司，指保险公司能够对其实施控制的企业。

(2) 合营企业，指保险公司与其他方对其实施共同控制的企业。

(3) 联营企业，指保险公司能够对其施加重大影响的企业。

认可标准

3. 保险公司在子公司、合营企业和联营企业中的权益为认可资产。但有迹象表明保险公司不能处置或者对其处置受到限制的在子公司、合营企业和联营企业中的权益为非认可资产，包括但不限于：

(1) 被依法冻结的权益；

(2) 为他人担保而被质押的权益；

(3) 由于被投资单位出现财务危机、被监管机构接管、被宣告破产等事项而导致保险公司对其处置受到限制的权益；

(4) 由于当地的管制、政治动乱、战争、金融危机等原因而导致保险公司对其处置受到限制的境外权益。

4. 保险公司在子公司、合营企业和联营企业中的权益应当以母公司单独财务报表为依据，并以权益法核算的账面价值作为确定其认可价值的基础。

5. 如果子公司、合营企业和联营企业的股票在境内或境外公开、规范的证券交易所上市交易，保险公司应当以权益法核算的账面价值作为其在子公司、合营企业和联营企业中的权益的认可价值。

6. 如果子公司、合营企业和联营企业的股票未在境内或境外公开、规范的证券交易所上市交易，保险公司应当以权益法核算的账面价值的95%作为其在子公司、合营企业和联营企业中的权益的认可价值。

披　露

7.保险公司应当在偿付能力报告明细表中披露以下信息：

（1）子公司、合营企业和联营企业中的保险公司的基本情况及权益认可情况，包括被投资单位名称、持股比例、偿付能力充足率、账面余额、认可价值等；

（2）子公司、合营企业和联营企业中的商业银行的基本情况及权益认可情况，包括被投资单位名称、持股比例、资本充足率、账面余额、认可价值等；

（3）子公司、合营企业和联营企业中的证券公司的基本情况及权益认可情况，包括被投资单位名称、持股比例、净资本、账面余额、认可价值等；

（4）在其他子公司、合营企业和联营企业中的权益的认可情况，包括被投资单位名称、持股比例、账面余额、认可价值等。

附　则

8.本规则及相关问题解答等规定未涉及的有关在子公司、合营企业和联营企业中的权益的编报要求，适用《企业会计准则》。

9.本规则自2007年第1季度偿付能力报告编报起施行。

10.《保险公司偿付能力额度及监管指标管理规定》（保监会令〔2003〕1号）及《保险公司偿付能力报告编报规则——问题解答第2号：次级债、可转换债券、股票和境外外汇投资资产》中有关保险公司在子公司、合营企业和联营企业中的权益的规定同时停止执行。

保险公司偿付能力报告编报规则第11号：动态偿付能力测试（人寿保险公司）

引　言

1.本规则规范人寿保险公司的动态偿付能力测试在偿付能力报告中的编报。

定　义

2.本规则使用的下列术语，其定义为：

（1）动态偿付能力测试，指保险公司在基本情景和各种不利情景下对其未来一段时间内偿付能力状况的预测和评价。

（2）基本情景，指保险公司未来最有可能发生的情景。

（3）不利情景，指保险公司未来有可能发生并且会对偿付能力产生严重不利影响的情景。

(4)管理层行为,指保险公司为改善偿付能力状况而做出的重大管理层策略变化。

测 试 区 间

3. 测试区间为自报告年度末开始的未来三个会计年度。保险公司应当以年为单位,将测试区间划分为报告年度后第 1 年、报告年度后第 2 年、报告年度后第 3 年三个时间段。相应的动态偿付能力测试点为报告年度后第 1 年末、报告年度后第 2 年末、报告年度后第 3 年末。

测 试 对 象

4. 测试对象应当涵盖保险公司的全部保险业务,包括测试区间内的有效业务和新业务。

5. 保险公司应当按照销售渠道(个人、团体、银保和其他)和产品类别(传统、分红、万能、投资连结和其他)对测试对象进行分类。保险公司也可以在上述分类要求的基础上对本公司的测试对象作进一步细分。

6. 短期险业务可以作为一个单独的业务类进行测试。

基 本 情 景

预测假设与相关事项

7. 保险公司应当根据积累的历史经验和对未来趋势的判断确定基本情景下对预测假设的最优估计。

8. 基本情景下的预测假设应当包括测试区间内的死亡率及其他保险事故发生率、退保率、费用、投资收益率、新业务等。

9. 基本情景下,保险公司还应当根据实际业务情况确定测试区间内的再保险安排、保户红利支出、利润分配、营业税金及附加、所得税等事项。但是,保险公司不应当考虑测试区间内的资本交易所引起的资本变化以及可能的管理层行为的干预。

测试程序

10. 保险公司应当按照以下步骤进行测试:

(1)保单现金流预测。保险公司应当从保单层面对各类测试对象在测试区间内的现金流进行预测。

(2)利润表预测。在保单现金流预测的基础上,保险公司应当对投资收益等利润表的相关项目进行预测,进而得到测试区间内各年度的预测利润表。

(3)资产、负债预测。保险公司应当通过利润表预测的相关项目,进一步预测测试区间内各年度末的资产和负债情况。

(4)偿付能力预测。保险公司应当根据上述预测结果预测测试区间内各年度末的实际资本、最低资本和偿付能力充足率。预测认可资产时,保险公司应当假设测试区间内的资产认可比例与报告年度末相同,测试区间内各年度末的认可资产=(上一年度末资产+当年的资产变化)×资产认可比例。预测认可负债时,保险公司应当主要考虑准备金负债、独立账户负债和资本性负债,并假设测试区间内其他负债占认可负债的比例与报告年度末的比例相同。

不利情景

11.不利情景分为必测和自测两类。必测不利情景由中国保险监督管理委员会确定,自测不利情景由保险公司自行确定。保险公司应当确定至少一种自测不利情景。

12.保险公司应当按照本规则第10条规定的程序预测各种不利情景下的偿付能力状况。

13. 保险公司可以针对各种不利情景下的测试结果说明相应的管理措施。

披　露

14.保险公司应当在偿付能力报表附注中披露以下信息:

(1)保单现金流测试采用的方法、软件以及对测试模型的简要描述;

(2)测试对象的分类与相应的处理方法,以及与前一年度的差异;

(3)实际经验和最优估计的偏差性分析;

(4)基本情景中除投资收益率、死亡率、疾病率、费用、退保率和新业务以外的其他假设以及确定这些假设的依据。

15. 保险公司应当在偿付能力报告明细表中披露以下信息:

(1)投资收益率、死亡率、疾病率和其他事故发生率、费用、退保率、新业务等基本情景假设以及确定这些假设的依据;

(2)根据费用假设产生的可支配费用和公司业务计划中的费用预算的比较结果;

(3)在基本情景和各种不利情景下,测试区间内各年度的预测利润表。

附　则

16.本规则自2006年度偿付能力报告编报起施行。

附件:动态偿付能力测试表(略)

保险公司偿付能力报告编报规则第12号：年度报告的内容与格式

引　言

1. 本规则规范保险公司偿付能力年度报告(以下简称“年度报告”)的内容与格式。

2. 本规则不涉及将保险集团视作单一报告主体的年度报告的编报。

年度报告的内容

3. 年度报告的内容包括：

(1)董事会和管理层声明；

(2)外部机构独立意见；

(3)基本信息；

(4)管理层的讨论与分析；

(5)内部风险管理说明；

(6)最低资本；

(7)实际资本；

(8)动态偿付能力测试。

4. 董事会和管理层声明包括以下内容：

(1)董事会和管理层对年度报告所载内容真实、准确、完整、合规的保证和承担法律责任的承诺；

(2)董事长和有关高级管理人员的签名及公司的印章；

(3)董事会对年度报告的审议情况。如果公司董事无法保证年度报告内容的真实性、准确性、完整性、合规性或对此存有异议的，应当单独陈述其意见和理由。

5. 对外部机构独立意见的说明包括以下内容：

(1)对年度报告有关内容审计意见的说明，包括审计意见的类型和会计师事务所出具非标准无保留审计意见的原因；

(2)对年度报告有关内容审核意见的说明，包括审核意见的类型和会计师事务所出具非标准无保留审核意见的原因；

(3)对外部机构出具的其他独立意见的说明；

(4)报告期内外部机构的更换情况。

6. 基本信息包括以下内容：

(1)主要经营指标和偿付能力指标；

（2）股权结构、股东及其变动情况；

（3）董事、监事和高级管理人员的基本情况、薪酬情况、变更情况；

（4）子公司、合营企业和联营企业的基本情况；

（5）违规情况。

7. 管理层的讨论与分析包括以下内容：

（1）主要经营情况分析；

（2）报告期内偿付能力变动原因分析；

（3）报告年度偿付能力的实际值与上年动态偿付能力测试中按照基本情景计算的报告年度偿付能力的预测值之间的差异及出现较大差异的原因分析；

（4）年度报告与第 4 季度偿付能力报告中的偿付能力数据差异情况及出现较大差异的原因分析；

（5）报告期内的重大事项说明。

8. 本规则第 7 条中的重大事项包括：

（1）重大保险合同；

（2）重大再保险合同；

（3）重大赔付事项；

（4）重大投资损失；

（5）重大融资活动；

（6）重大关联交易；

（7）重大诉讼；

（8）重大担保；

（9）其他重大事项。

9. 内部风险管理说明包括以下内容：

（1）内部风险管理的组织架构；

（2）内部风险管理关键环节的说明；

（3）公司面临的主要风险的分析。

10. 最低资本部分包括以下内容：

（1）最低资本计算表；

（2）最低资本的明细表；

（3）最低资本报表附注。

11. 实际资本部分包括以下内容：

（1）实际资本表、认可资产表、认可负债表；

（2）实际资本变动表、综合收益表；

（3）实际资本的明细表；

(4)实际资本报表附注。

12. 动态偿付能力测试部分包括以下内容:

(1)动态偿付能力测试表;

(2)动态偿付能力测试明细表;

(3)动态偿付能力测试报表附注。

年度报告的格式

13. 年度报告依次由封面、扉页、目录、正文和封底组成。

14. 年度报告的封面应当载明保险公司的法定中英文名称、"偿付能力报告"字样以及报告期。

15. 年度报告的扉页应当载明公司名称、法定代表人、注册地址、注册资本、经营保险业务许可证号、开业时间、经营范围、偿付能力报告联系人及其联系方式等。

16. 年度报告的正文应当按照本规则第3条规定的内容顺序排列。

17. 年度报告的封面、扉页、目录和正文的格式应当在以下方面符合中国保险监督管理委员会(以下简称"中国保监会")的规定:

(1)页面排版;

(2)文字和数字规格;

(3)报表格式;

(4)页码编制。

18. 年度报告的纸质文本应当按照中国保监会规定的纸张规格和装订方式制作,年度报告的电子文本应当按照中国保监会规定的电子文件类型制作。

附　　则

19. 本规则自2007年年度报告编报起施行。

保险公司偿付能力报告编报规则第13号:季度报告

引　　言

1. 本规则规范保险公司偿付能力季度报告(以下简称"季度报告")的编报。

2. 本规则不涉及将保险集团视作单一报告主体的季度报告的编报。

季度报告的编报内容

3. 季度报告的内容包括:

(1)董事长和管理层声明;

(2) 主要指标；

(3) 管理层分析及预测；

(4) 内部风险管理变动说明；

(5) 最低资本；

(6) 实际资本。

4. 董事长和管理层声明包括以下内容：

(1) 董事长和管理层对季度报告所载内容真实、准确、完整、合规的保证和承担法律责任的承诺；

(2) 董事长和有关高级管理人员的签名及公司的印章；

(3) 如果董事长和有关高级管理人员无法保证季度报告的真实性、准确性、完整性、合规性或对此存有异议的，应当单独陈述其意见及理由。

5. 主要指标包括：

(1) 主要经营指标；

(2) 主要偿付能力指标。

6. 管理层分析及预测包括以下内容：

(1) 公司基本情况和经营情况变动的说明；

(2) 与上季度偿付能力状况的对比分析；

(3) 与上季度预测的偿付能力状况的对比分析；

(4) 对下季度偿付能力状况预测的说明。

7. 内部风险管理变动说明包括以下内容：

(1) 内部风险管理组织架构的重大变化；

(2) 内部风险管理关键环节的重大变化；

(3) 公司面临的主要风险的重大变化。

8. 最低资本部分包括：

(1) 最低资本计算表；

(2) 最低资本的明细表；

(3) 最低资本报表附注。

9. 在披露最低资本计算表时，保险公司应同时披露本季度末和上季度末的比较信息。

10. 实际资本部分包括：

(1) 实际资本表；

(2) 认可资产表；

(3) 认可负债表；

(4) 综合收益表；

(5)实际资本的明细表;

(6)实际资本报表附注。

11. 在披露实际资本信息时,保险公司应披露以下比较信息:

(1)本季度末和上季度末的实际资本表、认可资产表、认可负债表;

(2)本季度和上季度的综合收益表。

季度报告的编报方法

12. 保险公司应当将各个季度作为独立的会计期间编制季度报告,编报季度报告时采用的会计政策和认可标准应当与偿付能力年度报告一致,中国保险监督管理委员会(以下简称"中国保监会")另有规定的除外。

13. 保险公司应当正确划分各个季度发生的经济业务,不得将本季度发生的经济业务记入以后期间,也不得将以前期间发生的经济业务记入本季度。

14. 不同季度的季度报告应当采用相同的会计政策和认可标准。

15. 季度报告的计量可以基于合理的估计,但是,不应当损害季度报告信息的可靠性。

16. 计算最低资本(即最低偿付能力额度)时,"最近会计年度"指本次报告日之前12个月的时间段,"最近年度前1年"指本次报告日之前的13个月至24个月的时间段,"最近年度前2年"指本次报告日之前的25个月至36个月的时间段。

季度报告的编报格式

17. 季度报告依次由封面、扉页、目录、正文和封底组成。

18. 季度报告的封面应当载明保险公司的法定中英文名称、"偿付能力报告"字样以及报告期。

19. 季度报告的扉页应当载明公司中英文名称、法定代表人、注册地址、注册资本、经营保险业务许可证号、开业时间、经营范围、偿付能力报告联系人及其联系方式等。

20. 季度报告的正文应当按照本规则第3条规定的内容顺序排列。

21. 季度报告的封面、扉页、目录和正文的格式应当在以下方面符合中国保监会的规定:

(1)页面排版;

(2)文字和数字规格;

(3)报表格式;

(4)页码编制。

22. 季度报告的纸质文本应当按照中国保监会规定的纸张规格和装订方式制

作，季度报告的电子文本应当按照中国保监会规定的电子文件类型制作。

附　则

23. 本规则自2007年第3季度偿付能力报告编报起施行。

24. 《关于报送偿付能力季度报告的通知》（保监发〔2004〕95号）中关于季度报告的编报内容、编报方法和编报格式的规定同时停止执行。

关于印发偿付能力报告编报规则实务指南的通知

（2007年1月17日）　保监发〔2007〕5号

各保险公司：

为便于保险公司贯彻执行偿付能力报告编报规则，准确评估偿付能力，我会研究制定了《保险公司偿付能力报告编报规则第2号：投资资产》实务指南、《保险公司偿付能力报告编报规则第10号：子公司、合营企业和联营企业》实务指南、《保险公司偿付能力报告编报规则第11号：动态偿付能力测试（人寿保险公司）》实务指南、《保险公司偿付能力报告编报规则第12号：年度报告的内容与格式》实务指南和《保险公司偿付能力报告编报规则第13号：季度报告》实务指南。现予印发，请遵照执行。

《保险公司偿付能力报告编报规则第2号：投资资产》实务指南

一、关于引言

《保险公司偿付能力报告编报规则第2号：投资资产》（以下简称“本规则”）在引言部分指出，其旨在规范保险公司下列资产的认可标准及其在偿付能力报告中的披露要求：

（1）投资资产；

（2）现金及流动性管理工具。

保险公司的下列资产在偿付能力报告中的编报由其他相关编报规则进行规范，本规则不涉及这些资产的认可标准和披露要求：

（1）保险公司在子公司、合营企业和联营企业中的权益，由《保险公司偿付能力报告编报规则第10号：子公司、合营企业和联营企业》进行规范；

(2)证券回购业务产生的资产,由《保险公司偿付能力报告编报规则第5号:证券回购》进行规范;

(3)投资连结保险独立账户中的各项投资资产,由《保险公司偿付能力报告编报规则第7号:投资连结保险》进行规范。

二、关于定义

(一)金融债

金融债,指保险公司存放在金融机构的定期存款、协议存款、结构性存款、拥有的由金融机构发行的债券以及对金融机构的其他债权,包括金融机构发行的可转换债券,但不包括保险公司对金融机构的应收保费、其他应收款等应收及预付款项。

1. 定期存款,指金融机构与存款人双方在存款时事先约定期限、利率,到期后支取本息的存款。虽然中国证券登记结算公司和中央国债登记结算公司不属于金融机构,但是,本规则规定保险公司在编报偿付能力报告时,应当将存放在两家登记结算公司的清算备付金视为定期存款。

2. 协议存款,指商业银行法人对保险公司法人办理的期限在5年以上(不含5年),最低起存金额为人民币3000万元,利率水平、存款期限、结息和付息方式、违约处罚标准由双方协商确定的存款。

3. 结构性存款,指由银行提供的与国际市场利率或汇率等挂钩的外币存款产品。结构性存款的一个显著特点是银行具有提前终止权,银行在约定期限内可以单方面决定终止协议。如果客户提前终止协议,可能要承担有关的风险及损失(包括利息损失,甚至本金损失)。目前市场上的结构性存款有两种:一种是在客户要求提前终止协议的情况下银行保证支付本金的结构性存款,另一种是在客户要求提前终止协议的情况下银行不保证支付本金的结构性存款。第一种结构性存款与定期存款类似,第二种结构性存款则在变现风险、流动性风险、再投资风险上与定期存款有很大区别。因此,本规则对这两种结构性存款规定了不同的认可标准。实务中,有些结构性存款协议没有明确约定提前支取的情况下银行是否保证支付本金,对于此类结构性存款,本规则均将其视为提前支取时不保证本金的结构性存款,即只有结构性存款协议中明确约定提前支取时银行保证本金的,才属于第一种结构性存款。

4. 金融债券,指保险公司持有的由金融机构发行的债券,包括金融机构发行的可转换债券。金融债券的种类很多,除了国内商业银行和政策性银行发行的金融债券之外,还包括国际金融机构和国际金融组织发行的金融债券等。

5. 次级债,指保险公司持有的由金融机构发行的、受偿顺序在金融机构其他债务之后、股权资本之前的期限较长的债务。次级债包括商业银行、保险公司和其他金融机构公开发行的次级定期债券以及定向发行的次级定期债务。

6. 其他金融债,指除定期存款等上述五类金融债之外的金融机构发行的债券和保险公司对金融机构的其他债权，但不包括保险公司对金融机构的应收保费、其他应收款等应收及预付款项。

（二）企业债券

企业债券，指保险公司拥有的由非金融机构企业发行的债券，包括非金融机构企业发行的可转换债券。

（三）资产证券化产品

资产证券化产品，指保险公司持有的由金融机构发行的资产支持证券和住房抵押贷款证券。从资产证券化产品的运作原理来看，它是一种以信托机构等特殊目的实体作为发行主体，以委托方的基础资产的未来收益作为支持的证券。目前，中国建设银行发行的建元个人住房抵押贷款支持证券（MBS）和国家开发银行发行的开元信贷资产证券化受益凭证（ABS）都属于资产证券化产品。

（四）信托资产

信托资产，指保险公司进行信托投资所产生的资产。信托投资是保险公司基于对受托人的信任，将其财产权委托给受托人，由受托人按保险公司的意愿以自己的名义，为受益人的利益或者特定目的，进行管理或者处分的行为。根据《保险资金间接投资基础设施项目试点管理办法》，保险公司可以将其保险资金委托给信托机构，信托机构按保险公司的意愿以自己的名义设立投资计划并投资于基础设施项目，为受益人利益或者特定目的对该投资项目进行管理或者处分。由于保险公司的间接基础设施投资在本质上具有信托投资的性质，因此，本规则将间接基础设施投资作为信托资产进行规范。

（五）现金及流动性管理工具

现金及流动性管理工具，指保险公司持有的现金以及通常可用于现金管理的金融工具，其中：

1. 现金包括库存现金和存放在金融机构的活期存款。通知存款、在途货币资金、在证券公司的存出投资款等都属于活期存款。

2. 流动性管理工具包括货币基金、短期融资券、买入返售证券、中央银行票据、商业银行票据、大额可转让存单和拆出资金。其中，大额可转让存单是指保险公司持有的、可转让但不可提前支取的定期存单。

三、关于投资资产的分类

本规则第 4 条至第 5 条对投资资产的分类进行了规定。保险公司应当将投资资产按其性质分为政府债券、金融债、企业债券、资产证券化产品、信托资产、权益投资、贷款和其他投资资产。在编制偿付能力报告时，保险公司必须按照本规则的规定对投资资产进行分类，计算各类投资资产的认可价值，披露相关信息，并设计相应的内部控制制度来规范投资资产的分类程序，确保分类的合理性、正确性。保险公司对投资资产进行分类时，应当注意以下几点：

1. 保险公司应当将金融债划分为定期存款、协议存款、结构性存款、金融债券、次级债和其他金融债。其中：

(1)保险公司持有的由金融机构发行的次级定期债券和次级定期债务均应当列入“次级债”，而不应列入“金融债券”。

(2)保险公司根据《保险法》存出的资本保证金，应当视存款形式归入相应的存款类别进行认可和反映。例如，如果保险公司的资本保证金以协议存款的形式存入银行，保险公司就应当将资本保证金作为协议存款在偿付能力报告中进行认可和披露。

2. 保险公司应当将权益投资划分为上市股票、证券投资基金和其他权益投资。其中：

(1)权益投资不包括保险公司对子公司、合营企业和联营企业的权益投资。保险公司在确定权益投资的认可价值时，首先应当判断被投资单位是否是保险公司的子公司、合营企业和联营企业。如果被投资单位是保险公司的子公司、合营企业和联营企业，应当按照《保险公司偿付能力报告编报规则第10号：子公司、合营企业和联营企业》确定其认可价值，如果被投资单位不是保险公司的子公司、合营企业和联营企业，应当按照本规则确定其认可价值。

(2)其他权益投资，指保险公司持有的，对被投资单位不具有控制、共同控制或重大影响，并且不具有活跃市场的权益投资。在《企业会计准则》中，此类权益投资属于长期股权投资，但在评估偿付能力时，此类权益投资属于投资资产，按照本规则的要求进行认可和披露。

(3)保险公司应当根据权益投资性质的变化对其进行重分类。例如，如果上市股票发生退市等事项导致其不再具有活跃市场，保险公司应当将其从“上市股票”重分类至“其他权益投资”。

3. 保险公司除了按照本规则的要求，根据投资资产的性质分类外，还应当根据持有目的和能力将政府债券、金融债券、次级债、企业债券、资产证券化产品等投资资产进一步划分为持有至到期投资和非持有至到期投资，并按照这种分类确定各类投资资产的账面价值。

(1)偿付能力报告中的分类与通用会计报表中的分类具有一定的对应关系。如果某项投资资产根据《企业会计准则》的规定被分类为持有至到期投资，其在偿付能力报告中仍应分类为持有至到期投资；如果某项投资资产根据《企业会计准则》的规定被分类为以公允价值计量且其变动计入当期损益的金融资产或可供出售金融资产，其在偿付能力报告中应归入非持有至到期投资。

(2)保险公司应当按照本规则和《企业会计准则》的要求对投资资产进行管

理,不能随意改变投资资产的分类。例如,不能随意将持有至到期的投资资产重分类为可供出售的投资资产。

4. 保险公司应当将金融机构和非金融机构发行的可转换债券分别归入金融债券和企业债券。可转换债券属于混合工具,由债券(主合同)和可转换权(嵌入衍生工具)构成。根据《企业会计准则》的规定,在某些情况下,保险公司应当将可转换债券中的债券和可转换权分拆确认,但是,本规则不允许保险公司在编报偿付能力报告时对可转换债券进行分拆认可,并要求保险公司将金融机构发行的可转换债券归入金融债券,按照金融债券的标准进行认可;将非金融机构发行的可转换债券归入企业债券,按照企业债券的标准进行认可。

5. 保险公司应当正确划分投资资产和流动性管理工具。流动性管理工具是通常可用于现金管理的金融工具,例如,央行票据、短期融资券、货币基金等。尽管公司有时持有此类金融工具的目的并非是为了流动性管理(例如购买某些短期融资券的目的是持有至到期),但考虑到公司持有此类金融工具的目的通常是为了现金管理,因此,本规则将此类金融工具划分为流动性管理工具,即本规则对此类金融工具的分类可能与《企业会计准则》的分类不同。

表1 投资资产和现金及流动性管理工具一览表

行次	项目	行次	项目
1	政府债券	6.2.1	封闭式基金
2	金融债	6.2.2	开放式基金
2.1	定期存款	6.3	其他权益投资
2.2	协议存款	7	贷款
2.3	结构性存款	7.1	其中:保单质押贷款
2.4	金融债券	8	其他投资资产
2.4.1	其中:可转换债券	9	现金及流动性管理工具
2.5	次级债	9.1	现金
2.6	其他金融债	9.2	流动性管理工具
3	企业债	9.2.1	货币基金
3.1	其中:可转换债券	9.2.2	短期融资券
4	资产证券化产品	9.2.3	待回购证券
5	信托资产	9.2.4	买入返售证券
5.1	其中:间接基础设施投资	9.2.5	央行票据
6	权益投资	9.2.6	商业银行票据
6.1	上市股票	9.2.7	大额可转让存单
6.2	证券投资基金	9.2.8	拆出资金

四、关于投资资产的认可标准

(一)一般性规定

1. 本规则第6条规定,有迹象表明保险公司到期不能处置或者对其处置受到限制的投资资产为非认可资产,包括但不限于:

(1)被依法冻结的投资资产;

(2)为他人担保而被质押的投资资产;

(3)由于交易另一方出现财务危机、被监管机构接管、被宣告破产等事项而导致保险公司对其处置受到限制的投资资产;

(4)由于当地的管制、政治动乱、战争、金融危机等原因而导致保险公司对其处置受到限制的境外投资资产。

但是,本规则第6(2)条规定的资产不包括保险公司进行自我担保时作为质押物的投资资产。例如,保险公司为解决现金流问题,以一项协议存款向银行质押融资,则被质押的协议存款不属于本规则第6(2)条所规定的权利受限资产。

2. 保险公司在确定投资资产的认可价值时应当注意以下两点:

(1)保险公司应当首先判断某项投资资产是否为认可资产,然后再根据本规则第7条至第22条的规定确定认可资产的认可价值。

〔例1〕甲财产保险股份有限公司(以下简称"甲公司")持有某国有企业发行的企业债券,面值1亿元,信用评级为AA级,甲公司将该笔企业债券划分为持有至到期投资。2007年3月,甲公司质押5000万元面值的企业债券为他人担保。2007年12月31日,该笔企业债券的账面价值为1.1亿元,根据本规则的规定,甲公司质押的5000万元面值的企业债券为非认可资产,因此,2007年末该笔企业债券的认可价值为5500万元。

(2)本规则中的账面价值是指保险公司根据《企业会计准则》所确定的各项投资资产的账面价值。

(二)政府债券的认可标准

政府债券包括我国政府发行的债券和外国政府发行的债券。本规则第7条规定政府债券为认可资产,保险公司应当以政府债券的账面价值作为其认可价值。但是,存在本规则第6条所列情况的政府债券为非认可资产。例如,某国发生政治动乱或战乱,则保险公司持有的该国政府发行的债券为非认可资产。

(三)金融债的认可标准

1. 基本原则

金融债包括境内金融债和境外金融债,本规则第8条至第13条规定了金融债的认可标准,其基本原则包括以下两点:

一是保险公司应当根据商业银行的资本充足率和债券的信用评级来确定其持有的境内和境外的定期存款、协议存款、结构性存款、金融债券、次级债等投资资产的认可价值。

(1)根据《商业银行资本充足率管理办法》和《商业银行信息披露暂行办法》，境内商业银行应当定期公开披露资本充足率指标，而境外商业银行通常也会披露资本充足率指标，因此，保险公司可以得到境内外商业银行的资本充足率指标。保险公司应当按照以下原则确定商业银行的资本充足率：

①如果保险公司能够获得报告期末商业银行的资本充足率，应当使用报告期末商业银行的资本充足率；

②如果无法获得报告期末商业银行的资本充足率，但能获得商业银行报告年度内最近时点的资本充足率，应当使用报告年度内商业银行最近时点的资本充足率；

③如果无法获得报告期末商业银行的资本充足率和最近时点的资本充足率，但能获得商业银行上一年度末的资本充足率，应当使用上一年度末的资本充足率。

④如果无法获得报告期末商业银行的资本充足率和报告年度内最近时点的资本充足率，也无法获得上一年度末的资本充足率，则应当将商业银行视为资本充足率低于8%的商业银行。

例如，甲公司在某商业银行有定期存款，在编制2007年第3季度偿付能力报告时，如果甲公司能够得到该银行2007年第3季度末的资本充足率，应使用该银行2007年第3季度末的资本充足率；如果无法获得该银行2007年第3季度末的资本充足率，但可以获得该银行2007年第1季度末和第2季度末的资本充足率，则应当使用该银行2007年内距报告日最近时点的资本充足率，即使用第2季度末的资本充足率；如果无法获得该银行2007年度内的资本充足率，但能够获得该银行2006年末的资本充足率，应当使用该银行2006年末的资本充足率；如果上述时点的资本充足率均无法获得，则应当将该银行视为资本充足率低于8%的商业银行。

(2)在确定债券的信用评级时应当注意以下两点：

①保险公司在境内购买的金融债券，应当使用境内监管部门认可的信用评级机构对金融债券的信用评级。保险公司在境外购买的金融债券，应当使用国际公认评级机构对金融债券的信用评级；

②如果信用评级机构对某一债券有跟踪信用评级，则保险公司应当使用最近时点的评级结果。

二是在确定定期存款、协议存款和结构性存款的认可价值时，保险公司在本规则生效日前形成的定期存款、协议存款和结构性存款可以按照本规则的认可标准进行认可，也可以按照原《保险公司偿付能力报告编报规则第2号：货币资金和结构性存款》的认可标准进行认可(详见本指南第七部分——关于附则)。

2. 定期存款的认可标准

保险公司在境内和境外的定期存款，应当按照如下认可标准认可：

(1)保险公司的下列定期存款为认可资产：

①存放在商业银行的定期存款；

②存放在中国证券登记结算公司和中央国债登记结算公司的清算备付金。

但是，下列定期存款为非认可资产：

①存在本规则第6条所列情况的定期存款；

②保险公司在其他非银行金融机构（如农村信用社、财务公司、信托公司等）的定期存款。

(2)保险公司应当按照如下标准确定定期存款的认可价值：

①存放在国有独资商业银行和资本充足率不低于8%的非国有独资商业银行的定期存款，以存款的账面价值作为其认可价值。存放在资本充足率低于8%的非国有独资商业银行的定期存款，以存款账面价值的90%作为其认可价值。

②存放在中国证券登记结算公司和中央国债登记结算公司的清算备付金，以清算备付金的账面价值作为其认可价值。

〔例2〕2007年12月31日，甲公司有四笔定期存款，相关信息如下：

(1)第一笔存款期限为3年，存放在A国有独资商业银行（以下简称“A银行”），其账面价值为8000万元；

(2)第二笔存款期限为3年，存放在B非国有独资商业银行（以下简称“B银行”），其账面价值为1000万元，甲公司已知B银行2005年末的资本充足率为8.2%，但无法取得B银行2007年末和2007年度内其他时点以及2006年末的资本充足率；

(3)第三笔存款期限为5年，存放在C非国有独资商业银行（以下简称“C银行”），其账面价值为5000万元，甲公司无法取得C银行2007年末的资本充足率，但已知C银行2007年第2季度末的资本充足率为9.1%；

(4)第四笔存款期限为4年，存放在D财务公司，其账面价值为800万元；

(5)甲公司的定期存款不存在本规则第6条所列情况。

对于存放在A银行的定期存款，由于A银行属于国有独资商业银行，因此，其年末认可价值为8000万元；对于存放在B银行的定期存款，尽管B银行2005年末的资本充足率高于8%，但由于甲公司无法获得B银行2006年末和2007年度内的资本充足率，因此，应当将B银行视为资本充足率低于8%的商业银行，存放在B银行的定期存款的认可价值为900万元（=1000×90%）；对于存放在C银行的定期存款，由于C银行2007年第2季度末的资本充足率高于8%，因此，其年末认可价值为5000万元；对于存放在D财务公司的定期存款，根据本规则的规定，其为非认可资产。

3.协议存款的认可标准

保险公司在境内和境外的协议存款为认可资产，但是，存在本规则第6条所列情况的协议存款为非认可资产。保险公司应当按照如下标准确定协议存款的认可价值：

（1）存放在国有独资商业银行和资本充足率不低于8%的非国有独资商业银行的协议存款，保险公司应当以该类存款的账面价值作为其认可价值。

（2）存放在资本充足率低于8%的非国有独资商业银行的协议存款，保险公司应当以该类存款账面价值的90%作为其认可价值。

4. 结构性存款的认可标准

保险公司在境内和境外的结构性存款为认可资产。但是，存在本规则第6条所列情况的结构性存款为非认可资产。保险公司应当按照如下标准确定结构性存款的认可价值：

（1）对于提前支取时银行保证本金的结构性存款，应当视存款银行的资本充足率确定认可价值：

①如果存款所在银行的资本充足率不低于8%或存款所在银行为国有独资商业银行，以存款的账面价值作为其认可价值；

②如果存款所在银行的资本充足率低于8%且非国有独资商业银行，以存款账面价值的90%作为其认可价值。

（2）对于提前支取时银行不保证本金的结构性存款，保险公司应当以该类存款账面价值的85%作为其认可价值。

［例3］2007年12月31日，乙人寿保险股份有限公司（以下简称“乙公司”）有两笔结构性存款，相关信息如下：

（1）第一笔结构性存款的账面价值为1200万美元，存放在E商业银行。该存款协议约定，乙公司若遇特殊情况提前支取时，银行将保证本金。乙公司无法获得E银行2007年末的资本充足率，但已知2007年6月30日E银行的资本充足率为8.2%。

（2）第二笔结构性存款的账面价值为2000万美元，存放在F商业银行。该存款协议未对乙公司提前支取的情况做出约定。

假设2007年12月31日美元汇率为7.75元。

第一笔结构性存款协议表明，乙公司提前支取时银行保证本金且E银行资本充足率高于8%，因此，第一笔结构性存款的年末认可价值为9300万元（=1200×7.75）；第二笔结构性存款在协议中未明确约定提前支取时银行是否保证本金，根据本规则的规定，乙公司应当将其视为提前支取时银行不保证本金的结构性存款。因此，第二笔结构性存款的年末认可价值为13175（=2000×7.75×85%）万元。

5. 金融债券的认可标准

保险公司通过境内投资和境外投资而持有的金融债券为认可资产，但是，存在本规则第6条所列情况的金融债券为非认可资产。

保险公司应当按照如下标准确定金融债券的认可价值：

（1）政策性银行、国有独资商业银行和资本充足率不低于8%的非国有独资商业银行发行的金融债券,以金融债券的账面价值作为其认可价值;资本充足率低于8%的非国有独资商业银行发行的金融债券,以金融债券账面价值的90%作为其认可价值。

(2)非银行金融机构发行的金融债券,如果金融债券的信用评级在AA级以上(含AA级),以金融债券的账面价值作为其认可价值;如果金融债券的信用评级在AA级以下,以金融债券账面价值的90%作为其认可价值。

6.次级债的认可标准

保险公司持有的商业银行和其他保险公司发行的次级债为认可资产。保险公司应当按照如下标准确定次级债的认可价值:

(1)对于保险公司持有的其他保险公司发行的次级债,应当视发行公司的偿付能力充足率确定次级债的认可价值:

①如果发行公司的偿付能力充足率不低于100%,以次级债的账面价值作为其认可价值;

②如果发行公司的偿付能力充足率低于100%,以次级债账面价值的90%作为其认可价值。

(2)对于保险公司持有的商业银行发行的次级债,应当视发行银行的资本充足率确定次级债的认可价值:

①如果发行银行的资本充足率不低于8%,以次级债的账面价值作为其认可价值;

②如果发行银行的资本充足率低于8%,以次级债账面价值的90%作为其认可价值。

7.其他金融债的认可标准

保险公司持有的其他金融债为非认可资产,但是,中国保监会另有认可标准规定的除外。

(四)企业债券的认可标准

本规则第14条规定保险公司通过境内投资和境外投资而持有的企业债券为认可资产。但是,存在本规则第6条所列情况的企业债券为非认可资产。

保险公司应当按照如下标准确定企业债券的认可价值:

(1)对于保险公司在境内购买的企业债券,如果境内监管部门认可的信用评级机构对企业债券的信用评级在AA级以上(含AA级),以企业债券的账面价值作为其认可价值;如果境内监管部门认可的信用评级机构对企业债券的信用评级在AA级以下,以企业债券账面价值的90%作为其认可价值。

(2)对于保险公司在境外购买的企业债券,如果国际公认评级机构对企业债券的信用评级在AA级以上(含AA级),以企业债券的账面价值作为其认可价值;如果国际公认评级机构对企业债券的信用评级在AA级以下,以企业债券账面价值的90%作为其认可价值。

（五）资产证券化产品的认可标准

本规则第 15 条规定资产证券化产品为认可资产，但是，存在本规则第 6 条所列情况的资产证券化产品为非认可资产。保险公司应当按照如下标准确定资产证券化产品的认可价值：

（1）对于保险公司在境内购买的资产证券化产品，如果境内监管部门认可的信用评级机构对其信用评级为 AAA 级，以账面价值作为其认可价值；如果境内监管部门认可的信用评级机构对其信用评级在 AAA 级以下，以账面价值的 90% 作为其认可价值。

（2）对于保险公司在境外购买的资产证券化产品，如果国际公认评级机构对其信用评级为 AAA 级，以账面价值作为其认可价值；如果国际公认评级机构对其信用评级为 AAA 级以下，以账面价值的 90% 作为其认可价值。

但是，中国保监会另有认可标准规定的除外。

（六）信托资产的认可标准

本规则第 16 条规定信托资产为认可资产，但是，存在本规则第 6 条所列情况的信托资产为非认可资产。保险公司应当以信托资产账面价值的 95% 作为其认可价值，中国保监会另有认可标准规定的除外。

（七）权益投资的认可标准

本规则第 17 条至第 19 条对保险公司持有的境内和境外的权益投资的认可标准进行了规定：

1. 保险公司持有的未被证券交易所实施特别处理的上市股票为认可资产，保险公司应当以该类上市股票账面价值的 95% 作为其认可价值。但是，下列上市股票为非认可资产：

（1）存在本规则第 6 条所列情况的上市股票；

（2）保险公司持有的被证券交易所实施特别处理的上市股票，例如，在上海证券交易所上市的 ST 股票和 *ST 股票。

2. 证券投资基金为认可资产，但是，存在本规则第 6 条所列情况的证券投资基金为非认可资产。保险公司应当以证券投资基金账面价值的 95% 作为其认可价值。

3. 其他权益投资为非认可资产，中国保监会另有认可标准规定的除外。

（八）贷款的认可标准

本规则第 20 条规定保单质押贷款为认可资产，保险公司应当以保单质押贷款的账面价值作为其认可价值。但是，下列贷款为非认可资产：

（1）存在本规则第 6 条所列情况的贷款；

（2）除保单质押贷款之外的其他贷款。

中国保监会另有认可标准规定的除外。

(九)其他投资资产

本规则第22条规定其他投资资产为非认可资产，但是，中国保监会另有认可标准规定的除外。

五、关于现金及流动性管理工具的认可标准

1. 权利受限的现金及流动性管理工具

本规则第23条规定，有迹象表明保险公司到期不能处置或者对其处置受到限制的现金及流动性管理工具为非认可资产，包括但不限于：

(1)被依法冻结的现金及流动性管理工具；

(2)为他人担保而被质押的现金及流动性管理工具；

(3)由于交易另一方出现财务危机、被监管机构接管、被宣告破产等事项而导致保险公司对其处置受到限制的现金及流动性管理工具；

(4)由于当地的管制、政治动乱、战争、金融危机等原因而导致保险公司对其处置受到限制的境外现金及流动性管理工具。

需要注意的是，本规则第23(2)条规定的资产不包括保险公司进行自我担保时作为质押物的现金及流动性管理工具。

2. 现金的认可标准

本规则第24条规定保险公司的下列现金为认可资产：

(1)库存现金；

(2)存放在商业银行的活期存款；

(3)存放在证券公司的存出投资款。

保险公司应当以上述现金的账面价值作为其认可价值。

但是，下列现金为非认可资产：

(1)存在本规则第23条所列情况的现金；

(2)保险公司在其他非银行金融机构(如农村信用社、财务公司、信托公司等)的活期存款。

3. 流动性管理工具的认可标准

本规则第25条规定流动性管理工具为认可资产，但是，存在本规则第23条所列情况的流动性管理工具为非认可资产。保险公司应当以流动性管理工具的账面价值作为其认可价值。

本规则第25条规定的流动性管理工具不包括证券回购业务产生的待回购证券和买入返售证券。待回购证券和买入返售证券的认可标准由《保险公司偿付能力报告编报规则第5号：证券回购》进行规范。

六、关于披露

(一)保险公司应当在偿付能力报表附注中披露以下信息：

1. 保险公司将政府债券、金融债券、次级债、企业债券、资产证券化产品等投资资产区分为持有至到期投资和非持有至到期投资的程序以及相应的依据。

2. 保险公司将政府债券、金融债券、次级债、企业债券、资产证券化产品等投资资产在持有至到期投资和非持有至到期投资之间重分类的程序以及相应的依据。

3. 保险公司将权益投资在上市股票和其他权益投资之间重分类的程序以及相应的依据。

4. 关于权利受限投资资产的特别说明，包括导致权利受到限制的原因和权利受限投资资产的账面价值。

（二）保险公司应当严格按照明细表 IA－1、明细表 IA－2、明细表 IA－3、明细表 IA－4、明细表 IA－5、明细表 IA－6、明细表 IA－7、明细表 IA－8、明细表 IA－9、明细表 IA－10、明细表 IA－11、明细表 IA－12、明细表 IA－13、明细表 IA－14、明细表 IA－15 的格式和要求披露以下信息：

（1）政府债券的认可情况，包括债券名称、发行国家、付息频率、账面余额、认可价值等；

（2）金融债的认可情况，包括金融机构的名称、各类金融债的期限、利率、付息频率、账面余额、认可价值等；

（3）企业债券的认可情况，包括债券名称、发行机构名称、利率、付息频率、账面余额、认可价值等；

（4）资产证券化产品的认可情况，包括产品名称、发行机构名称、利率、付息频率、账面余额、认可价值等；

（5）基础设施投资的认可情况，包括项目名称、受托机构名称、项目预算总额、账面余额、认可价值等；

（6）上市股票的认可情况，包括股票名称、股票代码、期末每股市价、期末持股比例、账面余额、认可价值等；

（7）证券投资基金的认可情况，包括基金名称、初始投资成本、基金净值、账面余额、认可价值等；

（8）其他投资资产的认可情况，包括其他投资资产的种类、账面余额和认可价值等；

（9）持有的境外外汇投资资产的认可情况，包括外汇资金余额、国家外汇管理局批准的投资付汇额度、外汇资金境外运用的投资品种、国别、信用等级、到期日、利率、账面余额、认可价值等；

（10）外币投资资产的认可情况，包括外币投资资产的种类、账面余额、认可价值等；

（11）流动性管理工具的认可情况，包括持有的流动性管理工具的种类、账面余额、认可价值等。

七、关于附则

（一）与企业会计准则的关系

本规则及相关问题解答等规定未涉及的有关投资资产的编报要求，适用《企业会计准则》。例如，投资资产账面价值的确认，持有至到期投资和非持有至到期投资的分类标准等。

（二）生效日

1. 本规则自2007年第1季度偿付能力报告编报起施行，即2007年第1季度及以后期间的偿付能力年度报告和季度报告应当根据本规则编报。

2. 保险公司在2007年3月31日前形成的定期存款、协议存款和结构性存款可以按照原《保险公司偿付能力报告编报规则第2号：货币资金和结构性存款》规定的认可标准进行认可，也可以按照本规则的规定进行认可。但是，保险公司在2007年3月31日后形成的下列定期存款、协议存款和结构性存款应当按照本规则进行认可：

（1）生效日后新增资金形成的定期存款、协议存款和结构性存款；

（2）续存的定期存款、协议存款和结构性存款。

〔例4〕甲公司2005年8月1日存入F银行（该银行为非国有独资商业银行）一笔5000万元的2年期定期存款，F银行2007年第1季度末的资本充足率为6%。假设该笔存款没有本规则第6条所列情况。

甲公司编报2007年第1季度偿付能力报告时，可以按照原编报规则第2号的规定认可该笔定期存款，即该笔定期存款的认可价值为5000万元。也可以按照本规则认可该笔定期存款，即该笔存款的认可价值为4500万元（=5000×90%）。如果2007年8月1日该笔存款到期后，甲公司将其续存为2年期的定期存款，F银行2007年第3季度末的资本充足率为6.5%，则甲公司编报第3季度偿付能力报告时，必须按照本规则的要求确定其认可价值，即该笔存款的认可价值为4500万元（=5000×90%）。

（三）相关制度的适用

1.《保险公司偿付能力额度及监管指标管理规定》（保监会令〔2003〕1号）、《保险公司偿付能力报告编报规则——问题解答第1号：部分新增资金运用形式及固定资产评估增值》和《保险公司偿付能力报告编报规则——问题解答第2号：次级债、可转换债券、股票和境外外汇投资资产》中有关投资资产和现金及流动性管理工具的规定同时停止执行。

2.《保险公司偿付能力报告编报规则第2号：货币资金和结构性存款》同时废止。

表2：投资资产新旧认可标准对照表

行次	项目	旧认可标准	新认可标准
1	政府债券	政府债券为认可资产。短期国债投资按成本与市价孰低法计价；长期国债投资按摊余价值计价并计提长期投资减值准备	政府债券为认可资产。以账面价值作为其认可价值
2	金融债		
2.1	定期存款	下列定期存款为认可资产：(1)存放在中国人民银行、全国性商业银行、区域性城市商业银行和外资商业银行的定期存款；(2)符合中国保监会规定比例限制的，在中资商业银行的境外分行和国际公认评级机构最近3年对其长期信用评级在A级或者相当于A级以上的外国银行的定期存款；(3)存放在邮政储蓄机构的定期存款；(4)存放在登记结算公司的清算备付金。 保险公司应当以上述定期存款的账面价值作为其认可价值。	保险公司下列定期存款为认可资产：(1)存放在商业银行的定期存款；(2)存放在中国证券登记结算公司、中央国债登记结算公司的清算备付金。 保险公司应当按以下标准确定上述定期存款的认可价值： (1)存放在国有独资商业银行和资本充足率不低于8%的非国有独资商业银行的定期存款，以账面价值作为其认可价值。存放在资本充足率低于8%的非国有独资商业银行的定期存款，以账面价值的90%作为其认可价值。 (2)存放在登记结算公司的清算备付金，以账面价值作为其认可价值
2.2	协议存款	下列协议存款为认可资产：(1)存放在全国性商业银行、区域性城市商业银行和外资商业银行的协议存款；(2)符合中国保监会规定比例限制的，在中资商业银行的境外分行和国际公认评级机构最近3年对其长期信用评级在A级或者相当于A级以上的外国银行的协议存款。 保险公司应当以上述协议存款的账面价值作为其认可价值。	协议存款为认可资产。存放在国有独资商业银行和资本充足率不低于8%的非国有独资商业银行的协议存款，以账面价值作为其认可价值；存放在资本充足率低于8%的非国有独资商业银行的协议存款，以账面价值的90%作为其认可价值。
2.3	结构性存款	结构性存款为认可资产： (1)提前支取保证本金的结构性存款以账面价值作为其认可价值； (2)提前支取不保证本金的结构性存款以账面价值的95%作为其认可价值	结构性存款为认可资产： (1)提前支取时银行保证本金的结构性存款，如果存款所在银行的资本充足率不低于8%或存款所在银行为国有独资商业银行，以存款的账面价值作为其认可价值；如果存款所在银行的资本充足率低于8%且非国有独资商业银行，以存款账面价值的90%作为其认可价值。 (2)提前支取时银行不保证本金的结构性存款，以存款账面价值的85%作为其认可价值。

续表

行次	项目	旧认可标准	新认可标准
2.4	金融债券	金融债券为认可资产，但违反保监会比例限制持有的部分为非认可资产。短期金融债券投资按成本与市价孰低法计价并计提短期投资跌价准备；长期金融债券投资按摊余价值计价并计提长期投资减值准备。	金融债券为认可资产： (1)政策性银行、国有独资商业银行和资本充足率不低于8%的非国有独资商业银行发行的金融债券，以账面价值作为其认可价值；资本充足率低于8%的非国有独资商业银行发行的金融债券，以账面价值的90%作为其认可价值。 (2)非银行金融机构发行的信用评级在AA级以上(含AA级)的金融债券，以账面价值作为其认可价值；非银行金融机构发行的信用评级在AA级以下的金融债券，以账面价值的90%作为其认可价值。
2.4.1	其中：可转换债券	可转换债券为认可资产，但违反中国保监会规定比例限制持有的可转换债券为非认可资产。保险公司应以可转换债券的账面价值与市价的低者作为其认可价值。	同上
2.5	次级债	保险公司根据中国保监会的规定持有的商业银行和其他保险公司发行的次级债为认可资产，但超过比例限制持有的部分为非认可资产。保险公司应当以次级债的账面价值作为其认可价值。	次级债为认可资产： (1)保险公司发行的次级债，如果发行公司的偿付能力充足率不低于100%，以次级债的账面价值作为其认可价值；如果发行公司的偿付能力充足率低于100%，以次级债账面价值的90%作为其认可价值； (2)银行发行的次级债，如果发行银行的资本充足率不低于8%，以次级债的账面价值作为其认可价值；如果发行银行的资本充足率低于8%，以次级债账面价值的90%作为其认可价值。
2.6	其他金融债	尚未涉及	其他金融债为非认可资产，中国保监会另有认可标准规定的除外。

续表

行次	项目	旧认可标准	新认可标准
3	企业债券	所有经国家主管部门批准发行、且经监管部门认可的信用评级机构评级在AA级以上的企业债券为认可资产，但违反保监会比例限制持有的部分以及保险公司在《保险法》实施前已经持有或者在《保险法》实施后违规持有的其他企业债券均为非认可资产。短期企业债券投资按成本与市价孰低法计价并计提短期投资跌价准备；长期企业债券投资按摊余价值计价并计提长期投资减值准备	企业债券为认可资产。信用评级在AA级以上（含AA级）的企业债券，以账面价值作为其认可价值；信用评级在AA级以下的企业债券，以账面价值的90%作为其认可价值。
3.1	其中：可转换债券	可转换债券为认可资产，但违反中国保监会规定比例限制持有的可转换债券为非认可资产。保险公司应以可转换债券的账面价值与市价的低者作为其认可价值。	同上
4	资产证券化产品	属非认可资产	资产证券化产品为认可资产。信用评级为AAA级的资产证券化产品，以账面价值作为其认可价值；信用评级在AAA级以下的资产证券化产品，以账面价值的90%作为其认可价值。中国保监会另有认可标准规定的除外。
5	信托资产	属非认可资产	信托资产为认可资产，以信托资产账面价值的95%作为其认可价值。中国保监会另有认可标准规定的除外。
6	权益投资		
6.1	上市股票	上市股票为认可资产，但《保险法》或《外资保险公司管理条例》实施后违规持有的上市股票为非认可资产。短期股权投资按成本与市价孰低法计价并计提短期投资跌价准备；长期股权投资按历史成本计价并计提长期投资减值准备。	保险公司持有的未被证券交易所实施特别处理的上市股票为认可资产。保险公司应当以该类股票账面价值的95%作为其认可价值。保险公司持有的被证券交易所实施特别处理的上市股票为非认可资产。

续表

行次	项目	旧认可标准	新认可标准
6.1	上市股票	保险公司根据《保险机构投资者股票投资管理暂行办法》持有的上市股票为认可资产。保险公司应以股票账面价值与市价的低者作为其认可价值。由于被投资公司业绩下滑、人为操纵股价等因素使保险公司持有的股票成为《保险机构投资者股票投资管理暂行办法》第十四条所规定的禁止投资的股票,保险公司应当将其确认为非认可资产。	
6.2	证券投资基金	证券投资基金为认可资产,但违反保监会比例限制持有的部分为非认可资产。按照成本与市价孰低法计价并计提跌价准备。	证券投资基金为认可资产。保险公司应当以证券投资基金账面价值的95%作为其认可价值。
6.3	其他权益投资	其他权益投资为认可资产,但《保险法》或《外资保险公司管理条例》实施后违规持有的其他权益投资为非认可资产。短期股权投资按成本与市价孰低法计价并计提短期投资跌价准备;长期股权投资按历史成本计价并计提长期投资减值准备。	其他权益投资为非认可资产,保监会另有认可标准的除外。
7	贷款	保单质押贷款为认可资产。其他贷款为非认可资产。	保单质押贷款为认可资产。保险公司应当以保单质押贷款的账面价值作为其认可价值。其他贷款为非认可资产,中国保监会另有认可标准规定的除外。
8	其他投资资产	属非认可资产	属非认可资产,保监会另有认可标准的除外。

明细表及填表说明(略)

《保险公司偿付能力报告编报规则第10号:子公司、合营企业和联营企业》实务指南

一、关于引言

《保险公司偿付能力报告编报规则第10号:子公司、合营企业和联营企业》

（以下简称“本规则”）在引言部分指出，其旨在规范保险公司在子公司、合营企业和联营企业中的权益在偿付能力报告中的编报，包括认可标准和披露要求。

保险公司对子公司、合营企业和联营企业的投资不是保险公司的资金运用行为。保险公司投资子公司、合营企业或联营企业，是保险公司经营范围、经营地域、财务模式和发展战略的变化。与保险公司投入200万元在一个省设立一家分公司的性质相似，保险公司投入10亿元控制另一家保险公司或参股一家银行，是公司经营领域、财务模式和发展策略的变化，而不是简单的资金运用行为。保险公司通过资金运用活动获得利润，也通过设立分支机构、投资参股其他企业等方式获得利润，但这两种获取利润的行为具有不同的性质，不能混为一谈。因此，保险公司在子公司、合营企业和联营企业中的权益的认可标准和披露要求不同于投资资产。保险公司在确定权益投资的认可价值时，首先应当判断被投资单位是否是保险公司的子公司、合营企业和联营企业。如果被投资单位是保险公司的子公司、合营企业和联营企业，应当按照本规则确定其认可价值，如果被投资单位不是保险公司的子公司、合营企业和联营企业，应当按照《保险公司偿付能力报告编报规则第2号：投资资产》确定其认可价值。

二、关于定义

（一）子公司

子公司，是指保险公司能够对其实施控制的企业。控制，是指有权决定一个企业的财务和经营政策，并能据以从该企业的经营活动中获取利益。

（二）合营企业

合营企业，是指保险公司与其他方对其实施共同控制的企业。共同控制，是指按照合同约定对某项经济活动所共有的控制，仅在与该项经济活动相关的重要财务和经营决策需要分享控制权的投资方一致同意时存在。

（三）联营企业

联营企业，是指保险公司能够对其施加重大影响的企业。重大影响，是指对一个企业的财务和经营政策有参与决策的权力，但并不能够控制或者与其他方一起共同控制这些政策的制定。

三、关于认可标准

保险公司在子公司、合营企业和联营企业中的权益为认可资产，本规则第3条至第6条规定了其认可标准。

（一）权利受限资产

本规则第3条强调，有迹象表明保险公司不能处置，或者对其处置受到限制的在子公司、合营企业和联营企业中的权益为非认可资产，包括但不限于：

1. 被依法冻结的权益；

2. 为他人担保而被质押的权益；

3. 由于被投资单位出现财务危机、被监管机构接管、被宣告破产等事项而导致保险公司对其处置受到限制的权益；

4. 由于当地的管制、政治动乱、战争、金融危机等原因而导致保险公司对其处置受到限制的境外权益。

在判断某项权益投资是否属于权利受限资产时，应当注意以下两点：

1. 保险公司以其在子公司、合营企业和联营企业中的权益作为质押物进行自我融资时，被质押的权益不属于本规则第3(2)条所述的权利受限资产。例如，甲人寿保险股份有限公司(以下简称"甲公司")持有A商业银行15%的股权，A商业银行为甲公司的联营企业。2007年2月，甲公司为了解决自身现金流问题，将其持有的A商业银行15%的股权向B商业银行质押融资，假设该笔权益不存在本规则第3条规定的其他情况，则在编制偿付能力报告时，甲公司在A商业银行的权益为认可资产。

2. 为了保证股权分置改革、战略投资、国有企业改革等稳妥实施，有些股权投资具有锁定期要求，或者根据国家有关规定暂不流通。虽然保险公司对这些权益的处置受到限制，但如果被投资单位经营活动未受到影响，也未出现本规则第3条所述情况，则保险公司持有的在锁定期内或暂不流通的子公司、合营企业和联营企业的权益不属于权利受限资产。

(二)认可价值的确定方法

1. 保险公司在子公司、合营企业和联营企业中的权益应当以母公司单独财务报表为依据，并以权益法核算的账面价值作为确定其认可价值的基础。按照《企业会计准则》的规定，母公司单独财务报表中对子公司的投资应按成本法核算。但是，确定保险公司在子公司中权益的认可价值时，需将成本法核算的账面价值调整为按权益法核算的账面价值。

2. 保险公司应当根据子公司、合营企业和联营企业的股票是否在境内或境外公开、规范的证券交易所上市交易来确定其认可价值：

(1)如果子公司、合营企业和联营企业的股票在境内或境外公开、规范的证券交易所上市交易，保险公司应当以权益法核算的账面价值作为其在子公司、合营企业和联营企业中的权益的认可价值。

(2)如果子公司、合营企业和联营企业的股票未在境内或境外公开、规范的证券交易所上市交易，保险公司应当以权益法核算的账面价值的95%作为其在子公司、合营企业和联营企业中的权益的认可价值。

其中，境内或境外公开、规范的证券交易所包括上海证券交易所、深圳证券交易所、香港联合证券交易所、纽约证券交易所、伦敦证券交易所等。

例如，甲公司投资10000万元持有非上市公司乙保险资产管理有限责任公司（以下简称"乙公司"）70%的股份，成为乙公司的母公司。2007年3月，甲公司质押乙公司10%的股权为他人担保。2007年12月31日，乙公司的所有者权益总额为20000万元。按照会计准则的规定，这笔投资在甲公司单独财务报表中按成本法核算的账面价值为10000万元。

首先，根据本规则的规定，10%的质押股权为非认可资产；

其次，甲公司应当确定剩余60%股权投资按照权益法核算的账面价值，即20000×60%＝12000万元；

最后，由于乙公司的股票未在境内外公开、规范的证券交易所上市交易，2007年末甲公司在乙公司中的权益的认可价值为11400（＝12000×95%）万元。

四、关于披露

保险公司应当严格按照明细表EI－1、明细表EI－2、明细表EI－3、明细表EI－4的格式和要求披露以下信息：

（1）子公司、合营企业和联营企业中的保险公司的基本情况及权益认可情况，包括被投资单位名称、持股比例、偿付能力充足率、账面余额、非认可价值、认可价值等；

（2）子公司、合营企业和联营企业中的商业银行的基本情况及权益认可情况，包括被投资单位名称、持股比例、资本充足率、账面余额、非认可价值、认可价值等；

（3）子公司、合营企业和联营企业中的证券公司的基本情况及权益认可情况，包括被投资单位名称、持股比例、净资本、账面余额、非认可价值、认可价值等；

（4）在其他子公司、合营企业和联营企业中的权益的认可情况，包括被投资单位名称、持股比例、账面余额、非认可价值、认可价值等。

五、关于附则

本规则及相关问题解答等规定未涉及的有关保险公司在子公司、合营企业和联营企业中的权益的编报要求，适用《企业会计准则》。例如，本规则第5条和第6条中的权益法为《企业会计准则》规定的权益法，保险公司应当按照《企业会计准则》关于权益法的具体规定确定子公司、合营企业和联营企业中权益的账面价值。

本规则自2007年第1季度偿付能力报告编报起施行，即2007年第1季度及以后期间的偿付能力报告应当根据本规则编报。

《保险公司偿付能力额度及监管指标管理规定》（保监会令〔2003〕1号）及《保险公司偿付能力报告编报规则——问题解答第2号：次级债、可转换债券、股票和境外外汇投资资产》中有关保险公司在子公司、合营企业和联营企业中的权益的规定同时停止执行。

明细表及填表说明（略）

《保险公司偿付能力报告编报规则第11号：动态偿付能力测试(人寿保险公司)》实务指南

一、关于引言

《保险公司偿付能力报告编报规则第11号:动态偿付能力测试(人寿保险公司)》(以下简称"本规则")在引言部分指出,其旨在规范人寿保险公司的动态偿付能力测试在偿付能力报告中的编报,包括测试区间、测试对象、测试情景、测试程序以及相应的披露要求。

本规则仅适用于人寿保险公司(包括健康保险公司),以下简称"保险公司"。

保险公司根据本规则进行的动态偿付能力测试的结果不作为监管部门采取监管措施的直接依据。

二、关于定义

(一)动态偿付能力测试

动态偿付能力测试,是指保险公司在基本情景和各种不利情景下对其未来一段时间内偿付能力状况的预测和评价。通过对保险公司的偿付能力状况进行动态测试,可以及时对保险公司可能出现偿付能力恶化的情况进行预警,有利于监管机构对保险公司的偿付能力状况进行动态监测,并有助于保险公司进行有效的资本管理,从而预防保险公司出现偿付能力不足的情况。

(二)基本情景

基本情景,是指保险公司未来最有可能发生的情景。本规则定义的基本情景,是保险公司在分析和研究自身经验数据、行业现有信息及对未来趋势合理预测的基础上所建立的对于未来一段时间内新业务、投资收益率、死亡率、疾病率、其他承保事故发生率、费用和退保率等假设的最优估计。

(三)不利情景

不利情景,是指保险公司未来有可能发生并且会对偿付能力产生严重不利影响的情景。一般认为,不利情景实际发生的概率较低,但是一旦发生就将对保险公司的偿付能力产生较为严重的不利影响。保险公司测试的不利情景要能够反映公司经营过程中的重大风险,同时应具有一定的连续性和一致性。

(四)管理层行为

管理层行为,是指保险公司为改善偿付能力状况而做出的重大管理层策略变化。实务中,保险公司的管理层在了解了公司的偿付能力状况之后,可能会改变经营策略并采取一定的管理措施,对公司的偿付能力状况进行一定程度的改善。

三、关于测试区间

我国的人寿保险业正处于快速发展的时期，如果考虑动态偿付能力测试的时间区间过长，很可能会与实际结果出现较大的偏差。因此，本规则规定保险公司进行动态偿付能力测试的时间区间为自报告年度末开始的未来三个会计年度。保险公司应当将测试区间以年为单位，划分为报告年度后第 1 年、报告年度后第 2 年、报告年度后第 3 年三个时间段，并预测报告年度后第 1 年末、第 2 年末、第 3 年末的偿付能力状况。例如，保险公司 2006 年末进行动态偿付能力测试时，其测试区间为 2007 年至 2009 年，并应将测试区间划分为 2007 年、2008 年和 2009 年 3 个时间段，预测 2007 年末、2008 年末和 2009 年末的偿付能力状况。

四、关于测试对象

本规则规定测试对象应当涵盖保险公司的全部保险业务，包括测试区间内各年度末的有效业务和新业务。其中，有效业务是指测试区间内各年度末保险公司已经承保并且保险责任依然有效的保单；新业务是指保险公司在测试区间内对现有产品（包括已经研发和列入推广计划中的产品）签发的新保单。

人身保险产品多种多样，各类产品的要素差异较大，如投资连结产品资产账户和传统产品资产账户的投资收益率明显不同，个险业务和团险业务的退保风险特征具有较大的差异。所以，有必要在一定的分类基础上进行动态偿付能力测试。

1. 保险公司应当将测试对象按照销售渠道和产品类型进行分类。其中，销售渠道至少划分为以下 4 种：个人、团体、银保以及其他销售渠道，产品类型至少划分为传统产品、分红产品、万能产品、投资连结产品以及其他产品类型。根据上述分类要求，保险公司的测试对象至少可以分成 20 个类别。

2. 如果公司根据其产品的具体风险特征有更为细致的分类，可以在上述分类的基础上采用自己的分类方式进一步细分。

3. 短期险的保险期限短，保证利益风险较低，保险公司可以适时地根据经营情况做出产品计划和策略上的转变，其在产品特点上与长期保险产品有较大区别，因此，保险公司可以将短期险业务作为一个单独的业务类，采用更合理、科学的方法进行动态偿付能力测试。

4. 在不对动态偿付能力测试结果构成重大影响的前提下，保险公司在测试中可以将占公司业务量份额较小的产品分组到类似的产品中，通过近似的方式简化处理。

五、关于基本情景测试

（一）预测假设

预测假设主要包括新业务、投资收益率、死亡率、疾病率、其他承保事故发生率、费用和退保率等假设。通常情况下，基本情景应与保险公司的业务发展计划相一致，并且采用的预测假设应当是建立在公司经验数据、行业现有信息及对未来趋势合理预测基础上的最优估计。需要注意的是,基本情景的设置还应考虑以下两个因素:一是各项假设之间的一致性,如死亡率和退保率;投资收益率和新业务;费用率和投资收益率;核赔标准和死亡率等。二是各项假设的合理性,如假设是否符合历史经验、保单持有者的合理期望等。

1. 新业务假设

除已经研发和列入推广计划中的产品,新业务的预测中不应考虑测试区间内可能推出的其他险种。

保险公司应根据其业务发展计划制定出合理的关于新业务假设的各项具体内容,其中至少应当包括测试区间内的新业务增长率,并针对不同的测试对象设定合理假设。

2. 投资收益率假设

本规则所指投资收益率是扣除投资费用以后的净投资收益率。保险公司应当按照以下要求确定投资收益率假设。

(1)保险公司应当根据公司的投资策略确定测试区间内各测试类别的资产账户相应的投资组合。保险公司应当依据资产负债匹配的原则对公司的投资资产按照测试类别进行适当的分割,至少应将公司的投资资产分割为传统产品账户、个人分红产品账户、团体分红产品账户、个人万能产品账户、团体万能产品账户和实际资本账户(可与传统产品账户合并)。保险公司应当明确各个资产账户在测试区间内的资产配置策略,以及每个资产账户的代表性资产。有条件的公司可以根据具体业务情况做进一步分割。

(2)保险公司应当以公司的历史投资收益率作为参照,并根据对未来市场状况的分析,确定测试区间内各类投资资产的年投资收益率的最优估计。

(3)保险公司应当分别确定各类测试对象的年投资收益率假设,其中:

①传统产品账户年投资收益率假设不得超过7年期国债收益率+1%;

②分红产品账户年投资收益率假设不得超过7年期国债收益率+1.5%;

③万能产品账户年投资收益率假设不得超过7年期国债收益率+2%;

④投资连结产品账户的年投资收益率假设不得超过7年期国债收益率+2%。

7年期国债收益率选取报告期末中央国债登记结算有限责任公司编制的中国固定利率国债到期收益率曲线上标准期限为7年的曲线点所代表的收益率水平。获得该收益率曲线的相关信息,可访问中国债券信息网的中债收益率曲线网页(http://www.chinabond.com.cn/)。

3. 死亡率、疾病率和其他事故发生率假设

保险公司应根据历史经验并考虑未来趋势,确定不同测试对象的死亡率、疾病率和其他承保事故损失状况的最优估计。

4. 费用假设

费用假设应当包括对保险公司的管理费用和营业费用的假设,固定资产折旧应包括在内。但费用假设不包括对佣金及手续费、营业税金及附加、保险保障基金和监管费等费用支出的假设,保险公司可以在保费收入的基础上预测此类费用支出。需要注意的是,预测利润表中所适用的费用支出是财务部门根据公司未来各年度的预算和公司发展计划预计的公司未来各年度的费用支出,即费用假设和费用超支之和。

(1)费用假设是建立在精算费用假设的基础上,即各项费用假设按费用占保费收入比例、每单费用和每万元保额费用进行分类,得到单位成本费用假设。保险公司应根据以往年度费用的经验数据和未来业务发展规模以及未来各项经济状况确定各类测试对象在测试区间的费用假设的最优估计。

(2)对于费用超支,公司应根据以往年度费用超支的经验数据以及未来业务发展规模等各项经济情况确定测试区间内的费用超支情况。

在缺少经验数据的情况下,保险公司可以采用业务发展计划中的费用预算作为费用预测的基础,其中费用预算应与公司未来的业务规模保持合理关系。

5. 退保率假设

保险公司应根据历史数据对不同的测试对象进行退保率的经验分析,得到相应的最优估计。

6. 其他假设

(1)保险公司应根据其实际业务情况确定测试区间内公司的利润分配情况。

(2)保险公司应根据公司经验和市场预期确定测试区间内分红产品的红利分配水平。

(3)保险公司应根据公司目前的再保险安排情况以及公司对测试区间所进行的业务规划,确定测试区间内的再保险安排情况。

(4)保险公司不应当考虑测试区间的资本交易所引起的资本变化以及可能的管理层行为的干预。其中,资本交易是指保险公司与实际资本出资人之间发生的导致实际资本总额增减变动的经济活动(详见《保险公司偿付能力报告编报规则第8号:实际资本》实务指南),例如,所有者增资、募集次级债。

(二)测试程序

为了测试公司未来的偿付能力状况,保险公司需要对各测试对象建立测试区间内的资产/负债模型,该模型应具有预测利润表和资产负债表中各个项目的功能。这种建模过程是保险公司动态偿付能力测试的重要基础。保险公司应当在公司当前的资产、负债以及资本的基础上,真实地反映公司的历史经营状况,合理估计预测假设(如业务增长、投资、死亡率等保单相关经验以及测试时间区间内的外部影响因素等假设),基于权责发生制的原则,根据公司的业务规划构建测试区间内的资产/负债模型。

在具体的测试中,保单现金流预测应细分到渠道和产品类别,利润表预测和资产负债预测则针对整个公司层面。

1.保单现金流预测

保险公司应分别对有效业务和新业务进行保单现金流的预测。

对于有效业务,通常的方法是将每一张有效保单的信息(如投保年龄、性别、当前的保单有效期限、当前的缴费有效期限、当前的有效保险金额等)输入负债模型,在基本保单单元的层面上根据相应的预测假设对保单本身的现金流进行预测。

对于未来新业务,首先要根据新业务销售计划假设,分别对保单数、投保年龄分布、保单期限分布、缴费期限分布和保险金额分布等,通过适当的模型进行预测,然后按照有效保单的方法对保单现金流进行预测。

(1)保费预测。保险公司可以根据已确定的预测假设以及各基本保单单元相应的产品参数,预测各基本保单单元的有效业务在测试区间内各个时间段的直接业务保费及分入保费。并且根据已确定的新业务增长率,预测各基本保单单元的新业务在测试区间内各个时间段的直接业务保费和分入保费。

(2)赔款与给付预测。保险公司可以根据确定的死亡率及其他承保事故发生率等预测假设以及各基本保单单元相应的产品参数,预测各基本保单单元的有效业务和新业务在测试区间内各个时间段的赔款、死伤医疗给付、满期给付、年金给付等各项赔款与给付。

(3)退保金预测。保险公司可以根据已确定的退保率假设,预测各基本保单单元的有效业务和新业务在测试区间内各个时间段的退保金。

(4)保户红利支出预测。保险公司可以根据确定的红利分配水平假设,预测每个基本保单单元的有效业务和新业务在测试区间内各个时间段的保户红利支出。

2.利润表预测

保险公司应当在保单现金流预测的基础上预测未来三年的利润表。这里是指通用会计报表下的利润预测,而不是精算方法中基于保单的利润测试。利润的计算公式如下:

利润=(保费收入+投资收益)-〔赔付支出和退保金+责任准备金提转差+(费用支出+佣金和手续费支出)+保险监管费和保险保障基金+营业税金及附加+保户红利支出〕+其他业务利润-所得税

(1)费用预测。保险公司应根据已确定的费用假设,在公司业务发展计划和费用超支的经验数据的基础上合理预测费用支出,即费用支出为费用假设和费用超支之和。

(2)分出业务预测。保险公司应根据已确定的再保险安排预测有效业务和新业务在测试区间内各个时间段的分出业务现金流,包括分出保费、摊回分保赔款、摊回分保佣金和手续费、分保营业税金及附加等。

(3)责任准备金预测。保险公司应当根据编报规则第6号《认可负债》的要求,评估各基本保单单元在测试区间内各年度末再保前的责任准备金,还要依据已确定的再保险安排情况,评估各个基本保单单元在测试区间内各年度末再保后的责任准备金。

(4)投资收益预测。保险公司应当依据各资产账户的资产配置策略和基本投资组合构成,分析各单项投资资产在测试区间内的投资收益情况,根据各资产账户年投资收益率的预测假设,预测各资产账户在测试区间内各个时间段的投资收益。

(5)所得税预测。保险公司应当根据前述各项预测结果,预测测试时间区间内各个时间段所得税的缴纳金额。

(6)其他项目预测。保险公司应当预测测试区间内各个时间段的其他利润表项目。

3. 资产和负债预测

根据上述预测得到测试区间内各年度末利润表各项目的预测金额之后,保险公司可以对测试区间内各年度末的资产和负债进行预测。

(1)资产预测。测试区间内各年度末的资产=上年末的资产+当年的资产变化。其中,当年的资产变化= 当年的负债变化+当年利润。

(2)负债预测。测试区间内各年度末的负债=上年末的负债+当年的负债变化。其中,当年的负债变化=当年的责任准备金提转差+当年的资本性负债变化+当年的独立账户负债的变化+当年的其他负债变化。

4. 偿付能力预测

保险公司应当在前述预测的基础上,对测试区间内各年度末的偿付能力状况进行预测,即对最低资本和实际资本进行预测。

(1)最低资本预测。目前最低资本是指最低偿付能力额度。保险公司应根据中国保险监督管理委员会(以下简称"中国保监会")关于计算最低偿付能力额度的相关规定对测试区间内各年度末的最低资本进行预测。

(2)实际资本预测。实际资本=认可资产-认可负债。

①认可资产=当年末的资产×资产认可比例。其中,保险公司应当假设测试区间内各年度末的资产认可比例与报告年度末的资产认可比例保持一致,即资产认可比例=报告年度末认可资产÷报告年度末资产。

②认可负债的预测主要考虑责任准备金负债、独立账户负债和资本性负债等

对认可负债有重大影响的负债项目。其中:责任准备金负债主要包括未到期责任准备金和未决赔款准备金。独立账户负债变化主要考虑保险公司对投资连结保险提取的单位准备金的变化,不考虑投资账户负债,即不考虑在投资账户资产投资过程中形成的卖出回购证券、应付款项等负债的变化。资本性负债的变化主要是指保险公司募集的次级债确认为认可负债的变化。其他负债部分是除责任准备金负债、独立账户负债和资本性负债以外的所有其他负债,保险公司应当假设测试区间内的这部分负债占认可负债的比例与报告年度末相同。

六、关于不利情景测试

本规则将不利情景分为必测和自测两类。中国保监会将根据行业情况确定统一的必测不利情景,所有保险公司都要进行测试。中国保监会会在必要的情况下对必测不利情景进行调整,以适当地反映行业可能发生的重大风险。

自测不利情景由保险公司自行确定,本规则要求保险公司应当至少考虑一种自测不利情景。保险公司可以根据自身业务结构、历史经验以及对未来市场环境的预期等因素,选择最能反映公司可能面临的重大风险的情景作为自测不利情景进行测试。

不利情景的测试只是在预测假设上与基本情景测试有所区别,在测试程序上两者完全相同,保险公司应当按照本规则第10条规定的程序预测各种不利情景下的偿付能力状况。

保险公司可以针对各种不利情景下的测试结果说明可能准备采取的管理措施,但不能在上述情景假设与测试过程中考虑这些管理措施。

七、关于披露

(一)保险公司应当在偿付能力报表附注中披露以下信息:

1. 保单现金流的预测方法、预测使用的软件以及对预测模型的简要描述。

2. 测试对象的分类与相应的处理方法,以及与前一年度的差异。

3. 各项假设的实际经验和最优估计的偏差性分析。这种偏差性分析主要是检验基本情景下的最优估计是否合理。

4. 基本情景中除投资收益率、死亡率、疾病率、费用、退保率和新业务以外的其他假设,以及确定这些假设的依据。

(二)保险公司应当严格按照明细表DST-1、明细表DST-2、明细表DST-3、明细表DST-4、明细表DST-5、明细表DST-6、明细表DST-7规定的格式和内容披露以下信息:

1. 投资收益率、死亡率、疾病率和其他事故发生率、费用、退保率和新业务等基本情景假设以及确定这些假设的依据。

2. 根据费用假设产生的可支配费用和公司业务计划中的费用预算的比较结果。

3. 基本情景和各个不利情景下测试区间内各时间段的预测利润表。

八、关于附则

本规则自2006年度偿付能力报告编报起施行，即2006年度及以后期间的偿付能力报告应当根据本规则编报。

明细表及填表说明（略）

《保险公司偿付能力报告编报规则第12号：年度报告的内容与格式》实务指南

一、关于引言

《保险公司偿付能力报告编报规则第12号：年度报告的内容与格式》（以下简称“本规则”）在引言部分指出，其旨在规范保险公司偿付能力年度报告（以下简称“年度报告”）的内容与格式。

保险集团的偿付能力报告有两种：一种是保险集团（控股）公司以单独公司报表为基础编报的偿付能力报告，保险集团（控股）公司对子公司的权益通过长期股权投资反映；另一种是将保险集团（控股）公司视作单一报告主体编报的偿付能力报告，即将保险集团（控股）公司及其拥有的子公司视为统一实体编制的偿付能力报告。本规则规范第一种保险集团偿付能力报告的编报，而不涉及第二种保险集团偿付能力报告的编报。

二、关于年度报告的内容

本规则第3条规定，年度报告由以下八部分内容组成：董事会和管理层声明、外部机构独立意见、基本信息、管理层的讨论与分析、内部风险管理说明、最低资本、实际资本、动态偿付能力测试。

（一）董事会和管理层声明

保险公司应当在董事会和管理层声明部分披露以下信息：

1. 董事会和管理层对年度报告所载内容真实、准确、完整、合规的保证和承担法律责任的承诺。保险公司应当在年度报告的显著位置声明“本报告已经通过公司董事会批准，公司董事会和管理层保证本报告所载资料不存在任何虚假记载、误导性陈述或者重大遗漏，内容真实、准确、完整、合规，并对我们的保证承担个别和连带的法律责任”。但是，外国保险公司分公司在此部分只需披露管理层声明，即在年度报告的显著位置声明“公司管理层保证本报告所载资料不存在任何虚假记载、误导性陈述或者重大遗漏，内容真实、准确、完整、合规，并对我们的保证承担个别和连带的法律责任”。

2. 董事长和有关高级管理人员的签名及公司的印章。其中，有关高级管理人员指符合中国保险监督管理委员会(以下简称“中国保监会”)有关规定并经中国保监会核准任职资格的以下人员：

(1)总经理或具有相同职权的负责人；

(2)财务负责人，是指财务总监、首席财务官、分管财务的副总经理等行使相同职权的负责人；

(3)精算责任人，是指保险公司的总精算师或行使相同职权的负责人；

(4)合规负责人。

披露此部分信息时，需要注意以下两点：

(1)外国保险公司分公司只需要上述高级管理人员的签名及公司的印章，不需要董事长的签名。

(2)如果由于某种原因上述人员委托代理人代为发表意见的，则可以由代理人签名，并附书面委托合同复印件。

3. 董事会对年度报告的审议情况，包括：

(1)各位董事对年度报告的投票情况；

(2)如果公司董事无法保证年度报告内容的真实性、准确性、完整性、合规性或对此存有异议的，应当单独陈述其意见和理由。

但是，外国保险公司分公司不需要披露董事会对年度报告的审议情况。

(二)外部机构独立意见

外部机构独立意见指会计师事务所、资产评估机构、信用评级机构等外部机构对保险公司出具的审计意见、审核意见、验资报告、资产评估报告、信用评级意见等独立意见。保险公司应当披露以下关于外部机构独立意见的信息：

1. 对年度报告有关内容审计意见的说明，例如，对最低资本和实际资本有关报表出具的审计意见，包括：

(1)出具审计意见的会计师事务所的名称；

(2)审计意见的类型；

(3)会计师事务所出具非标准无保留审计意见的原因。管理层应当说明与会计师事务所的分歧，以及年度报告中会计师事务所要求调整但未调整的内容、未调整原因的解释。

2. 对年度报告有关内容审核意见的说明，例如，对动态偿付能力测试出具的审核意见，包括：

(1)出具审核意见的外部独立机构的名称；

(2)审核意见的类型；

(3)出具非标准无保留审核意见的原因。

3. 对外部机构出具的其他独立意见的说明。外部机构出具的其他独立意见是指外部机构对验资、资产评估、信用评级等事项出具的独立意见，保险公司应当披露外部机构的名称、出具独立意见的目的和时间、独立意见的主要内容或结果等信息。

4. 报告期内为保险公司提供服务的外部机构的更换情况，包括前任外部机构的名称、更换时间和更换原因等。

（三）基本信息

保险公司应当在基本信息部分披露以下信息：

1. 主要经营指标和偿付能力指标

保险公司应当披露主要经营指标和偿付能力指标本年度和上年度的比较数据。此外，保险公司还应当根据动态偿付能力测试的结果披露在基本情景下认可资产、认可负债、实际资本、最低资本（即最低偿付能力额度）、偿付能力溢额和偿付能力充足率下一年的预测数据。目前，产险公司尚不需要进行动态偿付能力测试，暂不需要披露上述指标下一年的动态偿付能力预测数据。

（1）主要经营指标

各类保险公司均应当披露的经营指标有：

①保险业务收入，即利润表中的保险业务收入。

②净利润，即利润表中的净利润。

③基本每股收益，指根据《企业会计准则第34号——每股收益》计算的基本每股收益。

④净资产收益率＝净利润÷［（年初股东权益＋年末股东权益）÷2］×100%。

⑤总资产收益率＝净利润÷［（年初总资产＋年末总资产）÷2］×100%。

⑥净资产，即保险公司资产负债表中的净资产。

⑦经营活动净现金流量，即保险公司现金流量表中的经营活动净现金流量。

除上述七项指标外，还有一些指标分别适用于产险公司、寿险公司和再保险公司。

仅适用于产险公司的经营指标有：

①未决赔款准备金与赔款支出比＝分保后未决赔款准备金÷（赔付支出－摊回赔付支出）×100%。

②综合费用率＝（业务及管理费＋手续费及佣金＋分保费用支出＋营业税金及附加－摊回分保费用）÷自留保费×100%。

③综合赔付率＝（赔付支出＋未决赔款准备金变动额－摊回赔付支出）÷（自留保费－未到期责任准备金变动额）×100%。

④车险车均保费＝车险新单保费收入÷新承保车辆。

⑤新单保额与新单保费比＝新单保额÷新单保费。

仅适用于寿险公司（包括健康险公司）的经营指标有：

①标准保费，指寿险公司根据《关于在寿险业建立标准保费行业标准的通知》（保监发〔2004〕102号）等有关规定计算的标准保费。

②首年保费与保费收入比＝（新单首年期交保费＋趸交保费）÷保费收入×100%。

③内含价值，指寿险公司根据中国保监会有关规定计算的内含价值。

④13个月续保率＝（第1个月末的长期寿险有效保单在第13个月末仍然有效的保单数量÷第1个月末的长期寿险有效保单数量）×100%。

⑤个人营销渠道的件均保费＝个人营销渠道的首年保费÷个人营销渠道的新单件数＝（个人营销渠道的新单首年期交保费＋个人营销渠道的趸交保费）÷个人营销渠道的新单件数。

⑥人均保费＝个人营销渠道的首年标准保费÷个人营销员的平均数量。其中，首年标准保费是指寿险公司根据《关于在寿险业建立标准保费行业标准的通知》（保监发〔2004〕102号）等有关规定将首年保费折算确定的标准保费，个人营销员的平均数量＝（年初个人营销员数量＋年末个人营销员数量）÷2。

⑦营销员脱落率＝报告期内离职的营销员的数量÷（期初营销员数量＋报告期内招聘的营销员数量）×100%。

仅适用于再保险公司的经营指标有：

①未决赔款准备金与赔款支出比＝分保后未决赔款准备金÷（赔付支出－摊回赔付支出）×100%。

②综合费用率＝（业务及管理费＋手续费及佣金＋分保费用支出＋营业税金及附加－摊回分保费用）÷自留保费×100%。

③综合赔付率＝（赔付支出＋未决赔款准备金变动额－摊回赔付支出）÷（自留保费－未到期责任准备金变动额）×100%。

（2）主要偿付能力指标

①认可资产

②认可负债

③实际资本

④最低资本（即最低偿付能力额度）

⑤偿付能力溢额

⑥偿付能力充足率

⑦偿付能力监管指标，即《保险公司偿付能力额度及监管指标管理规定》（保监会令〔2003〕第1号，以下简称“1号令”）中规定的各项监管指标。

2. 股权结构、股东及其变动情况

（1）期末和期初的股权结构及报告期间的股权结构变动，包括按股东类别列示的股权结构，以及报告期间由于增资、股权转让等事项导致的股权结构变化。

（2）期末前十大股东及持股情况，包括：

①前十大股东的基本情况；

②前十大股东所持股份的类别、数量、状态，其中，所持股份的类别指国有股、外资股、自然人股等，所持股份的状态指所持股份是否存在冻结、质押等情况；

③前十大股东之间的关联方关系以及前十大股东与非前十大股东之间的关联方关系。

（3）董事、监事和高级管理人员的持股情况，包括每人持有的股份数、所占比例以及是否拥有特殊表决权等。其中，持有的股份数指董事、监事、高级管理人员直接持有和间接持有的股份数之和。

（4）股权转让情况，包括转让时间、转让双方名称、转让股份数量或出资额、转让价格等。报告年度内同一转让方与同一受让方累计股权转让比例在5%以下（不含5%）的股权转让情况不需要披露。但是，报告年度内同一转让方一次或多次将股权转让给同一受让方且累计股权转让比例在5%以上（含5%）的股权转让情况需要披露。例如，甲公司和乙公司均为A保险公司的股东，甲公司持有A保险公司6%的股份，2007年2月甲公司将其持有的A保险公司2%的股份转让给乙公司，2007年8月又将其持有的A保险公司4%的股份转让给乙公司，即报告年度内甲公司与乙公司累计转让股权比例为6%，则A保险公司应当在其2007年年度偿付能力报告中分别披露这两笔股权转让的情况。

3. 董事、监事和高级管理人员的基本情况、薪酬情况、变更情况

董事和高级管理人员，是指符合中国保监会有关规定并经中国保监会核准任职资格的人员。保险公司只需披露总公司高管人员的基本情况、薪酬情况、变更情况，分支机构高管人员的情况不需要在年度报告中披露。保险公司应当在年度报告中披露关于董事、监事和高级管理人员的以下信息：

（1）董事、监事和总公司高管人员的基本情况。包括现任董事、监事、总公司高级管理人员的姓名、年龄、学历（或学位）、任期开始日期、职务、任职批准文号、在关联方和其他单位的任职和兼职情况、最近5年的主要工作经历。

若有董事兼任总公司高级管理人员，则只需在董事中披露，不需要在高管人员部分重复披露。

（2）董事、监事和高管人员的薪酬情况。薪酬分为货币化薪酬和非货币化薪酬两种，货币化薪酬包括工资、津贴、奖金等以货币资金方式支付的薪酬；非货币化薪酬包括股票期权、房产等以货币资金以外的方式支付的薪酬。保险公司应当披露关于董事、监事和高管人员薪酬的以下信息：

①在各个薪酬区间内的董事、监事和高管人员的数量；

②最高薪酬；

③股票期权计划的基本情况，包括期末持有股票期权的人员数量、持有数量、期权执行价格和到期日等；

④与盈利挂钩的奖励计划的情况，以及报告期间支付的这部分报酬总额。

(3)董事、监事和总公司高管人员的变更情况。保险公司应当披露报告期内新任和离任董事、监事和高管人员的职务、姓名。

4. 子公司、合营企业和联营企业的基本情况

子公司、合营企业和联营企业是指根据《保险公司偿付能力报告编报规则第10号：子公司、合营企业和联营企业》确定的保险公司对其具有控制、共同控制或重大影响的公司。保险公司应当在此部分披露关于子公司、合营企业和联营企业的以下信息：

(1)子公司的名称、期初和期末的持股数量和持股比例、报告期内子公司的增减变化情况。

(2)合营企业的名称、期初和期末的持股数量和持股比例、报告期内合营企业的增减变化情况。

(3)联营企业的名称、期初和期末的持股数量和持股比例、报告期内联营企业的增减变化情况。

5. 违规情况

(1)报告年度内，金融监管部门(即保监会、银监会、证监会、人民银行)对保险公司及其董事、高级管理人员的行政处罚情况，包括处罚种类和处罚的主要原因；

(2)报告年度内，保险公司及其董事、高级管理人员发生的移交司法机关的违法行为的情况。

(四)管理层的讨论与分析

保险公司管理层应当在年度报告中对报告期内的经营情况、偿付能力变动和影响偿付能力的重大事项进行讨论与分析，以帮助报告使用者了解公司的经营情况和偿付能力状况。保险公司可以运用逐年比较、数据列表或其他方式对相关事项进行分析说明，以增进报告使用者的理解。讨论与分析不能仅仅重复可以从年度报告其他部分中获得的数据信息，也不能仅仅列举可以从报表上计算出来的年度间的变动数，而应当着重披露造成公司经营情况变动或偿付能力变动的原因。管理层的讨论与分析部分包括以下内容：

1. 主要经营情况分析

保险公司应当主要从以下几方面回顾和分析其在报告年度的主要经营情况：

(1)按产品(或险种)、经营地域和销售渠道说明公司保费收入的构成情况。保险公司可以采用适合公司业务特点的分类方法来划分产品或险种。保险公司不

需要列示所有经营地域的保费收入情况，只需列示保费收入居前五位的分公司的保费收入情况，对于再保险公司而言，可以按照境内和境外（或保险标的所在地）披露保费收入构成情况。

（2）盈利能力分析。应当从以下几方面分析公司的盈利能力：

①主要产品或险种的盈利能力分析。产险公司和再保险公司至少应当分析保费收入居前三位的险种的盈利能力，寿险公司应当至少分析保费收入居前三位的主要产品的盈利能力。

②投资收益分析，保险公司应当分析持有至到期、可供出售、以公允价值计量且其变动进入当期损益的金融工具的投资收益。

③费用分析，主要分析公司经营费用、赔付支出、退保等情况。

④与上年度相比，盈利能力变化的主要原因。

（3）资产负债匹配分析。产险公司、再保险公司和寿险公司应当在分析资产、负债的基础上从资产负债的结构、期限、利率、币种等方面分析资产负债匹配情况。

（4）主要子公司的经营状况和盈利能力分析。保险公司应当着重分析对公司未来经营和偿付能力会有重大影响的子公司的经营状况和盈利能力，对于规模较小的子公司可不作分析。

（5）下一年度的公司发展计划。例如，公司改制、上市计划，新产品研究开发计划，分支机构开设计划等。

上述对主要经营情况的披露要求仅是最低要求，保险公司可以根据自身实际情况，在披露上述信息之外，披露其他有助于信息使用者理解公司经营情况的信息。

2. 报告期内偿付能力变动原因分析

保险公司应当对报告期内偿付能力变动的原因进行分析，偿付能力变动原因包括但不限于：增资扩股，募集次级债，业务规模的扩大，经营亏损或盈利，准备金评估政策的变化，核保、核赔、再保、投资等重大经营决策的变化，监管政策的变化，宏观经济环境的变化。在分析的过程中，若能够计算出对偿付能力影响金额的，还应说明影响金额。

3. 偿付能力预测偏差分析

根据《保险公司偿付能力报告编报规则第 11 号：动态偿付能力测试》（以下简称“编报规则第 11 号”），保险公司应当预测未来几年的偿付能力。对于上一年度预测值与本年度实际值之间的差异情况，保险公司应当在年度报告中进行分析。

（1）本年偿付能力的实际值与上年动态偿付能力测试中按照基本情景计算的本年偿付能力的预测值之间的差异情况。具体而言，保险公司应当主要列示偿付能力充足率、偿付能力溢额、最低资本和实际资本的实际值与预测值之间的差异。

如果某项指标的实际值和预测值无差异,也应当明确说明"无差异"。

(2)如果本年偿付能力充足率、偿付能力溢额、最低资本和实际资本的实际值与上年动态偿付能力测试中按照基本情景计算的预测值之间的差额占实际值的比例大于或等于20%,保险公司应当在年度报告中解释出现差异的原因。

4.年度报告与第四季度偿付能力报告的差异分析

根据《保险公司偿付能力报告编报规则第13号:季度报告》,保险公司应当编报第四季度偿付能力报告。对于第四季度偿付能力报告与年度报告中的偿付能力数据的差异,保险公司应当在年度报告中进行分析。在分析差异时,不能简单罗列相关审计调整事项,而应当着重分析差异产生的原因。

(1)年度报告与第四季度偿付能力报告中的偿付能力数据的差异情况,主要是偿付能力充足率、偿付能力溢额、最低资本和实际资本等主要偿付能力指标的差异情况。如果某项指标在年度报告中的数值和在第四季度报告中的数值无差异,应当明确说明"无差异"。

(2)如果年度报告与第四季度偿付能力报告中的偿付能力充足率、偿付能力溢额、最低资本、实际资本相差超过20%,则保险公司应当在年度报告中解释产生差异的原因。

5.报告期内的重大事项说明

保险公司应当在年度报告中对报告年度内发生的重大事项进行说明。说明时应注意三点:一是能够估计对偿付能力影响金额的,应当说明对偿付能力的影响金额。二是保险公司没有发生某类重大事项,也应当在年度报告中明确说明"未发生重大××事项"。例如,如果无重大赔付事项,应当说明"未发生重大赔付事项"。三是如果重大事项在偿付能力报告明细表中有完整的反映,在此可以简化披露,但需要说明具体的明细表名称。例如,保险公司在报告年度内发行次级债,可以在重大融资活动中简化披露,说明次级债发行的具体情况见《明细表SDL:应付次级债》。

(1)重大保险合同。重大保险合同是指保额超过公司年末有效保额5%或保费收入超过公司总保费收入5%的单项保险合同。保险公司应当披露有关重大保险合同的以下信息:该项保险合同的投保人、险种、保费收入、保险责任、已支付的赔款、投保人与保险公司的关联方关系。

(2)重大再保险合同。重大再保险分入合同是指保额超过公司年末有效保额5%或分入保费超过公司总保费收入5%的单项保险合同。保险公司应当披露关于重大再保险分入合同的以下信息:分出人及其与本公司的关联方关系、再保险合同的类别、分入保费、保险责任、已支付的赔款等。重大再保险分出合同是指保额超过公司年末有效保额的5%或分出保费占公司总保费收入5%以上的单项保险合同。保险公司应当披露关于重大再保险分出合同的以下信息:分入人及其与本公司的关联方关系、再保险合同类别、保险责任、分出保费、已摊回的赔款等。

(3)重大赔付事项。重大赔付事项是指报告年度内赔付金额居前十位的赔付事项。其中,赔付事项是指由单个保险事件引起的所有赔案组合。例如,一次台风导致的所有赔案组合为一个赔付事项。对于再保险公司而言,赔付事项也可以理解为由单个分保合同引起的所有赔案。保险公司应该披露重大赔付事项的赔付金额、赔付原因等信息。如果保险公司对发生重大赔付事项的保险合同签订了再保险合同,还应当披露赔款的摊回情况。

(4)重大投资损失。重大投资损失是指保险公司单项股权投资、不动产投资、基础设施投资、委托投资的投资损失金额超过保险公司报告年度末净资产总额的5%的投资损失。如果本年内发生了重大的投资损失,保险公司应该披露该项投资的投资对象、投资金额、损失金额、发生损失的原因、该项投资损失对保险公司偿付能力的影响。

(5)重大融资活动。重大融资活动是指保险公司在报告年度发生的增资扩股、募集次级债以及单笔融资金额超过公司年末净资产20%的融资活动。对于上述三类融资活动,保险公司应当分别披露以下信息:

①若报告期内保险公司增资扩股,应披露增资金额、增资时间、增资扩股后股权结构变化情况等信息;

②若报告期内保险公司募集次级债,应披露次级债发行规模、次级债期限、利率等信息;

③除增资扩股、募集次级债之外,保险公司通过银行借款、证券回购、拆入资金等形式进行的重大融资活动,应披露借款对象、借入时间、借款金额、借款期限、利率等信息。

(6)重大关联交易。保险公司应当按照《企业会计准则第36号——关联方披露》来判断和识别关联方。若保险公司与某一关联方在报告期内累计关联交易总额超过保险公司年末净资产10%的,则保险公司与该关联方进行的关联交易属于重大关联交易,保险公司应披露与该关联方的关联交易的以下信息:

①与日常经营相关的关联交易(如销售保单、分保),保险公司应披露关联方、交易内容、定价原则、交易价格、交易金额、占同类交易金额的比例、结算方式等信息。

②发生的资产转让、股权转让等关联交易,保险公司应披露转让价格、转让原因、转让资产的类别或转让股权的数量等信息。

③与关联方存在债权、债务、担保事项的,保险公司应披露关联方、关联交易形成的原因等信息。

④其他重大关联交易,保险公司应当披露关于此类交易的相关信息。

(7)重大诉讼。重大诉讼是指保险公司报告年度内诉讼标的金额居前五位的诉讼事项,包括已决诉讼和未决诉讼。对于报告期内已经判决执行的重大诉讼,保险公司应当披露诉讼对方名称、诉讼原因、诉讼起始时间、诉讼标的金额以及发生损失的金额等信息;对于偿付能力报告日存在的未决诉讼,保险公司应当披露诉讼对方名称、诉讼原因、诉讼现状、诉讼起始时间、诉讼标的金额、可能发生损失的估计金额或损失的范围等信息。如果不能合理估计损失金额,需说明不能估计损失金额的原因。

(8)重大担保。重大担保是指保险公司报告年度内担保金额居前五位的担保事项,包括已履行的重大担保合同和尚未履行完毕的重大担保合同,但不包括保证保险引起的担保责任。对于报告期内已经履行的重大担保合同,保险公司应当披露以下信息:被担保人名称及其与本公司的关联方关系、担保事项、担保方式、担保期限、担保金额等。对于偿付能力报告日存在的尚未履行完毕的担保合同,保险公司应该披露以下信息:被担保人名称及其与本公司的关联方关系、担保事项、担保方式、担保期限、担保金额以及可能对偿付能力产生的影响等。

(9)其他重大事项。除上述八类重大事项外,保险公司还应当根据公司的实际情况披露对公司目前或未来的偿付能力有重大影响的其他事项。

(五)内部风险管理说明

保险公司应当在年度报告中对内部风险管理的基本情况进行说明,披露以下信息:

1. 内部风险管理的组织架构

保险公司应当说明内部风险管理的组织架构,如是否设立专门的风险管理部门,总公司各部门之间及总公司与分支机构在内部风险管理方面的权限及职责分工。

2. 内部风险管理关键环节的说明

保险公司应当从COSO(the committee of sponsoring organization of treadway commission)发布的《企业风险管理——整合框架》中提出的企业风险管理八要素的角度对内部风险管理的关键环节进行说明,内部风险管理的关键环节包括但不限于:核保、核赔、再保、投资、产品设计、单证管理等。其中,八要素分别为:

(1)内部环境。内部环境是内部风险管理的基础,包括董事会和管理层的经营理念和经营风格、人力资源政策等。

(2)目标设定,即管理当局采取适当的程序去设定目标,确保所选定的目标支持和切合公司最终目标,并且与公司的风险容量相符。

(3)事项识别,即必须识别影响公司目标实现的内部和外部事项,区分风险和机会。

(4)风险评估,即分析风险的可能性和影响,并以此作为决定如何进行管理的依据。

(5)风险应对,即管理当局采取一系列行动以便把风险控制在公司的风险容限以内。

(6) 控制活动,即制订和执行政策与程序以确保风险应对措施得以有效实施。控制活动是有助于确保管理层的指令得到实施的政策和程序,并在整个机构内所有级别和所有职能部门实施。控制活动包括批准、授权、验证、核对、审核工作业绩、资产的安全性及职责分工。

(7) 信息与沟通。有效的信息沟通机制可以确保员工能够识别履行其职责的方式和时机。

(8)监控。即对企业风险管理进行全面监控。监控可以通过持续的管理活动、个别评价或者两者结合来完成。

3. 公司面临的主要风险的分析

保险公司可以从资产风险、承保风险、资产负债匹配风险、信用风险等方面分析公司目前面临的主要风险。

(六)最低资本

最低资本,目前是最低偿付能力额度。保险公司应当按照1号令等有关规定在年度报告中披露以下关于最低资本的信息:

1. 最低资本计算表

目前,最低资本计算表是指1号令所规定的最低偿付能力额度计算表。

2. 最低资本明细表

最低资本明细表是指偿付能力报告编报规则中规定的、与最低资本相关的明细表。最低资本明细表主要列示最低资本计算表各项目的明细信息。目前中国保监会尚未规定最低资本明细表。

3. 最低资本报表附注

最低资本报表附注是指偿付能力报告编报规则中规定的应当披露的报表附注。目前中国保监会尚未规定最低资本报表附注。

(七)实际资本

保险公司应当在实际资本部分披露以下信息:

1. 实际资本表、认可资产表、认可负债表

2. 实际资本变动表、综合收益表

3. 实际资本明细表

实际资本明细表是指保险公司偿付能力报告编报规则实务指南及有关规定中要求编制的、与实际资本相关的明细表。保险公司应当严格按照编报规则、实务指

南和问题解答中的格式和要求编报明细表,不得更改明细表的格式和内容。

4. 实际资本报表附注

实际资本报表附注包括以下几部分内容:

(1)保险公司偿付能力报告编报规则中规定的应当披露的报表附注。保险公司应当按照编报规则的序号顺序排列各项编报规则所要求披露的报表附注。

(2)重要的会计政策和会计估计说明。例如,金融工具确认和计量的标准,准备金评估办法。

(3)认可标准变更情况的说明,并披露对实际资本的影响数。

(4)重要的会计政策变更和会计估计变更说明。保险公司应当根据《企业会计准则》和保险公司偿付能力报告编报规则的有关规定披露重要的会计政策变更和会计估计变更的相关信息。

(5)期后事项。保险公司应当根据《企业会计准则》和保险公司偿付能力报告编报规则的有关规定披露期后事项的有关信息。

(6)或有事项。保险公司应当根据《企业会计准则》和保险公司偿付能力报告编报规则的有关规定披露或有事项的有关信息。

(7)有助于理解和分析实际资本报表需要说明的其他事项。

(八)动态偿付能力测试

保险公司应当按照编报规则第 11 号的规定在年度报告中披露动态偿付能力测试有关的信息,包括:

1. 动态偿付能力测试表,指编报规则第 11 号及有关规定要求编报的基本情景下的动态偿付能力测试表、各种不利情景下的动态偿付能力测试表。

2. 动态偿付能力测试明细表,指编报规则第 11 号及有关规定要求编报的动态偿付能力测试明细表。

3. 动态偿付能力测试报表附注,指编报规则第 11 号及有关规定要求披露的动态偿付能力测试报表附注。

三、关于年度报告的格式

保险公司的年度报告由封面、扉页、目录、正文和封底依次组成。保险公司应当按照中国保监会规定的格式编制年度报告:

(1)年度报告的封面应当载明保险公司的法定中英文名称、“偿付能力报告”字样以及报告期。

(2)年度报告的扉页应当载明公司名称、法定代表人、注册地址、注册资本、经营保险业务许可证号、开业时间、经营范围、偿付能力报告联系人及其联系方式等。

(3)年度报告的正文应当按照本规则第 3 条规定的内容顺序排列。

(4)年度报告的封面、扉页、目录和正文的格式应当在以下方面符合中国保监会的规定：

①页面排版；

②文字和数字规格；

③报表格式；

④页码编制。

(5)年度报告的纸质文本应当按照中国保监会规定的纸张规格和装订方式制作。年度报告的电子文本应当采用PDF格式，其格式要求同纸质文本。此外，保险公司还应当将年度报告中最低资本报表、实际资本报表和动态偿付能力测试报表形成EXCEL文件与PDF文件一起报送。

四、关于附则

本规则第19条规定，本规则自2007年年度报告编报起施行，即2007年度及以后各年的年度报告应当按照本规则编报。

《保险公司偿付能力报告编报规则第13号：季度报告》实务指南

一、关于引言

《保险公司偿付能力报告编报规则第13号：季度报告》（以下简称"本规则"）在引言部分指出，本规则旨在规范保险公司偿付能力季度报告（以下简称"季度报告"）的编报，包括季度报告的编报内容、编报方法和编报格式。

（一）季度报告的性质

1. 季度报告的作用

与偿付能力年度报告（以下简称"年度报告"）相比，季度报告主要有以下作用：(1)季度报告可以提供更加及时的偿付能力信息，监管部门据此能够及时监控保险公司的偿付能力状况并采取必要的监管措施，有利于发现、防范和化解金融风险；(2)季度报告可以提供更多时点的偿付能力信息，能够更加详细地反映出保险公司偿付能力的变化轨迹，便于帮助监管部门发现重大的拐点信息，更好地预测保险公司偿付能力的未来变动趋势；(3)季度报告能够更好地反映保险公司业务的周期性和季节性特征。

2. 季度报告的效力

季度报告的法律效力与年度报告相同，即当季度报告显示保险公司的偿付能力出现危机时，监管部门可以以此为依据采取监管措施。

3. 季度报告信息披露的原则

季度报告的编制应遵循重要性原则，重点披露有助于理解报告期内保险公司偿付能力变化的重要信息和重大事项,而详细、全面的偿付能力信息则在年度报告中进行充分报告和披露。季度报告披露的内容主要包括保险公司的偿付能力状况、主要的经营活动、公司风险管理的变化、重要报表项目的变化、重大事项等。

4. 季度报告的技术处理特征

由于季度报告所涵盖的信息期间和年度报告有显著的差异,因此,季度报告和年度报告在技术处理上存在一些差别,例如,在编制年度报告时,一般应对有形资产进行全面的盘点,但在季度末公司可能不做全面的资产盘点;又如,在编报季度报告时,主要应对最近年度末以来的重大减值迹象进行审查,可能不需要做全面、详细的减值测试和确认;另外,由于时间的限制,季度末可能对某些不确定性事项难以获得较全面的信息,要依赖编报人员的职业判断等等。

5. 第4季度报告与年度报告的关系

按照本规则的规定,保险公司在每年的第1季度末、第2季度末、第3季度末和第4季度末都应当编报偿付能力报告。虽然保险公司要编报年度报告,但年度报告不能替代第4季度报告,也就是说,保险公司在报送年度报告之前,应当先报送第4季度报告。原因主要有以下两点:一是第4季度报告和年度报告的报告期间和披露内容不同。虽然两者反映的偿付能力状况的时点信息一致,但由于涵盖的期间不同,所披露的保险公司经营状况变动、偿付能力变动、内部风险管理变化等就具有不同的信息含量;二是季度报告的编报比年度报告更加及时,监管部门可以在较短的时间内获得保险公司偿付能力变化的最新信息,便于及时发现风险,进行监管。

(二)本规则的适用范围

本规则不涉及将保险集团视作单一报告主体的季度报告的编报。即本规则只规范保险公司以单独财务报表为基础编报的偿付能力季度报告,将保险集团(控股)公司及其子公司视作统一经济实体的季度报告的编制,适用中国保险监督管理委员会(以下简称“中国保监会”)的其他相关规定。

二、关于季度报告的编报内容

本规则第3条规定季度报告应当由六部分内容组成:董事长和管理层声明、主要指标、管理层分析及预测、内部风险管理变动说明、最低资本、实际资本。

(一)董事长和管理层声明

保险公司应当在董事长和管理层声明部分披露以下信息:

1. 董事长和管理层对季度报告所载内容真实、准确、完整、合规的保证和承担法律责任的承诺。保险公司应当在季度报告正文的首页载明“公司董事长和管理层保证本报告所载资料不存在任何虚假记载、误导性陈述或者重大遗漏,内容真实、准确、完整、合规,并对我们的保证承担个别和连带的法律责任。”但是,外国保险公司分公司在此部分只需披露管理层声明,即在季度报告正文的首页载明“公司管理层保证本报告所载资料不存在任何虚假记载、误导性陈述或者重大遗漏，内容真实、准确、完整、合规，并对我们的保证承担个别和连带的法律责任。”

2. 董事长和有关高级管理人员的签名及公司的印章。其中，有关高级管理人员是指符合中国保监会有关规定并经中国保监会核准任职资格的以下人员：

(1)总经理或具有相同职权的负责人；

(2)财务负责人，是指财务总监、首席财务官、分管财务的副总经理等行使相同职权的负责人；

(3)精算责任人，是指保险公司的总精算师或行使相同职权的负责人；

(4)合规负责人。

披露此部分信息时，需要注意以下两点：

(1)外国保险公司分公司只需要上述高级管理人员的签名及公司的印章，不需要董事长的签名。

(2)如果由于某种原因上述人员委托代理人代为发表意见的，可以由代理人签名，并附书面委托合同复印件。

3. 如果公司的董事长和有关高级管理人员无法保证季度报告内容的真实性、准确性、完整性、合规性或对此存在异议的，应当单独陈述其意见及理由，并签名。

(二)主要指标

保险公司应当在季度报告中披露：(1)主要经营指标的本季度数和上季度数；(2)主要偿付能力指标的本季度数、上季度数和下一季度预测数。

1. 主要经营指标包括：

(1)各类保险公司均应当披露的经营指标有：

①保险业务收入，即利润表中的保险业务收入。

②净利润，即利润表中的净利润。

③基本每股收益，指根据《企业会计准则第34号——每股收益》计算的基本每股收益。

④净资产收益率＝净利润÷［（期初股东权益＋期末股东权益）÷2］×100%。

⑤总资产收益率＝净利润÷［（期初总资产＋期末总资产）÷2］×100%。

⑥净资产，即保险公司资产负债表中的净资产。

⑦经营活动净现金流量，即保险公司现金流量表中的经营活动净现金流量。

(2)除上述七项指标外，还有一些指标分别适用于产险公司、寿险公司和再保险公司。

仅适用于产险公司的经营指标有：

①未决赔款准备金与赔款支出比＝分保后未决赔款准备金÷（赔付支出－摊回赔付支出）×100%。

②综合费用率 =(业务及管理费 + 手续费及佣金 + 分保费用支出 + 营业税金及附加 - 摊回分保费用)÷自留保费 ×100%。

③综合赔付率 =(赔付支出 + 未决赔款准备金变动额 - 摊回赔付支出)÷(自留保费 - 未到期责任准备金变动额)×100%。

④车险车均保费 = 车险新单保费收入 ÷ 新承保车辆。

⑤新单保额与新单保费比 = 新单保额 ÷ 新单保费。

仅适用于寿险公司(包括健康险公司)的经营指标有:

①标准保费,指寿险公司根据《关于在寿险业建立标准保费行业标准的通知》(保监发〔2004〕102 号)等有关规定计算的标准保费。

②首年保费与保费收入比 =(新单首年期交保费 + 趸交保费)÷保费收入 ×100%。

③内含价值,指寿险公司根据中国保监会有关规定计算的内含价值。

④13 个月续保率 =(上年相同季度末的长期寿险有效保单在本季度末仍然有效的的保单数量 ÷ 上年相同季度末的长期寿险有效保单数量)×100%。

⑤个人营销渠道的件均保费 = 个人营销渠道的首年保费 ÷ 个人营销渠道的新单件数 =(个人营销渠道的新单首年期交保费 + 个人营销渠道的趸交保费)÷个人营销渠道的新单件数。

⑥人均保费 = 个人营销渠道的首年标准保费 ÷ 个人营销员的平均数量。其中,首年标准保费是指寿险公司根据《关于在寿险业建立标准保费行业标准的通知》(保监发〔2004〕102 号)等有关规定将首年保费折算确定的标准保费,个人营销员的平均数量 =(季度初个人营销员数量 + 季度末个人营销员数量)÷2。

⑦营销员脱落率 = 报告期内离职的营销员的数量 ÷(期初营销员数量 + 报告期内招聘的营销员数量)×100%。

仅适用于再保险公司的经营指标有:

①未决赔款准备金与赔款支出比 = 分保后未决赔款准备金 ÷(赔付支出 - 摊回赔付支出)×100%。

②综合费用率 =(业务及管理费 + 手续费及佣金 + 分保费用支出 + 营业税金及附加 - 摊回分保费用)÷自留保费 ×100%。

③综合赔付率 =(赔付支出 + 未决赔款准备金变动额 - 摊回赔付支出)÷(自留保费 - 未到期责任准备金变动额)×100%。

2. 主要偿付能力指标包括:

(1)认可资产;

(2)认可负债;

(3)实际资本;

(4)最低资本(即最低偿付能力额度)；

(5)偿付能力溢额；

(6)偿付能力充足率。

(三)管理层分析及预测

保险公司管理层应当在季度报告中对报告期内的经营情况、偿付能力变动和影响偿付能力的重大事项进行讨论与分析,以帮助报告使用者了解公司的经营情况和偿付能力状况。保险公司可以运用逐季比较、数据列表或其他方式对相关事项进行分析说明,以增进报告使用者的理解。讨论与分析不能只重复可以从季度报告其他部分获得的数据信息,也不能只列举可以从报表上计算出来的季度间的变动数,而应当着重披露造成公司经营情况变动或偿付能力变动的原因。管理层分析及预测包括以下内容:

1. 公司基本情况和经营情况变动的说明

保险公司应当披露以下信息:

(1)基本情况的变动信息:

①主要股东的变更情况。如果报告期内持股数量居前十位的股东发生了变化,保险公司应当分别披露本季度末和上季度末按持股比例排序的前十位股东名称、持股数量和持股比例。

②董事及高管人员的变更情况。如果报告期内保险公司的董事及高管人员发生变化,应当披露新任和离任董事、高管人员的姓名和职务。

(2)主要经营情况,保险公司应当说明本季度公司的主要经营情况:

①分支机构的批筹和开业情况。如果报告期内保险公司有新批筹和开业的分支机构,应当披露新批筹和开业的分支机构的数量、经营地域、本季度取得的保费收入等情况。

②业务结构的变化。保险公司应当分别披露本季度和上季度保费收入占前三位的险种名称、保费收入、保费收入占总保费收入的比例。

③销售渠道的变化。保险公司应分别披露本季度和上季度的销售渠道类型、各渠道的保费收入、各渠道的保费收入占总保费收入的比例。

④投资结构的变化。保险公司应当分别披露本季度末与上季度末账面价值占所有投资资产账面价值的比例居前五位的投资资产类别和期末账面价值。保险公司应当按照《保险公司偿付能力报告编报规则第 2 号:投资资产》中对投资资产的一级分类来划分投资类别,具体分为:政府债券、金融债、企业债券、资产证券化产品、信托资产、权益投资、贷款、其他投资资产。

⑤盈利能力分析。保险公司应当从主要产品的盈利能力、投资收益、费用等角度分析本季度的盈利情况。

⑥公司经营的季节性或周期性特征。如果保险公司的销售或赔付与季节变化明显相关或具有明显的周期性波动,则应用文字形式披露该季节性或周期性特征产生的原因、变动规律及对公司偿付能力的影响。

(3)报告期内的重大事项

①重大保险合同。重大保险合同是指保额超过公司本季度末有效保额5%或保费收入超过公司本季度总保费收入5%的单项保险合同。如果保险公司本季度签订、变更或终止了重大保险合同,应披露该合同的险种、投保人、保费收入、保额、保险期间、签署(变更或终止)时间、投保人与保险公司的关联方关系以及其他需说明的情况。

②重大再保险合同。重大再保险合同是指分入(分出)保额超过保险公司本季度末有效保额的5%或分入(分出)保费超过本季度保费收入5%的单项再保险合同。如果保险公司本季度签订、变更或终止了重大再保险合同,应披露合同的分出(分入)人、险种类型、分入(分出)保费、再保险合同类型、合同期间、与分出(分入)方的关联方关系以及其他需说明的情况。

③重大赔付事项。重大赔付事项是指赔付金额居前十位的赔付事项。其中,赔付事项是指由单个保险事件引起的所有赔案组合。例如,一次台风导致的所有赔案组合为一个赔付事项。对于再保险公司而言,赔付事项也可以理解为由单个分保合同引起的所有赔案。保险公司应该披露重大赔付事项的赔付金额、赔付原因等信息。如果保险公司对发生重大赔付事项的保险合同签订了再保险合同,还应当披露赔款的摊回情况。

④重大投资行为。重大投资行为是指保险公司本季度内对子公司、合营企业、联营企业的投资。保险公司应披露每项投资的投资对象、投资金额、投资时间、本季度末该投资的账面价值及认可价值。

⑤重大投资损失。重大投资损失是指保险公司单项股权投资、不动产投资、基础设施投资、委托投资(不包括委托资产管理公司的资产)的投资损失金额超过保险公司报告期末净资产总额的5%的投资损失。如果本季度内发生了重大的投资损失,保险公司应该披露该项投资的投资对象、投资金额、损失金额、发生损失的原因、该项投资损失对偿付能力的影响等。

⑥重大融资事项。重大融资事项是指保险公司在季度内发生的增资扩股、募集次级债以及单笔融资金额超过公司报告期末净资产20%的融资活动。保险公司应披露重大融资行为的融资类型、融资金额、融资条件以及期限等信息。

⑦重大关联方交易。保险公司应当按照《企业会计准则第36号——关联方披露》来识别和判断关联方,如果保险公司在本季度内与某一关联方的累计交易金额超过保险公司报告期末净资产的10%,保险公司应披露本季度与该关联方发生的关联交易的有关信息,包括关联方名称、关联交易的内容、定价原则、交易金额、结

算方式、期末未结算金额以及其他需要说明的事项。

⑧重大诉讼事项。重大诉讼事项是指本季度内诉讼标的金额居前五位的诉讼,包括已决诉讼和未决诉讼。报告期内已经判决执行的重大诉讼,保险公司应当披露诉讼对方名称、诉讼原因、诉讼起始时间、诉讼标的金额以及发生损失的金额等信息。对于偿付能力报告日存在的未决诉讼,保险公司应当披露诉讼对方名称、诉讼原因、诉讼现状、诉讼起始时间、诉讼标的金额、可能发生损失的估计金额或损失的范围等信息。如果不能合理估计损失金额,需说明不能估计损失金额的原因。

⑨担保事项。担保事项包括保险公司本季度内已履行的担保合同和尚未履行完毕的担保合同,但不包括公司经营保证保险业务引起的担保责任。保险公司应披露被担保方名称及其与本公司的关联方关系、担保事项、担保方式、担保金额、担保期限以及其他需说明的情况等信息。

⑩其他重大事项。除上述重大事项外,保险公司还应当根据实际情况披露对公司目前或未来的偿付能力有重大影响的其他事项。

需要注意的是,保险公司没有发生某类变更或某类重大事项,也应当在季度报告中明确说明“未发生重大××事项”或“未发生××变更”,例如,若报告期内主要股东未发生变更,应当说明“主要股东未发生变更”。若以上事项在明细表中有完整的反映,则可以在此部分省略,但需在此处说明相关明细表的名称,例如“见明细表××”。

2. 与上季度偿付能力状况的对比分析

这一部分旨在分析季度间偿付能力变动情况及原因,包括以下三部分内容:

(1)季度间偿付能力变动原因分析。保险公司应当对季度间偿付能力变动的原因进行分析,偿付能力变动原因包括但不限于:增资扩股,募集次级债,业务规模的扩大,经营亏损或盈利,准备金评估政策的变化,核保、核赔、再保、投资等重大经营决策的变化,监管政策的变化,宏观经济环境的变化。在分析的过程中,若能够计算出对偿付能力的影响金额的,还应说明影响金额。

(2)对变动幅度较大的项目的说明。保险公司应当说明下列项目的变动情况及其原因:

①与上一季度相比,认可资产表中变动幅度超过20%且占认可资产总额10%以上的项目;

②与上一季度相比,认可负债表中变动幅度超过20%且占认可负债总额10%以上的项目;

③与上一季度相比,综合收益表中变动幅度较大、对综合收益有重大影响的项目。

(3)审计调整说明。当年度报告有审计调整时,保险公司披露的年度报告会与第4季度报告不同。在这种情况下,在公司披露次年的第2季度报告时,应将其中的上季度数据(即第1季度数据)根据上年度审计调整事项进行相应的调整,并应将与第1季度报告的差异(包括项目及金额的差异)在此处说明。在分析差异时,不能简单罗列相关审计调整事项,而应当着重分析差异产生的原因。

3. 与上季度预测的偿付能力状况的对比分析

本规则第6条规定,保险公司应当预测下一季度的偿付能力。对于上一季度预测值与本季度实际值之间的差异情况,保险公司应当在季度报告中进行分析,披露以下信息:

(1)本季度偿付能力的实际值与上季度报告中对本季度偿付能力的预测值之间的差异情况。保险公司应当主要列示偿付能力充足率、偿付能力溢额、最低资本和实际资本的实际值与预测值之间的差异。如果某项指标的实际值和预测值无差异,也应当明确说明"无差异"。

(2)如果本季度偿付能力充足率、偿付能力溢额、最低资本和实际资本的实际值与上季度预测值之间的差额占实际值的比例大于或等于20%,保险公司应当在季度报告中解释出现差异的原因。

4. 对下一季度偿付能力预测的说明

保险公司应当在季度报告中对下一季度的偿付能力状况进行预测,并披露以下信息:

(1)预测假设,例如,投资收益率假设、死亡率假设、疾病率假设、事故发生率假设、费用假设、退保率假设和新业务假设等;

(2)预测结果,即下一季度偿付能力的预测值。

(四)内部风险管理变动说明

内部风险管理变动说明旨在披露保险公司报告期内内部风险管理的重大变化,保险公司应当披露以下三方面的信息:

1. 公司内部风险管理组织架构的重大变化。

2. 内部风险管理关键环节的重大变化。保险公司应当从COSO发布的《企业风险管理——整合框架》所提出的企业风险管理八要素角度说明公司内部风险管理关键环节的变化。COSO八要素包括:内部环境、目标设定、事项识别、风险评估、风险应对、控制活动、信息与沟通、监控。

3. 公司面临的主要风险的变化。公司可以从资产风险、承保风险、资产负债匹配风险、信用风险等方面分析公司目前面临的主要风险的变化。

(五)最低资本

最低资本,目前是指最低偿付能力额度。本规则第8条规定,保险公司应当在季度报告中披露关于最低资本的以下信息:

1. 最低资本计算表,目前最低资本计算表是指《保险公司偿付能力额度及监管指标管理规定》(保监会令〔2003〕1 号,以下简称“1 号令”)规定的最低偿付能力额度计算表,保险公司应当按照 1 号令的规定计算和披露本季度末和上季度末的最低资本计算表。

2. 最低资本明细表,是指偿付能力报告编报规则中规定的、与最低资本相关的明细表。最低资本明细表主要列示最低资本计算表各项目的明细信息。目前尚未规定最低资本明细表。

3. 最低资本报表附注,是指偿付能力报告编报规则中规定应当披露的、与最低资本相关的报表附注。目前尚未规定最低资本报表附注。

(六)实际资本

本规则第 10 条至第 11 条规定,保险公司应当按照 1 号令、相关编报规则及其他相关规定编制和披露关于实际资本的以下信息:

1. 本季度末和上季度末的实际资本表、认可资产表、认可负债表。

2. 本季度和上季度的综合收益表。

3. 实际资本明细表。保险公司应当在季度报告中披露的实际资本明细表包括:

(1)明细表 IA－1:投资资产;

(2)明细表 IA－2:政府债券;

(3)明细表 IA－3:前十大金融机构的金融债;

(4)明细表 IA－4:结构性存款;

(5)明细表 IA－5:金融债券;

(6)明细表 IA－6:次级债;

(7)明细表 IA－7:企业债;

(8)明细表 IA－8:资产证券化产品;

(9)明细表 IA－9:基础设施投资;

(10)明细表 IA－10:上市股票;

(11)明细表 IA－11:证券投资基金;

(12)明细表 IA－12:其他投资资产;

(13)明细表 IA－13:持有的境外外汇投资资产;

(14)明细表 IA－14:外币投资资产;

(15)明细表 IA－15:流动性管理工具;

(16)明细表 EI－1:子公司、合营企业和联营企业中的保险公司;

(17)明细表 EI－2:子公司、合营企业和联营企业中的商业银行;

(18)明细表 EI－3:子公司、合营企业和联营企业中的证券公司;

(19)明细表 EI－4:其他子公司、合营企业和联营企业;

(20)明细表 RP－1:应收保费的认可价值;

(21)明细表RP－3:应收分保账款的认可价值;

(22)明细表RT:责任准备金汇总;

(23)明细表PR:保费收入;

(24)明细表PR－1:寿险公司保费收入居前十位的产品;

(25)明细表PR－2:寿险公司的保费收入;

(26)明细表CB－1:产险公司各险种的赔款;

(27)明细表CB－2:寿险公司各险种的赔款、给付和退保金。

保险公司应当严格按照有关编报规则、实务指南和问题解答中的格式和要求编制实际资本明细表,不得更改明细表的格式和内容。

4. 实际资本报表附注

实际资本报表附注包括以下几部分内容:

(1)保险公司偿付能力报告编报规则中规定的应当披露的报表附注。保险公司应当按照编报规则的序号顺序排列各项编报规则所要求披露的报表附注。

(2)重要的会计政策和会计估计说明。例如,金融工具确认和计量的标准,责任准备金评估方法等。

(3)认可标准变更情况的说明,并披露对实际资本的影响数。

(4)重要的会计政策变更和会计估计变更说明。保险公司应当根据《企业会计准则》和保险公司偿付能力报告编报规则的有关规定披露重要的会计政策变更和会计估计变更的相关信息。

(5)期后事项。保险公司应当根据《企业会计准则》和保险公司偿付能力报告编报规则的有关规定披露期后事项的有关信息。

(6)或有事项。保险公司应当根据《企业会计准则》和保险公司偿付能力报告编报规则的有关规定披露或有事项的有关信息。

(7)有助于理解和分析实际资本报表需要说明的其他事项。

三、关于季度报告的编报方法

本规则第12条至第16条对季度报告的编报方法进行了规范,保险公司应当按照下述要求编制季度报告:

(一)采用“独立观”编制季度报告

为科学、合理地反映各保险公司在季度末的偿付能力状况,季度报告应以“独立观”(discrete view)作为编报基础,即将报告期作为一个独立的会计期间,按照与偿付能力年度报告相同的原则来决定报告期末的估计、递延和应计等项目,计算报告日的实际资本和最低资本,而不是将报告期作为整个年度的一部分,以对整个年度经营状况和财务状况的判断来决定报告期末的估计、递延和应计等项目。保险公司编报季度报告时采用的会计政策和认可标准应当与偿付能力年度报告一致,但是，中国保监会另有规定的除外。

1. 季度报告编制方法的理论基础

中期财务报告编制的理论基础主要有两种：独立观和一体观。独立观是将每一中期视为一个独立的会计期间，编制中期财务报告所采用的确认与计量原则与年度财务报告相一致，会计估计、成本分配和应计项目的处理也与年度财务报告相一致。一体观是将每一中期视为年度会计期间的一部分，而不是独立的会计期间，中期财务报告中的会计估计、成本分配、递延和应计项目的处理必须考虑到全年将要发生的成本和费用，需要以年度预计活动水平为基础分配至各个中期。

偿付能力季度报告编制的理论基础采用独立观。原因主要有以下两点：一是偿付能力报告反映保险公司在某一时点的偿付能力状况，独立观将季度视为独立的会计期间与偿付能力监管的理念一致；二是一体观较多地依赖于会计人员的职业判断和估计，会降低偿付能力报告的可比性和可靠性。

2. 能够体现独立观的会计确认和计量示例

(1) 在季度末确认和计量资产减值时，应采用与年度报告一致的原则，不能以本期发生的减值将在以后季度转回为理由而不计提减值准备。

(2) 保险公司应当在每季度末对责任准备金进行评估，评估方法与年末进行评估的方法相同。

(3) 不均匀发生的费用的确认和计量。季度报告中对费用的预计和摊销的处理原则与年度报告一致，只有在年末允许预计和摊销的费用才能够在季末预计和摊销，即公司在会计年度内不均匀发生的费用（如大修理费用），应当在发生时予以确认和计量，不应在季度报告中预提或待摊。如固定资产的大修理费用要求在发生时作为费用，因此不允许在季度间摊销。只有那些会计年度末允许预提或待摊的费用，才允许在季度报告中预提或摊销。

(4) 对季节性、周期性或者偶然性收入的确认和计量。公司取得的季节性、周期性或者偶然性收入，应当在发生时予以确认和计量，不应当在季度报告中预计或递延，但会计年度末允许预计或递延的除外（这种情况极少）。

(5) 保险公司在全年应采用一致的无形资产定义和确认标准，在符合定义和确认标准之前发生的费用应费用化，之后发生的费用应确认为无形资产。编制季度报告时，不允许寄希望于在季度报告后符合无形资产的标准而在本季度将费用资本化。

(6) 季度末计算和确认的外币汇兑损益，即使认为以后季度会转回，也必须在本季度报告中确认损益。

除上述六项示例外，季度报告的确认和计量也存在一些特殊处理，例如：

(1) 如果租赁合同规定或有支出是在年业务量达到一定的标准时才需要支付，当规定的年业务量预计能够达到、公司没有其他可行的办法避免这项支出时，应当在规定的年业务量达到前就在季度报告中确认为此项义务。

(2)所得税的计算应按年计算、按季预缴,在年度报告日,保险公司会较精确计算所得税费用,而季度报告中的所得税一般有赖于对年度所得税的估计。因此,公司应将本季度预缴的所得税作为本季度的所得税费用。

(3)年末奖金在季度报告中的处理。在编制季度报告时,在符合下列条件时才能预计奖金:①奖金是法定义务,或过去的惯例使奖金成为一项推定义务,从而公司只能选择支付;②可以对该项义务进行可靠估计。

(二)正确划分经济业务归属的期间

保险公司应正确划分各个季度发生的经济业务,不得将本季度发生的经济业务记入以后期间,也不得将以前期间发生的业务记入本季度。正确划分不同会计期间的业务并对其进行恰当的会计处理是编制季度报告的基础。由于保险公司业务的特殊性,可能会产生某些业务在季末难以及时入账的情况,如分入业务的账单可能会延迟收到。但是为了能够合理反映公司的偿付能力状况,保险公司应将属于本季度的业务在本季度反映,确实不能在季末准确反映的业务应采用预估的方法处理。

(三)不同季度报告的会计政策应当一致

保险公司不同期间的季度报告应当采用一致的会计政策和认可标准。这一规定要求公司在各个季度之间不应随意变更会计政策,要保持会计政策的一贯性,以提高会计信息的有用性。但是,符合以下条件之一时,保险公司应当变更会计政策:

(1)法律或会计准则、保险监管规则等要求变更会计政策;

(2)这种变更能够提供更可靠、更相关的偿付能力信息。

如果公司本季度发生了会计政策变更,应采用追溯调整法进行处理,并在附注中说明该项变更对公司偿付能力的影响。

(四)合理运用会计估计

季度报告的计量可以基于合理的估计,但不应当损害季度报告信息的可靠性,即在编制季度报告时,在遵循成本效益原则和重要性原则的前提下,公司可以采用合理的、简化的方法进行会计估计,但不得滥用,不得损害信息的可靠性。例如:

(1)准确计量减值准备可能是复杂的,一般成本会较高,在年末可能聘请外部专家进行评估。出于成本效益原则的考虑,编制季度报告时虽然可以不聘请外部专家,但公司要进行合理的估计,不得利用计提减值准备调节报表数据,也不得掩盖重大的资产减值信息。

(2)预计负债及或有负债的计量可能涉及法律专家或其他顾问人员的意见,编制年度报告时需要取得专家的意见。虽然季度报告可以不需要就全部的事项获得专家意见,但公司必须合理评估相应的债务水平,不得因此而故意低估公司的负债。

(3)编制偿付能力报告时,保险公司可能会对某些资产重估价,在编制年度报告时公司可以进行专项的评估或依赖外部专家的意见进行处理，但在编制季度报告时公司可以进行合理估计，不一定需要专项评估，但公司的估计必须建立在合理的基础上，不得损害信息的可靠性。

（五）正确计算最低资本

保险公司计算最低资本（即最低偿付能力额度）时，“最近会计年度”指本次报告日之前12个月的时间段，“最近年度前1年”指本次报告日之前的13个月至24个月的时间段，“最近年度前2年”指本次报告日之前的25个月至36个月的时间段。例如，计算2007年第3季度末的最低资本时，“最近会计年度”指2006年第3季度末至2007年第3季度末的12个月，“最近年度前1年”指2005年第3季度末至2006年第3季度末的12个月，“最近年度前2年”指2004年第3季度末至2005年第3季度末的12个月。

四、关于季度报告的编报格式

保险公司的季度报告由封面、扉页、目录、正文和封底依次组成，保险公司应当按照中国保监会规定的格式编制季度报告：

（1）季度报告的封面应当载明保险公司的法定中英文名称、“偿付能力报告”字样以及报告期。

（2）季度报告的扉页应当载明公司名称、法定代表人、注册地址、注册资本、经营保险业务许可证号、开业时间、经营范围、偿付能力报告联系人及其联系方式等。

（3）季度报告的正文应当按照本规则第3条规定的内容顺序排列。

（4）季度报告的封面、扉页、目录和正文的格式应当在以下方面符合中国保监会的规定：

①页面排版；

②文字和数字规格；

③报表格式；

④页码编制。

（5）季度报告的纸质文本应当按照中国保监会规定的纸张规格和装订方式制作。季度报告的电子文本应当采用PDF格式，其格式要求同纸质文本。此外，保险公司还应当将季度报告中最低资本报表和实际资本报表形成EXCEL文件与PDF文件一起报送。

五、关于附则

本规则第23条规定，本规则自2007年第3季度偿付能力报告编报起施行。《关于报送偿付能力季度报告的通知》（保监会〔2004〕95号）中关于季度报告的编报内容、编报方法和编报格式的规定同时停止执行，但该通知中关于季度报告报送时间的规定依然有效。

关于保险公司偿付能力报告编报工作有关问题的通知

(2007年2月15日) 保监发〔2007〕15号

各保险公司：

由于2007年1月1日起全行业施行新会计准则，以及2007年将陆续实施《动态偿付能力测试(人寿保险公司)》、《投资资产》、《子公司、合营企业和联营企业》、《年度报告的内容与格式》、《季度报告》等5项偿付能力报告编报规则，我会对偿付能力报告的编报政策和具体要求进行了相应调整。现将有关事项通知如下：

一、年度偿付能力报告的编报要求

(一)2006年度偿付能力报告的编报要求

1.关于编报依据。2006年度偿付能力报告编报内容、编制方法、报送时间等与2005年度偿付能力报告的要求没有区别，仍然执行《关于2005年度偿付能力报告编报工作有关问题的通知》(保监发〔2006〕1号)的相关规定。有条件的保险公司可以提前按照《年度报告的内容与格式》编报规则编报2006年度偿付能力报告。

2.关于动态偿付能力测试。寿险公司和健康险公司应当按照《动态偿付能力测试(人寿保险公司)》编报规则的规定进行动态偿付能力测试。保监会规定的2006年末的必测不利情景见本通知附件1。

(1)2006年末的动态偿付能力测试报告不需要作为年度偿付能力报告的一部分报送，采用延后单独报送的方式。各寿险公司和健康险公司应在报送2007年第3季度偿付能力报告的同时报送2006年度的动态偿付能力测试报告的纸质文本和电子文本(Word或PDF格式)。

(2)2006年度的动态偿付能力测试报告包括以下内容：

①动态偿付能力测试表；

②动态偿付能力测试明细表；

③动态偿付能力测试报表附注。

(3)2006年度的动态偿付能力测试报告不需要由外部独立机构出具审核意见。

(二)2007年及以后年度偿付能力报告的编报要求

1.关于编报依据。从2007年度偿付能力报告开始执行《年度报告的内容与格式》编报规则。

2. 关于偿付能力报表格式。保险公司应当按照本通知附件 2 和编报规则实务指南中规定的格式和内容编报偿付能力报表，不得更改报表的格式和内容。

3. 关于报送内容和报送时间。保险公司应当在每年 4 月 15 日之前向保监会报送上一会计年度的下列报告：

(1) 年度偿付能力报告和审计报告的纸质文本(一式两份)；

(2) 年度偿付能力报告和审计报告的 Word 或 PDF 电子文本(电子文本中可以不包括明细表)；

(3) 所有偿付能力报表(包括偿付能力状况表、最低偿付能力额度计算表、实际资本表、认可资产表、认可负债表、动态偿付能力测试表、实际资本变动表、综合收益表和明细表等)的 Excel 格式文件，报表表样可从保监会网站 www. circ. gov. cn 下载。

电子文本可用邮寄光盘或发送电子邮件的方式报送。

由于客观原因确实无法在规定期限内报送报告的，应以书面申请的方式至少提前 5 天向我会请求延期，延期最长不得超过 15 天。

二、季度偿付能力报告的编报要求

(一) 2007 年第 1 季度和第 2 季度偿付能力报告的编报要求

1. 关于编报依据。保险公司应当按照《关于报送偿付能力报告季度报告的通知》(保监发〔2004〕95 号)规定的编报内容、编制方法、报送时间等编报 2007 年第 1 季度和第 2 季度偿付能力报告。有条件的保险公司也可以提前执行《季度报告》编报规则。

2. 关于偿付能力报表格式。由于《投资资产》和《子公司、合营企业和联营企业》2 项编报规则于 2007 年第 1 季度偿付能力报告编报起施行，因此保险公司应当按照本通知附件 2 规定的偿付能力报表的格式和内容编报 2007 年第 1 季度和第 2 季度偿付能力报告。

(二) 2007 年第 3 季度及以后季度偿付能力报告的编报要求

1. 关于编报依据。保险公司应当按照《季度报告》编报规则和其他编报规则及实务指南等有关规定编报 2007 年第 3 季度及以后季度的偿付能力报告。

2. 关于偿付能力报表格式。保险公司应当按照本通知附件 2 和编报规则实务指南中规定的格式和内容编报偿付能力报表，不得更改报表的格式和内容。

3. 关于报送内容和报送时间。保险公司应当在每季度结束后 25 日内向保监会报送：

(1) 季度偿付能力报告的纸质文本(一式两份)；

(2) 季度偿付能力报告的 Word 或 PDF 电子文本(电子文本中可以不包括明细表)；

(3)偿付能力报表(包括偿付能力状况表、最低偿付能力额度计算表、实际资本表、认可资产表、认可负债表、综合收益表和明细表等)的 Excel 格式文件,报表表样可从保监会网站 www. circ. gov. cn 下载。

电子文本可用邮寄光盘或发送电子邮件的方式报送。

以上要求,请各公司认真遵照执行。在执行中遇到问题,请及时向我会财务会计部财务监管处反映。

联 系 人:郭菁、王证

联系电话:(010)66286182　66286125

传真电话:(010)66288102

电子信箱:ac_jgc@ circirc. gov. cn

附件 1:

2006 年末动态偿付能力测试的必测不利情景

必测不利情景一:

(1)将基本情景中的投资收益率假设减少 50bp;

(2)将基本情景中的退保率假设乘以 150%;

(3)将基本情景中的保户红利支出水平假设乘以 110%。

必测不利情景二:

(1)将基本情景中的投资收益率假设减少 50bp;

(2)将基本情景中的新业务保费收入假设乘以 120%;

(3)将基本情景中的费用假设乘以 110%。

附件 2:偿付能力报表格式(2007 年第 1 季度偿付能力报告起适用)(略)

关于印发保险公司偿付能力报告编报规则问题解答(3－6号)的通知

(2007年4月9日) 保监财会〔2007〕391号

各保险公司：

《保险公司偿付能力报告编报规则》第1号－第13号及相关规定发布以后，陆续收到保险公司、会计师事务所等单位的来电、来函，询问执行中遇到的一些新问题。为此，我会制定了《保险公司偿付能力报告编报规则——问题解答第3号：自我担保和反担保》、《保险公司偿付能力报告编报规则——问题解答第4号：带可赎回条款的次级债》、《保险公司偿付能力报告编报规则——问题解答第5号：其他权益投资、其他应收款》和《保险公司偿付能力报告编报规则——问题解答第6号：最低偿付能力额度的计算口径、银行借款》。现予印发，请遵照执行。执行中遇到问题，请及时向我会财务会计部报告。

联系人：郭菁　王证

电话：010－66286182　66286125

传真：010－66288102

保险公司偿付能力报告编报规则——问题解答第3号：自我担保和反担保

问：根据《保险公司偿付能力额度及监管指标管理规定》(保监会令〔2003〕1号)，由于抵押权限制或其他第三方权益的缘故而不能任意处置的资产(即权利受限资产)为非认可资产，保险公司自我担保(如为自己抵押或质押融资)的抵押物或质押物是否属于此类资产?

答：《保险公司偿付能力额度及监管指标管理规定》中的权利受限资产不包括保险公司自我担保的抵押物和质押物。例如，保险公司为解决自身流动性问题以其协议存款作为质押物向银行质押融资，在偿付能力评估时，质押的协议存款不属于权利受限资产。

问：保险公司对外提供的担保，如果债务人或第三方提供了反担保，有关资产和负债应当如何认可?

答:保险公司对外提供的保证担保,如果债务人或第三方提供了反担保,保险公司仍应当按照《保险公司偿付能力报告编报规则第6号:认可负债》的规定,认可对外提供的保证担保形成的预计负债和或有负债。保险公司对外提供的抵押和质押担保,如果债务人或第三方提供了反担保,保险公司仍应当将质押物和抵押物作为权利受限资产,确认为非认可资产。但是,满足下列条件之一时,保险公司对外提供的保证担保形成的预计负债和或有负债不确认为认可负债,保险公司对外提供的质押、抵押担保的质押物、抵押物不属于权利受限资产:

(一)债务人或第三方以保证担保的形式提供了等值的反担保,且债务人或第三方与保险公司之间无关联方关系,国际公认评级机构对债务人或第三方的长期信用评级为标准普尔A级或A级以上(或相当于标准普尔A级或A级以上),债务人或第三方也没有出现财务危机、被监管机构接管等致使其可能无法履行担保义务的情况;

(二)债务人或第三方以质押或抵押担保的形式提供了等值的反担保,且债务人或第三方与保险公司之间无关联方关系。

保险公司偿付能力报告编报规则——问题解答第4号:带可赎回条款的次级债

问:保险公司如何在偿付能力报告中认可募集的带可赎回条款的次级债?

答:保险公司应当按照以下标准认可募集的带可赎回条款的次级债:

(一)如果赎回日之前与赎回日之后次级债的票面利率的差额小于或等于300BP,应当按照《保险公司偿付能力报告编报规则第6号:认可负债》的规定认可次级债。

(二)如果赎回日之前与赎回日之后次级债的票面利率的差额大于300BP。在赎回日之前,应当将赎回日视为到期日并据此确定次级债的剩余年限,按《保险公司偿付能力报告编报规则第6号:认可负债》的规定认可次级债。如果保险公司在约定的赎回日没有行使赎回权或赎回部分次级债,在赎回日之后,应当以合同约定的到期日确定次级债的剩余年限,按《保险公司偿付能力报告编报规则第6号:认可负债》的规定认可次级债。

保险公司在本问题解答发布之日后,募集的带可赎回条款的次级债适用上述认可标准。

保险公司偿付能力报告编报规则——问题解答第5号：其他权益投资、其他应收款

问：《保险公司偿付能力报告编报规则第2号：投资资产》规范的其他权益投资中，保险公司对保险资产管理公司、其他保险公司和商业银行的权益投资如何认可？

答：保险公司对保险资产管理公司、其他保险公司的权益投资中，对被投资单位不具有控制、共同控制或重大影响，且不具有活跃市场的权益投资为认可资产，以账面价值的95%作为其认可价值。

保险公司对商业银行的权益投资中，对被投资单位不具有控制、共同控制或重大影响，且不具有活跃市场的权益投资为认可资产，以账面价值的95%作为其认可价值。

问：保险公司申购股票、基金而被冻结的款项应当如何认可？保险公司赎回开放式基金和在证券交易所市场出售股票、基金、债券等投资资产的过程中，由于T+1、T+3等结算时间而产生的其他应收款应当如何认可？

答：保险公司按照股票、基金的申购程序申购股票、基金而被冻结的款项为认可资产，以账面价值作为其认可价值。

保险公司在证券交易所市场出售股票、基金、债券等投资资产的过程中，由于T+1结算时间而产生的其他应收款为认可资产，以账面价值作为其认可价值。

保险公司赎回开放式基金的过程中，由于T+3等结算时间而产生的其他应收款为认可资产，以账面价值作为其认可价值，但最高认可金额为其账面余额的95%。

保险公司偿付能力报告编报规则——问题解答第6号：最低偿付能力额度的计算口径、银行借款

问：《保险公司偿付能力额度及监管指标管理规定》第五条关于长期寿险业务最低偿付能力额度的规定中，投资连结类业务和其他寿险业务的责任准备金是指分保前的准备金还是分保后的准备金？

答：《保险公司偿付能力额度及监管指标管理规定》第五条关于长期寿险业务最低偿付能力额度的规定中，投资连结类业务的责任准备金是指，根据中国保监会规定确定的投资连结保险业务的单位准备金；其他寿险业务的责任准备金是指，根据中国保监会规定确定的分保后的法定最低责任准备金，包括投资连结保险业务

的非单位准备金。

问：死亡、伤残风险保额为零的团体万能保险、团体投资连结保险、账户型团体年金保险、管理式医疗业务是否需要计算最低偿付能力额度？计算固定资产最高认可金额时，寿险业务和长期健康险业务准备金是否包括上述业务计提的准备金？

答：死亡、伤残风险保额为零且保险公司不承担投资风险的业务应当计算最低偿付能力额度，最低偿付能力额度为期末寿险责任准备金的1%，例如，死亡风险保额为零的团体投资连结保险。计算固定资产最高认可金额时，寿险业务和长期健康险业务准备金包括此类业务计提的准备金。

死亡、伤残风险保额为零但保险公司承担投资风险的业务应当根据《保险公司偿付能力额度及监管指标管理规定》计算最低偿付能力额度，例如，死亡风险保额为零的团体万能保险、账户型团体年金保险。计算固定资产最高认可金额时，寿险业务和长期健康险业务准备金包括此类业务计提的准备金。

问：保险公司的银行借款在偿付能力报表中如何列报？

答：保险公司应当在认可负债表的"应付返售证券"项目和"资本性负债（应付次级债）"项目之间增加"银行借款"项目，反映保险公司从银行借入的尚未归还的借款，包括一年期以上的长期借款的本息和一年期以内的短期借款的本金。

关于编报季度偿付能力报告有关事项的通知

（2007年10月15日） 保监财会〔2007〕1301号

各保险公司、各保险资产管理公司：

从第3季度开始，保险公司将执行新的《保险公司偿付能力报告编报规则第13号：季度报告》及其实务指南的有关规定编报偿付能力报告。为确保新的季报编报规则顺利实施，提高偿付能力报告的信息质量，现将有关事项通知如下：

一、关于季度偿付能力报告的内容

（一）对目前尚无法按季度评估公司内含价值的寿险公司，在季报中可暂不披露内含价值指标。

（二）在管理层分析及预测部分，"分支机构的批筹和开业情况"中所指"分支机构"，是指一级和二级分支机构。

（三）在管理层分析及预测部分，"报告期内的重大事项"下的"担保事项"是指本季度内担保金额居前五位的担保事项，包括已履行的担保合同和未履行完毕的担保合同。

二、关于季度偿付能力报告的格式

根据《季度报告》编报规则及其实务指南，我会制定了《保险公司季度偿付能力报告编报的格式要求》，并以虚拟公司和数字为例，设计了产险公司和寿险公司的季度偿付能力报告模板，再保险公司参照产险公司季度报告模板。上述文件可从保监会网站（www. circ. gov. cn）财务监管栏目下载。

三、如在执行中遇到问题，请及时向我会财务会计部财务监管处反映。

联系人：郭菁、王证

电话：(010)66286182、66286125

关于编报年度偿付能力报告有关事项的通知

（2008年2月4日） 保监发〔2008〕12号

各保险公司、保险资产管理公司：

从2007年度开始，保险公司应执行《保险公司偿付能力报告编报规则第12号：年度报告的内容与格式》（以下简称年报编报规则）及其实务指南的有关规定编报年度偿付能力报告。为确保年报编报规则顺利实施，提高偿付能力报告的信息质量，现将有关事项通知如下：

一、关于年度偿付能力报告的格式

（一）根据年报编报规则及其实务指南，我会制定了《保险公司年度偿付能力报告编报的格式要求》，并以虚拟公司和数字为例，设计了产险公司和寿险公司的年度偿付能力报告模板（再保险公司参照产险公司年度报告模板）。上述文件可从保监会网站财务监管专栏下的偿付能力监管子栏目下载。

（二）保险公司应当按照《保险公司年度偿付能力报告编报的格式要求》和报告模版编制年度偿付能力报告，但不能简单照抄模版中的内容，对于管理层讨论与分析、内部风险管理说明等内容应当结合公司自身实际进行编报。

二、关于高级管理人员的签字

根据年报编报规则，保险公司总经理、财务负责人、精算责任人和合规负责人应当在年度偿付能力报告上签字，若上述高管人员离职或任职资格尚未获得保监会批准，可由行使相同职权的临时负责人签字。

三、关于动态偿付能力测试

(一)除另有规定外,寿险公司应当按照《关于保险公司偿付能力报告编报工作有关问题的通知》(保监发〔2007〕15 号)附件 1 规定的 2006 年末动态偿付能力测试的必测不利情景作为 2007 年及以后各年动态偿付能力测试的必测不利情景。

(二)寿险公司应当聘请外部独立机构对年度偿付能力报告中的动态偿付能力测试部分进行审核,出具审核意见,并在报送年度偿付能力报告的同时报送外部机构出具的动态偿付能力测试审核报告的纸质文本和电子文本(Word 或 PDF 格式)。

四、在执行中遇到问题,请及时向我会财务会计部财务监管处反映。

联系人:郭菁、王证

电话:(010)66286182　66286125

关于印发《保险公司偿付能力报告编报规则第 14 号:保险集团》及其实务指南的通知

(2008 年 4 月 30 日)　保监发〔2008〕33 号

各保险公司:

为加强偿付能力监管,科学评估保险集团的偿付能力,我会研究制定了《保险公司偿付能力报告编报规则第 14 号:保险集团》及其实务指南。现予印发,请遵照执行。

附件:

保险公司偿付能力报告编报规则第 14 号:保险集团

引　言

1. 本规则规范将保险集团所有成员公司视作单一报告主体的偿付能力报告的编报。

定　义

2. 本规则使用的下列术语,其定义为:

(1)保险集团,指保险公司(或保险集团公司)及受其直接或间接控制、共同控制和重大影响的公司组成的企业集合。

(2)保险集团母公司,指对保险集团内所有其他公司具有直接或间接控制、共同控制和重大影响的保险公司(或保险集团公司)。

(3)保险集团成员公司,指保险集团母公司及受其直接或间接控制、共同控制和重大影响的公司,包括母公司及其各层级子公司、合营企业和联营企业。

(4)受监管公司,指受金融监管部门资本充足性监管的金融机构。不受金融监管部门资本充足性监管的公司为非受监管公司。

偿付能力评估

3. 下列保险集团成员公司应当纳入保险集团偿付能力评估范围:

(1)母公司;

(2)母公司直接或间接控制的子公司;

(3)母公司直接拥有的合营企业和联营企业;

(4)子公司直接拥有的合营企业和联营企业;

(5)除上述四类公司外,中国保监会认为应当纳入评估范围的公司。

本规则第 4 条至第 15 条中的成员公司均指纳入保险集团偿付能力评估范围的成员公司。

4. 保险集团偿付能力评估以集团成员公司的下列报表为基础:

(1)境内受监管公司按照相应金融监管部门的规定编制的资本充足性监管报表;

(2)境外受监管公司按照境内相应金融监管部门的规定重新编制的资本充足性监管报表;

(3)境内非受监管公司根据国家统一会计制度编制的财务报表;

(4)境外非受监管公司根据国际会计准则编制的财务报表或按境内企业会计准则重新编制的财务报表。

境外受监管公司按境内金融监管部门的规定重新编制资本充足性报表时,可以根据重要性原则,对某些项目进行简化处理,但应当确保报表的准确性。

5. 保险集团的偿付能力充足率等于保险集团的实际资本与最低资本的比率。

6. 保险集团的最低资本为各成员公司最低资本之和扣除下列项目之后的余额:

(1)合营企业的最低资本中非本集团持股部分;

(2)联营企业的最低资本中非本集团持股部分。

7. 保险集团成员公司的最低资本按照下列方法确定:

(1)受监管公司按照相应金融监管部门的规定确定;

(2)非受监管公司的最低资本为零。

8. 合营企业的最低资本中非本集团持股部分是指,非本集团成员公司持有合营企业股权比例与合营企业最低资本的乘积。

联营企业的最低资本中非本集团持股部分是指,非本集团成员公司持有联营企业股权比例与联营企业最低资本的乘积。

9. 保险集团的实际资本为各成员公司实际资本之和扣除下列项目之后的余额:

(1)合营企业的实际资本中非本集团持股部分;

(2)联营企业的实际资本中非本集团持股部分;

(3)集团成员公司之间重复计算的资本;

(4)集团成员公司之间转让资产的资本调整。

10. 保险集团成员公司的实际资本按照下列方法确定:

(1)受监管公司按照相应金融监管部门的规定确定;

(2)非受监管公司的实际资本为其净资产。

11. 合营企业的实际资本中非本集团持股部分是指,非本集团成员公司持有合营企业股权比例与合营企业实际资本的乘积。

联营企业的实际资本中非本集团持股部分是指,非本集团成员公司持有联营企业股权比例与联营企业实际资本的乘积。

12. 集团成员公司之间重复计算的资本是指,因保险集团中一个成员公司对另一个成员公司进行资本投资而重复计入集团整体实际资本的资本。集团成员公司之间重复计算的资本金额按照下列方法确定:

(1)因成员公司之间股权投资而重复计算的资本为投资方计入其实际资本的价值。

(2)因成员公司之间资本性负债投资而重复计算的资本为债权人计入其实际资本的价值与债务人不得计入其实际资本的价值之差。若此差额小于零,则重复计算的资本为零。

13. 保险集团成员公司之间转让资产的资本调整金额不得低于下列第(1)项减去第(2)项的差额:

(1)被转让资产计入受让方实际资本的价值;

(2)不考虑转让事项情况下,被转让资产计入转让方实际资本的价值。

若上述差额小于零,不进行实际资本的调整。

14. 若保险集团成员公司之间进行的其他关联交易明显有失公允,中国保监会有权要求保险集团进行资本调整。

15. 在合营企业、联营企业出现资本不足情况下，若有证据表明，应由本集团承担全部资本不足，则在计算保险集团最低资本与实际资本时，不得扣除非本集团持股部分。

偿付能力报告

16. 保险集团的偿付能力报告由母公司负责编报。保险集团母公司董事会和管理层应当对保险集团偿付能力报告的真实性、完整性、准确性和合规性负责。

保险集团各成员公司应当及时向母公司提供资本充足性报表或财务报表，并对报表的的真实性、完整性、准确性和合规性负责。

17. 保险集团母公司应在每个会计年度的前六个月结束后，按照中国保监会的相关规定，报送保险集团半年度偿付能力报告。

保险集团母公司应在每个会计年度结束后，按照中国保监会的相关规定，报送经审计的保险集团年度偿付能力报告。

18. 保险集团半年度偿付能力报告应当包括下列内容：

（1）母公司董事会和管理层声明；

（2）集团股权结构和成员公司增减变动情况；

（3）偿付能力报表；

（4）重大事项；

（5）主要子公司和合营企业的经营情况；

（6）成员公司之间关联交易的说明；

（7）内部风险管理变动说明。

19. 保险集团年度偿付能力报告应当包括下列内容：

（1）母公司董事会和管理层声明；

（2）外部机构独立意见；

（3）集团股权结构和成员公司基本情况；

（4）偿付能力报表；

（5）重大事项；

（6）主要子公司和合营企业的经营情况；

（7）成员公司之间关联交易的说明；

（8）集团未来三年的发展战略和经营计划；

（9）内部风险管理说明。

20. 保险集团母公司应当在下列对偿付能力产生重大不利影响的事项发生后5个工作日内向中国保监会报告：

（1）所属子公司、合营企业发生重大投资损失；

（2）所属子公司、合营企业出现财务危机或被其他监管机构接管；

（3）其他会对偿付能力产生重大不利影响的事项。

21. 保险集团母公司向中国保监会报告第 20 条规定的重大事项时，其报告内容包括：

（1）重大事项的情况和原因；

（2）对保险集团偿付能力产生的影响；

（3）已经采取和计划采取的措施。

22. 经营保险业务的保险集团母公司，除按照本规则编报保险集团偿付能力报告外，还应当以自身单独报表为基础编报偿付能力报告。

附　　则

23. 不符合本规则第 2 条保险集团定义，但符合下列条件之一的企业集合，应当评估和报告集团偿付能力，其评估方法、报告内容和报告方式另行规定：

（1）在中国境内注册、直接或间接受同一第三方控制或相同第三方共同控制（该第三方为非保险机构或非境内保险监管部门批准成立）的两家以上保险公司及所属公司组成的企业集合。

（2）主营业务以保险业为主，至少有两家成员公司为受监管公司。

24. 本规则自 2008 年半年度偿付能力报告编报起施行。

附件：保险集团偿付能力状况表的格式（略）

《保险公司偿付能力报告编报规则第 14 号：保险集团》实务指南

一、关于引言

《保险公司偿付能力报告编报规则第 14 号：保险集团》（以下简称“本规则”）在引言部分指出，其旨在规范将保险集团所有成员公司视作单一报告主体的偿付能力报告的编报。

与保险集团相关联的偿付能力报告有两种：一种是保险集团成员公司以单独报表为基础编报的单一公司偿付能力报告，保险集团成员公司对附属公司的权益通过长期股权投资反映；另一种是将保险集团（控股）公司及其拥有的所有附属公司视作单一报告主体编报的合并偿付能力报告。本规则规范第二种偿付能力报告的编报，第一种偿付能力报告的编报由其他编报规则规范。

二、关于定义

(一)保险集团

本规则所称的保险集团,是指保险公司(或保险集团公司)及受其直接或间接控制、共同控制和重大影响的公司组成的企业集合。保险集团是企业集合,不具有企业法人资格。

保险集团有以下两种,也是目前我国保险集团的两种经营模式:

1. 集团(控股)公司模式,即在保险机构之上建立保险集团(控股)公司,形成母子公司架构。图1所示的保险集团即为集团公司模式的保险集团:

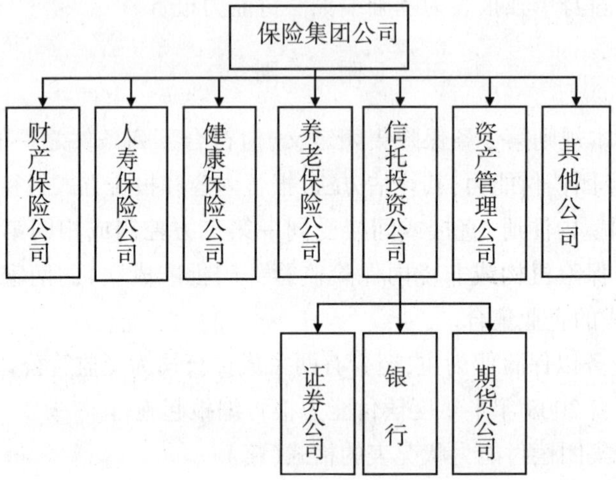

图1:集团公司模式的保险集团

2. 类集团公司模式,即保险公司对其他保险机构直接控股,以子公司的方式进行业务渗透和扩张。例如,图2所示的保险集团即为类集团公司模式的保险集团:

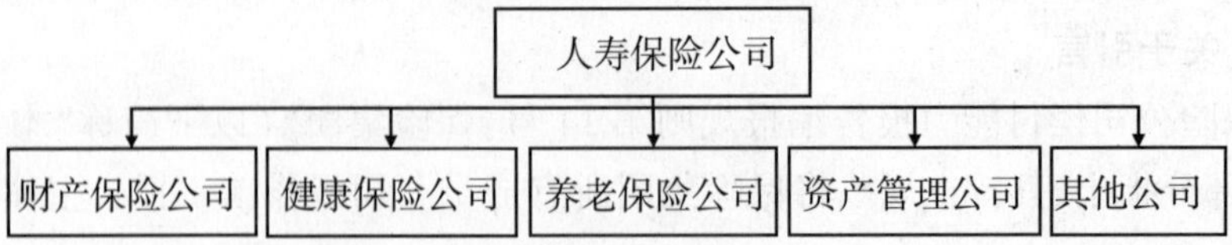

图2:类集团公司模式的保险集团

(二)保险集团母公司

本规则所称的保险集团母公司,是指对保险集团内所有其他公司具有直接或间接控制、共同控制和重大影响的保险公司(或保险集团公司)。保险集团母公司有两个特征:(1)保险集团母公司是保险公司或保险集团(控股)公司;(2)保险集团母公司对保险集团内所有其他公司具有直接或间接控制、共同控制和重大影响。例如,图2中的人寿保险公司就是该保险集团的母公司。

（三）保险集团成员公司

保险集团成员公司，指保险集团母公司及受其直接或间接控制、共同控制和重大影响的公司，包括母公司及其各层级子公司、合营企业和联营企业。

1. 控制、共同控制和重大影响的判断标准

本规则中对控制、共同控制和重大影响的判断标准与企业会计准则中的判断标准相同。

（1）控制，是指有权决定一个企业的财务和经营政策，并能据以从该企业的经营活动中获取利益，具体判断标准如下：

①母公司拥有被投资单位半数以上的表决权。但是，有证据表明母公司不能控制被投资单位的除外。表决权比例通常与其出资比例或持股比例是一致的，但公司章程另有规定的除外；

②母公司拥有被投资单位半数以下的表决权，若满足下列四个条件之一的，也视为母公司能够控制被投资单位，但是，如果有证据表明母公司不能控制被投资单位的除外：

条件一：通过与被投资单位其他投资者之间的协议，拥有被投资单位半数以上表决权；

条件二：根据公司章程或协议，有权决定被投资单位的财务和经营政策；

条件三：有权任免被投资单位的董事会或类似机构半数以上（不含半数）成员；

条件四：在被投资单位董事会或类似机构占半数以上（不含半数）表决权。

如果母公司能够控制被投资单位，则该被投资单位即为母公司的子公司。

（2）共同控制，是指按照合同约定对某项经济活动所共有的控制，仅在与该项经济活动相关的重要财务和经营决策需要分享控制权的投资方一致同意时存在。如果母公司能够与其他投资方一同对被投资单位实施共同控制，则该被投资单位即为母公司的合营企业。

（3）重大影响，是指对一个企业的财务和经营政策有参与决策的权力，但并不能够控制或者与其他方一起共同控制这些政策的制定。如果母公司对被投资单位具有重大影响，该被投资单位即为母公司的联营企业。

2. 在确定保险集团成员公司时，需要注意以下几点：

（1）控制关系遵循等效传递原则。包含两层含义：第一，母公司能控制子公司的子公司；第二，母公司能对子公司的合营企业实施共同控制，对子公司的联营企业具有重大影响。

〔例 1〕如图 3 所示，假设保险公司 H 拥有 S_1 公司 90% 的表决权，拥有 S_2 公司 80% 的表决权，拥有 J_1 公司 50% 的表决权（假设与第三方对 J_1 公司共同控制），拥有 A_1 公司 40% 的表决权（假设具有重大影响），拥有 S_4 公司 30% 的表决权。S_1 公

司拥有 S_4 公司 40% 的表决权，S_2 公司拥有 A_2 公司 25% 的表决权，J_1 公司拥有 S_3 公司 70% 的表决权，A_1 公司拥有 S_5 公司 90% 的表决权，A_2 公司拥有 S_6 公司 90% 的表决权。

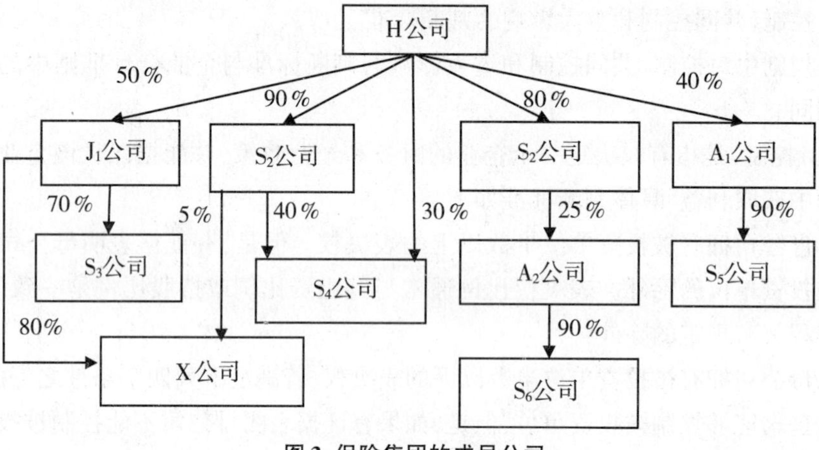

图 3：保险集团的成员公司

该保险集团成员公司间的控制关系如下：

①H 公司通过其子公司 S_1 公司间接拥有 S_4 公司 40% 的表决权，与直接拥有 30% 的表决权合计，H 公司共拥有 S_4 公司 70% 的表决权，因此 S_4 公司属于 H 公司的子公司；

②S_2 公司拥有 A_2 公司 25% 的表决权，对 A_2 公司具有重大影响，而 H 公司控制 S_2 公司，因此，H 公司通过 S_2 公司间接对 A_2 公司有重大影响，A_2 公司为 H 公司的联营企业；

（2）能对合营企业实施共同控制的投资方不一定能对合营企业的子公司实施共同控制，对联营企业具有重大影响的投资方不一定能对联营企业的子公司具有重大影响。因此，母公司应当判断是否直接或间接对合营企业或联营企业的子公司有控制、共同控制或重大影响，来确定此类公司是否属于集团成员公司。

［例 2］承接例 1，H 公司与 S_3、S_5、S_6 公司关系为：

①H 公司对 J_1 公司共同控制，J_1 公司控制 S_3 公司，因此，H 公司不一定能通过 J_1 公司对 S_3 公司共同控制；

②H 公司对 A_1 公司具有重大影响，A_1 公司控制 S_5 公司，因此，H 公司不一定能通过 A_1 公司对 S_5 公司具有重大影响。

③A_2 公司控制 S_6 公司，但 H 公司对 A_2 公司具有重大影响，因此，H 公司不一定对 S_6 公司也具有重大影响；

若 H 公司有证据表明能够对 S_3 公司、S_5 公司和 S_6 公司有共同控制或重大影响，则三家公司属于集团成员公司，否则三家公司不属于集团成员公司。

(3)对于复杂股权的情况，应当根据前述判断标准确定成员公司。在例1中，H公司通过S_1公司间接拥有X公司5%的股权，而H公司的合营企业J_1公司持有X公司80%的股权，若有证据表明H公司不能直接或间接参与X公司的经营决策和财务决策，则X公司不是该集团公司的成员公司。

(4)保险集团成员公司包括集团内部各层级子公司、合营企业和联营企业。假设例1中H公司能够间接控制X公司，能够间接共同控制S_3公司，对S_5公司、S_6公司没有重大影响，则该保险集团的母公司为H公司，该保险集团的成员公司包括：母公司H公司，子公司S_1公司、S_2公司、S_4公司和X公司，合营企业J_1公司和S_3公司，联营企业A_1公司、A_2公司。S_5公司、S_6公司不属于该集团成员公司。

(5)保险集团成员公司也可以是非企业形式的主体，例如基金和信托项目等特殊目的的主体。

(四)受监管公司

本规则所称的受监管公司，指受金融监管部门资本充足性监管的金融机构，包括保险公司、银行业金融机构、证券期货公司等。不受金融监管部门资本充足性监管的公司为非受监管公司，例如保险经纪公司、保险资产管理公司等。

三、关于偿付能力评估

保险集团的偿付能力评估，依然遵循实际资本与最低资本相比较的思路来判断集团偿付能力是否充足。对于资本重复计算、内部成员间转让资产等可以准确量化的风险，在计算实际资本时，直接予以扣除。而对于不能准确量化的风险，建立相应的信息报告制度，充分说明其对偿付能力的影响。

(一)偿付能力评估的范围

根据本规则第3条规定，在评估保险集团偿付能力时，下列保险集团成员公司应当纳入评估范围：

(1)母公司；

(2)母公司直接或间接控制的子公司；

(3)母公司直接拥有的合营企业和联营企业；

(4)子公司直接拥有的合营企业和联营企业；

(5)除上述四类公司外，中国保监会认为应当纳入评估范围的公司。

因此，下列两类成员公司不纳入评估范围：

(1)母公司通过合营企业或联营企业间接具有共同控制和重大影响的成员公司；

(2)子公司通过合营企业或联营企业间接具有共同控制和重大影响的成员公司。

例如，在例1中，H保险集团偿付能力的评估范围包括：

（1）母公司 H；

（2）母公司直接或间接控制的子公司 S_1 公司、S_2 公司、S_4 公司和 X 公司；

（3）母公司直接拥有的合营企业 J_1 公司和联营企业 A_1 公司；

（4）子公司直接拥有的联营企业 A_2 公司；

由于 S_3 公司是 H 公司通过 J_1 公司间接共同控制，因此，不纳入评估范围。

需要注意的是，本规则第 4 条至第 15 条中的成员公司均指纳入保险集团偿付能力评估范围的成员公司。

（二）偿付能力评估的数据基础

本规则第 4 条规定，保险集团偿付能力评估以集团成员公司的下列报表为基础：

1. 境内受监管公司按照相应金融监管部门的规定编制的资本充足性监管报表。具体包括：保险公司按照中国保监会相关规定编制的偿付能力报告，银行业金融机构按照中国银监会相关规定编制的资本充足率报表，证券期货类公司按照中国证监会相关规定编制的净资本计算表。

2. 境外受监管公司按照境内相应金融监管部门的规定重新编制的资本充足性监管报表。对于保险集团所属的境外保险公司、商业银行、证券公司等受监管公司，不能以其按当地监管标准编制的资本充足性监管报表为评估依据，而应当以它们按照境内相应金融监管部门的监管要求重新编制的资本充足性报表为评估依据。

需要说明的是，境外受监管公司按境内金融监管部门的规定重新编制资本充足性报表时，可以根据重要性原则，对某些项目进行简化处理，但应当确保报表的准确性。例如，若境外保险公司的应收款项金额非常小，在重新编制偿付能力报表时，可以将应收款项全部作为非认可资产，而不需要再按账龄等计算其认可价值。

3. 境内非受监管公司根据国家统一会计制度编制的财务报表。

4. 境外非受监管公司根据国际会计准则编制的财务报表或按境内企业会计准则重新编制的财务报表。保险集团所属的境外非受监管公司如果按照国际会计准则编制财务报表，该报表可直接作为评估依据，否则，应当按照境内会计准则重新编制财务报表，作为集团偿付能力的评估依据。

本规则中的受监管公司范围、偿付能力评估的数据基础等均随金融监管部门的监管要求变化而变化。

（三）最低资本评估

本规则第 6 条规定，保险集团的最低资本为各成员公司最低资本之和扣除合营企业、联营企业的最低资本中非本集团持股部分之后的余额。

1. 本规则第 7 条规定，保险集团成员公司的最低资本按照下列方法确定：

(1)受监管公司按照相应金融监管部门的规定确定。保险公司的最低资本为根据中国保监会相应规定计算的最低资本;银行业金融机构的最低资本为根据中国银监会相应规定计算的风险加权资产与12.5倍的市场风险资本之和的8%;证券期货公司的最低资本为根据中国证监会相应规定确定的最低净资本。

(2)非受监管公司的最低资本为零。对于非受监管公司,由于不存在最低资本的相关规定,故本规则设定非受监管公司的最低资本为零。

2.合营企业的最低资本中非本集团持股部分,等于非本集团成员公司享有合营企业权益比例与合营企业最低资本的乘积;联营企业的最低资本中非本集团持股部分,等于非本集团成员公司享有联营企业权益比例与联营企业最低资本的乘积。

在确定非本集团持股部分时,子公司的处理方式与合营企业和联营企业不同。子公司、合营企业和联营企业的最低资本合并计算方式主要有比例合并法和完全合并法两种。由于母公司对子公司具有控制权,母公司应当承担子公司的风险,如果采用比例合并法将会低估母公司额外提供资本的实际责任,因此,对子公司应当采用完全合并法,即子公司的最低资本都应当记入集团最低资本。而对于合营企业和联营企业而言,采用完全合并法将会高估母公司的责任,因此,应当采用比例合并法,即合营企业和联营企业的最低资本中只是按母公司持股比例计算的部分才计入集团的最低资本。

在确定非本集团成员公司享有合营或联营企业权益比例时,要注意以下几点:

(1)非本集团成员公司享有合营或联营企业的权益比例=1-本集团成员公司享有合营或联营企业的权益比例;

(2)本集团成员公司享有子公司的合营或联营企业的权益比例与子公司享有合营或联营企业的权益比例一致。

〔例3〕如图3所示,假设S_1公司拥有A_2公司5%的表决权。在这种情况下,本集团通过S_2公司享有A_2公司的权益比例为25%,通过S_1公司享有的A_2公司的权益比例为5%,因此,本集团成员公司享有A_2公司的权益比例为30%(=25%+5%),非本集团成员公司享有A_2公司的权益比例为70%(=1-30%)。

下面举例说明保险集团最低资本的计算方法。

〔例4〕某保险控股公司H(该公司不经营保险业务,为非受监管公司)有两个子公司:产险公司I_1和保险经纪公司IB(H公司持有其80%的股权,产险公司I_1持有其20%的股权),控股公司H还持有另一合营寿险公司$I_2$50%的股权,持有银行B25%的股权。该保险集团的股权结构如图4所示,所有成员公司均为非上市公司。

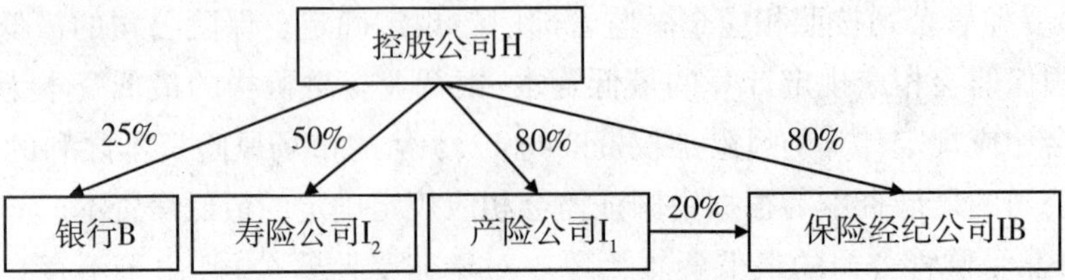

图4:保险集团H的组织结构图

20×6年12月31日,根据中国保监会相关规定,产险公司I_1的最低资本为20亿元,寿险公司I_2的最低资本为30亿元;根据中国银监会的相关规定,银行B的风险加权资产为25亿元,市场风险资本为10亿元。则:

控股公司H的最低资本=0

产险公司I_1的最低资本=20亿元

寿险公司I_2的最低资本=30亿元

银行B的最低资本=(25+12.5×10)×8%=12亿元

保险经纪公司IB为非受监管公司,最低资本=0

寿险公司I_2最低资本中非本集团持股部分=30×50%=15亿元;银行B最低资本中非本集团持股部分=12×75%=9亿元。因此,该集团最低资本中非本集团持股部分为24亿元。

该保险集团的最低资本=该集团成员的最低资本之和-最低资本中非本集团持股部分=(0+20+30+12+0)-24=38亿元。

(四)实际资本评估

本规则第9条规定,保险集团的实际资本为各成员公司实际资本之和扣除下列项目之后的余额:(1)合营企业的实际资本中非本集团持股部分;(2)联营企业的实际资本中非本集团持股部分;(3)集团成员公司之间重复计算的资本;(4)集团成员公司之间转让资产的资本调整。

1.本规则第10条规定,保险集团成员公司的实际资本按照下列方法确定:

(1)受监管公司按照相应金融监管部门的规定确定。保险公司的实际资本为根据中国保监会相应规定计算的实际资本,即认可资产减去认可负债后的余额;银行业金融机构的实际资本为根据中国银监会相应规定计算的资本净额;证券期货公司的实际资本为根据中国证监会相应规定计算的净资本。

(2)非受监管公司的实际资本为其净资产。非受监管公司的净资产按照国家统一的会计制度确认。对于境外非受监管公司的净资产,也可按照国际会计准则确认。

2.合营企业的实际资本中非本集团持股部分是指,非本集团成员公司持有合营企业股权比例与合营企业实际资本的乘积。联营企业的实际资本中非本集团持股部分是指,非本集团成员公司持有联营企业股权比例与联营企业实际资本的乘积。

实际资本的非本集团持股部分的确认原则与最低资本相同,即对子公司应当采用完全合并法,子公司的实际资本都应当记入集团实际资本;合营企业和联营企业应当采用比例合并法,合营企业和联营企业的实际资本中只是按母公司持股比例计算的部分才计入集团的实际资本。

3. 评估集团偿付能力时,应当扣除集团成员公司之间重复计算的资本。集团成员公司之间重复计算的资本是指,因保险集团中一个成员公司对另一个成员公司进行资本投资而重复计入集团整体实际资本的资本。本规则第 12 条规定,集团成员公司之间重复计算的资本金额按照下列方法确定:

(1)因成员公司之间股权投资而重复计算的资本为投资方计入其实际资本的价值。对于成员公司之间的股权投资,投资方可能是保险公司、银行业金融机构、证券期货公司,也可能是非受监管公司,不同的投资方,计入其实际资本的价值不同,具体如下:

①保险公司作为成员公司之间股权投资的投资方,计入其实际资本的价值为其股权投资按照中国保监会相关规定确认的认可价值。具体认可标准见《保险公司偿付能力报告编报规则第 10 号:子公司、合营企业和联营企业》。

②银行业金融机构作为成员公司之间股权投资的投资方,计入其实际资本的价值为其股权投资按照中国银监会相关规定计入资本净额的价值。根据现行《商业银行资本充足率管理办法》的相关规定,在计算商业银行的资本净额时,应扣除对工商企业和未并表金融企业的资本投资,即对于商业银行,对集团内部其他成员公司的股权投资未计入其实际资本,亦即重复计算的资本为零,其他非银行金融机构按与商业银行同样的办法处理。

③证券期货公司作为成员公司之间股权投资的投资方,计入其实际资本的价值为其股权投资按会计准则计量的价值扣除中国证监会规定的风险调整金额后的余额。

④非受监管公司作为成员公司之间股权投资的投资方,计入其实际资本的价值为其在集团内其他成员公司的长期股权投资的账面价值。

〔例 5〕接例 4,假设至 20×6 年 12 月 31 日,控股公司 H 的净资产为 100 亿元。产险公司 I_1 的实际资本为 40 亿元,寿险公司 I_2 的实际资本为 50 亿元;根据中国银监会相关规定,银行 B 的资本净额为 16 亿元;保险经纪公司 IB 的净资产为 2 亿元。

控股公司 H 对附属公司长期股权投资的账面价值为:

产险公司 I_1	38 亿元

寿险公司I_2　　26 亿元

银行 B　　18 亿元

保险经纪公司 IB　　1.6 亿元

产险公司I_1对保险经纪公司 IB 投资的账面价值为 0.4 亿元。假设控股公司 H 与附属公司之间、附属公司与附属公司之间不存在其他关联交易。则：

控股公司 H 的实际资本 =100 亿元；

产险公司I_1的实际资本 =40 亿元；

寿险公司I_2的实际资本 =50 亿元；

银行 B 的实际资本 = 资本净额 =16 亿元；

保险经纪公司 IB 的实际资本 =2 亿元；

实际资本中非本集团持股部分 = 寿险公司I_2实际资本中非本集团持股部分 50 ×50% + 银行 B 实际资本中非本集团持股部分 16 ×75% =37 亿元。

根据《保险公司偿付能力报告编报规则第 10 号：子公司、合营企业和联营企业》，产险公司I_1在保险经纪公司 IB 的投资计入实际资本的价值 =0.4 ×95% =0.38亿元。

集团内部重复计算的资本 =38 +26 +18 +1.6 +0.38 =83.98 亿元。

该保险集团的实际资本 = 集团成员实际资本之和 – 非本集团持股部分 – 重复计算的资本 =(100 +40 +50 +16 +2) –37 –83.98 =87.02 亿元。

(2)因成员公司之间资本性负债投资而重复计算的资本为债权人计入其实际资本的价值与债务人不得计入其实际资本的价值之差。若此差额小于零，则重复计算的资本为零。对于成员公司之间的资本性负债投资，债权人可能是保险公司、银行业金融机构、证券期货公司或非受监管公司，债务人可能是保险公司、银行业金融机构或证券期货公司，不同的债权人计入其实际资本的价值不同，不同的债务人不得计入其实际资本的价值也不同。

各类债权人计入其实际资本的价值分别为：

①保险公司作为成员公司之间资本性负债的债权人，计入其实际资本的价值为资本性负债在该保险公司的认可资产价值；

②银行业金融机构作为成员公司之间资本性负债的债权人，计入其实际资本的价值为资本性负债计入该银行业金融机构资本净额的价值；

③证券期货公司作为成员公司之间资本性负债的债权人，计入其实际资本的价值为资本性负债计入该证券期货公司净资本的价值；

④非受监管公司作为成员公司之间资本性负债的债权人，计入其实际资本的价值为资本性负债在该非受监管公司的账面价值。

各类债务人不得计入其实际资本的价值分别为：

①保险公司作为成员公司之间资本性负债的债务人,不得计入其实际资本的价值为资本性负债在该保险公司的认可负债价值;

②银行业金融机构作为成员公司之间资本性负债的债务人,不得计入其实际资本的价值为该银行业金融机构借入的资本性负债总额扣除该资本性负债计入资本净额部分后的余额;

③证券期货公司作为成员公司之间资本性负债的债务人,不得计入其实际资本的价值为该证券期货公司借入的资本性负债总额扣除该资本性负债计入净资本部分后的余额。

〔例6〕接例5,假设银行B持有产险公司I_1发行的次级债5亿元。各公司间不存在其他关联交易,银行B的资本充足率为10%。该次级债的剩余年限为3—4年间。则:

银行B持有的I_1公司次级债计入其实际资本的价值=5亿元

产险公司I_1不得计入其实际资本的价值=5×20%=1亿元

由于控股公司H持有银行B25%的股权,因此,此笔次级债交易所重复计算的资本=5×25%-1=0.25亿元

4.评估保险集团偿付能力时,应当调整集团成员公司之间转让资产对实际资本的影响。本规则第13条规定,保险集团成员公司之间转让资产的资本调整金额不得低于下列第(1)项减去第(2)项的差额:(1)被转让资产计入受让方实际资本的价值;(2)不考虑转让事项情况下,被转让资产计入转让方实际资本的价值。若上述差额小于零,则不进行实际资本的调整。

需要注意的是,根据现行《商业银行资本充足率管理办法》的相关规定,在计算商业银行的资本净额时,某些项目(如对非自用不动产和企业以及未并表金融机构的资本投资)已经扣除,即这些项目没有计入其资本净额,故对受让方是银行业金融机构的资本调整存在以下两种情况:

①当转让的资产属于非自用不动产、对集团外工商企业及金融企业的资本投资,以及其他在计算银行业金融机构资本净额时应予以扣除的项目时,不需调整集团整体的实际资本;

②当转让的资产属于在计算银行业金融机构资本净额时不予以扣除的项目时,应按该资产计入受让方实际资本的价值超过不考虑转让事项情况下该资产计入转让方实际资本价值的部分调减集团整体的实际资本。

〔例7〕接例5,20×1年12月,银行B外购一房屋,成本合计6400万元,预计使用30年,净残值率5%,采用直线法计提折旧。

20×6年12月,银行B将该房屋以7000万元的价格出售给产险公司I_1。此时预计该房屋还可使用30年,净残值率5%,仍采用直线法计提折旧。该房屋为产险

公司 I_1 的认可资产，银行 B 和产险公司 I_1 均未对该房屋进行房地产评估。

20×7 年 12 月 31 日，产险公司 I_1 认可房屋的账面净值总额为 25600 万元（含本例中从银行 B 购买的房屋），认可负债表中未决赔款准备金和未到期责任准备金（包括长期险责任准备金）的余额分别为 76300 万元和 123500 万元。20×7 年末：

该房屋在产险公司 I_1 的账面净值计算如下：

账面余额　　　7000 万元

减：累计折旧　　222（=7000×（1－5%）/30）万元

账面净值　　　6778 万元

产险公司 I_1 房屋的最高认可金额＝（76300＋123500）×15%＝29970 万元

产险公司 I_1 房屋的认可价值总额＝min（25600，29970）＝25600 万元（min 表示在两个数值中取小值）

该房屋在产险公司 I_1 的认可价值＝6778 万元

若不存在该出售事项，该房屋在银行 B 的账面净值计算如下：

账面余额　　　6400 万元

减：累计折旧　　1216（=（6400×（1－5%）/30）×6）万元

账面净值　　　5184 万元

该出售事项的资本调减额＝该房屋在产险公司 I_1 的认可价值－不考虑出售事项情况下计入银行 B 的实际资本的价值＝6778－5184＝1594 万元。

（五）其他事项

1. 本规则第 14 条规定，若保险集团成员公司之间进行的其他关联交易明显有失公允，中国保监会有权要求保险集团进行资本调整。

2. 不得扣除最低资本与实际资本中非本集团持股部分的情形。本规则第 15 条规定，在合营企业、联营企业出现资本不足情况下，若有证据表明，应由本集团承担全部资本不足，则在计算保险集团最低资本与实际资本时，不得扣除非本集团持股部分。其中，相关证据包括投资合同或其他合同有约定、合营企业或联营企业的其他投资方已丧失承担资本不足的能力（如破产清算或出现财务危机）等。

四、关于偿付能力报告

（一）主报告人的确定

本规则第 16 条规定，保险集团的偿付能力报告由母公司负责编报，即由母公司负责编制并向中国保监会报送保险集团偿付能力报告。

1. 保险集团母公司董事会和管理层应当对保险集团偿付能力报告的真实性、完整性、准确性和合规性负责。

2. 保险集团各成员公司应当及时向母公司提供资本充足性报表或财务报表，并对报表的真实性、完整性、准确性和合规性负责。

（二）报告频率

本规则第17条和第20条规定，保险集团偿付能力报告包括定期报告和临时报告两种。

1. 定期报告

定期报告的报送频率为一年两次：

（1）保险集团母公司应在每个会计年度的前六个月结束后，按照中国保监会的相关规定，报送保险集团半年度偿付能力报告。

（2）保险集团母公司应在每个会计年度结束后，按照中国保监会的相关规定，报送经审计的保险集团年度偿付能力报告。

2. 临时报告

保险集团应当在下列对偿付能力产生重大不利影响的事项发生之日起5个工作日内向保监会报告：

（1）所属子公司、合营企业发生重大投资损失，重大投资损失是指损失金额超过最近期间保险集团偿付能力报告中期末实际资本10%以上的投资损失；

（2）所属子公司、合营企业出现财务危机或被其他监管机构接管；

（3）其他会对偿付能力产生重大不利影响的事项。

（三）定期报告的报告内容

1. 年度偿付能力报告的报告内容

本规则第19条规定，保险集团年度偿付能力报告应当由以下九部分内容组成：母公司董事会和管理层声明、外部机构独立意见、集团股权结构和成员公司基本情况、偿付能力报表、重大事项、主要子公司和合营企业的经营情况、成员公司之间关联交易的说明、集团未来三年的发展战略和经营计划、内部风险管理说明。

（1）母公司董事会和管理层声明

保险集团应当在母公司董事会和管理层声明部分披露以下信息：

①母公司董事会和管理层对偿付能力报告所载内容真实、准确、完整、合规的保证和承担法律责任的承诺。母公司应当在保险集团偿付能力报告正文的首页载明“公司董事会和管理层保证本报告所载资料不存在任何虚假记载、误导性陈述或者重大遗漏，内容真实、准确、完整、合规，并对我们的保证承担个别和连带的法律责任”。

②母公司董事长、总经理和首席财务官的签名及公司印章。如果上述高管人员离职或任职资格尚未获得保监会批准，应当由行使相同职权的临时负责人签名。

（2）外部机构独立意见

外部机构独立意见指会计师事务所、资产评估机构、信用评级机构等外部机构对保险集团出具的审计意见、信用评级意见等独立意见。保险集团应当披露以下关于外部机构独立意见的信息：

①对保险集团年度偿付能力报告出具的审计意见。若会计师事务所出具了非标准无保留意见，应当说明原因。

②外部机构出具的其他意见的说明，应当披露外部机构的名称、出具独立意见的目的和时间、独立意见的主要内容或结果等信息。

③报告期内为本集团提供偿付能力报告审计服务的会计师事务所的更换情况，包括前任外部机构的名称、更换时间和更换原因等。

(3)集团股权结构和成员公司基本情况

在此部分，应当披露以下信息：

①保险集团的股权结构图，保险集团应当以图的形式（例如图3）说明保险集团成员公司之间的股权关系和控制关系。

②保险集团母公司的股东情况，包括股东名称、持股数量、持股比例等信息。

③保险集团成员公司的基本信息，包括名称、注册地、所有者性质、经营状态、主要经营活动、注册资本、法定代表人、持股数量、持股比例、董事会席位、监事会席位、资本充足率（非受监管公司不披露此信息）、资产、负债、收入和净利润等信息。

④报告日正在筹建过程中的子公司、合营企业和联营企业的基本情况，包括名称、注册地、主要经营活动、注册资本、持股数量、持股比例、其他主要股东等信息。

⑤高管人员在不同集团成员公司之间的兼职情况。

(4)偿付能力报表

主报告人应当严格按照编报规则和实务指南的格式和要求编报以下偿付能力报表，不得更改报表的格式和内容：

1)偿付能力主表，即保险集团偿付能力状况表；

2)偿付能力明细表，主报告人应当在保险集团偿付能力报告中披露的明细表包括：

①明细表IG-1：保险集团最低资本表；

②明细表IG-2：保险集团实际资本表；

③明细表IG-3：保险集团内部重复计算的资本表；

④明细表IG-4：保险集团内部转让资产的资本调整表。

3)偿付能力评估范围，说明纳入偿付能力评估范围的成员公司。

(5)重大事项

保险集团应当披露报告期发生的对其偿付能力造成重大不利影响的事项，包括：

①保险集团母公司及所属子公司、合营企业发生的重大投资损失。重大投资损失是指损失金额超过保险集团期初实际资本10%以上的投资损失。保险集团应当披露重大损失的发生时间、原因、对偿付能力的影响等信息。

②保险集团母公司及所属子公司、合营企业的重大对外担保。重大对外担保是指担保金额超过保险集团期初实际资本10%的对外担保,不包括成员公司之间的相互担保。保险集团应当披露重大对外担保的担保方、被担保方、担保方式(抵押或保证等)、担保金额、担保期限等信息。

③所属子公司、合营企业出现财务危机或被其他监管机构接管。保险集团应当披露子公司、合营企业出现财务危机或被其他监管机构接管的原因、报告日的进展情况等信息。

(6)主要子公司和合营企业的经营情况

保险公司应当说明报告期内业务收入占集团业务收入20%以上和报告期末资产占集团资产20%以上的子公司、合营企业的经营情况。

(7)成员公司之间关联交易的说明

保险集团应当披露成员公司之间发生的关联交易,包括但不限于:

①提供资金(贷款或股权投资),即一家成员公司对另一成员公司投资(包括股权投资和认购次级债),或从另一家成员公司贷款。应当披露以下信息:资金融出方、资金融入方、提供资金的方式(贷款还是投资或其他)、资金金额、提供资金的时间。

②担保。应当披露以下信息:担保方、被担保方、担保方式(抵押、保证等)、担保金额、担保期间。

③购买或销售商品(提供或接受劳务)。应当披露以下信息:交易双方、交易标的、交易价格、交易金额、定价政策、未结算金额。

④购买或销售商品以外的资产转让、股权转让。应当披露转让标的、转让价格、转让原因等信息。

⑤租赁。应当披露承租人和出租人、租赁标的、定价政策、未结算金额。

⑥成员公司之间存在的其他关联交易。应当披露交易双方、交易标的、交易价格等信息。

(8)集团未来三年的发展战略和经营计划

保险集团母公司应当在此部分说明集团在未来三年的发展战略和经营计划,包括:

①未来三年的发展战略和集团在成员公司经营领域的发展战略;

②根据发展战略确定的未来三年的经营计划。

(9)内部风险管理说明

保险集团应当在此部分说明防范风险传递、利益冲突、组织结构不透明等方面采取的措施。包括：是否设置了相关的组织机构；集团防范风险传递的措施（如“防火墙”制度）；集团防范成员公司之间利益冲突的措施；集团防范管理控制权分散风险的措施。

2. 半年度偿付能力报告的报告内容

本规则第18条规定，保险集团半年度偿付能力报告由七部分内容组成：母公司董事会和管理层声明、集团股权结构和成员公司增减变动情况、偿付能力报表、重大事项、主要子公司和合营企业的经营情况、成员公司之间关联交易的说明、内部风险管理变动说明。其中：

（1）母公司董事会和管理层声明、偿付能力报表、重大事项、主要子公司和合营企业的经营情况、成员公司之间关联交易的说明等五部分的披露要求同年度偿付能力报告。

（2）集团股权结构和成员公司增减变动情况。应当披露以下信息：

①保险集团的股权结构图，保险集团应当以图的形式（例如图3）说明保险集团成员公司之间的股权关系、控制关系。

②报告期内集团所属子公司、合营企业和联营企业的增减变动情况。包括增减的成员公司的名称、集团持有的股权比例的变动。

（3）内部风险管理变动说明。保险集团母公司应当说明报告期内集团防范风险传递、利益冲突、组织结构不透明等方面采取的措施的重大变化情况。包括：①组织机构和主要负责人的变化；②集团防范风险传递的措施的重大变化（如“防火墙”制度）；③集团防范成员公司之间利益冲突的措施的重大变化；④集团防范管理控制权分散风险的措施的重大变化。

（四）临时报告的报告内容

保险集团临时报告内容由以下三部分组成：

1. 重大事项的情况和原因。保险集团应当描述所发生的重大事项及其产生的原因。

2. 对保险集团偿付能力产生的影响。保险集团应当在临时报告中分析重大事项对集团偿付能力的现实或潜在影响。能够估计对偿付能力影响金额的，应当说明对偿付能力的影响金额。

3. 已经采取或计划采取的措施。保险集团应当在临时报告中说明为减轻重大事项对集团偿付能力的不利影响，已经采取或计划采取的改善措施，包括改善措施的内容、可行性分析以及预计效果。

（五）其他事项

本规则第22条规定，经营保险业务的保险集团母公司，除按照本规则编报保险集团偿付能力报告外，还应当按其他编报规则的要求以自身单独报表为基础编报偿付能力报告。不经营保险业务的保险集团母公司,只需要按照本规则编报保险集团的偿付能力报告。

五、关于附则

(一)应当评估和报告集团偿付能力的其他企业集合

1. 本规则第23条规定,不符合本规则第2条保险集团定义,但符合下列条件之一的企业集合,应当评估和报告偿付能力,其评估方法、报告内容和报告方式另行规定。

(1)在中国境内注册、直接或间接受同一第三方控制或相同第三方共同控制(该第三方为非保险机构或非境内保险监管部门批准成立)的两家以上保险公司及所属公司组成的企业集合。

〔例8〕如图5所示,境内工业企业 C_1 和境外保险公司 C_2 各持有境内保险公司 I_1 和 I_2 50%表决权,保险公司 I_1 控制保险资产管理公司AM,保险公司 I_2 持有保险代理公司P80%表决权。

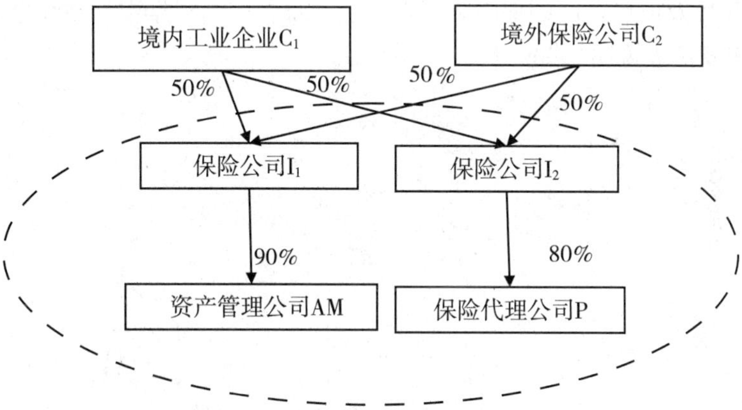

图5:受相同第三方共同控制的保险企业集合

在这种情况下,保险公司 I_1 和保险公司 I_2 受相同第三方(境内工业企业 C_1 和境外保险公司 C_2)共同控制,保险资产管理公司AM和保险代理公司P分别是保险公司 I_1 和保险公司 I_2 的子公司。由保险公司 I_1、保险公司 I_2、保险资产管理公司AM和保险代理公司P组成的企业集合应当评估和报告偿付能力。

(2)主营业务以保险业为主,至少有两家成员公司为受监管公司。

〔例9〕如图6所示,实业公司P持有保险公司 I_1 40%的表决权,持有房地产公司 RE_1 70%的表决权,持有银行 B_1 43%的表决权,持有投资公司 I_2 100%表决权。保险公司的主营业务收入占集团收入的50%以上。

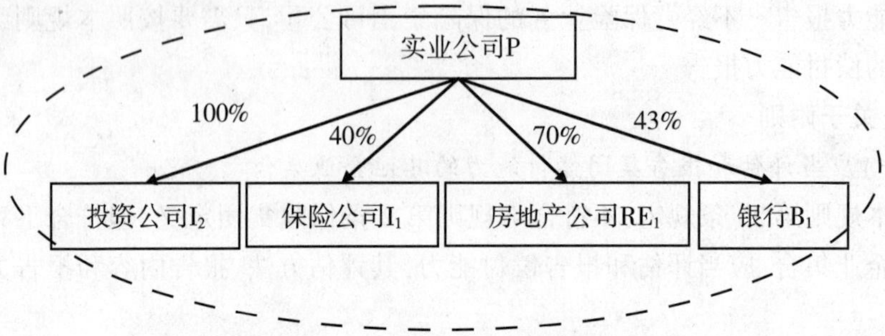

图6：以保险业为主的企业集合

本例中，实业公司P及其四家子公司组成的企业集合不符合本规则第2条保险集团的定义，但是，其主营业务以保险业为主，有两家受监管公司，因此，该企业集合应当评估和报告偿付能力。

（二）生效日

本规则第24条规定，本规则自2008年半年度偿付能力报告编报起施行，即2008年半年度及以后期间的保险集团偿付能力报告应当根据本规则编报。

明细表及填表说明（略）

关于编报保险集团偿付能力报告有关事项的通知

（2008年7月3日） 保监发〔2008〕55号

各保险公司：

我会已于2008年4月30日发布了《保险公司偿付能力报告编报规则第14号：保险集团》及其实务指南（保监发〔2008〕33号）。为确保保险集团编报规则的顺利实施，提高偿付能力报告的信息质量，现将保险集团偿付能力报告编报的有关事项通知如下：

一、关于偿付能力报告的报告主体

为了提高信息的有效性，减少公司编报成本，除下列保险集团母公司应当按照保险集团编报规则的规定编报本集团偿付能力报告外，其他符合保险集团编报规则定义的保险集团暂不用编报偿付能力报告：

1. 中国人民保险集团公司
2. 中国人寿保险（集团）公司
3. 中国再保险（集团）股份有限公司
4. 中国保险（控股）有限公司
5. 中国平安保险（集团）股份有限公司
6. 中国太平洋保险（集团）股份有限公司
7. 阳光保险集团股份有限公司
8. 泰康人寿保险股份有限公司
9. 华泰财产保险股份有限公司
10. 新华人寿保险股份有限公司
11. 天安保险股份有限公司

二、关于偿付能力报告的报送要求

（一）保险集团母公司应当在每年8月31日之前，报送保险集团半年度偿付能力报告的纸质文本和Word格式电子文本，以及半年度偿付能力报表的Excel格式电子文本。

（二）保险集团母公司应当在每年5月31日之前，报送下列报告的纸质文本和电子文本（Word格式）：

1. 经审计的上一会计年度保险集团偿付能力报告和审计报告，其中，保险集团偿付能力报表还应单独报送 Excel 格式电子文本。

2. 所属境内非保险类成员公司经审计的上一会计年度财务报告。

所属境外成员公司按照中国会计准则(或国际会计准则)编制的上一会计年度财务报告和经审计的按照所在国(地区)会计准则编制的上一会计年度财务报告。

3. 所属境内非保险类受监管成员公司的上一会计年度资本充足性监管报表。如果金融监管部门要求资本充足性监管报表应当经过审计,则应当报送经审计的资本充足性监管报表。

所属境外受监管公司按照所在国(地区)监管标准编制的上一会计年度资本充足性监管报表和按照境内监管机构的要求重新编制的上一会计年度资本充足性监管报表。

不具备持续经营条件或已无法进行正常经营活动的所属非保险类成员公司可以不报送财务报告,但应当汇总说明该类机构上一会计年度的经营情况、清理整顿情况或清算情况。

(三)上述报告的电子文本可用邮寄光盘或发送电子邮件的方式报送。

三、暂不用编报偿付能力报告的保险集团应当按照《关于加强对保险机构所属境内非保险类经济实体和境外保险机构财务监管若干事项的通知》(保监财会〔2006〕701 号)报送所属非保险类经济实体和境外保险机构的财务报告。

四、《关于加强对保险机构所属境内非保险类经济实体和境外保险机构财务监管若干事项的通知》(保监财会〔2006〕701 号)与本通知不一致的,按照本通知执行。

五、在执行中遇到问题,请及时向我会财务会计部财务监管处反映。

联 系 人:王证、郭菁

电　　话:(010)66286125　66286182

传　　真:(010)66288102

电子信箱:ac_jgc@ circ. gov. cn

关于实施《保险公司偿付能力管理规定》有关事项的通知

（2008 年 10 月 21 日） 保监发〔2008〕89 号

各保险公司，各保险资产管理公司：

2008 年 7 月 10 日我会发布了《保险公司偿付能力管理规定》（保监会令〔2008〕1 号，以下简称《管理规定》）。为确保《管理规定》的顺利实施，现将有关事项通知如下：

一、关于最低资本评估标准

（一）财产保险公司应具备的最低资本为非寿险保障型业务最低资本和非寿险投资型业务最低资本之和。

1. 非寿险保障型业务最低资本为下述两项中数额较大的一项：

（1）最近会计年度公司自留保费减营业税及附加后 1 亿元人民币以下部分的 18% 和 1 亿元人民币以上部分的 16%；

（2）公司最近 3 年平均综合赔款金额 7000 万元以下部分的 26% 和 7000 万元以上部分的 23%。

综合赔款金额为赔款支出、未决赔款准备金提转差、分保赔款支出之和减去摊回分保赔款和追偿款收入。

经营不满三个完整会计年度的保险公司，采用第（1）项规定的标准。

2. 非寿险投资型业务最低资本为其风险保费部分最低资本和投资金部分最低资本之和。其中，非寿险投资型业务风险保费部分最低资本的计算适用非寿险保障型业务最低资本评估标准，非寿险投资型业务投资金部分最低资本为下述两项之和：

（1）预定收益型非寿险投资型产品投资金部分期末责任准备金的 4%；

（2）非预定收益型非寿险投资型产品投资金部分期末责任准备金的 1%。

（二）人寿保险公司最低资本为长期人身险业务最低资本和短期人身险业务最低资本之和。

长期人身险业务是指保险期间超过 1 年的人身保险业务；短期人身险业务是指保险期间为 1 年或 1 年以内的人身保险业务。

1. 长期人身险业务最低资本为下述二项之和：

（1）投资连结保险产品期末责任准备金的 1% 和其他寿险产品期末责任准备

金的4%。

投资连结保险产品的责任准备金，是指根据中国保监会规定确定的投资连结保险产品的单位准备金；其他寿险产品的责任准备金，是指根据中国保监会规定确定的分保后的法定最低责任准备金，包括投资连结保险产品的非单位准备金。

(2)保险期间小于3年的定期死亡保险风险保额的0.1%，保险期间为3年到5年的定期死亡保险风险保额的0.15%，保险期间超过5年的定期死亡保险和其他险种风险保额的0.3%。

在统计中未对定期死亡保险区分保险期间的，统一按风险保额的0.3%计算。

风险保额为有效保额减去期末责任准备金，其中有效保额是指若发生了保险合同中最大给付额的保险事故，保险公司需支付的最高金额；期末责任准备金为中国保监会规定的法定最低责任准备金。

2.短期人身险业务最低资本的计算适用非寿险保障型业务最低资本评估标准。

(三)再保险公司最低资本等于其财产保险业务和人身保险业务分别按照上述标准计算的最低资本之和。

(四)上述最低资本评估标准中，除非寿险投资型业务投资金部分最低资本评估标准自2009年1月1日起执行外，其他评估标准自2008年第3季度偿付能力报告编报起执行。

(五)保险公司应当自2009年1月1日起，按照本通知附件规定的最低资本表替代原来的最低偿付能力额度计算表，编报偿付能力报告。

二、关于外国保险公司在华分支机构并表评估

(一)在华有多家分支机构的外国保险公司应当在2008年10月31日之前确定偿付能力报告的主报告机构，并向我会报告。主报告机构一经确定，不得随意变更。

(二)外国保险公司分支机构的主报告人应当将其所有在华分支机构视为单一报告实体，合并编报偿付能力报告。

三、关于季度偿付能力报告的报送时间

从2008年第4季度偿付能力报告编报起，保险公司应当于每季度结束后15日内报送上一季度偿付能力报告，遇国庆节可以顺延3日。季度偿付能力报告的报送内容和报送方式不变。

四、关于计算资金运用比例的总资产口径

(一)按照我会有关规定，保险公司以公司总资产为基础，计算金融债、企业(公司)债券、股票(股权)、证券投资基金、间接基础设施项目投资以及境外投资等法律法规规定范围内的投资比例时，应以扣除证券回购融入资金金额后的公司总资产金额作为资金运用比例的计算基础。对万能保险、投资连结保险等资金运用比例有特别规定的保险产品,应以扣除证券回购融入资金金额后的产品账户资产金额作为其资金运用比例的计算基础。

(二)按照上述资金运用比例计算标准,若公司在本通知发布之日存在超比例投资的情况,应尽快调整资产结构,最迟于2008年12月31日前达标。

五、关于具体实施要求

(一)提高思想认识。各公司应当把《管理规定》的实施作为贯彻落实科学发展观和《国务院关于保险业改革发展的若干意见》的一项重点工作来抓,以实施《管理规定》为契机,完善和提高内部风险管理水平,促进公司快速、健康发展。

(二)加强学习研究。偿付能力管理涉及公司财务、产品开发、精算、投资、信息技术、内控等各个环节,各公司应当组织有关管理人员认真学习《管理规定》,确保公司管理人员能够掌握《管理规定》的精神和内涵。

(三)认真贯彻落实。各公司应当严格按照《管理规定》的要求,完善内部偿付能力管理机制,规范内部风险管理流程,确保偿付能力充足。

六、如有《管理规定》实施方面的建议或实施过程中遇到问题,请与我会财务会计部财务监管处联系。

联系人:王证、郭菁

电话:010-66286125　66286182

附件:最低资本表(略)

关于印发《保险公司偿付能力报告编报规则第15号：再保险业务》及其实务指南的通知

（2009年4月8日） 保监发〔2009〕53号

各保险公司：

为进一步完善偿付能力监管制度，加强再保险业务监管，我会研究制定了《保险公司偿付能力报告编报规则第15号：再保险业务》及其实务指南。现予印发，请遵照执行。

附件：《保险公司偿付能力报告编报规则第15号：再保险业务》及其实务指南

附件：

保险公司偿付能力报告编报规则第15号：再保险业务

引　言

1. 本规则规范保险公司再保险业务相关资产、负债在偿付能力报告中的编报。

2. 再保险分入业务形成的责任准备金，适用《保险公司偿付能力报告编报规则第6号：认可负债》。

定　义

3. 本规则使用的下列术语，其定义为：

（1）转移重大保险风险的再保险，指一个保险人（再保险分出人）以合约形式将全部或者部分原保险合同项下的重大保险风险转移给另一个保险人（再保险分入人），再保险分入人对再保险分出人由原保险合同所引起的损失进行补偿的保险。

（2）应收分保准备金，指再保险分出人从事再保险业务确认的应收分保未到期责任准备金，以及应向再保险分入人摊回的未决赔款准备金。

（3）应收分保款项，指保险公司经营再保险业务而形成的各种应收、预付等结算款项，包括应收分保费、应收分保摊回赔款、应收分保摊回费用、存出分保保证金、预付分保赔款等,但不包括对分出业务提取的责任准备金。

(4)应付分保款项,指保险公司经营再保险业务而形成的各种应付、预收等结算款项,包括应付分保费、应付分保赔款支出、应付分保费用、存入分保保证金等,但不包括对分入业务提取的责任准备金。

(5)账龄,指从合同约定的应收分保款项的结算日到偿付能力报告日经过的时间。合同没有约定结算日的,以实际收到分保账单日作为结算日。

再保险业务分类

4. 以是否转移重大保险风险为标准,再保险业务可以分为转移重大保险风险的再保险业务和未转移重大保险风险的再保险业务。

以保险事故是否发生为标准,转移重大保险风险的再保险业务可以分为预期再保险业务和追溯再保险业务。预期再保险是指再保险分入人对再保险分出人由未来发生的保险事故所引起的损失进行补偿的再保险。追溯再保险是指再保险分入人对再保险分出人由过去发生的保险事故所引起的损失进行补偿的再保险。

5. 以交易对手为标准,再保险业务可以分为境内再保险业务和境外再保险业务。境内再保险业务是境内保险公司(包括外国保险公司在华分公司)之间进行的再保险业务。境外再保险业务是境内保险公司与境外保险公司进行的再保险业务。

编报基础

6. 保险公司应当以权责发生制为基础进行再保险业务的会计确认、计量、记录和报告。对于再保险信息传递时滞导致的再保险分出人和分入人入账时间可能存在的延迟,保险公司应当通过合理估计来报告相关的收入和成本。

7. 再保险分出人不应当将再保险合同形成的资产与有关原保险合同形成的负债相互抵消。再保险分出人不应当将再保险合同形成的收入或费用与有关原保险合同形成的费用或收入相互抵消。

8. 保险公司应当在资产负债表日进行检查,有客观证据表明应收分保准备金、应收分保款项等再保险资产发生减值的,应当计提减值准备。

9. 追溯再保险应当按照以下原则处理:

(1)再保险分出人支付的分保费应当按照不超过原保险合同计提的未决赔款准备金负债作为应收分保款项进行列报。如果计提的未决赔款准备金负债超过了相关的分保费,应同时增加应收分保款项和递延收益。递延收益应按照实际摊回分保赔款占预计摊回分保赔款总额的比例予以摊销。如果追溯再保险合同的分保费超过了原保险合同相关的已计提的未决赔款准备金负债,在再保险合同生效时,分出人应增加未决赔款准备金认可负债，并计入当期综合收益。

（2）与追溯再保险合同相关的原保险合同未决赔款准备金负债估计金额发生变化时，应计入当期综合收益，并相应调整应收分保款项和递延收益金额。

（3）既包括预期条款又包括追溯条款的再保险合同应分拆核算。如果无法分拆核算，整个合同应当作为追溯再保险合同进行处理，除非追溯条款承担的保险责任对整个再保险合同不具有重要性。

10. 未转移重大保险风险的再保险业务应当按照金融工具相关会计准则进行处理：

（1）在合同生效时，再保险分出人应当确认一项金融资产，再保险分入人应当确认一项金融负债；

（2）后续报告日，再保险分出人和分入人应当按照会计准则要求进行后续计量和报告。

认可标准的一般性规定

11. 符合下列条件的再保险业相关资产为非认可资产：

（1）分入人或分出人出现财务危机、被监管部门接管或被宣告破产的；

（2）境外分入人或分出人所在地出现政治动乱、战争、金融危机、管制等事项导致对其处置和收回受到限制的。

12. 保险公司根据本规则第 13 条至第 19 条认可有关资产时，应当按照以下原则确定分入人或分出人的偿付能力状况：

（1）如果能够获得分入人或分出人报告期末的偿付能力数据，应当使用报告期末的偿付能力数据；

（2）如果无法获得分入人或分出人报告期末的偿付能力数据，应当使用分入人或分出人上一季度末的偿付能力数据；

（3）如果无法获得分入人或分出人报告期末和上一季度末的偿付能力数据，应当使用分入人或分出人上一年度末的偿付能力数据。

转移重大保险风险的再保险业务相关资产负债的认可标准

应收分保准备金

13. 再保险分出人应当按照以下标准认可境内再保险业务形成的应收分保准备金：

（1）分入人偿付能力充足率大于或等于 100% 的，相应分出业务确认的应收分保准备金为认可资产，以账面价值作为其认可价值。

（2）分入人偿付能力充足率在 0—100% 之间的，相应分出业务确认的应收分保准备金为认可资产,以账面价值的80%作为其认可价值。

(3)分入人偿付能力充足率小于0的,相应分出业务确认的应收分保准备金为非认可资产。

14. 再保险分出人应当按照以下标准认可境外再保险业务形成的应收分保准备金:

(1)分入人偿付能力满足所在地偿付能力监管要求的,相应分出业务确认的应收分保准备金为认可资产,以账面价值的90%作为其认可价值。

(2)分入人偿付能力不满足所在地偿付能力监管要求的,相应分出业务确认的应收分保准备金为非认可资产。

应收分保款项

15. 保险公司应当按照以下标准认可境内再保险业务形成的应收分保款项:

(1)分入人或分出人偿付能力充足率大于或等于100%,且账龄不大于6个月的应收分保款项为认可资产,以账面价值作为其认可价值。

(2)分入人或分出人偿付能力充足率在0—100%之间,且账龄不大于6个月的应收分保款项为认可资产,以账面价值的80%作为其认可价值。

(3)分入人或分出人偿付能力充足率小于0或账龄大于6个月的应收分保款项为非认可资产。

16. 保险公司应当按照以下标准认可境外再保险业务形成的应收分保款项:

(1)分入人或分出人偿付能力满足所在地偿付能力监管要求,且账龄不大于6个月的应收分保账款为认可资产,以账面价值的90%作为其认可价值。

(2)分入人或分出人偿付能力不满足所在地偿付能力监管要求或账龄大于6个月的应收分保款项为非认可资产。

应付分保款项

17. 应付分保款项为认可负债,以账面价值作为其认可价值。

未转移重大保险风险的再保险业务相关资产负债的认可标准

18. 再保险分出人应当按照以下标准认可根据本规则第10条确认的金融资产:

(1)境内分入人偿付能力充足率大于或等于100%的,该项金融资产为认可资产,以账面价值作为其认可价值。境内分入人偿付能力充足率小于100%的,该项金融资产为非认可资产。

(2)境外分入人偿付能力满足所在地偿付能力监管要求的,该项金融资产为认可资产,以账面价值的90%作为其认可价值。境外分入人偿付能力不满足所在地偿付能力监管要求的,该项金融资产为非认可资产。

19. 再保险分入人根据本规则第 10 条确认的金融负债为认可负债，以账面价值作为认可价值。

披　露

20. 保险公司应当在年度偿付能力报表附注中披露以下信息：

(1) 公司再保险业务的策略与规划；

(2) 与再保险业务相关的会计政策；

(3) 分保业务各项准备金提取的精算假设和方法。

保险公司应当在季度偿付能力报表附注中披露上述信息的变更情况。

21. 保险公司应当在年度偿付能力报告明细表中披露以下信息：

(1) 各类转移重大保险风险的再保险业务的基本信息，包括分出或分入保费、分保赔款支出、分保佣金支出、摊回分保费用、摊回分保赔款等；

(2) 与关联方进行的再保险业务的信息；

(3) 未转移重大保险风险的再保险业务的信息，包括交易目的、交易对手、交易金额、合同主要内容等信息；

(4) 再保险业务的主要交易对手，包括交易对手的名称、偿付能力状况、交易金额等信息；

(5) 应收分保款项的账面余额、账龄、认可价值等；

(6) 与偿付能力不足的境内和境外再保险人进行的再保险分出业务的有关信息，包括再保险人名称、分出保费、摊回分保费用、摊回分保赔款、应收分保款项、应付分保款项等；

(7) 分出保费大于或等于直接业务保费收入 75% 的再保险合同相关信息；

(8) 追溯再保险业务信息，包括交易对手、交易金额、递延收益等。

保险公司应当在季度偿付能力报告明细表中披露上述第(2)、(3)、(4)和(6)条包括的信息。

附　则

22. 本规则及相关问题解答等规定未涉及的有关再保险业务的编报要求，适用《企业会计准则》。

23. 本规则自 2010 年第 1 季度偿付能力报告编报起施行。

24.《保险公司偿付能力报告编报规则第 3 号：应收及预付款项》中有关再保险业务的规定同时停止执行。

《保险公司偿付能力报告编报规则第15号:再保险业务》实务指南

一、关于引言

《保险公司偿付能力报告编报规则第15号:再保险业务》(以下简称"本规则")在引言部分指出,其旨在规范保险公司再保险业务相关资产、负债在偿付能力报告中的编报。其中,保险公司再保险分入业务形成的责任准备金,由《保险公司偿付能力报告编报规则第6号:认可负债》规范,本规则不涉及这些项目的编报要求。

二、关于定义

(一)转移重大保险风险的再保险

本规则所称转移重大保险风险的再保险,是指一个保险人(再保险分出人)以合约形式将全部或者部分原保险合同项下的重大保险风险转移给另一个当事人(再保险分入人),再保险分入人对再保险分出人由原保险合同所引起的损失进行补偿的保险。

只有同时满足以下两个条件的再保险业务,才能被认为是转移重大保险风险的再保险:

1. 合同将重大保险风险从再保险分出人转移到再保险分入人

对于再保险业务,既包括承保风险又包括时间风险才被认为是转移了保险风险,其中,承保风险是指因按合同支付的保费、佣金或手续费、赔付支出以及理赔费用的最终净现金流量的不确定而产生的风险,时间风险是指因收取和支付上述现金流量的时间的不确定而产生的风险。再保险分入人支付分保赔款的金额和时间应取决于原保险合同已决赔款的支付金额和支付时间,并且直接地随着已决赔款金额和支付时间的变化而变化。如果某个再保险分入人支付分保赔款的金额或时间发生重大改变的可能性是微乎其微的,那么就不应当认为这个再保险人根据再保险合同已经承担了重大的保险风险。例如,某些再保险合同条款中包含有推迟支付分出公司分保赔款的规定,使再保险分入人支付分保赔款的时间不随原保险合同已决赔款支付时间的变化而变化,这样的合同就不满足这个条件。

2. 再保险分入人可能由于再保险交易而遭受重大损失

对于非寿险再保险合同,再保险分入人可能由于再保险交易而遭受重大损失是指再保险分出人所转移的风险发生的可能性较为显著,而且按照合同可能从再保险分入人那里获得的现金流入与向再保险分出人支付的现金流出相比也较为显著。对于寿险再保险合同,是指再保险分入人所承担的保险风险部分与分出人在该合同下分出的再保险业务总体相比较为明显，可能因为死亡、疾病、残疾等风险的赔付较为显著而遭受重大损失。

判断是否满足这一条件，还要完整理解某项再保险合同和其他相关合同。例如，某项再保险合同可能表现出再保险分入人需要对分出人进行赔偿，但同时，再保险分出人又通过另一个再保险合同直接或间接地、以其他形式赔偿再保险分入人，那么这个再保险合同不满足遭受重大损失的条件。因此，在确定再保险分入人是否可能由于再保险交易而遭受重大损失时，要理解这些合同的实质。

鉴于判断再保险业务是否转移重大保险风险的过程较为复杂，因此在分析再保险业务是否满足上述两个条件时，需要再保险分出人和分入人掌握相关业务资料，进行合理、谨慎的评估与专业判断。

（二）应收分保准备金

本规则所称应收分保准备金，是指再保险分出人从事再保险业务确认的应收分保未到期责任准备金，以及应向再保险分入人摊回的未决赔款准备金，即保险公司计提的未到期责任准备金和未决赔款准备金中由于分出业务产生的应由分入人承担的部分。应收分保准备金等于分保前责任准备金与分保后责任准备金的差额。其中：未到期责任准备金和未决赔款准备金均指《保险公司偿付能力报告编报规则第6号：认可负债》所定义的准备金。

（三）应收分保款项

本规则所称应收分保款项，是指保险公司由于分保业务而形成的各种应收、预付等结算款项，包括应收分保费、应收分保摊回费用、应收摊回分保赔款、存出分保保证金、预付分保赔款等，但不包括对分出业务提取的责任准备金。

（四）应付分保款项

本规则所称应付分保款项，是指保险公司由于分保业务而形成的各种应付、预收等结算款项，包括应付分保费、应付分保赔款支出、应付分保费用、存入分保保证金等，但不包括对分入业务提取的责任准备金。

（五）账龄

本规则所称账龄，是指从合同约定的应收分保款项的结算日到偿付能力报告日经过的时间，而不是应收分保款项的预估日到报告日经过的时间。如果合同没有约定结算日，则以实际收到分保账单日作为结算日。

三、关于再保险业务分类

（一）本规则第4条规定，以是否转移重大保险风险为标准，再保险业务可以分为转移重大保险风险的再保险业务和未转移重大保险风险的再保险业务。

转移重大保险风险的再保险可以分为预期再保险和追溯再保险。预期再保险是指再保险分入人对再保险分出人由未来发生的保险事故所引起的损失进行补偿的再保险。追溯再保险是指再保险分入人对再保险分出人由过去发生的保险事故所引起的损失进行补偿的再保险。预期再保险和追溯再保险的之间的区别是再保险人是否对过去或未来发生的保险事故所引起的损失进行补偿。例如，如果再保险合同对其生效前发生的保险事故也负有赔偿责任，该合同就是追溯再保险合同。一个再保险合同可能既包括预期再保险条款，也包括追溯再保险条款。

（二）本规则第5条规定，以交易对手为标准，再保险业务可以分为境内再保险业务和境外再保险业务。境内再保险业务是境内保险公司（包括外国保险公司在华分公司）之间进行的再保险业务。境外再保险业务是境内保险公司与境外保险公司之间进行的再保险业务。通过经纪人完成的再保险业务，仍应以最终承接再保险业务的保险公司来划分境内或境外业务。

四、关于编报基础

（一）本规则第6条规定，保险公司应当以权责发生制为基础进行再保险业务的会计确认、计量、记录和报告。对于再保险信息传递时滞导致的再保险分出人和分入人入账时间可能存在的延迟，保险公司应当通过合理估计来报告相关的收入和成本。

1. 对再保险分出人来说，应当在确认原保险合同保费收入的当期，按照相关再保险合同的约定，计算确定分出保费、应向再保险分入人摊回的分保费用。在提取原保险合同未到期责任准备金和未决赔款准备金的当期，按照相关再保险合同的约定，确认相应的应收分保准备金资产；在确定支付赔付款项金额或实际发生理赔费用的当期，按照相关再保险合同的约定，计算确定应向再保险分入人摊回的赔付成本等。

2. 对再保险分入人来说，应当在再保险分出人确认原保险合同保费收入的当期，按照相关再保险合同的约定，预估确认分保费收入、分保费用支出，同时，评估确认分保未到期责任准备金负债和未决赔款准备金；在再保险分出人确定支付赔付款项金额或实际发生理赔费用的当期，按照相关再保险合同的约定，预估应向再保险分出人支付的分保赔付成本等。

（二）本规则第7条规定再保险分出人不应当将再保险合同形成的资产与有关原保险合同形成的负债相互抵消。再保险分出人不应当将再保险合同形成的收入或费用与有关原保险合同形成的费用或收入相互抵消。对于再保险分出人，保险合同责任准备金不得以分保后的净额列报，保险合同保费收入不得以扣除分出保费后的净额列报，原保险合同费用不得以扣除摊回分保费用后的净额列报，保险合同赔付成本不得以扣除摊回赔付成本后的净额列报。即再保险合同形成的上述资产、负债、收入和费用应单独列示。

（三）本规则第8条规定，保险公司应当在资产负债表日进行检查，有客观证据表明应收分保准备金、应收分保款项等再保险资产发生减值的，应当计提减值准备。

（四）本规则第9条规定，对追溯再保险应当按照以下原则处理：

1.再保险分出人支付的分保费应当按照不超过原保险合同计提的未决赔款准备金负债作为应收分保款项进行列报。如果计提的未决赔款准备金负债超过了相关的分保费，应同时增加应收分保款项和递延收益。递延收益应按照实际摊回分保赔款占预计摊回分保赔款总额的比例予以摊销。如果追溯再保险合同的分保费超过了原保险合同相关的已计提未决赔款准备金负债，在再保险合同生效时，分出人应增加未决赔款准备金认可负债，并计入当期综合收益。

〔例1〕20×6年2月1日，B保险公司与A保险公司签订了一个追溯再保险合同，经判断，该合同满足重大保险风险转移条件，因此，应当按追溯再保险合同进行会计处理。在签订该再保险合同之前，B保险公司为该再保险合同对应的原保险合同计提了10万元的未决赔款准备金。B保险公司向A保险公司支付了8万元再保险保费。20×6年9月20日，B公司从A保险公司摊回赔款3万元。20×6年B公司此项再保险合同相关资产、负债、收入变化如下表所示（单位：万元）：

项目	20×6年 2月1日	20×6年 9月20日	20×6年 12月31日
应收分保款项—追溯再保险应摊回赔款	10	-3	
摊回分保赔款	8		0.6
递延收益	2		-0.6
分出保费	8		

20×6年12月31日，B公司的递延收益应在估计的剩余期间内按照实际摊回分保赔款占预计摊回分保赔款总额的比例（3/10×100%＝30%）摊销，确认的递延收益为2×30%＝0.6万元。

〔例2〕承例1，假设B公司向A公司支付14万元再保险费，其他条件不变，20×6年B公司相关资产、负债、收入变化如下表所示（单位：万元）：

项目	20×6年 2月1日	20×6年 9月20日
提取未决赔款准备金	4	
未决赔款准备金	4	
应收分保款项—追溯再保险应摊回赔款	14	-3
摊回分保赔款	14	

2. 与追溯再保险合同相关的原保险合同未决赔款准备金负债估计金额发生变化时，应计入当期综合收益，并相应调整应收分保款项和递延收益金额。

〔例3〕承接例1，20×6年12月31日，B公司根据业务情况变化，决定该再保险合同对应的原保险合同未决赔款准备金应增提3万元。因此，B公司应增加递延收益3万元，增加应收分保款项3万元。2006年末B公司应摊销的递延收益为$(2+3)\times(3\div10)=1.5$万元。

3. 既包括预期条款又包括追溯条款的再保险合同应分拆核算。如果无法分拆核算，整个合同应当作为追溯再保险合同进行处理，但是，如果追溯条款承担的保险责任对整个再保险合同不具有重要性，则可将整个合同作为预期再保险合同处理。

（五）本规则第10条规定，对未转移重大保险风险的再保险业务，应当按照金融工具相关会计准则进行处理：

（1）在合同生效时，再保险分出人应当确认一项金融资产，再保险分入人应当确认一项金融负债；

（2）后续报告日，再保险分出人和分入人应按照会计准则要求进行后续计量和报告。

〔例4〕假设20×7年12月31日，E保险公司与F保险公司签订了一个再保险合同，E公司向F公司分出保费1000万元，合同期为5年。合同规定每年年末E公司可从F公司摊回250万元。该合同不满足重大保险风险转移条件，E公司将该合同分类为贷款及应收款项，按照《企业会计准则第22号—金融工具确认和计量》的原则处理如下（单位：万元）：

1. 计算实际利率R：

$$250\times(1+R)^{-1}+250\times(1+R)^{-2}+250\times(1+R)^{-3}+250\times(1+R)^{-4}+250\times(1+R)^{-5}=1000$$万元，由此得出$R=8\%$

2. 下表为E公司根据该合同所确认的金融资产（应收分保款项）的变化情况：

	利息收益	摊回现金	金融资产余额
初始支付			1000
第1年	80		1080
第1年末		（250）	830
第2年	66		896
第2年末		（250）	646
第3年	52		698
第3年末		（250）	448

续表

	利息收益	摊回现金	金融资产余额
第4年	36		484
第4年末		(250)	234
第5年	16		250
第5年末		(250)	0
合计	250	(1250)	0

F公司也应当按照《企业会计准则第22号—金融工具确认和计量》的原则处理，在该合同生效时确认一项金融负债（即应付分保款项），其金额与E公司上述金融资产的金额相等。

五、关于认可标准的一般性规定

（一）本规则第11条规定，符合下列条件的再保险业务相关资产为非认可资产：

1. 分入人或分出人出现财务危机、被监管部门接管或被宣告破产的；

2. 境外分入人或分出人所在地出现政治动乱、战争、金融危机、管制等事项导致对其处置或收回受到限制的。

（二）本规则第13条至第19条规定，保险公司应当按照再保险交易对手的偿付能力状况认可有关资产，本规则第12条则规定，保险公司应当按照以下原则确定分入人或分出人的偿付能力状况：

1. 如果能够获得分入人或分出人报告期末的偿付能力数据，应当使用报告期末的偿付能力数据；

2. 如果无法获得分入人或分出人报告期末的偿付能力数据，应当使用分入人或分出人上一季度末的偿付能力数据；

3. 如果无法获得分入人或分出人报告期末和上一季度末的偿付能力数据，应当使用分入人或分出人上一年度末的偿付能力数据。

六、关于转移重大保险风险的再保险业务相关资产负债的认可标准

与再保险分出业务相关的资产主要是应收分保准备金和应收分保款项，相关的负债主要是应付分保款项和分出业务对应的责任准备金。与再保险分入业务相关的资产主要是应收分保款项，相关的负债主要是应付分保款项和分入业务计提的责任准备金。本规则第13条至第17条规定了转移重大保险风险的再保险业务相关资产负债的认可标准。

（一）应收分保准备金

1. 本规则第13条规定，再保险分出人应当按照以下标准认可境内再保险业务形成的应收分保准备金：

（1）分入人偿付能力充足率大于或等于100%的，相应分出业务确认的应收分保准备金为认可资产,以账面价值作为其认可价值。

(2)分入人偿付能力充足率在0—100%之间的,相应分出业务确认的应收分保准备金为认可资产,以账面价值的80%作为其认可价值。

(3)分入人偿付能力充足率小于0的,相应分出业务确认的应收分保准备金为非认可资产。

2. 本规则第14条规定,再保险分出人应当按照以下标准认可境外再保险业务形成的应收分保准备金:

(1)分入人偿付能力满足所在地偿付能力监管要求的,相应分出业务确认的应收分保准备金为认可资产,以账面价值的90%作为其认可价值。

(2)分入人偿付能力不满足所在地偿付能力监管要求的,相应分出业务确认的应收分保准备金为非认可资产。

(二)应收分保款项

1. 本规则第15条规定,保险公司应当按照以下标准认可境内再保险业务形成的应收分保款项:

(1)分入人或分出人偿付能力充足率大于或等于100%,且账龄不大于6个月的应收分保款项为认可资产,以账面价值作为其认可价值。

(2)分入人或分出人偿付能力充足率在0—100%之间,且账龄不大于6个月的应收分保款项为认可资产,以账面价值的80%作为其认可价值。

(3)分入人或分出人偿付能力充足率小于0或账龄大于6个月的应收分保款项为非认可资产。

2. 本规则第16条规定,保险公司应当按照以下标准认可境外再保险业务形成的应收分保款项:

(1)分入人或分出人偿付能力满足所在地偿付能力监管要求,且账龄不大于6个月的应收分保款项为认可资产,以账面价值的90%作为其认可价值。

(2)分入人或分出人偿付能力不满足所在地偿付能力监管要求或账龄大于6个月的应收分保款项为非认可资产。

(三)应付分保款项

本规则第17条规定,应付分保款项为认可负债,以账面价值作为其认可价值。

〔例5〕G保险公司2008年3月31日应收分保款项账面余额为300万元,其中:

(1)与境内甲保险公司再保险交易形成的应收分保款项200万元,该款项结算日为2008年1月31日,甲公司2008年末偿付能力充足率高于100%;

(2)与境内乙保险公司再保险交易形成的应收分保款项50万元,该款项结算日为2007年11月1日,乙公司2008年末偿付能力充足率为180%,但已知悉乙公司2008年3月31日偿付能力不足,充足率约为50%;

(3)与境内丙保险公司再保险交易形成的应收分保款项30万元，该款项结算日为2006年12月1日，丙公司2008年末偿付能力充足率高于100%；

(4)与境外丁保险公司再保险交易形成的应收分保款项20万元，该款项结算日为2008年2月1日，丁公司2008年末偿付能力满足所在地监管要求。

假设G保险公司对第(3)笔应收分保款项计提了20万元的坏帐准备，对其他应收分保款项未计提坏帐准备。则2008年3月31日G公司应收分保款项认可价值见下表(单位:万元)：

	账面价值	账龄(月)	认可比例	认可价值
第一笔	200	2	100%	200
第二笔	50	5	80%	40
第三笔	10	16	0%	0
第四笔	20	2	90%	18
合计	280	—	—	258

七、关于未转移重大保险风险的再保险业务相关资产负债的认可标准

(一)再保险分出人确认的相关金融资产

本规则第18条规定，再保险分出人应当按照以下标准认可根据本规则第10条确认的金融资产：

(1)对于未转移重大保险风险的境内再保险业务确认的金融资产，如果分入人偿付能力充足率大于或等于100%的，该项金融资产为认可资产，以账面价值作为其认可价值；如果分入人偿付能力充足率小于100%的，该项金融资产为非认可资产。

(2)对于未转移重大保险风险的境外再保险业务确认的金融资产，如果分入人偿付能力满足所在地偿付能力监管规定的，该项金融资产为认可资产，以账面价值的90%作为其认可价值；如果分入人偿付能力不满足所在地偿付能力监管规定，该项金融资产为非认可资产。

(二)再保险分入人确认的相关金融负债

本规则第19条规定，再保险分入人根据本规则第10条确认的金融负债为认可负债，以账面价值作为认可价值。

〔例6〕承例4，假设F公司为境外保险公司，2007年末偿付能力满足当地监管要求，2007年末E公司由于该合同形成的应收分保款项的认可价值为1000×90% =900万元。

八、关于披露

(一)偿付能力报表附注中披露的信息

保险公司应当在年度偿付能力报表附注中披露以下信息：

(1)公司再保险业务的策略与规划;

(2)与再保险业务相关的会计政策,包括再保险业务相关资产、负债、收入和费用的会计政策;

(3)再保险业务各项准备金提取的精算假设和方法。

保险公司应当在季度偿付能力报表中披露上述信息的变更情况。

(二)明细表中披露的信息

保险公司应当按照明细表RE－1至RE－11的格式和要求在年度偿付能力报告中披露以下信息:

(1)各类转移重大保险风险的再保险业务的基本信息,包括分出或分入保费、分保赔款支出、分保佣金支出、摊回分保费用、摊回分保赔款等;

(2)与关联方进行的再保险业务的信息;

(3)未转移重大保险风险的再保险业务的信息,包括交易目的、交易对手、交易金额、合同主要内容等信息;

(4)再保险业务的主要交易对手,包括交易对手的名称、偿付能力状况、交易金额等信息;

(5)应收分保款项期末和期初的账面余额、账龄、认可价值等;

(6)与偿付能力不足的境内和境外再保险人进行的再保险分出业务的有关信息,包括再保险人名称、分出保费、摊回分保费用、摊回分保赔款、应收分保款项、应付分保款项等;

(7)分出保费大于或等于直接业务保费收入75%的再保险合同相关信息;

(8)追溯再保险业务信息,包括交易对手、交易金额、提取未决赔款准备金及递延收益等。

保险公司应当按照明细表RE－5、RE－6、RE－7和RE－9的格式和要求在季度偿付能力报告中披露相关信息。

九、关于附则

1. 本规则及相关问题解答等规定未涉及的有关再保险业务的编报要求,适用《企业会计准则》。

2. 本规则自2010年第1季度偿付能力报告编报起施行。

3.《保险公司偿付能力报告编报规则第3号:应收及预付款项》中有关再保险业务的规定同时停止执行,包括应收分保款项、存出分保准备金的认可标准,以及明细表PR－3应收分保款项的认可价值和明细表PR－3应收分保款项的前十大债务人。

明细表及填表说明(略)

关于印发《保险公司偿付能力报告编报规则——问题解答第8号:临时报告》的通知

（2009年8月11日） 保监发〔2009〕89号

各保险公司：

为了进一步加强偿付能力监管，提高偿付能力信息质量，我会制定了《保险公司偿付能力报告编报规则——问题解答第8号：临时报告》。现予印发，请遵照执行。

保险公司偿付能力报告编报规则——问题解答第8号：临时报告

问：《保险公司偿付能力管理规定》（保监会令〔2008〕1号）第十七条规定，保险公司发生重大投资损失、重大赔付等对偿付能力产生重大不利影响的事项时，应当报送临时报告，那么，重大投资损失、重大赔付等重大不利事项的确认标准是什么？

答：《保险公司偿付能力管理规定》第十七条中的重人不利影响事项是指已经发生的、对偿付能力造成重大不利影响或者其持续发展将对偿付能力造成重大不利影响的事项。在判断重大不利影响事项时，应当考虑以下因素：

（一）重大不利影响既包括已经产生的现实不利影响，也包括其持续发展可能会造成的潜在不利影响。

（二）重大不利事项既包括公司内部事项（如重大投资损失、重大赔付等），也包括公司外部经济环境、经济政策等发生重大不利变化的事项（如税收政策调整、利率调整等）。

（三）保险公司在不利事项发生时，应当对其现实和潜在影响进行合理估计，以及时确定是否属于重大不利影响事项。

保险公司根据上述原则仍难以对重大不利影响事项作出判断，才可以参考以下具体数量标准：

（一）重大投资损失是指，保险公司单项股权投资、债权投资、不动产投资、基础设施投资的投资损失金额超过下述两者的较大值的事项：

1. 上一报告期末最低资本的5%；

2. 上一报告期末实际资本的5%。

投资损失金额是指投资资产公允价值与获取成本之间的差额。

（二）重大赔付是指，再保前赔付金额超过下述两者的较大值的赔付事项：

1. 上一报告期末最低资本的5%；

2. 上一报告期末实际资本的5%。

其中，赔付事项是指由单个保险事件引起的所有赔案组合。例如，一次台风导致的所有赔案组合为一个赔付事项。对于再保险公司而言，赔付事项也可以理解为由单个分保合同引起的所有赔案。

（三）大规模退保是指，一个月内退保金额超过近12个月保费收入总额5%的退保事项。

（四）重大诉讼是指，可能会导致保险公司损失金额超过下述两者的较大值的诉讼事项：

1. 上一报告期末最低资本的5%；

2. 上一报告期末实际资本的5%。

（五）重大资产遭司法机关冻结是指，冻结资产账面价值超过本季度初资产总额5%的事项。

（六）重大行政处罚是指，受到保监会以外的其他行政机关作出的暂扣或者吊销营业执照、行政拘留董事和高管人员等行政处罚，其中，高管人员指总公司高管人员和分公司高管人员。

问：根据《保险公司偿付能力管理规定》（保监会令〔2008〕1号）第十六条和第十七条，保险公司出现偿付能力不足和发生对偿付能力产生重大不利影响的事项时，应在发现或发生之日起5个工作日内向中国保监会报告，那么，临时报告应当披露哪些内容？应当如何报送？

答：保险公司应当按照以下要求编报偿付能力临时报告：

（一）保险公司应当在发现偿付能力不足之日起5个工作日内，或者不利事项发生且能够合理估计其为重大不利影响事项之日起5个工作日内，报送临时报告。

（二）保险公司偿付能力临时报告应当披露以下内容：

1. 偿付能力不足或重大不利事项的情况。如果保险公司出现偿付能力不足，应说明偿付能力不足的情况和原因。如果发生重大不利事项但该事项尚未导致公司偿付能力不足，应说明发生事项的情况、产生的原因、对公司偿付能力的现实或潜在影响，能够合理估计影响金额的，应当说明影响金额。

2. 改善偿付能力的措施，包括已经采取的改善措施、计划采取的改善措施以及预计效果等。

（三）保险公司应当按照本问题解答附件的格式要求，编报临时报告。

（四）临时报告应由公司法定代表人和财务负责人签名并加盖公司印章。

（五）保险公司应当以传真方式报送临时报告。必要时，公司还可以先采用电话方式及时报告有关情况。保监会传真：010－66288102，电话：010－66286576、66286182。

问：保险集团是否需要报送临时报告，如何报送？

答：符合《保险公司偿付能力报告编报规则第14号：保险集团》定义的保险集团，应当按照《保险公司偿付能力管理规定》第十六条、第十七条和本问题解答的前述规定，在发现偿付能力不足之日起5个工作日内，或者不利事项发生且能够合理估计其为重大不利影响事项之日起5个工作日内，编报临时报告。

附件：保险公司偿付能力临时报告（略）

关于保监局履行偿付能力监管职责有关事项的通知

（2009年11月23日） 保监发〔2009〕124号

各保监局：

根据《保险公司偿付能力管理规定》（保监会令〔2008〕1号），保监局在偿付能力监管中应当履行六项职责。为了明确保监局开展偿付能力监管工作的具体要求，形成保监会机关与保监局上下联动、协调一致的偿付能力监管机制，现将有关事项通知如下：

一、提高思想认识

（一）偿付能力监管是保险监管的核心，保监局是偿付能力监管的直接参与者和具体执行者，是偿付能力监管不可或缺的重要力量。保监会机关与保监局分工协作，各有侧重。各保监局应当高度重视，认真履行各项偿付能力监管职责，并积极主动地加强与保监会机关的沟通。

（二）各保监局应当认真组织学习我会发布的偿付能力监管法规，及时总结偿付能力监管工作中的思路、做法和经验，提高偿付能力监管水平。

二、建立信息通报和工作报告制度

（一）偿付能力信息通报

1. 保监会于每季度结束后30日（自然日，下同）内通过我会内网信息平台向各保监局通报各保险公司的季度偿付能力信息，于每年4月30日之前通报各保险公司上一年度的年度偿付能力信息。

2. 保监会对偿付能力不足公司（含存在重大偿付能力风险的公司，下同）采取监管措施或解除监管措施，应当在向公司下达的同时，抄送各保监局或通过内网信息平台等方式通报各保监局。

（二）工作报告制度

1. 各保监局应当将偿付能力不足公司的分支机构作为日常监管的重点，对其执行监管措施的情况进行监督检查，对其经营情况进行密切监测。

2. 对于偿付能力不足公司的分支机构经营情况发生的异常变动（如现金流、保费收入、赔付、退保、从业人员的异常变化等），保监局应当于发现之日起 2 日内向保监会机关报告。

3. 从 2010 年第一季度起，保监局应于每季度结束后 20 日内，按照本通知附件的格式要求，报送偿付能力监管季度报告，内容包括：

（1）偿付能力不足公司在本辖区内的分支机构的经营状况，特别要说明存在的经营问题和财务问题；

（2）辖区内风险较大的分支机构（包括但不限于偿付能力不足公司在本辖区内的分支机构）及其所存在的风险；

（3）对分支机构内部风险管理的合规性和有效性实施监督检查的情况和所发现的问题；

（4）对分支机构财务信息的完整性和真实性进行监督检查的情况和所发现的问题；

（5）保监会对保险公司下达的监管措施在分支机构层面的执行情况；

（6）保监局对保险公司分支机构采取的监管措施及执行情况；

（7）其他与偿付能力监管有关的重要情况。

4. 上述报告的纸质文本可以邮寄或传真方式报送至保监会财务会计部财务监管处，同时，将电子文本发送到保监会财务会计部财务监管处联系人的内网邮箱。若遇重大事项，可以采用电话方式及时报告有关情况。

三、认真组织实施

各保监局应当加强偿付能力监管工作的组织领导，明确分管局领导和牵头主办的处室，积极探索保监局履行偿付能力监管职责的具体形式和方法，认真做好偿付能力监管工作报告的报送工作，不断提高监管的科学性和实效性。

请各保监局在收到本通知后 20 日内，将偿付能力监管工作分管局领导、牵头主办处室和具体联系人的联系方式以传真形式报告我会。

联系人：黄洋　郭菁（保监会财务会计部财务监管处）

电 话：010－66286125　66286182

传 真：010－66288102

附件：保监局偿付能力监管季度报告（略）

关于印发《保险公司偿付能力报告编报规则第16号：动态偿付能力测试（财产保险公司）》及其实务指南的通知

（2010年1月5日） 保监发〔2010〕2号

各财产保险公司：

为进一步完善偿付能力监管制度，加强财产保险公司偿付能力动态监管，我会研究制定了《保险公司偿付能力报告编报规则第16号：动态偿付能力测试（财产保险公司）》及其实务指南。现予印发，请遵照执行。

附件：

保险公司偿付能力报告编报规则
第16号：动态偿付能力测试
（财产保险公司）

引　言

1. 本规则规范财产保险公司的动态偿付能力测试在偿付能力报告中的编报。

2. 本规则使用的下列术语，其定义为：

（1）动态偿付能力测试，指保险公司在基本情景和各种不利情景下对其未来一段时间内偿付能力状况的预测和评价。

（2）基本情景，指保险公司未来最有可能发生的情景，通常情况下，基本情景应与保险公司的业务发展计划相一致。

（3）不利情景，指保险公司未来有可能发生并且会对偿付能力产生重大不利影响的情景。

（4）管理层行为，指保险公司为改善偿付能力状况而做出的重大管理层策略变化。

测试频率和区间

3. 测试频率为每年一次。

4. 测试区间为自报告年度末开始的未来两个会计年度。保险公司应当以年为单位，将测试区间划分为报告年度后第1年、报告年度后第2年两个时间段。相应的动态偿付能力测试点为报告年度后第1年末、报告年度后第2年末。

测试对象

5. 测试对象应当涵盖保险公司的全部业务，包括测试区间内的有效业务和新业务。

6. 保险公司应当按照《保险公司非寿险业务准备金管理办法实施细则（试行）》（保监发〔2005〕10号）中规定的业务类别对测试对象进行分类。保险公司也可以在上述分类要求的基础上对本公司的测试对象作进一步细分或在合理的基础上作进一步合并。分类方法在测试区间内应当保持一致。

基本情景

预测假设与相关事项

7. 保险公司应当根据历史经验和对未来趋势的判断确定基本情景下对预测假设的最优估计。

8. 基本情景下的预测假设应当包括测试区间内的保费增长率、保费自留比例、保费赚取比例、赔付率、赔付模式、费用率、投资收益率等。保险公司预测所依赖的业务计划应当经公司董事会或管理层批准，否则不能作为预测的依据。

9. 基本情景下，保险公司还应当根据实际业务情况确定测试区间内的再保险安排、利润分配、所得税等事项。但是，保险公司不应当考虑测试区间内的资本交易所引起的资本变化以及可能的管理层行为的干预。

测试程序

10. 保险公司应当按照以下步骤进行测试：

（1）业务类别现金流预测。保险公司应当从业务类别层面对测试区间内的现金流进行预测。

（2）利润表预测。在业务类别现金流预测的基础上，保险公司应当对投资收益等利润表的相关项目进行预测，进而得到测试区间内各年度的预测利润表。

（3）资产、负债预测。保险公司应当通过预测利润表的相关项目，进一步预测测试区间内各年度末的资产和负债情况。

（4）偿付能力预测。保险公司应当根据上述预测结果预测测试区间内各年度末的实际资本、最低资本和偿付能力充足率。预测认可资产时，保险公司应当假设测试区间内的资产认可比例与报告年度末相同。如果测试区间内资产组合的变化对资产认可比例有重大影响，保险公司应对测试区间内各年末使用的资产认可比例作相应调整,并说明调整依据。测试区间内各年度末的认可资产 =(上一年度末资产 + 当年的资产变化)× 资产认可比例。预测认可负债时,保险公司应当根据重要性原则,主要考虑责任准备金等负债项目,并假设测试区间内其他负债占认可负债的比例与报告年度末的比例相同。

不利情景

11. 不利情景分为必测和自测两类。必测不利情景由中国保险监督管理委员会确定,自测不利情景由保险公司自行确定。保险公司应当确定至少一种自测不利情景。

12. 保险公司应当按照本规则第 10 条规定的程序预测各种不利情景下的偿付能力状况。

测试结果

13. 如果基本情景或任一不利情景下的预测偿付能力充足率低于 100%,保险公司应当说明相应的管理措施。

14. 保险公司根据本规则进行的动态偿付能力测试的结果不作为监管部门采取监管措施的直接依据。

披　　露

15. 保险公司应当在偿付能力报表附注中披露以下信息:

(1)业务类别现金流测试采用的方法、软件以及对测试模型的简要描述;

(2)基本情景中赔付率、费用率假设的最优估计和实际经验的偏差分析;

(3)基本情景中除保费增长率、保费自留比例、保费赚取比例、赔付率、赔付模式、各项费用率、投资收益率以外的其他假设以及确定这些假设的依据。

(4)在测试区间内对资产认可比例的调整情况及调整依据。

(5)针对偿付能力充足率低于 100% 的测试结果,保险公司准备采取的管理措施。

16. 保险公司应当在偿付能力报告明细表中披露以下信息:

(1)测试对象的分类与相应的处理方法,以及与前一年度的差异;

(2)保费增长率、保费自留比例、保费赚取比例、赔付率、赔付模式、各项费用率、投资收益率等基本情景假设以及确定这些假设的依据;

(3)自测不利情景假设及采用这些假设的依据;

(4)在基本情景和各种不利情景下,测试区间内各年度的预测利润表。

附　则

17. 本规则自2010年年度偿付能力报告编报起施行。

动态偿付能力测试表(略)

《保险公司偿付能力报告编报规则第16号：动态偿付能力测试(财产保险公司)》实务指南

一、关于引言

《保险公司偿付能力报告编报规则第16号：动态偿付能力测试(财产保险公司)》(以下简称"本规则")在引言部分指出，其旨在规范财产保险公司的动态偿付能力测试在偿付能力报告中的编报，包括测试频率、测试区间、测试对象、测试情景、测试程序以及相应的披露要求。

本规则仅适用于财产保险公司，以下简称"保险公司"。

二、关于定义

(一)动态偿付能力测试

动态偿付能力测试，是指保险公司在基本情景和各种不利情景下对其未来一段时间内偿付能力状况的预测和评价。通过对保险公司的偿付能力状况进行动态测试，可以及时对保险公司可能出现偿付能力恶化的情况进行预警，有利于监管机构对保险公司的偿付能力状况进行动态监测，并有助于保险公司进行有效的资本管理，从而预防保险公司出现偿付能力不足的情况。

(二)基本情景

基本情景，是指保险公司未来最有可能发生的情景。本规则定义的基本情景，是保险公司根据业务发展计划，在分析和研究自身经验数据、行业现有信息及对未来趋势合理预测的基础上，所建立的未来一段时间内最有可能发生的情景下保费增长率、保费自留比例、保费赚取比例、赔付率、赔付模式、费用率、投资收益率等假设的最优估计。

(三)不利情景

不利情景，是指保险公司未来有可能发生并且会对偿付能力产生重大不利影响的情景。一般认为，不利情景实际发生的概率较低，但是一旦发生就将对保险公司的偿付能力产生较为重大的不利影响。保险公司测试的不利情景要能够反映公司经营过程中的重大风险，同时各项假设之间应具有一致性。

(四)管理层行为

管理层行为，是指保险公司为改善偿付能力状况而做出的重大管理层策略变化。实务中,保险公司的管理层在了解公司的偿付能力状况之后,可能会改变经营策略并采取一定的管理措施,对公司的偿付能力状况进行一定程度的改善。

三、关于测试频率和测试区间

(一)测试频率

动态偿付能力测试作为年度偿付能力报告的一部分,应当每年测试一次。

(二)测试区间

我国财产保险业正处于快速发展的时期,如果动态偿付能力测试的时间区间过长,很可能会与实际结果出现较大的偏差。此外,财产保险业务大多为短期业务,测试区间也不宜太长。因此,本规则规定保险公司进行动态偿付能力测试的时间区间为自报告年度末开始的未来两个会计年度。保险公司应当将测试区间以年为单位,划分为报告年度后第 1 年、报告年度后第 2 年两个时间段,并预测报告年度后第 1 年末、第 2 年末的偿付能力状况。例如,保险公司 2010 年末进行动态偿付能力测试时,其测试区间为 2011 年至 2012 年,并应将测试区间划分为 2011 年和 2012 年两个时间段,预测 2011 年末和 2012 年末的偿付能力状况。

四、关于测试对象

本规则规定测试对象应当涵盖保险公司的全部业务(保险和非保险业务),包括测试区间内各年度的新业务和年初的有效业务。其中,有效业务是指测试区间内前一年度末保险公司已经承保并且保险责任依然有效的保单;新业务是指保险公司在测试区间内对现有产品(包括已经研发和列入推广计划中的产品)签发的新保单(包括续保保单)。

财产保险产品多种多样,各类产品的要素差异较大,如车险和责任险的风险特征明显不同。所以,有必要在一定的分类基础上进行动态偿付能力测试。

(一)保险公司应当将测试对象按照《保险公司非寿险业务准备金管理办法实施细则(试行)》(保监发〔2005〕10 号)规定的业务类别进行分类。根据上述分类要求,保险公司的测试对象可以分成 18 个类别。

(二)如果公司根据其产品的具体风险特征有更为细致的分类,可以在上述分类的基础上采用自己的分类方式进一步细分。

(三)在不对动态偿付能力测试结果构成重大影响的前提下,保险公司可以对占业务总量比重低于 5% 的业务类别合并后进行预测,并可通过近似的方式简化处理。保险公司在合并业务时,应该考虑合并业务风险的同质性以及公司的业务计划和管理模式,如果不同业务间风险存在显著差异,即使业务比重低于 5%,也不应当合并预测。合并后的业务类别不得超过业务总量的 20%。

五、关于基本情景测试

(一)预测假设

预测假设主要包括保费增长率、保费自留比例、保费赚取比例、赔付率、赔付模式、费用率、投资收益率等假设。通常情况下,基本情景应与保险公司的业务发展计划相一致,保险公司预测所依赖的业务计划应当经公司董事会或管理层批准,否则不能作为预测的依据。

预测假设应当是建立在公司经验数据、行业现有信息及对未来趋势合理预测基础上的最优估计。需要注意的是,基本情景的设置还应考虑以下两个因素:一是各项假设之间的一致性,如保费增长率和费用率的关系,保费自留比例和赔付率的关系等。二是各项假设的合理性,如假设是否符合历史经验、合理的未来业务期望等。

在预测假设中,保费增长率是再保前的数值,而保费赚取比例、费用率、赔付率、赔付模式应该对再保前和再保后分别进行预测。

1. 保费增长率假设

保险公司应根据其业务发展计划制定出合理的保费增长率假设,并针对不同的测试对象设定假设。除已经研发和列入推广计划的产品,预测不应考虑测试区间内可能推出的其他险种。

2. 保费自留比例假设

保险公司应该根据未来的业务分保计划和战略,对各业务类别的保费收入中的自留部分进行预测,从而预测各业务类别的自留保费收入。

3. 保费赚取比例假设

保险公司应当以各年保费收入赚取比例的经验数据为基础,预测测试区间内各业务类别的保费赚取比例,即某年保费收入在当年及以后各年已赚保费金额所占的比例。

保险公司根据确定的保费赚取比例假设、以前年度及未来预测的保费收入,可预测测试区间内各业务类别每年的已赚保费和每年末的未到期责任准备金。保险公司也可以采用其他更合理的方法预测未到期责任准备金及已赚保费。

4. 费用率假设

费用假设包括管理费用假设和营业费用假设,固定资产折旧、保险保障基金和监管费应包括在内。对手续费及佣金支出、摊回分保费用、营业税金及附加等费用支出的假设,保险公司可以在保费收入或分出保费的经验比例基础上预测此类费用支出。其他业务及管理费,可以在已赚保费的经验比例的基础上预测。需要注意的是,预测利润表中所使用的费用支出是财务部门根据公司未来各年度的预算和公司发展计划预计的公司未来各年度的费用支出。

(1)各项费用假设按费用占保费收入或已赚保费的比例进行估计。保险公司应根据以往年度费用的经验数据、未来业务发展规模和未来各项经济状况确定各业务类别在测试区间的费用假设的最优估计。

(2)在实际预测中,保险公司可以采用业务发展计划中的费用预算作为费用预测的基础,其中费用预算应与公司未来的业务规模保持合理关系。

5. 赔付率预测

保险公司应该根据历史经验,未来业务发展规模、管理水平和外部经济环境等因素,预测各业务类别在测试区间内的最终赔付率。最终赔付率可基于保单年度或者事故年度预测,保险公司也可以采用其他合理的预测基础。在缺乏经验数据的情况下,保险公司可以参考行业同类业务的赔付率水平。直接理赔费用和间接理赔费用包括在最终赔付率的预测中。最终赔付率假设应以报告年度末准备金评估得到的最终赔付率为依据和出发点,并且应对最终赔付率假设的选择理由作充分说明。

6. 赔付模式

赔付模式是根据各业务类别最终赔付率,无论是保单年度、事故年度或其他预测基础,计算得到的最终损失在当年及以后各年的赔付金额所占的比例。通过最终赔付率和赔付模式,可以预测测试区间内各年的赔付支出及各年末的未决赔款准备金。预测赔付模式,应该基于各业务类别的赔付支出三角形数据。对于缺乏经验数据的保险公司,可基于行业经验进行合理假设。

7. 投资收益率假设

本规则所指投资收益率是扣除投资费用以后的净投资收益率。除了针对某些业务而专门设立且对预测结果有重大影响的独立投资帐户,对投资收益率的假设不需要分业务类别。保险公司应当按照以下要求确定投资收益率假设。

(1)保险公司应当根据公司的经验值和投资策略确定测试区间内投资资产与总资产的比例关系。

(2)保险公司应当以公司的历史投资收益率作为参照,确定测试区间内投资资产的年投资收益率的最优估计。

(3)对于有重大影响的投资型保险产品独立投资帐户,其投资资产的年投资收益率假设应单独估计。

(4)投资资产的年投资收益率假设应不高于报告年度末中央国债登记结算公司公布的中国固定利率国债收益率曲线对应的7年期国债收益率。获得该收益率曲线的相关信息,可访问中国债券信息网的中债收益率曲线网页(http://www.chinabond.com.cn/)。

(5)保险公司应当根据投资资产的年投资收益率以及投资资产与总资产的比

例关系等假设,预测测试区间内每年总资产的投资收益率。

8.其他假设

(1)保险公司应根据其实际经营情况确定测试区间内公司的利润分配情况。

(2)保险公司应根据公司目前的再保险安排情况以及公司对测试区间所进行的业务规划,确定测试区间内的再保险安排情况并对情景中的各项假设进行估计。

(3)保险公司不应当考虑测试区间的资本交易所引起的资本变化以及可能的管理层行为的干预。其中,资本交易是指保险公司与实际资本出资人之间发生的导致实际资本总额增减变动的经济活动(详见《保险公司偿付能力报告编报规则第8号:实际资本》实务指南),例如,股东增资、募集次级债。

(二)测试程序

为了测试公司未来的偿付能力状况,保险公司需要对各测试对象建立测试区间内的资产/负债模型,该模型应具有预测利润表和资产负债表中各项目的功能。这种建模过程是保险公司动态偿付能力测试的重要基础。保险公司应当在公司当前的资产、负债以及资本的基础上,真实地反映公司的历史经营状况,合理估计预测假设(如业务增长、投资、赔付率等业务类别相关经验以及测试时间区间内的外部影响因素等假设),基于权责发生制的原则,根据公司的业务规划构建测试区间内的资产/负债模型。

在具体的测试中,现金流预测应细分到业务类别,利润表预测(含投资收益)和资产负债预测则针对整个公司层面。保险公司应当根据未来的再保安排,分再保前和再保后分别测试各业务类别现金流。

1.业务类别现金流预测

保险公司应对各业务类别的现金流进行预测,该现金流不是公司收付实现制下的现金流入和流出,而是根据权责发生制下的收支流,该收支流最后形成承保利润,其中的已赚保费、各项费用、已发生赔款等,应针对再保前和再保分出部分分别预测。预测内容主要包括:

(1)保费预测。保险公司可以根据已确定的保费增长率假设,预测测试区间内各个时间段的直接业务保费和分入保费。

(2)分出保费预测。保险公司应根据未来的再保险安排预测测试区间内各个时间段的分出保费。

(3)已赚保费预测。保险公司可根据保费赚取比例预测测试区间内每年的已赚保费以及各年末的未到期责任准备金。

(4)各项费用预测。保险公司应根据前述关于保费收入的预测和已确定的费用假设,合理估计手续费及佣金支出、营业税金及附加以及其他业务及管理费。固定资产折旧、保险保障基金和监管费可包括在其他业务及管理费中一并预测。摊回分保费用应该根据已确定的分出保费和摊回分保费用率假设进行预测。

（5）已发生赔款预测。保险公司应该根据已确定的最终赔付率、最终损失的赔付模式假设，预测测试区间内每年的赔付支出、未决赔款准备金及提转差，从而得到每年的已发生赔款。

（6）通过上述现金流的分析，可以得到测试区间内各业务类别的承保利润，承保利润 = 自留已赚保费 - 自留已发生赔款 - 各项费用。

2. 利润表预测

保险公司应当在各业务类别现金流预测的基础上预测未来两年的利润表。这里是指通用会计报表下的利润预测，而不是精算方法中基于保单的利润测试。利润的计算公式如下：

利润 = 保费收入 - [赔付支出 + 责任准备金提转差 + 业务及管理费 + 手续费及佣金支出 + 营业税金及附加] + 投资收益 + 其他业务利润 - 所得税

（1）投资收益预测。保险公司应当依据预测的总资产和预测的总资产投资收益率假设，预测测试区间内各个时间段的投资收益。投资收益预测不包含可供出售金融资产公允价值变动。

（2）分出业务预测。保险公司应根据已确定的再保险安排预测测试区间内各时间段的分出业务现金流，包括分出保费、摊回赔付支出、摊回分保费用等。

（3）责任准备金预测。保险公司应当根据《保险公司偿付能力报告编报规则第6号：认可负债》的要求，评估各业务类别在测试区间内各年度末再保前的责任准备金，还要依据已确定的再保险安排情况，评估各个业务类别在测试区间内各年度末再保分出业务应摊回的责任准备金。

（4）所得税预测。保险公司应当根据前述各项预测结果，预测测试时间区间内各个时间段所得税的缴纳金额。

（5）其他项目预测。保险公司应当预测测试区间内各个时间段的其他利润表项目。

3. 资产和负债预测

根据上述预测得到测试区间内各年度利润表项目的预测金额之后，保险公司可以对测试区间内各年度末的资产和负债进行预测。

（1）资产预测。测试区间内各年度末的资产 = 上年末的资产 + 当年的资产变化。其中，当年的资产变化 = 当年的负债变化 + 当年利润 + 当年可供出售金融资产的公允价值变动。

（2）负债预测。测试区间内各年度末的负债 = 上年末的负债 + 当年的负债变化。其中，当年的负债变化 = 当年的责任准备金提转差 + 当年的资本性负债变化 + 保户储金及投资款变化 + 当年的其他负债变化。如果保险公司的资本性负债、保户储金及投资款无重大影响,可合并至其他负债中预测。

4. 偿付能力预测

保险公司应当在前述预测的基础上,对测试区间内各年度末的偿付能力状况进行预测,即对最低资本和实际资本进行预测。

(1)最低资本预测。保险公司应根据保监会制定的计算最低资本的相关规定对测试区间内各年度末的最低资本进行预测。

(2)实际资本预测。实际资本 = 认可资产 - 认可负债。

①认可资产 = 当年末的资产 × 资产认可比例。其中,保险公司应当假设测试区间内各年度末的资产认可比例与报告年度末的资产认可比例保持一致,即资产认可比例 = 报告年度末认可资产 ÷ 报告年度末资产。如果测试区间内资产组合的变化对资产认可比例有重大影响,保险公司可对测试区间内各年末使用的资产认可比例作相应调整,并说明调整依据。

②认可负债的预测主要考虑责任准备金负债等对认可负债有重大影响的负债项目。如果保险公司的资本性负债、保户储金及投资款对预测结果有重大影响,应该单独对其认可价值进行预测,否则可合并在其他负债中预测。

资本性负债的变化主要是指保险公司募集的次级债确认为认可负债的变化。保户储金及投资款是指保险公司根据保监会《关于进一步加强财产保险投资型保险产品精算工作的通知》(保监发〔2008〕123 号)计算的投资型保险产品的投资金责任准备金。对于有重大影响的保户储金及投资款,保险公司应当根据业务计划中的新产品发行、既有产品的收益现金流和退保率假设等,预测相应的负债和认可负债。

其他负债部分是除责任准备金负债等有重大影响的负债以外的所有其他负债,保险公司应当假设测试区间内的其他负债占认可负债的比例与报告年度末相同。

六、关于不利情景测试

本规则将不利情景分为必测和自测两类。中国保监会将根据行业情况确定统一的必测不利情景,所有保险公司都要进行测试。中国保监会会在必要的情况下对必测不利情景进行调整,以适当反映行业可能发生的重大风险。

自测不利情景由保险公司自行确定,本规则要求保险公司应当至少考虑一种自测不利情景。保险公司可以根据自身业务结构、历史经验以及对未来市场环境的预期等因素,选择最能反映公司可能面临的重大风险的情景作为自测不利情景进行测试。

不利情景的测试只是在预测假设上与基本情景测试有所区别,在测试程序上两者完全相同,保险公司应当按照本规则第 10 条规定的程序预测各种不利情景下的偿付能力状况。

七、关于测试结果

无论在基本情景还是不利情景下，在测试区间的任一年度末，如果预测的偿付能力充足率低于100%，保险公司应当说明准备采取的管理措施。

保险公司根据本规则进行的动态偿付能力测试的结果不作为监管部门采取监管措施的直接依据。但出现偿付能力充足率预测数低于100%的情况时，监管部门在认为必要的时候可向保险公司相关负责人了解情况，如相应管理措施的制定和落实等。

八、关于披露

（一）保险公司应当在偿付能力报表附注中披露以下信息：

1. 各业务类别现金流的预测方法、预测使用的软件以及对预测模型的简要描述；

2. 基本情景中赔付率、费用率假设的最优估计与实际经验的偏差性分析。这种偏差性分析主要是检验基本情景下假设的最优估计与预测后实际发生的情况是否一致；

3. 基本情景中除保费增长率、保费自留比例、保费赚取比例、赔付率、赔付模式、各项费用率、投资收益率以外的其他假设，以及确定这些假设的依据。例如，对有重大影响的投资型产品的“保户储金及投资款”的预测使用的假设；

4. 对测试区间内资产认可比例的调整情况及调整依据；

5. 针对偿付能力充足率低于100%的测试结果，保险公司准备采取的管理措施。

（二）保险公司应当严格按照明细表DST－8、明细表DST－9、明细表DST－10、明细表DST－11、明细表DST－12、明细表DST－13和明细表DST－14规定的格式和内容披露以下信息：

1. 测试对象的分类和相应的处理方法，以及与前一年度的差异；

2. 保费增长率、保费自留比例、保费赚取比例、各项费用率、赔付率、赔付模式、投资收益率等基本情景假设以及确定这些假设的依据；

3. 自测不利情景采用的假设及采用这些假设的依据；

4. 基本情景和各个不利情景下测试区间内各时间段的预测利润表。

九、关于附则

本规则自2010年年度偿付能力报告编报起施行，即2010年度及以后期间的偿付能力报告应当根据本规则编报。

明细表及填表说明（略）

关于印发《保险公司偿付能力报告编报规则——问题解答第9号：偿付能力报告编报规则与〈企业会计准则解释第2号〉的衔接》的通知

（2010年1月25日） 保监发〔2010〕7号

各保险公司：

为进一步完善偿付能力监管制度，做好偿付能力报告编报规则与《企业会计准则解释第2号》的衔接工作，我会研究制定了《保险公司偿付能力报告编报规则——问题解答第9号：偿付能力报告编报规则与〈企业会计准则解释第2号〉的衔接》。现予印发，请遵照执行。

保险公司偿付能力报告编报规则——问题解答第9号：偿付能力报告编报规则与《企业会计准则解释第2号》的衔接

问：保险公司财务报告执行新的准备金计量原则之后，偿付能力报告中保险合同负债的评估适用何种标准？

答：偿付能力报告中的保险合同负债继续适用保监会制定的责任准备金评估标准，非保险合同负债适用会计准则。

问：重大保险风险测试和混合保险合同分拆是否适用于偿付能力报告？

答：重大保险风险测试和混合保险合同分拆适用于偿付能力报告。保险公司在进行重大保险风险测试时应遵循保监会发布的《重大保险风险测试实施指引》。

问：2009年年度偿付能力报告中的再保险合同是否也要进行重大保险风险测试？

答：2009年4月，我会发布的《保险公司偿付能力报告编报规则第15号：再保险业务》对再保险合同提出了重大保险风险测试的要求，并要求于2010年第1季度偿付能力报告编报起施行。鉴于财政部要求保险公司从2009年年度财务报告开始执行重大保险风险测试制度，保监会鼓励有条件的保险公司从2009年年度偿付能力报告开始提前执行《保险公司偿付能力报告编报规则第15号：再保险业务》。

问：保险业按照《企业会计准则解释第2号》及相关文件要求，对混合保险合同进行分拆核算后，投资连结保险合同在偿付能力报告中的列报应做哪些调整？

答：与投资连结保险相关的资产、负债、收入、费用和损益的核算应当与财务报表保持一致，保险公司应根据财务报表自行调整偿付能力报告中的有关项目口径和勾稽关系。特别的，偿付能力报告的综合收益表中12.1项“减：投连险投资帐户投资收益”不需再填列数据。

中国保监会将适时启动对《保险公司偿付能力报告编报规则第7号：投资连结保险》的修订工作。

问：分拆后的万能保险的投资账户负债和未通过重大保险风险测试的保单负债应遵循何种计量原则？如何在偿付能力报告中反映？

答：分拆后的万能保险的投资账户负债和未通过重大保险风险测试的保单对应的负债应遵循与财务报告一致的计量原则。《保险公司偿付能力报告编报规则第6号：认可负债》中保户储金的定义修改为：保户储金，指财产保险公司向投保人收取的、在保险合同到期时必须返还的资金及相应的投资回报，以及分拆后的万能保险的投资账户负债和未通过重大保险风险测试的保单对应的负债。分拆后的万能保险的投资账户负债和未通过重大保险风险测试的保单对应的负债计入保户储金。

问：偿付能力报告中的最低资本评估标准有何调整？

答：通过重大保险风险测试的保险合同和混合保险合同分拆后的保险风险部分，按照《关于实施〈保险公司偿付能力管理规定〉有关事项的通知》（保监发〔2008〕89号）中的有关规定计算最低资本。

未通过重大保险风险测试的保单和混合保险合同分拆后的其他风险部分的最低资本评估标准如下：未通过重大保险风险测试的保单的最低资本为期末负债的4%，投资连结保险合同分拆后的其他风险部分的最低资本为期末负债的1%，其他混合保险合同分拆后的其他风险部分的最低资本为期末负债的4%。其中，期末负债是指按照有关会计准则确定的负债。

保险公司应当自2009年年度偿付能力报告开始，按照本问题解答附件规定的最低资本表编报偿付能力报告。

问：寿险公司偿付能力报告在新旧政策转换期如何衔接过渡？

答：为了保持寿险公司有关监管报告的前后衔接和监管信息的平稳过渡，寿险公司在按照新会计政策和偿付能力报告编报规则编报偿付能力报告之外，还需要同时按照新会计政策施行前的偿付能力报告编报规则编制2009年年度偿付能力报告（备考报告）、2010年各季度及2010年年度偿付能力报告（备考报告）。

附件：最低资本表（略）

关于印发《保险公司偿付能力报告编报规则——问题解答第10号:无担保企业(公司)债券、不动产、未上市股权和保险资产管理公司创新试点投资产品》的通知*

(2010年11月30日) 保监发〔2010〕98号

各保险公司:

为进一步完善偿付能力监管制度,明确部分投资资产的认可标准,我会研究制定了《保险公司偿付能力报告编报规则——问题解答第10号:无担保企业(公司)债券、不动产、未上市股权和保险资产管理公司创新试点投资产品》。现予印发,请遵照执行。

保险公司偿付能力报告编报规则——问题解答第10号:无担保企业(公司)债券、不动产、未上市股权和保险资产管理公司创新试点投资产品

问:保险公司根据有关规定投资的无担保企业(公司)债券、不动产、未上市股权和保险资产管理公司发行的创新试点投资产品在偿付能力报告中的认可标准应遵守哪些一般性规定?

答:保险公司根据有关规定投资的无担保企业(公司)债券、不动产、未上市股权和保险资产管理公司发行的创新试点投资产品属于保险公司的投资资产,在编制偿付能力报告时应当遵守《保险公司偿付能力报告编报规则第2号:投资资产》的有关原则和规定。特别的,其认可标准应当遵守投资资产认可标准的一般性规定。

问:保险公司投资的无担保企业(公司)债券在偿付能力报告中如何认可和披露?

答:保险公司投资的有担保企业债券按照《保险公司偿付能力报告编报规则第2号:投资资产》有关企业债券的规定认可。保险公司投资的无担保企业(公司)债

* 注:根据《中国保监会关于印发〈保险公司偿付能力报告编报规则——问题解答第22号:证券投资基金和资产管理产品〉的通知》(保监发〔2014〕29号),本篇中关于保险资产管理公司创新试点投资产品的有关规定已被废止。

券为认可资产,按照下述标准进行认可和披露:

(一)认可标准

1. 信用评级为AAA级(或相当于AAA级)的无担保企业(公司)债券,以账面价值作为其认可价值;

2. 信用评级为AA级以上(含AA级)但低于AAA级(或相当于AA级以上但低于AAA级)的无担保企业(公司)债券,以账面价值的95%作为其认可价值;

3. 信用评级在AA级以下(或相当于AA级以下)的无担保企业(公司)债券,以账面价值的85%作为其认可价值。

(二)信息披露

1. 在“明细表IA-1:投资资产”的“企业债券”项目之后,增加“其中:无担保企业(公司)债券”项目,列报公司持有的无担保企业(公司)债券的认可价值。

2. 在“明细表IA-7:企业债券”中,增加一列“有无担保”,列报企业债券的担保情况。

问:保险公司根据《保险资金投资不动产暂行办法》投资形成的不动产投资资产在偿付能力报告中如何认可和披露?

答:保险公司的自用不动产,按照《保险公司偿付能力报告编报规则第1号:固定资产、土地使用权和计算机软件》的相关规定确定认可价值,披露有关信息。

保险公司根据《保险资金间接投资基础设施项目试点管理办法》投资形成的基础设施类不动产投资资产,按照信托资产的相关规定确定认可价值,披露有关信息。保险公司根据《保险资金投资不动产暂行办法》投资形成的其他不动产投资资产按照下述标准进行认可和披露:

(一)认可标准

1. 以物权方式投资形成的不动产,以账面价值的85%作为其认可价值。

2. 以股权方式投资不动产的,保险公司持有的项目公司的股权应当按照《保险公司偿付能力报告编报规则第10号:子公司、合营企业和联营企业》及其他相关规定确定其认可价值,保险公司通过股权投资方式取得的不动产物权,以账面价值的85%作为其认可价值。

3. 以债权投资计划方式间接投资不动产的,保险公司持有的债券投资计划产品应当按照信托资产的认可标准确定其认可价值。

4. 以不动产相关金融产品及其他方式投资不动产的,其认可标准由中国保监会另行规定。

5. 保险资金投资不动产,可以采用债权转股权、债权转物权或者股权转物权等方式。投资方式发生变化的,应按照变化后的投资方式所对应的认可标准确定相应资产的认可价值。

（二）信息披露

保险公司应当按以下标准在偿付能力报告中披露不动产投资资产的相关信息：

1. 在认可资产表“其他投资资产”项目之前和“明细表 IA－1：投资资产”的“其他投资资产”项目之前，分别增加“投资性房地产”项目，列报公司持有的投资性房地产物权的认可价值。

2. 以股权方式投资不动产的，保险公司持有的项目公司的股权，应当按照《保险公司偿付能力报告编报规则第 10 号：子公司、合营企业和联营企业》及其他相关规定进行披露。

3. 以债权投资计划方式间接投资不动产的，保险公司持有的债权投资计划产品在认可资产表的“信托资产”项目中列报，其明细信息在“明细表 IA－1：投资资产”的“信托资产”项目中披露。

4. 保险公司应当在偿付能力报告附注中披露：（1）权利受限的不动产的特别说明，包括不动产名称、权利受限的原因等信息；（2）保险公司不动产投资项目风险及变化情况，包括各项目投资标的的市场风险、流动性风险、信用风险和经营风险等方面的变化。

5. 保险公司应当按照“明细表 IA－16：不动产投资”的格式要求，列报不动产物权投资、不动产股权投资、不动产债权投资、不动产金融产品投资及其他不动产投资的明细情况，包括不动产的名称、投资时间、投资成本、账面价值、认可价值等。

问：保险公司根据《保险资金投资股权暂行办法》投资形成的未上市股权投资在偿付能力报告中如何认可和披露？

答：保险公司根据《保险资金投资股权暂行办法》投资形成的未上市股权资产按照下述标准进行认可和披露：

（一）认可标准

1. 对被投资单位具有控制、共同控制或重大影响的未上市股权投资，按照《保险公司偿付能力报告编报规则第 10 号：子公司、合营企业和联营企业》规定的认可标准确定认可价值。

2. 对被投资单位不具有控制、共同控制或重大影响的未上市股权投资为认可资产，其中：

（1）被投资单位为保险公司、保险资产管理公司、保险中介机构等保险类企业的，以账面价值的 95% 作为其认可价值；

（2）被投资单位为商业银行、信托公司等非保险类金融机构的，以账面价值的 90% 作为其认可价值；

（3）被投资单位为非金融保险类企业的，以账面价值的 85% 作为其认可价值。

《保险公司偿付能力报告编报规则——问题解答第5号：其他权益投资、其他应收款》中的相关规定同时废止。

3. 未上市股权相关金融产品投资，其认可标准由中国保监会另行规定。

（二）信息披露

保险公司应当按以下标准在偿付能力报告中披露未上市股权投资的相关信息：

1. 对被投资单位具有控制、共同控制或重大影响的未上市股权投资，按照《保险公司偿付能力报告编报规则第10号：子公司、合营企业和联营企业》的披露要求进行披露。

2. 对被投资单位不具有控制、共同控制或重大影响的未上市股权投资，应当在认可资产表的"权益投资"项目中列报。

3. 保险公司应当在偿付能力报告附注中披露：（1）权利受限的未上市股权投资的特别说明，包括被投资单位名称、持股比例、权利受限原因等信息；（2）未上市股权投资项目风险及变化情况，包括各未上市股权项目投资标的的市场风险、流动性风险、信用风险和经营风险等方面的变化。

4. 保险公司应当按照"明细表IA－17：对被投资单位不具有控制、共同控制或重大影响的未上市股权"的格式要求，列报对被投资单位不具有控制、共同控制或重大影响的未上市股权的明细情况，包括被投资单位名称、持股比例、初始投资成本、账面价值、认可价值等。

问：保险公司购买的保险资产管理公司发行的创新试点投资产品，在偿付能力报告中如何认可和列报？

答：保险公司持有的保险资产管理公司发行的下列创新试点投资产品为认可资产，以账面价值的95%作为其认可价值，在认可资产表的"其他投资资产"项目中列报：

1. 中国人保资产管理股份有限公司发行的中国人保资产安心收益投资产品；

2. 太平洋资产管理有限责任公司发行的太平洋稳健理财一号集合理财产品；

3. 泰康资产管理有限责任公司发行的开泰——稳健增值投资产品；

4. 华泰资产管理有限公司发行的华泰增值投资产品、华泰中短债投资产品和华泰策略投资产品。

关于印发《保险公司偿付能力报告编报规则——问题解答第11号:动态偿付能力测试的第三方独立审核》的通知

(2011年1月7日) 保监发〔2011〕2号

各保险公司:

为进一步完善偿付能力监管制度,明确保险公司动态偿付能力测试的第三方审核要求,我会研究制定了《保险公司偿付能力报告编报规则——问题解答第11号:动态偿付能力测试的第三方独立审核》。现予印发,请遵照执行。

《保险公司偿付能力报告编报规则——问题解答第7号:寿险公司动态偿付能力测试的第三方独立审核》同时废止。

《保险公司偿付能力报告编报规则——问题解答第11号:动态偿付能力测试的第三方独立审核》

问:《保险公司偿付能力报告编报规则第12号:年度报告的内容与格式》实务指南中要求保险公司披露外部机构对动态偿付能力测试出具的审核意见,其中的“外部机构”是指哪些机构?

答:对保险公司的动态偿付能力测试出具审核意见的外部机构,是指符合独立性要求和具备动态偿付能力测试审核所必需的专业胜任能力的会计师事务所、精算咨询顾问公司等机构。外部机构从事动态偿付能力测试审核业务时,其独立性应满足财政部关于中国注册会计师执业道德规范的有关要求,保持实质上和形式上的独立,不得因任何利害关系影响其客观、公正的立场。为保险公司提供财会、精算等咨询服务的外部机构,不得同时为保险公司提供动态偿付能力测试审核服务。

除会计师事务所外,其他外部机构从事动态偿付能力测试审核业务,须事先报中国保监会备案。

问:外部机构对保险公司动态偿付能力测试进行审核,应该遵循什么执业标准?

答：会计师事务所等外部机构应当按照本问题解答的要求，从事动态偿付能力测试审核业务，本问题解答未明确规定的事项，适用《中国注册会计师其他业务鉴证准则第 3111 号——预测性财务信息的审核》。

除会计师事务所以外，精算咨询顾问公司等外部机构从事动态偿付能力测试审核业务，应参照中国注册会计师执业准则的有关要求确定审核程序、编制和保存审核工作底稿、利用其他注册会计师的工作以及发表审核意见等。

会计师事务所在动态偿付能力测试的审核中违反上述执业标准，中国保监会可要求保险公司更换会计师事务所，情节严重的，中国保监会将其移送主管部门处理；会计师事务所之外的外部机构在动态偿付能力测试的审核中违反上述执业标准，由中国保监会责令改正，情节严重的，中国保监会不再接受其出具的审核报告。

问：外部机构对保险公司的动态偿付能力测试进行审核的范围包括哪些内容？

答：外部机构应当对保险公司动态偿付能力测试的下列事项进行审核：

（一）现金流预测方法和程序的合理性。

（二）涵盖业务的全面性与业务类别分类的合理性，保单分组和近似计算方法的有效性。

（三）基本情景所采用的预测假设及相关事项（如投资收益率、保险事故发生率等），并与近期实际经验进行对比，进一步审核公司对预测假设与实际经验的显著差异所做解释的合理性。在对基本情景的审核中，外部机构应重点关注以下事项：

1. 公司总精算师或精算责任人对赔付、退保率、费用、新业务、再保险等的意见；

2. 业务计划是否真实反映了董事会或管理层的观点并得到批准，通过与市场发展规模进行横向比较，进一步审核业务计划的合理性；

3. 公司的投资策略是否真实反映了董事会或管理层的观点，并进一步审核投资资产分配及投资收益率假设的合理性；

4. 预测采用的费用支出是否与公司费用预算一致；

5. 人寿保险公司在测试区间内分红保险红利分配水平的合理性；

6. 公司在测试过程中是否考虑了不应当考虑的资本交易所引起的资本变化以及可能的管理层行为的干预。

（四）必测不利情景与监管规定的一致性，以及自测不利情景的合理性与充分性。

（五）抽样检测主要业务的现金流和责任准备金以及主要资产账户的投资收益等，通过检查数据计算的准确性和内在一致性，确定测试模型中所使用的假设、方法与报告中所阐述的假设、方法是一致的。

(六)偿付能力报表附注中披露的有关信息的真实性、合规性和完整性。

问:外部机构对保险公司动态偿付能力测试进行审核,应对哪些事项发表审核意见?

答:外部机构应当对下列事项发表审核意见:

(一)预测假设是否为动态偿付能力测试提供合理基础;

(二)动态偿付能力测试报告是否依据这些预测假设,并按照适用的偿付能力报告编报规则的规定编制和列报。

问:外部机构出具的动态偿付能力测试审核报告是否有标准格式,应当由哪些人签名、盖章?

答:外部机构出具的动态偿付能力测试审核报告的格式可参考本问题解答附件。

会计师事务所出具的动态偿付能力测试审核报告,应由两名注册会计师签名并盖章。除会计师事务所外,其他外部机构出具的动态偿付能力测试审核报告,应当由两名在中国从事保险精算及相关工作3年以上、熟悉中国保险监管法规并且具有国内或国际认可的精算师资格的精算师签名并盖章。

附件:动态偿付能力测试审核报告参考格式(无保留意见的报告)(略)

关于动态偿付能力测试有关事项的通知

(2011年1月6日) 保监发〔2011〕3号

各保险公司:

2010年1月,我会发布了《保险公司偿付能力报告编报规则第16号:动态偿付能力测试(财产保险公司)》及其实务指南,自2010年年度偿付能力报告编报起施行。为做好保险公司的动态偿付能力测试工作,我会研究制定了财产保险公司动态偿付能力测试的必测不利情景,同时调整了人寿保险公司(包括健康保险公司,下同)动态偿付能力测试的必测不利情景。现将有关事项通知如下:

一、财产保险公司的必测不利情景

(一)必测不利情景一:

1. 将基本情景中的整体财务年度赔付率假设增加5个百分点;

2. 将基本情景中的整体财务年度费用率假设增加5个百分点。

(二)必测不利情景二:

将基本情景中的保费增长率假设增加20个百分点。

（三）必测不利情景三：

维持基本情景中的投资组合比例不变，上市股票和基金在报告年度后第一年亏损30%，在报告年度后第二年投资收益率为0。

二、人寿保险公司的必测不利情景

（一）必测不利情景一：

1. 将基本情景中投资资产的投资收益率假设减少0.5个百分点；

2. 将基本情景中的费用率假设乘以120%；

3. 将基本情景中的保户红利支出水平假设乘以120%。

（二）必测不利情景二：

将基本情景中的新业务保费增长率增加20个百分点。

（三）必测不利情景三：

维持基本情景中的投资组合比例不变，上市股票和基金在报告年度后第一年亏损30%，在报告年度后第二年和第三年投资收益率为0。

三、各保险公司在编制2010年及以后年度的年度偿付能力报告时，应当按照上述必测不利情景进行动态偿付能力测试。《关于保险公司偿付能力报告编报工作有关问题的通知》（保监发〔2007〕15号）中关于人寿保险公司动态偿付能力测试必测不利情景的有关规定同时废止。

四、各保险公司的动态偿付能力测试应当按照《保险公司偿付能力报告编报规则——问题解答第11号：保险公司动态偿付能力测试的第三方独立审核》的要求，由外部机构进行第三方独立审核。

关于印发《保险公司偿付能力报告编报规则——问题解答第12号：变额年金、农业保险、季度报告预测信息》的通知

（2011年8月22日） 保监财会〔2011〕1342号

各保险公司：

为进一步完善偿付能力监管制度，我会研究制定了《保险公司偿付能力报告编报规则——问题解答第12号：变额年金、农业保险、季度报告预测信息》。现予印发，请遵照执行。

保险公司偿付能力报告编报规则——问题解答第12号：变额年金、农业保险、季度报告预测信息

问：保险公司依据《变额年金保险管理暂行办法》销售的变额年金保险，应当如何计算最低资本，在最低资本表中应当如何列示？

答：保险公司应当按照下列标准计算和列报变额年金保险的最低资本：

（一）变额年金保险合同分拆后的保险风险部分，按照《关于实施〈保险公司偿付能力管理规定〉有关事项的通知》（保监发〔2008〕89号）中的有关规定计算最低资本，即最低资本为期末非单位准备金与保证利益准备金之和的4%，加上风险保额的0.3%；变额年金保险合同分拆后的其他风险部分，最低资本为期末负债的1%，其中，期末负债是指按照有关会计准则确定的负债。

（二）变额年金转变为确定给付利益的年金产品后，比照传统保险的最低资本要求执行。

（三）保险公司应当在最低资本表"长期人身险业务"的相关项目中反映变额年金的最低资本金额，并将最低资本表中"投资连结保险保单分拆后其他风险部分的负债"项目改为"投资连结及变额年金保单分拆后其他风险部分的负债"，反映投资连结和变额年金合同分拆后其他风险部分的负债金额。调整后的最低资本表见本问题解答附件。

问：在偿付能力报告中，享受各级政府保费补贴的农业保险的应收保费应当如

何认可？

答：保险公司编制偿付能力报告时，享受各级政府保费补贴的农业保险的应收保费按照下述标准进行认可：

（一）因各级政府财政补贴资金未到账而形成的应收保费，无论保险责任是否已经终止，均按账龄确定认可价值：账龄不大于9个月的，最高认可金额为其账面余额的100%；账龄大于9个月但不大于12个月的，最高认可金额为其账面余额的80%；账龄大于12个月但不大于18个月的，最高认可金额为其账面余额的30%；账龄大于18个月的，为非认可资产。保险公司应当以账面价值与最高认可金额的低者作为其认可价值。

（二）其他原因形成的应收保费，应当按照《保险公司偿付能力报告编报规则第3号：应收及预付款项》的规定进行认可。

问：在偿付能力报告中，保险公司按照财政部《关于印发〈中央财政种植业保险保费补贴管理办法〉的通知》（财金〔2008〕26号）为农业保险计提的巨灾风险准备金，应当计入认可负债还是计入实际资本？

答：在偿付能力报告中，保险公司按照财政部的规定为农业保险计提的巨灾风险准备金，不确认为认可负债。

问：《保险公司偿付能力报告编报规则第13号：季度报告》规定，保险公司编制偿付能力季度报告时，应当预测并披露下一季度偿付能力。根据上述要求，保险公司应当如何预测下一季度的偿付能力状况？

答：保险公司在季度报告中预测下一季度偿付能力状况，应当符合下列要求：

（一）保险公司应当基于业务经营规划预测下一季度偿付能力，各项预测假设应当与公司经营规划一致；

（二）保险公司应当重点考虑保费增长、投资收益、赔付支出、费用支出、分保、机构设立等因素对下一季度偿付能力的影响；

（三）保险公司不应当考虑下一季度的资本交易所引起的资本变化。其中，资本交易是指保险公司与实际资本出资人之间发生的导致实际资本总额增减变动的经济活动，例如，所有者增资、募集次级债。

保险公司应当在季度报告的“管理层分析及预测”部分增加一项内容“（五）下季度拟采取的改善偿付能力的措施”，披露下一季度计划的增资、募集次级债等资本交易行为和拟采取的其他改善偿付能力的措施。

附件：最低资本表（略）

关于印发《保险公司偿付能力报告编报规则——问题解答第13号:次级债和股东增资》的通知

(2011年11月1日) 保监发〔2011〕66号

各保险公司:

为进一步完善偿付能力监管制度,我会研究制定了《保险公司偿付能力报告编报规则——问题解答第13号:次级债和股东增资》。现予印发,请遵照执行。

保险公司偿付能力报告编报规则——问题解答第13号:次级债和股东增资

问:2011年10月,中国保监会发布了《保险公司次级定期债务管理办法》(保监会令〔2011〕2号)。该办法发布之后,保险公司应当如何在偿付能力报告中认可募集的次级债?

答:《保险公司次级定期债务管理办法》发布之后,保险公司应当按照以下标准认可募集的次级债:

(一)不带可赎回条款的次级债,应当按照《保险公司偿付能力报告编报规则第6号:认可负债》的规定进行认可。

(二)带可赎回条款的次级债,应当根据情况分别处理:

1. 如果赎回日之前与赎回日之后次级债的票面利率的差额小于或等于200BP,应当按照《保险公司偿付能力报告编报规则第6号:认可负债》的规定进行认可。

2. 如果赎回日之前与赎回日之后次级债的票面利率的差额大于200BP。在赎回日之前,应当将赎回日视为到期日,并据此确定次级债的剩余年限,按照《保险公司偿付能力报告编报规则第6号:认可负债》的规定进行认可。如果保险公司在约定的赎回日没有行使赎回权或仅赎回部分次级债,在赎回日之后,应当以合同约定的到期日确定次级债的剩余年限,按照《保险公司偿付能力报告编报规则第6号:认可负债》的规定进行认可。

(三)保险公司募集的次级债计入实际资本的金额不得超过期末净资产的50%,超过部分应当确认为认可负债;如果公司期末净资产小于零,保险公司应当将募集的次级债全部确认为认可负债。

（四）在《保险公司次级定期债务管理办法》发布之后募集的带可赎回条款的次级债，应按上述第（二）项的规定确定认可价值。在《保险公司次级定期债务管理办法》发布之前募集的带可赎回条款的次级债，仍然按照《保险公司偿付能力报告编报规则——问题解答第4号：带可赎回条款的次级债》的规定确定认可价值。

在《保险公司次级定期债务管理办法》发布前已募集次级债的保险公司，若募集的次级债计入实际资本的金额已经超过净资产的50%，超过部分仍可计入实际资本，但是在次级债计入实际资本的金额低于净资产的50%之前，不得发行新的次级债。其他情形下，应当从即日起执行上述第（三）项规定。

问：保险公司编制偿付能力报告，股东增资应当何时计入实际资本？

答：保险公司只有在获得中国保监会批准增资之后，才能在偿付能力报告中将股东增资计入实际资本。

关于印发《中国第二代偿付能力监管制度体系建设规划》的通知

（2012年3月29日） 保监发〔2012〕24号

各保监局，保监会机关各部门，各保险公司、保险资产管理公司，国有保险公司监事会，中国保险行业协会，中国保险学会，中国精算师协会，中国保险保障基金有限责任公司：

为进一步加强偿付能力监管，完善监管制度体系，我会研究制定了《中国第二代偿付能力监管制度体系建设规划》，现予公布。请各单位结合实际，积极深入地参与我国第二代偿付能力监管制度体系的建设工作，共同促进我国保险业科学发展。

附件：

中国第二代偿付能力监管制度体系建设规划

偿付能力监管是现代保险监管的核心。2003年，中国保监会实质启动了偿付能力监管制度体系建设工作，到2007年底，基本搭建起具有中国特色的第一代偿付能力监管制度体系。2008年之后,中国保监会结合国际金融危机和我国保险市场发展情况,不断完善、丰富偿付能力监管制度,提高了制度的科学性和有效性。第一代偿付能力监管制度体系推动保险公司树立了资本管理理念,提高了经营管理水平,在防范风险、促进我国保险业科学发展方面起到了十分重要的作用。

在国际金融保险监管改革不断深化和我国保险市场快速发展的背景下,为了进一步加强偿付能力监管,更加有效地提高行业防范风险的能力,中国保监会决定启动中国第二代偿付能力监管制度体系建设工作,并制定如下建设规划:

一、指导思想

我国第二代偿付能力监管制度体系建设的指导思想是:深入贯彻落实科学发展观,紧紧围绕"抓服务、严监管、防风险、促发展",以保护被保险人利益为根本出发点,以我国国情为基础,借鉴国际经验,坚持风险导向,完善偿付能力监管制度,增强保险业防范化解风险的能力,促进我国保险业科学发展。

二、组织领导

中国保监会成立第二代偿付能力监管制度体系建设领导小组,负责制度体系的建设工作。项俊波主席任组长,陈文辉副主席任副组长,中国保监会发展改革部、财务会计部、财产保险监管部、人身保险监管部、保险资金运用监管部、国际部、法规部、统计信息部、稽查局为成员部门,办公室设在财务会计部。

三、总体目标

(一)用三至五年时间,形成一套既与国际接轨、又与我国保险业发展阶段相适应的偿付能力监管制度;

(二)推动保险公司建立健全全面风险管理制度,提高行业风险管理和资本管理水平;

(三)提升我国偿付能力监管制度体系的国际影响力,提高我国保险业的国际地位。

四、整体框架

第二代偿付能力监管制度体系采用三支柱的整体框架:

第一支柱:资本充足要求。主要是定量监管要求,包括:资产负债评估标准、实际资本标准、最低资本标准、资本充足率标准和监管措施等。

第二支柱:风险管理要求。主要是与偿付能力相关的定性监管要求,包括:公司全面风险管理要求,监管部门对公司资本计量和风险管理的监督检查等。

第三支柱:信息披露要求。主要是与偿付能力相关的透明度监管要求,包括:对监管部门的报告要求和对社会公众的信息公开披露要求。

五、基本原则

(一)以我国国情为基础。偿付能力监管制度不能直接照搬国外做法,必须适应我国保险业发展的阶段特征和客观需要，促进我国保险业科学发展。

（二）与国际保险监管规则接轨。跟踪研究国际金融改革的趋势，在符合国情的基础上，充分借鉴国际先进经验，制定我国偿付能力监管制度，实现与国际规则接轨。

（三）以风险为导向。进一步细化风险分类，准确计量各类风险，将偿付能力与风险状况紧密联系起来，提高偿付能力制度对风险的敏感程度，充分反映保险公司的风险状况。

六、实施步骤

第二代偿付能力监管制度体系的建设工作分为五步：

（一）全面总结过去偿付能力监管工作

2012 年，对 2003 年以来偿付能力监管工作进行全面回顾和反思，总结经验教训，提高下一步制度建设的科学性和针对性。

1. 定量总结。一是用行业数据测算检验现行标准，衡量现行标准是否客观地反映了风险，资本要求是否合理，哪些标准不符合实际，哪些标准需要调整；二是以行业数据为基础，比较分析我国现行标准、欧盟偿付能力Ⅰ、Ⅱ和美国风险资本制度；三是比较分析保险业与其他金融行业（银行业、证券业）的资本要求。通过定量分析，为最低资本标准和实际资本标准调整提供依据。

2. 定性总结。对偿付能力制度的实施效果、存在的问题等进行总结。

（二）开展专项研究

在全面总结过去工作的同时，从 2012 年开始，用 2 至 3 年的时间，同步开展各项基础性研究工作，包括：

1. 细化整体框架，明确基本方法。研究明确三支柱的具体制度内容。在三支柱框架下，明确制度建设的基本方法，包括：风险分类、风险计量模型的设计思路和选择、资产负债评估方法等。

2. 研究制定最低资本标准。根据整体框架和基本方法的研究结果，考虑风险相关性，制定产险、寿险的各类风险最低资本标准，向行业征求意见，并进行必要、充分的定量测试。

3. 研究制定实际资本标准。配合最低资本标准研究制定工作的开展，起草新的实际资本标准。

4. 研究保险集团偿付能力监管标准。借鉴 IAIS 国际保险集团监管共同框架，分析我国目前保险集团偿付能力监管存在的问题，完善集团偿付能力监管标准。

5. 研究逆周期监管问题。从资本要求角度，研究提出逆周期监管要求，减轻顺周期效应。

6. 研究完善第二支柱和第三支柱相关制度。梳理完善与偿付能力相关的公司治理、内部控制、信息披露等制度要求，研究建立风险管理与资本计量的关联机制。

（三）提出整体制度方案

根据上述专项研究的工作成果，到2014年底之前，形成第二代偿付能力监管制度体系征求意见稿。

（四）征求意见和行业测试

用1至2年的时间，将第二代偿付能力监管制度体系征求意见稿在行业范围内进行多次全面测试和征求意见，检验标准的科学性和合理性，并根据测试结果和各方反馈意见进行修改。同时，通过征求意见和全面测试，推动保险公司做好新制度实施的准备工作，提前部署和安排数据体系改造工作。

（五）发布实施新制度

发布第二代偿付能力监管制度体系。同时，给予一定的过渡期，使监管部门和公司做好实施准备工作，包括监管部门调整偿付能力监管信息系统，公司调整内部管理流程和信息系统等。

七、工作机制

（一）调动全行业力量

1. 建立项目组工作机制。偿付能力监管制度的各项研究制定工作委托偿付能力监管标准委员会委员、保险机构、中介机构或高校承担，由受托人、业内专家、中国保监会相关部门组成项目组，通过项目组的工作机制，集中行业力量，形成行业和监管部门制度制定的互动机制。

2. 充分发挥偿付能力监管标准委员的作用。偿付能力监管标准委员会负责对偿付能力监管制度体系建设的总体规划、整体框架、技术标准和实施方案等提供咨询和论证，对各项目组的研究成果进行审核，提高偿付能力监管制度体系的科学性和有效性。

（二）提高工作透明度

1. 及时公开信息。偿付能力监管制度建设的总体规划、整体框架、工作计划、研究成果、测试结果等及时对外公开，吸引行业共同关注和积极参与。

2. 加大宣传力度。通过多种渠道和方式，主动向行业、有关部委、消费者、媒体等通报情况，让社会各界及时了解和支持保险业偿付能力监管制度建设。

（三）加强国际交流

1. 借鉴国际经验。各项目组根据工作需要，赴欧盟、美国、瑞士、加拿大、澳大利亚、日本等国家和地区考察偿付能力监管模式，学习先进经验。通过论坛、座谈会等方式邀请国际专家来华交流，研究讨论有关偿付能力监管问题。

2. 扩大国际影响。通过多种渠道向其他国家和国际组织介绍我国第二代偿付能力监管制度体系建设的情况，扩大我国偿付能力监管制度体系的国际影响力。

关于保险公司加强偿付能力管理有关事项的通知

（2012年6月27日） 保监发〔2012〕55号

各保险集团公司、保险公司：

为贯彻落实全国金融工作会议精神，进一步加强偿付能力监管，督促保险公司提高偿付能力管理水平，现就保险公司加强偿付能力管理有关事项通知如下：

一、建立偿付能力管理机制

（一）保险公司应当按照《保险公司偿付能力管理规定》（保监会令2008年第1号）的要求，建立与其业务规模、业务结构、风险特征相适应的内部偿付能力管理制度，强化资本约束，保证公司偿付能力充足。

（二）保险公司董事会和管理层（外国保险公司分公司管理层）对本公司偿付能力管理负责。保险公司应当建立偿付能力管理流程，指定一名高级管理人员负责公司偿付能力管理的具体事务，并将工作任务分解到责任部门和责任人。

（三）保险公司应当按照《保险公司偿付能力管理规定》的要求，加强资产管理、负债管理、匹配管理、资本管理，及时识别、防范和化解资产风险、承保风险、资产负债匹配风险、治理风险、操作风险以及其他各种风险。

（四）保险公司应当建立资本约束机制，在制定发展战略、经营规划、设计产品、资金运用等环节考虑偿付能力的影响。

二、制定资本规划

（一）保险公司应当滚动制定三年资本规划，经董事会通过后，在年度偿付能力报告的“管理层的讨论与分析”部分披露三年资本规划的主要内容。年度内资本规划有重大变动的，经董事会通过后，在季度偿付能力报告的“管理层分析及预测”部分披露有关变动信息。

（二）保险公司的资本规划应当以动态偿付能力测试为基础，根据业务发展计划，确定未来资本需求，拟定切实可行的资本补充计划。

（三）保险集团公司的资本规划应当以集团成员公司的业务发展和资本规划为基础，统筹考虑各成员公司的资本需求，拟定资本补充计划，在集团内部合理配置资本。

（四）保险公司和保险集团公司的资本规划应当与公司发展规划相一致。公司实际发展情况与资本规划存在重大差异的，应及时修定资本规划。

三、及时制定偿付能力达标方案

（一）保险公司在季度偿付能力报告中，预测未来一至两个季度将出现偿付能力不足的，应当及时制定预防偿付能力不足的计划，采取措施保证偿付能力充足，并在季度偿付能力报告中披露预防偿付能力不足的计划。

（二）保险公司出现偿付能力不足的，应当在一个月内制定偿付能力达标方案，采取措施使偿付能力重新达标，并将达标方案报保监会。

（三）偿付能力不足公司在收到保监会下达的监管措施后，应当及时制定偿付能力监管措施落实方案，并在收到监管措施后的15个工作日内报送保监会。

四、建立责任追究制度

（一）保险公司应当建立偿付能力管理责任追究制度。保险公司偿付能力出现不足的，应当追究相应责任人的责任，并将处理情况向保监会书面报告。

（二）保险公司应当在偿付能力达标方案和偿付能力监管措施落实方案中，将工作任务分解到具体责任部门和责任人，并制定责任追究办法。方案未如期完成的，保险公司应当追究相应责任人的责任，将处理情况向保监会书面报告。

（三）中国保监会对未按规定建立和执行偿付能力管理制度的保险公司，未按本通知要求制定资本规划、偿付能力达标方案和偿付能力监管措施落实方案的保险公司，可以要求其进行整改；情节严重的，可以采取相应的监管措施，并依法追究董事会和管理层的责任。

关于印发《保险公司偿付能力报告编报规则——问题解答第 14 号：城乡居民大病保险最低资本》的通知

（2013 年 1 月 17 日） 保监发〔2013〕5 号

各保险公司：

为进一步完善偿付能力监管制度，我会研究制定了《保险公司偿付能力报告编报规则——问题解答第 14 号：城乡居民大病保险最低资本》。现予印发，自 2013 年一季度偿付能力报告编报起执行。

附件：

保险公司偿付能力报告编报规则——问题解答第 14 号：城乡居民大病保险最低资本

问：保险公司依据《关于开展城乡居民大病保险工作的指导意见》（发改社会〔2012〕2605 号）所开展的城乡居民大病保险业务，应当如何计算最低资本？在最低资本表中应当如何列示？

答：保险公司应当按照下述标准计算和列报城乡居民大病保险业务的最低资本：

（一）不能通过重大保险风险测试的业务，最低资本为期末负债的 1%；

（二）能够通过重大保险风险测试的业务，区分下述几种情况分别处理：

1. A 类风险共担安排：如果保险合同约定，保险公司的赔付率存在封顶线，并且封顶线不超过 105%，该类合同的最低资本为最近会计年度该类合同自留保费减营业税金及附加后的 10%；

2. B 类风险共担安排：如果保险合同约定，赔付率在 X% 以上的部分，保险公司承担的保险责任为 Y%，其中，X% 小于或等于 95%，Y% 小于 100%，该类合同的最低资本为最近会计年度该类合同自留保费减营业税金及附加后的 10%；

3. C 类风险共担安排：如果保险合同约定，保险公司承担的保险责任为在 N 年平均的情况下，上述 A 类或 B 类的风险共担安排，其中 N 大于 1，该类合同的最低资本为最近会计年度该类合同自留保费减营业税及附加后 1 亿元以下部分的（ ），以及 1 亿元以上部分的( )。

4. 如果保险合同不具有上述 A 类、B 类或 C 类风险共担安排,该类合同的最低资本为最近会计年度该类合同自留保费减营业税及附加后 1 亿元以下部分的 15%,以及 1 亿元以上部分的 11%。

5. 经营城乡居民大病保险业务已满三个完整会计年度的保险公司,该类业务的最低资本为下述两项中数额较大的一项:

(1)根据上述第 1 项、第 2 项、第 3 项和第 4 项计算的最低资本之和;

(2)公司最近 3 年该类业务平均综合赔款金额 8500 万元以下部分的 17% 和 8500 万元以上部分的 13%。

经营城乡居民大病保险业务不满三个完整会计年度的保险公司,该类业务的最低资本采用第(1)项规定的标准。

(三)保险公司应在最低资本表的"非寿险保障型业务、非寿险投资型业务风险保费部分或短期人身险业务"部分中,增加"城乡居民大病保险的最低资本"项目,反映城乡居民大病保险的最低资本;本部分的其他有关保费和赔款的项目中,不应包括城乡居民大病保险的保费和赔款。调整后的最低资本表见本问题解答附件。

(四)保险公司应当按照本问题解答附件规定的"明细表 RC-1:城乡居民大病保险最低资本",列报城乡居民大病保险最低资本的有关信息。

附件:1. 最低资本表(略)

2. 明细表 RC-1:城乡居民大病保险最低资本(略)

关于印发《保险公司偿付能力报告编报规则——问题解答第15号：信用风险评估方法和信用评级》等5项问题解答的通知

（2013年3月28日） 保监发〔2013〕24号

各保险公司、保险资产管理公司：

为进一步完善偿付能力监管制度，我会研究制定了《保险公司偿付能力报告编报规则——问题解答第15号：信用风险评估方法和信用评级》、《保险公司偿付能力报告编报规则——问题解答第16号：基础设施债权投资计划》、《保险公司偿付能力报告编报规则——问题解答第17号：非保险类金融机构发行的金融产品》、《保险公司偿付能力报告编报规则——问题解答第18号：未上市企业股权投资基金和股指期货》、《保险公司偿付能力报告编报规则——问题解答第19号：委托投资和境外投资资产》。现予印发，自2013年1季度偿付能力报告编报起执行。

保险公司偿付能力报告编报规则、实务指南及问题解答中的有关规定与本文件不一致的，以本文件为准。

保险公司偿付能力报告编报规则——问题解答第15号：信用风险评估方法和信用评级

问：保险公司评估企业债券、基础设施债权投资计划等有关投资资产的信用风险和认可价值时，除可以使用外部评级机构的信用评级结果外，是否可以运用公司内部评级？

答：保险公司可以采用外部评级法和内部评级法评估企业债券、基础设施债权投资计划等有关投资资产的信用风险和认可价值。外部评级法是指保险公司采用外部评级机构的信用评级结果，按照偿付能力报告编报规则，评估投资资产的认可价值。内部评级法是指保险公司采用公司内部评级结果，按照偿付能力报告编报规则，评估投资资产的认可价值。保险公司采用内部评级法应当经保监会认可。

（一）鼓励有条件的保险公司建立内部评级制度，采用内部评级法评估各类投资资产的信用风险，经保监会认可后，作为评估投资资产认可价值的标准。关于内部评级法的有关要求，保监会另行规定。

(二)未采用内部评级法的保险公司，应当使用中国保监会认可的外部评级机构出具的信用评级结果，评估投资资产认可价值。

问：保险公司采用外部评级法评估有关投资资产认可价值时，如何确定外部评级结果？

答：保险公司评估有关投资资产认可价值时，采用的外部评级应当符合下述规定：

(一)境内投资产品的信用评级原则上应当按照境内评级机构的评级结果确定，境外投资产品的信用评级原则上应当按照国际公认评级机构的评级结果确定。

(二)同一投资产品或发行主体有一家以上符合要求的评级机构给予评级的，从低适用。

(三)对被投资产品和主体原则上应当定期跟踪评级，编报偿付能力报告时应当采用最近一期符合要求的评级结果。

(四)保监会认为外部信用评级结果不能客观反映投资资产风险的，有权要求保险公司调整投资资产的认可价值或指定该项投资资产的认可比例。

保险公司偿付能力报告编报规则——问题解答第16号：基础设施债权投资计划

问：保险公司根据《关于保险资金投资有关金融产品的通知》等有关规定，投资的保险资产管理公司、信托公司等专业投资机构发行的基础设施债权投资计划，在偿付能力报告中如何认可和披露？

答：保险公司投资的保险资产管理公司、信托公司等专业投资机构根据保监会规定发行的基础设施债权投资计划为认可资产。若使用外部评级法，应当按照下述标准进行认可和披露：

(一)认可标准

1.信用评级为AA级以上(含AA级)的基础设施债权投资计划，以账面价值作为其认可价值。

2.信用评级为AA级以下的基础设施债权投资计划，以账面价值的95%作为其认可价值。

(二)信息披露

1.保险公司应当在认可资产表的“信托投资”项目之后、“权益投资”项目之前，增加“基础设施投资”项目，列报所投资的基础设施债权投资计划。

2.保险公司应当将“明细表IA－9：基础设施投资”中的“项目预算总额4”、

“本期追加投资5”两列分别变更为“评级机构4”、“评级结果5”，披露信用评级有关信息。

保险公司偿付能力报告编报规则——问题解答 第17号：非保险类金融机构发行的金融产品

问：保险公司根据《关于保险资金投资有关金融产品的通知》投资的银行业金融机构信贷资产支持证券，在偿付能力报告中如何认可和披露？

答：保险公司投资的银行业金融机构信贷资产支持证券，若使用外部评级法，应当按照下述标准进行认可和披露：

（一）认可标准

1. 信用评级为AAA级的信贷资产支持证券，以账面价值作为其认可价值。

2. 信用评级为AA级以上（含AA级）但低于AAA级的信贷资产支持证券，以账面价值的93%作为其认可价值。

3. 信用评级为A级以上（含A级）但低于AA级的信贷资产支持证券，以账面价值的85%作为其认可价值。

4. 信用评级为A级以下或没有评级的信贷资产支持证券，为非认可资产。

（二）信息披露

1. 保险公司投资的银行业金融机构信贷资产支持证券在认可资产表的“资产证券化产品”项目中列报。

2. 保险公司应当按照“明细表IA－8：资产证券化产品”的格式要求，披露银行业金融机构信贷资产支持证券的明细信息。

问：保险公司根据《关于保险资金投资有关金融产品的通知》投资的证券公司专项资产管理计划，在偿付能力报告中如何认可和披露？

答：保险公司投资的证券公司专项资产管理计划，若使用外部评级法，应当按照下述标准进行认可和披露：

（一）认可标准

1. 信用评级为AAA级的专项资产管理计划，以账面价值的95%作为其认可价值。

2. 信用评级为AA级以上（含AA级）但低于AAA级的专项资产管理计划，以账面价值的90%作为其认可价值。

3. 信用评级为A级以上（含A级）但低于AA级的专项资产管理计划，以账面价值的80%作为其认可价值。

4. 信用评级为A级以下或没有评级的专项资产管理计划，为非认可资产。

（二）信息披露

1. 保险公司投资的证券公司专项资产管理计划在认可资产表的“资产证券化产品”项目中列报。

2. 保险公司应当按照“明细表 IA－8：资产证券化产品”的格式要求，披露证券公司专项资产管理计划的明细信息。

问：保险公司根据《关于保险资金投资有关金融产品的通知》投资的商业银行理财产品，在偿付能力报告中如何认可和披露？

答：保险公司投资的商业银行理财产品，若使用外部评级法，应当按照下述标准进行认可和披露：

（一）认可标准

1. 保险公司投资的保本型商业银行理财产品：

（1）发行银行信用评级为 AA 级以上（含 AA 级）的保本型商业银行理财产品，以账面价值作为其认可价值；

（2）发行银行信用评级为 AA 级以下的保本型商业银行理财产品，以账面价值的 90% 作为其认可价值。

2. 保险公司投资的不保本型商业银行理财产品：

（1）发行银行信用评级为 AAA 级的不保本型商业银行理财产品，以账面价值的 95% 作为其认可价值；

（2）发行银行信用评级为 AA 级以上（含 AA 级）但低于 AAA 级的不保本型商业银行理财产品，以账面价值的 90% 作为其认可价值；

（3）发行银行信用评级为 A 级以上（含 A 级）但低于 AA 级的不保本型商业银行理财产品，以账面价值的 80% 作为其认可价值；

（4）发行银行信用评级为 A 级以下或没有评级的不保本型商业银行理财产品，为非认可资产。

（二）信息披露

1. 保险公司投资的商业银行理财产品在认可资产表的“其他投资资产”项目中列报。

2. 保险公司应当按照“明细表 IA－12：其他投资资产”的格式要求，披露商业银行理财产品的明细信息。

问：保险公司根据《关于保险资金投资有关金融产品的通知》投资的信托公司集合资金信托计划，在偿付能力报告中如何认可和披露？

答：保险公司投资的信托公司集合资金信托计划，若使用外部评级法，应当按照下述标准进行认可和披露：

（一）认可标准

1. 保险公司投资的固定收益类集合资金信托计划：

（1）信用评级为 AAA 级的集合资金信托计划，以账面价值的 95% 作为其认可价值。

（2）信用评级为 AA 级以上（含 AA 级）但低于 AAA 级的集合资金信托计划，以账面价值的 90% 作为其认可价值。

（3）信用评级为 A 级以上（含 A 级）但低于 AA 级的集合资金信托计划，以账面价值的 80% 作为其认可价值。

（4）信用评级为 A 级以下或没有评级的集合资金信托计划，为非认可资产。

2. 保险公司投资的权益类集合资金信托计划，以账面价值的 80% 作为其认可价值。

（二）信息披露

保险公司投资的信托公司集合资金信托计划在认可资产表的“信托资产”项目中列报。

问：保险公司根据《保险资金投资债券暂行办法》投资商业银行发行的次级债券、混合资本债券，在偿付能力报告中如何认可和披露？

答：保险公司根据《保险资金投资债券暂行办法》持有的商业银行发行的次级债券、混合资本债券，按照下述标准进行认可和披露：

（一）认可标准

1. 保险公司持有商业银行发行的附有减记或转股条款的次级债券，发行方为国有控股大型商业银行、政策性银行和全国性股份制商业银行，且各级资本充足率全部达到监管要求的，以账面价值作为其认可价值；发行方为国有控股大型商业银行、政策性银行和全国性股份制商业银行，但各级资本充足率没有全部达到监管要求的，以账面价值的 90% 作为其认可价值；发行方为其他商业银行的，各级资本充足率全部达到监管要求的，以账面价值的 95% 作为其认可价值；发行方为其他商业银行的，各级资本充足率没有全部达到监管要求的，为非认可资产。

2. 保险公司持有商业银行发行的不附减记或转股条款的次级债券，按照《保险公司偿付能力报告编报规则第 2 号：投资资产》进行认可。

3. 保险公司持有的商业银行混合资本债券，发行银行各级资本充足率全部达到监管要求的，以账面价值作为其认可价值；发行银行各级资本充足率没有全部达到监管要求的，为非认可资产。

4. 各级资本充足率是指《商业银行资本管理办法（试行）》规定的资本充足率、一级资本充足率、核心一级资本充足率。各级充足率达标是指上述三个充足率指标均达到监管部门规定的各级资本要求。

5.商业银行的资本充足率数据应当采用可获取的最近一期数据。若无法获得商业银行资本充足率数据或者无法获得商业银行最近一年内的资本充足率数据，按照资本充足率不达标进行资产认可。

(二)信息披露

1.保险公司持有的商业银行发行的次级债券、混合资本债券在认可资产表的“金融债”项目中列报。

2.保险公司应当在“明细表IA－1:投资资产”的“2.5次级债”项目中列报公司持有的次级债券、混合资本债券的明细信息。

3.保险公司应当在“明细表IA－3:前十大金融机构的金融债”的“次级债账面余额”项目中列报前十大金融机构的次级债券、混合资本债券。

4.保险公司应当按照“明细表IA－6:次级债”的格式要求，列报次级债券、混合资本债券的明细信息。

保险公司偿付能力报告编报规则——问题解答第18号:未上市企业股权投资基金和股指期货

问:保险公司根据《关于保险资金投资股权和不动产有关问题的通知》投资的未上市企业股权投资基金，在偿付能力报告中如何认可和披露?

答:保险公司投资的未上市企业股权投资基金为认可资产，按照下述标准进行认可和披露:

(一)认可标准

1.保险公司投资的未上市企业股权投资基金，以账面价值的85%作为其认可价值。

2.若未上市企业股权投资基金具有明确的投资回报和本金收回机制，属于偏固定收益类投资产品，以账面价值的90%作为其认可价值。

(二)信息披露

保险公司投资的未上市企业股权投资基金在认可资产表的“权益投资”项目中列报，其明细信息在“明细表IA－1:投资资产”的“其他权益投资”项目中披露。

问:保险公司根据《保险资金参与金融衍生产品交易暂行办法》等有关规定投资的股指期货，在偿付能力报告中如何认可和披露?

答:保险公司根据《保险资金参与金融衍生产品交易暂行办法》和《保险资金参与股指期货交易规定》等监管规定投资的股指期货以及风险对冲的基础资产，按照下述标准进行认可和披露:

（一）认可标准

1. 保险公司投资股指期货，符合有关监管规定的：

（1）保险公司持有的买入股指期货，以保险公司报告日所持股指期货合约面值的5%作为非认可价值，以账面价值扣减非认可价值后的余额作为其认可价值。

（2）风险对冲未达到高度有效或报告日未持有指定基础资产的卖出股指期货，以保险公司报告日所持股指期货合约面值的5%作为非认可价值，以账面价值扣减非认可价值后的余额作为其认可价值。

（3）风险对冲高度有效，并且报告日持有指定基础资产的卖出股指期货，以账面价值作为其认可价值；其对应的基础资产，以账面价值作为其认可价值。

基础资产是指保险公司参与股指期货交易时，在风险对冲方案中，指定的风险对冲对象。对于卖出股指期货，该对象应是企业持有的一组资产。风险对冲有效性比率的评估可参照《企业会计准则——套期保值》中有关套期有效性评估的方法进行。风险对冲高度有效是指风险对冲有效性比率在80% -125%之间。

2. 保险公司投资股指期货，不符合有关监管规定的，特别是没有制定风险对冲方案、没有评估风险对冲有效性的，以保险公司报告日所持股指期货合约面值的8%作为非认可价值，以账面价值扣减非认可价值后的余额作为其认可价值。

3. 保险公司存放在期货公司的股指期货交易保证金，以账面价值作为其认可价值。

（二）信息披露

保险公司应当在认可资产表的“投资性房地产”项目后增加“衍生金融工具”项目，列报保险公司投资的股指期货及其他衍生金融工具。

保险公司偿付能力报告编报规则——问题解答
第19号：委托投资和境外投资资产

问：保险公司根据《保险资金委托投资管理暂行办法》选择证券公司、证券资产管理公司、证券投资基金管理公司及其子公司等专业投资管理机构开展委托投资，形成的投资资产在偿付能力报告中如何认可和披露？

答：保险公司选择证券公司、证券资产管理公司、证券投资基金管理公司及其子公司等专业投资管理机构开展委托投资形成的投资资产，应当符合《保险公司偿付能力报告编报规则第4号：委托投资资产》的编报基础，并按照《保险公司偿付能力报告编报规则第2号：投资资产》、《保险公司偿付能力报告编报规则第4号：委托投资资产》及其他相关规定进行认可和披露。

问：保险公司根据《保险资金境外投资管理暂行办法实施细则》开展境外投资

业务形成的投资资产,在偿付能力报告中如何认可和披露?

答:保险公司根据《保险资金境外投资管理暂行办法实施细则》开展境外投资形成的投资资产,若使用外部评级法,应当按照下述标准进行认可和披露:

(一)认可标准

1. 保险公司投资中国政府在境外发行的债券,在中资银行境外子公司存放的银行存款,认可标准与境内同类产品相同。

2. 中国境内企业在境外发行的债券

(1)国际信用评级在 BBB 级(含 BBB 级)以上的,以账面价值作为其认可价值。

(2)国际信用评级在 BBB 级以下的,以账面价值的 90% 作为其认可价值。

3. 境外政府债券

(1)发行政府债券的国家或地区的主权信用评级为 AA 级以上(含 AA 级)的,以账面价值的 98% 作为其认可价值。

(2)发行政府债券的国家或地区的主权信用评级为 A 级以上(含 A 级)但低于 AA 级的,以账面价值的 95% 作为其认可价值。

(3)发行政府债券的国家或地区的主权信用评级为 BBB 级以上(含 BBB 级)但低于 A 级的,以账面价值的 85% 作为其认可价值。

(4)发行政府债券的国家或地区的主权信用评级为 BBB 级以下的,为非认可资产。

4. 国际金融组织债券

(1)国际信用评级为 AA 级以上(含 AA 级)的国际金融组织债券,以账面价值的 98% 作为其认可价值。

(2)国际信用评级为 A 级以上(含 A 级)但低于 AA 级的国际金融组织债券,以账面价值的 95% 作为其认可价值。

(3)国际信用评级为 BBB 级以上(含 BBB 级)但低于 A 级的国际金融组织债券,以账面价值的 85% 作为其认可价值。

(4)国际信用评级为 BBB 级以下或没有国际信用评级的国际金融组织债券,为非认可资产。

5. 境外公司债券、可转换债券和政府支持性债券

(1)国际信用评级为 AAA 级的境外公司债券、可转换债券和政府支持性债券,以账面价值的 98% 作为其认可价值。

(2)国际信用评级为 AA 级以上(含 AA 级)但低于 AAA 级的境外公司债券、可转换债券和政府支持性债券,以账面价值的 95% 作为其认可价值。

(3)国际信用评级为 BBB 级以上(含 BBB 级)但低于 AA 级的境外公司债券、

可转换债券和政府支持性债券，以账面价值的85%作为其认可价值。

（4）国际信用评级为BBB级以下或没有国际信用评级的境外公司债券、可转换债券和政府支持性债券，为非认可资产。

6. 境外银行存款

（1）存款商业银行所在地采用巴塞尔协议进行监管的，发行商业银行各级资本充足率全部达到监管要求的，以账面价值作为其认可价值；发行商业银行各级资本充足率没有全部达到监管要求的，为非认可资产。

（2）存款商业银行所在地未采用巴塞尔协议进行监管的，发行商业银行的国际信用评级为AA级以上（含AA级）的，以账面价值的90%作为其认可价值；发行商业银行的国际信用评级为AA级以下或没有国际评级的，为非认可资产。

7. 境外权益投资

（1）保险公司持有的可以正常交易的境外上市股票和证券投资基金，以账面价值的90%作为其认可价值。

（2）保险公司持有的境外非正常交易的上市股票和证券投资基金，为非认可资产。

（3）保险公司持有的境外非上市股权或股权投资基金等权益类投资产品，以账面价值的80%作为其认可价值。

8. 境外不动产和房地产信托投资基金

保险公司以物权或股权方式持有的境外不动产，以及投资的房地产信托投资基金，以账面价值的85%作为其认可价值。

9. 境外委托投资资产应当符合《保险公司偿付能力报告编报规则第4号：委托投资资产》的规定，否则为非认可资产。

10. 在监管规定的可投资国家或地区之外的投资资产，为非认可资产。

（二）信息披露

保险公司投资的境外投资资产按照境内同类资产的披露要求进行披露。

关于印发《中国第二代偿付能力监管制度体系整体框架》的通知

(2013 年 5 月 3 日) 保监发〔2013〕42 号

各保监局,机关各部门,各保险集团(控股)公司、保险公司、保险资产管理公司,中国保险行业协会,中国保险学会,中国精算师协会,中国保险保障基金有限责任公司:

为进一步加强中国第二代偿付能力监管制度体系建设的顶层设计,我会研究制定了《中国第二代偿付能力监管制度体系整体框架》,现予发布。请结合实际,认真组织贯彻执行。

附件:

中国第二代偿付能力监管制度体系整体框架

为进一步完善偿付能力监管,加强制度建设的顶层设计,建立科学有效的第二代偿付能力监管制度体系,制定本整体框架。

一、体系名称

中国第二代偿付能力监管制度体系的中文名称为"中国风险导向的偿付能力体系"(以下简称"偿二代"),英文名称为 China Risk Oriented Solvency System(简称 C－ROSS)。

二、总体目标

(一)科学全面地计量保险公司面临的风险,使资本要求与风险更相关。

(二)守住风险底线,确定合理的资本要求,提高我国保险业的竞争力;建立有效的激励机制,促进保险公司提高风险管理水平,促进保险行业科学发展。

(三)积极探索适合新兴市场经济体的偿付能力监管模式,为国际偿付能力监管体系建设提供中国经验。

三、整体框架构成

偿二代的整体框架由制度特征、监管要素和监管基础三大部分构成。

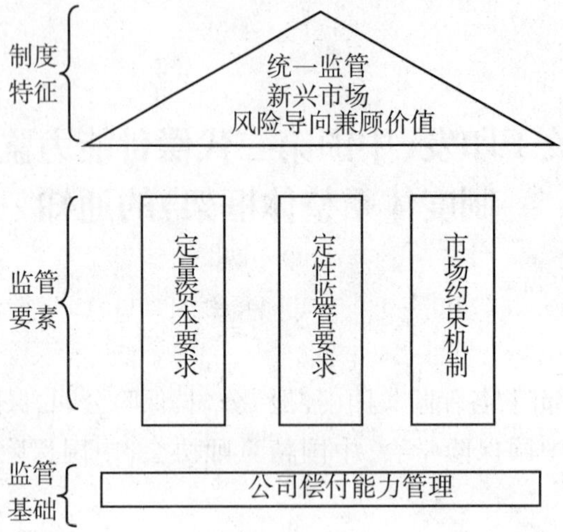

框架图

（一）制度特征

偿二代的制度特征是基于我国保险市场环境和发展阶段特征的一种现实选择，是开展偿付能力监管各项工作的出发点，体现在偿二代体系的具体原则、方法和标准之中。

1. 统一监管

中国保监会根据国务院授权，履行行政管理职能，依照法律、法规统一监督管理全国保险市场，包括对全国所有保险公司的偿付能力实施统一监督和管理。统一监管不同于部分国家和地区的分散监管模式，充分体现了我国偿付能力监管的特点。

偿二代应充分发挥统一监管效率高、执行力强、执行成本低的优势。同时，由于我国地域辽阔，在制定统一监管政策的同时，还需要充分考虑各地差异，适应不同地域保险市场监管需要。在定量监管方面，主要是保监会机关对保险公司总公司资本充足性的监管，监管标准需要尽量统一；在定性监管和市场约束方面，对于与分支机构相关的风险，可以体现一定的地域差异。保监会机关和派出机构分工协作，共同实施偿付能力监管。

2. 新兴市场

我国保险市场仍处于发展的初级阶段，属于新兴保险市场，在市场规模、发展速度、产品特征、风险管理能力、人才储备、国际活跃度等方面与成熟保险市场存在一定差异。

基于新兴市场特征，与成熟的偿付能力监管制度相比，偿二代应当更加注重保险公司的资本成本，提高资本使用效益；更加注重定性监管，充分发挥定性监管对定量监管的协同作用;更加注重制度建设的市场适应性和动态性,以满足市场快速发展的需要;更加注重监管政策的执行力和约束力,及时识别和化解各类风险;更加注重各项制度的可操作性,提高制度的执行效果。

3. 风险导向兼顾价值

防范风险是偿付能力监管的永恒主题,是保险监管的基本职责。偿二代的资产负债评估,要能适时、恰当地反映保险公司面临的实际风险状况及变动;资本要求要更加全面、准确地反映保险公司的各类风险;监管措施要更加具有风险针对性。

对风险的防范,要具有底线思维。守住区域性、系统性风险的底线,科学计量潜在的风险损失,在此基础上科学确定所需要的监管资本底线,降低保险公司经营的资本占用,提高保险业资本使用效率和效益,提升保险公司的个体价值和整个行业的整体价值。

在技术目标层面,既不能将偿二代简单化为只是为市场中的保险公司划出一条及格线或风险预警线,也不能将其复杂化为对保险公司进行完美而理想的经济价值评估。基于新兴市场的偿二代,需要在风险预警目标和价值评估目标之间,寻求平衡与和谐。

(二)监管基础

保险公司内部偿付能力管理是企业内部的管理行为,在偿付能力监管中具有十分重要的作用,主要体现在两个方面:

第一,内部偿付能力管理是外部偿付能力监管的前提、基础和落脚点。特定阶段外部偿付能力监管必须与当时的行业内部偿付能力管理水平相适应。两者既相互依存、又相互制约、相互促进。好的偿付能力监管体系,能够激励保险公司不断提升其内部偿付能力管理水平。

第二,内部偿付能力管理是保险公司的“免疫系统”和“反应系统”。科学有效的内部偿付能力管理制度和机制,可以主动识别和防范各类风险,对各类风险变化做出及时反应。

(三)监管要素

监管要素是偿付能力监管的三支柱,是偿付能力监管的重要组成部分。三支柱分别从定量资本要求、定性监管要求和市场约束机制三个方面对保险公司的偿付能力进行监督和管理,主要规范偿付能力监管的内容、原则、方法和标准。

1. 第一支柱定量资本要求

第一支柱定量资本要求主要防范能够量化的风险,通过科学地识别和量化各类风险,要求保险公司具备与其风险相适应的资本。

在第一支柱中,能够量化的风险应具备三个特征:第一,这些风险应当是保险公司经营中长期稳定存在的;第二,通过现有的技术手段,可以定量识别这些风险的大小；第三，这些风险的计量方法和结果是可靠的。

第一支柱定量资本要求主要包括五部分内容：一是第一支柱量化资本要求，具体包括：（1）保险风险资本要求；（2）市场风险资本要求；（3）信用风险资本要求；（4）宏观审慎监管资本要求，即对顺周期风险、系统重要性机构风险等提出的资本要求；（5）调控性资本要求，即根据行业发展、市场调控和特定保险公司风险管理水平的需要，对部分业务、部分公司提出一定期限的资本调整要求。二是实际资本评估标准，即保险公司资产和负债的评估标准和认可标准。三是资本分级，即对保险公司的实际资本进行分级，明确各类资本的标准和特点。四是动态偿付能力测试，即保险公司在基本情景和各种不利情景下，对未来一段时间内的偿付能力状况进行预测和评价。五是监管措施，即监管机构对不满足定量资本要求的保险公司，区分不同情形，可采取的监管干预措施。

2. 第二支柱定性监管要求

第二支柱定性监管要求，是在第一支柱的基础上，进一步防范难以量化的风险，如操作风险、战略风险、声誉风险、流动性风险等。

保险公司面临许多非常重要的风险，但这些风险无法量化或难以量化。特别是，我国保险市场是一个新兴市场，采用定量监管手段来计量这些风险存在较大困难，因此，需要更多地使用第二支柱的定性监管手段来评估和防范。例如，操作风险难以量化，我国也没有积累这方面的历史数据，现阶段难以通过定量监管手段进行评估。因此，对于不易量化的操作风险、战略风险、声誉风险等将通过第二支柱进行定性监管。

第二支柱共包括四部分内容：一是风险综合评级，即监管部门综合第一支柱对能够量化的风险的定量评价，和第二支柱对难以量化风险（包括操作风险、战略风险、声誉风险和流动性风险）的定性评价，对保险公司总体的偿付能力风险水平进行全面评价。二是保险公司风险管理要求与评估，即监管部门对保险公司的风险管理提出具体监管要求，如治理结构、内部控制、管理架构和流程等，并对保险公司风险管理能力和风险状况进行评估。三是监管检查和分析，即对保险公司偿付能力状况进行现场检查和非现场分析。四是监管措施，即监管机构对不满足定性监管要求的保险公司，区分不同情形，可采取的监管干预措施。

3. 第三支柱市场约束机制

第三支柱市场约束机制，是引导、促进和发挥市场相关利益人的力量，通过对外信息披露等手段，借助市场的约束力，加强对保险公司偿付能力的监管，进一步防范风险。其中，市场力量主要包括社会公众、消费者、评级机构和证券市场的行业分析师等。

第三支柱主要包括两项内容：一是通过对外信息披露手段，充分利用除监管部门之外的市场力量，对保险公司进行约束；二是监管部门通过多种手段，完善市场约束机制，优化市场环境，促进市场力量更好地发挥对保险公司风险管理和价值评估的约束作用。

第三支柱市场约束机制是新兴保险市场发展的客观要求，是我国偿付能力监管体系的重要组成部分。第一，市场力量是对保险公司进行监管的有效手段和重要组成部分，可以有效约束保险公司的经营管理行为，应当充分利用。第二，我国现阶段监管资源有限，更应该充分调动和发挥市场力量的约束作用，成为监管机构的有力补充。第三，现阶段，我国市场约束力量对保险公司的监督作用没有充分发挥，急需监管机构进一步完善市场约束机制，优化市场环境。

4. 三个支柱的关系

与保险公司内部偿付能力管理不同，三个支柱都是保险公司外部的偿付能力监管。三个支柱的作用各不相同，在防范风险方面各有侧重：第一支柱是通过定量监管手段，防范能够量化的偿付能力相关风险；第二支柱是通过定性监管手段，防范难以量化的偿付能力风险；第三支柱是通过信息披露等手段，发挥市场约束力量，可以强化第一支柱和第二支柱的效果，并且更加全面地防范保险公司的各类偿付能力风险。三个支柱相互配合，相互补充，成为完整的风险识别、分类和防范的体系。

5. 保险集团监管

三支柱的监管要素同样适用于保险集团监管。集团监管的内容和要求，在三个支柱中均会有所体现。例如，第一支柱既包括对单个保险公司的定量资本要求，也包括对整个保险集团的定量资本要求；第二支柱既包括对单个保险公司的定性监管要求，也包括对整个保险集团的定性监管要求；第三支柱既包括对单个保险公司的市场约束要求，也包括对整个保险集团的市场约束要求。

与单个保险公司相比，保险集团往往具有风险分散的效益；同时，保险集团也具有一些不同于单个保险机构的特殊风险，如资本重复计算风险、组织结构不透明风险、利益冲突风险、风险传递和风险传染等。在制定三个支柱的具体监管标准时，应当考虑和反映这些特殊风险。

四、技术原则

（一）偿付能力充足指标

1. 评价保险公司偿付能力状况的指标有三个：核心偿付能力充足率、综合偿付能力充足率和风险综合评级。

2. 核心偿付能力充足率，是指核心资本与最低资本的比率，反映保险公司核心资本的充足状况。

3. 综合偿付能力充足率，是指核心资本和附属资本之和与最低资本的比率，反映保险公司总体资本的充足状况。

4. 风险综合评级，综合第一支柱对能够量化的风险的定量评价，和第二支柱对难以量化风险的定性评价，对保险公司总体的偿付能力风险水平进行全面评价所得到的评级，评级结果反映了保险公司综合的偿付能力风险。

5. 核心偿付能力充足率、综合偿付能力充足率反映公司量化风险的资本充足状况，风险综合评级反映公司与偿付能力相关的全部风险的状况。

（二）实际资本

1. 实际资本，是指保险公司在持续经营或破产清算状况下可以吸收损失的经济资源。实际资本等于保险公司认可资产减去认可负债后的余额。

2. 认可资产是保险公司依据中国保监会的有关规定，以偿付能力监管为目的所确认和计量的资产。偿付能力监管体系中的认可资产，不同于财务会计报告体系中的资产，需要根据偿付能力监管的目的，进一步考虑确认和计量的差异，对资产金额进行适当调整。例如，有迹象表明保险公司到期不能处置或者对其处置受到限制的资产（如被依法冻结的资产、由于战乱等原因无法处置的境外资产等），在偿付能力监管体系中，不能确认为认可资产，或者其确认和计量的原则不同于财务会计报告体系中的资产。

3. 认可负债是保险公司依据中国保监会的有关规定，以偿付能力监管为目的所确认和计量的负债。偿付能力监管体系中的认可负债，不同于财务会计报告体系中的负债，需要根据偿付能力监管的目的，进一步考虑确认和计量的差异，对负债金额进行适当调整。例如，保险公司的资本性负债，在偿付能力监管体系中，其确认和计量的原则可能会不同于财务会计报告体系中的负债。

4. 实际资本应符合以下特性：（1）存在性，即保险公司的资本应当是实缴或承诺的资本；（2）永续性，即保险公司的资本应当没有到期日或具有一定期限；（3）次级性，即保险公司资本的清偿顺序应当在保单负债和一般债务之后；（4）本息约束，即保险公司资本的本金和股息的偿付应当具备一定的约束条件。

5. 根据损失吸收能力的大小，实际资本分为核心资本和附属资本。核心资本和附属资本应该保持合理的数量关系，确保资本质量。

（三）最低资本

1. 最低资本，是指保险公司为了应对市场风险、信用风险、保险风险等各类风险对偿付能力的不利影响，依据监管机构的规定而应当具有的资本数额。

2. 确定最低资本时，必须处理好风险防范与价值增长的关系，建立恰当的最低资本标准，既能有效防范风险，又能避免资本冗余。偿二代的最低资本应当是集中反映不同利益诉求、兼顾各方利益的均衡、公允的资本。

（四）风险分类

1. 保险公司的风险分为两大类：能够量化的风险和难以量化的风险。能够量化的风险包括市场风险、信用风险和保险风险，在第一支柱反映；难以量化的风险包括操作风险、战略风险、声誉风险和流动性风险等，在第二支柱反映。

2. 各类风险的定义如下：

(1)市场风险，是指由于利率、汇率、权益价格和商品价格等的不利变动而遭受非预期损失的风险。

(2)信用风险，是指由于交易对手不能履行或不能按时履行其合同义务，或者信用状况的不利变动而导致的风险。

(3)保险风险，是指由于死亡率、疾病率、赔付率、退保率等假设的实际经验与预期发生不利偏离而造成损失的风险。

(4)操作风险，是指由于不完善的内部操作流程、人员、系统或外部事件而导致直接或间接损失的风险，包括法律及监管合规风险(但不包括战略风险和声誉风险)。

(5)战略风险，是指由于战略制定和实施的流程无效或经营环境的变化，而导致战略与市场环境和公司能力不匹配的风险。

(6)声誉风险，是指保险公司的经营管理或外部事件等原因导致利益相关方对保险公司负面评价从而造成损失的风险。

(7)流动性风险，是指保险公司无法及时获得充足资金或无法以合理成本及时获得充足资金以支付到期债务的风险。

3. 保险公司表外业务的风险需要特别关注。表外业务主要包括不在资产负债表内反映的承诺、担保、衍生工具等，这类业务面临的风险主要是市场风险(如汇率风险、利率风险等)、信用风险、流动性风险等。表外业务不在保险公司的资产负债表内反映，因此其风险容易被忽视。目前，保险公司的表外业务规模逐步扩大，对保险公司的偿付能力将产生重要影响，在偿付能力监管体系中需要特别关注。

(五)第一支柱资产和负债的评估原则

1. 产险公司和寿险公司的资产负债评估原则应尽可能保持一致。

2. 相同的保险业务应适用相同的资产负债评估原则。相同的保险业务，无论其由寿险公司还是非寿险公司、直接保险公司还是再保险公司经营，应适用相同的资产负债评估原则。

3. 资产的评估原则应与负债的评估原则尽可能一致，减少由于评估原则的不一致而导致的资产负债不匹配问题。

4. 资产负债评估原则应能适时、恰当地反映出保险公司资产和负债在市场环境中所面临的实际风险状态及其变动。

5. 偿付能力的资产负债评估应充分利用保险公司现存的财务会计系统，在基础数据、计量原则和方法、报告系统等方面尽可能地实现共享和协调，以便有效降低偿付能力评估和管理的实施成本。

6. 计算第一支柱量化资本要求时所使用的资产负债评估原则，应当与计算实际资本时所使用的资产负债评估原则保持一致。

7. 资产负债评估原则应客观反映中国实际，充分考虑对保险行业的影响，标准的设定应适度、可行。

（六）第一支柱量化资本要求的基本原则

1. 第一支柱量化资本要求原则上采用在险价值（Value at Risk）方法，时间参数为1年，置信水平将以我国国情为基础，依据行业定量测试结果确定，例如99.5%或其他数值。

2. 第一支柱量化资本要求的计量基础为净资产，即在计算资本要求时，考虑各类风险因素对保险公司认可资产和认可负债的综合影响。

3. 计算第一支柱量化资本要求时，原则上采用标准模型，条件成熟时，逐步引入内部模型。

4. 在计算资产风险的资本要求时，风险暴露中不应包括非认可资产，因为非认可资产已从实际资本中扣除。

5. 第一支柱量化资本要求的计量，原则上不考虑新增业务。

6. 第一支柱量化资本要求的计量应考虑风险分散效应，采用相关系数矩阵法。

（七）第一支柱量化资本要求的计量方法

1. 第一支柱量化资本要求的计量采用自下而上的方法，从最底层开始按照规定的方法计算各风险模块的资本要求，然后按照规定的汇总方法进行逐级汇总。汇总时，考虑风险模块之间的风险分散效应，通过相关系数矩阵法对各个风险模块的结果进行汇总，得到整个公司的最低资本。

2. 第一支柱最底层风险模块资本要求的计算可选择情景法或者风险因子系数法。不同的风险模块可以选用不同的方法。

（八）第二支柱流动性监管

1. 流动性风险与其他风险关联性较强，信用风险、市场风险、保险风险、操作风险等风险同样会导致保险公司的流动性不足，因此，流动性风险通常被视为一种综合性风险。流动性风险管理除了应当做好流动性安排之外，还应当有效管理其他各类主要风险。

2. 对于流动性风险，持有额外的资本不是最恰当的监管方法，而应当主要通过定性监管手段防范流动性风险。

3. 保险公司应建立健全流动性风险管理治理结构、管理策略、政策和程序，建立全方位的流动性风险识别、计量、监测、控制体系，提升流动性风险管理水平。

4. 流动性监管应当同时考虑单个公司层面和整个集团层面的流动性风险，应当监测当前和未来一段时间内的流动性风险，应当考虑基本情景（即正常经营情况下)和极端不利情景下的流动性风险。

(九)第二支柱风险综合评级

1. 偿付能力监管应反映保险公司所有与偿付能力相关的风险,包括能够量化的风险和难以量化的风险。能够量化的风险,如市场风险、保险风险、信用风险,在三支柱体系中的第一支柱反映;难以量化的风险,如操作风险、战略风险、声誉风险、流动性风险等,在第二支柱反映。同时,在第二支柱中对保险公司所有与偿付能力相关的风险进行综合评价。

2. 风险综合评级包括三部分内容,分别是:对能够量化风险的评价(在第一支柱反映)、对难以量化风险的评价(在第二支柱反映)和对所有风险的综合评价(在第二支柱反映)。

3. 风险综合评级既包括对保险公司总公司的评级,也包括对保险公司分支机构的评级。

(十)第二支柱保险公司风险管理要求与评估

1. 第二支柱保险公司风险管理要求和评估,是对保险公司与偿付能力相关的全部风险的管理要求和对保险公司风险管理能力的评价,不仅包括可量化的风险,还包括不可量化的风险。

2. 保险公司应定期对自身的风险管理能力、特定风险和总体风险状况进行自评估,并向监管机构报告,作为风险综合评级的重要依据。

3. 监管机构可以根据保险公司风险管理能力、水平和实际状况,对保险公司的最低资本进行调整。

4. 第二支柱风险管理要求是对保险公司风险管理的最低要求,保险公司可以在监管要求的基础上,建立更高标准的内部风险管理制度。

(十一)第三支柱公开信息披露

1. 偿付能力公开信息披露应遵循充分性原则。保险公司应当充分披露有助于信息使用者了解保险公司偿付能力风险状况的所有重大相关信息。

2. 偿付能力公开信息披露应遵循及时性原则。保险公司应当定期、及时披露偿付能力相关信息。

3. 偿付能力公开信息披露应遵循真实性原则。保险公司应确保信息披露的内容真实、准确、完整,且没有虚假、严重误导性陈述或重大遗漏。

4. 偿付能力公开信息披露应遵循公平性原则。保险公司应确保具有相关利益的社会公众平等获悉偿付能力相关信息,确保信息披露的集中性、可访问性和信息使用者的获取便利。

5. 偿付能力公开信息披露应遵循成本效益原则。

关于印发《保险公司偿付能力报告编报规则——问题解答第20号:高现金价值产品最低资本》的通知

(2014年4月14日) 保监发〔2014〕34号

各保险公司:

为进一步完善偿付能力监管制度,我会研究制定了《保险公司偿付能力报告编报规则——问题解答第20号:高现金价值产品最低资本》。现予印发,请遵照执行。

保险公司偿付能力报告编报规则——问题解答第20号:高现金价值产品最低资本

问:保险公司依据《中国保监会关于规范高现金价值产品有关事项的通知》(保监发〔2014〕12号)等有关规定,销售的高现金价值产品,应当如何计算最低资本?在最低资本表中应当如何列示?

答:保险公司应当按照下述标准计算和列报高现金价值产品的最低资本:

(一)自2014年1月1日起,如果保险公司销售的高现金价值产品年度保费收入在公司资本金的2倍以内,则遵照现行最低资本的标准;如果年度保费收入超过公司资本金的2倍,则最低资本为全部保险合同期末责任准备金或混合保险合同分拆后其他风险部分负债(含资本金2倍以内的部分)的6%,加上风险保额部分的最低资本。

(二)对2013年度高现金价值产品保费收入高于当年末资本金2倍的保险公司,在过渡期内,如果高现金价值产品年度保费收入在基准额以内,则遵照现行最低资本的标准;如果高现金价值产品年度保费收入超过基准额,则最低资本为全部保险合同期末责任准备金或混合保险合同分拆后其他风险部分负债(含基准额以内的部分)的6%,加上风险保额部分的最低资本。

(三)保险公司应在最低资本表的"长期人身险业务"部分中,增加相应的项目"高现金价值产品保险合同的期末责任准备金"和"高现金价值产品混合保险合同分拆后其他风险部分的负债",反映高现金价值产品的最低资本。调整后的最低资本表见本问题解答附件。

附件:最低资本表(略)

关于印发《保险公司偿付能力报告编报规则——问题解答第21号:次级可转换债券》的通知

（2014年4月4日） 保监发〔2014〕27号

各保险公司、保险集团(控股)公司:

为完善偿付能力监管制度,明确次级可转换债券的偿付能力认可标准,我会研究制定了《保险公司偿付能力报告编报规则——问题解答第21号:次级可转换债券》,自2013年年度偿付能力报告编报起施行。现予印发,请遵照执行。

保险公司偿付能力报告编报规则——问题解答第21号:次级可转换债券

问:根据《关于上市保险公司发行次级可转换债券有关事项的通知》(保监发〔2012〕45号),保险公司或保险集团公司发行的次级可转换债券在偿付能力报告中如何认可和披露?

答:保险公司或保险集团公司根据《关于上市保险公司发行次级可转换债券有关事项的通知》发行的次级可转换债券,属于资本性负债,应当确认为认可负债。剩余年限在2年以上(含2年)的,认可价值为零;剩余年限在1年以上(含1年)、2年以内的,以账面价值的50%作为其认可价值;剩余年限在1年以内的,以账面价值的80%作为其认可价值。

保险集团公司发行的次级可转换债券应当按照《保险公司偿付能力报告编报规则第14号:保险集团》披露有关信息,保险公司发行的次级可转换债券应当按照《保险公司偿付能力报告编报规则第8号:实际资本》披露有关信息。

关于印发《保险公司偿付能力报告编报规则——问题解答第22号：证券投资基金和资产管理产品》的通知

（2014年4月9日） 保监发〔2014〕29号

各保险公司、保险资产管理公司：

为了进一步加强偿付能力监管，完善投资资产认可标准，我会制定了《保险公司偿付能力报告编报规则——问题解答第22号：证券投资基金和资产管理产品》，现予印发，自2014年第1季度偿付能力报告编报起施行。

《保险公司偿付能力报告编报规则第2号：投资资产》中关于证券投资基金的有关规定、《保险公司偿付能力报告编报规则——问题解答第10号：无担保企业（公司）债券、不动产、未上市股权和保险资产管理公司创新试点投资产品》中关于保险资产管理公司创新试点投资产品的有关规定，同时废止。

保险公司偿付能力报告编报规则——问题解答第22号：证券投资基金和资产管理产品

问：保险公司根据有关规定投资的证券投资基金，在偿付能力报告中如何认可？

答：保险公司持有的证券投资基金应当按照下述标准确定认可价值：

（一）保险公司投资的股票基金为认可资产，以账面价值的95%作为其认可价值。股票基金是指根据《证券投资基金运作管理办法》发行的、百分之六十以上的基金资产投资于股票的证券投资基金。

（二）保险公司投资的债券基金为认可资产，以账面价值的98%作为其认可价值。债券基金是指根据《证券投资基金运作管理办法》发行的、百分之八十以上的基金资产投资于债券的证券投资基金。

（三）保险公司投资的货币市场基金为认可资产，以账面价值作为其认可价值。货币市场基金是指根据《证券投资基金运作管理办法》发行的、仅投资于货币市场工具的证券投资基金。

（四）保险公司投资的混合基金为认可资产，以账面价值的95%作为其认可价值。混合基金是指根据《证券投资基金运作管理办法》发行的、投资于股票、债券和货币市场工具，并且股票投资和债券投资的比例不符合第（一）项、第（二）项规定的证券投资基金。

（五）保险公司投资的股票型分级基金为认可资产，其中，优先级份额（A类份额）以账面价值的96%作为其认可价值，劣后级份额（B类份额）以账面价值的90%作为其认可价值。

保险公司投资的债券型分级基金为认可资产，其中，优先级份额（A类份额）以账面价值的99%作为其认可价值，劣后级份额（B类份额）以账面价值的95%作为其认可价值。

分级基金是指依据证监会《分级基金产品审核指引》发行的结构化证券投资基金。

问：保险公司根据《关于保险资产管理公司开展资产管理产品业务试点有关问题的通知》等有关规定，投资的保险资产管理公司或其他保险机构发行的资产管理产品，在偿付能力报告中如何认可和披露？

答：保险公司投资的保险资产管理公司或其他保险机构发行的资产管理产品为认可资产，应当按照下述标准进行认可和披露：

（一）认可标准

1. 单一型资产管理产品应当按照投资标的认可标准确定其认可价值，即保险公司应当以所持有的资产管理产品的账面价值为基础，按照资产管理产品投资标的的认可标准确定其认可价值。单一型资产管理产品是指全部资产或百分之九十以上的资产投资于某一支金融产品或某一特定形式的投资工具的资产管理产品。例如，投资标的仅为银行存款的资产管理产品，保险公司应当按照持有该资产管理产品的账面价值，乘以对应银行存款的认可比例，计算其认可价值。

2. 权益类资产管理产品为认可资产，以账面价值的95%作为其认可价值。权益类资产管理产品是指百分之六十以上的资产投资于权益类资产（包括股票、证券投资基金等）的资产管理产品。

3. 固定收益类资产管理产品为认可资产，以账面价值的98%作为其认可价值。固定收益类资产管理产品是指百分之八十以上的资产投资于固定收益类产品（包括债券、存款、债权类资产等），且投资于信托计划、银行信贷支持证券、商业银行理财产品、证券公司专项资产管理计划等金融产品的比例不高于百分之二十的资产管理产品。

4. 另类资产管理产品为认可资产，以账面价值的85%作为其认可价值。另类资产管理产品是指百分之六十以上资产投资于信托计划、银行信贷支持证券、商业银行理财产品、证券公司专项资产管理计划等金融产品的资产管理产品。

5. 混合类资产管理产品为认可资产，以账面价值的90%作为其认可价值。保监会另有规定的除外。混合类资产管理产品是指不能分类为上述1、2、3、4类的资产管理产品。

（二）信息披露

保险公司应当在认可资产表的“基础设施投资”项目之后、“权益投资”项目之前，增加“资产管理产品”项目，列报所投资的资产管理产品。

关于印发《保险公司偿付能力报告编报规则——问题解答第23号：历史存量高利率保单资金投资的蓝筹股》的通知

（2014年6月24日） 保监发〔2014〕57号

中国人寿保险（集团）公司，中国太平洋人寿保险股份有限公司，中国平安人寿保险股份有限公司，新华人寿保险股份有限公司，泰康人寿保险股份有限公司：

为化解历史存量高利率保单的利差损风险，完善保险公司运用历史存量高利率保单资金投资蓝筹股的认可标准，我会制定了《保险公司偿付能力报告编报规则——问题解答第23号：历史存量高利率保单资金投资的蓝筹股》，自2014年第2季度偿付能力报告编报起施行。现予印发，请遵照执行。

保险公司偿付能力报告编报规则——问题解答第23号：历史存量高利率保单资金投资的蓝筹股

问：经保监会批准，保险公司运用历史存量高利率保单资金投资的蓝筹股，在偿付能力报告中如何认可？

答：历史存量高利率保单是指寿险公司1999年6月10日之前签发的定价利率高于2.5%的保单。蓝筹股是指在中国主板市场发行，个股市值高于200亿元人民币、现金红利支付率不低于10%或股息率高于3%的股票。

（一）适用条件

保险公司运用历史存量高利率保单资金投资的蓝筹股，符合下列条件的，按照本问题解答进行认可：

1. 保险公司对历史存量高利率保单资金设立专门账户、封闭运作，并单独管理；

2. 保险公司历史存量高利率保单资金投资蓝筹股的目的是长期持有，而非短期交易。保险公司管理层应当明确投资各蓝筹股的目的，并形成书面记录。

不符合上述条件的蓝筹股投资，应当按照《保险公司偿付能力报告编报规则第2号：投资资产》有关规定确定认可价值。

（二）认可标准

保险公司历史存量高利率保单资金投资的蓝筹股为认可资产，按照以下标准确定认可价值：

1. 认可价值 =（每股投资成本 ×95% + 浮动盈亏 × 认可比例）× 持有股数

2. 每股投资成本是指以单支股票为基础，按照买入的实际成本，采用移动加权平均方法计算出的每股股票的成本。

3. 浮动盈亏 = 偿付能力报告日最近一个交易日的收盘价 – 每股投资成本。

4. 浮动盈亏按照超额累退方式进行分段认可，具体认可比例如下：

（1）在投资成本10%（含10%）以内的浮动盈亏，认可比例为85%；

（2）超过投资成本10%，但不超过20%（含20%）的浮动盈亏，认可比例为70%；

（3）超过投资成本20%，但不超过50%（含50%）的浮动盈亏，认可比例为50%；

（4）超过投资成本50%，但不超过100%（含100%）的浮动盈亏，认可比例为20%；

（5）超过投资成本100%的浮盈部分，认可比例为0；

5. 保险公司持有的每股投资成本低于被投资公司每股净资产的蓝筹股，其浮亏的认可比例均为20%，浮盈的认可比例按照上述第4条规定确定。

关于印发《保险公司偿付能力报告编报规则——问题解答第24号:信托计划》的通知

（2014年9月23日） 保监发〔2014〕77号

各保险集团（控股）公司，各保险公司，各保险资产管理公司：

为有效防范保险公司信托计划投资的风险，完善信托计划的偿付能力认可标准，我会制定了《保险公司偿付能力报告编报规则——问题解答第24号：信托计划》。现予印发，自发布之日起施行。

保险公司偿付能力报告编报规则——问题解答第24号:信托计划

问：保险公司投资信托公司发行的信托计划，在编制偿付能力报告时如何认可？

答：保险公司在本问题解答发布前投资的信托计划，按照《保险公司偿付能力报告编报规则——问题解答第17号：非保险类金融机构发行的金融产品》进行认可；在本问题解答发布后投资的信托计划，使用外部评级法的，应当按照下述标准进行认可：

（一）保险公司投资的固定收益类集合资金信托计划。

1.信用评级为AAA级的集合资金信托计划，以账面价值的90%作为其认可价值。

2.信用评级为AA级以上（含AA级）但低于AAA级的集合资金信托计划，以账面价值的85%作为其认可价值。

3.信用评级为A级以上（含A级）但低于AA级的集合资金信托计划，以账面价值的75%作为其认可价值。

4.信用评级为A级以下或没有评级的集合资金信托计划，为非认可资产。

（二）保险公司投资的权益类集合资金信托计划，以账面价值的75%作为其认可价值。

税务

中华人民共和国营业税暂行条例实施细则

（2008年12月18日财政部、国家税务总局令第52号公布　根据2011年10月28日《关于修改〈中华人民共和国增值税暂行条例实施细则〉和〈中华人民共和国营业税暂行条例实施细则〉的决定》修订）　财政部令〔2011〕65号

第一条　根据《中华人民共和国营业税暂行条例》(以下简称条例)，制定本细则。

第二条　条例第一条所称条例规定的劳务是指属于交通运输业、建筑业、金融保险业、邮电通信业、文化体育业、娱乐业、服务业税目征收范围的劳务(以下称应税劳务)。

加工和修理、修配，不属于条例规定的劳务(以下称非应税劳务)。

第三条　条例第一条所称提供条例规定的劳务、转让无形资产或者销售不动产，是指有偿提供条例规定的劳务、有偿转让无形资产或者有偿转让不动产所有权的行为(以下称应税行为)。但单位或者个体工商户聘用的员工为本单位或者雇主提供条例规定的劳务，不包括在内。

前款所称有偿，是指取得货币、货物或者其他经济利益。

第四条　条例第一条所称在中华人民共和国境内(以下简称境内)提供条例规定的劳务、转让无形资产或者销售不动产，是指：

(一)提供或者接受条例规定劳务的单位或者个人在境内；

(二)所转让的无形资产(不含土地使用权)的接受单位或者个人在境内；

(三)所转让或者出租土地使用权的土地在境内；

(四)所销售或者出租的不动产在境内。

第五条　纳税人有下列情形之一的，视同发生应税行为：

(一)单位或者个人将不动产或者土地使用权无偿赠送其他单位或者个人；

(二)单位或者个人自己新建(以下简称自建)建筑物后销售，其所发生的自建行为；

(三)财政部、国家税务总局规定的其他情形。

第六条　一项销售行为如果既涉及应税劳务又涉及货物，为混合销售行为。

除本细则第七条的规定外，从事货物的生产、批发或者零售的企业、企业性单位和个体工商户的混合销售行为，视为销售货物，不缴纳营业税；其他单位和个人的混合销售行为，视为提供应税劳务，缴纳营业税。

第一款所称货物，是指有形动产，包括电力、热力、气体在内。

第一款所称从事货物的生产、批发或者零售的企业、企业性单位和个体工商户，包括以从事货物的生产、批发或者零售为主，并兼营应税劳务的企业、企业性单位和个体工商户在内。

第七条 纳税人的下列混合销售行为，应当分别核算应税劳务的营业额和货物的销售额，其应税劳务的营业额缴纳营业税，货物销售额不缴纳营业税；未分别核算的，由主管税务机关核定其应税劳务的营业额：

（一）提供建筑业劳务的同时销售自产货物的行为；

（二）财政部、国家税务总局规定的其他情形。

第八条 纳税人兼营应税行为和货物或者非应税劳务的，应当分别核算应税行为的营业额和货物或者非应税劳务的销售额，其应税行为营业额缴纳营业税，货物或者非应税劳务销售额不缴纳营业税；未分别核算的，由主管税务机关核定其应税行为营业额。

第九条 条例第一条所称单位，是指企业、行政单位、事业单位、军事单位、社会团体及其他单位。

条例第一条所称个人，是指个体工商户和其他个人。

第十条 除本细则第十一条和第十二条的规定外，负有营业税纳税义务的单位为发生应税行为并收取货币、货物或者其他经济利益的单位，但不包括单位依法不需要办理税务登记的内设机构。

第十一条 单位以承包、承租、挂靠方式经营的，承包人、承租人、挂靠人（以下统称承包人）发生应税行为，承包人以发包人、出租人、被挂靠人（以下统称发包人）名义对外经营并由发包人承担相关法律责任的，以发包人为纳税人；否则以承包人为纳税人。

第十二条 中央铁路运营业务的纳税人为铁道部，合资铁路运营业务的纳税人为合资铁路公司，地方铁路运营业务的纳税人为地方铁路管理机构，基建临管线运营业务的纳税人为基建临管线管理机构。

第十三条 条例第五条所称价外费用，包括收取的手续费、补贴、基金、集资费、返还利润、奖励费、违约金、滞纳金、延期付款利息、赔偿金、代收款项、代垫款项、罚息及其他各种性质的价外收费，但不包括同时符合以下条件代为收取的政府性基金或者行政事业性收费：

（一）由国务院或者财政部批准设立的政府性基金，由国务院或者省级人民政府及其财政、价格主管部门批准设立的行政事业性收费；

（二）收取时开具省级以上财政部门印制的财政票据；

（三）所收款项全额上缴财政。

第十四条 纳税人的营业额计算缴纳营业税后因发生退款减除营业额的，应当退还已缴纳营业税税款或者从纳税人以后的应缴纳营业税税额中减除。

第十五条 纳税人发生应税行为，如果将价款与折扣额在同一张发票上注明的，以折扣后的价款为营业额；如果将折扣额另开发票的，不论其在财务上如何处理，均不得从营业额中扣除。

第十六条 除本细则第七条规定外，纳税人提供建筑业劳务（不含装饰劳务）的，其营业额应当包括工程所用原材料、设备及其他物资和动力价款在内，但不包括建设方提供的设备的价款。

第十七条 娱乐业的营业额为经营娱乐业收取的全部价款和价外费用，包括门票收费、台位费、点歌费、烟酒、饮料、茶水、鲜花、小吃等收费及经营娱乐业的其他各项收费。

第十八条 条例第五条第（四）项所称外汇、有价证券、期货等金融商品买卖业务，是指纳税人从事的外汇、有价证券、非货物期货和其他金融商品买卖业务。

货物期货不缴纳营业税。

第十九条 条例第六条所称符合国务院税务主管部门有关规定的凭证（以下统称合法有效凭证），是指：

（一）支付给境内单位或者个人的款项，且该单位或者个人发生的行为属于营业税或者增值税征收范围的，以该单位或者个人开具的发票为合法有效凭证；

（二）支付的行政事业性收费或者政府性基金，以开具的财政票据为合法有效凭证；

（三）支付给境外单位或者个人的款项，以该单位或者个人的签收单据为合法有效凭证，税务机关对签收单据有疑义的，可以要求其提供境外公证机构的确认证明；

（四）国家税务总局规定的其他合法有效凭证。

第二十条 纳税人有条例第七条所称价格明显偏低并无正当理由或者本细则第五条所列视同发生应税行为而无营业额的，按下列顺序确定其营业额：

（一）按纳税人最近时期发生同类应税行为的平均价格核定；

（二）按其他纳税人最近时期发生同类应税行为的平均价格核定；

（三）按下列公式核定：

营业额 = 营业成本或者工程成本 ×（1 + 成本利润率）÷（1 − 营业税税率）

公式中的成本利润率，由省、自治区、直辖市税务局确定。

第二十一条 纳税人以人民币以外的货币结算营业额的，其营业额的人民币折合率可以选择营业额发生的当天或者当月1日的人民币汇率中间价。纳税人应当在事先确定采用何种折合率，确定后1年内不得变更。

第二十二条 条例第八条规定的部分免税项目的范围，限定如下：

（一）第一款第（二）项所称残疾人员个人提供的劳务，是指残疾人员本人为社会提供的劳务。

（二）第一款第（四）项所称学校和其他教育机构，是指普通学校以及经地、市级以上人民政府或者同级政府的教育行政部门批准成立、国家承认其学员学历的各类学校。

（三）第一款第（五）项所称农业机耕，是指在农业、林业、牧业中使用农业机械进行耕作（包括耕耘、种植、收割、脱粒、植物保护等）的业务；排灌，是指对农田进行灌溉或排涝的业务；病虫害防治，是指从事农业、林业、牧业、渔业的病虫害测报和防治的业务；农牧保险，是指为种植业、养殖业、牧业种植和饲养的动植物提供保险的业务；相关技术培训，是指与农业机耕、排灌、病虫害防治、植物保护业务相关以及为使农民获得农牧保险知识的技术培训业务；家禽、牲畜、水生动物的配种和疾病防治业务的免税范围，包括与该项劳务有关的提供药品和医疗用具的业务。

（四）第一款第（六）项所称纪念馆、博物馆、文化馆、文物保护单位管理机构、美术馆、展览馆、书画院、图书馆举办文化活动，是指这些单位在自己的场所举办的属于文化体育业税目征税范围的文化活动。其门票收入，是指销售第一道门票的收入。宗教场所举办文化、宗教活动的门票收入，是指寺院、宫观、清真寺和教堂举办文化、宗教活动销售门票的收入。

（五）第一款第（七）项所称为出口货物提供的保险产品，包括出口货物保险和出口信用保险。

第二十三条 条例第十条所称营业税起征点，是指纳税人营业额合计达到起征点。

营业税起征点的适用范围限于个人。

营业税起征点的幅度规定如下：

（一）按期纳税的，为月营业额5000－20000元；

（二）按次纳税的，为每次（日）营业额300－500元。

省、自治区、直辖市财政厅（局）、税务局应当在规定的幅度内，根据实际情况确定本地区适用的起征点，并报财政部、国家税务总局备案。

第二十四条 条例第十二条所称收讫营业收入款项，是指纳税人应税行为发生过程中或者完成后收取的款项。

条例第十二条所称取得索取营业收入款项凭据的当天，为书面合同确定的付款日期的当天;未签订书面合同或者书面合同未确定付款日期的,为应税行为完成的当天。

第二十五条 纳税人转让土地使用权或者销售不动产,采取预收款方式的,其纳税义务发生时间为收到预收款的当天。

纳税人提供建筑业或者租赁业劳务,采取预收款方式的,其纳税义务发生时间为收到预收款的当天。

纳税人发生本细则第五条所称将不动产或者土地使用权无偿赠送其他单位或者个人的,其纳税义务发生时间为不动产所有权、土地使用权转移的当天。

纳税人发生本细则第五条所称自建行为的,其纳税义务发生时间为销售自建建筑物的纳税义务发生时间。

第二十六条 按照条例第十四条规定,纳税人应当向应税劳务发生地、土地或者不动产所在地的主管税务机关申报纳税而自应当申报纳税之月起超过6个月没有申报纳税的,由其机构所在地或者居住地的主管税务机关补征税款。

第二十七条 银行、财务公司、信托投资公司、信用社、外国企业常驻代表机构的纳税期限为1个季度。

第二十八条 本细则自2009年1月1日起施行。

财政部、国家税务总局关于印发《关于个人独资企业和合伙企业投资者征收个人所得税的规定》的通知

(2000年9月19日) 财税〔2000〕91号

各省、自治区、直辖市和计划单列市财政厅(局)、地方税务局:

为了认真贯彻落实《国务院关于个人独资企业和合伙企业征收所得税问题的通知》(国发2000〔16〕号,以下简称通知)精神,切实做好个人独资企业和合伙企业投资者的个人所得税征管工作,财政部、国家税务总局制定了《关于个人独资企业和合伙企业投资者征收个人所得税的规定》(以下简称规定),现印发你们,并就有关事项通知如下:

一、各级领导要高度重视,确保政策调整和征收工作顺利进行。国务院通知对个人独资企业和合伙企业停征企业所得税,只对其投资者的经营所得征收个人所得税,是我国鼓励个人投资、公平税负和完善所得税制度的一次重大政策调整,既为个人独资企业和合伙企业的发展创造了条件,有利于国民经济持续、稳定、健康

地发展，又是规范所得税制度的一项重要措施，有利于进一步加强所得税的征收管理。因此，各级税务机关的领导要予高度重视、精心组织，切实做好贯彻落实国务院通知精神的各项工作，掌握这项政策调整给征管和收入带来变化的有关情况，及时研究解决其中产生的有关问题，确保政策到位、征管到位。

二、做好政策调整的宣传解释工作。调整个人独资企业和合伙企业及其投资者的所得税政策，涉及面广，政策性强，社会关注程度高，因此，应认真作好宣传解释工作。从事所得税工作的人员要首先学习和理解国务院通知的精神和意义，领会规定的内容，在此基础上，向广大个人投资者广泛宣传国务院通知对支持和鼓励个人投资办企业的重要意义、所得税政策调整的具体规定和征收管理的具体办法，办贯彻落实国务院通知精神、做好征收管理各项工作打下良好基础。

三、准确掌握个人投资者情况和税源状况。各主管税务机关要及时与工商管理部门联系，尽快摸清现有独资、合伙性质的企业及其投资者的基本情况，建立经常联系渠道，随时掌握个人独资企业和合伙企业的登记情况；要对已成立的个人独资企业和合伙企业限定时间办理变更税务登记；做好内部的管理衔接工作，建立个人投资者档案，对查帐征收、核定征收、税源大户和一般户的个人投资者，要区分情况分类管理；对实行核定征收所得税的个人独资企业和合伙企业，改征个人所得税后，原则上应保持原所得税定额水平。

四、做好所得税优惠的衔接工作。个人独资企业和合伙企业停止征收企业所得税后，原有按照企业所得税有关规定享受的税收优惠、尚未执行到期的，可在2000年12月31日前继续执行。从2001年1月1日起，停止执行企业所得税优惠政策，统一按照个人所得税法的有关规定执行。

五、做好2000年年终的个人所得税汇算清缴工作。2000年年度终了后投资者进行个人所得税汇算清缴时，个人独资企业和合伙企业2000年已预缴的企业所得税税款可以抵扣投资者应缴纳的个人所得税税额。汇算清缴需要退税的，先退预缴的企业所得税，不足部分再退预缴的个人所得税。

附件1：

关于个人独资企业和合伙企业投资者征收个人所得税的规定

第一条 为了贯彻落实《国务院关于个人独资企业和合伙企业征收所得税问题的通知》精神，根据《中华人民共和国个人所得税法》及其实施条例、《中华人民共和国税收征收管理法》及其实施细则的有关规定，特制定本规定。

第二条 本规定所称个人独资企业和合伙企业是指：

（一）依照《中华人民共和国个人独资企业法》和《中华人民共和国合伙企业法》登记成立的个人独资企业、合伙企业；

（二）依照《中华人民共和国私营企业暂行条例》登记成立的独资、合伙性质的私营企业；

（三）依照《中华人民共和国律师法》登记成立的合伙制律师事务所；

（四）经政府有关部门依照法律法规批准成立的负无限责任和无限连带责任的其他个人独资、个人合伙性质的机构或组织。

第三条 个人独资企业以投资者为纳税义务人，合伙企业以每一个合伙人为纳税义务人（以下简称投资者）。

第四条 个人独资企业和合伙企业（以下简称企业）每一纳税年度的收入总额减除成本、费用以下损失后的余额，作为投资者个人的生产经营所得，比照个人所得税法的“个体工商户的生产经营所得”应税项目，适用5% -35%的五级超额累进税率，计算征收个人所得税。

前款所称收入总额，是指企业从事生产经营以及与生产经营有关的活动所取得的各项收入，包括商品（产品）销售收入、营运收入、劳务服务收入、工程价款收入、财产出租或转让收入、利息收入、其他业务收入和营业外收入。

第五条 个人独资企业的投资者以全部生产经营所得为应纳税所得额；合伙企业的投资者按照合伙企业的全部生产经营所得和合伙协议约定的分配比例确定应纳税所得额，合伙协议没有约定分配比例的，以全部生产经营所得和合伙人数量平均计算每个投资者的应纳税所得额。

前款所称生产经营所得，包括企业分配给投资者个人的所得和企业当年留存的所得（利润）。

第六条 凡实行查账征税办法的，生产经营所得比照《个体工商户个人所得税计税办法（试行）》（国税发〔1997〕43号）的规定确定。但下列项目的扣除依照本办法的规定执行：

（一）投资者的费用扣除标准，由各省、自治区、直辖市地方税务局参照个人所得税法“工资、薪金所得”项目的费用扣除标准确定。投资者的工资不得在税前扣除。

（二）企业从业人员的工资支出按标准在税前扣除，具体标准由各省、自治区、直辖市地方税务局参照企业所得税计税工资标准确定。

（三）投资者及其家庭发生的生活费用不允许在税前扣除。投资者及其家庭发生的生活费用与企业生产经营费用混合在一起，并且难以划分的，全部视为投资者个人及其家庭发生的生活费用，不允许在税前扣除。

（四）企业生产经营和投资者及其家庭生活共用的固定资产，难以划分的，由主管税务机关根据企业的生产经营类型、规模等具体情况，核定准予在税前扣除的折旧费用的数额或比例。

（五）企业实际发生的工会经费、职工福利费、职工教育经费分别在其计税工资总额的2%、14%、1.5%的标准内据实扣除。

（六）企业每一纳税年度发生的广告和业务宣传费用不超过当年销售（营业）收入2%的部分，可据实扣除；超过部分可无限期向以后纳税年度结转。

（七）企业每一纳税年度发生的与其生产经营业务直接相关的业务招待费，在以下规定比例范围内，可据实扣除：全年销售（营业）收入净额在1500万元及其以下的，不超过销售（营业）收入净额的5‰；全年销售（营业）收入净额超过1500万元的，不超过该部分的3‰。

（八）企业计提的各种准备金不得扣除。

第七条 有下列情形之一的，主管税务机关应采取核定征收方式征收个人所得税：

（一）企业依照国家有关规定应当设置但未设置账簿的；

（二）企业虽设置账簿，但账目混乱或者成本资料、收入凭证、费用凭证残缺不全，难以查账的；

（三）纳税人发生纳税义务，未按照规定的期限办理纳税申报，经税务机关责令限期申报，逾期仍不申报的。

第八条 第七条所说核定征收方式，包括定额征收、核定应税所得率征收以及其他合理的征收方式。

第九条 实行核定应税所得率征收方式的，应纳所得税额的计算公式如下：

应纳所得税额＝应纳税所得额×适用税率

应纳税所得额＝收入总额×应税所得率

或——＝成本费用支出额÷（1－应税所得率）×应税所得率

应税所得率应按下表规定的标准执行：

应税所得率表

行业	应税所得率（%）
工业、交通运输业、商业	5－20
建筑业、房地产开发业	7－20
饮食服务业	7－25
娱乐业	20－40
其他行业	10－30

企业经营多业的，无论其经营项目是否单独核算，均应根据其主营项目确定其适用的应税所得率。

第十条 实行核定征税的投资者，不能享受个人所得税的优惠政策。

第十一条 企业与其关联企业之间的业务往来，应当按照独立企业之间的业务往来收取或者支付价款、费用。不按照独立企业之间的业务往来收取或者支付价款、费用，而减少其应纳税所得额的，主管税务机关有权进行合理调整。

前款所称关联企业，其认定条件及税务机关调整其价款、费用的方法，按照《中华人民共和国税收征收管理法》及其实施细则的有关规定执行。

第十二条 投资者兴办两个或两个以上企业的（包括参与兴办，下同），年度终了时，应汇总从所有企业取得的应纳税所得额，据此确定适用税率并计算缴纳应纳税款。

第十三条 投资者兴办两个或两个以上企业的，根据本规定第六条第一款规定准予扣除的个人费用，由投资者选择在其中一个企业的生产经营所得中扣除。

第十四条 企业的年度亏损，允许用本企业下一年度的生产经营所得弥补，下一年度所得不足弥补的，允许逐年延续弥补，但最长不得超过5年。

投资者兴办两个或两个以上企业的，企业的年度经营亏损不能跨企业弥补。

第十五条 投资者来源于中国境外的生产经营所得，已在境外缴纳所得税的，可以按照个人所得税法的有关规定计算扣除已在境外缴纳的所得税。

第十六条 企业进行清算时，投资者应当在注销工商登记之前，向主管税务机关结清有关税务事宜。企业的清算所得应当视为年度生产经营所得，由投资者依法缴纳个人所得税。

前款所称清算所得，是指企业清算时的全部资产或者财产的公允价值扣除各项清算费用、损失、负债、以前年度留存的利润后，超过实缴资本的部分。

第十七条 投资者应纳的个人所得税税款，按年计算，分月或者分季预缴，由投资者在每月或者每季度终了后7日内预缴，年度终了后3个月内汇算清缴，多退少补。

第十八条 企业在年度中间合并、分立、终止时，投资者应当在停止生产经营之日起60日内，向主管税务机关办理当期个人所得税汇算清缴。

第十九条 企业在纳税年度的中间开业，或者由于合并、关闭等原因，使该纳税年度的实际经营期不足12个月的，应当以其实际经营期为一个纳税年度。

第二十条 投资者应向企业实际经营管理所在地主管税务机关申报缴纳个人所得税。投资者从合伙企业取得的生产经营所得，由合伙企业向企业实际经营管理所在地主管税务机关申报缴纳投资者应纳的个人所得税，并将个人所得税申报表抄送投资者。

投资者兴办两个或两个以上企业的，应分别向企业实际经营管理所在地主管税务机关预缴税款。年度终了后办理汇算清缴时，区别不同情况分别处理：

（一）投资者兴办的企业全部是个人独资性质的，分别向各企业的实际经营管理所在地主管税务机关办理年度纳税申报，并依所有企业的经营所得总额确定适用税率，以本企业的经营所得为基础，计算应缴税款，办理汇算清缴；

（二）投资者兴办的企业中含有合伙性质的，投资者应向经常居住地主管税务机关申报纳税，办理汇算清缴，但经常居住地与其兴办企业的经营管理所在地不一致的，应选定其参与兴办的某一合伙企业的经营管理所在地为办理年度汇算清缴所在地，并在5年内不得变更。5年后需要变更的，须经原主管税务机关批准。

第二十一条 投资者在预缴个人所得税时，应向主管税务机关报送《个人独资企业和合伙企业投资者个人所得税申报表》，并附送会计报表。

年度终了后30日内，投资者应向主管税务机关报送《个人独资企业和合伙企业投资者个人所得税申报表》，并附送年度会计决算报表和预缴个人所得税纳税凭证。

投资者兴办两个或两个以上企业的，向企业实际经营管理所在地主管税务机关办理年度纳税申报时，应附注从其他企业取得的年度应纳税所得额；其中含有合伙企业的，应报送汇总从所有企业取得的所得情况的《合伙企业投资者个人所得税汇总申报表》，同时附送所有企业的年度会计决算报表和当年度已缴个人所得税纳税凭证。

第二十二条 投资者的个人所得税征收管理工作由地方税务局负责。

第二十三条 投资者的个人所得税征收管理的其他事项，依照《中华人民共和国税收征收管理法》、《中华人民共和国个人所得税法》的有关规定执行。

第二十四条 本规定由国家税务总局负责解释。各省、自治区、直辖市地方科中务局可以根据本规定规定的原则，结合本地实际，制定具体实施办法。

第二十五条 本规定从2000年1月1日起执行。

附件2：个人独资企业和合伙企业投资者个人所得税申报表（已废止）

附件3：合伙企业投资者个人所得税汇总申报表（已废止）

附件4：《个人独资企业和合伙企业投资者个人所得税申报表》填报说明（已废止）

附件5：《合伙企业投资者个人所得税汇总申报表》填报说明（略）

国家税务总局关于《关于个人独资企业和合伙企业投资者征收个人所得税的规定》执行口径的通知

（2001 年 1 月 17 日） 国税函〔2001〕84 号

各省、自治区、直辖市和计划单列市地方税务局：

为更好地贯彻落实财政部、国家税务总局《关于印发〈关于个人独资企业和合伙企业投资者征收个人所得税的规定〉的通知》（财税〔2000〕91 号）（以下简称《通知》）精神，切实做好个人独资企业和合伙企业投资者个人所得税的征收管理工作，现对《通知》中有关规定的执行口径明确如下：

一、关于投资者兴办两个或两个以上企业，并且企业全部是独资性质的，其年度终了后汇算清缴时应纳税款的计算问题

投资者兴办两个或两个以上企业，并且企业性质全部是独资的，年度终了后汇算清缴时，应纳税款的计算按以下方法进行：汇总其投资兴办的所有企业的经营所得作为应纳税所得额，以此确定适用税率，计算出全年经营所得的应纳税额，再根据每个企业的经营所得占所有企业经营所得的比例，分别计算出每个企业的应纳税额和应补缴税额。计算公式如下：

应纳税所得额 = ∑各个企业的经营所得

应纳税额 = 应纳税所得额 × 税率 − 速算扣除数

本企业应纳税额 = 应纳税额 × 本企业的经营所得/∑各个企业的经营所得

本企业应补缴的税额 = 本企业应纳税额 − 本企业预缴的税额

二、关于个人独资企业和合伙企业对外投资分回利息、股息、红利的征税问题

个人独资企业和合伙企业对外投资分回的利息或者股息、红利，不并入企业的收入，而应单独作为投资者个人取得的利息、股利、红利所得，按“利息、股息、红利”所得，按“利息、股利、红利所得”应税项目计算缴纳个人所得税。以合伙企业名义对外投资分回利息或者股利、红利的，应按《通知》所附规定的第五条精神确定各个投资者的利息、股利、红利所得，分别按“利息、股息、红利所得”应税项目计算缴纳个人所得税。

三、关于个人独资企业和合伙企业由实行查账征税方式改为核定征税方式后，未弥补完的年度经营亏损是否允许继续弥补的问题

实行查帐征税方式的个人独资企业和合伙企业改为核定征税方式后，在查账征税方式下认定的年度经营亏损未弥补完的部分，不得再继续弥补。

四、关于残疾人员兴办或参与兴办个人独资企业和合伙企业的税收优惠问题

残疾人员投资兴办或参与投资兴办个人独资企业和合伙企业的，残疾人员取得的生产经营所得，符合各省、自治区、直辖市人民政府规定的减征个人所得税条件的，经本人申请、主管税务机关审核批准，可按各省、自治区、直辖市人民政府规定减征的范围和幅度，减征个人所得税。

财政部、国家税务总局关于营业税若干政策问题的通知

（2003年1月15日） 财税〔2003〕16号

各省、自治区、直辖市、计划单列市财政厅（局）、地方税务局，新疆生产建设兵团财务局：

经研究，现对营业税若干业务问题明确如下：

一、关于征收范围问题

（一）燃气公司和生产、销售货物或提供增值税应税劳务的单位，在销售货物或提供增值税应税劳务时，代有关部门向购买方收取的集资费（包括管道煤气集资款〈初装费〉）、手续费、代收款等，属于增值税价外收费，应征收增值税，不征收营业税。

（二）保险企业取得的追偿款不征收营业税。

以上所称追偿款，是指发生保险事故后，保险公司按照保险合同的约定向被保险人支付赔款，并从被保险人处取得对保险标的价款进行追偿的权利而追回的价款。

（三）《财政部、国家税务总局关于福利彩票有关税收问题的通知》（财税〔2002〕59号）规定，“福利彩票机构发行销售福利彩票取得的收入不征收营业税”，其中的“福利彩票机构”包括福利彩票销售管理机构和与销售管理机构签有电脑福利彩票投注站代理销售协议书，并直接接受福利彩票销售管理机构的监督、管理的电脑福利彩票投注点。

（四）《财政部、国家税务总局关于对中国出口信用保险公司办理的出口信用保险业务不征收营业税的通知》（财税〔2002〕157号）规定，“对中国出口信用保险公司办理的出口信用保险业务不征收营业税”，这里的“出口信用保险业务”包括

出口信用保险业务和出口信用担保业务。

以上所称出口信用担保业务，是指与出口信用保险相关的信用担保业务，包括融资担保（如设计融资担保、项目融资担保、贸易融资担保等）和非融资担保（如投标担保、履约担保、预付款担保等）。

（五）随汽车销售提供的汽车按揭服务和代办服务业务征收增值税，单独提供按揭、代办服务业务，并不销售汽车的，应征收营业税。

二、关于适用税目问题

（一）电影发行单位以出租电影拷贝形式将电影拷贝播映权在一定限期内转让给电影放映单位的行为按"转让无形资产"税目征收营业税。

（二）单位和个人从事快递业务按"邮电通信业"税目征收营业税。

（三）单位和个人在旅游景点经营索道取得的收入按"服务业"税目"旅游业"项目征收营业税。

（四）单位和个人开办"网吧"取得的收入，按"娱乐业"税目征收营业税。

（五）电信单位（指电信企业和经电信行政管理部门批准从事电信业务的单位，下同）提供的电信业务（包括基础电信业务和增值电信业务，下同）按"邮电通信业"税目征收营业税。

以上所称基础电信业务是指提供公共网络基础设施、公共数据传送和基本语音通信服务的业务，具体包括固定网国内长途及本地电话业务、移动通信业务、卫星通信业务、因特网及其他数据传送业务、网络元素出租出售业务、电信设备及电路的出租业务、网络接入及网络托管业务，国际通信基础设施国际电信业务、无线寻呼业务和转售的基础电信业务。

以上所称增值电信业务是指利用公共网络基础设施提供的电信与信息服务的业务，具体包括固定电话网增值电信业务、移动电话网增值电信业务、卫星网增值电信业务、因特网增值电信业务、其他数据传送网络增值电信业务等服务。

（六）双方签订承包、租赁合同（协议，下同），将企业或企业部分资产出包、租赁，出包、出租者向承包、承租方收取的承包费、租赁费（承租费，下同）按"服务业"税目征收营业税。出包方收取的承包费凡同时符合以下三个条件的，属于企业内部分配行为不征收营业税：

1. 承包方以出包方名义对外经营，由出包方承担相关的法律责任；

2. 承包方的经营收支全部纳入出包方的财务会计核算；

3. 出包方与承包方的利益分配是以出包方的利润为基础。

（七）单位和个人转让在建项目时，不管是否办理立项人和土地使用人的更名手续，其实质是发生了转让不动产所有权或土地使用权的行为。对于转让在建项目行为应按以下办法征收营业税：

1. 转让已完成土地前期开发或正在进行土地前期开发，但尚未进入施工阶段的在建项目，按“转让无形资产”税目中“转让土地使用权”项目征收营业税。

2. 转让已进入建筑物施工阶段的在建项目，按“销售不动产”税目征收营业税。

在建项目是指立项建设但尚未完工的房地产项目或其他建设项目。

（八）土地整理储备供应中心（包括土地交易中心）转让土地使用权取得的收入按“转让无形资产”税目中“转让土地使用权”项目征收营业税。

三、关于营业额问题

（一）单位和个人提供营业税应税劳务、转让无形资产和销售不动产发生退款，凡该项退款已征收过营业税的，允许退还已征税款，也可以从纳税人以后的营业额中减除。

（二）单位和个人在提供营业税应税劳务、转让无形资产、销售不动产时，如果将价款与折扣额在同一张发票上注明的，以折扣后的价款为营业额；如果将折扣额另开发票的，不论其在财务上如何处理，均不得从营业额中减除。

电信单位销售的各种有价电话卡，由于其计费系统只能按有价电话卡面值出账并按有价电话卡面值确认收入，不能直接在销售发票上注明折扣折让额，以按面值确认的收入减去当期财务会计上体现的销售折扣折让后的余额为营业额。

（三）单位和个人提供应税劳务、转让无形资产和销售不动产时，因受让方违约而从受让方取得的赔偿金收入，应并入营业额中征收营业税。

（四）单位和个人因财务会计核算办法改变将已缴纳过营业税的预收性质的价款逐期转为营业收入时，允许从营业额中减除。

（五）保险企业已征收过营业税的应收未收保费，凡在财务会计制度规定的核算期限内未收回的，允许从营业额中减除。在会计核算期限以后收回的已冲减的应收未收保费，再并入当期营业额中。

（六）保险企业开展无赔偿奖励业务的，以向投保人实际收取的保费为营业额。

（七）中华人民共和国境内的保险人将其承保的以境内标的物为保险标的的保险业务向境外再保险人办理分保的，以全部保费收入减去分保保费后的余额为营业额。

境外再保险人应就其分保收入承担营业税纳税义务，并由境内保险人扣缴境外再保险人应缴纳的营业税税款。

（八）金融企业（包括银行和非银行金融机构，下同）从事股票、债券买卖业务以股票、债券的卖出价减去买入价后的余额为营业额。买入价依照财务会计制度规定，以股票、债券的购入价减去股票、债券持有期间取得的股票、债券红利收入的余额确定。

（九）金融企业买卖金融商品（包括股票、债券、外汇及其他金融商品，下同），可在同一会计年度末，将不同纳税期出现的正差和负差按同一会计年度汇总的方式计算并缴纳营业税，如果汇总计算应缴的营业税税额小于本年已缴纳的营业税税额，可以向税务机关申请办理退税，但不得将一个会计年度内汇总后仍为负差的部分结转下一会计年度。

（十）金融企业从事受托收款业务，如代收电话费、水电煤气费、信息费、学杂费、寻呼费、社保统筹费、交通违章罚款、税款等，以全部收入减去支付给委托方价款后的余额为营业额。

（十一）经中国人民银行、外经贸部和国家经贸委批准经营融资租赁业务的单位从事融资租赁业务的，以其向承租者收取的全部价款和价外费用（包括残值）减除出租方承担的出租货物的实际成本后的余额为营业额。

以上所称出租货物的实际成本，包括由出租方承担的货物的购入价、关税、增值税、消费税、运杂费、安装费、保险费和贷款的利息（包括外汇借款和人民币借款利息）。

（十二）劳务公司接受用工单位的委托，为其安排劳动力，凡用工单位将其应支付给劳动力的工资和为劳动力上交的社会保险（包括养老保险金、医疗保险、失业保险、工伤保险等，下同）以及住房公积金统一交给劳务公司代为发放或办理的，以劳务公司从用工单位收取的全部价款减去代收转付给劳动力的工资和为劳动力办理社会保险及住房公积金后的余额为营业额。

（十三）通信线路工程和输送管道工程所使用的电缆、光缆和构成管道工程主体的防腐管段、管件（弯头、三通、冷弯管、绝缘接头）、清管器、收发球筒、机泵、加热炉、金属容器等物品均属于设备，其价值不包括在工程的计税营业额中。

其他建筑安装工程的计税营业额也不应包括设备价值，具体设备名单可由省级地方税务机关根据各自实际情况列举。

（十四）邮政电信单位与其他单位合作，共同为用户提供邮政电信业务及其他服务并由邮政电信单位统一收取价款的，以全部收入减去支付给合作方价款后的余额为营业额。

（十五）中国移动通信集团公司通过手机短信公益特服号“8858”为中国儿童少年基金会接受捐款业务，以全部收入减去支付给中国儿童少年基金会的价款后的余额为营业额。

（十六）经地方税务机关批准使用运输企业发票，按“交通运输业”税目征收营业税的单位将承担的运输业务分给其他运输企业并由其统一收取价款的，以其取得的全部收入减去支付给其他运输企业的运费后的余额为营业额。

（十七）旅游企业组织旅游团在中国境内旅游的，以收取的全部旅游费减去替旅游者支付给其他单位的房费、餐费、交通、门票或支付给其他接团旅游企业的旅游费后的余额为营业额。

（十八）从事广告代理业务的，以其全部收入减去支付给其他广告公司或广告发布者（包括媒体、载体）的广告发布费后的余额为营业额。

（十九）从事物业管理的单位，以与物业管理有关的全部收入减去代业主支付的水、电、燃气以及代承租者支付的水、电、燃气、房屋租金的价款后的余额为营业额。

（二十）单位和个人销售或转让其购置的不动产或受让的土地使用权，以全部收入减去不动产或土地使用权的购置或受让原价后的余额为营业额。

单位和个人销售或转让抵债所得的不动产、土地使用权的，以全部收入减去抵债时该项不动产或土地使用权作价后的余额为营业额。

四、关于营业额减除项目凭证管理问题

营业额减除项目支付款项发生在境内的，该减除项目支付款项凭证必须是发票或合法有效凭证；支付给境外的，该减除项目支付款项凭证必须是外汇付汇凭证、外方公司的签收单据或出具的公证证明。

五、关于纳税义务发生时间问题

单位和个人提供应税劳务、转让专利权、非专利技术、商标权、著作权和商誉时，向对方收取的预收性质的价款（包括预收款、预付款、预存费用、预收定金等，下同），其营业税纳税义务发生时间以按照财务会计制度的规定，该项预收性质的价款被确认为收入的时间为准。

六、关于纳税地点问题

（一）单位和个人出租土地使用权、不动产的营业税纳税地点为土地、不动产所在地；单位和个人出租物品、设备等动产的营业税纳税地点为出租单位机构所在地或个人居住地。

（二）在中华人民共和国境内的电信单位提供电信业务的营业税纳税地点为电信单位机构所在地。

（三）在中华人民共和国境内的单位提供的设计（包括在开展设计时进行的勘探、测量等业务，下同）、工程监理、调试和咨询等应税劳务的，其营业税纳税地点为单位机构所在地。

（四）在中华人民共和国境内的单位通过网络为其他单位和个人提供培训、信息和远程调试、检测等服务的，其营业税纳税地点为单位机构所在地。

本通知自 2003 年 1 月 1 日起执行。凡在此之前的规定与本通知不一致的，一律以本通知为准。此前因与本通知规定不一致而已征的税款不再退还，未征税款不再补征。

国家税务总局关于保险营销员取得佣金收入征免个人所得税问题的通知

（2006年5月15日） 国税函〔2006〕454号

各省、自治区、直辖市和计划单列市地方税务局：

由于目前保险市场同业竞争激烈，保险营销员的营销费用有所增加，现行规定已不能使展业成本得到完全扣除。为促进保险事业发展，合理调整保险营销员的税收负担，现通知如下：

一、根据保监会《关于明确保险营销员佣金构成的通知》（保监发〔2006〕48号）的规定，保险营销员的佣金由展业成本和劳务报酬构成。按照税法规定，对佣金中的展业成本，不征收个人所得税；对劳务报酬部分，扣除实际缴纳的营业税金及附加后，依照税法有关规定计算征收个人所得税。

根据目前保险营销员展业的实际情况，佣金中展业成本的比例暂定为40%。

二、各级税务机关要严格按照税法及上述规定计征税款，不得擅自扩大政策的适用范围、口径和标准，不得执行违反国家统一规定的政策。

三、本通知自2006年6月1日起执行，《国家税务总局关于保险营销员（非雇员）取得的收入计征个人所得税问题的通知》（国税发〔1998〕13号）第二、三、五条和《国家税务总局关于保险营销员取得收入征收个人所得税有关问题的通知》（国税发〔2002〕98号）同时废止。

国家税务总局关于加强一年期以上返还性人身保险业务营业税征收管理的通知

（2006年8月18日） 国税函〔2006〕796号

各省、自治区、直辖市和计划单列市地方税务局，北京市、西藏自治区国家税务局：

近来，部分地区反映，个别保险公司对其销售的一年期以上返还性人身保险产品（以下简称人身保险产品）未按照规定申报缴纳营业税。具体表现为一些保险公司对销售的人身保险产品不按照营业税的有关规定申报纳税，而是待申请免征营业税的人身保险产品获得批准后，对未予批准免税的人身保险产品申报缴纳营业税。为保证税法的严肃性、防止国家税款流失，现就有关问题通知如下：

各保险公司必须按照《财政部、国家税务总局关于人寿保险业务免征营业税若干问题的通知》（财税〔2001〕118号）的规定，对销售的人身保险产品，在财政部、国家税务总局审核批准免征营业税以前，按规定申报缴纳营业税。凡经财政部、国家税务总局审核并列入营业税免税名单的人身保险产品，可向主管税务机关申请办理免征营业税手续，已缴纳的营业税可以从以后应缴的营业税税款中抵扣，抵扣不完的由税务机关办理退税。

各地税务机关要严格执行现行营业税政策，监督保险公司按规定进行营业税纳税申报和办理免征营业税手续。省级税务机关要组织对本地区保险公司2004年以来销售的人身保险产品营业税纳税情况的税收检查，并将检查结果于9月30日前上报总局。

关于调整非税收入执收单位和管理办法的通知

（2007年9月4日） 保监发〔2007〕88号

各保监局、保险公司、保险中介机构、外国保险机构代表处：

根据财政部《关于中国保险监督管理委员会二级执收单位收入收缴管理有关事宜的通知》（财办库〔2007〕199号）的要求，结合实际情况，现将中国保监会非税收入收缴工作调整的有关事宜通知如下：

一、收缴项目和执收单位

原非税收入收缴项目全部由中国保监会负责收缴，现调整为：

（一）中国保监会负责各保险公司和外国保险机构代表处保险业务监管费、中国精算师资格考试费和部分罚没收入的收缴。

（二）各保监局负责保险中介机构、保险兼业代理机构的保险业务监管费、保险中介人（保险代理人、保险经纪人和保险公估人）资格考试费、保险从业人员基本资格证书工本费和部分罚没收入的收缴。

二、账户设置

原中国保监会已开设的中央财政汇缴专户不变。中国保监会负责收缴的各项非税收入，缴入该账户。

财政部为每个保监局在其所在地分别开设一个中央财政汇缴专户。各保监局的中央财政汇缴专户开设后，由各保监局负责收缴的各项非税收入，均缴入该账户（各执收单位的中央财政汇缴专户开户银行及账号见附件）。

三、缴费管理办法

（一）保险公司和外国保险机构代表处

保险公司和外国保险机构代表处仍由法人机构统一向中国保监会缴款，缴费标准和办法请遵照《关于调整保险业务监管费收费标准和收费办法的通知》（保监发〔2006〕13号）规定执行。

（二）保险中介机构

专门从事保险中介业务的机构由其法人机构统一向所在地保监局缴款。缴费标准和办法请遵照《关于调整保险业务监管费收费标准和收费办法的通知》（保监发〔2006〕13号）规定执行。

（三）保险兼业代理机构

凡持有保险兼业代理业务许可证的机构（含分支机构），均应缴纳保险业务监管费。保险兼业代理机构应在当年第一季度按每年每家机构500元向所在地保监局缴款。

对保险兼业代理机构征收保险业务监管费，自2005年开始执行。凡应缴未缴保险业务监管费的，应于2007年底前一次性补足。

（四）考试费和资格证工本费

除中国精算师资格考试费缴入中国保监会中央财政汇缴专户外，保险中介人资格考试费和保险从业人员基本资格证书工本费均应按旬缴入所在地保监局的中央财政汇缴专户。

（五）罚没收入

罚没收入本着"谁处罚、谁收缴"的原则执行。由中国保监会执行处罚决定的，被处罚单位应根据《行政处罚决定书》将罚没款在规定期限内缴入中国保监会中央财政汇缴专户。由各保监局执行处罚决定的，被处罚单位应根据《行政处罚决定书》将罚没款在规定期限内缴入该保监局的中央财政汇缴专户。

各保险公司法人机构不再为其分支机构代缴罚款。

四、缴费方式

各缴款单位或个人可根据实际情况使用现金、支票和汇款等方式缴款。缴款人应在缴款凭证上注明缴款人全称、大小写金额和款项用途或缴费项目，以便开具《非税收入一般缴款书》和进行信息分类统计。

五、报表管理

各保险公司和保险中介机构应于次年一季度前向执收单位报送《保险机构缴纳保险业务监管费报告单》（见附件）。

六、监督检查

中国保监会和各保监局作为非税收入执收单位，负责对管理的非税收入收缴情况进行监督检查和催收催缴。对违反有关规定迟缴或少缴保险业务监管费的可以给予责令其补缴、不予换发保险业务许可证和按照一定比例收取滞纳金等措施；对拒不缴纳保险业务监管费的可以依据《中华人民共和国保险法》第一百四十七条的规定，给予行政处罚。

七、本通知自发布之日起执行。

附件：1. 关于中国保险监督管理委员会二级执收单位收入收缴管理有关事宜的通知（财办库〔2007〕199号）（略）

2. 非税收入执收单位中央财政汇缴专户开户银行及账号（略）

3. 保险机构缴纳保险业务监管费报告单（略）

财政部、国家税务总局关于合伙企业合伙人所得税问题的通知

（2008 年 12 月 23 日） 财税〔2008〕159 号

各省、自治区、直辖市、计划单列市财政厅（局）、国家税务局、地方税务局，新疆生产建设兵团财务局：

根据《中华人民共和国企业所得税法》及其实施条例和《中华人民共和国个人所得税法》有关规定，现将合伙企业合伙人的所得税问题通知如下：

一、本通知所称合伙企业是指依照中国法律、行政法规成立的合伙企业。

二、合伙企业以每一个合伙人为纳税义务人。合伙企业合伙人是自然人的，缴纳个人所得税；合伙人是法人和其他组织的，缴纳企业所得税。

三、合伙企业生产经营所得和其他所得采取“先分后税”的原则。具体应纳税所得额的计算按照《关于个人独资企业和合伙企业投资者征收个人所得税的规定》（财税〔2000〕91 号）及《财政部 国家税务总局关于调整个体工商户个人独资企业和合伙企业个人所得税税前扣除标准有关问题的通知》（财税〔2008〕65 号）的有关规定执行。

前款所称生产经营所得和其他所得，包括合伙企业分配给所有合伙人的所得和企业当年留存的所得（利润）。

四、合伙企业的合伙人按照下列原则确定应纳税所得额：

（一）合伙企业的合伙人以合伙企业的生产经营所得和其他所得，按照合伙协议约定的分配比例确定应纳税所得额。

（二）合伙协议未约定或者约定不明确的，以全部生产经营所得和其他所得，按照合伙人协商决定的分配比例确定应纳税所得额。

（三）协商不成的，以全部生产经营所得和其他所得，按照合伙人实缴出资比例确定应纳税所得额。

（四）无法确定出资比例的，以全部生产经营所得和其他所得，按照合伙人数量平均计算每个合伙人的应纳税所得额。

合伙协议不得约定将全部利润分配给部分合伙人。

五、合伙企业的合伙人是法人和其他组织的，合伙人在计算其缴纳企业所得税时，不得用合伙企业的亏损抵减其盈利。

六、上述规定自 2008 年 1 月 1 日起执行。此前规定与本通知有抵触的，以本通知为准。

财政部、国家税务总局关于补充养老保险费、补充医疗保险费有关企业所得税政策问题的通知

（2009 年 6 月 2 日） 财税〔2009〕27 号

各省、自治区、直辖市、计划单列市财政厅（局）、国家税务局、地方税务局，新疆生产建设兵团财务局：

根据《中华人民共和国企业所得税法》及其实施条例的有关规定，现就补充养老保险费、补充医疗保险费有关企业所得税政策问题通知如下：

自 2008 年 1 月 1 日起，企业根据国家有关政策规定，为在本企业任职或者受雇的全体员工支付的补充养老保险费、补充医疗保险费，分别在不超过职工工资总额 5% 标准内的部分，在计算应纳税所得额时准予扣除；超过的部分，不予扣除。

财政部、国家税务总局关于企业手续费及佣金支出税前扣除政策的通知

（2009 年 3 月 19 日） 财税〔2009〕29 号

各省、自治区、直辖市、计划单列市财政厅（局）、国家税务局、地方税务局，新疆生产建设兵团财务局：

为规范企业所得税税前扣除，加强企业所得税管理，根据《中华人民共和国企业所得税法》和《中华人民共和国企业所得税法实施条例》（以下合称新税法）有关规定，现将企业发生的手续费及佣金支出税前扣除政策问题通知如下：

一、企业发生与生产经营有关的手续费及佣金支出，不超过以下规定计算限额以内的部分，准予扣除；超过部分，不得扣除。

1. 保险企业：财产保险企业按当年全部保费收入扣除退保金等后余额的 15%（含本数，下同）计算限额；人身保险企业按当年全部保费收入扣除退保金等后余额的 10% 计算限额。

2. 其他企业：按与具有合法经营资格中介服务机构或个人（不含交易双方及其雇员、代理人和代表人等）所签订服务协议或合同确认的收入金额的5%计算限额。

二、企业应与具有合法经营资格中介服务企业或个人签订代办协议或合同，并按国家有关规定支付手续费及佣金。除委托个人代理外，企业以现金等非转账方式支付的手续费及佣金不得在税前扣除。企业为发行权益性证券支付给有关证券承销机构的手续费及佣金不得在税前扣除。

三、企业不得将手续费及佣金支出计入回扣、业务提成、返利、进场费等费用。

四、企业已计入固定资产、无形资产等相关资产的手续费及佣金支出，应当通过折旧、摊销等方式分期扣除，不得在发生当期直接扣除。

五、企业支付的手续费及佣金不得直接冲减服务协议或合同金额，并如实入账。

六、企业应当如实向当地主管税务机关提供当年手续费及佣金计算分配表和其他相关资料，并依法取得合法真实凭证。

七、本通知自印发之日起实施。新税法实施之日至本通知印发之日前企业手续费及佣金所得税税前扣除事项按本通知规定处理。

财政部、国家税务总局关于保险公司准备金支出企业所得税税前扣除有关问题的通知

（2009年4月17日） 财税〔2009〕48号

各省、自治区、直辖市、计划单列市财政厅（局）、国家税务局、地方税务局，新疆生产建设兵团财务局：

根据《中华人民共和国企业所得税法》和《中华人民共和国企业所得税法实施条例》（国务院令第512号）的有关规定，现就保险公司准备金支出企业所得税税前扣除有关问题明确如下：

一、保险公司按下列规定缴纳的保险保障基金，准予据实税前扣除：

1. 非投资型财产保险业务，不得超过保费收入的0.8%；投资型财产保险业务，有保证收益的，不得超过业务收入的0.08%，无保证收益的，不得超过业务收入的0.05%。

2. 有保证收益的人寿保险业务，不得超过业务收入的0.15%；无保证收益的人寿保险业务，不得超过业务收入的0.05%。

3. 短期健康保险业务，不得超过保费收入的 0.8%；长期健康保险业务，不得超过保费收入的 0.15%。

4. 非投资型意外伤害保险业务，不得超过保费收入的 0.8%；投资型意外伤害保险业务，有保证收益的，不得超过业务收入的 0.08%，无保证收益的，不得超过业务收入的 0.05%。

保险保障基金，是指按照《中华人民共和国保险法》和《保险保障基金管理办法》（保监会、财政部、人民银行令 2008 年第 2 号）规定缴纳形成的，在规定情形下用于救助保单持有人、保单受让公司或者处置保险业风险的非政府性行业风险救助基金。

保费收入，是指投保人按照保险合同约定，向保险公司支付的保险费。

业务收入，是指投保人按照保险合同约定，为购买相应的保险产品支付给保险公司的全部金额。

非投资型财产保险业务，是指仅具有保险保障功能而不具有投资理财功能的财产保险业务。

投资型财产保险业务，是指兼具有保险保障与投资理财功能的财产保险业务。

有保证收益，是指保险产品在投资收益方面提供固定收益或最低收益保障。

无保证收益，是指保险产品在投资收益方面不提供收益保证，投保人承担全部投资风险。

二、保险公司有下列情形之一的，其缴纳的保险保障基金不得在税前扣除：

1. 财产保险公司的保险保障基金余额达到公司总资产 6% 的。

2. 人身保险公司的保险保障基金余额达到公司总资产 1% 的。

三、保险公司按规定提取的未到期责任准备金、寿险责任准备金、长期健康险责任准备金、未决赔款准备金，准予在税前扣除。

1. 未到期责任准备金、寿险责任准备金、长期健康险责任准备金依据精算师或出具专项审计报告的中介机构确定的金额提取。

未到期责任准备金，是指保险人为尚未终止的非寿险保险责任提取的准备金。

寿险责任准备金，是指保险人为尚未终止的人寿保险责任提取的准备金。

长期健康险责任准备金，是指保险人为尚未终止的长期健康保险责任提取的准备金。

2. 未决赔款准备金分已发生已报案未决赔款准备金、已发生未报案未决赔款准备金和理赔费用准备金。已发生已报案未决赔款准备金，按最高不超过当期已经提出的保险赔款或者给付金额的 100% 提取；已发生未报案未决赔款准备金按不超过当年实际赔款支出额的 8% 提取。

未决赔款准备金，是指保险人为非寿险保险事故已发生尚未结案的赔案提取的准备金。

已发生已报案未决赔款准备金,是指保险人为非寿险保险事故已经发生并已向保险人提出索赔、尚未结案的赔案提取的准备金。

已发生未报案未决赔款准备金,是指保险人为非寿险保险事故已经发生、尚未向保险人提出索赔的赔案提取的准备金。

理赔费用准备金,是指保险人为非寿险保险事故已发生尚未结案的赔案可能发生的律师费、诉讼费、损失检验费、相关理赔人员薪酬等费用提取的准备金。

四、保险公司实际发生的各种保险赔款、给付,应首先冲抵按规定提取的准备金,不足冲抵部分,准予在当年税前扣除。

五、本通知自2008年1月1日至2010年12月31日执行。

财政部、国家税务总局关于保险公司准备金支出企业所得税税前扣除有关政策问题的通知

(2012年5月15日) 财税〔2012〕45号

各省、自治区、直辖市、计划单列市财政厅(局)、国家税务局、地方税务局,新疆生产建设兵团财务局:

根据《中华人民共和国企业所得税法》和《中华人民共和国企业所得税法实施条例》(国务院令第512号)的有关规定,现就保险公司准备金支出企业所得税税前扣除有关问题明确如下:

一、保险公司按下列规定缴纳的保险保障基金,准予据实税前扣除:

1. 非投资型财产保险业务,不得超过保费收入的0.8%;投资型财产保险业务,有保证收益的,不得超过业务收入的0.08%,无保证收益的,不得超过业务收入的0.05%。

2. 有保证收益的人寿保险业务,不得超过业务收入的0.15%;无保证收益的人寿保险业务,不得超过业务收入的0.05%。

3. 短期健康保险业务,不得超过保费收入的0.8%;长期健康保险业务,不得超过保费收入的0.15%。

4. 非投资型意外伤害保险业务,不得超过保费收入的0.8%;投资型意外伤害保险业务,有保证收益的,不得超过业务收入的0.08%,无保证收益的,不得超过业务收入的0.05%。

保险保障基金，是指按照《中华人民共和国保险法》和《保险保障基金管理办法》（保监会、财政部、人民银行令2008年第2号）规定缴纳形成的，在规定情形下用于救助保单持有人、保单受让公司或者处置保险业风险的非政府性行业风险救助基金。

保费收入，是指投保人按照保险合同约定，向保险公司支付的保险费。

业务收入，是指投保人按照保险合同约定，为购买相应的保险产品支付给保险公司的全部金额。

非投资型财产保险业务，是指仅具有保险保障功能而不具有投资理财功能的财产保险业务。

投资型财产保险业务，是指兼具有保险保障与投资理财功能的财产保险业务。

有保证收益，是指保险产品在投资收益方面提供固定收益或最低收益保障。

无保证收益，是指保险产品在投资收益方面不提供收益保证，投保人承担全部投资风险。

二、保险公司有下列情形之一的，其缴纳的保险保障基金不得在税前扣除：

1. 财产保险公司的保险保障基金余额达到公司总资产6%的。

2. 人身保险公司的保险保障基金余额达到公司总资产1%的。

三、保险公司按国务院财政部门的相关规定提取的未到期责任准备金、寿险责任准备金、长期健康险责任准备金、已发生已报案未决赔款准备金和已发生未报案未决赔款准备金，准予在税前扣除。

1. 未到期责任准备金、寿险责任准备金、长期健康险责任准备金依据经中国保监会核准任职资格的精算师或出具专项审计报告的中介机构确定的金额提取。

未到期责任准备金，是指保险人为尚未终止的非寿险保险责任提取的准备金。

寿险责任准备金，是指保险人为尚未终止的人寿保险责任提取的准备金。

长期健康险责任准备金，是指保险人为尚未终止的长期健康保险责任提取的准备金。

2. 已发生已报案未决赔款准备金，按最高不超过当期已经提出的保险赔款或者给付金额的100%提取；已发生未报案未决赔款准备金按不超过当年实际赔款支出额的8%提取。

已发生已报案未决赔款准备金，是指保险人为非寿险保险事故已经发生并已向保险人提出索赔、尚未结案的赔案提取的准备金。

已发生未报案未决赔款准备金，是指保险人为非寿险保险事故已经发生、尚未向保险人提出索赔的赔案提取的准备金。

四、保险公司实际发生的各种保险赔款、给付，应首先冲抵按规定提取的准备金，不足冲抵部分，准予在当年税前扣除。

五、本通知自2011年1月1日至2015年12月31日执行。

国家税务总局关于实施创业投资企业所得税优惠问题的通知

(2009年4月30日) 国税发〔2009〕87号

各省、自治区、直辖市和计划单列市国家税务局、地方税务局:

为落实创业投资企业所得税优惠政策,促进创业投资企业的发展,根据《中华人民共和国企业所得税法》及其实施条例等有关规定,现就创业投资企业所得税优惠的有关问题通知如下:

一、创业投资企业是指依照《创业投资企业管理暂行办法》(国家发展和改革委员会等10部委令2005年第39号,以下简称《暂行办法》)和《外商投资创业投资企业管理规定》(商务部等5部委令2003年第2号)在中华人民共和国境内设立的专门从事创业投资活动的企业或其他经济组织。

二、创业投资企业采取股权投资方式投资于未上市的中小高新技术企业2年(24个月)以上,凡符合以下条件的,可以按照其对中小高新技术企业投资额的70%,在股权持有满2年的当年抵扣该创业投资企业的应纳税所得额;当年不足抵扣的,可以在以后纳税年度结转抵扣。

(一)经营范围符合《暂行办法》规定,且工商登记为"创业投资有限责任公司"、"创业投资股份有限公司"等专业性法人创业投资企业。

(二)按照《暂行办法》规定的条件和程序完成备案,经备案管理部门年度检查核实,投资运作符合《暂行办法》的有关规定。

(三)创业投资企业投资的中小高新技术企业,除应按照科技部、财政部、国家税务总局《关于印发〈高新技术企业认定管理办法〉的通知》(国科发火〔2008〕172号)和《关于印发〈高新技术企业认定管理工作指引〉的通知》(国科发火〔2008〕362号)的规定,通过高新技术企业认定以外,还应符合职工人数不超过500人,年销售(营业)额不超过2亿元,资产总额不超过2亿元的条件。

2007年底前按原有规定取得高新技术企业资格的中小高新技术企业,且在2008年继续符合新的高新技术企业标准的,向其投资满24个月的计算,可自创业投资企业实际向其投资的时间起计算。

(四)财政部、国家税务总局规定的其他条件。

三、中小企业接受创业投资之后,经认定符合高新技术企业标准的,应自其被认定为高新技术企业的年度起，计算创业投资企业的投资期限。该期限内中小企业接受创业投资后，企业规模超过中小企业标准，但仍符合高新技术企业标准的，不影响创业投资企业享受有关税收优惠。

四、创业投资企业申请享受投资抵扣应纳税所得额，应在其报送申请投资抵扣应纳税所得额年度纳税申报表以前，向主管税务机关报送以下资料备案：

（一）经备案管理部门核实后出具的年检合格通知书（副本）；

（二）关于创业投资企业投资运作情况的说明；

（三）中小高新技术企业投资合同或章程的复印件、实际所投资金验资报告等相关材料；

（四）中小高新技术企业基本情况（包括企业职工人数、年销售（营业）额、资产总额等）说明；

（五）由省、自治区、直辖市和计划单列市高新技术企业认定管理机构出具的中小高新技术企业有效的高新技术企业证书（复印件）。

五、本通知自2008年1月1日起执行。

外汇

国家外汇管理局、中国保险监督管理委员会关于发布施行《保险业务外汇管理暂行规定》的通知

（2002 年 9 月 24 日）　汇发〔2002〕95 号

国家外汇管理局各省、自治区、直辖市分局、外汇管理部，深圳、大连、青岛、厦门、宁波市分局，各保监办，各保险公司，各外汇指定银行：

为促进我国保险市场发展，规范保险市场外汇收支，国家外汇管理局、中国保险监督管理委员会联合制定了《保险业务外汇管理暂行规定》（以下简称《规定》），自 2002 年 11 月 1 日起正式实施。

现将此《规定》印发给你们，并请各分局转发所辖分支局、外汇指定银行（包括外资银行），各保监办转发所辖保险公司和相关机构，各保险公司、各中资外汇指定银行转发下属分支机构，遵照执行。

附件：《保险业务外汇管理暂行规定》

附件：

保险业务外汇管理暂行规定

第一章　总　　则

第一条　为了规范中华人民共和国境内外汇保险活动，完善保险业务外汇管理，根据《中华人民共和国保险法》、《中华人民共和国外汇管理条例》和《中华人民共和国外资保险公司管理条例》，制定本暂行规定。

第二条　本暂行规定所称外汇保险，是指根据保险合同约定，支付保险费、赔偿或给付保险金均以外币计价结算的商业保险。外汇保险包括外汇财产保险、外汇人身保险和外汇再保险。

第三条　在中华人民共和国境内经营外汇保险，保险项下外汇收支、结汇、售汇、外汇账户的开立和使用等，适用本暂行规定。

第四条 保险公司及其分支机构（以下简称保险经营机构）经营外汇保险业务，应当使用外汇向投保人收取保险费、向被保险人（受益人）赔偿或给付保险金，以及进行保险合同结算。

第五条 国家外汇管理局及其分支局（以下简称外汇局）依照本暂行规定，负责核准保险经营机构外汇业务资格，对保险业务项下的外汇收支、结汇、售汇和外汇账户实施监督管理。

中国保险监督管理委员会及其派出机构（以下简称保监会）按照《保险法》等有关规定对保险经营机构外汇保险的经营活动实施监督管理。

第六条 在中华人民共和国境内从事外汇保险活动，应当遵守中国有关法律、法规以及保监会和外汇局的有关规定。

第二章 保险经营机构外汇业务的市场准入和退出管理

第七条 保险经营机构从事外汇保险等外汇业务，应当向外汇局提出申请，经外汇局核准业务资格并取得《经营外汇业务许可证》。

保险经营机构应当在核准的业务范围内经营，不得擅自经营或者超范围经营外汇业务。

《经营外汇业务许可证》是保险经营机构依法经营外汇业务的法定证明文件，由国家外汇管理局统一印制，有效期为三年。

第八条 经外汇局核准，保险经营机构可以经营下列部分或者全部外汇业务：

（一）外汇财产保险；

（二）外汇人身保险；

（三）外汇再保险；

（四）外汇海事担保；

（五）外汇投资；

（六）资信调查、咨询业务；

（七）国家外汇管理局核准的其他外汇业务。

保险经营机构从事外汇财产保险、外汇人身保险和外汇再保险，应限于保监会核准的险种；保险经营机构从事外汇投资，应限于国务院金融监督管理部门批准的投资渠道。

第九条 符合下列条件的保险公司可以申请开办外汇业务：

（一）经保监会批准从事保险业务；

（二）具有规定数额的实收外汇资本金或者实收外汇营运资金；

具有法人资格的保险公司，资本金在人民币5亿元以上（含5亿元）的，应当包括不少于500万美元或者其他等值外汇的实收外汇资本金；资本金在人民币5亿元以下的,应当具有不少于200万美元或者其他等值外汇的实收外汇资本金。

营运资金在人民币5亿元以上(含5亿元)的外资保险分公司应当具有不少于500万美元或者其他等值外汇的实收外汇营运资金;营运资金在人民币5亿元以下的,应当具有不少于200万美元或者其他等值外汇的实收外汇营运资金。

(三)具有完善的内部控制制度和资金管理制度;

(四)具有外汇局确认资格的外汇业务主管人员;

(五)遵守国家法律、法规和有关外汇管理规定,无重大违规、违纪行为发生。

(六)国家外汇管理局要求的其他条件。

第十条 保险公司应当持下列文件和资料,向所在地外汇局提出开办外汇业务申请;所在地外汇局初审合格的,逐级上报国家外汇管理局核准,并由国家外汇管理局向合格的保险公司发放《经营外汇业务许可证》:

(一)经营外汇业务的申请书及可行性报告;

(二)保监会颁发的《经营保险业务许可证》正、副本复印件;

(三)保监会批准的公司章程(外资保险分公司提供其总公司的公司章程);

(四)会计师事务所对其外汇资本金或者外汇营运资金的验资报告(正本);

(五)保险公司外汇业务主管人员的名单、履历及外汇局核发的从业资格证明文件;

(六)与申请外汇业务相应的内部控制制度和外汇资金管理制度;

(七)国家外汇管理局要求的其他文件和资料。

保险公司获得国家外汇管理局颁发的《经营外汇业务许可证》后,可以授权其分支机构向所在地外汇局申请开办外汇业务。

第十一条 保险公司分支机构应当持下列文件和资料,向所在地外汇局提出开办外汇业务申请;所在地外汇局初审合格后报上级外汇分局核准,由其发放《经营外汇业务许可证》。各分局应在核准保险公司分支机构经营外汇业务后一个月内向国家外汇管理局备案:

(一)所属保险公司对其经营外汇业务的授权书;

(二)开办外汇业务申请书(包括业务需求、人员配置、营业场所和设施等情况);

(三)所属保险公司《经营保险业务许可证》和《经营外汇业务许可证》正、副本复印件;

(四)外汇业务主管人员的名单、履历及外汇局核发的从业资格证明文件;

(五)与申请外汇业务相应的内部控制制度和外汇资金管理制度;

(六)外汇局要求的其他文件和资料。

第十二条 保险经营机构可以根据业务发展的需要,持下列文件和资料,根据本暂行规定第十条或第十一条规定的程序，向外汇局申请扩大外汇业务：

（一）扩大外汇业务范围的申请书和可行性报告；

（二）《经营外汇业务许可证》有效期内的外汇业务经营和财务情况报告；

（三）《经营外汇业务许可证》正、副本复印件；

（四）新增外汇业务主管人员的名单、履历及外汇局核发的从业资格证明文件；

（五）与申请外汇业务相应的内部控制制度和外汇资金管理制度；

（六）外汇局要求的其他文件和资料。

第十三条 《经营外汇业务许可证》到期后继续经营外汇业务的保险经营机构，应当在《经营外汇业务许可证》到期三个月前持下列文件和资料，根据本暂行规定第十条或第十一条规定的程序，向外汇局申请重新核准经营外汇业务资格：

（一）继续经营外汇业务的申请书；

（二）近3年外汇业务经营和财务情况报告；

（三）会计师事务所出具的外汇资本金或者外汇营运资金的审计报告；

（四）原《经营外汇业务许可证》正、副本复印件；

（五）外汇局要求提供的其他文件和资料。

保险公司分支机构可以提供上级公司同意其继续经营外汇业务的授权书代替第（三）项要求的审计报告。

第十四条 保险经营机构终止外汇业务，应持下列文件和资料，根据本暂行规定第十条或第十一条规定的程序，向外汇局提出申请：

（一）终止外汇业务的申请书；

（二）终止外汇业务的详细说明（包括申请终止外汇业务的原因和终止外汇业务后债权债务处理措施、步骤等）；

（三）《经营外汇业务许可证》正、副本复印件；

（四）经会计师事务所审计的近3年本外币资产负债表等财务报表；

（五）董事会或者上级公司签署的同意其终止外汇业务的文件；

（六）外汇局要求的其他文件和资料。

第十五条 保险经营机构有下列情形之一的，外汇局应当终止其外汇业务，并注销或吊销其《经营外汇业务许可证》：

（一）因分立、合并或公司章程规定的解散事由出现而解散的；

（二）被保监会吊销其《经营保险业务许可证》的；

（三）被人民法院依法宣告破产的；

（四）国家法律、法规规定的其他情形。

第十六条 外汇局应当在收到保险经营机构申请开办、扩大、重新核准经营外汇业务资格的完整文件后三个月内，做出核准或者不核准的决定，并书面通知申请的保险经营机构。

经外汇局核准经营外汇业务的保险经营机构，应当自收到核准文件后一个月内到国家外汇管理局或其分局申领《经营外汇业务许可证》。过期没有申领的，外汇局的核准文件自动失效。

未经外汇局核准经营外汇业务的保险经营机构，在外汇局做出不核准决定后一年内不得申请经营外汇业务。

经外汇局核准终止外汇业务的保险经营机构，应当自收到核准文件后一个月内向原发证机关缴销其《经营外汇业务许可证》。

第三章　保险经营机构外汇业务管理

第十七条　保险公司应当按照《中华人民共和国保险法》和保监会有关规定，足额、及时提取外汇保险各项准备金，并遵守保监会制定的偿付能力监管指标和资金运用指标。

第十八条　保险公司外汇资金运用，应限于国务院规定的资金运用形式，并按规定向国家外汇管理局申请开立专门的外汇资金运用账户进行管理。

第十九条　保险公司从事外汇海事担保应遵守国家有关对外担保管理规定。

第二十条　经批准经营外汇业务的保险经营机构，可以在境内银行开立外汇经营账户，并于开户后10个工作日内到所在地外汇局备案。

保险公司因业务需要在境外开立外汇账户，应当经原发放《经营外汇业务许可证》的外汇局批准。保险公司的分支机构不得在境外开立外汇账户。

第二十一条　保险经营机构外汇经营账户使用范围如下：

（一）外汇保险费的收入和支出；

（二）外汇保险赔偿或给付保险金的收入和支出；

（三）外汇再保险分保费及相关手续费的收入和支出；

（四）外汇再保险项下的赔偿或给付保险金的收入和支出；

（五）其他经常项目和经批准的资本项目外汇收入和支出。

第二十二条　保险公司与其分支机构之间，以及同一保险经营机构外汇账户之间的外汇资金往来，可以直接在开户银行办理境内划转手续，但应符合相应外汇账户收支范围。

第二十三条　保险公司将外汇资本金或者营运资金转换成人民币资本金或者营运资金，以及人民币资本金或者营运资金转换成外汇资本金或者营运资金，应当经国家外汇管理局批准。

保险公司因经营亏损造成外汇资本金不足的，经国家外汇管理局批准后可以按会计年度购汇补足外汇资本金；保险公司分支机构因经营亏损造成外汇营运资金不足的，经国家外汇管理局批准后由其总公司按会计年度补足外汇营运资金。

保险经营机构在终止外汇业务并依法清理其外汇债权债务后，剩余外汇应当结汇。

第二十四条 保险公司外汇净收益在扣除弥补经营亏损和提取外汇公积金后的剩余部分，应当在会计年度终了后四个月内，或者在董事会批准当年分配方案后10个工作日内结汇，并在结汇后5个工作日内报国家外汇管理局备案。

外资保险公司外方股东根据董事会决议和保监会批准文件分配所得年度经营收益，经所在地外汇局核准后可以汇出。其中，分配所得人民币收益经所在地外汇局核准后可以购汇汇出。

第二十五条 保险经营机构外汇业务项下的财务管理，应当遵守国家有关财务管理制度，建立健全外汇业务内部控制制度、外汇资金管理制度和外汇财务制度，实行外币分账制。

保险公司应当在每个会计年度终了后四个月内向国家外汇管理局和中国保险监督管理委员会上报合并的外币资产负债表等各项财务报表。

第二十六条 保险经营机构应当按照国家有关国际收支统计申报规定，办理国际收支统计申报手续。

第二十七条 外汇局可以通过自行或者以指定会计师事务所、审计师事务所进行审计的方式，对保险经营机构、保险代理机构或者保险经纪公司的外汇保险业务进行现场检查和非现场检查。被检查的保险经营机构、保险代理机构或者保险经纪公司应当接受并配合检查。

第二十八条 保险经营机构应当按照保监会和外汇局的要求，真实、完整、及时地提供有关信息和资料。

第四章 保险代理机构、经纪公司外汇收支管理

第二十九条 经保监会核准具有保险中介业务经营资格的保险代理机构、保险经纪公司，可以从事外汇保险中介业务。

第三十条 保险代理机构在中华人民共和国境内从事外汇保险代理活动的佣金等收入必须以人民币计价结算，未经外汇局批准，不得代收外汇保险费。

第三十一条 保险经纪公司可以代客户支付外汇保险项下保险费、赔偿或给付保险金，但不得代客户购汇支付上述款项。

保险经纪公司从事外汇保险经纪活动取得的外汇收益应当在会计年度终了后3个月内，或者在董事会批准当年分配方案后10个工作日内结汇，并在结汇后5个工作日内报所在地外汇局备案。

第三十二条 保险经纪公司经所在地外汇局批准可以开立一个外汇专用账

户,该账户的收支范围限定为:

(一)从投保人、保险经营机构或者境外保险公司收取的暂收待付保险费;

(二)从保险经营机构或者境外保险公司收取的暂收待付赔偿;

(三)向保险经营机构或者境外保险公司支付的暂收待付保险费;

(四)向投保人、保险经营机构或者境外保险公司支付的暂收待付赔偿;

(五)将经纪佣金结汇。

第五章　保险业务项下结汇、售汇及付汇管理

第三十三条　符合下列条件之一的财产保险,可以外汇收取保险费,支付赔偿或给付保险金,或进行保险合同结算:

(一)保险标的在中华人民共和国境内与境外之间移动的;

(二)保险标的在中华人民共和国境外存在或者实现的;

(三)保险标的在中华人民共和国境内,通过国际租赁、国际银团贷款或者其他国际融资形式存在或者实现的;

(四)投保人和受益人均为境外法人或自然人的。

第三十四条　符合下列条件之一的人身保险,可以外汇收取保险费,支付赔偿或给付保险金,或进行保险合同结算:

(一)投保人为境外法人或驻华机构,且受益人为境外自然人的;

(二)境内居民个人在境外人身意外及医疗的保险。

第三十五条　符合第三十三、三十四条规定的外汇财产保险和外汇人身保险,可在中华人民共和国境内进行外汇再保险。

不符合第三十三、三十四和本条第一款规定的其他保险,在中华人民共和国境内必须以人民币收取保险费、支付赔偿或给付保险金,以及进行保险合同结算。

第三十六条　投保人向保险经营机构支付外汇保险项下外汇保险费,应当持相关保险合同、保险经营机构的付款通知书从其外汇账户中支付或者到外汇指定银行购汇支付;投保人为境外法人、自然人或驻华机构的,不得购汇支付外汇保险费。

保险经营机构向被保险人(或者受益人)赔偿或给付外汇保险项下的保险金,应当凭有关保险合同、赔款计算书,从其外汇账户中支付。

第三十七条　保险受益人为法人或者其他经济组织的,外汇保险项下赔偿或给付的保险金可以存入其经常项目外汇账户,也可以结汇,没有经常项目外汇账户或者超过其经常项目外汇账户最高限额的,必须结汇。

保险受益人为自然人的,外汇保险项下赔偿或给付的保险金可以持有,可以存入经营外汇存款业务的金融机构,也可以结汇。

第三十八条 保险经营机构将外汇保险进行外汇再保险分出,应当持相关再保险项下分出合同、支付清单从其外汇账户中支付分保费。

保险经营机构将境内以人民币结算的保险合同按规定进行外汇再保险分出,可以向国家外汇管理局申请购汇支付分保费。

保险经营机构应当将外汇再保险有关摊回赔偿或给付的保险金及相关费用等及时调回其在境内的外汇账户。

第三十九条 保险经营机构接受外汇再保险分入业务,应当将分保费收入等及时调回其在境内的外汇账户。

保险经营机构支付外汇再保险分入业务赔偿及相关费用等,应当持有关再保险项下分入合同、支付清单,从其外汇账户中支付。

第四十条 保险经营机构在支付涉及保险联合体和共保项目的外汇保险费、赔偿或给付的保险金及相关费用时,应当持保险联合体章程、共保协议、付款通知书等凭证从其外汇账户中支付。

第四十一条 保险经营机构在办理外汇保险退保时,应当持保险合同、退保协议等凭证从其外汇账户中支付。

第四十二条 通过境内保险经纪公司办理外汇保险活动的,按照以下规定办理售汇和付汇:

(一)投保人向保险经纪公司支付保险费,应当持有关保险合同、保险经纪委托书及付款通知书从其外汇账户中支付或者到外汇指定银行购汇支付;保险经纪公司向保险经营机构支付保险费,应当持有关保险合同、保险经纪委托书及付款通知书从其外汇账户中支付。

保险经营机构经保险经纪公司向被保险人或者受益人赔偿或给付保险金,应当持有关保险合同、赔款计算书和保险经纪委托书从其外汇账户中支付。

(二)办理外汇再保险分出的保险经营机构向保险经纪公司,以及保险经纪公司向接受外汇再保险分入的保险经营机构支付分保费,应当持有关分保合同、保险经纪委托书和支付清单从其外汇账户中支付。

接受外汇再保险分入的保险经营机构经保险经纪公司向办理外汇再保险分出的保险经营机构支付摊回的赔偿或给付保险金及有关费用,应当持有关分保合同、支付清单和保险经纪委托书从其外汇账户中支付。

(三)保险经营机构经保险经纪公司向投保人支付外汇保险退保的有关款项,应当持有关保险合同、退保协议和保险经纪委托书等从其外汇账户中支付。

第四十三条 外汇指定银行在办理外汇保险的保险费、赔偿或给付的保险金的收入、支出或者兑付手续时,应当严格审核相应有效凭证和商业单据,并留存五年备查。

第六章 法律责任

第四十四条 保险经营机构未经核准擅自经营外汇业务，由外汇局责令其终止经营外汇业务，退还收取的保险费，有违法所得的，没收违法所得，并处 10 万元以上 50 万元以下人民币罚款；构成犯罪的，依法追究刑事责任。

保险经营机构擅自超出核准的范围经营外汇业务的，或者外汇局已经取消或暂停其部分外汇业务后仍继续经营相应业务的，由外汇局责令改正，退还收取的保险费，有违法所得的，没收违法所得，并处 10 万元以上 50 万元以下的人民币罚款；情节严重或者逾期不改正的，由外汇局暂停或者取消其外汇业务经营资格；构成犯罪的，依法追究刑事责任。

第四十五条 保险经营机构违反本暂行规定，擅自对不符合条件的保险合同，以外币收取保险费、赔偿或给付保险金、进行保险合同结算，由外汇局责令改正，没收违法所得，单处或者并处警告、通报批评、非法使用外汇金额等值以下人民币罚款的处罚。

第四十六条 保险经营机构违反规定，擅自将外汇再保险项下有关收入截留境外，或者伪造、变造或者使用伪造、变造以及冒用、重复使用保险合同、支付清单等有效凭证和商业单据，进行逃汇、非法套汇或者骗购外汇的，由外汇局根据《中华人民共和国外汇管理条例》第三十九条、第四十条的规定予以处罚；构成犯罪的，依法追究刑事责任。

第四十七条 未经外汇局批准，擅自用人民币购买外汇资本金或者营运资金，或者将外汇资本金或者营运资金转换成人民币的，或未按规定将外汇净收益结汇的，由外汇局责令改正，单处或者并处警告、通报批评、1 万元以上 3 万元以下人民币罚款。

第四十八条 对未按本暂行规定提取外汇保险各项准备金、或者其他违反保险公司偿付能力监管规定的，由保监会根据有关规定进行处罚。情节严重的，可由外汇局限制其外汇业务范围、暂停或者取消其经营外汇业务资格。

第四十九条 保险经营机构、保险经纪公司或保险代理机构违反本暂行规定未经外汇局批准开立外汇账户的，或者出借、转让外汇账户的，或者擅自改变外汇账户收支范围使用外汇账户的，以及未按规定办理外汇账户备案手续的，由外汇局责令改正，单处或者并处警告、通报批评、5 万元以上 30 万元以下的人民币罚款；情节严重或者逾期不改正的，撤销其外汇账户。

第五十条 保险代理机构、保险经纪公司未经保监会批准取得保险中介业务经营资格擅自或者超出范围经营外汇保险中介业务，由外汇局没收非法所得，并处以非法所得 1 倍以上 5 倍以下的人民币罚款，保监会予以业务限制或者取缔；构成犯罪的，依法追究刑事责任。

第五十一条 拒不接受或者以其他方式妨碍外汇局检查监督的，由外汇局责令改正，给予警告、通报批评，并处1万元以上3万元以下的人民币罚款。

第五十二条 保险经营机构不按本暂行规定，报送报表和相关信息资料的，由外汇局责令改正，单处或者并处警告、通报批评、5万元以上30万元以下人民币罚款的处罚。

第七章 附 则

第五十三条 本暂行规定中有关概念含义如下：

（一）“保险公司”是指经保监会批准在中国境内经营商业保险业务并依法登记注册具有法人资格的企业、以及外国保险公司经保监会批准在中国境内依法设立的分公司。

（二）“保险合同”是指以保险单、保险凭证、暂保单以及批单等符合《中华人民共和国合同法》和《中华人民共和国保险法》要求的方式所形成的书面保险合同或者协议。

第五十四条 出口信用保险等政策性保险业务涉及的保险公司外汇业务市场准入、退出和保险项下外汇收支、结汇、售汇及外汇账户等外汇管理，比照本暂行规定有关条款执行。

第五十五条 本暂行规定由国家外汇管理局负责解释。

第五十六条 本暂行规定自2002年11月1日起实施。1993年1月1日公布的《非银行金融机构外汇业务管理规定》及其他外汇管理规章中相关规定与本暂行规定相抵触的，以本暂行规定为准。

国家外汇管理局关于调整部分保险业务外汇管理政策有关问题的通知

（2006年5月23日） 汇发〔2006〕23号

国家外汇管理局各省、自治区、直辖市分局、外汇管理部，深圳、大连、青岛、厦门、宁波市分局；各中资外汇指定银行，各保险公司：

为进一步方便保险公司经营，促进保险业发展，国家外汇管理局决定调整部分保险业务外汇管理规定，现就有关问题通知如下：

一、经核准经营外汇保险业务的境内保险公司（包括中资保险公司、中外合资保险公司、外资独资保险公司和外国保险公司分公司)及其分支机构(以下简称"保险经营机构"),对符合《保险业务外汇管理暂行规定》(汇发〔2002〕95号)第三十三条、第三十四条规定条件,并以外汇进行计价、赔偿的保险合同,其外汇管理政策做如下调整:

(一)将保险经营机构以外汇收取保费的规定,调整为保险经营机构可以选择以人民币或外汇收取保费,但保险经营机构不得收取外币现钞。

(二)将保险经营机构以自有外汇支付赔偿或给付保险金的规定,调整为保险经营机构可凭有关保险合同、赔款计算书到外汇指定银行从其外汇账户中支付或购汇支付。

二、境内保险经营机构或保险资产管理公司根据经营需要,可以在外汇指定银行进行外币与外币间的兑换,调整其外汇资金币种。

三、取消境内保险公司办理境外再保险分出业务的购汇限制。经国家外汇管理局及其分局核准从事外汇再保险业务的境内保险经营机构,按照中国保险监督管理委员会的有关规定办理境内保险的境外再保险分出业务时,可根据实际经营需要,持分保合同、分保账单或分保支付清单等有效凭证,到外汇指定银行办理从其外汇账户中支付或购汇支付手续。

四、境内保险经营机构应按《国家外汇管理局关于报送保险外汇监管报表有关问题的通知》(汇发〔2003〕27号)填写"保险公司外汇保险业务统计表",并在"备注"栏说明上一季度的境外再保险业务付汇情况;购汇支付的,应当列明有关购汇金额、购汇时间等内容。

五、本通知从2006年6月1日起开始施行。以前规定与本通知冲突的,以本通知为准。《国家外汇管理局 中国保险监督管理委员会关于境外再保险分出业务售付汇管理有关问题的通知》(汇发〔2003〕75号)同时废止。

收到本通知后,各分局应尽快转发至辖内保险公司、外资银行;各中资外汇指定银行应尽快转发至所属分支行。执行中如遇问题,请及时向国家外汇管理局反馈。

联系电话:010－68402381

传真电话:010－68402272

国家外汇管理局关于境内居民通过特殊目的公司境外投融资及返程投资外汇管理有关问题的通知

（2014 年 7 月 4 日） 汇发〔2014〕37 号

国家外汇管理局各省、自治区、直辖市分局、外汇管理部，深圳、大连、青岛、厦门、宁波市分局；各中资外汇指定银行：

为充分发挥市场在资源配置中的决定性作用，支持国家“走出去”战略的实施，充分利用国际国内两种资源、两个市场，进一步简化和便利境内居民通过特殊目的公司从事投融资活动所涉及的跨境资本交易，切实服务实体经济发展，有序提高跨境资本和金融交易可兑换程度，根据《中华人民共和国外汇管理条例》等规定，现就境内居民通过特殊目的公司境外投融资及返程投资外汇管理有关问题通知如下：

一、本通知所称“特殊目的公司”，是指境内居民（含境内机构和境内居民个人）以投融资为目的，以其合法持有的境内企业资产或权益，或者以其合法持有的境外资产或权益，在境外直接设立或间接控制的境外企业。

本通知所称“返程投资”，是指境内居民直接或间接通过特殊目的公司对境内开展的直接投资活动，即通过新设、并购等方式在境内设立外商投资企业或项目（以下简称外商投资企业），并取得所有权、控制权、经营管理权等权益的行为。

本通知所称“境内机构”，是指中国境内依法设立的企业事业法人以及其他经济组织；“境内居民个人”是指持有中国境内居民身份证、军人身份证件、武装警察身份证件的中国公民，以及虽无中国境内合法身份证件、但因经济利益关系在中国境内习惯性居住的境外个人。

本通知所称“控制”，是指境内居民通过收购、信托、代持、投票权、回购、可转换债券等方式取得特殊目的公司的经营权、收益权或者决策权。

二、国家外汇管理局及其分支机构（以下简称外汇局）对境内居民设立特殊目的公司实行登记管理。境内居民个人设立的特殊目的公司登记及相关外汇管理，按本通知执行。境内机构设立的特殊目的公司登记及相关外汇管理，按现行规定和本通知执行。

三、境内居民以境内外合法资产或权益向特殊目的公司出资前，应向外汇局申请办理境外投资外汇登记手续。境内居民以境内合法资产或权益出资的，应向注册地外汇局或者境内企业资产或权益所在地外汇局申请办理登记;境内居民以境外合法资产或权益出资的,应向注册地外汇局或者户籍所在地外汇局申请办理登记。

境内居民个人应提交以下真实性证明材料办理境外投资外汇登记手续:

(一)书面申请与《境内居民个人境外投资外汇登记表》。

(二)个人身份证明文件。

(三)特殊目的公司登记注册文件及股东或实际控制人证明文件(如股东名册、认缴人名册等)。

(四)境内外企业权力机构同意境外投融资的决议书(企业尚未设立的,提供权益所有人同意境外投融资的书面说明)。

(五)境内居民个人直接或间接持有的拟境外投融资境内企业资产或权益,或者合法持有境外资产或权益的证明文件。

(六)在前述材料不能充分说明交易的真实性或申请材料之间的一致性时,要求提供的补充材料。

境内机构按《国家外汇管理局关于发布〈境内机构境外直接投资外汇管理规定〉的通知》(汇发〔2009〕30号)等相关规定办理境外投资外汇登记手续。

境内居民办理境外投资外汇登记后,方可办理后续业务。

四、境内居民及其设立的特殊目的公司,不得危害我国国家主权、安全和社会公共利益;不得违反我国法律法规;不得损害我国与有关国家(地区)关系;不得违反我国对外缔结的国际条约;不得涉及我国禁止出口的技术或产品。

境外特殊目的公司登记不具有证明其投融资行为已符合行业主管部门合法合规的效力。

五、已登记境外特殊目的公司发生境内居民个人股东、名称、经营期限等基本信息变更,或发生境内居民个人增资、减资、股权转让或置换、合并或分立等重要事项变更后,应及时到外汇局办理境外投资外汇变更登记手续。

境内居民境外投资外汇变更登记完成后,方可办理后续业务(含利润、红利汇回)。

六、非上市特殊目的公司以本企业股权或期权等为标的,对其直接或间接控制的境内企业的董事、监事、高级管理人员及其他与公司具有雇佣或劳动关系的员工进行权益激励的,相关境内居民个人在行权前可提交以下材料到外汇局申请办理特殊目的公司外汇登记手续:

(一)书面申请与《境内居民个人境外投资外汇登记表》。

(二)已登记的特殊目的公司的境外投资外汇业务登记凭证。

(三)相关境内企业出具的个人与其雇佣或劳动关系证明材料。

(四)特殊目的公司或其实际控制人出具的能够证明所涉权益激励真实性的

证明材料。

（五）在前述材料不能充分说明交易的真实性或申请材料之间的一致性时，要求提供的补充材料。

境内居民个人参与境外上市公司股权激励计划按相关外汇管理规定办理。

七、特殊目的公司完成境外融资后，融资资金如调回境内使用的，应遵守中国外商投资和外债管理等相关规定。返程投资设立的外商投资企业应按照现行外商直接投资外汇管理规定办理相关外汇登记手续，并应如实披露股东的实际控制人等有关信息。

八、境内居民从特殊目的公司获得的利润、红利调回境内的，应按照经常项目外汇管理规定办理；资本变动外汇收入调回境内的，应按照资本项目外汇管理规定办理。

九、因转股、破产、解散、清算、经营期满、身份变更等原因造成境内居民不再持有已登记的特殊目的公司权益的，或者不再属于需要办理特殊目的公司登记的，应提交相关真实性证明材料及时到外汇局办理变更或注销登记手续。

十、境内居民直接或间接控制的境内企业，可在真实、合理需求的基础上按现行规定向其已登记的特殊目的公司放款。

十一、境内居民可在真实、合理需求的基础上购汇汇出资金用于特殊目的公司设立、股份回购或退市等。

十二、本通知实施前，境内居民以境内外合法资产或权益已向特殊目的公司出资但未按规定办理境外投资外汇登记的，境内居民应向外汇局出具说明函说明理由。外汇局根据合法性、合理性等原则办理补登记，对涉嫌违反外汇管理规定的，依法进行行政处罚。

十三、境内居民与境外特殊目的公司之间的跨境收支，应按现行规定办理国际收支统计申报。

十四、外汇局定期分析境内居民通过特殊目的公司境外投融资及返程投资整体情况，密切关注其对国际收支的影响，并加强对境内居民通过特殊目的公司境外投融资及返程投资的事中、事后监管。

十五、境内居民或其直接、间接控制的境内企业通过虚假或构造交易汇出资金用于特殊目的公司，外汇局根据《中华人民共和国外汇管理条例》第三十九条进行处罚。

境内居民未按规定办理相关外汇登记、未如实披露返程投资企业实际控制人信息、存在虚假承诺等行为，外汇局根据《中华人民共和国外汇管理条例》第四十八条第（五）项进行处罚。

在境内居民未按规定办理相关外汇登记、未如实披露返程投资企业实际控制人信息或虚假承诺的情况下，若发生资金流出，外汇局根据《中华人民共和国外汇管理条例》第三十九条进行处罚；若发生资金流入或结汇，根据《中华人民共和国外汇管理条例》第四十一条进行处罚。

境内居民与特殊目的公司相关跨境收支未按规定办理国际收支统计申报的，外汇局根据《中华人民共和国外汇管理条例》第四十八条第(一)项进行处罚。

十六、本通知自发布之日起实施。《国家外汇管理局关于境内居民通过境外特殊目的公司融资及返程投资外汇管理有关问题的通知》(汇发〔2005〕75 号)同时废止。之前相关规定与本通知内容不一致的，以本通知为准。

国家外汇管理局各分局、外汇管理部接到本通知后，应及时转发辖内中心支局、支局、城市商业银行、农村商业银行、外资银行、农村合作银行；各中资银行接到通知后，应及时转发所辖各分支机构。执行中如遇问题，请及时向国家外汇管理局资本项目管理司反馈。

附件：1. 返程投资外汇管理所涉业务操作指引(略)

2. 资本项目直接投资外汇业务申请表(略)

金融企业国有资产评估监督管理暂行办法

（2007年10月12日公布　自2008年1月1日起施行）　财政部令〔2007〕47号

第一章　总　　则

第一条　为了加强对金融企业国有资产评估的监督管理，规范金融企业国有资产评估行为，维护国有资产所有者合法权益，根据有关法律、行政法规和国务院相关规定，制定本办法。

第二条　在中华人民共和国境内依法设立，并占有国有资产的金融企业、金融控股公司、担保公司（以下简称金融企业）的资产评估，适用本办法。

金融资产管理公司不良资产处置评估另有规定的从其规定。

第三条　县级以上人民政府财政部门（以下简称财政部门）按照统一政策、分级管理的原则，对本级金融企业资产评估工作进行监督管理。

上级财政部门对下级财政部门监督管理金融企业资产评估工作进行指导和监督。

第四条　资产评估机构进行资产评估应当遵守有关法律、法规、部门规章，以及资产评估准则和执业规范，对评估报告的合法性、真实性和合理性负责，并承担责任。

资产评估委托方和提供资料的相关当事方，应当对所提供资料的真实性、合法性和完整性负责。

第五条　金融企业不得委托同一中介机构对同一经济行为进行资产评估、审计、会计业务服务。金融企业有关负责人与中介机构存在可能影响公正执业的利害关系时，应当予以回避。

第二章　评 估 事 项

第六条　金融企业有下列情形之一的，应当委托资产评估机构进行资产评估：

（一）整体或者部分改制为有限责任公司或者股份有限公司的；

（二）以非货币性资产对外投资的；

（三）合并、分立、清算的；

（四）非上市金融企业国有股东股权比例变动的；

（五）产权转让的；

（六）资产转让、置换、拍卖的；

（七）债权转股权的；

（八）债务重组的；

（九）接受非货币性资产抵押或者质押的；

（十）处置不良资产的；

（十一）以非货币性资产抵债或者接受抵债的；

（十二）收购非国有单位资产的；

（十三）接受非国有单位以非货币性资产出资的；

（十四）确定涉讼资产价值的；

（十五）法律、行政法规规定的应当进行评估的其他情形。

第七条 金融企业有下列情形之一的，对相关的资产可以不进行资产评估：

（一）县级以上人民政府或者其授权部门批准其所属企业或者企业的部分资产实施无偿划转的；

（二）国有独资企业与其下属的独资企业之间，或者其下属独资企业之间的合并，以及资产或者产权置换、转让和无偿划转的；

（三）发生多次同类型的经济行为时，同一资产在评估报告使用有效期内，并且资产、市场状况未发生重大变化的；

（四）上市公司可流通的股权转让。

第八条 需要资产评估时，应当按照下列情况进行委托：

（一）经济行为涉及的评估对象属于金融企业法人财产权的，或者金融企业接受非国有资产的，资产评估由金融企业委托；

（二）经济行为涉及的评估对象属于金融企业出资人权利的，资产评估由金融企业出资人或者其上级单位委托。

第九条 金融企业有关经济行为的资产评估报告，自评估基准日起1年内有效。

第三章 核准和备案

第十条 金融企业资产评估项目实行核准制和备案制。

第十一条 金融企业下列经济行为涉及资产评估的，资产评估项目实行核准：

（一）经批准进行改组改制、拟在境内或者境外上市、以非货币性资产与外商合资经营或者合作经营的经济行为；

（二）经县级以上人民政府批准的其他涉及国有资产产权变动的经济行为。

中央金融企业资产评估项目报财政部核准。地方金融企业资产评估项目报本级财政部门核准。

第十二条 需要核准的资产评估项目，金融企业应当在资产评估前向财政部门报告下列情况：

（一）相关经济行为的批准情况；

（二）评估基准日的选择情况；

（三）资产评估范围的确定情况；

（四）资产评估机构的选择情况；

（五）资产评估的进度安排情况。

第十三条 对资产评估机构出具的评估报告，金融企业应当逐级上报审核，自评估基准日起8个月内向财政部门提出资产评估项目核准申请。

第十四条 金融企业申请资产评估项目核准时，应当向财政部门报送下列材料：

（一）资产评估项目核准申请文件；

（二）金融企业资产评估项目核准表（包括：资产评估项目基本情况和资产评估结果，见附件1，一式一份）；

（三）与资产评估目的相对应的经济行为批准文件及实施方案；

（四）资产评估报告及电子文档；

（五）按照规定应当进行审计的审计报告。

拟在境外和香港特别行政区上市的，还应当报送符合相关规定的资产评估报告。

第十五条 财政部门收到核准申请后，对申请材料不齐全或者不符合法定形式的，应当在5个工作日内书面一次性告知申请人需要补正的全部内容。对申请材料齐全、符合法定形式，或者申请人按照要求全部补正申请材料的应当受理。

受理申请或者不予受理申请，应当向申请人出具注明日期的书面凭证（见附件2）。

第十六条 财政部门受理申请后，应当对申请材料进行审查。申请材料符合下列要求的，财政部门应当组织专家对资产评估报告进行评审：

（一）资产评估项目所涉及的经济行为已获得批准；

（二）资产评估基准日的选择适当；

（三）资产评估依据适当；

（四）资产评估范围与经济行为批准文件确定的资产范围一致；

（五）资产评估程序符合相关评估准则的规定；

（六）资产评估报告的有效期已明示；

（七）委托方和提供资料的相关当事方已就所提供的资产权属证明文件及其他资料的真实性、合法性和完整性做出承诺。

财政部门应当在受理申请后的20个工作日内作出是否予以核准的书面决定。作出不予核准的书面决定的，应当说明理由。

组织专家评审所需时间不计算在前款规定的期限内。

第十七条 除本办法第十一条第一款规定的经济行为以外的其他经济行为，应当进行资产评估的，资产评估项目实行备案。

第十八条 中央直接管理的金融企业资产评估项目报财政部备案。中央直接管理的金融企业子公司、省级分公司或分行、金融资产管理公司办事处账面资产总额大于或者等于5000万元人民币的资产评估项目，由中央直接管理的金融企业审核后报财政部备案。中央直接管理的金融企业子公司、省级分公司或分行、金融资产管理公司办事处账面资产总额小于5000万元人民币的资产评估项目，以及下属公司、银行地（市、县）级支行的资产评估项目，报中央直接管理的金融企业备案。

地方金融企业资产评估项目备案，由省级财政部门根据本地区实际情况具体确定。

第十九条 对资产评估机构出具的评估报告，金融企业应当逐级上报审核，自评估基准日起9个月内向财政部门（或者金融企业）提出资产评估项目备案申请。

第二十条 金融企业申请资产评估项目备案时，应当报送下列材料：

（一）金融企业资产评估项目备案表（包括：资产评估项目基本情况和资产评估结果，见附件3，一式三份）；

（二）与资产评估目的相对应的经济行为批准文件；

（三）资产评估报告及电子文档；

（四）按照规定应当进行审计的审计报告。

第二十一条 财政部门（或者金融企业）收到备案材料后，应当在20个工作日内决定是否办理备案手续。

对材料齐全、符合下列要求的，财政部门（或者金融企业）应当办理备案手续，并将资产评估项目备案表退资产占有企业和报送企业留存：

（一）资产评估项目所涉及的经济行为已获得批准；

（二）资产评估范围与经济行为批准文件确定的资产范围一致；

（三）资产评估程序符合相关评估准则的规定；

（四）委托方和提供资料的相关当事方已就所提供的资产权属证明文件及其他资料的真实性、合法性和完整性做出承诺。

对材料不齐全或者不符合上述要求的，财政部门（或者金融企业）不予办理备案手续，并书面说明理由。

必要时财政部门(或者金融企业)可以组织有关专家进行评审。组织专家评审所需时间不计算在本条第一款规定的期限内。

第二十二条 涉及多个产权投资主体的,按照金融企业国有股最大股东的财务隶属关系申请核准或者备案。国有股东持股比例相等的,经协商可以委托其中一方按照其财务隶属关系申请核准或者备案。

申请核准或者备案的金融企业应当及时将核准或者备案情况告知产权投资主体。

第二十三条 财政部门准予资产评估项目核准文件和经财政部门(或者金融企业)备案的资产评估项目备案表是金融企业办理产权登记、股权设置和产权转让等相关手续的必备材料。

第二十四条 金融企业发生与资产评估相对应的经济行为时,应当以经核准或者备案的资产评估结果为作价参考依据。当交易价格与资产评估结果相差10%以上时,应当就差异原因向财政部门(或者金融企业)作出书面说明。

第四章 监督检查

第二十五条 金融企业应当建立健全金融企业资产评估管理工作制度,完善档案管理,加强统计分析工作。

第二十六条 省级以上财政部门应当对金融企业资产评估工作进行监督检查,必要时可以对资产评估机构进行延伸检查。

第二十七条 省级财政部门应当于每年的3月31日前,将对本地区金融企业上一年度资产评估工作的监督检查情况、存在的问题及处理情况报财政部。

第二十八条 省级以上财政部门应当将监督检查中发现的问题,及时向相关监管部门进行通报。

第五章 罚则

第二十九条 金融企业在资产评估中有违法行为的,依照有关法律、行政法规的规定处理、处罚。

第三十条 金融企业违反本办法有关规定,由财政部门责令限期改正。有下列情形之一的,由财政部门给予警告:

(一)应当进行资产评估而未进行评估的;

(二)应当申请资产评估项目核准或者备案而未申请的;

(三)委托没有资产评估执业资格的机构或者人员从事资产评估的,或者委托同一中介机构对同一经济行为进行资产评估、审计、会计业务服务的。

第三十一条 资产评估机构或者人员在金融企业资产评估中违反有关规定

的，由省级以上财政部门依法进行处理、处罚。

第三十二条 财政部门工作人员在资产评估监督管理工作中滥用职权、玩忽职守、徇私舞弊，或者泄漏金融企业商业秘密的，依法给予行政处分，涉嫌犯罪的，依法移送司法机关。

第六章 附 则

第三十三条 省级财政部门可以依照本办法，结合本地区实际情况，制订具体实施办法。

第三十四条 对中国人民银行总行所属企业资产评估的监督管理，参照本办法执行。

第三十五条 本办法自2008年1月1日起施行。

附件1：金融企业资产评估项目核准表(略)

附件2－1：受理资产评估项目核准申请通知书(略)

附件2－2：不予受理资产评估项目核准申请通知书(略)

附件3：金融企业资产评估项目备案表(略)

财政部关于金融企业国有资产评估监督管理有关问题的通知

(2011年6月16日) 财金〔2011〕59号

各省、自治区、直辖市、计划单列市财政厅(局)，有关金融企业：

为进一步贯彻落实《金融企业国有资产评估监督管理暂行办法》(财政部令第47号，以下简称《办法》)，加强和规范金融企业国有资产评估监督管理工作，现就有关问题通知如下：

一、关于评估范围的确定问题

(一)金融企业出现《办法》第六条所述的经济行为时，应按下列要求确定评估范围：

1. 整体或者部分改制为有限责任公司或者股份有限公司，合并、分立、清算，或产权转让的，应对企业进行整体资产评估。

2. 对子公司增资扩股时，因吸收新股东入股或企业原股东未按照原有出资比例追加投资等，造成原国有股东股权比例发生变化的，需要对子公司进行整体资产评估。以非货币性资产增资或出资的，还应对非货币性资产进行评估。

3. 接受非国有单位以非货币性资产出资的，应对接受非国有资产的企业进行整体资产评估，还应对非货币性资产进行评估。

4. 以债权转股权方式进行债务重组的，应对拟转股的企业进行整体资产评估。

5. 收购非国有单位股权的，应对被收购企业进行整体资产评估。以非货币性资产收购的，还应对非货币性资产进行评估。

6. 以非货币性资产对外进行长期股权投资，接受非货币性资产抵押或质押，以及以非货币性资产抵债或者接受抵债的，应对非货币性资产进行评估。

7. 收购非国有单位非股权类资产，处置不良资产，确定涉讼资产价值，或进行资产转让、置换和拍卖的，应对所涉及的资产进行评估。

8. 法律、行政法规规定的应当进行评估的其他情形，评估范围的确定应视具体情形而定。

（二）中央直接管理的金融企业与其下属的独资企业之间，或者其下属独资企业之间的合并，以及资产或者产权置换、转让和无偿划转的，未造成国有股权比例发生变动的，对相关的资产可以不进行评估。

二、关于评估项目的委托问题

金融企业出现《办法》第六条所述整体或者部分改制为有限责任公司或者股份有限公司，合并、分立、清算，非上市金融企业国有股东股权比例发生变动，产权转让，债务重组，接受非国有单位以非货币性资产出资等经济行为时，涉及的评估对象属于金融企业出资人权利的，应由国有出资人直接委托，或书面授权金融企业作为评估委托方。

中央直接管理的金融企业在出现上述经济行为时，应向国有出资人书面申请授权其选聘评估机构开展相关资产评估工作，国有出资人根据实际情况进行批复。

金融企业出现《办法》第六条所述以非货币性资产对外出资，资产转让、置换、拍卖，债权转股权，接受非货币性资产抵押或质押，处置不良资产，以非货币资产抵债或接受抵债，收购非国有单位资产，确定诉讼资产价值等经济行为时，涉及的评估对象属于金融企业法人财产权或者金融企业接受非国有资产的，资产评估应由金融企业委托。

三、关于核准（备案）申请需报送的经济行为批准文件

（一）《办法》第十四条规定的核准申请应报送的经济行为批准文件，为各级人民政府批准金融企业进行改组改制、拟在境内（外）上市、以非货币性资产与外商合资合作或其他涉及国有资产产权比例变动经济行为事项时的审批文件，或财政部门依照本级人民政府审批文件出具的、同意金融企业开展相应资产评估事项的批准文件。

中央直接管理的金融企业需报送的经济行为批准文件,为国务院批准同意的重组改制等相关经济行为审批文件,或财政部根据国务院审批文件出具的、同意其开展相应资产评估事项的批准文件。

(二)《办法》第二十条规定的备案申请应报送的经济行为批准文件分为:

1. 已经设立股东(大)会、董事会的,根据《中华人民共和国公司法》和公司章程的相关规定,经济行为批准文件为董事会或股东(大)会决议;或按照股东(大)会、董事会对管理层的授权,由管理层在授权范围内,根据决策议事机制,对经济行为审议同意后形成的文件。对按规定需报财政部门批准的事项,经济行为批准文件为财政部门的审批文件。

2. 尚未设立股东(大)会、董事会的,根据财务和资产管理制度的有关规定,经济行为批准文件为财政部门的批复文件;或者按规定的内部决策议事机制,经总经理(行长、总裁、党委)办公会以及其他内部审核部门审议同意后形成的文件。

四、关于评估备案的管理权限问题

根据《办法》第十八条规定,中央直接管理的金融企业需报财政部备案的资产评估项目包括:中央直接管理的金融企业资产评估项目;其一级子公司、省级分公司或分行、金融资产管理公司办事处账面资产总额大于或者等于5000万元人民币的资产评估项目。

因开展信贷、担保等正常经营业务涉及抵(质)押资产、抵债资产、诉讼资产价值确认以及固定资产等非股权类资产收购处置的评估项目,备案工作由中央直接管理的金融企业负责。

五、关于核准(备案)申请的报送期限

根据《办法》第十三条的规定,中央直接管理的金融企业的资产评估项目核准申请应在评估基准日起8个月内、相应经济行为实际发生前,向财政部提出;因经济行为文件未能批复等原因造成未在规定期限内报送申请的,应至少在评估结果使用有效期截止日之前20个工作日提出申请,逾期财政部不予受理。

根据《办法》第十九条的规定,中央直接管理的金融企业的资产评估项目备案申请应在评估基准日起9个月内、相应经济行为实际发生前,向财政部提出。对经济行为已实际发生、相关交易手续已经完成的,财政部不予受理。

六、关于评估项目核准(备案)表的填报问题

金融企业应根据被评估企业的性质,选择资产评估项目核准(备案)表进行填报。其中,基金管理公司应填报《证券公司评估结果表》,金融控股公司等其他非银行、证券、保险、担保类企业应填报《其他企业类评估结果表》。资产评估项目核准(备案)表应采用A3纸张双面打印。

七、关于评估结论的使用问题

评估结论的使用必须与所对应的经济行为保持一致。在金融企业改制过程中，改制设立股份有限公司的评估结论仅适用于设立股份有限公司的工商登记注册，不得用于引入战略投资者和首次公开发行上市。

金融企业发生《办法》第七条所称同类型经济行为需要再次使用评估结论时，可不再申请备案，但应确认评估结论仍在有效使用期内，且与评估基准日时相比，未出现因资产状态、使用方式、市场环境以及评估假设等发生显著变化，导致资产价值发生重大变化的情况。

八、关于评估机构的选聘问题

金融企业选聘资产评估机构应当遵循公平、公开、公正和诚实信用的原则。在相关选聘管理办法出台前，具体选聘和决策程序参照《金融企业选聘会计师事务所招标管理办法（试行）》（财金〔2010〕169 号）有关规定执行。

拟选聘的资产评估机构应当具有固定的工作场所，组织机构健全，内部管理和控制制度较为完善并且执行有效；遵守国家有关法律、法规、规章及国有资产评估的政策规定，严格履行法定职责；遵守执业准则和执业规范，近 3 年内没有违法、违规或行业自律惩戒记录；具有与评估对象相适应的资质条件、专业人员和专业特长；与资产评估委托方高管层无经济利益关系；未就同一经济行为向金融企业提供会计、审计及财务顾问服务等。

九、其他问题

《办法》和本通知的适用范围包括：占有国有资产的获得金融业务许可证的企业、金融控股公司、担保公司以及其他金融类企业。中国投资有限责任公司（含中央汇金投资有限责任公司），中国人民银行所属企业，以及金融类企业依法投资于其他非金融类企业的，资产评估监督管理工作比照《办法》和本通知执行。

省级财政部门可以依照《办法》和本通知，结合本地区实际情况，制定具体实施细则。

金融企业国有资产转让管理办法

(2009 年 3 月 17 日公布　自 2009 年 5 月 1 日起施行)　财政部令〔2009〕54 号

第一章　总　　则

第一条　为了规范金融企业国有资产转让行为,加强国有资产交易的监督管理,维护国有资产出资人的合法权益,防止国有资产流失,根据有关法律、行政法规,制定本办法。

第二条　本办法所称金融企业国有资产,是指各级人民政府及其授权投资主体对金融企业各种形式的出资所形成的权益。

本办法所称金融企业,包括所有获得金融业务许可证的企业和金融控股(集团)公司。

第三条　县级以上人民政府财政部门(以下简称财政部门)和县级以上人民政府或者财政部门授权投资主体转让所持金融企业国有资产,国有及国有控股金融企业(以下统称转让方)转让所持国有资产给境内外法人、自然人或者其他组织(以下统称受让方),适用本办法。

第四条　金融企业国有资产转让应当遵守法律、行政法规和产业政策规定。

第五条　金融企业国有资产转让包括非上市企业国有产权转让和上市公司国有股份转让。

金融企业国有资产转让以通过产权交易机构、证券交易系统交易为主要方式。符合本办法规定条件的,可以采取直接协议方式转让金融企业国有资产。

第六条　拟转让的金融企业国有资产权属关系应当明晰。权属关系不明确或者存在权属纠纷以及法律、行政法规和国家有关政策规定禁止转让的金融企业国有资产不得转让。

转让已经设立担保物权的金融企业国有资产,应当符合《中华人民共和国物权法》、《中华人民共和国担保法》等有关法律、行政法规的规定。

第七条　金融企业国有资产转让按照统一政策、分级管理的原则,由财政部门负责监督管理。财政部门转让金融企业国有资产,应当报本级人民政府批准。政府授权投资主体转让金融企业国有资产,应当报本级财政部门批准。

金融企业国有资产转让过程中,涉及政府社会公共管理和金融行业监督管理事项的,应当根据国家规定,报经政府有关部门批准。

以境外投资人为受让方的，应当符合国家有关外商投资的监督管理规定，由转让方按照有关规定报经政府有关部门批准。

第八条 财政部门是金融企业国有资产转让的监督管理部门。

财政部负责制定金融企业国有资产转让监督管理制度，并对中央管理的金融企业及其子公司的国有资产转让工作实施监督管理。

地方县级以上财政部门对本级管理的金融企业及其子公司国有资产转让实施监督管理。

上级财政部门指导和监督下级财政部门的金融企业国有资产转让监督管理工作。

第九条 财政部门对金融企业国有资产转让履行下列监督管理职责：

（一）决定或者批准金融企业国有资产转让事项，审核重大资产转让事项并报本级人民政府批准；

（二）确定承办金融企业国有资产交易业务的产权交易机构备选名单；

（三）负责金融企业国有资产转让情况的监督检查工作；

（四）负责金融企业国有资产转让信息的收集、汇总、分析和上报工作；

（五）本级人民政府授权的其他职责。

第十条 国有及国有控股金融企业在境内外依法设立子公司或者向企业投资的，由该国有及国有控股金融企业按本办法规定负责所设立子公司和投资企业的国有资产的转让工作，并履行下列职责：

（一）按照本办法及国家有关规定，制定企业所属分支机构、子公司的国有资产转让管理办法和工作程序，并报本级财政部门备案；

（二）研究资产转让行为是否有利于促进企业的持续发展；

（三）审议所属一级子公司的资产转让事项，监督一级子公司以下的资产转让事项；

（四）向财政部门、相关金融监督管理部门和其他有关部门报告有关资产转让情况。

第二章　非上市企业国有产权转让

第十一条 非上市企业国有产权的转让应当在依法设立的省级以上（含省级，下同）产权交易机构公开进行，不受地区、行业、出资或者隶属关系的限制。

第十二条 国有及国有控股金融企业转让一级子公司的产权，应当报财政部门审批。除国家明确规定需要报国务院批准外，中央管理的国有及国有控股金融企业转让一级子公司的产权应当报财政部审批；地方管理的金融企业国有资产转让的审批权限，由省级财政部门确定。

国有及国有控股金融企业一级子公司（省级分公司或者分行、金融资产管理公司办事处）转让所持子公司产权，由控股（集团）公司审批。其中，涉及重要行业、重点子公司的重大国有产权转让，或者导致转让标的企业所持金融企业或者其他重点子公司控股权转移的，应当报财政部门审批。

第十三条　转让方应当制定转让方案，并按照内部决策程序交股东会或者股东大会、董事会或者其他决策部门审议，形成书面决议。

转让方案包括转让标的企业产权的基本情况、转让行为的论证情况、产权转让公告以及其他主要内容。

转让标的企业涉及职工安置问题的，应当按照国家有关规定办理职工安置工作。

第十四条　转让方应当依照国家有关规定，委托资产评估机构对转让标的企业的整体价值进行评估。

第十五条　非上市企业国有产权转让需要报财政部门审批的，转让方应当在进场交易前报送以下材料：

（一）产权转让的申请书，包括转让原因，是否进场交易等内容；

（二）产权转让方案及内部决策文件；

（三）转让方基本情况及上一年度经会计师事务所审计的财务会计报告；

（四）转让标的企业基本情况、当期财务会计报告和最近一期经会计师事务所审计的财务会计报告；

（五）转让方和转让标的企业国有资产产权证明文件；

（六）转让标的企业资产评估核准或者备案文件；

（七）拟选择的产权交易机构；

（八）意向受让方应当具备的基本条件、支付方式；

（九）律师事务所出具的法律意见书；

（十）财政部门认为必要的其他文件。

转让金融企业产权的，应当对是否符合相关金融监督管理部门的规定进行说明。

第十六条　从事金融企业国有产权交易活动的产权交易机构，应当符合下列基本条件：

（一）遵守有关法律、法规、规章；

（二）具备相应的交易场所、信息发布渠道和专业人员，能够满足金融企业国有产权交易活动的需要；

（三）具有健全的内部管理制度，产权交易操作规范；

（四）能够履行产权交易机构的职责，依法审查产权交易主体的资格和条件；

（五）连续3年没有违法、违规记录；

（六）按照国家有关规定公开披露产权交易信息，并能够按要求及时向省级以上财政部门报告场内金融企业国有产权交易情况。

第十七条 转让方在确定进场交易的产权交易机构后，应当委托该产权交易机构在省级以上公开发行的经济或者金融类报刊和产权交易机构的网站上刊登产权转让公告，公开披露有关非上市企业产权转让信息，征集意向受让方。

产权转让公告期不得少于20个工作日。

第十八条 转让方披露的非上市企业产权转让信息应当包括下列内容：

（一）转让标的企业的基本情况；

（二）转让标的企业的产权构成情况；

（三）产权转让行为的内部决策情况；

（四）转让标的企业最近一期经会计师事务所审计的主要财务指标数据；

（五）转让标的企业资产评估核准或者备案情况；

（六）受让方应当具备的基本条件；

（七）其他需要披露的事项。

需要按本办法办理审批手续的，还应当披露产权转让行为的批准情况。

第十九条 意向受让方一般应当具备下列条件：

（一）具有良好的财务状况和支付能力；

（二）具有良好的商业信用；

（三）受让方为自然人的，应当具有完全民事行为能力；

（四）国家规定的其他条件。

在不违反相关监督管理要求和公平竞争原则下，转让方可以对意向受让方的资质、商业信誉、行业准入、资产规模、经营情况、财务状况、管理能力等提出具体要求。

第二十条 在产权交易过程中，首次挂牌价格不得低于经核准或者备案的资产评估结果。

首次挂牌未能征集到意向受让方的，转让方可以根据转让标的企业情况确定新的挂牌价格并重新公告。如新的挂牌价格低于资产评估结果的90%，应当重新报批。

第二十一条 经公开征集，产生2个以上（含2个）意向受让方时，转让方应当会同产权交易机构共同对意向受让方进行资格审核，根据转让标的企业的具体情况采取拍卖、招投标或者国家规定的其他公开竞价方式实施产权交易。

采取拍卖方式转让非上市企业产权的，应当按照《中华人民共和国拍卖法》及其他有关规定组织实施。

采取招投标方式转让非上市企业产权的，应当按照《中华人民共和国招标投标法》及其他有关规定组织实施。

第二十二条 经产权交易机构公开征集只产生1个符合条件的意向受让方时，产权转让可以采取场内协议转让方式进行，但转让价格不得低于挂牌价格。

采取场内协议转让方式的，转让方应当与受让方进行充分协商，依法妥善处理转让中所涉及的相关事项后，签订产权转让协议（合同，下同）。

第二十三条 确定受让方后，转让方应当与受让方签订产权转让协议。

转让协议应当包括下列内容：

（一）转让与受让双方的名称与住所；

（二）转让标的企业产权的基本情况；

（三）转让方式、转让价格、价款支付时间和方式及付款条件；

（四）产权交割事项；

（五）转让涉及的有关税费负担；

（六）协议争议的解决方式；

（七）协议各方的违约责任；

（八）协议变更和解除的条件；

（九）转让和受让双方认为必要的其他条款。

第二十四条 转让方应当按照产权转让协议的约定及时收取产权转让的全部价款，转让价款原则上应当采取货币性资产一次性收取。如金额较大、一次付清确有困难的，可以约定分期付款方式，但分期付款期限不得超过1年。

采用分期付款方式的，受让方首期付款不得低于总价款的30%，并在协议生效之日起5个工作日内支付；其余款项应当办理合法的价款支付保全手续，并按同期金融机构基准贷款利率向转让方支付分期付款期间利息。在全部转让价款支付完毕前或者未办理价款支付保全手续前，转让方不得申请办理国有产权登记和工商变更登记手续。

受让方以非货币性资产支付产权转让价款的，转让方应当按照有关规定委托资产评估机构进行资产评估，确定非货币性资产的价值。

第二十五条 财政部门应当对转让方报送的材料进行认真审核，确定是否批准相关产权转让事项。

转让事项经批准后，如转让和受让双方调整产权转让比例或者产权转让方案有重大变化，造成与批准事项不符的，应当按照规定程序重新报批。

第二十六条 非上市企业产权转让过程中涉及国有土地（海域）使用权、探矿权、采矿权的，应当按照国家有关规定另行办理相关手续。

第二十七条 非上市企业产权转让完成后，转让和受让双方应当凭产权交易机构出具的产权交易凭证,按照国家有关规定及时办理相关国有产权登记手续。

第三章　上市公司国有股份转让

第二十八条　转让上市金融企业国有股份和金融企业转让上市公司国有股份应当通过依法设立的证券交易系统进行。

第二十九条　转让方应当根据有关规定,办理上市公司股份转让的信息披露事项。

第三十条　转让方为上市公司控股股东,应当将股份转让方案报财政部门审批后实施。

涉及国民经济关键行业的,应当得到相关部门的批准。

第三十一条　转让方为上市公司参股股东,在1个完整会计年度内累计净转让股份(累计减持股份扣除累计增持股份后的余额,下同)比例未达到上市公司总股本5%的,由转让方按照内部决策程序决定,并在每年1月10日前将上一年度转让上市公司股份的情况报财政部门;达到或者超过上市公司总股本5%的,应当事先将转让方案报财政部门批准后实施。

第三十二条　转让方转让上市公司国有股份需要报财政部门审批的,报送材料应当包括:

(一)转让上市公司股份的申请书,包括转让原因、转让股份数量、持股成本、转让价格确定等内容;

(二)上市公司股份转让方案和内部决策文件;

(三)转让方基本情况及上一年度经会计师事务所审计的财务会计报告;

(四)上市公司基本情况及最近一期年度财务会计报告和经会计师事务所审计的财务会计报告;

(五)转让上市公司股份对公司控制权、公司股价和资本市场的影响;

(六)财政部门规定的其他文件。

财政部门应当对转让方报送的材料进行认真审核,确定是否同意上市公司股份转让事项。

第三十三条　转让方采取大宗交易方式转让上市公司股份的,股份转让价格不得低于该上市公司股票当天交易的加权平均价格;当日无成交的,不得低于前1个交易日的加权平均价格。

第三十四条　上市公司股份转让完成后,转让方应当按照国家有关规定及时办理国有产权登记手续。

第四章　国有资产直接协议转让

第三十五条　有下列情况之一,经国务院批准或者财政部门批准,转让方可以采取直接协议转让方式转让非上市企业国有产权和上市公司国有股份。

(一)国家有关规定对受让方有特殊要求;

(二)控股(集团)公司进行内部资产重组;

(三)其他特殊原因。

拟采取直接协议转让方式对控股(集团)公司内部进行资产重组的,中央管理的金融企业一级子公司的产权转让工作由财政部负责;一级以下子公司的产权转让由控股(集团)公司负责,其中:拟直接协议转让控股上市公司股份的,应当将转让方案报财政部审批。

第三十六条 转让方采用直接协议方式转让非上市企业产权的,应当按照本办法第十三条、第十四条、第十五条、第二十三条和第二十四条的规定,组织转让方案制定、资产评估、审核材料报送、转让协议签署和转让价款收取等项工作。

第三十七条 非上市企业产权直接协议转让的价格不得低于经核准或者备案的资产评估结果。

国有金融企业在实施内部资产重组过程中,拟采取直接协议方式转让产权、且转让方和受让方为控股(集团)公司所属独资子公司的,可以不对转让标的企业进行整体评估,但转让价格不得低于最近一期经审计确认的净资产值。

第三十八条 财政部门对金融企业以直接协议转让形式转让非上市企业产权的审核按照本办法第二十五条规定执行。

第三十九条 转让方拟直接协议转让上市公司股份的,应当按照内部决策程序交股东大会、董事会或者其他决策部门进行审议,形成书面决议,并及时报告财政部门。

转让方应当将拟直接协议转让股份的信息书面告知上市公司,由上市公司依法向社会公众进行提示性公告,公告中应当注明,本次股份拟直接协议转让事项应当经财政部门审批。

第四十条 转让方直接协议转让上市公司股份,应当向财政部门提交下列材料:

(一)协议转让上市公司股份的申请书,包括转让原因、转让股份数量、持股成本等内容;

(二)协议转让上市公司股份的内部决策文件及可行性研究报告;

(三)拟公开发布的股份协议转让信息内容;

(四)财政部门规定的其他文件。

第四十一条 财政部门收到转让方提交的直接协议转让上市公司股份材料后,应当认真进行审核,确定是否批准协议转让事项,并在 15 个工作日内予以答复。

转让方收到财政部门出具的意见后2个工作日内，应当书面告知上市公司，由上市公司依法公开披露国有股东拟直接协议转让上市公司股份的信息。

第四十二条 转让方直接协议转让上市公司股份信息应当包括以下内容：

（一）转让股份数量及所涉及的上市公司名称及基本情况；

（二）受让方应当具备的资格条件；

（三）受让方递交受让申请的截止日期；

（四）财政部门和相关部门的批复意见。

第四十三条 具有下列情形之一的，经财政部门批准后，转让方可以不披露上市公司股份协议转让信息：

（一）国民经济关键行业、领域中对受让方有特殊要求的；

（二）转让方作为国有控股股东，为实施国有资源整合或者资产重组，在控股公司或者集团企业内部进行协议转让的；

（三）上市公司连续2年亏损并存在退市风险或者严重财务危机，受让方提出重大资产重组计划及具体时间表的；

（四）上市公司回购股份涉及转让方所持股份的。

第四十四条 转让方作为上市公司控股股东，拟采取直接协议转让方式转让股份并失去控股权的，应当聘请具有相应资质的专业中介机构担任财务顾问和法律顾问，并提出书面意见。财务顾问和法律顾问应当具有良好的信誉及近3年内无重大违法违规记录。转让方认为必要时，可委托具有证券评估资格的资产评估机构对转让标的资产进行评估。

第四十五条 转让方直接协议转让上市公司股份的，转让价格应当按照上市公司股份转让信息公告日（经批准不须公开股份转让信息的，以股份转让协议签署日为准）前30个交易日每日加权平均价格的加权平均价格或者前1个交易日加权平均价格孰高的原则确定。

转让方作为上市公司国有控股股东，为实施国有资源整合或者资产重组，在内部进行协议转让，且拥有的上市公司权益并不因此减少的，转让价格应当根据上市公司最近一期经审计的净资产、净资产收益率、市盈率等因素合理协商确定。

第四十六条 受让上市公司股份后，受让方拥有上市公司实际控制权的，应当具备以下条件：

（一）具有法人资格；

（二）设立3年以上，最近2年连续盈利且无重大违法违规行为；

（三）具有促进上市公司持续发展和改善上市公司法人治理结构的能力。

第四十七条 受让方确定后，转让方应当及时与受让方签署股份转让协议。

转让协议应当包括但不限于以下内容：

(一)转让方、上市公司、受让方企业名称、法定代表人姓名及住所;

(二)转让方持股数量、拟转让股份数量及价格;

(三)转让方、受让方的权利和义务;

(四)股份转让价款支付方式及期限;

(五)股份登记过户条件;

(六)协议变更和解除条件;

(七)协议争议解决方式;

(八)协议各方的违约责任;

(九)协议生效条件。

第四十八条 上市公司股份的转让方为国有及国有控股金融企业的,转让方在确定受让方后,应当及时向财政部门报送以下材料:

(一)转让方案的实施及选择受让方的有关情况;

(二)上一年度经会计师事务所审计的财务会计报告;

(三)受让方基本情况、公司章程及最近一期经会计师事务所审计的财务会计报告;

(四)上市公司基本情况、最近一期中期财务会计报告及经会计师事务所审计年度财务会计报告;

(五)股份转让协议及股份转让价格的定价说明;

(六)受让方与国有股东、上市公司之间在最近12个月内股权转让、资产置换、投资等重大情况及债权债务情况;

(七)律师事务所出具的法律意见书;

(八)转让上市公司股份对公司股价和资本市场的影响;

(九)财政部门规定的其他文件。

第四十九条 财政部门应当对转让方报送的材料进行认真审核,并出具股份转让批复文件。

第五十条 转让方应当按照本办法第二十四条的规定,收取转让价款,并按照国家有关规定及时办理相关国有产权登记手续。

第五章 法律责任

第五十一条 金融企业国有资产转让过程中出现下列情形之一的,财政部门可以要求转让方立即中止或者终止资产转让活动:

(一)未按本办法有关规定在产权交易机构中进行交易的;

(二)转让方不履行相应的内部决策程序、批准程序或者超越权限,或者未按规定报经财政部门和相关部门审批,擅自转让资产的;

（三）转让方、转让标的企业故意隐匿应当纳入评估范围的资产，或者向中介机构提供虚假会计资料，导致审计、评估结果失真，以及未经审计、评估，造成国有资产流失的；

（四）转让方与受让方串通，低价转让国有资产，造成国有资产流失的；

（五）转让方未按规定落实转让标的企业的债权债务，非法转移债权或者逃避债务清偿责任的；以金融企业国有资产作为担保的，转让该部分资产时，未经担保债权人同意的；

（六）受让方采取欺诈、隐瞒等手段影响转让方的选择以及资产转让协议签订的；

（七）受让方在产权转让竞价过程中，恶意串通压低价格，造成国有资产流失的。

第五十二条 转让方、转让标的企业有本办法第五十一条规定的情形，由财政部门给予警告，并建议有关部门对负有直接责任的人员和其他直接责任人员给予行政处分；造成国有资产损失的，应当建议有关部门依法追究金融企业董事、监事、高级管理人员的责任；由于受让方的责任造成国有资产流失的，受让方应当依法赔偿转让方的经济损失。涉嫌犯罪的，应当移送司法机关。

第五十三条 会计师事务所、资产评估机构、律师事务所、财务顾问机构等社会中介机构在国有资产转让的审计、评估、法律和咨询服务中违规执业的，财政部门应当向其行业主管部门通报有关情况，建议依法给予相应处理。

第五十四条 产权交易机构在金融企业国有资产交易中弄虚作假或者玩忽职守，损害国家利益或者交易双方合法权益的，财政部门可以停止其从事金融企业国有资产交易的相关业务，建议有关部门依法追究产权交易机构及直接责任人员的责任。

第五十五条 金融企业国有资产转让批准机构及其有关人员违反法律、行政法规及本办法规定，造成国有资产流失的，由有关部门依法给予纪律处分；涉嫌犯罪的，移送司法机关。

第六章 附 则

第五十六条 省、自治区、直辖市、计划单列市的财政厅（局）可以根据本办法，制定本地区金融企业国有资产转让管理实施办法，并报财政部备案。

第五十七条 国有及国有控股金融企业因依法行使债权或者担保物权，而受偿于债务人、担保人或者第三人的非上市企业产权转让，比照本办法第二章在产权交易机构进行。

国有及国有控股金融企业因依法行使债权或者担保物权，而受偿于债务人、担保人或者第三人的上市公司股份转让,比照本办法第三章的规定在证券交易系统中进行。

第五十八条 国有及国有控股金融企业持有的国有资产涉及诉讼的,根据人民法院具有法律效力的文件,办理相关转让手续。

第五十九条 国有及国有控股的证券公司、基金管理公司、资产管理公司、信托公司和保险资产管理公司等金融企业出售其所持有的以自营为目的的上市公司股份按照相关规定办理。

第六十条 金融资产管理公司转让不良资产和债转股股权资产的,国家相关政策另有规定的,从其规定。

本办法所称金融资产管理公司,是指中国华融资产管理公司、中国长城资产管理公司、中国东方资产管理公司和中国信达资产管理公司。

第六十一条 中国人民银行总行所属企业、中国投资有限责任公司(含中央汇金投资有限责任公司)、信用担保公司以及其他金融类企业的国有资产转让监督管理工作,比照本办法执行。

第六十二条 本办法自2009年5月1日起施行。

财政部关于贯彻落实《金融企业国有资产转让管理办法》有关事项的通知

(2009年12月27日) 财金〔2009〕178号

为进一步贯彻落实《金融企业国有资产转让管理办法》(财政部令第54号,以下简称《办法》),规范金融企业国有资产转让行为,促进金融国有资产有序流转,加强财政部门对转让行为的监督管理,现将有关事项通知如下:

一、明确职责,做好各项规定的贯彻落实工作

《办法》规定了金融企业国有资产转让的程序,明确了财政部门、国有及国有控股金融企业、产权交易机构和社会中介机构的职责。各相关单位要按照“职责明确、运作规范、把关严格、监管有力”的原则,认真做好《办法》的贯彻落实工作。

(一)地方财政部门要加强金融国有资产转让管理。各省、自治区、直辖市、计划单列市的财政厅(局)(以下简称省级财政部门)要根据《办法》,结合本地区实际情况,制定所管理金融企业及其子公司国有资产转让管理实施办法,并报我部备案。

（二）中央管理的金融企业要严格贯彻落实《办法》。各中央管理的国有及国有控股金融企业要研究制定本集团（控股）企业的国有资产转让管理实施办法和工作程序，并报我部备案；要落实企业内部负责国有资产转让监管的职能部门和人员，明确工作责任；要加强对各级子公司国有资产转让行为的管理和审核，并对进入产权交易机构和证券交易系统的各个工作环节实施跟踪监管，切实维护所有者权益，防止国有资产流失。

（三）产权交易机构要认真履行职责。各承办金融企业国有资产产权转让业务的产权交易机构，要积极配合财政部门做好培训宣传和交易信息采集汇总工作；认真做好产权交易主体资格审查、信息披露、意向受让方登记、公开竞价组织实施、交易结算、出具产权交易凭证、产权交易档案保管和交易信息收集汇总等工作；在产权转让公告中提出的受让条件不得出现具有明确指向性或违反公平竞争的内容；加强机构间的沟通协调，探索制定统一的金融企业国有资产产权交易操作规则。

二、提高认识，严格执行国有资产转让进场交易制度

各级财政部门和各中央管理的国有及国有控股金融企业要充分认识金融国有资产进场交易的重要意义，严格控制直接协议转让的范围，切实执行进场交易制度，充分利用产权交易机构和证券交易系统，缩短投资管理链条，促进国有金融资产的有序流转，确保金融企业国有资产转让公平、公正、公开。

（一）产权交易机构的选择和监管。各省级财政部门要高度重视和扎实做好承办金融企业国有资产交易业务的产权交易机构的选择工作。根据《办法》，尽快确定本地区承办金融企业国有资产交易业务的省级产权交易机构名单，并推荐1家产权交易机构承担中央管理金融企业国有资产转让业务。选择和推荐工作结束后，各省级财政部门应将所选择和推荐交易机构的基本情况，以适当方式向社会公告，并在2010年3月底之前报我部备案；加强对承办交易业务，特别是中央管理金融企业国有资产转让业务的产权交易机构的日常监督管理。对不符合《办法》所规定从事金融企业国有产权交易活动基本条件，或在交易活动中出现弄虚作假、玩忽职守、损害国家利益或交易双方合法权益的产权交易机构，应立即停止其从事金融企业国有资产交易业务的资格，并向社会公告。

（二）中央管理金融企业选择产权交易机构的范围。各中央管理的国有及国有控股金融企业转让非上市企业国有产权，应当按照收益最大化和便利交易的原则，在北京产权交易所、天津产权交易中心、上海联合产权交易所、重庆联合产权交易所和各省级财政部门推荐确定的省级产权交易机构中进行，不受地区、行业、出资或者隶属关系的限制。

（三）非上市企业国有产权转让的若干特殊规定。《办法》所称重要行业是指金融、军工、电网电力、石油石化、电信、煤炭、民航、航运8大行业。重点子公司是指国有及国有控股金融企业对涉及上述行业的公司拥有控股权,以及对上市公司拥有控股权。根据《办法》,涉及重点子公司的国有产权转让行为应当报财政部门审批;国有及国有控股金融企业拟转让在境内外设立的特殊目的公司所持有的重点子公司产权,应当报财政部门审批;国有控股金融企业拟转让境外非上市子公司产权的,原则上应在《办法》规定的产权交易机构中进行。确因受制于客观条件,无法征集意向受让方的,经充分询价,报经主管财政部门审核批准后,可采取直接协议转让的方式进行。

三、完善程序,规范金融企业国有资产转让行为

各级财政部门和各中央管理的国有及国有控股金融企业,在推进国有金融资产布局和结构调整、促进国有金融资本合理流转的过程中,要按照《办法》规定,严格规范金融企业国有资产转让行为。

(一)加强对金融企业国有资产转让的全过程管理。国有及国有控股金融企业要严格履行内部决策程序和审批程序;按规定做好财务审计和资产评估工作,并以评估值作为转让价格的参考依据;要坚持资产转让进入公开市场,保证转让信息披露完全,杜绝暗箱操作;及时做好转让价款收取、转让鉴证和产权登记工作。涉及上市公司国有股份转让的,还应遵守证券监管部门的相关规定。

(二)加强金融国有资产管理各项基础工作的有机结合。各级财政部门要做好资产转让过程中,涉及的金融企业国有资产产权登记管理和资产评估工作,加强金融国有资产管理各项基础工作的配合力度。

(三)加强对金融国有资产转让活动的监督检查。财政部负责对各省和各中央管理的国有及国有控股金融企业的资产转让行为进行监督检查,发现违法违规行为,将按照有关规定严肃处理。各中央管理的国有及国有控股金融企业要通过对各级子企业国有资产转让事前、事中和事后等环节的审核把关和监督检查,切实履行好相关监管职责。

四、强化信息管理,建立健全金融企业国有资产转让情况报告制度

为做好金融企业国有资产转让信息的统计分析工作,各省级财政部门和各中央管理的国有及国有控股金融企业要充分利用信息化技术,探索建立金融国有资产转让基础信息库,全面掌握所管理企业国有资产转让的有关情况。

(一)做好信息定期报送工作。每年3月底之前,各省级财政部门和各中央管理的国有及国有控股金融企业要将上一年度金融企业国有资产转让情况统计汇总后报我部。

(二)做好研究报告工作。各级财政部门和国有金融企业要注意了解和总结在国有资产转让活动中出现的新情况、新问题,对有关重要情况和重大问题要及时向我部报告。

财政部关于印发《金融企业非上市国有产权交易规则》的通知

(2011年9月28日) 财金〔2011〕118号

各省、自治区、直辖市、计划单列市财政厅(局),有关产权交易机构:

为统一规范金融企业非上市国有产权交易行为,促进国有金融资产有序流转,根据《金融企业国有资产转让管理办法》(财政部令第54号)、《财政部关于贯彻落实〈金融企业国有资产转让管理办法〉有关事项的通知》(财金〔2009〕178号)等有关规定,我部制定了《金融企业非上市国有产权交易规则》,现印发给你们,请遵照执行。

附件:

金融企业非上市国有产权交易规则

第一章 总 则

第一条 为统一规范金融企业非上市国有产权交易行为,促进国有金融资产有序流转,根据《金融企业国有资产转让管理办法》(财政部令第54号)、《财政部关于贯彻落实〈金融企业国有资产转让管理办法〉有关事项的通知》(财金〔2009〕178号)等有关规定,制定本规则。

第二条 本规则所称金融企业,包括所有获得金融业务许可证的企业、金融控股公司、担保公司以及其他金融类企业。

本规则所称非上市国有产权交易,是指县级以上(含县级,下同)人民政府财政部门(以下简称财政部门)、县级以上人民政府或者财政部门的授权投资主体、国有及国有控股金融企业(以下统称转让方),在履行内部决策和主管部门或控股公司批准程序后,通过产权交易机构发布产权转让信息、公开挂牌转让所持非上市国有金融企业产权(包括金融类和非金融类)的活动。

第三条 金融企业非上市国有产权交易应当遵守法律、行政法规和产业政策规定,遵循公平、公正、公开、有序竞争和等价有偿的原则。

第四条 各省级财政部门确定的承担金融企业国有资产转让业务的省级产权交易机构(以下简称产权交易机构)适用本规则。

产权交易机构应当按照本规则要求,建立信息管理系统,定期向省级以上财政部门报送信息,妥善保管产权交易档案,自觉接受政府相关部门的监督,加强行业自律管理,维护市场秩序,保证产权交易活动的正常进行。

第二章 受理转让申请

第五条 产权交易机构应当在工作场所内和信息发布平台上公告转让方转让金融企业非上市国有产权所需要提交的相关材料和交易程序。实行会员制的产权交易机构,应当公布经纪会员公司的名单,供转让方选择。

第六条 产权交易机构承担产权转让申请的受理工作。对已履行内部决策和主管部门或控股公司批准程序,且提交材料齐全的转让项目,产权交易机构应当予以受理,并进行统一编号,建立完整的项目受理、审理和流转体系。

第七条 产权交易机构应当建立转让信息公告的审核制度,对涉及转让标的信息披露的准确性和完整性、交易条件、受让方资格条件设置的公平性与合理性、竞价方式的选择等内容进行审核。对符合信息公告要求的,产权交易机构应当向转让方出具书面受理通知;对不符合信息公告要求的,产权交易机构应当及时书面告知转让方。

按照金融企业国有资产管理和金融行业监督管理规定,需经有关部门审批的转让项目,由转让方在转让信息公告前履行报批手续。转让方应明确转让标的基本情况、交易条件、受让方资格条件、交易方式的选择、交易保证金的设置、对产权交易有重大影响的相关信息等内容。转让方对所提交材料的真实性、有效性和完整性负责。

第八条 产权转让信息公告应当明确转让方和转让标的企业基本情况。包括但不限于:

(一)转让方、转让标的企业及委托会员经纪公司的名称;

(二)转让标的企业性质、成立时间、注册地、所属行业、主营业务、注册资本、职工人数;

(三)转让方的单位性质,及其持有转让标的企业出资比例;

(四)转让标的企业出资人构成情况;

(五)转让标的企业最近一个年度审计报告和最近一期财务报表中的主要财务指标数据,包括所有者权益、负债、营业收入、净利润等;

(六)转让标的企业资产评估备案或者核准情况,资产评估报告中总资产、总负债、净资产评估值和审计后账面值;

（七）产权转让行为的相关内部决策及批准情况。

第九条 产权转让信息公告应当明确需要受让方接受的主要交易条件。包括但不限于：

（一）转让标的产权的挂牌价格；

（二）转让价款支付方式，涉及分期付款的，应对首期付款比例、付款期限、价款支付保全措施提出明确要求；

（三）其他可能涉及产权变更和债权债务处置的要求。

第十条 产权转让信息公告可以明确转让方根据转让标的企业的实际情况设置的受让方资格条件，包括行业准入、主体资格、管理能力、经营状况、资产规模、财务状况和商业信誉等，但不得出现具有明确指向性或者违反公平竞争原则的内容。

转让标的企业为金融企业的，转让方应根据金融行业准入要求，明确受让方条件。产权交易机构应按照金融监管部门的要求，对受让方行业准入条件进行审核。产权交易机构认为必要时，可以要求转让方对确定受让方资格条件的判断标准提供政策依据、书面解释或者说明，并在产权转让信息公告中一并公布。

第十一条 产权转让信息公告应明确转让方对产权交易有重大影响的相关信息。包括但不限于：

（一）审计报告、资产评估报告有无保留意见或者重要提示；

（二）资产评估基准日后，发生的影响转让标的企业产权结构和价值变动的情况；

（三）管理层及其利益关联方拟参与受让的，应当披露其当前持有转让标的企业的股权比例、拟参与受让国有产权的人员或者公司名单、拟受让比例等；

（四）转让标的企业其他股东是否同意股权转让，是否放弃优先购买权。

第十二条 产权转让信息公告中应当明确，在征集到两个及两个以上符合条件的意向受让方时，采用何种公开竞价交易方式确定受让方。选择招投标方式的，应当同时披露评标方法和标准。

第十三条 产权转让信息公告中应当明确交易保证金的交纳和处置方式。

第三章 发布转让信息

第十四条 产权交易机构和转让方，应当将产权转让信息在转让标的企业注册地，或者转让标的企业重大资产所在地和产权交易机构所在地省级以上公开发行的经济金融类或者综合类报刊、产权交易机构网站和金融企业网站上进行公告。

第十五条 产权交易机构应当明确产权转让信息公告的期限。首次信息公告的期限应当不少于20个工作日，并以在省级以上报刊的首次信息公告之日为起始日。

第十六条　信息公告期按工作日计算,遇法定节假日以政府相关部门公告的实际工作日为准。产权交易机构网站发布信息公告的日期不应晚于报刊公告的日期。

第十七条　信息公告期间不得擅自变更产权转让信息公告中公布的内容和条件。因特殊原因确需变更信息公告内容的,应当由产权转让批准机构出具文件,由产权交易机构在原信息发布渠道进行公告,并重新计算公告期。

第十八条　在规定的公告期限内未征集到符合条件的意向受让方,且不变更信息公告内容的,经转让方同意,产权交易机构可以按照产权转让信息公告的约定,延长信息公告期限,每次延长期限应当不少于5个工作日。未在产权转让信息公告中明确延长信息公告期限的,信息公告到期自行终结。

第十九条　产权转让首次信息公告时的挂牌价格不得低于经备案或者核准的转让标的资产评估结果。如在规定的公告期限内未征集到意向受让方,转让方可以在不低于评估结果90%的范围内设定新的挂牌价格并重新公告。如果新的挂牌价格拟低于评估结果90%的,转让方应当在重新履行报批手续后,设定新的挂牌价格并进行公告。

在转让方确定挂牌价格前,有条件的产权交易机构可提供第三方尽职调查和询价服务,促进转让交易。

第二十条　信息公告期间出现影响交易活动正常进行的情形,或者有关当事人提出中止信息公告书面申请和有关材料后,产权交易机构可以作出中止信息公告的决定。

第二十一条　信息公告的中止期限由产权交易机构根据实际情况设定,一般不超过1个月。产权交易机构应当在中止期间对相关的申请事由或者争议事项进行调查核实,也可转请相关部门进行调查核实,及时作出恢复或者终止信息公告的决定。如恢复信息公告,累计公告期不得少于20个工作日,且继续公告的期限不得少于10个工作日。

第二十二条　信息公告期间出现致使交易活动无法按照规定程序正常进行的情形,经当事人书面申请,并经产权交易机构调查核实后,产权交易机构可以作出终止信息公告的决定。

产权交易中出现中止、恢复、终止情形的,产权交易机构应当在原公告报刊和网站上进行公告。

第四章　登记意向受让方

第二十三条　在产权转让信息公告期限内,产权交易机构应当为意向受让方查阅转让标的企业的信息材料以及相关政策法规给予便利,并提示其根据行业准入标准，对自身是否符合要求进行确认。

第二十四条 产权交易机构应当对意向受让方进行登记，并对意向受让方提交的申请及材料是否符合信息公告中的要求进行审核，并出具资格初审意见书。对于转让标的企业为金融企业的，应重点审核意向受让方是否符合金融监管部门的市场准入要求。

第二十五条 产权交易机构应在信息公告期满后5个工作日内将意向受让方的情况及其资格初审意见书告知转让方，并要求其在收到资格初审意见书后5个工作日内予以书面回复。逾期未予回复的，视为同意产权交易机构作出的资格确认意见。

如对受让方资格条件存有异议，转让方应当书面说明理由。产权交易机构可就有关事项与转让方进行协商，必要时可征询主管财政部门、金融行业监管部门和政府其他社会公共管理部门的意见。

第二十六条 经征询转让方意见后，产权交易机构应当以书面形式将资格确认结果告知意向受让方，并抄送转让方。

第二十七条 通过资格确认的意向受让方，在事先确定的时限内，向产权交易机构交纳交易保证金（以保证金到达产权交易机构指定账户时间为准）后获得参与竞价交易资格。逾期未交纳保证金的，视为放弃受让意向。

第五章 组织交易签约

第二十八条 产生两个及以上获得参与竞价交易资格意向受让方的，产权交易机构应当按照公告披露的竞价方式组织实施公开竞价；只产生一个符合条件的意向受让方的，产权交易机构应当组织交易双方根据挂牌价格与意向受让方报价孰高原则签订产权交易协议。涉及转让标的企业其他股东依法在同等条件下行使优先购买权的，按照有关法律规定执行。产权交易机构应为其在场内行使优先购买权提供必要的服务。

第二十九条 公开竞价方式包括拍卖、招投标、网络竞价以及国家规定的其他公开竞价方式。为提高竞价率，产权交易机构和转让方可以共同设计交易竞价方案。

在设计交易竞价方案时，产权交易机构应根据《中华人民共和国公司法》等法律法规，不得采取发放信托产品等方式将交易产品拆分为均等份额，形成标准化交易单位，公开向超过200人以上的非特定对象转让；不得采取集中竞价等标准化的连续交易方式进行转让。

第三十条 产权交易机构应当在确定受让方后的次日起3个工作日内，组织交易双方签订产权交易协议。

第三十一条 产权交易协议包括但不限于：

（一）产权交易双方的名称与住所；

（二）转让标的企业产权的基本情况；

（三）转让方式、转让价格、价款支付时间和方式及付款条件；

（四）产权交割方式；

（五）转让涉及的有关税费负担；

（六）协议的生效条件；

（七）协议争议的解决方式；

（八）协议各方的违约责任；

（九）协议变更和解除的条件；

（十）转让方和受让方认为必要的其他条款。

第三十二条 产权交易机构应当依据法律法规的相关规定，按照产权转让信息公告，参考交易结果，对产权交易协议进行审核。

第三十三条 产权交易涉及政府社会公共管理和金融行业监督管理事项，如行业准入资格审查、反垄断审查等情形，相关部门批准的文件为产权交易协议的生效条件。交易双方应当将产权交易协议及相关材料报政府相关部门批准，产权交易机构应当出具政府相关部门审批所需的交易证明文件。

第六章 结算交易资金

第三十四条 产权交易资金包括交易保证金和产权交易价款，一般以人民币为计价单位。

产权交易机构实行交易资金统一进场结算制度，开设独立的资金结算账户，组织收付产权交易资金。产权交易机构应设立资金“防火墙”，制定交易资金管理制度，确保交易资金安全，支付及时，不得挪用。

第三十五条 受让方应当在产权交易协议约定的期限内，将产权交易价款划入到产权交易机构的结算账户。受让方交纳的交易保证金可按照相关约定转为产权交易价款。转让价款原则上应当采取货币性资产一次性收取。如金额较大、一次付清确有困难的，可以在交易协议中约定分期付款方式，但分期付款期限不得超过1年。

采用分期付款方式的，受让方首期付款不得低于总价款的30%，并在协议生效之日起5个工作日内支付。

受让方以非货币性资产支付产权转让价款的，交易双方应当按照有关规定进行资产评估，确定非货币性资产的价值，产权交易机构应当配合做好资产交割过户工作。

第三十六条 受让方将产权交易价款划入至产权交易机构结算账户后，产权交易机构应当向受让方出具收款凭证。对符合产权交易价款划出条件的，产权交易机构应当及时向转让方划出交易价款。转让方收到交易价款后，应当向产权交易机构出具收款凭证。

第三十七条 交易双方为同一实际控制人的,经交易双方提出书面申请,产权交易机构核实并出具书面意见后,交易资金可以场外结算。

第三十八条 产权交易的收费标准应当符合产权交易机构所在地政府物价部门的有关规定。产权交易机构应当在工作场所内和信息发布平台上公示收费标准。

产权交易机构在收到交易双方按照收费标准支付的交易服务费用后,应当出具收费凭证。

第七章 出具交易凭证

第三十九条 产权交易凭证是产权交易机构为交易双方出具的、证明金融企业非上市国有产权通过产权交易机构履行相关程序后达成交易结果的凭证。

产权交易机构应当在交易双方签订产权交易协议、受让方依据协议约定支付转让价款、且交易双方已支付交易服务费用后 3 个工作日内出具产权交易凭证。在全部转让价款支付完毕前或者未办理价款支付保全手续前,产权交易机构不得出具产权交易凭证。

第四十条 产权交易涉及政府相关部门审查的,产权交易机构应当在交易行为获得政府相关部门批准后出具产权交易凭证。

第四十一条 产权交易凭证应当载明:项目编号、签约日期、挂牌起止日、转让方全称、受让方全称、转让标的企业全称、交易方式、转让标的企业评估结果、转让价格、交易价款支付方式、产权交易机构审核结论等内容。

第四十二条 产权交易凭证应当使用统一格式打印,并加盖产权交易机构印章,手写、涂改无效。

第八章 附 则

第四十三条 产权交易过程中发生争议时,相关当事人可以向产权交易机构申请调解。争议涉及产权交易机构时,当事人可以向产权交易机构的监管机构申请调解,也可以按照约定向仲裁机构申请仲裁或者向人民法院提起诉讼。

第四十四条 产权转让过程中,出现可能影响国有金融资产合法权益的,主管财政部门可以要求产权交易机构中止或终止产权交易。

第四十五条 中国人民银行总行所属企业,以及金融类企业依法投资的其他非金融类企业的非上市国有产权交易,适用本规则。

第四十六条 各产权交易机构应按照本规则制定金融企业非上市国有产权交易实施细则。参照本规则探索规范金融企业非股权性不良资产处置流程,制定相关交易操作规则。

第四十七条 本规则自 2012 年 1 月 1 日起施行。

财政部、国资委、中国证监会、社保基金会关于进一步明确金融企业国有股转持有关问题的通知

(2013年8月14日)　财金〔2013〕78号

各中央管理金融企业,各省、自治区、直辖市、计划单列市财政厅(局),新疆生产建设兵团财务局:

为准确界定金融企业国有股转持范围,切实做好转持国有股充实社保基金有关工作,经国务院批准,现将有关事项通知如下:

一、金融企业投资的企业首次公开发行股票并上市的,如果金融企业股权投资的资金为该金融企业设立的公司制私募基金(以下简称私募基金),财政部门在确认国有股转持义务时,按照实质性原则,区分私募基金(含构成其资金来源的理财产品、信托计划等金融产品)的名义投资人和实际投资人。如私募基金的国有实际投资人持有比例合计超过50%,由私募基金(该比例合计达到100%)或其国有实际投资人(该比例超过50%但低于100%)按照《境内证券市场转持部分国有股充实全国社会保障基金实施办法》(财企〔2009〕94号)等相关规定,履行国有股转持义务。

二、国有保险公司投资拟上市企业股权,经书面征询监管部门意见,能够明确区分保费资金投资和自有资金投资的,在被投资企业上市时,豁免其利用保费资金投资的转持义务。监管部门意见同时抄送社保基金会。对于国有保险公司以资本经营为目的的投资,或其控股的金融企业发行上市,仍按照相关规定履行国有股转持义务。

三、金融企业投资的企业首次公开发行股票并上市,且投资资金来源符合本通知第一条规定的,按下列程序办理国有股转持事项:

(一)金融企业向同级财政部门申请确认国有股转持义务。申请材料包括申请报告,私募基金募集说明书、资金来源结构、持有人名单及相应的法律意见书等。其中,中央管理的金融企业上报财政部,地方管理的金融企业上报省(自治区、直辖市、计划单列市)财政厅(局)。被投资企业股东中有多个金融企业的,由持股比例最高的金融企业牵头上报。

(二)财政部门根据本通知规定,对提出申请的金融企业出具国有股转持义务确认函。

（三）金融企业将国有股转持义务确认函提交拟上市企业第一大国有股东，由拟上市企业第一大国有股东按照《境内证券市场转持部分国有股充实全国社会保障基金实施办法》（财企〔2009〕94 号）规定的程序，向相应国有资产监督管理部门申请确认国有股东身份和转持股份数量。

（四）国有资产监督管理部门应按照本通知要求及相关规定，做好国有股转持范围界定工作，并批复国有股转持方案。该批复作为有关企业申请首次公开发行股票并上市的必备文件。

四、请各省、自治区、直辖市、计划单列市财政厅（局）和新疆生产建设兵团财务局将本通知转发各地方金融企业执行，并做好监督管理工作。

二、再保险

再保险业务管理规定

（2010年4月12日中国保险监督管理委员会办公会审议通过
2010年5月21日公布　自2010年7月1日起施行）　保监会令〔2010〕8号

第一章　总　　则

第一条　为了规范和发展再保险市场，加强对再保险业务的管理，实现保险业健康协调可持续发展，依据《中华人民共和国保险法》（以下简称《保险法》）、《中华人民共和国外资保险公司管理条例》以及有关法律、行政法规，制定本规定。

第二条　本规定所称再保险，是指保险人将其承担的保险业务，部分转移给其他保险人的经营行为。

本规定所称直接保险，也称原保险，是相对再保险而言的保险，由投保人与保险人直接订立保险合同的保险业务。

本规定所称转分保，是指再保险接受人将其分入的保险业务，转移给其他保险人的经营行为。

本规定所称合约分保，是指保险人与其他保险人预先订立合同，约定将一定时期内其承担的保险业务，部分向其他保险人办理再保险的经营行为。

本规定所称临时分保，是指保险人临时与其他保险人约定，将其承担的保险业务，部分向其他保险人办理再保险的经营行为。

本规定所称比例再保险，是指以保险金额为基础确定再保险分出人自留额和再保险接受人分保额的再保险方式。

本规定所称非比例再保险，是指以赔款金额为基础确定再保险分出人自负责任和再保险接受人分保责任的再保险方式。

第三条　本规定所称再保险分出人，是指将其承担的保险业务，部分转移给其他保险人的保险人；本规定所称再保险接受人，是指承接其他保险人转移的保险业务的保险人。

本规定所称分出业务，是指再保险分出人转移出的保险业务；本规定所称分入业务，是指再保险接受人接受分入的保险业务。

本规定所称直接保险公司，也称原保险公司，是相对再保险人而言，是指直接与投保人订立保险合同的保险人。

本规定所称保险联合体，是指为了处理单个保险人无法承担的特殊风险或者巨额保险业务，或者按照国际惯例，由两个或两个以上保险人联合组成、按照其章程约定共同经营保险业务的组织。

本规定所称保险经纪人，是指接受再保险分出人委托，基于再保险分出人利益，为再保险分出人与再保险接受人办理再保险业务提供中介服务，并按约定收取佣金的保险经纪机构。

第四条 在中华人民共和国境内（不含港澳台）设立的保险人、保险联合体以及保险经纪人或其他保险机构办理再保险业务，应当遵守本规定。

第五条 保险人、保险联合体和保险经纪人办理再保险业务，应当遵循审慎和最大诚信原则。

第六条 再保险分出人、再保险接受人和保险经纪人，对在办理再保险业务中知悉的商业秘密，应当负有保密义务。

第七条 中国保险监督管理委员会（以下简称中国保监会）鼓励保险人、保险联合体和保险经纪人积极为农业保险和地震、台风、洪水等巨灾保险提供保险及再保险服务。

第八条 中国保监会依法对再保险业务实施监督和管理。

第二章 业务经营

第九条 再保险业务分为寿险再保险和非寿险再保险。保险人对寿险再保险和非寿险再保险应当单独列账、分别核算。

第十条 保险人应当依照《保险法》规定，确定当年总自留保险费和每一危险单位自留责任；超过的部分，应当办理再保险。

第十一条 除航空航天保险、核保险、石油保险、信用保险外，直接保险公司办理合约分保或者临时分保的，应当符合下列规定：

（一）以比例再保险方式分出财产险直接保险业务时，每一危险单位分给同一家再保险接受人的比例，不得超过再保险分出人承保直接保险合同部分的保险金额或者责任限额的80%；

（二）每一临时分保合同分给投保人关联企业的保险金额或者责任限额，不得超过直接保险业务保险金额或者责任限额的20%。

第十二条 保险人对危险单位的划分应当符合中国保监会的相关规定，并于每年3月31日之前，将危险单位的划分方法报中国保监会备案。

第十三条 保险人应当根据实际情况，科学、合理安排巨灾再保险，并于每年6月30日之前，将巨灾风险安排方案报中国保监会备案。

第十四条 保险人应当按照中国保监会的规定办理再保险,并审慎选择再保险接受人,选择再保险接受人应当符合中国保监会的有关规定。

第十五条 再保险分出人应当将影响再保险定价和分保条件的重要信息向再保险接受人书面告知。再保险合同成立后,再保险分出人应及时向再保险接受人提供重大赔案信息、赔款准备金等对再保险接受人的准备金建立及预期赔付有重大影响的信息。

第十六条 保险人和保险经纪人可以利用金融工具开发设计新型风险转移产品。保险人应当按照有关规定向中国保监会报告。

第十七条 中国境内的专业再保险接受人,应当配备在中国境内有住所的专职再保险核保人和再保险核赔人。

第三章 再保险经纪业务

第十八条 保险经纪人从事再保险经纪业务,不得损害保险人的信誉和合法权益。

第十九条 保险经纪人可以根据业务需要引进或者设计再保险合同。

第二十条 保险经纪人应当按照与再保险分出人的约定,及时寄送账单、结算再保险款项以及履行其他义务,不得挪用或者截留再保险费、摊回赔款、摊回手续费以及摊回费用。

保险经纪人应当将再保险接受人的有关信息及时、准确地告知再保险分出人。

第二十一条 应再保险接受人的要求,保险经纪人应当按照与再保险分出人的约定,将其知道的再保险分出人的自留责任以及直接保险的有关情况书面告知再保险接受人。

第二十二条 应再保险分出人或者再保险接受人的要求,保险经纪人应当按照合同约定配合进行赔案的理赔工作。

第四章 监督管理

第二十三条 除中国保监会批准外,外资保险公司不得与其关联企业从事再保险业务。

第二十四条 经批准的外资保险公司应当定期向中国保监会提交下列材料:

(一)外资保险公司与关联企业签订合约再保险合同后,应当在合同生效后一个月,将再保险合同简要文本(Slip)上报中国保监会;同时,在每季度结束后一个月内,将上季度与关联企业签订的生效的临分再保险合同简要文本(Slip)上报中国保监会。

(二)外资保险公司应当对其与每一个关联企业的再保险交易进行单独统计,

并按中国保监会的要求报送相关资料。

第二十五条 保险人办理再保险业务，应当按照精算的原理、方法，评估各项准备金，并按照中国保监会有关规定准确、足额提取和结转各项准备金。

对于同一笔寿险业务，在法定责任准备金下，再保险接受人与再保险分出人在评估准备金时，应采用一致的评估方法与假设。

第二十六条 保险人偿付能力报告中涉及再保险业务的内容，应当符合保险公司偿付能力报告编报规则的要求。

第二十七条 外国再保险公司分公司的偿付能力状况，按照其总公司的偿付能力状况认定。

外国再保险公司分公司自留保费以其总公司直接授权的额度为限。

第二十八条 直接保险公司应当在每年4月30日以前，向中国保监会提交下列材料：

（一）以比例再保险方式分出财产险直接保险业务时，除航空航天保险、核保险、石油保险、信用保险外，上一会计年度办理合约分保和临时分保的，每一危险单位分给同一家再保险接受人的业务，超过再保险分出人承保直接保险合同部分的保险金额或者责任限额50%的交易情况。

（二）本会计年度合约分保中，对于4月30日之后签署的合约，应当于合约生效后一个月内上报下列资料：

1. 合约名称及有效期；

2. 续转或新签情况；

3. 再保险合约文本复印件；其中，对人身保险公司，只需上报新增的或者有变动的再保险合约文本复印件；

4. 直接分出情况：再保险接受人名称（注明首席接受人或最大份额接受人）及份额、资本金、资本公积、信用评级、签约再保险接受人所在国家或地区；

5. 经纪人安排情况：经纪人名称、份额、所在国家或地区，通过经纪人分出的再保险接受人的有关情况，包括再保险接受人的名称（注明首席接受人或最大份额接受人）及份额、资本金、资本公积、信用评级、签约再保险接受人所在国家或地区。

（三）财产保险公司上一会计年度以及本会计年度每一危险单位的最大净自留额。

（四）财产保险公司、人身保险公司本会计年度再保险安排的变动情况，主要包括再保合约的增加或减少、合约分保首席接受人或最大份额接受人的变化等。

第二十九条 财产保险公司应当建立再保险信息定期报告制度，按照中国保监会相关规定于每季度结束后一周内，将上一季度有关情况上报中国保监会。

第三十条 保险公司应当在每年4月30日以前，向中国保监会提交下列报告：

（一）上一会计年度再保险业务经营情况，主要从再保险业务规模、手续费以及摊回、赔款以及摊回等分入、分出两方面表述。

（二）总精算师或精算责任人签署的、有关再保险业务的各类准备金提取办法和金额。

第三十一条 直接保险公司应当将重大保险赔案及其再保险安排情况、再保险政策的重大调整等情况，及时向中国保监会报告。

前款所称重大保险赔案是指在一次保险事故中，财产损失赔偿在5000万元以上，或者人身伤亡赔付在3000万元以上的理赔案件。

第三十二条 外国再保险公司分公司应当按照下列要求向中国保监会提交有关报告：

（一）在每年7月31日以前，提交其总公司注册地保险监管机构根据当地法律出具的有关其总公司偿付能力状况的意见书或者经营状况意见书；

（二）在每年12月31日以前，提交其总公司下一年度授权的承保权限和自留保费额度；

（三）在每年1月31日和7月31日以前，提交有关转分保业务情况的报告，包括转分保分入公司名称、业务种类、合同形式、分出保费、摊回赔款以及摊回手续费等。

第三十三条 保险联合体应当在每年4月30日以前，向中国保监会报告上一年度的财务报告、业务分析报告以及与境外再保险交易情况。

第五章 法律责任

第三十四条 保险公司、保险经纪人违反本规定办理再保险分出业务的，由中国保监会责令改正，并处以5万元以上30万元以下罚款；情节严重的，可以限制业务范围、责令停止接受新业务或者吊销经营保险业务许可证。

对未按照本规定办理再保险的行为负直接责任的主管人员和其他直接责任人员给予警告，并处1万元以上10万元以下的罚款；情节严重的，撤销任职资格或从业资格；并可以禁止有关责任人员一定期限直至终身进入保险业。

第六章 附 则

第三十五条 政策性保险公司办理再保险业务参照适用本规定。不能适用本规定的，政策性保险公司应当在3个月内向中国保监会报告有关情况。

第三十六条 本规定由中国保监会负责解释。

第三十七条 本规定自2010年7月1日起施行。中国保监会2005年10月14日发布的《再保险业务管理规定》（保监会令〔2005〕2号）同时废止。

关于再保险业务安全性有关问题的通知

（2007年11月15日） 保监发〔2007〕112号

各保险公司：

随着我国保险市场的快速发展，风险防范任务日益艰巨。作为风险防范和风险分散的主渠道，再保险的功能作用日益突出。然而，再保险市场本身也存在一定风险，特别是再保险接受人的偿付能力、财务状况、盈利能力等因素，对分出公司的稳定经营和健康发展影响重大。为贯彻落实2007年全国保险工作会议精神，加强保险业风险防范机制建设，提高保险业抗风险能力，促进保险市场又快又好发展，现就有关问题通知如下：

一、再保险分出公司应建立完善的风险管理机制，强化对再保险业务的风险管理。

（一）分出公司应健全风险评估体系和风险控制机制，每年审核公司的再保险计划，建立科学的再保险业务评价标准，对包括再保险风险在内的风险状况进行检查并定期进行风险评估，建立识别、评估和监控风险的机制。

（二）分出公司应按照公司的再保险战略制定清晰的政策和程序，审慎选择再保险接受人，科学制订再保险方案，评估再保险业务的安全性，并定期审核每一份合约再保险合同。

（三）分出公司的总精算师应切实履行其制定或参与制定再保险制度、审核或参与审核再保险安排计划的职责。尚未建立总精算师制度的分出公司，由其精算责任人暂时代行上述职责。

（四）分出公司不是独立法人机构的，应在总公司的授权下，严格依法合规经营，提高内控执行力，规范分公司再保险业务管理操作。

二、再保险分出公司选择再保险接受人，应遵循以下要求：

（一）在订立签署再保险合同时，除核保险、航天保险外，合约再保险业务的首席接受人或合约再保险业务的最大份额接受人应为国有独资、国有控股保险公司、或者最新财务实力评级至少应符合下列标准之一的保险机构：

1. 标准普尔（Standard&Poor's）评级应不低于A－；

2. A. M. BEST评级应不低于A－；

3. 穆迪（Moodys）评级应不低于A3；

4. 惠誉(Fitch)评级应不低于 A－。

在订立再保险合同时，除核保险、航天保险外，合约再保险业务的其他再保险接受人应为国有独资、国有控股保险公司、或者最新财务实力评级至少应符合下列标准之一的保险机构：

1. 标准普尔(Standard&Poor's)评级应不低于 BBB；

2. A. M. BEST 评级应不低于 B＋＋；

3. 穆迪(Moodys)评级应不低于 Baa；

4. 惠誉(Fitch)评级应不低于 BBB。

(二)除核保险、航天保险外，再保险接受人的实收货币资本金不得低于 2 亿元人民币或等值货币，并且当合约再保险业务的首席接受人或合约再保险业务的最大份额接受人为非专业再保险机构时，其实收货币资本金不得低于 10 亿元人民币或等值货币。

(三)再保险接受人的偿付能力应当符合公司注册地监管当局关于偿付能力的有关规定，再保险分出公司应及时了解再保险接受人的偿付能力状况。

(四)再保险接受人在再保险合同起期的前 2 个会计年度无重大违法违规行为。

三、在再保险合同的存续期内，如再保险接受人的财务实力评级连续 3 年低于本通知要求时，分出公司应考虑采取适当措施降低风险。

四、本通知第二条所称再保险接受人均指独立法人机构，如再保险接受人为分支机构，则其总公司应符合本通知上述有关要求。

五、本通知适用于自 2008 年 1 月 1 日及此后起期的再保险合同以及转分保合同。

关于建立再保险信息定期报告制度的通知

（2009年3月5日） 保监发〔2009〕25号

各财产保险公司：

为加强再保险监管，进一步完善财产保险行业风险防范机制，促进财产保险行业切实提高抵御风险的能力，我会决定建立再保险信息定期报告制度。请你公司自本通知下发之日起，于每季度后一周内，将上一季度有关情况按附件1、2要求分别以文本、电子版（Excel格式）上报我会。

联 系 人：邵绛霞

电　　话：010－66286216

传　　真：010－66288096

邮　　箱：reinsurance@ circ. gov. cn

附件：1. 产险公司再保险合约信息（略）

2. 产险公司再保险临分信息（略）

关于跨境人民币结算再保险业务有关问题的通知*

（2011年8月23日） 保监发〔2011〕49号

各保险公司：

为规范跨境人民币结算再保险业务，防范潜在风险，促进跨境人民币结算再保险业务平稳健康发展，现就有关问题通知如下：

一、跨境人民币结算再保险业务，是指中国境内（不含港澳台）的保险公司从中国境外分入以人民币为结算货币的再保险业务。

二、开展跨境人民币结算再保险业务的保险公司（包括以转分保方式接受跨境

* 注：本篇已被中国保险监督管理委员会办公厅《关于跨境人民币结算再保险业务有关问题的补充通知》保监厅发〔2013〕58号修改。

人民币结算再保险业务的保险公司,下同),偿付能力充足率应在最近两个季度连续保持在150%以上;偿付能力充足率低于150%时,应停止签订新的跨境人民币结算再保险合同。

三、开展跨境人民币结算再保险业务的保险公司,最新财务实力评级至少应符合下列标准之一:

(一)标准普尔(Standard & Poor's)评级应不低于A-。

(二)A. M. BEST评级应不低于A-。

(三)穆迪(Moody's)评级应不低于A3。

(四)惠誉(Fitch)评级应不低于A-。

保险公司最新财务实力评级低于上述标准的,应停止签订新的跨境人民币结算再保险合同。

四、保险公司进行再保险业务跨境人民币结算,应当是根据《企业会计准则》、《保险合同相关会计处理规定》及有关规定,能够确认为保费收入的部分。

五、保险公司接受跨境人民币结算再保险业务,应制定完善的业务管理制度和财务管理制度,从境内外金融市场环境、境外合作保险公司风险管理水平、分入业务综合成本等方面,审慎评估分入业务风险,提高对跨境人民币结算再保险业务的风险管理能力。

(一)根据自身的承保能力,合理确定风险累积水平。

(二)密切关注交易对手风险,对境外合作保险公司的风险管理能力建立动态评估方法,实时关注境外合作保险公司承保策略、理赔管理的变动。

(三)对于比例分保业务

1. 应合理确定分保比例。原则上,保险公司接受每一原保险保单的分保比例不得达到100%。

2. 应要求境外合作保险公司建立实名投保制度,对于财产保险业务,应提供被保险人名称和地址等;对于人身保险业务,应提供被保险人的姓名及其有效身份证明等。

3. 应合理确定每一原保险保单的分保限额。

(四)全面、准确评估与分出公司之间的信息不对称性和滞后性造成的风险。

(五)提高资金跨境结算的时效,防范流动性风险。

(六)加强汇兑风险管理,防范汇率波动对业务经营造成不利影响。

六、开展跨境人民币结算再保险业务的保险公司,应建立完善的再保险业务信息系统。

(一)应按照《再保险数据交换规范》(详见保监发〔2007〕132号)的规定,建立标准的再保险业务数据管理系统。

（二）应建立单独的境外再保险分入业务管理模块，从分保方式、险种类别、产品设计类型、期限长短、业务年度等维度对业务经营结果进行实时查询和统计分析。

（三）应建立完善的报表管理体系，控制每一生命或危险单位在不同业务来源中的风险累积，分析识别大额、可疑交易。

（四）应建立完善的电子核保体系，切实管理再保险交易中的业务风险。

七、开展跨境人民币结算再保险业务的保险公司，应向我会提交下列材料：

（一）在开展跨境人民币结算再保险业务前，应向我会提交本通知第五、第六条规定的有关制度。若上述制度发生变更，应在变更后的10个工作日内向我会报告。

（二）应在每一份跨境人民币结算再保险合同生效后10个工作日内，向我会报告该项业务的风险评估材料、再保险合同简要文本、最近2个季度的偿付能力充足率、签约时的财务实力评级、再保险业务确认为保费收入的依据和方法。

（三）每季后50天内向我会提交《跨境人民币结算再保险业务经营情况统计表》（见附件），并将统计表的电子版发送至 reinsurance@ circ. gov. cn 邮箱。

附件1：

关于跨境人民币结算再保险业务经营情况统计表的填写说明

1. 险种类别：对于产险公司业务，按全险种、非水险、水险、财产险、车险、工程险、船舶险、船建险、船舶船建险、责任险、货运险、意外险、短期健康险、信用险、保证险、农险、航天航空险、石油险、核保险和其他进行分类；对于寿险公司业务，按人寿保险、意外伤害保险、健康保险和其他进行分类。

2. 产品设计类型：对于产险公司业务，按保障型产品、预定收益产品、非预定收益产品进行分类；对于寿险公司业务，按普通型、分红型、万能型、投资连结型、其他新型产品进行分类。

3. 合同止期：若为开口合同，没有设定合同结束时间，则不用填写。

4. 分保方式：按成数方式、溢额方式、超赔方式进行填写。

5. 原始保单分出比例：对于成数方式，按原保险单分出的比例填写；对于溢额方式和超赔方式，不用填写。

6. 再保险人接受比例：按分入公司对再保险合同的接受份额填写。

7. 自留额：对于溢额方式，是指分出公司在合同中的自留部分；对于超赔方式，是指分出公司在合同中的起赔点。成数方式不用填写。

8. 合同限额：对于产险公司业务，是指再保险合同的责任限额；对于寿险公司业务，是指再保险合同所能接受的累计保费。未设定合同限额的不用填写。

9. 资金运用收益率：该业务投资收益未能实现独立核算的保险公司，按公司总资产本年平均资金运用收益率计算；实现独立核算的保险公司，按该业务本年实际资金运用收益率计算。

10. 年化分保手续费率：分入公司按合同约定向分出公司支付的历年手续费率的算术平均值。

11. 合同承诺收益：分入公司按合同约定当年支付给分出公司，后者用于支付被保险人投资收益的金额，包括分保手续费中用于弥补分出公司红利支出的部分。

12. 年化承诺收益率：分入公司对历年的合同承诺收益的算术平均值。

13. 预定赔付率：分出公司对该业务赔付率的精算假设。

14. 管理费用率：该业务未能实现单独核算的保险公司，按公司平均管理费用率计算；实现单独核算的保险公司，按该业务实际管理费用率计算。

15. 综合成本率：该业务按照精算方法测算的包括各项成本在内的年均成本率。

16. 分保余额 = 分入保费 - 分保手续费(含税) - 合同承诺收益 - 赔款金额 - 满期给付 - 退保金额。

17. 填写的电子表格应发送至 reinsurance@ circ. gov. cn。

附件 2：跨境人民币结算再保险业务经营情况统计表(略)

关于跨境人民币结算再保险业务有关问题的补充通知

（2013年6月24日） 保监厅发〔2013〕58号

各保险公司：

2012年以来，国际金融环境发生深刻变化，我国逐步调整对跨境人民币结算的相关政策，《关于跨境人民币结算再保险业务有关问题的通知》（保监发〔2011〕49号）中的部分规定已不适应跨境人民币结算再保险业务发展的要求。为促进跨境人民币结算再保险业务的平稳健康发展，现就有关问题通知如下：

一、删除保监发〔2011〕49号第四条："保险公司进行再保险业务跨境人民币结算，应当是根据《企业会计准则》、《保险合同相关会计处理规定》及有关规定，能够确认为保费收入的部分"。

二、经营跨境人民币结算再保险业务的保险公司应进一步加强对该业务的管理，并于每年4月30日前，向我会上报关于跨境人民币结算再保险业务经营情况的报告，内容至少应包括：该业务上年的分入保费、新签单业务的分入保费、主要险种、分出公司所在国家和地区、成本费用、盈亏情况，以及预计该业务本年的现金流入、流出情况。

关于再保险业务安全性有关问题的通知

（2007年11月15日） 保监发〔2007〕112号

各保险公司：

随着我国保险市场的快速发展，风险防范任务日益艰巨。作为风险防范和风险分散的主渠道，再保险的功能作用日益突出。然而，再保险市场本身也存在一定风险，特别是再保险接受人的偿付能力、财务状况、盈利能力等因素，对分出公司的稳定经营和健康发展影响重大。为贯彻落实2007年全国保险工作会议精神，加强保险业风险防范机制建设，提高保险业抗风险能力，促进保险市场又快又好发展，现就有关问题通知如下：

一、再保险分出公司应建立完善的风险管理机制,强化对再保险业务的风险管理。

(一)分出公司应健全风险评估体系和风险控制机制,每年审核公司的再保险计划,建立科学的再保险业务评价标准,对包括再保险风险在内的风险状况进行检查并定期进行风险评估,建立识别、评估和监控风险的机制。

(二)分出公司应按照公司的再保险战略制定清晰的政策和程序,审慎选择再保险接受人,科学制订再保险方案,评估再保险业务的安全性,并定期审核每一份合约再保险合同。

(三)分出公司的总精算师应切实履行其制定或参与制定再保险制度、审核或参与审核再保险安排计划的职责。尚未建立总精算师制度的分出公司,由其精算责任人暂时代行上述职责。

(四)分出公司不是独立法人机构的,应在总公司的授权下,严格依法合规经营,提高内控执行力,规范分公司再保险业务管理操作。

二、再保险分出公司选择再保险接受人,应遵循以下要求:

(一)在订立签署再保险合同时,除核保险、航天保险外,合约再保险业务的首席接受人或合约再保险业务的最大份额接受人应为国有独资、国有控股保险公司、或者最新财务实力评级至少应符合下列标准之一的保险机构:

1. 标准普尔(Standard&Poor's)评级应不低于 A-;

2. A. M. BEST 评级应不低于 A-;

3. 穆迪(Moodys)评级应不低于 A3;

4. 惠誉(Fitch)评级应不低于 A-。

在订立再保险合同时,除核保险、航天保险外,合约再保险业务的其他再保险接受人应为国有独资、国有控股保险公司、或者最新财务实力评级至少应符合下列标准之一的保险机构:

1. 标准普尔(Standard&Poor's)评级应不低于 BBB;

2. A. M. BEST 评级应不低于 B++;

3. 穆迪(Moodys)评级应不低于 Baa;

4. 惠誉(Fitch)评级应不低于 BBB。

(二)除核保险、航天保险外,再保险接受人的实收货币资本金不得低于 2 亿元人民币或等值货币,并且当合约再保险业务的首席接受人或合约再保险业务的最大份额接受人为非专业再保险机构时,其实收货币资本金不得低于 10 亿元人民币或等值货币。

(三)再保险接受人的偿付能力应当符合公司注册地监管当局关于偿付能力的有关规定,再保险分出公司应及时了解再保险接受人的偿付能力状况。

（四）再保险接受人在再保险合同起期的前2个会计年度无重大违法违规行为。

三、在再保险合同的存续期内，如再保险接受人的财务实力评级连续3年低于本通知要求时，分出公司应考虑采取适当措施降低风险。

四、本通知第二条所称再保险接受人均指独立法人机构，如再保险接受人为分支机构，则其总公司应符合本通知上述有关要求。

五、本通知适用于自2008年1月1日及此后起期的再保险合同以及转分保合同。

对《关于再保险业务安全性有关问题的通知》适用范围的复函

（2012年1月5日） 保监厅函〔2012〕4号

现代财产保险（中国）有限公司：

你公司《〈关于再保险业务安全性有关问题的通知〉适用范围界定的请示报告》（现代财产保险发〔2011〕185号）收悉。经研究，现函复如下：

一、《关于再保险业务安全性有关问题的通知》（保监发〔2007〕112号，以下简称"《通知》"）对临时分保业务再保险接受人的最新财务实力评级未作要求。

二、《通知》第五条明确规定"本通知适用于自2008年1月1日及此后起期的再保险合同以及转分保合同"。

三、《通知》是本着防范风险和审慎监管的原则，对再保险接受人的资质作出要求。因此，对于注册地监管当局对偿付能力没有规定的境外公司，境内保险公司要本着审慎控制再保险业务风险的原则，不应选择其作为再保险接受人。

关于印发《财产保险公司再保险管理规范》的通知

（2012年1月12日） 保监发〔2012〕7号

各财产保险公司：

为规范财产再保险市场，促进财产保险公司提高再保险业务管理水平，实现财产再保险业的健康协调可持续发展，我会制定了《财产保险公司再保险管理规范》。现印发给你们，请遵照执行。

附件：

财产保险公司再保险管理规范

第一章 总 则

一、为规范财产再保险市场，促进财产保险公司提高再保险业务管理水平，加强风险管理和内部控制，实现财产再保险业的健康协调可持续发展，依据《中华人民共和国保险法》、《再保险业务管理规定》（中国保险监督管理委员会令2010年第8号）以及有关法律、行政法规，制定本规范。

二、本规范适用主体为经中国保险监督管理委员会（以下简称"中国保监会"）批准设立，并依法登记注册的财产保险公司。对于本规范有明确规定适用再保险交易双方和再保险经纪人的内容，也适用于再保险公司和再保险经纪人。

三、本规范所称直接保险、再保险、合约分保、临时分保、比例再保险、非比例再保险、再保险分出人、再保险接受人、分出业务、分入业务、再保险经纪人等概念与《中华人民共和国保险法》及《再保险业务管理规定》的有关规定相一致。

第二章 再保险战略管理

一、再保险是财产保险公司风险管控的重要手段，是公司经营战略中的重要组成部分，在转移风险、稳定经营、提升技术和扩大承保能力等方面发挥着不可替代的作用。财产保险公司应从公司发展战略层面确定再保险在公司经营中的地位，正确发挥再保险在风险管理、资本融通和技术传导方面的作用，本着"最大诚信原则"开展再保险业务，合理分散风险，优化业务结构，实现公司的稳健经营和可持续发展。

二、财产保险公司应根据自身业务发展规划和风险管控的需要，科学合理地设定再保险管理的总体目标，包括确定再保险安排的总体架构和制定公司再保险计划。

三、财产保险公司原则上应设立独立的再保险业务管理部门，遵循再保险业务的运行规律和管理模式，确保其风险管控作用的有效发挥。

四、财产保险公司应确定再保险安排和再保险管控的重点环节，合理安排公司内部再保险管理的分工，明确设定再保险管理流程和权限，定岗定责。

五、财产保险公司当年自留保费，不得超过其实有资本金加公积金总和的四倍。

财产保险公司对每一危险单位，即对一次保险事故可能造成的最大损失范围所承担的责任，不得超过其实有资本金加公积金总和的百分之十；超过的部分，应当办理再保险。

六、财产保险公司应在综合考虑重大损失承受意愿、财务实力、业务组合平衡性的基础上，确定各产品线的每一危险单位自留额和针对巨灾事故的每次事故责任累积限额。

七、财产保险公司应重视并加强风险累积责任与巨灾风险的管理，建立风险累积责任和巨灾风险的识别管理原则和方法，重点考虑地区、行业、险种等因素，制定完备的管理制度。

八、财产保险公司应按照中国保监会的要求，建立再保险接受人的选择原则，包括对资信的审核以及资信风险分散度的评估原则。特别应加强对跨境再保险交易中存在的风险点进行分析和研究，采取有效措施，防止金融风险通过再保险业务进行跨境传递。

财产保险公司在与关联企业进行再保险交易时，应遵循市场化原则确定再保险价格与条件，不得利用再保险转移利润，逃避税收。

九、财产保险公司应建立再保险信息的内部报告或通报以及外部披露机制。财产保险公司应建立重大保险赔案及时报送机制。

十、财产保险公司应加强 IT 系统建设，保持再保险业务 IT 系统的独立性，将再保险监管政策和公司管理要求内化到 IT 系统设置，杜绝人为干预。再保险 IT 系统应与业务和财务的 IT 系统实现无缝对接。

第三章 再保险运营管理

第一节 运营管理中的基本事项

一、人员设置

财产保险公司应配备专职管理人员和业务人员管理再保险业务。

二、安全机制

财产保险公司应建立包括再保险接受人选择原则、分保额度管理和应急预案在内的业务安全机制。

财产保险公司应在满足监管要求的基础上选择合格的再保险接受人，并从再保险接受人的信用评级、偿付能力、资本金、历史履约情况以及再保险接受人所在国家或地区的政治、法律风险等方面，审慎选择再保险接受人。同时，财产保险公司还应对再保险人接受份额进行额度管理，控制再保险信用风险集中度，提高再保险业务安全性。在符合监管规定的基础上，财产保险公司可采用差异化原则对不同类型业务进行额度管理。

财产保险公司应建立再保险接受人信用风险突发应急预案，以应对再保险接受人资信出现问题或偿付能力突然恶化等紧急情况下的风险保障缺口问题，最大限度保证再保险业务的安全。在合约分保中，可引入合约终止/中止条款，对再保险接受人出现信用风险时合约再保险责任的处置事项做出明确的规定。

三、日常事务管理

财产保险公司应建立再保险业务日常事务管理制度，确保日常事务的有序、有效和及时开展。

再保险业务日常事务主要包括正式合同文本、批单或附约的编制、签发和签回确认；分保账单的编制、签发和签回确认；分保余额结算；应收应付款管理；赔案管理；报表报送；业务统计分析；档案管理等。

四、IT 系统的开发与完善

IT 系统是开展再保险业务的重要保障，财产保险公司应开发适合自身业务特点的再保险业务 IT 系统，包括合约和临时分保系统、分出和分入系统等，并根据实际运行情况进行动态完善。

再保险业务 IT 系统应实现对公司自留额的实时管理，应将不同险种的最大自留额嵌入到核保系统中并及时维护更新。对超过自留额的标的，核保系统应能够自动转到再保险系统。分保安排确认后，方可完成核保出单。

再保险业务 IT 系统应具有数据的分析管理功能，自动形成周期性的数据报表和上报监管机关数据，实现对历史数据的分析管理。保险公司应利用 IT 系统功能对公司再保险安排情况和再保险合约进行事前测算和事后评估，定期形成再保险安排评估报告，指导下一年的再保险安排。

再保险业务 IT 系统应具有权限管理功能，明确将经办和复核、核保和再保岗位分开，确保再保险职能和操作权限在 IT 系统中体现。

再保险业务 IT 系统应能够将核保、理赔、批改等环节的变化及时反映在再保险系统中，应具有数据修订痕迹记录功能，对已确定数据的修改进行全面记录跟踪。

五、应收账款管理

财产保险公司应建立应收账款管理机制加强对应收账款的管理，定期与再保险接受人和分出人核实再保险业务的应收款项，严控应收账款的规模和期限，避免应收账款形成坏账损失，导致公司资金成本和管理成本的增加，甚至引起公司偿付能力的下降。

财产保险公司应建立规范、有效的催收制度解决长期应收账款问题。

六、赔案管理

再保险双方应严格按照分保条件约定进行赔案管理，任何一方均不能以任何理由拒绝履行或拖延履行发送出险通知、提供赔案资料和摊回赔款等责任。赔款摊回适用“共命运”原则，即在分出公司根据保险条款尽职厘定损失的前提下，分出公司的理赔决定自动适用于再保险接受人。再保险接受人的赔偿责任限于原保单以及再保险合同约定的保险责任范围，分出公司自身的坏账、倒闭等财务风险，以及未经再保险公司同意的通融赔付（分出公司明知无实际赔偿责任的自愿赔付）等除外。

在比例再保险中，分出公司应严格按照再保险双方确认的分保比例计算再保险摊回赔款金额，除为纠正分保时的错误和遗漏外，不应在摊回赔款时再次调整包括分保比例在内的分保方案；在非比例再保险中，若事故或巨灾持续时间超过合约中对一次事故或巨灾的约定时间，分出公司在计算摊回赔款金额时，应根据合约条款选择合适的事故或巨灾时间段，对选定时间段外发生的保险损失，不应进入再保险合约进行摊回。

在临时分保业务中，如果合同中有特别约定（例如，理赔控制条款（Claims Control Clause）、理赔合作条款（Claims Cooperation Clause）等），则无论赔案损失大小，分出公司均应在知道赔案发生后根据再保险合同的约定立即通知再保险接受人，及时告知理赔工作进展情况、提供赔案相关资料，并按照再保险合同的约定配合再保险接受人开展现场查勘等工作。分出公司应在理赔进程中就理赔方案与再保险接受人进行积极沟通并达成一致，避免再保险双方因理赔意见不一致导致结案后赔款摊回困难。

对存在追偿可能性的保险事故，分出公司应积极向责任方进行追偿，及时把追偿情况告知再保险接受人。追偿成功后，分出公司应把属于再保险接受人的追偿款及时返还再保险接受人。

七、档案管理

财产保险公司应按照全面性和规范性原则建立档案管理制度，对合约文本、账单、赔案资料、往来传真、邮件等资料进行记录和管理。

全面性是指应保存与业务相关的全部资料，业务各环节中涉及的资料均应保留清晰完整的记录，资料尽量以纸质或电子文档形式保存。电子邮件往来、电子介质文件应实行集中管理，安全保存，并有备份。

规范性是指档案管理制度应科学合理，做到归档规范、查询快捷。

八、数据管理

财产保险公司应重视和加强再保险业务的数据管理，特别是保费、已决赔款、未决赔款、巨灾损失、修改或变动等数据。

数据管理遵循“准确性、真实性和完整性”的原则。按照“准确性”原则，财产保险公司应建立多级复核制度和对应的责任制度，保证每一数据的准确性；按照“真实性”原则，财产保险公司应确保再保险数据的真实有效，不能擅自篡改再保险的业务和财务数据；按照“完整性”原则，财产保险公司应对每一个数据形成的原始信息进行详细记录。对于具有复杂计算过程或公式的数据，对计算过程或公式也应记录。

财产保险公司应重视和加强再保险业务数据的挖掘和分析工作，利用分析结果对业务中存在问题进行管理优化。

财产保险公司应按照有关规定及时向监管机关报送有关业务的数据；按照再保险合同的约定，向再保险接受人提供完整、真实、有效的业务和财务数据或业务和财务报表。

九、内部信息沟通机制

财产保险公司应建立顺畅高效的内部信息沟通机制。承保部门根据合约或临时分保安排或运行的需要，向再保险部门提供原保险的风险信息及分保需求；再保险部门进行信息分析后，制订恰当可行的再保险方案，确保风险的顺利转移。

十、保密

再保险双方及再保险经纪人对业务中获取的非公共信息负有保密义务，未经对方允许，不得向其他方披露。

十一、精算应用

财产保险公司应重视精算在再保险风险管控中的重要作用，明确精算职责，向精算人员提供必要的再保险相关信息及资料，充分发挥精算技术在准备金评估、产品定价、风险累积管控、重大保险风险测试和再保险方案评估中的作用。

第二节　合约分保业务的运营管理

一、再保险合约的组建

财产保险公司应在综合考虑公司业务构成、风险状况、累积责任、资本金、净资产、市场战略等因素的基础上，组建再保险合约。

财产保险公司应高度重视再保险合约中合约条款的制定，应在再保险合约正式生效前与再保险接受人就主要合约条款进行协商并达成协议。财产保险公司应将再保险合约业务信息录入公司业务和财务系统，录入时间不应迟于合约业务确认后的十个工作日。除非财产保险公司与再保险接受人书面同意延期，双方应在再保险合约正式生效后的三个月内完成正式再保险合约的书面签署。

合约的最终条件应本着自愿原则由再保险双方洽商确定，但合约条件不得违背再保险双方所在国家或地区的法律法规和监管规定。

在比例合约的组建过程中，应重点考虑：分保范围、合约类型、合约期限、承保能力、事故限额（再保险双方根据实际情况决定是否引入该条款）、再保险手续费、账务条款、除外责任、错误与遗漏、合约报表、合约的修改与终止、未满期保费和未到期责任的处理、区域范围、司法管辖和仲裁等内容。

在非比例合约的组建过程中，应重点考虑：分保范围、合约期限、起赔点、以保额或责任限额为基础的最大自留额、最高保障责任限额、责任限额分层情况、费率、责任恢复次数、合约的类型（例如，险位超赔、事故超赔、赔付率超赔等）、事故超赔中每次事故的定义、除外责任、区域范围、司法管辖和仲裁等内容。

二、合约分保安排

财产保险公司在自身的再保险合约条件确定后，应选择合格的再保险接受人积极安排分保。在安排比例再保险合约时，财产保险公司应有效避免分保不完全导致应分保合约责任被动自留情况的发生。分保不完全指再保险接受人确认接受份额之和小于合约最大应分保份额。

分保不完全时，财产保险公司的合约自动承保能力应为合约最大承保能力乘以分保完成比例，合约中未分出部分的承保能力不应视为财产保险公司有效的合约承保能力。

三、账单及结算管理

财产保险公司应按照再保险合约的约定进行账单编制（包括日常账单、保费调整账单、重置保费账单、浮动手续费调整账单和纯益手续费账单等）、签发、确认归档、余额结算等，账单中的会计科目应符合会计和财务制度的规定。操作过程中，再保险双方均应按照再保险合约的约定做到及时、准确，严格履行再保险合约对余额结算的相关规定，避免发生无正当理由的长账龄应收、应付款项。

经纪人应及时、准确履行结算和支付义务，不得无故拖延支付。

账单及结算管理涉及公司间的资金流动，财产保险公司应建立严格、规范的授权体系。

四、未决赔款管理

财产保险公司应及时、准确地统计再保险合约业务的未决赔款数据，并把有关数据按照再保险合约约定的方式提供给再保险接受人。

财产保险公司应提高未决赔款数据的准确性和真实性,不应人为操控未决赔款数据来改变或暂时掩盖合约业绩的真实情况。

五、合约使用指引

财产保险公司根据再保险合约的确定条件,制定与合约相匹配的《合约使用指引》或《承保指引》,指导承保等相关部门合理、有效地使用再保险合约。

比例再保险合约《承保指引》主要内容应包括:合约保障的险种、除外责任、自留额、险种的自动承保能力、特殊申报、出险通知规定和风险等级划分原则等。对续转的再保险合约,需对当年合约条件发生变化的地方作出说明,避免承保部门出现经验性错误。

非比例再保险合约《承保指引》的主要内容包括:保障险种范围、起赔点和责任限额、最大自留额、除外责任、出险后摊回赔款注意事项和流程等。

财产保险公司应结合《承保指引》对承保人员进行再保险业务知识和合约应用的培训,引导承保人员正确理解再保险功能和再保险在公司风险管控中的重要作用,避免在业务管理中出现承保和再保脱节的现象,强化承保人员诚信意识,确保最大诚信原则在保险公司再保险经营中的充分体现,促进公司再保险业务的健康发展。

六、合约使用监督

财产保险公司应把再保险纳入公司合规经营范畴,建立再保险合约使用情况监督检查机制,避免违规使用或错误使用再保险合约。

监督检查应重点考虑:拟安排分保的业务是否属于合约除外、自留额使用是否正确、合约承保能力选用是否正确、分保比例是否正确、危险单位划分是否正确和风险等级划分是否正确、是否按合约约定及时向再保险接受人报送报表、报表信息是否真实准确、赔案资料是否真实完备、摊回赔款金额是否正确等。

七、调整保费和重置保费

采用调整保费的非比例再保险合约,财产保险公司应按照合约的约定和公司业务的实际情况,及时调整合约保费,向再保险接受人编送调整保费账单并安排余额结算。

设有责任恢复的非比例再保险合约,发生赔付后,财产保险公司应按照合约约定及时恢复合约责任限额;若存在重置保费条款,还应及时编送重置保费账单并安排余额结算。

八、合约结清

财产保险公司应在合约中明确结清方式并根据合约约定及时结清合约。

在自然结清方式下,财产保险公司应在所有未到期责任结束后及时结清合约,或与再保接受人协商一致提前结清合约。

在协议结清方式下，再保险双方应制定公平、合理的结清方案，特别是保费、未决赔款的结清比例应符合业务的实际情况。

九、危险单位划分

财产保险公司以危险单位为基础使用再保险合约时，对中国保监会已颁布《财产保险危险单位划分方法指引》的保险标的和险种，应按照有关《财产保险危险单位划分方法指引》划分危险单位；对未颁布《财产保险危险单位划分方法指引》的保险标的和险种，财产保险公司应结合标的风险状况和行业通行做法，科学、合理地划分危险单位，不得因人因事随意变更划分危险单位的原则和方法。同时，划分结果应与公司每年向中国保监会备案的划分方案保持一致。

财产保险公司不应出于再保险安排或赔款摊回的需要，不顾保险标的的风险状况和划分原则随意划分危险单位或改动原有危险单位划分方案。

十、风险等级划分

财产保险公司应建立保险业务风险等级划分标准，根据保险业务风险状况，确定风险等级。对于使用差异化自留额的比例再保险合约，财产保险公司应严格按照公司确定的风险等级划分方法或再保险双方共同商定的方法来划分标的的风险等级。财产保险公司不应随意划分、变动标的的风险等级。

十一、风险累积责任

财产保险公司应重视、加强对累积责任、保额与限额、标的地址的识别，特别是巨灾风险的暴露情况。可以采用包括再保险在内的适合自身业务特点的工具来管理和转移风险累积责任，把自留累积责任控制在公司可承担的范围内。

十二、合约责任履行

合约分保业务中，再保险双方和经纪人应严格按照合约的约定履行各自的权利和义务，如保费支付、赔款摊回、账单签发确认、报表报送、技术支持等。任何一方不应以任何原因为由，拒绝履行或拖延履行自身的责任和义务，除非此种行为得到相关各方认可。

十三、错误与遗漏

对于合约分保业务中发生的非故意的错误与遗漏，再保险合约双方在任何情况下都不应作为推卸履行合约责任的理由，合约责任如同这些错误与遗漏未曾发生。但是，这些错误与遗漏一经发现，应立即予以更正。

同时，为确保错误与遗漏条款的合理运用，再保险双方可考虑对运用错误和遗漏条款的情况、允许纠正的时限进行约定。

十四、重大保险风险

财产保险公司安排的再保险业务应符合中国保监会关于重大保险风险转移的

相关规定，对再保险业务进行重大保险风险测试。

第三节　临时分保业务的运营管理

一、临时分保需求识别

财产保险公司应正确识别自身临时分保需求，合理正确安排临时分保。

财产保险公司需办理临时分保的情况主要有六种：（一）比例再保险合约提供的自动承保能力不足、需要额外承保能力的业务，主要为高保额大型商业风险业务；（二）在比例再保险合约保障范围内，但由于保险标的的保额过低未能进入溢额合约，成为财产保险公司全部自留的业务，主要为高风险的小保额业务；（三）比例再保险合约不提供自动承保能力的业务，主要为高风险类业务或新产品类业务或规模较小的业务；（四）保险公司只购买了非比例再保险合约，且此非比例再保险合约对某些险种未提供合约再保险支持；（五）以限制分出公司风险暴露和转移风险为目的的业务，主要是保险公司整体风险控制要求下的临时分保安排；（六）为引进保险技术和协助制定承保方案而安排的临时分保。

二、分保安排

财产保险公司可直接安排临时分保，也可通过再保险经纪人安排。

安排临时分保业务时，应当遵照“合约优先”的原则，即凡存在分保需求且符合合约保障条件（通常指比例合约）的业务，均应优先办理合约分保，亦即超过分出公司自留额与合约提供的最大承保限额之间的部分应全部进入合约，但再保险合约中约定分出公司可优先安排临时分保的情况除外。

临时分保业务的安排应在保单或暂保单生效前完成。如因特殊情况，临时分保安排过程无法在保单或暂保单生效前完成，财产保险公司应确保在该项目保单或暂保单生效之时，净自留保额不超过公司确定的、能承担的该类别风险最大自留额或公司对该类风险能够承担的最大法定自留额。

临时分保安排是否完成，以再保险接受人对分保业务的书面或电子邮件确认为准；通过经纪人安排的临时分保业务，财产保险公司应要求经纪人提供再保险接受人对于该笔业务的书面或电子邮件确认。财产保险公司应确保通过经纪人安排的分保条件与公司自身确定的分保条件一致，一经发现经纪人有擅自改动分保费率或分保费等分保条件的不合理行为，应及时制止，必要时中止或终止与有上述行为的再保险经纪人的业务往来。如临时分保业务发生批单修改，财产保险公司应在原再保险接受人确认同意批单修改后方可进行。否则，财产保险公司应自留批改部分的保险责任或进行新的再保险安排。

三、正式分保合同和账单编送

临时分保完成或原始保单生效后，临时分保业务人员应根据最终的保险条件和分保条件，在20个工作日内或按照分保条件约定的时间（以再保险接受人份额确认日期或保单生效日期晚者开始计算），向再保险接受人签发正式分保合同［内容应包括再保险合同简要文本（slip）、规范再保险双方权利义务的条款等］和账单，并要求再保险接受人收到后签回一份副本。也可经再保险双方约定，由再保险接受人提供正式签署并符合约定内容的临时分保再保险单证。

对于通过经纪人安排的分保，若再保接受人的正式分保合同和账单由经纪人编送，财产保险公司应对分保合同和账单中的有关条款及数据进行核实，以确保经纪人安排的分保条件与财产保险公司确定的分保条件保持一致。

应临时分保再保险接受人的要求，分出公司或再保险经纪人应当向再保险接受人提供原始保单副本或复印件。

账单中会计科目的编制应符合会计和财务制度的规定。

四、结算管理

财产保险公司应及时、准确地做好临时分保业务的结算管理，按照分保合同的约定及时逐笔结算。在再保险双方及经纪人（如有）协商一致的情况下，可进行多笔业务间的轧差结算，但任何一方不应以轧差为由拖延临时分保业务余额的结算工作。

五、业务取消

对于确需取消的临时分保业务，分出公司应及时通知再保险接受人，并根据再保险合同约定完成取消业务操作的相关事宜。应再保险接受人要求，分出公司应向再保险接受人提供取消业务的有关资料。对于业务取消前，再保险接受人已经承担风险责任的业务，再保险双方应就这部分业务切实履行保费支付、赔款摊回等分保责任。

对保险期限已经结束的有效保单的临时分保业务，分出公司不得取消分保。

第四节　分入业务的运营管理

一、开展原则

分入业务是财产保险公司了解市场、获取业务的渠道之一，财产保险公司应在风险可控的基础上审慎开展分入业务。

二、确定承保能力

财产保险公司应在综合考虑自身的资本金、财务状况、风险偏好、业务发展规划和市场环境等因素后制定各产品线每一危险单位最大净自留额或最大承保比例。分入业务应在考虑转分保因素后确定的最大净自留额或最大承保比例范围内开展。

三、风险评估

财产保险公司应本着审慎的原则，对分入业务的风险进行识别、评估和控制，建立包括核保核赔、分级授权制度在内的业务风险管控体系。在评估临时分保分入业务风险时,应重点考虑直接保险标的的风险状况、承保条件、历史赔付记录和分出公司的分保原因等。

在评估合约分入业务风险时,财产保险公司应根据合约分入业务的特点建立合约分入业务风险评估体系和核保、授权体系。风险评估的重点包括:分出公司的基本情况、业务发展战略、偿付能力及结算情况等;合约条件的重点是合约预估保费、平衡性、业务范围、分保手续费、合约承保能力、自留额、共保业务及分入业务的合约使用情况、除外责任、特别约定、历史业绩等。

对于来自中国境外的分入业务,还应关注分入业务所在国的政治、法律等风险因素。

四、风险分散

财产保险公司应重视分入业务的风险分散,参照直接保险业务风险分散的方法和手段,制定分入业务风险分散的方法和手段。例如,采用比例转分或购买超赔等方式把分入业务的自留责任控制在公司可承受的范围内。

五、责任累积管理

保险公司应高度重视分入业务导致的责任累积,建立有效的责任累积识别和管控的机制和方法。责任累积类型有分入业务与直接保险业务间的责任累积和分入业务间的责任累积两种。造成责任累积的主要原因有:(一)分入业务与保险公司参与共保的直接业务形成责任累积;(二)临时分保分入业务与合约分入业务间形成责任累积;(三)多渠道临时分保分入业务间形成责任累积;(四)作为再保险接受人与多家保险公司建立分保合约,多个分出公司均参与的共保业务形成责任累积。其中,分入合约中分出人共保业务和分入业务的合约使用情况是导致合约责任累积的主要原因。财产保险公司应特别关注分入合约中共保业务及分入业务使用再保险合约的情况,谨慎评估由此可能形成的单一危险单位、单一区域、巨灾风险等责任累积。

六、业务数据分析

业务数据分析是分入业务管控的重要手段和内容之一。保险公司应建立合约分入业务数据分析处理方法,准确评估合约的风险、价格,掌握合约发展趋势。数据内容主要包括保额分段数据、损失分段数据、最大自留额数据、最大损失数据、责任累积数据、巨灾累积和损失数据、合约T型发展(倒三角流量发展)数据等。

七、预估管理

分入业务预估数据具有事先性、不完全确定性、变动性的特点,财产保险公司应采用精算技术,结合业务发展实际,建立科学、合理、有效的业务数据预估和管理方法,提高预估数据准确性并确保预估工作的有效开展。

八、赔案管理

财产保险公司应参照直接保险业务赔案管理的原则，结合再保险分入业务赔案的特点，建立分入业务赔案管理制度和方法，重点是分入业务中的出险通知、现金赔款、合约业务赔款非逐笔性、“共命运”原则等与直接保险业务存在差异的地方，对赔款摊回比例、摊回金额、事故时间段的选择等关键指标进行审慎核对，确保摊回赔款的正确性。分入公司应在收到赔案相关材料的三个工作日内，将赔案信息录入业务和财务系统。

九、未决赔款管理

财产保险公司应建立分入业务特别是合约分入业务未决赔款的管理方法，加强与分出公司的沟通，确保未决赔款的准确性和真实性，对未决赔款突然增大或减小、已决赔款与未决赔款同时大幅增加等异常情况应给予特别关注，及时向分出公司了解异常变化的原因。

十、浮动手续费调整、纯益手续费和调整保费

对采用浮动手续费或有纯益手续费或需要调整合约保费的分入合约，财产保险公司应根据合约约定及时与分出公司沟通，完成调整、确认和结算等有关操作。

十一、正式分保合同

分入业务确认后，财产保险公司应与分出公司共同及时完成正式分保合同（内容包括再保险合同简要文本、合约文本、明确再保险当事双方权利义务的再保险条款等）的签署工作。除非财产保险公司与分出公司书面同意延期，财产保险公司应在分入业务正式生效后的三个月内签署正式分保合同。

财产保险公司应将分入业务信息录入公司业务和财务系统，录入时间应不迟于分入业务确认后的十个工作日。

十二、账单及结算管理

财产保险公司应按照分入业务合同的约定及时、准确地进行账单催收、确认、签回、归档和余额结算工作。

十三、合约结清

参照本章第二节《合约分保业务的运营管理》中合约结清的相关内容进行。

第四章　再保险资信管理

财产保险公司应从再保险接受人客观上的偿付能力和主观上的偿付意愿两个方面建立再保险资信管理体系。

财产保险公司再保险资信管理对象包括再保险接受人和再保险经纪人。财产保险公司应对再保险接受人和再保险经纪人的资信进行专业化管理与监控，有效控制因再保险人的信用风险而可能给分出公司造成的损失。

财产保险公司应建立再保险接受人和经纪人信息库，进行动态更新、跟踪和管理。

财产保险公司应加强再保险接受人的风险偏好管理，建立再保险接受人风险偏好数据库，对不同类型业务寻求有效的再保险接受人，提高分保效率。

第一节 再保险接受人资信管理

再保险资信管理的核心是对再保险接受人进行信用分析和信用等级评估。通过对再保险接受人相关财务及非财务信息进行收集、整理、分析，评估再保险接受人的履约能力。

再保险接受人资信管理的主要内容包括：再保险接受人信息的收集和资信调查，确保信息的全面、准确和及时；资信档案的建立和管理；资信评估，通过第三方评级机构评级和财产保险公司自身独立评估结果来考量；建立再保险接受人分级名单，在符合监管部门对选择再保险接受人基本要求的基础上，财产保险公司可根据资信评估的结果建立自己的再保险接受人名单，并根据实际监控的情况不定期更新。

财产保险公司通过自身积累的信息或第三方获取的信息对再保险接受人主观偿付意愿进行评估，通常是采用对结算记录进行分析的方法。对于客观上具有偿付能力而主观上不具有偿付意愿的再保险接受人，应适时终止业务往来。

根据有关规定，财产保险公司的再保险业务中，应收分保准备金和应收分保账款的资产认可与再保险接受人的偿付能力密切相关。财产保险公司应充分考虑再保险安排的有效性(包括对再保险合约条款的审核)，对再保险接受人的资信状况进行细致评估，避免因再保险接受人的资信问题对自己的偿付能力产生负面影响。

第二节 再保险经纪人资信管理

再保险经纪人资信管理的重点是防范其对再保险资金的非法挪用和逾期占用。财产保险公司可考虑采用第三方信托账户等方式防范上述风险，同时应对相关结算记录进行密切的跟踪和分析，及时中止或终止与存在资信问题的再保险经纪人的业务往来。

为降低再保险经纪人的资信风险，可以考虑在再保险合约中引入“再保险中介条款”，将再保险经纪人的资信风险转移给再保险接受人承担。该条款最终采用与否，由再保险双方协商确定。

第五章 再保险业务评估

财产保险公司应建立再保险业务评估指标体系，定期对再保险业务进行全面评估,提高再保险安排的科学性、合理性和再保险管理的规范性,切实发挥再保险在公司风险管理和内部控制中的作用。

财产保险公司可参考附件1《财产保险公司再保险业务基本评估指标》,建立适合自身业务特点的评估指标体系,同时每年至少进行一次评估。

财产保险公司应将当年的再保险业务评估指标体系和上一年度的再保险业务评估结果于每年4月30日前报告中国保监会。

第六章　再保险业务经营与管理的合规审计

财产保险公司应定期对再保险业务的经营情况和管理情况进行审计,及时发现问题,并提出解决方案和步骤。

审计形式包括内部审计和外部审计,每个业务年度至少各审计一次。

基本审计内容可参考附件《再保险业务审计》。

第七章　附　　则

本《规范》由中国保监会负责解释。

本《规范》自2012年7月1日起实施。

附件:1. 财产保险公司再保险业务基本评估指标

　　2. 再保险业务审计

附件1:

财产保险公司再保险业务基本评估指标

一、合约条件与业务需求的匹配度

1. 险种的净自留额是否符合公司需求;

2. 险种的合约自动承保能力是否满足公司业务发展的需要;

3. 有合约分保需求的险种是否都已得到合约保障;

4. 非比例合约起赔点和责任限额是否满足风险分散的需要;

5. 非比例合约的保障风险和险种范围是否满足公司的需要。

二、临时分保的及时性

1. 单笔业务分保周期 = 分保结束的时间 - 提出临时分保需求并提供相关风险信息的时间

2. 平均业务分保周期 = 单笔业务分保周期之和 / 临时分保业务数量

3. 原保险保单生效前分保完成率 = 原保险保单生效前完成分保的临时分保数

量/原保险保单生效前提出临时分保需求的业务数量×100%

三、分保的充分性

1. 单一合约分保完成率=实际分保份额/应分保份额×100%

2. 合约分保完成率=完成应分保份额的合约业务数量/应分保的合约业务数量×100%

3. 单一临时分保完成率=实际分保份额/应分保份额×100%

4. 临时分保完成率=完成应分保份额的临时分保业务数量/应分保的临时分保业务数量×100%

四、财务指标的合理性

1. 比例合约分保费用是否与分出业务的业绩和风险水平相匹配;

2. 非比例合约的费率是否与合约业绩和风险水平相匹配;

3. 合约业务账单周期(通常为季度)、账单提供时间、结算时间是否合理;

4. 临时分保费用是否与分出业务的赔付业绩和风险水平相匹配,对分保费用大幅高于或低于业务获取成本的情况给予特别重视并及时评估;

5. 临时分保业务的账单提供时间、结算时间是否合理。

五、结算的及时性

结算及时性包括应付款项结算及时性和应收款项结算及时性,可用下述指标评估:

1. 应付款项及时结算笔数比重=及时完成结算的应付款项笔数/应付款项总笔数×100%;

2. 应付款项及时结算金额比重=及时完成结算的应付款项金额/应付款项总金额×100%;

3. 结算周期超过60天的应付款项笔数比重=结算周期超过60天的应付款项笔数/应付款项总笔数×100%;

4. 结算周期超过60天的应付款项金额比重=结算周期超过60天的应付款项金额/应付款项总金额×100%;

5. 应收款项及时结算笔数比重=及时完成结算的应收款项笔数/应收款项总笔数×100%;

6. 应收款项及时结算金额比重=及时完成结算的应收款项金额/应收款项总金额×100%;

7. 结算周期超过60天的应收款项笔数比重=结算周期超过60天的应收款项笔数/应收款项总笔数×100%;

8. 结算周期超过60天的应收款项金额比重=结算周期超过60天的应收款项金额/应收款项总金额×100%;

及时完成结算是指账单余额在再保险合同约定结算时间内完成的结算。

六、渠道的合理性及可靠性

渠道的合理性是指财产保险公司在再保险安排渠道上应保持合理的多样性，包括直接分保和通过经纪人分保等各类渠道。

渠道的可靠性是指在有分保需求时，特别是在合约条件发生重大变化、合约出现亏损或需要安排临时分保的情况下，财产保险公司通过直接渠道或经纪人渠道获得再保险接受人支持的可靠性。

七、再保险接受人的合理性

1. 再保险接受人的资质：包括信用评级、资本金、偿付能力、合规经营等情况，应当满足监管规定和财产保险公司的自身要求；

2. 再保险接受人接受成分的分布：单一再保险接受人的接受成分不宜过高，以降低风险的集中度，特别要防范金融风险的跨境传递，提高再保险的安全性。

八、业务处理的准确性

再保险业务的准确性包括数据准确性和执行准确性两方面，可采用准确率进行评估。

数据准确性指保费、分保比例、赔款（含未决赔款）、分保费用、重大赔案、业务报表等业务及财务数据的准确性。

执行准确性是指比例合约的使用过程中是否存在错误使用的情况，如合约使用错误、账单寄送错误，归档错误，正式分保合同编送错误等。在再保险业务管理层级较多、分支机构具有再保险权限的公司中尤其要给予高度重视。

九、合规性

财产保险公司应按照法律法规、监管要求和公司内部管理制度建立业务合规性指标，及时评估业务开展情况的合规性。由于再保险业务经营管理方面的问题而受到的各种行政处罚情况，应作为合规性评估中的重要内容。

附件2：

再保险业务审计

再保险业务审计涉及外部审计和内部审计，具体内容主要包括以下六个方面：

一、制度建设及职责分工审计

1. 管理规定审计

(1)是否在再保险管理部门的管理职权范围内制订了专门的业务管理规范、操作指南、业务流程图等；

(2)各项业务管理规定是否健全、明确、合理、有效;

(3)对分公司落实总公司规定及执行情况有无监督检查措施;

(4)公司制定的再保险业务指引等是否得到有效执行。

2. 职责分工审计

(1)人员职责分工是否明确、合理,有无内部组织结构图等;

(2)人员分工有无复核等监督制约措施;

(3)未有明文规定的事项,有无沟通请示等临时处理措施。

二、业务经营与管理审计

1. 时效性审计

(1)是否严格要求分公司按照业务规定期限上报保单、批单等承保业务数据及资料;

(2)是否严格要求分公司按照业务规定期限上报相关业务赔案资料及数据;

(3)是否严格要求分公司按照业务规定期限更新上报相关未决赔款数据;

(4)是否严格按照业务管理规定期限及时安排分保,包括对外申报或通知、催促提醒对方确认以及对分公司的信息反馈时间等;

(5)是否及时通知再保险接受人有关承保、赔案等信息并定期更新相关数据;

(6)对再保险接受人的问询(来函来电)是否及时处理并予以答复。

2. 业务管理审计

(1)有无采取措施核查分公司上报数据信息与原始信息数据是否一致,包括承保条件、批改情况以及赔款等信息资料;

(2)分保安排时采集的基础数据与承保条件是否与分公司上报情况一致;

(3)有无未经批准的超自留额业务未办理分保,检查超自留业务是否符合有关业务规定及是否按照程序进行审批。

3. 单证审计

(1)是否按照业务要求审查分公司上报的业务资料齐备与否,业务数据与书面单证是否对应一致;

(2)分保安排过程中,有无相关再保险接受人确认分保比例、条件等书面材料;

(3)是否按照业务管理规定及时编制处理相关账单及数据;

(4)是否按照再保险合同约定向再保险接受人提供相关业务单证资料,以便资金账务顺利结算;

(5)再保险管理部门内部审批、流转文档是否合规、齐备。

4. 再保险关联交易审计

(1)需要报批的关联交易是否得到了监管机构的批准;

(2)与非关联业务相比较,是否存在非常规化操作的地方;

(3)财务结算是否及时准确；

(4)业务风险是否得到了有效的外部转移；

(5)规模是否在公司可接受的范围内。

5. 再保险经纪业务审计

(1)经纪人的选用是否符合公司规定的选用标准；

(2)经纪人提供的分保渠道是否有效、可靠,是否符合监管要求；

(3)经纪人结算是否及时,是否存在资金占用或挪用行为；

(4)经纪人提供的服务是否存在重大错误或遗漏；

(5)经纪人是否存在擅自修改分保条件的行为；

(6)除业务本身外,经纪人是否提供更多增值服务。

6. 再保险系统安全性审计

(1)再保险 IT 系统是否建立了完善的授权管理体系；

(2)再保险信息的导入导出是否建立了完善的跟踪制度和痕迹保留功能；

(3)是否建立了再保险信息的披露机制；

(4)再保险业务中是否以合同条款的形式明确了再保险双方的保密义务。

7. 再保险资信审计

(1)是否建立了资信管理制度；

(2)再保险接受人和经纪人的选用是否符合公司的管理规定；

(3)资信管理制度是否得到有效执行、效果如何。

三、业务授权及其监督管理审计

1. 业务授权审计

(1)对下级公司有无特定业务授权、转授权以及有无授权业务操作规范；

(2)对下级公司有无临时性业务授权及操作规范。

2. 授权监管审计

(1)对下级公司授权是否适度、明确,有无定期评估制度及相关处理措施；

(2)是否掌握授权业务相关信息,以及是否实现对下级公司授权业务进行即时或定期监控。

四、IT 技术应用及数据管理审计

1. IT 系统建设审计

(1)是否全部业务均已通过再保险业务系统进行处理；

(2)再保险业务系统功能可否满足工作基本需求。

2. 数据管理审计

(1)对于未实现自动处理的业务,如何实现对手工数据、手工账单的汇总统计等,有无制度规范予以明确；

(2)有无业务数据统计制度以及统计数据是否准确、及时。

五、账务处理及结算审计

1.内部往来审计

(1)内部账单及数据签收与结转是否规范、及时;

(2)内部账单流转中是否进行了账单审核及复核。

2.外部往来审计

(1)外部资金结算是否准确、及时;

(2)对长期应收款是否建立催收管理制度;

(3)对可能出现的呆坏帐以及业务提前结清等有无相应处理制度及措施;

(4)与外部结算联系是否畅通以及是否定期与外部核实对帐;

(5)外部账单及数据签收与结转是否规范及时。

六、档案管理审计

1.业务档案审计

(1)再保险合同、有关单证有无签章、各项文书资料(包括双方往来的函件、传真、电子邮件等)是否齐备;

(2)业务卷宗是否按照要求归档并按期保存。

2.数据保管审计

(1)业务数据有无备份;

(2)业务数据是否按照规定长期保存。

关于外资保险公司与其关联企业从事再保险交易有关问题的通知

（2014 年 3 月 5 日） 保监发〔2014〕19 号

各外资保险公司：

为提高再保险交易安全性，防范金融风险跨境传递，根据《中华人民共和国保险法》《外资保险公司管理条例》以及有关法律法规，现就有关问题通知如下：

一、外资保险公司与其关联企业从事再保险的分出或分入业务应报中国保监会批准。未经中国保监会批准，外资保险公司不得与其关联企业从事再保险的分出或分入业务。

二、外资保险公司与其关联企业从事再保险交易应遵循合规、诚信、公允的原则。

三、外资保险公司申请与其关联企业从事再保险交易的，关联企业应符合以下条件：

（一）关联企业持续经营三个以上完整的会计年度，最近三个会计年度盈利和亏损相抵后整体经营为净盈利，且现金流未出现异常波动。

关联企业是分公司的，其总公司也应符合本款规定。

（二）关联企业应符合其所在国家或者地区监管当局的偿付能力标准，且最近三年没有重大违法违规行为。

关联企业是分公司的，其总公司应符合所在国家或者地区监管当局的偿付能力标准，且该关联企业及其总公司最近三年均没有重大违法违规行为。

（三）关联企业的最新财务实力评级至少应符合下列条件之一：

1. 标准普尔（Standard & Poor's）评级应不低于 A-。

2. 穆迪（Moody's）评级应不低于 A3。

3. 贝氏（A. M. BEST）评级应不低于 A-。

4. 惠誉（Fitch）评级应不低于 A-。

关联企业是分公司的，其总公司的最新财务实力评级应符合本款规定。

（四）当外资保险公司仅从某一关联企业分入保险业务、而不向该关联企业分出保险业务时，该关联企业无需符合本条第一至三款的规定。

（五）中国保监会规定的其他条件。

对于不符合本条要求的申请，中国保监会不予批准。

四、外资保险公司与其关联企业从事再保险交易的，应向中国保监会提出书面申请，并提交以下材料：

（一）申请函。包括但不限于以下内容：

1. 该关联交易申请在《中国保监会外资保险公司再保险关联交易登记系统》中生成的资质申请号。

2. 关联企业所在地、注册地、适用的营业税和所得税税率、主营业务介绍（尤其是再保险业务）、关联企业的前三大股东名称和份额。

关联企业是分公司的，应分别介绍分公司和总公司的上述相关内容。

3. 申请材料清单。

（二）关联企业的公司章程和最近三年年报。

公司章程和年报应为中文。年报应包括关联企业在申请日之前三个会计年度的资产负债表、利润表和现金流量表。

若关联企业无中文版的公司章程和年报，外资保险公司应提交关联企业公司章程的复印件及中文翻译件，以及最近三年年报中资产负债表、利润表和现金流量表等相关内容的复印件及中文翻译件。

若关联企业所在国家或地区不要求编制现金流量表，外资保险公司应在申请函中对相关情况做出书面说明。

（三）关联企业所在国家或者地区有关主管当局对其当年符合偿付能力标准的证明和最近三年无重大违法违规行为的证明。

关联企业是分公司的，应提交该关联企业总公司的偿付能力证明，以及该关联企业及其总公司最近三年无重大违法违规行为的证明。

（四）关联企业经由标准普尔（Standard & Poor's）或穆迪（Moody's）或贝氏（A. M. BEST）或惠誉（Fitch）的最新财务实力评级。

关联企业为分公司的，应提供其总公司的相关财务实力评级。

（五）当外资保险公司仅从某一关联企业分入保险业务而不向该关联企业分出保险业务时，无需提供该关联企业本条第三、四款的相关材料。

（六）中国保监会要求提交的其他材料。

五、外资保险公司应于每年9月1日至11月30日期间向中国保监会递交下一年度拟与其关联企业从事再保险交易的申请材料。

新开业的外资保险公司在开业后，即可向中国保监会递交当年拟与其关联企业从事再保险交易的申请材料。

六、外资保险公司应于每年4月30日前向中国保监会报送上一年度《外资保险公司与其关联企业再保险交易统计表》（见附件）及电子文档，并按照每个关联企业分别统计。

七、外资再保险公司与关联企业之间的转分保业务适用本通知。

八、本通知自发布之日起施行，《关于印发〈外资保险公司与其关联企业从事再保险交易的审批项目实施规程〉的通知》（保监发〔2004〕115号）和《关于加强外资保险公司与关联企业从事再保险交易信息披露工作的通知》（保监发〔2006〕116号）同时废止。

附件：1. 外资保险公司与关联企业再保险交易统计表1－比例再保险（略）

2. 外资保险公司与关联企业再保险交易统计表2－非比例再保险（略）

三、统计信息·保险统计

保险统计管理规定

（2012年12月21日中国保险监督管理委员会主席办公会审议通过
2013年1月6日公布　自2013年3月1日起实施）　保监会令〔2013〕1号

第一章　总　　则

第一条　为了组织实施保险统计工作，加强保险统计监督管理，保障保险统计信息的真实性、准确性、完整性和及时性，根据《中华人民共和国保险法》、《中华人民共和国统计法》等法律、行政法规，制定本规定。

第二条　保险统计工作的基本任务是依法对保险业情况进行统计调查、统计分析，为实施保险监管、促进保险业发展提供统计资料和统计咨询意见，实行统计监督。

第三条　保险统计工作应当遵循客观、科学、统一、及时的原则。

第四条　保险统计工作实行统一管理、分级负责的管理体制。

中国保险监督管理委员会（以下简称中国保监会）负责监督和管理全国保险统计工作；中国保监会派出机构根据中国保监会授权，负责监督和管理辖区内保险统计工作。

保险机构负责组织开展本机构保险统计工作，管理本机构保险统计信息。

第五条　统计机构和统计人员对在保险统计工作中知悉的国家秘密、商业秘密和个人信息，应当予以保密。

第六条　本规定所称保险统计是指下列活动：

（一）中国保监会及其派出机构依法对反映保险机构经营管理情况的资料进行调查、收集、整理、分析，提供统计信息和统计咨询意见，实施保险统计监督和管理；

（二）保险机构依法对反映本机构经营管理情况的资料进行调查、收集、整理、分析，提供统计信息和统计咨询意见，并对本机构保险统计工作进行管理。

第七条　本规定所称保险统计信息是指反映保险机构经营管理情况的有关数据、报表、报告和文件，以及中国保监会规定的其他统计资料。

第八条　本规定所称保险机构是指经中国保监会或者其派出机构批准设立，

并依法登记注册的商业保险公司及其分支机构。

第二章 统计机构和统计人员

第九条 中国保监会履行下列统计工作职责：

（一）制定保险统计制度和统计标准，建立健全保险统计指标体系；

（二）负责保险监管统计信息系统的设计、开发、维护、管理和升级，建立保险行业统计信息数据库；

（三）制定和实施保险统计工作规划，组织、协调、管理保险行业统计工作；

（四）采集、审核、汇总、分析保险统计信息，编制保险业报表和统计分析报告，对外公布有关保险统计信息；

（五）管理保险统计信息，维护保险行业统计信息数据库；

（六）组织和实施保险行业统计调查和统计监督检查；

（七）组织保险统计人员业务培训。

中国保监会派出机构在辖区内履行前款第（三）项至第（七）项职责。

第十条 中国保监会及其派出机构设立统计部门，负责监督和归口管理保险统计工作。

第十一条 保险机构开展下列统计工作：

（一）管理本机构保险统计工作；

（二）制定本机构保险统计制度；

（三）收集、审核、汇总、编制本机构保险统计信息，依照规定向中国保监会及其派出机构报送统计信息；

（四）完成中国保监会及其派出机构规定的统计调查任务；

（五）加强统计信息化建设，建立健全统计信息管理系统；

（六）组织本机构统计法律法规实施情况和统计质量检查；

（七）组织保险统计人员业务培训；

（八）中国保监会及其派出机构规定的其他统计工作。

第十二条 保险公司及其支公司以上分支机构应当指定一名高级管理人员为保险统计负责人。

保险统计负责人负责组织开展本机构的保险统计工作。

第十三条 保险公司及其支公司以上分支机构应当设立或者指定职能部门负责统计工作，设置统计岗位，并配备相应数量的统计人员。

负责统计工作的职能部门为统计联系部门，该部门的主要负责人为保险统计联系人。

第十四条 保险统计人员应当具有良好的职业道德，具备完成保险统计工作必需的专业知识。

第十五条 保险公司应当在指定或者变更保险统计负责人、保险统计联系人后10日内,向中国保监会报告。

保险公司支公司以上分支机构应当在指定或者变更保险统计负责人、保险统计联系人后10日内,向中国保监会派出机构报告。

第三章 统计调查和统计分析

第十六条 中国保监会及其派出机构有权根据监管需要,对保险机构进行统计调查。统计调查的内容主要包括业务经营状况、财务状况、人员配备和统计信息化建设等情况。

第十七条 保险统计信息可以采用调查表、调查问卷、统计指标等形式,通过邮件、传真、网络等方式进行采集和报送。

第十八条 保险统计年度为公历年度,即从每年的1月1日0时起至当年12月31日24时止。

第十九条 保险统计信息的报送频度分为:月度快报、月报、季报、半年报、年报、年度决算报和不定期报。

中国保监会可以根据监管需要,改变保险统计信息的报送频度。

第二十条 保险统计信息的报送时间为:月度快报为下月的前2个工作日内;月报为下月的前10日内;季报、半年报和年报分别为下一季度、下半年及次年的前12日内;年度决算报为次年的4月30日前。不定期报告按照中国保监会规定的时间报送。

月报、季报的报送时间,遇国庆、春节等法定长假可以顺延3日。

中国保监会可以根据监管需要,改变统计信息报送时间。

第二十一条 保险机构应当根据中国保监会及其派出机构的规定,真实、准确、完整、及时地报送统计信息,不得迟报、漏报、瞒报、虚报、拒报或者伪造、篡改统计信息,报送的统计信息不得有误导性陈述。

保险机构对其报送的统计信息的一致性负责。

第二十二条 保险机构负责人不得自行修改统计部门和统计人员依法收集、整理的统计信息,不得要求统计部门、统计人员伪造、篡改统计信息或者编造虚假统计信息。

第二十三条 保险机构报送的统计信息应当由本机构主要负责人审核确认。

保险机构报送的下级分支机构的统计信息,应当经下级分支机构主要负责人审核确认。

保险公司应当建立健全统计信息管理系统,实现相关统计信息与分支机构之间的共享。

第二十四条 中国保监会及其派出机构发现保险机构报送的统计信息存在错误的，有权责令改正并且要求其做出书面说明。

第二十五条 中国保监会及其派出机构定期对保险市场和宏观经济金融发展情况进行统计分析，并就其对保险业发展的影响等情况进行调查研究。

保险机构应当按照规定对本机构经营管理情况进行统计分析并向中国保监会及其派出机构报送相关报告。

第四章 统计信息管理与公布

第二十六条 中国保监会及其派出机构应当建立健全统计信息管理制度，规范统计信息的审核、整理、保存、查询、使用和公布等事项。

第二十七条 中国保监会定期通过中国保监会网站公布全国保险行业的原保险保费收入、赔付支出和资产总额等统计信息。

中国保监会派出机构根据中国保监会的有关规定，定期公布辖区内保险行业的原保险保费收入、赔付支出和资产总额等统计信息。

保险行业统计数据，以中国保监会及其派出机构统计部门提供的数据为准。

第二十八条 中国保监会派出机构公布的保险统计信息不得含有下列内容：

（一）本辖区以外未经公布的保险统计信息；

（二）与前项保险统计信息比较分析的结果。

第二十九条 保险机构应当建立健全统计信息管理制度，规范统计信息的审核、签署、交接、报送、保存、查询、使用和披露等事项。

统计信息的审核、签署人员应当对其审核、签署的统计信息的真实性、准确性和完整性负责。

第三十条 保险机构应当按照中国保监会有关信息披露的规定披露统计信息。

保险机构披露统计信息不得损害其他单位或者个人的合法利益。

第五章 统计监督检查

第三十一条 中国保监会及其派出机构依法对保险机构的统计工作进行监督检查，检查可以采取现场或者非现场方式。

第三十二条 保险统计监督检查的内容主要包括：

（一）保险统计工作管理情况；

（二）相关统计法律、行政法规和保险统计制度的贯彻执行情况；

（三）统计岗位的设立及统计人员的配备情况；

(四)统计信息的管理及披露情况;

(五)统计信息质量;

(六)统计信息系统完备性和安全性;

(七)其他与统计工作相关的情况。

第三十三条 中国保监会及其派出机构建立保险统计信息报送情况通报制度,对保险机构报送统计信息的及时性、完整性及其数据质量等情况进行通报。

第三十四条 中国保监会及其派出机构在履行保险统计监督检查职责时,保险机构应当如实反映情况,提供相关证明和资料,不得拒绝、阻碍检查,不得转移、隐匿、篡改、毁弃原始记录、统计调查表等资料。

中国保监会及其派出机构有权依法采取相应措施,保障保险统计监督检查工作的顺利进行。

第三十五条 中国保监会及其派出机构可以要求保险机构定期对本机构统计工作进行检查和总结,并报送相关报告。

第六章 法律责任

第三十六条 保险机构违反本规定,有下列行为之一的,由中国保监会及其派出机构依照《中华人民共和国保险法》第一百七十一条予以处罚:

(一)未按照规定的时间、方式、口径等报送或者提供统计信息的;

(二)未按照规定披露信息的。

第三十七条 保险机构违反本规定,有下列行为之一的,由中国保监会及其派出机构依照《中华人民共和国保险法》第一百七十二条予以处罚:

(一)编制或者提供虚假统计信息的;

(二)拒绝或者妨碍依法监督检查的。

第三十八条 保险机构违反本规定,中国保监会及其派出机构除依法对该保险机构给予处罚外,对其直接负责的主管人员和其他直接责任人员依照《中华人民共和国保险法》第一百七十三条予以处罚。

第三十九条 中国保监会及其派出机构从事统计监督管理工作的人员有下列行为之一的,依法给予处分:

(一)虚报、伪造、篡改保险统计信息的;

(二)违反国家保密制度或者超越权限公布保险统计信息造成严重后果的;

(三)违反法律法规的其他统计管理行为。

第七章 附 则

第四十条 下列机构的保险统计工作,法律、行政法规或者中国保监会有规定

的,适用其规定;法律、行政法规或者中国保监会没有其他规定的,参照适用本规定:

(一)保险集团公司;

(二)保险控股公司;

(三)政策性保险公司;

(四)保险资产管理公司;

(五)保险中介机构。

第四十一条 境外保险公司分公司的保险统计工作,适用保险公司的有关规定。

第四十二条 中国保监会派出机构可以根据本规定制定实施细则。

中国保监会派出机构根据前款规定制定的实施细则,应当在公布前报中国保监会备案。

第四十三条 本规定由中国保监会负责解释。

第四十四条 本规定自2013年3月1日起施行。中国保监会2004年9月29日发布的《保险统计管理暂行规定》(保监会令〔2004〕11号)同时废止。

关于规范保险公司公布资金运用收益信息行为的通知

(2002年12月24日) 保监发〔2002〕127号

各保险公司:

近年来,保险公司为加强宣传,提升公司形象,经常在各种媒体上公布资金运用收益信息。但各公司公布的资金运用收益信息计算口径不统一,表述也欠严谨,随意与其他公司比较,在一定程度上误导了消费者,扰乱了市场秩序。为规范保险公司资金运用收益信息公布行为,避免误导投保人和不正当竞争,经研究,现将有关事项通知如下:

一、各公司可自行决定是否公布资金运用收益信息,并可自主选择公布的起讫时间,但一经确定,必须连续公布。

二、公布的形式包括在公开媒体上发布新闻、广告,公司和公司在职人员接受采访以及公司网站公布信息等。

三、保险公司公布资金运用收益信息应采取以下公式计算:

资金运用收益率=(投资收益+利息收入+买入返售证券收入-卖出回购证

券支出－各项投资减值准备）/MAX（资金运用平均余额，各项责任准备金平均余额）

其中，MAX（）为取括弧中较大的一项。

资金运用平均余额＝（年初资金运用余额与至N季末的各季资金运用余额之和）/（N＋1）

资金运用余额为保险监管报表《资金运用表》中的资金运用总额。

各项责任准备金平均余额＝（年初各项责任准备金余额与至N季末的各季各项责任准备金余额之和）/（N＋1）

各项责任准备金应采取法定标准计算。

各项投资减值准备的计提应符合《金融企业会计制度》的规定，并且与所公布资金运用收益信息的期间相一致。

以上数据应与保险公司上报保监会的资产负债表、利润表、资金运用表等监管报表一致。

保险公司在公布收益率时，应对数据来源进行说明。

四、公布收益的起讫时间最小为季，从年初算起，公布季末累计数。不足一年的不得折算为年收益率。

五、保险公司只能公布本公司信息，不得公布其他公司数据，不得与其他公司相比较。公布信息的标题中不得出现具体数据，标题和正文中不得出现“第一”、“名列前茅”等比较性词句。

六、保险公司公布以上信息所用数据必须是公司全系统汇总数据。不得公布部分资产或某一账户的收益率。分红产品、投资连结产品的信息公布，按此类产品信息公布的有关规定进行。

七、保险公司公布资金运用收益信息时，应提示保单持有人不可根据资金运用收益率及可运用资金收益率推断分红类产品的分红水平。

八、违反以上规定的，中国保监会可对其进行通报批评，责令其限期改正，并采取适当方式消除影响；情节严重的，可根据有关规定给予行政处罚。

以上规定请严格执行。

关于启用中国保险统计信息系统的通知

（2004年9月29日） 保监发〔2004〕123号

各保险公司：

为进一步加强保险统计信息管理，提高保险统计工作效率，中国保监会在充分论证的基础上，设计开发了中国保险统计信息系统（以下简称“信息系统”）。经测试，该系统符合有关设计要求，现决定启用。现就有关事项通知如下：

一、启用时间

信息系统的启用时间为2004年10月15日，其中2004年10月至12月为信息系统试运行期间。

系统启用后，各保险公司按照中国保监会有关规定，采用本系统报送保险统计信息。在试运行期间，信息系统与保险监管报表并行。并行期间的保险监管报表仍按现行规定报送，2005年1月1日起停止报送。

二、适用范围

本信息系统适用于各保险公司，包括保险集团公司、保险控股公司、以及比照法人监管的外国保险公司在华分公司。

三、报送内容

（一）各保险公司应按照中国保监会制定的“保险统计指标体系”及相关规定报送各项保险统计指标数据及指标附注。其中，出口信用保险公司、农业保险公司和汽车险公司报送的保险统计指标比照产险公司执行；养老金保险公司、健康险保险公司报送的保险统计指标比照寿险公司执行。

（二）除报送保险统计指标外，各保险集团公司、保险控股公司、保险公司总公司应于每季度保险统计指标数据及指标附注报送截止期后两日内通过信息系统向中国保监会报送上季度公司经营情况分析报告。分析报告中应说明公司业务政策调整、数据异动和公司重大事项等情况。

四、报送机构和数据机构

（一）报送机构是指根据有关法律法规，应向中国保监会报送统计信息的保险集团公司、保险控股公司、保险公司等。报送机构一般为法人机构，包括比照法人监管的外国保险公司在华分公司。

（二）数据机构是指中国保监会及其派出机构进行统计分析的对象，也是统计信息的采集单位。具体包括保险集团公司、保险控股公司、保险公司总公司、省级分公司、地市级中心支公司(或地市级分公司)和根据监管需要虚拟的机构,但不包括支公司及以下层级机构和营销服务部。

(三)信息系统根据报送机构和数据机构确定保险统计信息的采集对象、设定报送完整性校验和数据汇总关系。

(四)报送机构和数据机构的新增和变更,应根据《关于印发中国保险统计信息系统报送机构与数据机构操作规范的通知》(保监发〔2004〕81号)中的有关规定执行。

五、报送频度

(一)保险统计指标报送频度分为快报、月报、季报、半年报、年报和年度报。

(二)快报单独报送。

(三)月报、季报、半年报和年报合并报送一套统计指标,即每逢3月和9月只需报送季度统计指标;6月只需报送半年度统计指标,12月只需报送年度统计指标。季报、半年报和年报是包含月报指标的完整统计指标。

(四)经审计的年度报告,需由法人机构、比照法人机构监管的外国公司在华分公司报送保险集团公司、控股公司、保险总公司汇总、合并的一级和二级指标的数据。

六、报送时间

(一)保险统计信息报送时间为:快报为月后2个工作日内;月报为月后10日内;季报、半年报和年报分别为季后、半年后及年后12日内;审计后年度报告为次年4月30日前。保险统计信息报送时间遇法定节假日按中国保监会有关规定顺延。

(二)各保险公司应于2004年10月25日前通过信息系统补报2004年9月统计信息。

(三)在信息系统与保险监管报表并行报送期间,通过信息系统报送的统计信息可在规定时间的基础上延迟3个工作日报送。

七、报送管理

(一)保险集团公司应负责集团及其所属子公司的统计信息报送工作,即集团公司报送集团合并、集团本级、其子公司的全国汇总、省级汇总和地市三级保险统计信息。但中国大地财产保险股份有限公司暂时独立报送其统计信息;中国人寿保险(集团)公司除报送集团合并、集团本级的保险统计信息外,还应报送存续业务的全国汇总、省级汇总和地市三级保险统计信息。

(二)不归属保险集团公司的保险公司和中国大地财产保险股份有限公司,应由法人机构统一负责报送全国汇总、省级汇总和地市三级保险统计信息。

(三)保险统计信息的及时性,应由向保监会报送保险统计信息的报送机构负责,真实性、完整性和准确性应由数据机构负责。

(四)保险统计信息一经上报确认,不得随意修改。如确有修改的需要,应由报送机构提出书面申请,经中国保监会审核同意后方可进行修改。

(五)中国保监会及其派出机构建立保险统计信息报送情况通报制度,对保险公司及其保险分支机构统计信息报送情况进行统计,并定期公布统计结果。

八、信息通讯

各保险公司应与中国保监会建立网络连接,并登录信息系统采集端报送统计信息。网络连接的具体要求应根据《关于印发中国保险统计信息系统网络连接方案的通知》(保监发〔2004〕67 号)执行。

九、系统安全

(一)信息系统采用授权访问的安全管理措施。保险公司应指定专门的系统管理员对信息系统进行管理维护,系统管理员应对用户创建、权限分配、口令设置等实行严格管控,防止非法使用系统和破坏该系统安全的情况发生。

(二)各系统用户应妥善管理各自的用户名和口令,定期对口令进行更换,防止用户名盗用;使用完毕离开时,应及时退出系统,防止非法访问。

十、其他要求

(一)启用信息系统报送保险统计信息是一次重大的保险统计制度改革,各保险公司应充分认识系统启用工作的重要性,根据中国保监会有关规定建立相应的责任制度,确保统计信息报送工作的顺利进行。

(二)在并行阶段信息系统如出现问题,应及时反馈至中国保监会。

联系部门:中国保监会统计信息部

联系电话:010－66011880

传真电话:010－66506469

电子邮件:tongjixinxichu@ circ. gov. cn

关于发布“机构数”等统计指标填报标准的通知

（2005年6月3日） 保监厅发〔2005〕79号

各保险公司：

为进一步规范“机构数”和“次级债”等统计指标的填报口径，中国保监会对部分指标进行了调整，制定了“机构数”等统计指标的填报标准。现就有关事项通知如下：

一、“机构数”等统计指标相关说明

（一）机构数、高管人员数统计口径界定严格按照保监会《保险公司管理规定》（保监会令〔2004〕3号）、《保险公司高级管理人员任职资格管理规定》（保监会令〔2002〕2号）、《关于修改〈保险公司高级管理人员任职资格管理规定〉有关条文》（保监会令〔2003〕2号）及相关文件执行。

（二）对“机构数”、“期末职工人数”、“期末高管人员数”、“期末营销员人数”类统计指标的填报说明：该类统计指标中本身含有机构层级，只需列相应层级的本级数据。例如：某保险总公司有5家省级分公司，14家中心支公司，其相应指标值：[机构数－总公司]＝1，[机构数－省级分公司（一级分公司）]＝5，[机构数－中心支公司（二级分公司）]＝14；该总公司的其中某省分公司有5家中心支公司，其相应指标值：[机构数－省级分公司（一级分公司）]＝1，[机构数－中心支公司（二级分公司）]＝5。

（三）对于在省级分公司所在地未设中心支公司的省级分公司，该公司所在地设立的营销服务部机构数应放入虚拟的省分公司所在地中心支公司，在该公司所在地以外设立的营销服务部机构数应放入该省分公司本级。如中国平安财产保险股份有限公司广西分公司在南宁、玉林、贵港、百色设有营销服务部，广西分公司本级反映该公司玉林、贵港、百色营销服务部数据；对虚拟的南宁市中心支公司数据机构，反映该公司在南宁市的机构人员数据。

（四）“期末职工人数”、“期末高管人员数”、“期末营销员人数”统计指标值填报口径同“机构数”。

二、新增“次级债”的相关统计指标

（一）中国保监会统一采集集团公司、总公司、省级（二级）分公司和地市级（三级）中心支公司“应收利息－债券－次级债”统计信息。

（二）“应收利息－债券－次级债”统计指标，指保险公司持有的次级债投资已到付息日但尚未领取的利息。

新增指标名称及属性如下：

指标代码	指标名称	指标类型	报送公司	报送频率	总分校验	指标校验
11210015	应收利息－债券－次级债	资产	产、寿、再、集	月、季、半年、年		1

相应调整中国保险统计信息系统校验关系：[应收利息－债券]＝[应收利息－债券－国债]＋[应收利息－债券－金融债券]＋[应收利息－债券－企业债券]＋[应收利息－债券－其他]＋[应收利息－债券－次级债]。

三、指标代码调整

“分出保费－境外－财产险”指标代码61220066调整为61220067。

四、统计指标调整时间

本通知自下发之日起执行，统计指标和校验关系于2005年6月底在中国保险统计信息系统中调整。各保险公司应从2005年7月报送6月数据时起，按照本通知对报送信息进行相应调整。

五、报送要求

各保险公司应做好统计准备工作，按照本通知要求，及时、准确地调整“应收利息－债券－次级债”等统计指标的填报标准，确保统计信息的一致性。

以上，请遵照执行。如有疑问，请及时与中国保监会统计信息部联系。

联系人：杜林

联系电话：010—66286098

关于印发《中国保监会保险统计现场检查工作规程》的通知

（2005 年 11 月 2 日） 保监发〔2005〕101 号

各保监局、各保险公司、保险资产管理公司：

为使保险统计现场检查工作规范化、制度化，确保保险统计信息质量，充分发挥保险统计服务保险监管和保险业发展的作用，我会制定了《中国保监会保险统计现场检查工作规程》，现予以印发，并提出以下要求，请遵照执行。

一、各保监局今后在对保险机构开展保险统计现场检查时，应严格按照《中国保监会保险统计现场检查工作规程》执行。执行中如有什么问题，请及时与我会统计信息部联系。

二、各公司在中国保监会及其派出机构开展的保险统计现场检查工作中，应积极给予配合和支持。

中国保险监督管理委员会保险统计现场检查工作规程

第一章 总 则

第一条 为使保险统计现场检查工作规范化、制度化，确保保险统计信息质量，充分发挥保险统计服务保险监管和保险业发展的作用，根据《中华人民共和国统计法》、《中华人民共和国保险法》、《中华人民共和国统计法实施细则》、《保险统计管理暂行规定》和《中国保监会现场检查工作规程》等法律、法规、规章及其他规范性文件，结合保险统计工作实际，特制定本规程。

第二条 中国保险监督管理委员会（以下简称“中国保监会”）及其派出机构（以下简称“保监局”）根据统计法规，依法对保险机构开展保险统计现场检查。

第三条 保险统计现场检查分为检查准备、检查实施、检查报告、检查处理和检查档案整理五个阶段。

第四条 中国保监会负责对全国范围内的保险机构进行保险统计现场检查，保监局负责对本辖区内的保险分支机构进行保险统计现场检查。

根据中国保监会的授权，保监局可以对商业保险总公司、保险集团公司、保险控股公司、政策性保险公司、保险资产管理公司和外资保险公司进行保险统计现场检查。

第五条 本规程中所称保险统计现场检查的保险机构，是指经中国保监会或者保监局批准设立，并依法登记注册的商业保险公司及其分支机构、保险集团公司、保险控股公司、政策性保险公司、保险资产管理公司和外资保险公司。

对保险中介机构及其分支机构的保险统计现场检查参照本规程执行。

第二章 检查机构和检查内容

第六条 中国保监会及保监局应当按年制定检查计划，综合运用全面检查、专项检查等方式开展检查工作。

第七条 中国保监会统计管理部门负责组织和实施全国性的保险统计现场检查工作。保监局统计管理部门负责组织和实施辖区内的保险统计现场检查工作。

第八条 保险统计现场检查的内容包括：统计法规和保险统计规章制度贯彻落实情况和保险统计管理情况；保险统计信息质量情况；保险统计信息化建设情况；涉及保险统计的其他内容。

国家安排的统计检查，其检查内容按有关要求执行。

第九条 保险统计现场检查的具体内容可以涵盖下列部分或全部内容：

（一）统计法规、保险统计规章制度贯彻落实情况和保险统计管理情况

1. 统计法规贯彻执行情况

重点检查是否按照《中华人民共和国统计法》、《中华人民共和国统计法实施细则》和《保险统计管理暂行规定》，制定了符合要求的本单位的保险统计管理制度或具体实施办法，是否组织过专门的学习培训。

2. 保险统计制度执行情况

重点检查是否存在保险统计违法违规行为：是否存在被检查单位负责人强令或授意统计机构、统计人员篡改或编造虚假保险统计信息的行为；是否存在对拒绝、抵制篡改或编造虚假保险统计信息的统计人员进行打击报复的行为；是否存在拒绝提供情况或提供虚假情况及转移、隐匿、毁弃原始统计记录、统计台账、统计报表以及与统计有关的其他资料的行为。

3. 保险统计信息的管理情况

（1）保险统计数据管理体制是否完善，是否积极推进数据集中化管理工作；

（2）是否建立保险统计数据质量管理责任制，是否定期对本单位的保险统计工作进行检查和总结，被检查单位的总公司对分支机构统计数据质量的管控是否得力，是否采取有效措施确保统计数据的真实性和准确性；

（3）是否建立、健全了保险统计数据报表的管理制度，包括是否明确了数据的

收集、加工、整理、分析和反馈流程,并建立了相应的约束和管理规定,是否建立健全保险统计信息的审核制度;统计报表内容是否完整、准确;

(4)是否分门别类地建立了以统计表形式整理的统计资料、以统计报告形式整理的统计资料和以出版物形式整理的统计资料,是否以电子方式保存上述统计资料;

(5)是否依法公布有关统计信息,公布的统计信息是否损害其他单位或者个人的合法利益;其他有关情况。

4. 统计部门设置和统计队伍建设情况

(1)是否按照《保险统计管理暂行规定》的要求设置统计部门或者指定职能部门负责统计工作,是否明确具体责任人;

(2)是否配备了相应的统计人员,统计人员是否保持相对稳定,是否设置了经办、复核岗;

(3)统计人员的综合素质是否胜任现有工作;

(4)是否对统计人员进行了有针对性的培训。

(二)保险统计信息质量情况

保险统计信息包括两类:一类是通过中国保险统计信息系统报送的统计信息(包括数据和信息);另一类是通过纸制报表等方式采集的统计信息。

保险统计信息质量检查的主要内容:主要是检查保险统计信息的真实性、完整性、准确性和及时性。

1. 保险统计信息的真实性

(1)报送的保险统计信息是否存在漏报、瞒报、虚报、拒报或者伪造、篡改统计信息等行为;

(2)报送的保险统计信息是否与其账、证、表、实相符;

(3)业务报表和会计报表在相同口径下数据是否一致;

(4)报送的保险统计信息是否存在误导性陈述。

2. 保险统计信息的完整性

主要检查是否按照中国保监会的要求报送全科目数据和统计分析等材料,是否存在漏报等情况。

3. 保险统计信息的准确性

(1)是否按照中国保监会(或保监局)的统计标准采集、报送保险统计信息;

(2)是否按照中国保监会的有关要求,将财务处理系统和业务处理系统数据转换到中国保险统计信息系统;

(3)数据来源是否准确和可靠,数据来源的范围和提供时间是否清晰和明确,数据来源是否能完整覆盖和准确反映各项统计要求;

(4)采集、报送的保险统计数据的计算方法是否符合有关规定，计算数据是否正确。

4. 保险统计信息的及时性

主要检查是否按照中国保监会（或保监局）规定的时间报送保险统计数据；是否按照中国保监会（或保监局）的规定编写并报送保险统计分析。

（三）保险统计信息化建设情况

1. 是否为统计部门配置了计算机软硬件设备；

2. 是否建立了有效和可靠的统计信息系统，包括是否按照中国保监会要求，完成与监管部门的网络连接以及各项对接系统的开发、建设与对接调试工作；是否满足监管部门数据采集的要求；能否与机构内部的相关业务系统紧密联合，业务、财务系统数据是否实现无缝连接；

3. 是否制定了保证统计信息系统安全、稳定运行的规章制度；是否采用授权访问的安全管理措施，是否指定专门的系统管理员对信息系统进行管理维护，系统管理员是否对用户创建、权限分配、口令设置等实行严格管控，以防止非法使用系统和破坏该系统安全的情况发生；

4. 是否制定统计信息系统突发情况处置预案；

5. 是否建立统计信息系统日常维护制度和数据信息备份方案。

（四）涉及保险统计管理的其他内容

第三章　检查准备阶段

第十条　申请立项。中国保监会（或保监局）开展保险统计现场检查，应先填写《保险统计现场检查立项申请表》（格式详见附件1），经中国保监会（或保监局）分管统计工作的领导批准后，方可组织实施。

第十一条　成立检查组。中国保监会（或保监局）根据检查任务和对象，选定检查人员，组成检查组。检查组人数按需确定，但不得少于2人。设组长1人，主查1人，其他检查人员若干。检查人员在进行检查时应当出示证件。

检查组成员的基本职责：检查组组长负责对现场检查工作实施领导和有关重要事项的协调，包括确定主查人，组织与被检查单位的进场会谈和总结会谈等；主查人负责检查方案的制定、检查工作的实施，复核、确认检查中发现的事实，检查报告的撰写和处理决定的起草工作；一般检查人员应按照规定要求，做好工作底稿、检查情况的填写等检查工作。

第十二条　制定检查方案。检查组应当根据保险统计现场检查任务制定《保险统计现场检查方案》（格式详见附件2）。

第十三条　收集相关资料。现场检查前，检查组应收集与本次检查有关的资料:中国保监会颁布的有关保险统计的规章和规范性文件;被检查单位的基本情况,包括机构名称、主要负责人、主要业务及财务情况、保险统计信息报送情况、以往的被检查情况等。

第十四条 开展检查前培训。检查组成立后应当根据现场检查的有关内容进行检查前培训。

第十五条 发出检查通知。开展现场检查前原则上应提前5个工作日向被检查单位发出《保险统计现场检查通知书》(格式详见附件3)。现场检查通知书可以提前以传真方式发出,正式件在进场会谈时出具。

特殊情况,检查组可直接进场进行检查。

第四章 检查实施阶段

第十六条 进场会谈。检查组进驻被检查单位后,应当举行由全体检查人员和被检查单位主要负责人、保险统计部门负责人、相关部门负责人及相关人员参加的会谈。

检查组组长向被检查单位出示《保险统计现场检查通知书》正式件,说明此次检查的目的、内容、范围、检查工作安排以及被检查单位配合检查的工作要求;向被检查单位的主要负责人或统计部门负责人或相关人员提出询问,听取汇报。

会谈结束后,检查组应当形成《保险统计现场检查进场会谈记录》(格式详见附件4)。

第十七条 调阅资料。检查组根据拟检查的内容,确定需要调阅的有关资料文件。

可调阅的常规资料主要包括:公司领导分工的文件;有关保险统计管理的制度和文件(包括明确保险统计联系部门及联系人的相关文件或会议记录);有关统计数据报表管理的规章制度;有关统计部门设置以及人员配备的规章制度、具体落实文件;有关统计工作人员岗位职责的规章制度;统计培训工作记录;关于统计检查的制度文件以及检查报告;有关统计信息系统运行管理的规章制度;各类保险会计、统计报表及报表说明、分析、文件和资料;原始凭证、会计账簿、业务台账;保险合同及附约、理赔记录案卷;相关的电子文档等;

检查组调阅书面资料和电子文档时,应当填写《保险统计现场检查调阅资料清单》(格式详见附件5)一式两份,由检查组和被检查单位双方签名确认后保存。检查组办理调阅、退回资料的工作应当由专人负责。

资料调阅可根据工作进度和现场作业的实际需要逐次调阅。必要时可委托当地保监局调查。

检查组应当妥善保管调阅的资料。调阅的资料使用完毕后,应及时归还被检查单位；对确需留存取证的资料，可进行复印留存。

第十八条 执行检查。

（一）检查：根据检查方案，运用专业知识和各种检查方法分别对有关资料进行审查。

保险统计现场检查方法主要包括抽样、核对、审阅、计算、实地观察、听取汇报、询问调查等。抽样比例由检查组根据具体情况决定。

需要查看业务、财务系统的，检查组可要求被检查单位及其数据库管理员或操作人员配合，按照需要查阅、调阅、核对数据。

（二）分析：对检查中发现的问题和需要查实的情况，检查组应通过查阅有关文件资料、实地察看或向有关单位和个人调查询问等方法进行核对、分析。

（三）评价：对查明的事实进行综合判断，依照有关法律、法规和规章作出检查结论。

（四）编制工作底稿：检查组实施现场检查时，应当对所检查的事项及时记录，制作《保险统计现场检查工作底稿》（格式详见附件6）。

1. 工作底稿应对检查情况进行真实准确的表述，与问题或事实有关的附件材料或检查工作附表应当列于工作底稿之后，并在工作底稿中予以编号注明。附件材料包括凭证、报表、文件、谈话记录、有关当事人的说明等对检查事实和结论提供支持的其他材料的原件或复印件。

2. 对单证、报表等有关资料进行计算、分析、比较后，应将认定事项内容填入工作底稿。

3. 编制工作底稿应当做到内容完整、真实；工作底稿应简洁、清晰，符合文档规范，便于统一装订。

（五）复核：主查人或由其指派的其他检查人员应对检查期间的所有工作底稿进行复核并签字认可。通过复核，判断工作底稿是否符合检查工作需要、是否足够支持检查结论。

在整个现场检查期间，检查组组长和主查人要及时掌握检查工作进度和检查情况，判断有关检查是否达到要求，及时解决疑难问题，确保按时保质完成现场检查任务。

第五章 检查报告和检查处理阶段

第十九条 形成检查情况。检查组应当根据《保险统计现场检查工作底稿》，针对现场检查发现的情况与问题，进行分析、整理核对和集体讨论后，对检查事项进行实事求是、客观公正的评价，形成《保险统计现场检查情况》（格式详见附件7）。

第二十条 进行总结会谈。检查情况形成后,检查组应与被检查单位举行总结会谈,通报《保险统计现场检查情况》,与被检查单位交换意见。检查组应提前将拟进行总结会谈的时间通知被检查单位。总结会谈由检查组组长主持,由被检查单位的法定代表人或主要负责人、统计部门和相关部门负责人及有关人员参加。

当被检查单位对检查情况有异议时,检查组应当进行核对,确有差错应予以更正。

检查情况中未能达成共识的意见,检查组应通过核查、咨询、讨论、请示等方法,进一步论证,形成最终意见,并反馈被检查单位。

第二十一条 退出现场。现场检查结束后检查组应当适时退出。检查组退场前应当告知被检查单位,并归还调阅的全部资料。

如现场检查需要延期,检查组应将延期时间通知被检查单位,原则上应通知被检查单位负责人。

第二十二条 编制检查报告。检查组应当在确认检查事实后15个工作日内完成《保险统计现场检查报告》(格式详见附件8),并经检查组组长签字后,报有关领导审定。

检查报告应客观反映被检查单位的基本情况和存在问题,根据法律法规提出初步处理建议。检查组应对现场检查报告保密。

第二十三条 检查处理。

1. 被检查单位不涉嫌违法但需整改的,检查组应提出检查处理意见,出具检查意见书(格式详见附件9)。检查意见书应当载明检查事实、检查评价以及整改意见,并提交中国保监会(或保监局)主管领导签发。

2. 被检查单位涉嫌违法,拟被行政处罚的,按照中国保监会有关行政处罚的规定处理。

第二十四条 在现场检查中,中国保监会(或保监局)认为被检查单位及其工作人员的违法行为已经涉嫌构成犯罪的,应当依照《行政执法机关移送涉嫌犯罪案件的规定》向公安机关或人民检察院移送案件。

第二十五条 实施补充或后续检查。处理决定下发前,如有必要对有关问题进行重新认定或进一步了解的,检查组可实施补充现场检查。

处理决定下发后,为监督被检查单位的整改情况,如有必要,检查组可实施后续现场检查。

第六章 检查档案整理阶段

第二十六条 在保险统计现场检查过程中,检查组应当及时整理现场检查情况档案。档案包括:现场检查立项申请表、部署检查的文件、现场检查通知书、检查方案、会谈记录、工作底稿、证明材料、检查情况、被检查单位的书面反馈意见、检查报告、以及记录反映检查过程和检查结果的文件及数据资料、检查意见书、行政处罚事先告知书和行政处罚决定书、被检查单位执行处理决定的报告等。

第二十七条 归档的案卷应当编写案卷目录,卷内材料目录、案卷目录一律用统一格式打印,卷内文件资料目录应当放在卷首,检查档案整理完毕后,制作保险统计现场检查档案封面(格式详见附件10),封装成册,按档案管理的有关规定妥善保管。

附件:1. 保险统计现场检查立项申请表(略)

2. 保险统计现场检查方案(略)

3. 保险统计现场检查通知书(略)

4. 保险统计现场检查进场会谈记录(略)

5. 保险统计现场检查资料调阅清单(略)

6. 保险统计现场检查工作底稿(略)

7. 保险统计现场检查情况(略)

8. 保险统计现场检查报告(略)

9. 保险统计现场检查意见书(略)

10. 中国保监会(××保监局)保险统计现场检查档案(略)

关于加强保险统计数据信息管理的通知

(2005年8月16日) 保监厅发〔2005〕112号

各保监局、机关各部门:

《中国保险统计信息系统》(以下简称信息系统)的启用提高了我会统计数据信息报送、汇总的及时性、完整性和准确性,为促进保险监管工作发挥了积极的作用。但最近有部分保监局、部分保险公司反映存在快报数据信息被泄露给部分保险机构的现象,给当地监管工作和保险公司经营活动造成一定的被动。为加强对保险统计数据的管理,规范统计数据的用途和使用方法,现就有关事项通知如下:

一、信息系统中的数据是保监会的官方统计数据,各保监局、机关各部门在工作中使用的数据应以信息系统中的统计数据为准。

二、信息系统中的统计快报数据因报送时间的原因存在一定的误差(误差范围一般控制在3%以内),因此快报数据只用于保监会内部分析研究及按规定向政府部门报送的保险专报。保监会及各保监局对外披露(包括对外提供)的统计数据应以信息系统中的月报、季报、半年报和年报数据为准。未经批准,快报数据一律不得对外披露。

三、保监会统计信息部及各保监局可以根据保险公司的要求,按照职责分工向保险公司提供保费收入及赔款支出数据,供公司分析研究之用。未经批准,其他数据一律不得提供。保监会其他部门原则上不得向其他单位提供统计数据。保监会统计信息部及各保监局向保险公司提供统计数据时应按以下程序进行:

(一)由保险公司以正式公文的形式向保监会统计信息部或保监局提出书面申请。

(二)由保监会统计信息部或保监局以公函的形式向保险公司提供相关数据,公函上应注明"以上数据来源于各保险公司上报保监会月报数据,只供你公司内部使用,未经保监会许可,不得对外公布"。

四、各保监局、机关各部门如需增加信息系统内的统计内容或对信息系统数据有疑问,请及时与保监会统计信息部联系。

关于规范"证券投资基金"指标统计口径的通知

(2005年11月24日) 保监厅发〔2005〕139号

各保险公司、各保险资产管理公司:

为进一步提高保险统计数据的质量,我会对"证券投资基金"统计指标的填报口径进行了规范。现就有关事项通知如下:

一、填报依据

各保险公司、保险资产管理公司应当采用《金融企业会计制度》进行"证券投资基金"的核算,并以此口径填报"证券投资基金"统计指标。

保险公司、保险资产管理公司应当在收到基金公司交易确认单或交割单后记账,并以此作为"证券投资基金"的报送依据。

二、填报要求

(一)独立账户指保险公司根据投资连结保险合同的约定而设立单独进行资金运用和核算的投资账户。

(二)通过《中国保险统计信息系统》报送的资产类、损益类科目中,"短期投资—证券投资基金"(11010005)、"短期投资跌价准备—证券投资基金"

(11020007)、“长期投资—证券投资基金”(14010016)、“长期投资减值准备—证券投资基金”(14210016)、“投资收益—证券投资基金”(43020006)等指标均不包括独立账户中的证券投资基金数据。

1.“短期投资—证券投资基金”(11010005)、“长期投资—证券投资基金”(14010016)科目的期末余额以成本价计价,即按报表日资产账面余额填列,不扣除各种跌价/减值准备。

2.作为短期投资的证券投资基金,在实际收到基金分红时,冲减账面价值。

(三)通过《中国保险统计信息系统》报送的资金类科目中,“资金运用—证券投资—证券投资基金”(71010010)、“资金平均占有额—证券投资—证券投资基金”(71020010)、“实现收益—证券投资—证券投资基金”(71030018)、“估值增值—证券投资—证券投资基金”(71040014)等指标统计包括独立账户投资在内的所有证券投资基金数据。

1.“资金运用—证券投资—证券投资基金”填列包括独立账户投资在内的所有证券投资基金以成本价计价的期末余额。

2.实现收益是指保险公司、保险资产管理公司按照现行财务会计口径计算的投资收益,如果已计提跌价或减值准备,应冲减相应的准备。

3.估值增值是指证券投资基金的市值与成本之间的差额。

三、其他要求

(一)本通知所列“证券投资基金”及相关指标的统计规范,适用于《保险资金运用监管报表(试行)》及《中国保险统计信息系统》。

(二)保险资产管理公司应当报送自有资金的基金投资数据。集团公司(包括控股公司)报送的汇总基金投资数据,应包括集团本级、下属产险公司、寿险公司、养老公司、健康险公司及保险资产管理公司自有资金等各保险子公司的证券投资基金,并确保各级机构之间数据钩稽关系的正确性。

(三)本通知自下发之日起执行。各保险公司、保险资产管理公司应按照本通知要求,及时、准确地调整“证券投资基金”统计指标的填报口径,加强数据质量管理,确保统计信息的准确性、一致性。

关于加强机动车交通事故责任强制保险统计工作管理的通知

(2006年8月21日) 保监厅发〔2006〕76号

各保险集团(控股)公司、财产保险公司、再保险公司:

各保险公司机动车交通事故责任强制保险(以下简称交强险)2006年7月统计数据的报送工作已基本结束。从报送的情况看,大部分保险公司能够按照中国保险监督管理委员会(以下简称中国保监会)印发的《关于印发机动车交通事故责任强制保险统计制度的通知》(保监统信〔2006〕636号)等文件要求报送有关数据,但仍有部分保险公司在报送交强险统计数据工作中存在问题。为提高交强险统计数据信息质量,切实做好交强险统计工作,现就有关要求通知如下:

一、各保险公司应加强学习交强险统计制度等有关文件的内容,认真做好相关人员的培训工作,准确理解交强险统计指标的填报口径、指标间钩稽关系等报送规范要求。

二、各保险公司应加大技术力度,切实做好交强险统计数据报送的信息系统,完善业务、财务信息系统的对接工作,确保交强险统计指标数据取值的完整性、一致性,以及上报中国保监会交强险统计数据的及时性。

三、各保险公司应建立健全交强险统计数据核查制度,对数据异常的交强险统计指标,应及时查找原因,对错误数据,应及时纠正。

四、各保险集团(控股)公司、保险总公司应进一步加强对本系统统计工作的监督、管理和协调,认真履行职责,全面提高本系统交强险统计数据的质量。

五、根据交强险业务实际,为全面反映交强险经营情况,中国保监会增补、修正了部分交强险统计指标(见附件,电子版见"中国保险统计信息系统"公告版)。各保险公司应根据增补和修正的指标内容,及时对本公司对接系统进行修改、完善。

各保险公司在执行交强险统计制度的过程中,如有问题,应及时与中国保监会统计信息部联系。

附件:1. 交强险会计年度统计指标——报送至省级(二级)(略)
2. 交强险会计年度统计指标修正表(一)(略)
3. 交强险会计年度统计指标修正表(二)(略)
4. 交强险损益表(略)
5. 交强险校验关系式修正表(略)

关于印发《保险外币统计币种及折算汇率管理办法》的通知

（2006年12月22日） 保监发〔2006〕126号

各保监局、保险公司、保险资产管理公司：

为了加强保险机构外币业务的统计管理，提高外币业务统计信息的质量和可比性，我会制定了《保险外币统计币种及折算汇率管理办法》，现予印发，请遵照执行。

保险外币统计币种及折算汇率管理办法

第一章 总 则

第一条 为了加强保险机构外币业务的统计管理，提高外币业务统计信息的质量和可比性，根据《保险统计管理暂行规定》等相关规章制度，制定本办法。

第二条 中国保险监督管理委员会（以下简称中国保监会）及其派出机构依法对保险机构的外币业务实行分币种统计制度。

第三条 本办法适用的保险机构包括：保险公司、保险资产管理公司等。

第四条 本办法仅适用于保险机构向中国保监会及其派出机构报送保险统计信息。

第二章 外币统计币种

第五条 中国保监会及其派出机构对保险机构外币业务进行统计所使用的币种包括：美元、欧元、日元、港币和英镑。

第六条 保险机构向中国保监会及其派出机构报送的外币统计信息包括：

（一）美元、欧元、日元、港币和英镑原币的统计信息；

（二）所有外币折美元的统计信息；

（三）所有外币折人民币的统计信息。

第三章 外币统计折算汇率

第七条 保险机构在报送所有外币折美元的业务类统计信息时，折美元的汇率采用国家外汇管理局每月公布的各种货币对美元的折算率。

保险机构在对国家外汇管理局未公布美元折算率的外币进行统计时，折美元的汇率应采用报告期末最后一天境外公认的金融市场公布的该币种对美元的汇率。

第八条 保险机构在报送所有外币折人民币的业务类统计信息时，折人民币的汇率采用报告期末最后一天中国人民银行公布的人民币外汇牌价中间价。

保险机构在对中国人民银行未公布人民币汇率的外币进行统计时，应通过美元进行折算。即先按第七条规定的方法将该种外币折算成美元，然后再按报告期末最后一天中国人民银行公布的人民币对美元的中间价折算成人民币。

第九条 保险机构在报送所有外币折人民币的财务类统计信息时，应按照《企业会计准则第19号——外币折算》及其《应用指南》的规定进行汇率折算，并确保报送的数据与公司会计报表的数据一致。

第十条 折算汇率至少取四位小数(四舍五入)。

第四章 附 则

第十一条 本办法由中国保监会负责解释。

第十二条 本办法自2007年1月1日起施行。

关于印发修订后的保险统计制度的通知

(2006年12月29日) 保监发〔2006〕127号

各保监局，各保险公司、保险资产管理公司、保险公司筹备组、保险资产管理公司筹备组：

根据财政部修订的企业会计准则，我会对现行保险统计制度进行了修订，现印发你们，请遵照执行。

现有统计制度中与本通知不符的，以本通知的规定为准。在执行中如有问题，请及时与我会统计信息部联系。

联系人：李敏 杜林

电话：01066286099 01066286098

传真：01066288110

邮箱：tjglc@circ.gov.cn

保险统计制度

一、保险统计制度修订的具体说明

（一）各集团（控股）公司及其所属子公司、各保险公司（以下简称“各公司”）应按本说明要求和有关规定，向我会报送保险统计信息。

（二）修订后保险统计制度自各公司会计准则转换后执行。

（三）各公司会计准则转换前应按《保险统计指标》标明的报表科目，向我会报送保险集团（控股）公司、总公司、省级分公司的保险统计信息。

（四）对投连产品进行分拆核算的保险公司，应按不分拆的口径报送有关保险统计信息，此外还应报送分拆后独立帐户资产、负债相关的保险统计信息。

（五）对“承运人责任险”等在本次制度修订中增加的单险种统计指标信息，各公司应自2007年3月起进行统计，4月起向我会报送相关信息。

（六）现金流量类统计信息改为季报信息，各公司应报送至省级分公司。

（七）各公司在报送的统计分析中，应增加因新会计准则实施带来的对本公司财务结果的影响等内容。

（八）自2007年1月1日起，各集团（控股）公司应按本通知要求向我会报送其所属保险资产管理公司的保险统计信息。保险资产管理公司应对其保险统计信息质量负责。

（九）太平资产管理有限公司保险统计信息，应单独报送和管理。

（十）自2007年1月1日起实施新会计准则的公司，有关2007年1月的月报统计信息，可推迟至2007年2月26日前报送；有关2007年1月的快报统计信息，仍按原规定时间报送，但可不报“资产合计”统计信息。

（十一）各集团（控股）公司应加强对统计制度转换的管理，确保统计制度转换工作的及时完成。各子公司应积极支持并服从集团（控股）公司对转换工作的管理。

（十二）各保监局应加强对辖内保险公司统计制度转换工作的指导和管理，并做好实施新统计制度的各项工作。

（十三）本通知未说明事项按我会现行规定办理。

关于印发保险外币统计制度的通知

（2006年12月29日） 保监发〔2006〕130号

各保险公司、保险资产管理公司：

为全面掌握保险业外币资产负债及外币业务情况，我会制定了保险外币统计制度。现印发给你们，并就有关事项通知如下：

一、适用范围

各保险公司、保险资产管理公司。

二、报送内容

外币统计内容主要包括美元、港币、欧元、日元、英镑原币统计信息，其他外币折美元统计信息，外币合计折美元统计信息。外币统计的全套统计指标参见《外币统计指标》。

外币统计的折算汇率按《保险外币统计币种及折算汇率管理办法》（保监发〔2006〕126号）执行。

三、报送方式

各公司应按照"全科目、大集中"的方式，通过中国保险统计信息系统，向我会报送外币统计指标。

四、报送频度

各公司应按照《外币统计指标》中标注的报送频度，分别向中国保险统计信息系统报送月报、季报、半年报、年报和年度报统计指标。

五、报送层级

集团（控股）公司、总公司外币统计信息。

六、报送时间

自2007年7月起，各公司应按照本通知的要求，报送外币统计信息。

七、报送要求

（一）各公司应严格按照本通知规定的指标、口径及要求及时报送统计信息，确保数据的真实性、准确性和完整性。未经批准，不得迟报统计信息。

（二）各公司应按照本通知的要求，及时修改中国保险统计信息系统的对接系统，并采取切实措施保证统计信息和网络的安全。

（三）各公司要充分重视外币统计工作，加强对外币业务的分析研究，按季报送分析报告。

八、其他说明

(一)本通知未特别说明的事项,按现行统计规定执行。

(二)各公司在本制度的执行过程中如有问题,应及时与我会统计信息部联系。

联系人:詹景瑞

联系电话/传真:010－66286589;010－66288110

邮箱:tjzdc@ circ. gov. cn

关于印发机动车交通事故责任强制保险统计制度的通知

(2006年6月19日)　保监统信〔2006〕636号

各保险集团(控股)公司、财产保险公司、再保险公司:

为全面贯彻落实《机动车交通事故责任强制保险条例》,依法加强对机动车交通事故责任强制保险(以下简称"交强险")的统计监督管理,我会制定了交强险统计制度,并对中国保险统计信息系统中的部分相关车险统计指标进行了修订。现就有关事项通知如下:

一、适用范围

各保险集团(控股)公司及其所属财产保险子公司、各财产保险公司(以下简称"各保险公司"),均应按照本通知规定执行。

二、报送内容

交强险统计制度内容主要包括两大类:一类是按照保单年度,对交强险业务情况进行统计;第二类是按照会计年度,对交强险的业务经营和财务状况进行统计。交强险统计内容所涉及的全套统计指标参见《会计年度统计指标》(附件1)、《保单年度统计指标》(附件2)。

同时,我会对中国保险统计信息系统中的车险部分相关统计指标进行了调整。调整后的车险统计指标参见《会计年度统计指标》。

三、报送方式

各保险公司均应按照"全科目、大集中"的方式,通过中国保险统计信息系统,向我会报送交强险统计指标及调整后的车险统计指标数据信息。

四、报送频度

各保险公司应按照《会计年度统计指标》、《保单年度统计指标》中标注的报送频度，分别与中国保险统计信息系统中的月报、季报、半年报、年报和年度报一并上报。

各保险公司在向我会中国保险统计信息系统报送审计后的年度报时，应增报经注册会计师审计的交强险年度数据。同时，应向我会报送加盖公司公章的纸制交强险年度审计报表(附件3-6)。

五、报送管理

(一)保险集团(控股)公司负责集团(控股)公司及其所属财产保险子公司的交强险统计信息的报送工作，即集团(控股)公司负责向我会报送包括交强险统计信息的集团(控股)合并、其财产保险子公司的全国汇总、省级汇总和地市级汇总的三级统计信息，以及以会计年度单独统计的全国汇总、省级汇总和地市级汇总的交强险统计信息。

(二)不归属保险集团(控股)公司的财产保险公司和中国大地财产保险股份有限公司，由法人机构统一负责报送包括交强险统计信息的全国汇总、省级汇总和地市级汇总三级统计信息，以及以会计年度单独统计的全国汇总、省级汇总和地市级汇总的交强险统计信息。

(三)各保险公司经注册会计师审计的交强险决算数据和各省级分公司交强险决算数据，为在中国保险统计信息系统指标报送频度中标注“年度”的指标数据，各保险公司一并报送两级数据。

(四)按保单年度统计的交强险业务数据，由各保险公司报送总公司及省级分公司两级数据。

(五)各项指标报送的及时性，应由向我会报送保险统计信息的报送机构负责；真实性、完整性和准确性应由数据机构负责。

六、报送时间

自2006年8月起，经营交强险业务的各保险公司应按照本通知的要求，报送交强险会计年度统计信息及调整后的车险统计信息。未经营交强险业务的财产保险公司，应按照本通知调整后的规定报送车险统计信息。

经营交强险业务的各保险公司统一于2006年10月起开始报送按保单年度统计的交强险业务指标，并于10月18日至11月1日，完成7、8月份数据的补报工作。

七、报送要求

(一)各保险公司要严格按照本通知规定的指标、口径及要求报送统计信息，确保数据的真实性、准确性和完整性。

（二）各保险公司应按照规定的时间报送统计信息，确保数据报送的及时性。未经批准，不得迟报统计信息。

（三）各保险公司应按本通知规定报送统计信息，不得虚报、瞒报、漏报、拒报统计信息。

（四）各保险公司应按照本通知的要求，及时修改中国保险统计信息系统的对接系统。各公司业务系统和财务系统应实现无缝对接。

（五）各保险集团（控股）公司和保险公司要加强对本系统统计工作的监督检查，确保统计工作的合规性。各保险公司统计负责人、统计联系人应认真履行职责，不断提高本公司的统计工作水平。

（六）各保险公司应采取措施，切实保证统计信息和网络的安全。

八、其他说明

（一）本通知未特别说明的事项，按现行统计规定执行。

（二）各保险公司在本通知的执行过程中如有问题，应及时与我会统计信息部联系。

附件：1. 会计年度统计指标（略）

2. 会计年度统计指标填报口径（略）

3. 会计年度参考报表取值关系对应表（略）

4. 会计年度统计指标校验关系（略）

5. 保单年度统计指标附件（略）

6. 保单年度统计指标填报口径（略）

7. 保单年度参考报表取值关系对应表（略）

8. 保单年度统计指标校验关系（略）

关于机动车交通事故责任强制保险统计信息使用和管理的通知

（2006年6月19日） 保监统信〔2006〕637号

各保监局：

为全面贯彻落实《机动车交通事故责任强制保险条例》，依法加强对机动车交通事故责任强制保险（以下简称交强险）的统计监督管理，中国保监会制定了交强险统计制度，并对中国保险统计信息系统中的部分相关车险统计指标进行了修订。现就交强险统计信息管理的有关事项通知如下：

一、交强险统计制度

（一）统计内容

主要包括两大类：第一类是按照保单年度，对交强险业务情况进行统计；第二类是按照会计年度，对交强险的业务经营和财务状况进行统计。交强险统计内容所涉及的全套统计指标参见《会计年度统计指标》（附件1）、《保单年度统计指标》（附件2）。

同时，中国保监会对中国保险统计信息系统中的车险部分相关统计指标进行了调整。调整后的车险统计指标参见《会计年度统计指标》。

（二）适用范围

交强险统计制度适用于各保险集团（控股）公司及其所属财产保险子公司、各财产保险公司（以下简称各保险公司）。

（三）报送方式

各保险公司按照"全科目、大集中"的方式，通过中国保险统计信息系统，向中国保监会报送交强险统计指标及调整后的车险统计指标数据信息。

（四）报送频度

各保险公司按照《会计年度统计指标》、《保单年度统计指标》中标注的报送频度，分别与中国保险统计信息系统中的月报、季报、半年报、年报和年度报一并上报。

各保险公司在向中国保监会中国保险统计信息系统报送审计后的年度报时，增报经注册会计师审计的交强险年度数据。

（五）报送管理

1. 保险集团（控股）公司负责集团（控股）公司及其所属财产保险子公司的交

强险统计信息的报送工作，即集团（控股）公司负责向中国保监会报送包括交强险统计信息的集团（控股）合并、其财产保险子公司的全国汇总、省级汇总和地市级汇总的三级统计信息，以及以会计年度单独统计的全国汇总、省级汇总和地市级汇总的交强险统计信息。

2. 不归属保险集团（控股）公司的财产保险公司和中国大地财产保险股份有限公司，由法人机构统一负责报送包括交强险统计信息的全国汇总、省级汇总和地市级汇总三级统计信息，以及以会计年度单独统计的全国汇总、省级汇总和地市级汇总的交强险统计信息。

3. 各保险公司经注册会计师审计的交强险决算数据和各省级分公司交强险决算数据，为在中国保险统计信息系统指标报送频度中标注“年度”的指标数据，各保险公司一并报送两级数据。

4. 按保单年度统计的交强险业务数据，由各保险公司报送总公司及省级分公司两级数据。

5. 各项指标报送的及时性，由向中国保监会报送保险统计信息的报送机构负责；真实性、完整性和准确性由数据机构负责。

（六）报送时间

自2006年8月起，经营交强险业务的各保险公司应按照本通知的要求，报送交强险会计年度统计信息及调整后的车险统计信息。未经营交强险业务的财产保险公司，应按照调整后的规定报送车险统计信息。

经营交强险业务的各保险公司统一于2006年10月起开始报送按保单年度统计的交强险业务指标，并于10月18日至11月1日完成7月、8月数据的补报工作。

二、交强险统计信息的管理

（一）统计信息发布

统计信息部将交强险统计信息与同期其他统计信息汇总完毕后，在统计信息系统中发布。

（二）统计信息查询、审核

各保监局可根据相应的权限查询相关信息，并对各保险省级分公司、地市级中心支公司（或地市级分公司）的数据信息进行核对。发现问题及时与保险公司联系解决。

（三）统计信息分析

各保监局要加强对交强险的统计分析，根据交强险统计信息，及时监测、分析交强险的波动情况，并将异动情况分析报告通过内网信箱报送统计信息部。

（四）统计信息披露

1. 中国保险统计信息系统中的交强险统计信息为保险行业的官方统计数据信

息。各保监局对外提供的交强险统计数据应以信息系统发布的月报(季报、半年报、年报、年度报)数据为准。各保监局根据本单位需要,要求保险机构报送的交强险统计数据不得作为官方统计数据对外提供。

2. 为充分发挥交强险统计信息的价值,提高保险公司业务分析水平,各保监局可向当地保险省级分公司公布辖区内行业汇总的部分业务数据(包括保单年度和会计年度的统计数据)和部分指标。

各保监局可根据保险公司的需要,提供单一保险公司的交强险业务数据,但必须要求保险公司将查询需求以一事一函的公文形式上报。各保监局为保险公司提供的交强险统计数据,应为中国保险统计信息系统发布的月报(季报、半年报、年报)数据。

3. 各保监局经批准,可通过外网网站,每年公布辖区行业汇总的交强险年度决算财务数据。其他财务数据未经批准一律不得对外披露。

(五)统计信息的安全管理

1. 各保监局应切实做好交强险统计信息安全的管理工作。

2. 拥有中国保险统计信息系统查询权限的各保监局、各信息系统管理员和用户,均应对信息系统中的交强险数据信息负有保密义务,未按中国保监会有关规定批准,不得对外披露信息。

(六)统计监督检查

各保监局应加强对辖区内各保险公司交强险统计信息的监督管理,对各公司在交强险统计工作中存在的违法违规行为要依法严肃处理。

附件:1. 会计年度统计指标(略)

2. 保单年度统计指标(略)

关于开展新会计准则下保险统计制度转换和对接系统切换工作的通知

（2006年12月8日） 保监统信〔2006〕1334号

各保险公司、保险资产管理公司、保险公司筹备组、保险资产管理公司筹备组：

为实现新会计准则下保险公司、保险资产管理公司统计数据信息及时、准确、完整地报送，确保行业数据的一致性和完整性，为保险监管提供决策支持，我会将开展新会计准则下保险统计制度转换和对接系统切换工作，并对下一步的统计数据信息报送工作做出统一安排。现就有关事项通知如下：

一、我会将根据财政部有关规定，制定新会计准则下保险统计制度（以下简称“新统计制度”），并于2006年12月底，将新统计制度下发各保险公司、各保险资产管理公司。各保险公司、各保险资产管理公司应根据新统计制度要求调整和切换本公司的对接系统。

二、各保险公司、各保险资产管理公司最迟应于2007年12月底前，按照新统计制度要求，完成对接系统切换的全部工作。自2008年起，各保险公司、各保险资产管理公司应统一按照新统计制度向中国保险统计信息系统（以下简称“保监会信息系统”）报送相关统计数据信息。届时，原统计指标体系废止。

三、自2007年2月报送1月快报时起，保监会信息系统可以同时接收新统计制度和原统计指标体系的各项数据信息。已经完成新统计制度转换和对接系统切换的保险公司、保险资产管理公司，应按照新统计制度的要求，向保监会信息系统报送数据信息。尚未完成新统计制度转换和对接系统切换的保险公司，应按照原统计指标体系的要求，向保监会信息系统报送数据信息，同时按照新统计制度要求，向保监会信息系统报送新统计制度中的报表科目。尚未完成新统计制度转换和对接系统切换的保险资产管理公司，应按照新统计制度要求，向保监会信息系统报送新统计制度中的报表科目。

四、未完成新统计制度转换和对接系统切换的保险公司，在按照新统计制度要求，向保监会信息系统报送数据信息时，应至少报送包含总公司（集团公司、控股公司）、省级分公司两级的统计数据信息。同时，应于每月报送月报（季报）的同时，通过“中国保险统计信息系统—其他文件上传”的方式，报送在新、旧会计准则下，本公司统计数据差异的文字说明以及按照新统计制度要求，进行对接系统切换工作的实施进度。

五、自2007年2月1日起,各保险公司筹备组、各保险资产管理公司筹备组在与保监会信息系统进行对接测试时,应采用新统计制度进行测试。

六、各保险公司、各保险资产管理公司应成立新会计准则下保险统计制度转换和对接系统切换领导小组。领导小组组长应由统计负责人(公司级领导)担任,整体负责本公司新统计制度转换和对接系统切换的工作。各保险公司、各保险资产管理公司应于12月25日前,将领导小组组长及主要联系人名单和电话以电子邮件的形式报我会统计信息部。

七、各保险公司、各保险资产管理公司应统一思想,认真组织,切实做好新会计准则下保险统计制度转换和对接系统切换的工作,确保在新会计准则实施后,及时、准确、完整地报送统计数据信息。

如有问题,请及时与我会统计信息部联系。

联 系 人:赫军010-66288378

杜林010-66286098

电子邮箱:tjglc@circ.gov.cn

关于印发《养老保险公司企业年金业务统计制度(试行)》的通知

(2006年12月27日) 保监统信〔2006〕1457号

中国人寿保险(集团)公司、中国人寿保险股份有限公司、中国平安保险(集团)股份有限公司、太平人寿保险有限公司、各养老保险公司:

为全面掌握养老保险公司企业年金业务状况,加强对企业年金业务的统计监督管理,我会制定了《养老保险公司企业年金业务统计制度(试行)》。现印发给你们,并就有关事项通知如下:

一、适用对象

本制度适用于养老保险公司根据《企业年金试行办法》和《企业年金基金管理试行办法》开展的信托型企业年金业务统计,养老保险公司的团体及个人养老保险、短期意外险和健康险等其他保险业务及公司财务、机构人员、自有资金运用等信息的统计仍按现行的保险公司统计制度执行,通过中国保险统计信息系统正常报送。

二、报送方式

本制度试行期间采用纸质报表和电子报表相结合的报送方式,待时机成熟后再采取“全科目、大集中”的方式通过中国保险统计信息系统报送科目化数据。纸质报表应使用A4型纸并装订成册。报表封面上应注明:公司名称、报表所属时段、报送日期、联系电话等,并由公司法人代表签名,加盖公章。电子报表应以EXCEL格式制作,并使用中国保险统计信息系统“其他文件上传”功能报送。

三、报送频度

本制度的报表报送频度为季报。各公司应于下一季度前12日内报送报表,遇“十一”长假,可以顺延3日。

四、报送时间

各公司应从2007年第1季度开始报送报表。

五、报送要求

(一)各公司要高度重视企业年金业务统计报表填报工作,协调处理好托管人、账户管理人和投资管理人等相关机构的工作,严格按照本通知规定的指标、口径及要求报送统计数据,确保数据的真实性、准确性和完整性。

(二)各公司要加强对企业年金业务经营状况的分析研究,按季度撰写经营情况分析报告,连同电子报表一并报送保监会。

(三)各公司所报的电子报表和纸质报表的内容必须保持一致。

各公司在制度执行过程中如有问题,请及时与保监会统计信息部联系。

联系人:李强

电　话:010－66286097

关于修订保险外币统计制度有关内容的通知

（2007 年 5 月 30 日） 保监发〔2007〕41 号

各保险公司、保险资产管理公司：

根据《中国保险统计信息系统》测试情况及公司反馈意见，我会对《关于印发保险外币统计制度的通知》（保监发〔2006〕130 号）中部分内容进行了补充和调整。现将有关内容通知如下：

一、《外币统计指标》修订内容

（一）调整代码重复的指标

“长期股权投资—其中：实业”的美元指标代码原为“c15110001”，调整为“c15110002”；“其他资产—其中：贷款”的美元指标代码原为“c18990002”，调整为“c18990005”。

（二）增加报送公司属性的指标

1. 下列各币种指标增加“寿”报送公司属性：“分出保费（统计）”、“分出保费（统计）－境内”、“分出保费（统计）－境外”、“摊回分保费用（统计）”、“摊回分保费用（统计）－境内”、“摊回分保费用（统计）－境外”、“摊回赔付支出（统计）”、“摊回赔付支出（统计）－境内”、“摊回赔付支出（统计）－境外”、“分保费收入（统计）”、“分保费收入（统计）－境内”、“分保费收入（统计）－境外”、“分保费用（统计）”、“分保费用（统计）－境内”、“分保费用（统计）－境外”、“分保赔付支出（统计）”、“分保赔付支出（统计）－境内”和“分保赔付支出（统计）－境外”。

2. 下列各币种指标增加“再”报送公司属性：“赔付支出”和“应收分保长期健康险责任准备金”。

（三）调整报送频率的指标

1. 下列各币种指标取消“年度”报送频率：“签单保费”、“已决赔款”、“未决赔款”和“外币境外投资”的各层级指标。

2. 取消“资产合计”各币种二级指标的“月”、“季”和“年度”报送频率。

二、《外币参考报表》及《取值关系对应表》修订内容

（一）调整《保险公司外币资金境外运用地区统计表》报表格式，增加“较年初增长”栏。

（二）调整“人寿保险公司外币业务月报表”中“二、赔款支出”项“合计（折美元）”栏的取值关系。取值关系原为“o65110002”，调整为“o65110101”。

三、《外币统计指标校验关系》修订内容

（一）对《外币统计指标校验关系》格式进行统一调整，统计指标名称外加“[]”。如原“银行存款=银行存款-活期存款+银行存款-定期存款”调整为“[银行存款]=[银行存款-活期存款]+[银行存款-定期存款]”。

（二）调整各币种指标校验关系中“[赔付支出-满期给付]=[赔付支出-满期给付-境内]+[赔付支出-满期给付-境外]”的指标代码公式。如美元指标校验关系的指标代码公式原为“c65110301 + c65111301 + c65112301”，调整为“c65110301 = c65111301 + c65112301”。

本次修订是在《关于印发保险外币统计制度的通知》（保监发〔2006〕130号）基础上的修订。以上调整明细（详见附件）电子版和修订后的《保险外币统计制度》完整电子文件，可以登陆“中国保险统计信息系统”公告板下载。请各保险公司、保险资产管理公司根据修订后的《保险外币统计制度》进行系统设置和报送外币统计指标。在执行过程中如有疑问，请及时与我会统计信息部联系。

联 系 人：詹景瑞

联系电话/传真：010-66286589；010-66288110

邮箱：tjzdc@circ.gov.cn

附件：保险外币统计制度修订内容明细（略）

关于印发《农业保险统计制度》的通知

（2007年11月15日） 保监发〔2007〕111号

各保监局，各保险集团（控股）公司、财产保险公司：

为全面掌握农业保险发展情况，科学制定农业保险政策措施，我会制定了《农业保险统计制度》，现印发给你们，请遵照执行。

各公司在本制度的执行过程中如有问题，应及时与我会统计信息部联系。

联系人：杜林　段海洲

电话：01066286098　　66286618

传真：01066288110

邮箱：tjglc@circ.gov.cn

农业保险统计制度

一、农业保险统计制度的具体说明

(一)适用范围

各保险集团(控股)公司、各财产保险公司。

(二)实施时间

各保险集团(控股)公司、各财产保险公司应自2008年1月1日起执行农业保险统计制度,2月起向我会报送相关农业保险统计信息。

(三)报送内容

农业保险统计制度统计农业保险的业务、财务等统计信息。统计指标的口径详见《农业保险统计指标口径》,具体统计指标详见《农业保险统计指标》。

(四)报送方式

各公司应按照“全科目、大集中”的方式,通过中国保险统计信息系统,向我会报送农业保险统计指标。农业保险统计指标应与现行统计指标合并报送。

(五)报送频度和报送层级

各公司应按照《农业保险统计指标》中标注的报送频度和报送层级,分别向中国保险统计信息系统报送月报、季报、半年报和年报统计指标。

(六)测试要求

自2008年1月1日起,各公司可登陆我会中国保险统计信息系统测试库,对农业保险统计信息进行数据测试,以确保农业保险统计信息的及时准确。我会中国保险统计信息系统测试库地址为10.254.1.1:8003。

(七)报送要求

各公司应充分重视农业保险统计工作,协调各有关部门,及时修改中国保险统计信息系统的对接系统。

各公司应严格按照本制度规定,及时报送统计信息,确保数据的真实、准确和完整。未经批准,不得迟报统计信息。

(八)其他说明

本制度未特别说明的事项,按现行统计规定执行。

二、农业保险统计指标口径

(一)基本指标及口径

1.农业保险

指由保险机构经营,对农业产业在生产过程中因遭受约定的自然灾害、事故或者疫病所造成的经济损失承担赔偿保险金责任的保险,分为种植业保险和养殖业保险两大类。

1.1　政策性农业保险

指政府给予财政补贴等政策扶持的农业保险。其中,接受中央政府财政补贴等政策扶持的农业保险为中央政策性农业保险,仅接受地方政府补贴等政策扶持的农业保险为地方政策性农业保险。

1.2　商业性农业保险

指保险公司与农业生产经营者直接签订商业保险合同,以商业盈利为目的的农业保险。

2. 涉农保险

指除农业保险以外,其他为农业服务业、农村、农民直接提供保险保障的保险,包括涉及农用机械、农用设备、农用设施、农房等农业生产生活资料,以及农产品储藏和运输、农产品初级加工、农业信贷、农产品销售等活动的财产保险;涉及农民的寿命和身体等方面的人身保险。

(注:涉农保险包含的险种种类繁多且范围难以确定。在统计范围和方式上,涉农保险业务统计指标科目在保监会统计制度产险的各个险种分类中,增加"涉农"的修饰维,由保险公司以本制度中规定的口径为基础,结合实际情况确定是否为涉农业务,分别统计在各个险种中,如"企业财产保险—其中:涉农"、"意外伤害险—其中:涉农"等。)

涉农保险按照是否接受政府财政补贴,分为政策性涉农保险和商业性涉农保险。

3. 涉农保险指标

3.1 农业

指农作物种植业、林业、牧业、渔业。在本制度中,农作物种植业、林业合称为种植业,牧业、渔业合称为养殖业。

3.2 农业服务业

指对农、林、牧、渔业生产活动进行的各种支持性服务活动,但不包括各种科学技术和专业技术服务活动。

3.2.1 农作物种植业服务业

指灌溉服务、农产品初加工服务等服务活动。包括为农业生产服务的灌溉系统的经营与管理活动;由农民家庭兼营或收购单位对收获的各种农产品(包括纺织纤维原料)进行去籽、净化、分类、晒干、剥皮、沤软或大批包装以提供初级市场的服务活动,以及其他农产品的初加工活动;为农业生产提供农业机械并配备操作人员的活动,促进生长或防止病虫害的活动,农场劳务承包人的活动,与花草的种植、截枝、修整和花园的修建和维修,以及树木的整容活动有关的农业种植业服务活动。

3.2.2 林业服务业

指为林业生产服务的病虫害的防治、森林防火等各种支持性活动。包括森林病虫、鼠、兽害的防治，森林防火等活动，森林管理站、木材检查站、治沙站等进行的林业服务活动。

3.2.3 畜牧业服务业

指兽医服务及其他畜牧服务活动。包括对各种动物进行的病情诊断和医疗活动，为促进牲畜繁殖、生长、增加产量以及获得畜产品的活动，动物的配种、牧群检验、孵坊等。

3.2.4 渔业服务业

指对渔业生产活动进行的各种支持性服务活动，包括鱼苗及鱼种场、水产良种场和水产增殖场等进行的活动。

3.3 农村

农村指以下界定的地域：

村民委员会所辖地域，但不包括主要由非本村户籍村民居住的集中连片的商品房小区。

有农业用地且未完成农业用地的国有化或股份化改造，或者本地人口的户籍性质仍为农业，或者仍沿用村民委员会管理模式、但其中的人口不能享受城镇社会保障等城镇居民待遇的地域。

具有政府行政管理职能的农(林、牧、渔)场。

村民委员会所辖地域与居民委员会等其他地域重叠的，按村民委员会所辖地域划分。

3.4 农民

农民包括农业生产经营者及乡村人口。

3.4.1 农业生产经营者

指农村农业生产经营户、城镇农业生产经营户和农业生产经营单位。

农村农业生产经营户指在农村地域经营农、林、牧、渔业和农林牧渔服务业的家庭；

城镇农业生产经营户指在城镇地域经营农、林、牧、渔业和农林牧渔服务业的家庭；

农业生产经营单位指住户以外经营农、林、牧、渔业和农林牧渔服务业的法人单位、产业活动单位和基本符合法人单位条件的未注册单位，既包括主营农业的各种企事业单位、农户合作经营单位，也包括工矿企业、机关、团体、学校等附属的农业生产经营单位。

3.4.2 乡村人口

指乡村户数内的常住人口。即经常在家或在家居住6个月以上,而且经济和生活与本户连成一体的人口。外出从业人员在外居住时间虽然在6个月以上,但收入主要带回家中,经济与本户连为一体,仍视为家庭常住人口;在家居住,生活和本户连成一体的国家职工、退休人员也为家庭常住人口。但是现役军人、中专及以上(走读生除外)的在校学生、以及常年在外(不包括探亲、看病等)且已有稳定的职业与居住场所的外出从业人员,不应当作家庭常住人口。

其中,乡村户数指是指长期(一年以上)居住在乡镇(不包括城关镇)行政管理区域内的住户,还包括居住在城关镇所辖行政村范围内的农村住户。户口不在本地而在本地居住一年及以上的住户也包括在本地农村住户内;有本地户口,但举家外出谋生一年以上的住户,无论是否保留承包耕地都不包括在本地农村住户范围内。不包括乡村地区内的国有经济的机关、团体、学校、企业、事业单位的集体户。

(二)险种分类及口径

农业保险险种按照保险标的进行分类。具体分类详见附件《农业保险险种分类对照表》。

1. 种植业保险

指以农作物及林木为保险标的,对在生产过程中发生约定的灾害事故造成的经济损失承担赔偿责任的保险。

1.1 粮食作物保险

指以生长期的粮食作物为保险标的的保险。其中,粮食作物又称食用作物,分为禾谷类作物(稻谷、麦类等)、豆类作物(大豆等)、根茎类作物(马铃薯、甘薯等)。

1.2 经济作物保险

指以生长期经济作物为保险标的的保险。其中,经济作物又称技术作物或工业原料作物,按用途分为纤维作物(棉花、麻类、蚕桑等)、油料作物(花生、油菜、芝麻、大豆、向日葵等)、糖料作物(甜菜、甘蔗等)、原料作物(橡胶、椰子、油棕、剑麻等)、药用作物(枸杞、干草等)及其他经济作物,如饮料作物(茶叶、咖啡、可可等)、嗜好作物(烟叶等)、香料作物(熏衣草等)、工业用番茄和啤酒花等。

1.3 蔬菜园艺作物保险

指以生长期的蔬菜和园艺作物为保险标的的保险。其中,蔬菜作物分为瓜类蔬菜、茄果类蔬菜、葱蒜类蔬菜、绿叶类蔬菜、水生类蔬菜、甘蓝类蔬菜、白菜类蔬菜、菜用豆类、食用菌类;园艺作物分为花卉作物(鲜花及鲜花蓓蕾)和其他园艺作物(观赏花木、工艺盆景及装饰植物的种植)。

1.4 水果及果树保险

指以生长期的水果和果树为保险标的的保险。其中,水果和果树分为仁果类

(苹果、梨等)、核果类(桃、杏等)、浆果类(葡萄、草莓、猕猴桃等)、坚果类(核桃等)、柑果类(柑橘等)、亚热带及热带水果类(香蕉等)。

1.5 林木保险

指以具有经济价值的林木为保险标的的保险。其中,林木按用途分为防护林、用材林、经济林、炭薪林、特种用途林、苗圃林等。

1.6 其他种植业保险

指除以上列明的种植业保险以外的其他作物保险,如绿肥牧草作物保险、制种作物保险、温室大棚作物保险、收获期保险等。

1.6.1 绿肥牧草作物保险

指以绿肥牧草作物为保险标的的保险。其中,绿肥牧草包括苜蓿、草木樨等。

1.6.2 制种作物保险

指以繁育种质资源为生产目的的作物为保险标的的保险。

1.6.3 温室大棚作物保险

指以温室大棚及在温室大棚内种植的作物为保险标的的保险。其中,温室指有人工墙体、室内高度达到人可以在其中自由作业标准,能利用人工或自然方式采暖,用于培育农作物的玻璃温室等建筑;大棚指用于培育农作物的、采用塑料薄膜等材料做成的、操作人员可以直接进入的设施。

1.6.4 收获期保险

指以收获期农作物为保险标的的保险。其中,收获期农作物指生殖生长终止,经济产量已经构成,生产上已进入收割、晾晒、轧打、脱粒、烘烤阶段的农作物。如小麦火灾保险、农作物露堆保险等。

1.6.5 其他保险

包括农作物雹灾保险、农作物育苗育秧保险、农作物价格保险、农业灾害气象指数保险等。

2. 养殖业保险

指以饲养的畜、禽和水生动物等为保险标的,对在养殖过程中发生约定的灾害事故造成的经济损失承担赔偿责任的保险。

2.1 大牲畜保险

指以大牲畜为保险标的的保险。其中,大牲畜指为了经济或其他目的而饲养的体型大、饲养周期较长的哺乳动物,主要包括牛、马、驴、骡、骆驼等。

2.2 小牲畜保险

指以小牲畜为保险标的的保险。其中,小牲畜指人们为了经济或其他目的而饲养的中小型哺乳动物,主要包括猪、羊、兔等。

能繁殖母猪指已经达到生殖年龄、有生殖能力的母猪,一般是年龄在8个月至

4周岁的母猪。

育肥猪指断乳起至出栏止的猪，育肥阶段约5个月左右。

2.3 家禽保险

指以家禽为保险标的的保险。其中，家禽指经过人类长期驯化，在人工饲养条件下可繁殖，具有经济价值，能提供肉、蛋、羽等产品的禽类的统称，主要包括鸡、鸭、鹅等。

2.4 水产养殖保险

指以水产养殖产品为保险标的的保险。其中，水产养殖是指利用海洋水域、滩涂和内陆水域中的可养面积，对鱼、虾、蟹、贝、藻类及其他水生经济动植物进行人工投放苗种、饵料和经营管理，以获取相应产品的生产活动，分为淡水养殖和海水养殖。

2.5 特种养殖保险

指以特种养殖动物为保险标的的保险。其中，特种养殖是指对稀有的、经济价值较高的动物进行饲养，以获取相关产品或观赏等为目的的生产活动，主要包括鹿、貂、牛蛙、蛇等特种养殖。

3. 涉农保险险种

3.1 农机保险

指以农用机械为保险标的的保险。其中，农用机械如拖拉机、农具、农用生产设备等。

3.1.1 大中型拖拉机

指发动机额定功率在14.7千瓦（含14.7千瓦即20马力）以上的拖拉机，分为链轨式和轮式两种。

3.1.2 小型拖拉机

指发动机额定功率在2.2千瓦（含2.2千瓦）以上，小于14.7千瓦的拖拉机，包括小四轮与手扶式。

3.1.3 大中型拖拉机配套农具

指为各种大中型拖拉机配套的用于从事田间作业的各种农机具，包括旋耕机、播种机、插秧机等。

3.1.4 小型拖拉机配套农具

指为各种小型拖拉机配套的用于从事田间作业的各种农机具，包括旋耕机、播种机、插秧机等。

3.1.5 排灌动力机械

指用于农用排灌作业的配套动力机械，包括电动机和柴油机。

3.1.6 节水灌溉机械

指能进行喷滴管灌作业的机械，包括微灌、喷灌、滴灌、渗灌机械。

3.1.7 联合收割机

指在收获过程中同时可以完成几项作业(如收割和脱粒等)的收割机械,如谷物联合收割机、棉花联合收获机(摘棉机),分为牵引式和自走式两种。

3.1.8 机动脱粒机

指由动力机械驱动专门进行农作物脱粒的作业机械。

3.1.9 农用运输车

指在拖拉机基础上发展起来的,其性能和结构介于汽车和拖拉机之间,动力为柴油机,速度在每小时50公里以下的,载重量为1.5吨以下的农用运输机械,分为四轮和三轮两种。

3.1.10 机动剪毛机

指由动力机械驱动进行剪毛作业的机械。

3.1.11 挤奶机

指由动力机械驱动进行挤奶作业的机械。

3.1.12 孵化设备

指用于家禽种蛋孵化的设备,以成套为单位计算。

3.1.13 排灌站

指有排灌动力机械和设施的场所。

3.1.14 机电井

指安装柴油机、电动机或其他动力机械带动水泵抽水灌溉农田且已经配套的水井,不包括待机配套的水井。

3.2 农房保险

以农民生活住房及农业生产用房为保险标的的保险。其中,农民生活住房是指农民拥有的、位于农村的、用于居住生活的房屋;农业生产用房指直接用于农业生产、放置农业生产工具和其他生产资料、存放成品和半成品、从事农林牧渔服务业的房屋。如库房、农产品初加工的生产用房和畜禽圈舍、水产养殖的房屋等。

3.3 渔船保险

以渔船为保险标的的保险。其中,渔船分为远洋捕捞渔用机动船和近海及内陆渔用机动船。

远洋捕捞渔用机动船指用于远洋捕捞作业的渔用机动船。包括生产用渔船和辅助渔船。

近海及内陆渔用机动船指用于近海及内陆捕捞作业的渔用机动船。包括生产用渔船和辅助渔船。

（三）主要指标及口径

1. 承保数量

指保险公司在一定时期内签发的保险单中载明保险标的数量的总和。承保数量的计量单位按保险标的确定，其中，种植业保险计量单位为“亩”，养殖业保险计量单位为“头”、“只”、“亩”等。不同计量单位保险标的的承保数量一般不进行相加。

2. 参保农户户次

指保险公司在一定时期内签发的保险单中载明农户户次的总和。

3. 保险金额

指保险人承担赔偿或者给付保险金责任的最高限额，统计批增批减后的净额。

4. 签单保费

指在统计期内已起保保单的保费总额，按批改后的保费统计。

实收签单保费指保险公司实际收到的、在统计期内起保保单的签单保费，不包括财政补贴已经下拨但未到帐部分。

4.1 政府保费补贴

指各级政府直接给予的保费补贴。其中：

4.1.1 中央财政保费补贴

指纳入国家预算，由中央财政直接补贴的保费。

4.1.2 省级财政保费补贴

指由省级财政部门直接补贴的保费。

4.1.3 地市县财政保费补贴

指由市县级或以下政府部门直接补贴的保费。

4.2 农民缴纳

指直接由农民缴纳的保费。

4.3 其他来源

指由龙头企业代缴纳的保费，或上述列举保费来源以外的以其他方式缴纳的保费。

5. 已决赔付件数

指在统计期内已立案且已结案的赔案数量，包括已结案已付款和已结案未付款赔案的数量。

6. 已决赔付数量

指在统计期内已立案且已结案的赔案中赔付的保险标的数量的总和。

7. 受益农户户次

指在统计期内已立案且已结案的赔案中直接受益的农户受益次数的总和。

8. 已决赔款

指在统计期内已立案且已结案的累计赔偿金额，包括已结案已付款和已结案未付款的赔案的累计赔偿金额。

9. 未决赔付件数

指截止到某个统计时点，已报案但尚未结案的赔案数量，包括已立案赔案和已报案未立案赔案的数量。

10. 未决赔付数量

指截止到某个统计时点，已报案但尚未结案的赔案中未赔付的保险标的数量的总和。

11. 未决农户户次

指截止到某个统计时点，已报案但尚未结案的赔案中未赔付的农户户次的总和。

12. 未决赔款

指截止到某个统计时点，已报案但尚未结案的累计估损金额，包括已立案赔案和已报案未立案赔案的累计估损金额。

13. 预付赔款

指在最终保险金的数额确定之前，保险人向被保险人或者受益人预先支付的一定数额的保险金。

14. 政府其他扶持

指除保费补贴以外，政府给予的其他扶持金额，包括经营费用补贴、超赔补贴及其他扶持金额。按照实际到帐金额进行统计。

14.1 费用补贴

指各级政府对农业保险经营费用进行的直接补贴。

14.2 超赔补贴

指各级政府对农业保险超赔后进行的补贴，或为建立大灾准备金而直接拨付的补贴。

14.3 其他补贴

指除以上列明补贴以外的其他扶持金额。

15. 种植业保险灾害类型

15.1 雹灾

指在对流性天气控制下，积雨云中凝结生成的冰块从空中降落，造成的一定面积作物减产甚至绝产的灾害。

15.2 风灾

指8级以上大风，即风速在17.2米/秒以上造成的一定面积作物减产甚至绝产的灾害。

15.3 暴雨

指降雨量每小时在16mm以上，或连续12小时降雨量达30mm以上，或连续24小时降雨量达50mm以上造成的一定面积作物减产甚至绝产的灾害。

15.4 洪水

指由于降雨、融雪（冰）、风暴潮、堤坝溃决等原因引起江、河、湖、水库或沿海水量增加，水位上涨而泛滥，或山洪爆发，浸泡，冲散，冲毁一定面积作物，造成作物减产甚至绝产的灾害。

15.5 内涝

指由于降水过多，地面径流不能及时排除，造成的农田积水超过作物耐淹能力，造成的一定面积作物减产甚至绝产的灾害。

15.6 干旱

指在足够长的时期内，因降水量严重不足，致使土壤因蒸发而水分亏损，河川流量减少，造成的一定面积作物减产甚至绝产的灾害。

15.7 冷冻

指由于冷空气活动等原因使土壤表面、植物表面以及近地面的气温突然下降到0℃以下，造成的一定面积作物减产甚至绝产的灾害。

15.8 病虫害

指由严重危害作物的病、虫、草、鼠等有害生物在一定的环境条件下暴发或流行，造成一定面积作物减产甚至绝产或农产品大批量变质的灾害。

15.9 其他

指除以上列明灾害以外的，其他造成一定面积作物减产甚至绝产的灾害。

16. 种植业保险损失情况

16.1 受灾面积

指在统计期内，由于灾害导致作物产量受到不同程度影响的受灾作物，在投保范围内的种植面积。

16.2 成灾面积

指在统计期内，由于灾害导致作物产量比常年显著减产的受灾作物，在投保范围内的种植面积。

16.3 绝产面积

指在统计期内，由于灾害导致作物绝收的受灾作物，在投保范围内的种植面积。

17. 养殖业保险灾害类型

17.1 传染病（疫病）

指《中华人民共和国动物防疫法》中列明的三类疫病。

一类疫病指对人与动物危害严重,需要采取紧急、严厉的强制预防、控制、扑灭等措施的疫病;

二类疫病指可能造成重大经济损失,需要采取严格控制、扑灭等措施,防止扩散的疫病;

三类疫病指常见多发、可能造成重大经济损失,需要控制和净化的疫病。

具体病种名录详见附注。

17.2 非传染病

指除《中华人民共和国动物防疫法》中列明的疫病以外的疾病。

17.3 难产

指由于妊娠足月到分娩时,胎儿不能顺利娩出,造成畜禽母体直接死亡的分娩行为。

17.4 自然灾害

指由于自然条件异常变化造成保险标的直接死亡的灾害总称,如暴雨、洪水、干旱及泥石流等。

17.5 意外事故

指外来的、突发的、不可预见的、非本意的和非疾病的导致保险标的直接死亡的客观事件。

17.6 扑杀

指为防止疫病的蔓延,由县级(含)以上政府或畜牧管理部门针对一定范围内的保险标的,采取的灭杀、掩埋或焚烧等行为。

17.7 其他

指除以上列明灾害以外的,其他造成保险标的死亡的灾害。

18. 养殖业保险疫病损失情况

18.1 死亡数量

指在统计期内,由于疫病导致的畜、禽和水生动物等直接死亡的数量。

18.2 扑杀数量

指在统计期内,因防止疫病的蔓延,由政府扑杀的畜、禽和水生动物等的数量。

19. 防灾防损

指保险公司为预防和减少灾害事故发生以及所造成的损失,而采取的各种措施。

19.1 防灾费

指因防灾防损工作而发生的费用。

19.2 覆盖地区数

指保险公司资助建立的防病防疫及人工影响体系的地区数量,以县(旗、团)为单位统计。

19.3 防病防疫

指保险公司与地方畜牧兽医（农业、农牧）部门协调，建立的养殖业保险的专业预防措施。

专业人员数量是指由保险公司资助的参与防病防疫工作的人员数量。

作业次数是指由保险公司资助的防疫防病的工作次数。

19.4 人工影响天气

指利用固体火箭或高炮发射等手段，通过云物理催化作用影响中小尺度天气过程，达到增加降水、减轻雹灾，甚至减轻暴雨和台风灾害目的的措施。

19.5 其他

指保险公司根据当地灾害发生的规律，适当开展防风、抗旱、防冻及新耕作技术引入等的防灾防损措施。

20. 损益情况

指根据政策性农业保险应单独核算、单独计算损益的要求，对种植险和养殖险分别划分中央政策性和地方政策性业务进行分险种核算，以反映保险公司农业保险的经营结果。

农业保险费用分摊方法应按照《保险公司费用分摊指引》（保监发〔2006〕90号）的规定执行。

三、农业保险险种分类对照表（略）

四、农业保险统计指标（略）

五、农业保险统计指标校验关系（略）

六、农业保险统计报表取值关系（略）

关于发布《保险行业机构代码编码规范》行业标准的通知

（2007年12月27日） 保监发〔2007〕128号

各保监局，保监会机关各部门，各保险公司、保险资产管理公司、保险专业中介机构，国有保险公司监事会，中国保险行业协会，中国保险学会，全国金融标准化技术委员会保险分技术委员会：

全国金融标准化技术委员会保险分技术委员会（以下简称保标委）制定了《保险行业机构代码编码规范》（标准编号为JR/T0035－2007），并通过了审查，按照《全国金融标准化技术委员会保险分技术委员会章程》，现予以发布，请遵照执行。

保监会统计信息部联系人：李伟华
电话：010－66286109　传真：010－66288109
保标委秘书处联系人：张弘、张炎
电话：010－65679867，65677288－302　传真：010－65671609
电子邮件：biaozhun@iachina.cn

关于发布《保险基础数据元目录》行业标准的通知

（2007年12月27日）　保监发〔2007〕130号

各保监局，保监会机关各部门，各保险公司、保险资产管理公司、保险专业中介机构，国有保险公司监事会，中国保险行业协会，中国保险学会，全国金融标准化技术委员会保险分技术委员会：

全国金融标准化技术委员会保险分技术委员会（以下简称保标委）制定了《保险基础数据元目录》行业标准（标准编号为JR/T0033－2007），并通过了审查，按照《全国金融标准化技术委员会保险分技术委员会章程》，现予以发布，请遵照执行。

保监会统计信息部联系人：李伟华
电话：010－66286109　传真：010－66288109
保标委秘书处联系人：张弘、张炎
电话：010－65679867，65677288－302　传真：010－65671609
电子邮件：biaozhun@iachina.cn

关于发布《保险业务代码集》行业标准的通知

（2007年12月28日）　保监发〔2007〕131号

各保监局，保监会机关各部门，各保险公司、保险资产管理公司、保险专业中介机构，国有保险公司监事会，中国保险行业协会，中国保险学会，全国金融标准化技术委员会保险分技术委员会：

全国金融标准化技术委员会保险分技术委员会（以下简称保标委）制定了《保

险业务代码集》行业标准（标准编号为 JR/T0034－2007），并通过了审查，按照《全国金融标准化技术委员会保险分技术委员会章程》，现予以发布，请遵照执行。

保监会统计信息部联系人：李伟华

电话：010－66286109　传真：010－66288109

保标委秘书处联系人：张弘、张炎

电话：010－65679867，65677288－302　传真：010－65671609

电子邮件：biaozhun@ iachina. cn

关于发布《再保险数据交换规范》行业标准的通知

（2007 年 12 月 28 日）　保监发〔2007〕132 号

各保监局，保监会机关各部门，各保险公司、保险资产管理公司、保险专业中介机构，国有保险公司监事会，中国保险行业协会，中国保险学会，全国金融标准化技术委员会保险分技术委员会：

全国金融标准化技术委员会保险分技术委员会（以下简称保标委）制定了《再保险数据交换规范》（标准编号为 JR/T0036－2007），并通过了审查，按照《全国金融标准化技术委员会保险分技术委员会章程》，现予以发布，请遵照执行。

保监会统计信息部联系人：李伟华

电话：010－66286109　传真：010－66288109

保标委秘书处联系人：张弘、张炎

电话：010－65679867，65677288－302　传真：010－65671609

电子邮件：biaozhun@ iachina. cn

关于发布《保险标准化工作指南》行业标准的通知

（2007年1月18日） 保监发〔2008〕4号

各保监局，保监会机关各部门，各保险公司、保险资产管理公司、保险专业中介机构，国有保险公司监事会，中国保险行业协会，中国保险学会，全国金融标准化技术委员会保险分技术委员会：

全国金融标准化技术委员会保险分技术委员会（以下简称保标委）制定了《保险标准化工作指南》行业标准（标准编号为JR/T 0038－2007），并通过了审查，按照《全国金融标准化技术委员会保险分技术委员会章程》，现予以发布，请遵照执行。

保监会统计信息部联系人：李伟华

电话：010－66286109　传真：010－66288109

保标委秘书处联系人：张弘、张炎

电话：010－65679867，65677288－302　传真：010－65671609

电子邮件：biaozhun@iachina.cn

中国保险监督管理委员会、中国人民银行关于发布《银行保险业务财产保险数据交换规范》行业标准的通知

（2008年1月18日） 保监发〔2008〕5号

各保监局，保监会机关各部门，各保险公司、保险资产管理公司、保险专业中介机构，国有保险公司监事会，中国保险行业协会，中国保险学会，全国金融标准化技术委员会保险分技术委员会，中国人民银行上海总部，各分行、营业管理部、省会（首府）城市中心支行，国家外汇管理局，各国有政策性银行、各国有商业银行、股份制商业银行、中国邮政储蓄银行，中国银联股份有限公司，中国外汇交易中心，清算总

中心,中国金融电子化公司:

全国金融标准化技术委员会保险分技术委员会(以下简称保标委)制定了《银行保险业务财产保险数据交换规范》行业标准(JR/T 0037－2007),并通过了审查,按照《全国金融标准化技术委员会章程》和《全国金融标准化技术委员会保险分技术委员会章程》,现予以发布,请遵照执行。

中国人民银行联系人:杨颖莉

电话:010－66194971　传真:010－66016450

保监会联系人:李伟华

电话:011－66286109　传真:010－66288109

保标委秘书处联系人:张弘、张炎

电话:010－65679867,65677288－302　传真:010－65671609

电子邮件:biaozhun@ iachina. cn

关于贯彻落实保险行业标准的通知

(2008年2月14日)　保监发〔2008〕14号

各保监局,保监会机关各部门,各保险公司、保险资产管理公司、保险专业中介机构,国有保险公司监事会,中国保险行业协会,中国保险学会,全国金融标准化技术委员会保险分技术委员会:

保险行业标准是保险业竞争力的重要组成部分。全国金融标准化技术委员会保险分技术委员会(以下简称“保标委”)成立以来,已发布了《保险标准化工作指南》等八项标准。为进一步做好保险行业标准的贯彻落实工作,现将有关事项通知如下:

一、各公司要充分认识保险标准化工作的重要意义,大力支持保险行业标准的研发和维护,积极抓好本公司标准建设工作,并认真执行各项行业标准。

二、保标委要认真履行《中华人民共和国标准化法》和保监会赋予的各项职责,切实做好保险行业标准的制定、维护、培训和宣传等工作,努力提升全行业的标准化水平。

三、保监会各部门、各保监局要认真贯彻执行各项行业标准,要在标准的学习、使用、监督、检查方面切实负起各项职责,并对标准的贯彻落实情况进行监督检查。

四、各单位在执行标准的过程中,如有建议或疑问,请与保标委秘书处或保监会统计信息部联系。

联 系 人:保标委秘书处　张炎　王冠

联系电话:65677288－302

联 系 人:保监会统计信息部　李伟华

联系电话:66286109

关于印发《健康保险统计制度》的通知

（2008 年 4 月 10 日）　保监发〔2008〕25 号

各保监局、各保险公司、各保险公司筹备组:

为全面统计健康保险、健康保障委托管理和健康服务业务的发展情况,科学制定相关政策措施,我会制定了《健康保险统计制度》,现印发给你们,请遵照执行。

在本制度的执行过程中如有问题,应及时与我会统计信息部联系。

联系人:李强　李敏

电话:01066286100　01066286099　传真:01066288110

邮箱:tjzdc@circ.gov.cn

健康保险统计制度

一、适用范围

各保险集团(控股)公司、各保险公司。

二、实施时间

各公司应自 2008 年 7 月 1 日起向我会报送相关统计信息。

三、报送内容

见附件。

四、报送方式

各公司应按照“全科目、大集中”的方式,通过中国保险统计信息系统,向我会报送健康保险统计数据。健康保险统计数据应与现行统计数据合并报送。

五、报送频度和报送层级

各公司应按照附件 2 中标注的报送频度和报送层级,分别向中国保险统计信息系统报送月报、季报、半年报和年报统计指标。

六、测试要求

2008 年 5 月中下旬至 7 月中旬，各公司可登陆我会中国保险统计信息系统测试库，对健康保险统计制度的相关统计信息进行数据测试。测试库地址为10.254.1.1:8003。

七、报送要求

各公司应高度重视健康保险统计制度实施工作，协调各有关部门，及时修改中国保险统计信息系统的对接系统。

各公司应严格按照本制度规定，及时报送统计信息，确保数据的真实、准确和完整。未经批准，不得迟报统计信息。

八、其他说明

本制度未特别说明的事项，按现行统计规定执行。

请各单位在中国保监会网站“政策法规”栏目下载附件内容电子版。

附件 1：健康保险统计制度业务分类框架图（略）

附件 2：健康保险统计制度统计指标（略）

附件 3：

健康保险统计制度业务分类与统计指标口径说明

健康保险统计制度统计范围包括健康保险、健康保障委托管理业务和健康服务三个部分。

一、业务分类口径

1. 健康保险

指保险公司通过疾病保险、医疗保险、失能收入损失保险和护理保险等方式对因健康原因导致的损失给付保险金的保险。

1.1 疾病保险

指以保险合同约定的疾病的发生为给付保险金条件的健康保险。

1.1.1 重大疾病保险

指当被保险人在保险期间内发生保险合同约定的疾病、达到约定的疾病状态或实施了约定的手术时给付保险金的健康保险。参见《重大疾病保险的疾病定义使用规范》和《重大疾病保险知识问答》。

1.2 医疗保险

指以保险合同约定的医疗行为的发生为给付保险金条件，为被保险人接受诊疗期间的医疗费用支出提供保障的保险。医疗保险按照保险金的给付性质分为费用补偿型医疗保险和定额给付型医疗保险。

1.2.1 费用补偿型医疗保险

指根据被保险人实际发生的医疗费用支出,按照约定的标准确定保险金数额的医疗保险。

1.2.2 定额给付型医疗保险

指按照约定的数额给付保险金的医疗保险。

1.3 失能收入损失保险

指以因保险合同约定的疾病或者意外伤害导致工作能力丧失为给付保险金条件,为被保险人在一定时期内收入减少或者中断提供保障的健康保险。

1.4 护理保险

指以因保险合同约定的日常生活能力障碍引发护理需要为给付保险金条件,为被保险人的护理支出提供保障的健康保险。

1.5 长期健康保险

指保险期间超过一年或者保险期间虽不超过一年但含有保证续保条款的健康保险。

1.6 短期健康保险

指保险期间在一年及一年以下且不含有保证续保条款的健康保险。

2. 健康保障委托管理业务

指保险公司接受政府部门、企事业单位等团体客户的委托,为其提供方案设计、咨询建议、委托基金管理、医疗服务调查、医疗费用审核、医疗费用报销支付等经办管理服务,收取管理费用,不承担委托基金运营风险的业务。

3. 健康服务

指保险公司针对市场和客户的需求,通过整合各种社会医疗资源,所提供的健康体检、健康管理、健康预防、健康咨询等服务。

4. 健康保险与健康保障委托管理共用分类

4.1 新农合

新型农村合作医疗的简称。

4.2 新农合补充

指与新农合保障责任相衔接的补充医疗业务。

4.3 城镇职工基本医疗

指主要针对城镇职工建立的社会基本医疗保险制度。

4.4 城镇职工补充医疗

指政府机构投保或委托的、与城镇职工基本医疗保障责任相衔接的补充医疗业务。

4.5 城镇居民基本医疗

指主要针对城镇非职工建立的社会基本医疗保险制度。

4.6 城镇居民补充医疗

指政府机构投保或委托的、与城镇居民基本医疗保障责任相衔接的补充医疗业务。

4.7 医疗救助

指在政府支持下，依靠社会力量建立的旨在向困难群体提供医疗服务的制度。

4.8 企事业团体补充医疗

指企事业团体投保的与城镇职工基本医疗保障责任相衔接的费用补偿型补充医疗业务。

二、统计指标口径

1. 已决赔付人次

指在统计期内已立案且已结案的赔付人次，包括已结案已付款人次和已结案未付款人次。

2. 未决赔付人次

指统计期末已报案但尚未结案的赔案中未赔付的人次。

3. 已决给付金额

指长期保险在统计期内已立案且已结案或按照约定应给付保险金的累计金额，包括已付和应付未付的累计给付金额。

4. 未决给付金额

指长期保险在统计期末已报案但尚未结案的赔案的累计估赔金额，包括已立案赔案和已报案未立案赔案的累计估赔金额。

5. 开办市县数

指统计期末保险公司参与管理的医疗保障制度覆盖的县、县级市、地级市的市辖区以及直辖市的市辖区数量。

6. 委托管理件数

指保险公司承担委托管理责任的健康保障委托管理业务件数。

7. 应参保人数

指保险公司参与管理的医疗保障制度覆盖的人口数，包括实际参保的和符合参保条件但没有参保的。一般指当地符合条件的户籍人口或常住人口数，外来流动人口或本地人口在外地的，按当地医疗保障制度的规定判断是否属于覆盖人口。

8. 实际参保人数

指统计期末实际参加该健康保障委托管理业务的人数。

9.委托管理资金

指委托人实际授权保险公司管理支配的资金金额。包括资金划入保险公司账户和资金不划入保险公司账户两种情况。不划入保险公司账户也没有授权保险公司管理支配的资金,不纳入本指标统计。

10.补偿人次

指在保险公司管理支配资金情况下,统计期间内累计获得补偿的人次。

11.补偿金额

指在保险公司管理支配资金情况下,统计期间内累计补偿给保障对象的支出金额。

12.理算人次

指保险公司在不管理支配资金情况下,统计期间内承担审核理算工作所对应的累计补偿人次。

13.理算金额

指保险公司在不管理支配资金情况下,统计期间内承担审核理算工作所对应的累计补偿金额。

14.管理费收入

指保险公司开展委托管理业务取得的业务收入。

15.健康服务合同件数

指保险公司签发的健康服务合同数量。

16.参加健康服务人数

指保险公司签发的健康服务合同覆盖人数。

17.健康服务业务收入

指保险公司开展健康服务所取得的业务收入。

18.健康服务业务支出

指保险公司开展健康服务所发生的业务支出。

附件4:健康保险统计制度统计指标校验关系(略)

附件5:健康保险统计制度统计报表取值关系(略)

附件6:健康保险统计制度需明确的几个问题(略)

关于印发《新增长期意外险等业务统计指标》的通知

(2008年9月3日) 保监厅发〔2008〕45号

各保险公司:

为全面掌握长期意外险等业务发展情况,科学制定监管政策,我会制定了《新增长期意外险等业务统计指标》,现印发给你们,请遵照执行。

各公司在本制度的执行过程中如有问题,应及时与我会统计信息部联系。

联系人:段海洲

电话:010-66286618　传真:010-66288153

邮箱:tjglc@ circ. gov. cn

新增长期意外险等业务统计指标

一、新增长期意外险等业务统计指标的具体说明

(一)适用范围

各保险集团(控股)公司、各保险公司。

(二)实施时间

各保险集团(控股)公司、各保险公司应自2008年10月月报起,向我会报送新增指标统计信息。

(三)报送内容

新增长期意外险等业务统计指标的业务、财务等统计信息。统计指标的口径详见《新增长期意外险等业务统计指标口径解释》,统计指标具体属性详见《新增长期意外险等业务统计指标》。

(四)报送方式

各保险集团(控股)公司、各保险公司应按照"全科目、大集中、一级报三级"的方式,通过中国保险统计信息系统,向我会报送新增指标统计信息。新增长期意外险等业务统计指标信息应与现行统计指标信息合并报送。

(五)报送频度和报送层级

各保险集团(控股)公司、各保险公司应按照《新增长期意外险等业务统计指标》中标注的报送频度和报送层级,分别向中国保险统计信息系统报送月报、季报、

半年报和年报统计指标。

(六)测试要求

自2008年9月1日起,各保险集团(控股)公司、各保险公司可登陆我会中国保险统计信息系统测试库,对新增长期意外险等业务统计信息进行数据测试,以确保新增长期意外险等业务统计数据信息的及时性和准确性。我会中国保险统计信息系统测试库地址为http://10.254.1.1:8003/circweb/。

(七)报送要求

各保险集团(控股)公司、各保险公司应充分重视新增统计信息的报送工作,协调各有关部门,及时修改本公司与中国保险统计信息系统的对接系统。

各保险集团(控股)公司、各保险公司应严格按照本通知规定,及时报送统计信息,确保数据的真实、准确和完整。未经批准,不得迟报统计信息。

(八)其他说明

本通知未特别说明的事项,按现行统计规定执行。

二、新增长期意外险等业务统计指标口径及说明

三、调整部分统计指标属性

四、新增长期意外险等业务统计指标

五、新增长期意外险等业务统计指标校验关系

请各保险集团(控股)公司、各保险公司在中国保监会网站“政策法规”栏目下,下载第二至第五部分的电子版。

附件1:

二、新增长期意外险等业务统计指标口径及说明

1.“原保险保费收入-意外伤害险-一年期以上”。指保险期限超过一年或保险期限虽不超过一年但含有保证续保条款的意外伤害保险原保险保费收入。

指标同现行指标体系的关系:

与“a60320172原保险保费收入-意外伤害险-一年期以内”“a60320175原保险保费收入-意外伤害险-一年期”相并列,作为其期限结构的补充。

2.“原保险保费收入-意外伤害险-一年期以上-个人”。指保险期限超过一年或保险期限虽不超过一年但含有保证续保条款的个人意外伤害保险原保险保费收入。

3.“原保险保费收入-意外伤害险-一年期以上-团体”。指保险期限超过一年或保险期限虽不超过一年但含有保证续保条款的团体意外伤害保险原保险保

费收入。

指标2、3同现行指标体系的关系：

同现行指标体系分类方法一致，按照个人、团体业务进行划分，作为“原保险保费收入－意外伤害险－一年期以上”的明细科目。

4.“原保险保费收入－意外伤害险－一年期以上－个人－新单保费”。指保险期限超过一年或保险期限虽不超过一年但含有保证续保条款的个人意外伤害保险的新单原保险保费收入。

5.“原保险保费收入－意外伤害险－一年期以上－个人－新单保费－其中：新单趸交”。指保险期限超过一年或保险期限虽不超过一年但含有保证续保条款的个人意外伤害保险的新单趸交原保险保费收入。

6.“原保险保费收入－意外伤害险－一年期以上－个人－续期保费”。指保险期限超过一年或保险期限虽不超过一年但含有保证续保条款的个人意外伤害保险的续期原保险保费收入。

7.“原保险保费收入－意外伤害险－一年期以上－团体－新单保费”。指保险期限超过一年或保险期限虽不超过一年但含有保证续保条款的团体意外伤害保险的新单原保险保费收入。

8.“原保险保费收入－意外伤害险－一年期以上－团体－新单保费－其中：新单趸交”。指保险期限超过一年或保险期限虽不超过一年但含有保证续保条款的团体意外伤害保险新单趸交原保险保费收入。

9.“原保险保费收入－意外伤害险－一年期以上－团体－续期保费”。指保险期限超过一年或保险期限虽不超过一年但含有保证续保条款的团体意外伤害保险续期原来保险保费收入。

指标4－9同现行指标体系的关系：

同现行指标体系长期寿险产品分类方法一致，在个人（团体）业务下进一步划分“新单保费”、“续期保费”和“新单保费－其中：新单趸交”。

10.“提取未决赔款准备金－意外伤害险－一年期以内”。指提取的一年期以内意外伤害保险未决赔款准备金。

11.“提取未决赔款准备金－意外伤害险－一年期”。指提取的一年期意外伤害保险未决赔款准备金。

12.“提取未决赔款准备金－意外伤害险－一年期以上”。指提取的保险期限超过一年或保险期限虽不超过一年但含有保证续保条款的意外伤害保险未决赔款准备金。

指标10－12同现行指标体系的关系：

现行指标体系未纳入长期意外险，引入以上指标作为a65020389“提取未决赔款准备金－意外伤害险”的明细科目。

13.“摊回未决赔款准备金－意外伤害险－－年期以内”。指摊回的一年期以内意外伤害保险未决赔款准备金。

14.“摊回未决赔款准备金－意外伤害险－－年期”。指摊回的一年期意外伤害保险未决赔款准备金。

15.“摊回未决赔款准备金－意外伤害险－－年期以上”。指摊回的保险期限超过一年或保险期限虽不超过一年但含有保证续保条款的意外伤害保险未决赔款准备金。

指标13－15同现行指标体系的关系：

现行指标体系未纳入长期意外险，引入以上指标作为a62010391“摊回未决赔款准备金－意外伤害险”的明细科目。

16.“一年期以上新单期缴保费收入－个人代理”是指通过个人代理渠道销售的保险期限在一年期以上的新单期缴保费收入。

17.“一年期以上新单期缴保费收入－个人代理－1年期”是指通过个人代理渠道销售的保险期限在一年期以上，缴费期限为1年的新单期缴保费收入，包括在1年缴费期内保费分次缴清的新单期缴保费收入，如月缴、季缴等。

18.“一年期以上新单期缴保费收入－个人代理－2年期”是指通过个人代理渠道销售的保险期限在一年期以上缴费期限为2年的新单期缴保费收入。

19.“一年期以上新单期缴保费收入－个人代理－3年期”是指通过个人代理渠道销售的保险期限在一年期以上缴费期限为3年的新单期缴保费收入。

20.“一年期以上新单期缴保费收入－个人代理－4年期”是指通过个人代理渠道销售的保险期限在一年期以上缴费期限为4年的新单期缴保费收入。

21.“一年期以上新单期缴保费收入－个人代理－5年期”是指通过个人代理渠道销售的保险期限在一年期以上缴费期限为5年的新单期缴保费收入。

22.“一年期以上新单期缴保费收入－个人代理－6年期”是指通过个人代理渠道销售的保险期限在一年期以上缴费期限为6年的新单期缴保费收入。

23.“一年期以上新单期缴保费收入－个人代理－7年期”是指通过个人代理渠道销售的保险期限在一年期以上缴费期限为7年的新单期缴保费收入。

24.“一年期以上新单期缴保费收入－个人代理－8年期”是指通过个人代理渠道销售的保险期限在一年期以上缴费期限为8年的新单期缴保费收入。

25.“一年期以上新单期缴保费收入－个人代理－9年期”是指通过个人代理渠道销售的保险期限在一年期以上缴费期限为9年的新单期缴保费收入。

26.“一年期以上新单期缴保费收入－个人代理－10年期及以上”是指通过个人代理渠道销售的保险期限在一年期以上缴费期限为10年及以上的新单期缴保

费收入。

27."一年期以上新单趸缴保费收入－个人代理"是指通过个人代理渠道销售的保险期限在一年期以上的新单趸缴保费收入。

28."一年期及以内短期险保费收入－个人代理"是指通过个人代理渠道销售的保险期限在一年期及以内的短期险保费收入。

指标16－28同现行指标体系的关系：

以上指标是对标准保费统计的扩展，可以列在61360001至61380001指标之下，分别作为各指标的明细科目。

29."期末营销员人数－其中：持证人数"。指在统计期末取得中国保险监督管理委员会（以下简称中国保监会）颁发的《保险代理从业人员基本资格证书》的营销员人数。

指标同现行指标体系的关系：

是61210001"期末营销员人数"的进一步细分，作为新增其中项。

30."上年同期入司的营销员人数"。指截止到上年同期期末与公司新签订保险代理合同的营销员累计人数。

比如：本月为3月份，去年1月份入司营销员为10人，去年2月份入司营销员为20人，去年3月份入司营销员为30人，则本指标值为10＋20＋30＝60。

31."上年同期入司的营销员人数－13个月留存数"。指截止到本期期末上年同期入司的营销员入司后第13个月仍然为公司服务的累计人数。

比如：沿用上例，在去年1月份入司的10名营销员中本年1月份仍为公司服务的人数为5人，去年2月份入司的20名营销员到本年2月份留存10人，去年3月份入司营销员本年3月份留存15人，则本指标值为5＋10＋15＝30。

32."两年前同期入司的营销员人数"。指截止到两年前同期期末与公司新签订保险代理合同的营销员累计人数。

比如：本月为3月份，前年1月份入司营销员为10人，前年2月份入司营销员为20人，前年3月份入司营销员为30人，则本指标值为10＋20＋30＝60。

33."两年前同期入司的营销员人数－25个月留存数"。指截止到本期期末两年前同期入司的营销员入司后第25个月仍然为公司服务的人数。

比如：沿用上例，在前年1月份入司的10名营销员中本年1月份仍为公司服务的人数为5人，前年2月份入司的20名营销员到本年2月份留存10人，前年3月份入司营销员本年3月份留存15人，则本指标值为5＋10＋15＝30。

指标30－33同现行指标体系的关系：

现行统计指标体系不涉及相关内容，均作为新增指标。

附件2：

三、调整部分统计指标

34.“期末营销员人数”在现行统计指标体系中,61210001－61210008等八项统计指标报送频度,由季度报送调整为月度报送。

附件3:四、新增长期意外险等业务统计指标(略)
附件4:五、新增长期意外险等业务统计指标校验关系(略)

关于印发健康保险统计制度分析指标和分析图表的通知

(2008年5月29日) 保监统信〔2008〕664号

各保监局：

为进一步加强健康保险及相关业务的统计分析工作,我会在印发《健康保险统计制度》的基础上,制定了健康保险及相关业务的统计分析指标和分析图表(详见附件)。现印发给你们,请参考使用。

请各保监局在中国保监会网站“政策法规”栏目下载附件内容电子版。

附件:1.健康保险统计制度统计分析指标(略)
2.健康保险统计制度统计分析表(略)
3.健康保险统计制度统计分析图(略)

关于在年度决算报中增加资本属性统计指标的通知

(2008年12月1日) 保监统信〔2008〕1570号

各保险公司、保险资产管理公司：

为全面掌握保险业资本属性情况,根据第二次全国经济普查方案的要求,我会决定在年度决算报中增加资本属性统计指标。

请各保险公司(含集团、控股公司,下同)、保险资产管理公司按照“全科目、大集中”的方式,自2008年年度决算报起,通过中国保险统计信息系统,向我会报送新增指标统计信息。统计指标的口径、具体属性、报送频度和报送层级详见附件。

各保险公司、保险资产管理公司应充分重视新增统计信息的报送工作,协调各有关部门,及时修改本公司与中国保险统计信息系统的对接系统。同时,严格按照本通知规定,及时报送统计信息,确保数据的真实、准确和完整。未经批准,不得迟报统计信息。

联系人:詹景瑞

电话:010－66286589　传真:010－66288110

邮箱:tjzdc@ circ. gov. cn

附件:1. 新增资本属性统计指标(略)

2. 新增资本属性统计指标校验关系(略)

3. 新增资本属性统计指标口径(略)

关于调整现金流量类统计指标报送内容有关事项的通知

(2009年2月21日)　保监发〔2009〕15号

各保险公司:

根据保险监管工作的需要,为及时观测行业风险,我会对各公司向《中国保险统计信息系统》中报送的有关现金流量类统计指标的报送频度等内容进行了调整。具体事项如下:

一、新增现金流量类统计指标

新增四项统计指标,具体为:“a70130002 收到的其他与投资活动有关的现金－其中:返售金融资产收到的现金”、“a70170002 支付其他与投资活动有关的现金－其中:买入返售金融资产支付的现金”、“a70200002 收到的其他与筹资活动有关的现金－其中:卖出回购金融资产收到的现金”、“a70230002 支付的其他与筹资活动有关的现金－其中:回购金融资产支付的现金”(详见附件1)。上述新增指标口径参照财政部颁布的《企业会计准则》的有关要求。

根据新增指标的内容,调整现金流量报表中有关指标的取值关系(详见附件2)。

二、调整现金流量类统计指标的报送频度

现金流量统计指标由目前按季度、半年、年、年度报送,调整为按月、季度、半年、年、年度报送(详见附件3)。其中,按月报报送时,报送数据的机构为总公司(一级机构);按季度、半年、年、年度进行报送时,报送数据的机构为总公司和省分公司(一级机构和二级机构)。同时,按照调整后的统计指标报送频度调整现金流量统计指标相关校验关系频度(详见附件4)。

三、报送要求

各公司应于2009年3月向我会报送2009年2月月报时,按照本次调整的内容,报送包括新增指标在内的全部现金流量统计指标。

四、其他要求

各保险公司应组织协调好有关部门,认真做好现金流量统计指标的报送准备工作,按时保质的完成相关指标的报送工作。在报送过程中,如存在有关问题,请及时与我会统计信息部联系。

联 系 人:吕晓莉

联系电话:010-66286583

附件:1.新增的统计指标(略)

2.现金流量表取值关系(略)

3.报送频度调整的保险统计指标(略)

4.调整的校验关系(略)

关于发布《2009版保险术语》行业标准的通知

(2009年3月2日) 保监发〔2009〕29号

各保监局,保监会机关各部门,各保险公司、保险资产管理公司、保险专业中介机构,国有保险公司监事会,中国保险行业协会、中国保险学会,全国金融标准化技术委员会保险分技术委员会:

全国金融标准化技术委员会保险分技术委员会(以下简称保标委)制定了《2009版保险术语》行业标准(标准编号为JR/T0032-2009),并通过了审查,按照《全国金融标准化技术委员会保险分技术委员会章程》,现予以发布,请遵照执行。

联 系 人:张炎、李伟华

电　　话:010-66290330,010-66286109　传　　真:010-66290335

电子邮件:biaozhun@iachina.cn

关于发布《保险公司统计分析指标体系规范》行业标准的通知

（2009 年 3 月 2 日） 保监发〔2009〕30 号

各保监局，保监会机关各部门，各保险公司、保险资产管理公司、保险专业中介机构，国有保险公司监事会，中国保险行业协会、中国保险学会，全国金融标准化技术委员会保险分技术委员会：

全国金融标准化技术委员会保险分技术委员会（以下简称保标委）制定了《保险公司统计分析指标体系规范》行业标准（标准编号为 JR/T0047－2009），并通过了审查，按照《全国金融标准化技术委员会保险分技术委员会章程》，现予以发布，请遵照执行。

联 系 人：张炎、李伟华

电　　话：010－66290330，010－66286109　传　　真：010－66290335

电子邮件：biaozhun@ iachina. cn

关于发布《保险基础数据模型》行业标准的通知

（2009 年 3 月 2 日） 保监发〔2009〕31 号

各保监局，保监会机关各部门，各保险公司、保险资产管理公司、保险专业中介机构，国有保险公司监事会，中国保险行业协会、中国保险学会，全国金融标准化技术委员会保险分技术委员会：

全国金融标准化技术委员会保险分技术委员会（以下简称保标委）制定了《保险基础数据模型》行业标准（标准编号为 JR/T0048－2009），并通过了审查，按照《全国金融标准化技术委员会保险分技术委员会章程》，现予以发布，请遵照执行。

联 系 人：张炎、李伟华

电　　话：010－66290330，010－66286109　传　　真：010－66290335

电子邮件：biaozhun@ iachina. cn

关于发布《寿险柜面服务规范》行业标准的通知

（2009年3月2日） 保监发〔2009〕32号

各保监局，保监会机关各部门，各保险公司、保险资产管理公司、保险专业中介机构，国有保险公司监事会，中国保险行业协会、中国保险学会，全国金融标准化技术委员会保险分技术委员会：

全国金融标准化技术委员会保险分技术委员会（以下简称保标委）制定了《寿险柜面服务规范》行业标准（标准编号分别为JR/T0049－2009），并通过了审查，按照《全国金融标准化技术委员会保险分技术委员会章程》，现予以发布，请遵照执行。

联 系 人：张炎、李伟华

电　　话：010－66290330，010－66286109　传　　真：010－66290335

电子邮件：biaozhun@ iachina. cn

关于发布《寿险单证》行业标准的通知

（2009年3月2日） 保监发〔2009〕33号

各保监局，保监会机关各部门，各保险公司、保险资产管理公司、保险专业中介机构，国有保险公司监事会，中国保险行业协会、中国保险学会，全国金融标准化技术委员会保险分技术委员会：

全国金融标准化技术委员会保险分技术委员会（以下简称保标委）制定了《寿险单证》行业标准（标准编号为JR/T0050－2009），并通过了审查，按照《全国金融标准化技术委员会保险分技术委员会章程》，现予以发布，请遵照执行。

联 系 人：张炎、李伟华

电　　话：010－66290330，010－66286109　传　　真：010－66290335

电子邮件：biaozhun@ iachina. cn

关于发布《产险单证》行业标准的通知

（2009 年 3 月 2 日） 保监发〔2009〕34 号

各保监局，保监会机关各部门，各保险公司、保险资产管理公司、保险专业中介机构，国有保险公司监事会，中国保险行业协会、中国保险学会，全国金融标准化技术委员会保险分技术委员会：

全国金融标准化技术委员会保险分技术委员会（以下简称保标委）制定了《产险单证》行业标准（标准编号为 JR/T0051－2009），并通过了审查，按照《全国金融标准化技术委员会保险分技术委员会章程》，现予以发布，请遵照执行。

联 系 人：张炎、李伟华

电　　话：010－66290330，010－66286109　传　　真：010－66290335

电子邮件：biaozhun@iachina.cn

关于发布《机动车保险数据交换规范》行业标准的通知

（2009 年 4 月 3 日） 保监发〔2009〕51 号

各保监局、保监会机关各部门，各保险公司、保险资产管理公司、保险专业中介机构，国有保险公司监事会、中国保险行业协会、中国保险学会，全国金融标准化技术委员会保险分技术委员会：

全国金融标准化技术委员会保险分技术委员会（以下简称保标委）制定了《机动车保险数据交换规范》（标准编号为 JR/T0053－2009），并通过了审查，按照《全国金融标准化技术委员会保险分技术委员会章程》，现予以发布，请遵照执行。

联 系 人：张炎、李伟华

电　　话：010－66290330，010－66286109　传　　真：010－66290335

电子邮件：biaozhun@iachina.cn

关于发布《巨灾保险数据采集规范》行业标准的通知

（2009年4月3日）　保监发〔2009〕52号

各保监局、保监会机关各部门，各保险公司、保险资产管理公司、保险专业中介机构，国有保险公司监事会、中国保险行业协会、中国保险学会，全国金融标准化技术委员会保险分技术委员会：

全国金融标准化技术委员会保险分技术委员会（以下简称保标委）制定了《巨灾保险数据采集规范》（标准编号为JR/T0054－2009），并通过了审查，按照《全国金融标准化技术委员会保险分技术委员会章程》，现予以发布，请遵照执行。

联 系 人：张炎、李伟华

电　　话：010－66290330，010－66286109　传　　真：010－66290335

电子邮件：biaozhun@iachina.cn

关于开展保险业境外机构定期统计调查工作的通知

（2010年6月18日）　保监厅发〔2010〕47号

各保险公司、保险资产管理公司：

为全面了解保险业对外直接投资的规模和结构，以及保险业境外机构的经营情况，为及时分析保险业对外直接投资发展趋势、制定相关政策和实施监督管理提供依据，我会决定开展保险业境外机构定期统计调查工作。现就有关事项通知如下：

一、统计调查对象

境外机构定期统计调查的对象是国内保险机构以现金、实物、无形资产等方式在国外及港澳台地区设立、购买并且拥有或控制其10%或以上股权的各类企业或机构（以下简称境外机构），包括境外子公司（一级子公司，不含子公司的下属公司）、分公司、联营公司、代表处和办事处等。

二、统计调查内容

（一）境外机构的名称、业务范围、股权投资情况、员工人数等基本信息（详见附件1）；

（二）境外机构的营业收入、营业支出、经营利润、资产总额等业务、财务信息（详见附件2）。

三、统计调查频度及报送内容

调查频度分为年度和季度。

（一）年度报送的内容包括基本信息（附件1）和业务、财务信息（附件2），时点指标的调查时点为当年12月31日，时期指标的调查时期为当年1月1日至12月31日。

各保险机构均需报送年度报表，没有境外机构的公司应回函说明。

（二）季度报送的内容为业务、财务信息，时点指标的调查时点分别为3月31日、6月30日、9月30日和12月31日，时期指标的调查时期分别为1月1日至3月31日、1月1日至6月30日、1月1日至9月30日、1月1日至12月31日。

没有境外机构的公司无需报送季度报表。

四、调查数据口径要求

调查采集的财务数据均需按中国会计准则进行调整。其中，年度报数据为年度决算数据，季度报数据可以不经外部审计。

财务数据币种折算按《关于印发〈保险外币统计币种及折算汇率管理办法〉的通知》（保监发〔2006〕126号）规定执行。

五、报送时间及方式

各公司应将填报完毕的调查表通过中国保险统计信息系统"数据采集—文件上传—其他文件"上传方式报送至我会，同时上报加盖公司印章的正式书面材料。

年度数据的报送时间为每年6月底前；季度数据的报送时间为季后20日内，遇法定节假日按中国保监会有关规定顺延。

六、报表下载

请各公司登陆中国保险统计信息系统，在"公告板"下载附件（调查表电子版），并严格按照原表格式填报数据。请集团公司下载附件后及时提供给不能直接登陆中国保险统计信息系统的保险子公司。

七、其他要求

（一）集团（控股）公司负责汇总上报整个集团对外直接投资和境外机构的经营情况，各子公司不再另行报送。

（二）友邦各分公司情况由友邦上海统一汇总上报。

联 系 人：朴雅琳

联系电话：010－66286568

附件：1. 保险业境外机构基本情况调查表（表一）（略）

　　　2. 保险业境外机构经营情况调查表（表二）（略）

关于印发《保险资产管理公司统计制度》的通知

（2010年10月8日） 保监发〔2010〕85号

保险资产管理公司：

为进一步加强保险资产管理公司统计工作，全面反映保险资产管理公司经营情况，我会制定了《保险资产管理公司统计制度》，现印发给你们，请遵照执行。

执行过程中如有问题，请及时与我会统计信息部联系。

联 系 人：李强

电　　话：010－66286100　传　　真：010－66288110

邮　　箱：tjzdc@circ.gov.cn

保险资产管理公司统计制度

一、适用范围

各保险资产管理公司。

二、实施时间

各公司应自2011年1月1日起执行保险资产管理公司统计制度。

三、报送内容

保险资产管理公司受托资金来源和受托保险资金运用等情况。

保险资产管理公司受托保险资金来源及运用的填报口径为独立账户、非独立账户的汇总数据。

具体内容见附件。

四、报送方式

各公司应按照“全科目、大集中”的方式，通过中国保险统计信息系统，向我会报送保险资产管理公司统计数据。

五、报送频度和报送层级

各公司应按照附件二中标注的报送频度和报送层级，分别向中国保险统计信息系统报送月报、季报、半年报和年报统计指标。

六、测试要求

2010年12月至2011年1月，各公司可登陆我会中国保险统计信息系统测试库，对保险资产管理公司统计制度的相关统计信息进行数据测试。测试通知另行发布。

七、报送要求

各公司应高度重视保险资产管理公司统计制度实施工作，协调各有关部门，及时修改中国保险统计信息系统的对接系统。

各公司应严格按照本制度规定，及时报送统计信息，确保数据的真实、准确和完整。未经批准，不得迟报统计信息。

各公司要加强资金运用统计分析研究工作，并按季度撰写资金运用分析报告，分析报告对象为受托管理保险资金，报送时间为下一季度前12日内，报告电子版发至上述联系人邮箱。

八、其他说明

保险资产管理公司自有资金运用统计比照保险公司资金运用统计制度执行。

本制度未特别说明的事项，按现行统计规定执行。

附件一：保险资产管理公司统计制度业务分类及统计指标框架图（略）

附件二：保险资产管理公司统计制度统计指标（略）

附件三：

保险资产管理公司统计制度业务分类与统计指标口径说明

保险资产管理公司统计制度主要由两部分组成：一是新增受托业务统计，包括受托资金来源统计和受托保险资金运用统计；二是修订完善自有资金统计。本说明仅适用于受托业务的统计分类及指标。自有资金部分比照保险公司资金运用统计制度执行。

一、业务分类

1. 受托资金来源

保险资产管理公司受托管理资金来源包括受托管理保险资金和受托管理非保险资金。

1.1 受托管理保险资金

受托管理保险资金包括系统内资金、第三方专户理财和本公司发行的资产管理公司产品。

1.2 受托管理非保险资金

根据重要性原则，受托管理非保险资金仅指企业年金。

1.3 本公司发行的保险资产管理公司产品

本公司发行的保险资产管理公司产品包含证券类产品和间接投资基础设施

计划。

1.4 间接投资基础设施计划

间接投资基础设施计划包括债权计划和股权计划。

1.5 受托保险资金购买的本公司产品

对于单一公司,该分类指受托管理保险资金所购买的本公司发行的产品(包括证券类产品和基础设施计划)。在报表取值上分别通过“资产管理公司产品—本公司产品”、“长期股权投资—信托计划—保险资产管理公司计划—本公司计划”和“贷款—信托计划—保险资产管理公司计划—本公司计划”等明细科目来反映。

1.6 受托保险资金购买的保险资产管理公司产品

对于行业汇总,该分类指全行业的受托管理保险资金所购买的保险资产管理公司所发行的产品(包括证券类产品和基础设施计划)。在报表取值上通过“资产管理公司产品”、“长期股权投资—信托计划—保险资产管理公司计划”和“贷款—信托计划—保险资产管理公司计划”等明细科目来反映。

2. 其他业务

指未归入保险资产管理公司自有资金、保险资产管理公司受托管理资产的其他投资顾问、投行业务、投资研究咨询等业务。

2.1 投资顾问

投资顾问包括信托产品、银行理财产品、QFII 和其他业务。

2.2 投行业务

投行业务包括债券承销和其他业务。

3. 受托管理保险资金运用

受托管理保险资金运用的业务分类总体上比照保险公司资金运用统计制度执行,但个别业务分类的填报口径有所不同。

3.1 保险资产管理公司产品

保险公司资金运用统计制度中的保险资产管理公司产品仅指证券类产品。对资产管理公司而言,根据不重不漏的统计原则,单一公司的受托资金运用业务分类中包括保险资产管理公司产品,填报口径为保险资产管理公司受托资金所购买的其他公司证券类产品,报表取值通过“资产管理公司产品—其他公司产品”科目反映;行业汇总的受托资金运用业务分类中则不包括保险资产管理公司产品。

3.2 股权计划

股权计划需要区分单一公司和行业汇总。对单一公司,仅指本公司发行的股权计划和本公司受托资金所购买的其他公司发行的股权计划,报表取值通过“长期股权投资—信托计划—其中:本公司发行”、“长期股权投资—信托计划—保险资产管理公司计划—其他公司计划”、“长期股权投资—信托计划—行业外公司计划”3个科目加总实现；对行业汇总，仅指行业内公司所发行的股权计划和行业受托资金所购买的行业外其他公司发行的股权计划，通过“长期股权投资—信托计划—其中：本公司发行”和“长期股权投资—信托计划—行业外公司计划”2个科目加总实现。

3.3 债权计划

债权计划需要区分单一公司和行业汇总。对单一公司，仅指本公司发行的债权计划和本公司受托资金所购买的其他公司发行的债权计划，报表取值通过“贷款—信托计划—其中：本公司发行”、“贷款—信托计划—保险资产管理公司计划—其他公司计划”和“贷款—信托计划—行业外公司计划”3个科目加总实现；对行业汇总，仅指行业内公司所发行的债权计划和行业受托资金所购买的行业外其他公司发行的债权计划，通过“贷款—信托计划—其中：本公司发行”和“贷款—信托计划—行业外公司计划”2个科目加总实现。

3.4 间接投资基础设施计划

间接投资基础设施计划包括债权计划和股权计划，对单一公司，仅指本公司发行的计划和本公司受托资金所购买的其他公司发行的计划；对行业，仅指行业内公司所发行的计划和行业受托资金所购买的行业外其他公司发行的计划。

二、统计指标

1. 客户数量

受托管理保险资金的客户数量基于实际公司数填列，企业年金计划按实际加入该计划的委托人填列。

2. 管理资产规模

管理资产规模的填报口径为账面余额，包括卖出回购证券款，与受托管理保险资金运用表中的资金运用余额（帐面余额）相一致。企业年金的管理资产规模的填报口径同保险资金。

此外，根据不重不漏的统计原则，受托管理保险资金购买的本公司产品，在受托资金来源统计表（单一公司）中作为抵减项处理；受托保险资金购买的保险资产管理公司产品，在受托资金来源统计表（行业）中作为抵减项处理。

3. 产品数量

指保险资产管理公司开展投资顾问业务的产品数量。

4. 业务收入

指保险资产管理公司开展投资顾问、投行业务、投资研究咨询等业务取得的收入，在统计报表中通过“资产管理费收入”明细科目反映。

附件四：保险资产管理公司统计制度指标校验关系（略）

附件五：保险资产管理公司统计制度统计报表取值关系（略）

表1:保险资产管理公司受托资金来源统计表(单一公司)
表2:保险资产管理公司受托资金来源统计表(行业)
表3:保险资产管理公司其他业务统计表
表4:保险资产管理公司受托管理保险资金运用表(单一公司)
表5:保险资产管理公司受托管理保险资金运用表(行业)

关于印发《保险公司资金运用统计制度》的通知

(2010年10月8日) 保监发〔2010〕86号

各保险集团(控股)公司、保险公司、保险资产管理公司:

为全面统计保险公司资金运用情况,科学制定相关政策措施,我会制定了《保险公司资金运用统计制度》,现印发给你们,请遵照执行。

执行过程中如有问题,请及时与我会统计信息部联系。

联 系 人:李强

电　　话:010－66286100　传　　真:010－66288110

邮　　箱:tjzdc@ circ. gov. cn

保险公司资金运用统计制度

一、适用范围

各保险集团(控股)公司、各保险公司。

保险资产管理公司自有资金运用统计比照本制度执行。

二、实施时间

各公司应自2011年1月1日起执行保险公司资金运用统计制度。

三、报送内容

根据保险业实施《企业会计准则解释第2号》的有关要求,保险公司资金运用统计指标分为独立账户统计指标和非独立账户统计指标。具体内容见附件。

四、报送方式

各公司应按照"全科目、大集中"的方式,通过中国保险统计信息系统,向我会报送保险公司资金运用统计数据。

五、报送频度和报送层级

各公司应按照附件二中标注的报送频度和报送层级，分别向中国保险统计信息系统报送月报、季报、半年报和年报统计指标。

六、测试要求

2010年12月至2011年1月，各公司可登陆我会中国保险统计信息系统测试库，对保险公司资金运用统计制度的相关统计信息进行数据测试。测试通知另行发布。

七、报送要求

各公司应高度重视保险公司资金运用统计制度实施工作，协调各有关部门，及时修改中国保险统计信息系统的对接系统。

各公司应严格按照本制度规定，及时报送统计信息，确保数据的真实、准确和完整。未经批准，不得迟报统计信息。

八、其他说明

本制度未特别说明的事项，按现行统计规定执行。

附件一：保险公司资金运用统计制度业务分类及统计指标框架图（略）

附件二：保险公司资金运用统计制度统计指标（略）

附件三：

保险公司资金运用统计制度业务分类与统计指标口径说明

本说明仅适用本次保险公司资金运用统计制度新增及调整的业务分类及统计指标，其他未特别说明事项，按现行统计制度执行。

一、业务分类

1. 地方政府债券

地方政府债券归入国债业务分类项下统计。

2. 商业银行次级定期债务、保险公司次级定期债务

填报口径比照《保险机构投资者债券投资管理暂行办法》（保监发〔2005〕72号）执行。

3. 企业（公司）债

将企业（公司）债分类由可转债、短期融资券、其他企业债调整为企业债、公司债、可转换公司债、短期融资券、中期票据、其他企业债。调整其他企业债的填报口径。无担保企业债券作为其中项列示。

3.1 可分离交易转债

填报口径比照《关于保险机构投资认股权和债券分类交易可转换公司债券的

通知》(保监资金〔2007〕338)执行。

3.2 中期票据

填报口径比照《关于增加保险机构债券投资品种的通知》(保监发〔2009〕42号)执行。

3.3 无担保企业债券

填报口径比照《关于保险机构投资无担保企业债券有关事宜的通知》(保监发〔2009〕132号)执行。

4. 证券投资基金

证券投资基金采用两个并列分类纬度。保留现行的封闭式、开放式分类。新增境内基金分类,包括股票基金、混合基金、债券基金、货币市场基金、其他基金。分类标准比照《证券投资基金运作管理办法》(证监会令〔2004〕21号)执行。

4.1 股票基金

60%以上的基金资产投资于股票的基金;

4.2 债券基金

80%以上的基金资产投资于债券的基金;

4.3 货币市场基金

仅投资于货币市场工具的基金;

4.4 混合基金

投资于股票、债券和货币市场工具,并且股票投资和债券投资的比例不符合股票基金、债券基金规定的基金;

4.5 其他基金

中国证监会规定的其他基金类别。

5. 股票

新增境内股票行业分类,包括农林牧渔业、采掘业、制造业、电力煤气及水的生产和供应、建筑业、交通运输仓储业、信息技术业、批发和零售贸易、金融保险业、房地产业、社会服务业、传播与文化、综合类。分类标准比照《上市公司行业分类指引》(证监信息字〔2001〕1号)执行。

6. 间接投资基础设施计划

间接投资基础设施计划在主体上包含所有主体(保险资产管理公司及以外主体)发行的计划,形式上包括股权计划和债权计划。根据不重不漏的统计原则,股权计划和债权计划分别通过长期股权投资和贷款分类反映。间接投资基础设施计划的填报口径比照《保险资金间接投资基础设施项目试点管理办法》(保监会令〔2006〕1号)执行。

7. 长期股权投资

根据不重不漏的统计原则，长期股权投资包括上市、非上市公司股权和股权计划，不包括资产管理公司以该股权作为基础资产设立的证券化产品。股权计划指间接投资基础设施股权计划，通过“长期股权投资—信托计划”科目反映。

8. 债权计划

根据不重不漏的统计原则，债权计划归入贷款分类，通过“贷款—信托计划”科目反映。

9. 资产管理公司产品

根据不重不漏的统计原则，资产管理公司产品仅指资产管理公司发行的证券类产品。间接投资基础设施股权计划和债权计划分别归入长期股权投资和贷款。

10. 外币境外投资

新增外币境外投资业务分类，分类标准比照《保险资金境外投资管理暂行办法》（保监会令〔2007〕2 号）执行。

二、统计指标

1. 交易量

交易量是反映境内常规业务的买入卖出等交易行为的指标，包括买入成交量、买入成交金额、卖出成交量、卖出成交金额。

2. 综合收益率

综合收益率指保险公司投资类资产在报告期内产生的总收益与资金运用平均余额的比率。

综合收益率 =（投资收益 + 公允价值变动损益 + 其他收益 + 可供出售类金融资产公允价值变动额 - 资产减值损失）/资金运用平均余额 ×100%。

可供出售类金融资产公允价值变动额指本年发生额。

资金运用平均余额采用账面余额口径，为月算术平均余额。比如：1 月资金运用平均余额 =（去年年底资金运用余额 +1 月底资金运用余额）/2，2 月资金运用平均余额 =（去年年底资金运用余额 +1 月底资金运用余额 +2 月底资金运用余额）/3，依次类推。具体要求参见《关于加强统计数据信息报送工作管理有关事项通知》（保监统信〔2006〕1348 号）。

3. 资金运用净额

资金运用净额 = 资金运用余额 - 卖出回购金融资产款。

附件四：保险公司资金运用统计制度指标校验关系（略）

附件五：保险公司资金运用统计制度报表取值关系（略）

表 1：保险公司资金运用表（2010）

表 2：保险公司独立帐户资金运用表（2010）

表3:保险公司债券投资情况表(2010)

表4:保险公司境内股票投资情况表(2010)

表5:保险公司境内基金投资情况表(2010)

表6:保险公司境内常规业务交易量情况表(2010)

表7:保险公司外币境外投资情况统计表(2010)

关于印发《大病保险统计制度(试行)》的通知

(2013年10月11日) 保监发〔2013〕77号

各保险公司、各保监局:

为掌握保险公司大病保险业务开办情况,科学制定相关政策措施,我会研究制定了《大病保险统计制度(试行)》。现予印发,请遵照执行。

各保监局、保险公司要高度重视大病保险统计报表填报工作,严格按照本制度规定的指标、口径及要求报送统计数据,确保大病保险统计数据真实、准确和完整。

首次报送2013年3季度大病保险统计报表的时间可延迟至2013年11月30日。各保监局、保险公司应同时向保监会报送大病保险统计联系人信息,包括填表人、部门级负责人(保监局为处级)姓名、职务、联系电话及手机号码。今后,如相关联系人变更,应及时向保监会报告。

大病保险统计制度(试行)

一、总说明

(一)统计内容

大病保险统计包括3张报表(见附表)。其中,表1为保险公司大病保险统计简表,包括项目数、期末有效承保人数、原保险保费收入、应收保费、赔付支出、赔付人次和赔付人数等统计指标。表2为大病保险业务利润表,主要反映大病保险经营损益情况。表3为保监局大病保险开办情况统计表,包括项目数、开办地市数、开办县区数等指标。

(二)报送单位

开展大病保险业务的保险公司总公司向我会统计信息部报送表1和表2,其中,表2同时报全国和省(自治区、直辖市,计划单列市)两级数据。各保监局报送

表3。

（三）报送方式

本制度采用电子报表方式进行报送，电子报表使用我会下发的标准格式EXCEL报表。其中，保险公司报送的电子报表文件名称为“×年×季度×××保险公司大病保险统计报表”，文件内各Sheet分别为保险公司大病保险统计简表、大病保险业务利润表（总公司及各省级分公司）。文件名中，保险公司名称应使用统一简称，详见附表4。文件名示例：2013年3季度国寿股份大病保险统计报表。保监局报送的电子报表文件名称为“×年×季度×××保监局大病保险开办情况统计表”。各保监局、保险公司通过中国保险统计信息系统“其他文件上传”功能报送大病保险统计报表。

（四）报送频度

大病保险统计报表报送频度为季报。各保监局、保险公司应于下一季度的前12日内报送报表，遇“十一”、春节长假可顺延3日。

二、填报口径

1. 大病保险：指为提高城乡居民医疗保障水平，在基本医疗保障的基础上，对城乡居民患大病发生的高额医疗费用给予进一步保障的一项制度性安排。本制度适用于保险公司依照《关于开展城乡居民大病保险工作的指导意见》（发改社会〔2012〕2605号）和《保险公司城乡居民大病保险业务管理暂行办法》（保监发〔2013〕19号）开办的大病保险业务。大病保险业务应具备以下特征：第一，保费来源于基本医保基金；第二，由符合经营资质的商业保险公司以大病保险专属产品承保（六部委文件出台后，2013年4月大病保险示范条款发布前签订的仍使用原团体医疗保险条款的大病保险业务也归入大病保险统计）；第三，本制度涉及的大病保险统计指标以签署大病保险业务协议为准。

2. 项目数：指保险公司开办大病保险业务的项目数量，包括以县（县级市、地级市的市辖区以及直辖市的市辖区）、地级市（州、盟、地区）、省（自治区、直辖市，计划单列市）为统筹地区的项目数量。各地大病保险如实行统一招标、统一保费标准、统一与保险公司（可为一家或数家保险公司）签署协议，则视为一个大病保险项目。如一个统筹地区由多家保险公司共同开办大病保险业务，则保监局报送的本指标应做合并处理，避免重复统计。

3. 开办地市数：指保险公司开办大病保险业务覆盖的地级行政区划数量，包括地级市（州、盟、地区）等。本指标应不大于辖区地级行政区划数。如一个地级行政区由多家保险公司共同开办大病保险业务，则保监局报送的本指标应做合并处理，避免重复统计。如地市层级未全面开办大病保险业务，但其下辖的县区先试点开办，则该地市也要填报为开办地市。

4. 开办县区数：指保险公司开办大病保险业务覆盖的县级行政区划数量，包括县、县级市、地级市的市辖区以及直辖市的市辖区等。本指标应不大于辖区县级行政区划数。如一个县级行政区由多家保险公司共同开办大病保险业务，则保监局报送的本指标应做合并处理，避免重复统计。

5. 赔付人次：指统计期内保险公司累计发生的大病保险已决赔付人次。

6. 赔付人数：指统计期内保险公司累计发生的大病保险已决赔付人数。

7. 共同开办：指一个统筹区域内由多家保险公司开办大病保险业务，各保险公司一般是按照行政区划开办大病保险业务。

8. 共保：指两个或两个以上保险人使用同一保险合同，对同一保险标的共同承保，并共同签发保单。对于共保业务，由主承保人报送表1及表2，保监局报送表3。

9. 业务及管理费包括大病保险业务专属费用和分摊的共同费用，在大病保险费用分摊实施细则出台前，业务及管理费、分摊的投资收益两个指标遵照《保险公司费用分摊指引》（保监发〔2006〕90号）执行。如大病保险资金未上划总公司统一运用，则分摊的投资收益指标填报利息收入。

其他未做特别说明的统计指标填报口径参照现行保险统计制度执行。

项目数、开办地市数、开办县区数、期末有效承保人数、应收保费为报告期末时点数。原保险保费收入、赔付支出、赔付人次、赔付人数和大病保险利润表统计指标为时期数，填报年初至报告期累计数。

项目数、开办地市数、开办县区数的统计单位为个，期末有效承保人数、赔付人次和赔付人数的统计单位为万人，原保险保费收入、赔付支出、应收保费和大病保险利润表统计指标的统计单位为万元，小数点后保留2位。

附表：1. 保险公司大病保险统计简表（略）

2. 大病保险业务利润表（略）

3. 保监局大病保险开办情况统计表（略）

4. 保险公司简称一览表（略）

信息安全

关于进一步加强保险系统信息安全保障工作的通知

（2004年6月9日） 保监发〔2004〕62号

各保险集团公司、保险公司、保险资产管理公司：

随着信息技术在我国保险业的广泛应用，保险业信息化程度越来越高，对信息技术的依赖程度越来越大，网络与信息系统的基础性、全局性作用日益增强，信息安全问题已成为保险业发展中的重要问题。为加强保险业信息安全保障工作，进一步防范和化解风险，现就有关事项通知如下：

一、提高认识，加强对信息安全保障工作的领导，落实责任

近年来，保险系统加大了对信息安全保障工作的投入，制订了相关规章制度，基本保证了保险业务安全稳定连续运行。但是必须看到，保险系统的信息安全保障工作还存在一些亟待解决的问题：对新时期安全问题认识不够充分，技术储备及经验不足，应对能力不强；安全管理人才缺乏和安全管理机制不健全；安全保障的体系化建设程度不高等。与此同时，病毒入侵、网络攻击等造成的安全问题仍时有发生，随着信息化的逐步推进，信息安全还将面临更多新的挑战。

保险信息安全保障工作是关系到保险业持续稳定发展全局的长期任务。保险系统要统一思想，从促进经济发展、维护社会稳定、保障国家安全的高度，充分认识保险信息安全保障工作的极端重要性和长期性，提高忧患意识，增强做好这项工作的紧迫感、责任感。各公司要进一步加强对信息安全保障工作的组织领导，明确主管领导，落实责任部门，设立信息安全管理的专门部门或岗位。

二、建立和完善信息安全保障制度，加强安全管理教育

建立和完善信息安全保障制度是加强保险信息安全保障工作的重要环节。保险系统要依据国家标准规范和有关规定，借鉴国际成功经验和做法，进一步加强信息安全保障工作的制度化建设等基础性工作；要加强内控机制建设，积极进行安全普及教育，增强风险控制和防护能力，逐步建立完善的信息安全保障体系。

三、加强信息安全的预警与日常检查，建立健全信息安全监控体系

保险系统要坚持积极防御、综合防范的指导方针，加强信息安全保障工作，既要看到信息安全风险不可能完全避免，又要看到大量的安全事故是可防可控的；既要及时发现并解决已有的信息安全隐患，又要积极面对新时期可能出现的新问题。

开展对信息安全的风险评估，科学认识信息安全风险和威胁，及时发现信息安全的隐患；制定并落实从预防到日常检查的工作方案，加强对信息安全的监控；逐级建立和进一步规范信息安全通报机制；实施对重要系统、关键设施、关键操作等易造成重大影响的内容和行为的重点监控，建立健全信息安全监控体系，提高预警、防范和处置能力。

四、加快应急处理与重要信息系统灾难备份工作

重大突发事件的应急处理是信息安全保障工作的重要内容。保险系统各单位必须建立健全应急机制，制定应急预案。按照统筹规划、平战结合的原则，建设重要信息系统的灾难备份系统。应急预案和灾难备份系统要定期演练，并不断加以完善。

五、本着求真务实的精神，加大安全投入，保证安全资金落实到位

信息安全保障工作必须有足够的资金支持，各公司要进一步加大对信息安全保障工作的资金投入，保证安全资金落实到位，确保信息安全保障工作的正常进行，达到保守国家秘密、保护保险资产、维护被保险人利益、打击犯罪等目的。同时，要本着求真务实的精神，综合考虑成本和效益，统筹规划，突出重点，有步骤地开展保险信息安全保障工作。

六、加强与有关部门的协调工作，积极参与国家信息安全方面的法制建设

信息安全保障工作涉及面广，各公司要从大局出发，加强与其他单位的经验交流和协调配合，形成合力，共同推进信息化和信息安全建设。当前，信息安全的法制建设正在不断推进，保险系统各单位要不断总结，认真研究，积极参与国家信息安全法制建设。

七、重视人才选拔和培养，加强技术研究和开发

保险系统的信息安全保障工作必须要能够适应全球化和科技进步加快发展的大环境，要坚持解放思想，开拓思路，不断学习信息化发展和信息安全保障的新知识、新经验，加强信息安全关键技术和相关核心技术的研究开发，提高自主创新能力；积极引进优秀的信息技术人才，培养一支高素质的信息安全人才队伍，掌握保险信息安全保障工作的主动权。

关于印发《保险公司分支机构开业统计与信息化建设验收指引》的通知

（2005年5月12日） 保监发〔2005〕44号

各保监局、各保险公司：

为规范保险公司分支机构筹备及开业验收过程中统计与信息化建设方面的工作，根据《中华人民共和国保险法》、《中华人民共和国行政许可法》、《保险公司管理规定》、《外资保险公司管理条例》以及《保险统计管理暂行规定》，我会制订了《保险公司分支机构开业统计与信息化建设验收指引》，现印发给你们，请遵照执行。

保险公司分支机构开业统计与信息化建设验收指引

为指导并规范保险公司分支机构筹建以及开业验收过程中有关统计与信息化建设方面的工作，根据《中华人民共和国保险法》、《中华人民共和国行政许可法》、《保险公司管理规定》、《外资保险公司管理条例》、《保险统计管理暂行规定》等有关规定，制定本指引。

一、总体要求

保险公司分支机构开业时的统计与信息化建设应实现本公司各项主要业务、财务流程的信息化和管理流程的信息化，确保保险信息的及时、正确与安全，保障保险公司分支机构持续、稳定、高效的运营，并满足保险监管部门数据采集的要求。

二、适用范围

各保险公司分公司（不含外国及港、澳、台地区保险公司在华分公司）、中心支公司。支公司、营业部以及营销服务部设立时统计与信息化建设验收由验收单位参照本指引执行。

三、审核和验收标准

（一）保险公司分支机构应设立或指定部门负责统计和信息化工作，明确统计、信息化工作的负责人和联系人。保险公司分公司应配备专职的统计和信息技术人员，中心支公司应设立统计和信息技术岗位；

（二）保险公司分支机构应建立保险统计与信息化工作方面的规章制度，并建立计算机系统故障应急处理机制；

（三）保险公司分支机构应建立较为完备的网络体系，软、硬件系统具有较为完整的安全防护措施，其主要设备和重要通信线路应具有冗余备份，本地存储的重要数据具有安全保密、存储、异地备份措施；

（四）保险公司分支机构经营的所有保险业务应实现信息化管理，核心业务系统、财务系统应采用总公司授权使用的系统平台，业务、财务系统数据实现无缝对接；

（五）保险公司分支机构的信息系统应满足监管部门数据采集、查询的要求；

（六）保险公司分支机构具有独立业务系统的，其计算机机房可以采用自建或托管的形式，但应符合国家关于机房建设的有关标准，并经过消防部门验收。

四、开业验收申请材料

保险公司分支机构开业验收申请中统计和信息化建设的内容应包括以下材料：

（一）负责统计工作的保险公司分支机构负责人、主管统计工作的部门组织结构和人员情况；负责信息化工作的分支机构负责人、主管信息化工作的部门组织结构和人员情况；

（二）保险统计与信息化工作方面的规章制度及计算机系统故障应急处理机制等；

（三）业务、财务系统建设的具体方案，包括业务、财务系统的处理模式、数据集中情况、基本处理流程框架，系统间数据交换关系，各类数据的管理权限等；

（四）总公司出具的关于在分支机构核准开业后的第三个月起，按照有关规定向保险监管机构报送该分支机构数据的承诺书；

（五）向保险监管部门报送各类监管数据的详细流程。若数据由总公司统一生成并报送，应说明数据传递、核对的具体流程；

（六）公司的网络架构和软硬件情况，以及公司在网络、软硬件、数据等方面的安全保障策略；

（七）计算机机房建设情况说明，具有独立业务系统的公司要提供地方消防部门出具的机房消防验收合格证明。

五、验收工作流程

保险公司分支机构开业验收中，统计和信息化建设部分验收的具体内容如下：

（一）材料审核

审核保险公司分支机构开业申请材料中有关统计与信息化建设部分内容。材料不符合要求的，应补齐相关材料。材料审核通过后，方可进行现场验收。

（二）现场验收

1.听取保险公司分支机构负责人关于分支机构筹建过程中保险统计与信息化

建设工作的汇报；

2. 检查保险公司分支机构对保险统计法规的掌握情况及其他统计工作的准备情况；

3. 核查保险公司分支机构业务、财务系统的应用流程和对接情况；

4. 核查保险公司分支机构监管数据的提取、整合和报送工作的具体情况；

5. 核查统计标准是否符合保险监管部门的规定；

6. 核查保险公司分支机构网络架构，以及在网络、软硬件、数据等方面的安全措施。对建有机房的保险公司分支机构，要核查计算机机房建设状况。

（三）验收意见

验收单位作出的保险公司分支机构开业验收意见应包括对该分支机构统计与信息化建设的验收情况和评价。对于未达到验收标准的分支机构应根据中国保监会有关规定要求其整改。

转发国务院信息化工作办公室关于印发《重要信息系统灾难恢复指南》的通知

（2005年5月8日） 保监厅发〔2005〕62号

各保险集团公司、各保险控股公司、各保险公司、各保险资产管理公司：

为进一步加强保险业信息安全保障工作，现将国务院信息化工作办公室《关于印发“重要信息系统灾难恢复指南”的通知》转发给你们，供工作中参考。

关于印发《中国保险业发展“十一五”规划信息化重点专项规划》的通知

（2006 年 12 月 22 日）　保监发〔2006〕125 号

各保监局、机关各部门、各保险集团（控股）公司、各保险公司、各保险资产管理公司：

现将《中国保险业发展“十一五”规划信息化重点专项规划》印发给你们，请遵照执行。

中国保险业发展“十一五”规划信息化重点专项规划

前言

信息化是当今世界保险与其他金融领域发展的重要趋势。信息技术已广泛渗透到保险业发展的各个环节，推动保险业发展达到一个新的高度。保险信息化发展是保险业发展的重要组成部分，是保险业未来发展的战略制高点，关系到保险业发展的全局；信息化水平是衡量一个保险企业核心竞争力、经营管理水平的重要标志。

根据《2006－2020 年国家信息化发展战略》、《国务院关于保险业改革发展的若干意见》和《中国保险业发展“十一五”规划纲要》，结合我国保险业实际，借鉴国际经验，制定《中国保险业发展“十一五”规划信息化重点专项规划》。信息化重点专项规划对我国保险信息化未来五年的发展进行了战略性、宏观性、政策性的规划，是引领保险业加快信息化发展的纲领性文件。

一、现状与基本形势

（一）发展现状

“十五”期间，特别是党的十六大以来，保险业全面贯彻党中央关于“以信息化带动工业化，以工业化促进信息化”的发展战略，坚持科学发展观，稳步推进保险核心运营系统平台的改造、数据大集中、客户服务系统平台建设、信息安全保障体系建设等工作，保险业务自动化的处理水平和管理能力进一步提高，创新能力进一步增强，服务质量进一步改进，信息化水平的提升大大提高了保险业的整体竞争能力和现代化水平。

信息化建设的整体规划不断加强。大部分保险公司依托企业发展战略，借鉴国内外信息化建设的成功经验，引进信息化咨询服务，加强了对信息化建设的整体规划，制订了企业信息化的发展蓝图，推动了保险信息化的稳步进行。

信息化建设的投入不断加大。据不完全统计，2005年保险业信息化资金投入为35.5亿元，占全国保险业务收入的0.72%，其中软件、运维和服务费用占比有所增加，信息化投资结构进一步改善。人员投入有所增加，中国人保、中国人寿、中国太平洋、中国平安等在总、分公司层面都建立了较强的信息化工作队伍。

业务运营平台的改造和优化逐步深入。推进了业务平台的统一化，逐步消除各地区各自为政和系统平台的不一致。加强了业务系统的标准化，促进了业务系统间的信息共享和联机处理，逐步解决业务系统互不支持、信息割裂、信息不能共享的问题。同时，保险投资管理信息化建设取得初步成效。

保险公司数据大集中稳步推进。绝大部分保险公司实现了业务、财务数据处理的全国集中，部分公司完成了业务数据的省级集中或实现了省级业务处理的集中。此外，保险业在稳步推进数据大集中的同时，也加强了对数据质量的控制和数据资产的利用。

客户服务信息系统平台建设不断加强。各保险公司不同层次地建立了各自的客户服务系统平台。中国人保、中国人寿、中国太平洋、中国平安、新华人寿以及泰康人寿等公司都建立了全国统一的客户服务系统并开展咨询、投诉、报案、客户回访、挂失以及电话投保等工作，不同程度地实现了业务系统与客户服务系统的数据共享和联机处理。

保险监管信息化建设取得成效。保险监管机构加强了内外网络的规划改造，建立了办公自动化系统、内网信息平台和门户网站，有效地提高了办公效率和质量；推动了上海、北京车险信息平台的建设；建成了中国保险统计信息系统，初步构建了保险监管机构的统计信息共享平台；研发了保险现场稽核系统，进一步丰富了保险监管手段，为保险现场和非现场监管体系建设打下了坚实基础。

保险信息安全保障体系初步建立。各保险公司不断完善信息安全管理的各项制度、规定，积极开展信息安全教育培训和宣传，加快信息安全基础设施建设。超过50%的公司开展了灾难演习或制订了灾难演习工作计划，中国平安建立了上海数据备份中心，部分公司正在建设异地灾备中心或计划建设异地灾备中心。

但是，保险信息化发展仍然存在许多问题。主要是：思想认识水平有待进一步提高；信息化投入与保险业发展不匹配；信息技术应用的广度和深度不够；制度建设不完善，标准化工作相对滞后；信息安全投入不足，安全保障体系需要进一步完善。

（二）基本形势

随着保险业的快速发展，网络和信息系统的基础性作用日益突出，信息化建设为保险业的创新发展和风险管理提供了有力支撑,成为促进保险业发展,提升保险业核心竞争力的重要保障。未来五年是我国保险业发展的重要时期,特别是《国务院关于保险业改革发展的若干意见》的颁布,为保险业发展描绘了宏伟蓝图,同时也赋予了保险信息化新的历史责任和工作使命。保险信息化的发展面临着机遇和挑战。

一是保险信息化发展的基础环境逐步完善,监管部门对保险信息化的宏观指导不断加强。党中央、国务院高度重视信息化建设,中国保监会也作出了一系列的重要部署。"十五"期间,伴随着国家信息法制建设和标准化建设等基础环境的不断改善,保险业开展了信息化发展战略研究、信息标准体系研究、信息化示范工程以及信息系统密码和密钥规范研究等,取得了一定的成果。成立了保险业标准化技术委员会。各级保险监管机构加大了对保险业信息化建设的指导力度,在保险机构开业信息化验收、信息安全保障工作、灾难备份建设等方面提出了明确的要求,推进和提升了保险业信息化建设的进程和水平。

二是信息技术在国民经济各行业的广泛应用成为保险信息化发展的重要推动力。随着信息技术特别是互联网技术的发展,国民经济和社会的信息化水平不断提高,信息技术在金融行业的应用更加广泛和深入。当前,保险业与银行业、证券业之间关系越来越紧密,业务往来越来越频繁,这必将推动保险信息化加速发展。

三是保险业的持续快速发展对信息化提出了更高的要求。"十五"期间,保险业保持持续高速增长态势,保险业务收入年均增长超过25%,为保险信息化的发展奠定了坚实的客观基础,同时也提出了更高的要求。信息化在保险业务、管理以及决策等方面应用的广度和深度离保险业持续快速发展的需要还有一定的差距,离中央关于"以信息化带动工业化"的要求还有较大的距离,保险信息化发展步入重要的战略机遇期。

四是网络与信息安全形势严峻。信息安全作为一种非传统安全已成为国家安全的重要组成部分,给国家的经济和金融安全带来了严峻的挑战。近年来,国际间在信息网络空间的竞争日趋激烈,经济和金融领域的信息安全事件不断发生。保险业是信息密集型行业,保险信息系统作为国家重要信息系统之一,目前信息安全基础设施建设仍比较薄弱,安全意识较为淡薄,安全管理水平较低,信息安全保障体系不完善,面临着严峻的考验。

二、发展方针与目标

(一)发展方针

大力推进保险信息化,坚持以信息化带动保险业的发展,提升保险业核心竞争力和现代化水平,是实现保险业持续稳定健康快速发展的战略举措。"十一五"时期,推进保险信息化的发展方针是:统筹规划,协调发展,夯实基础,深化应用,求实创新，安全可靠。

统筹规划，协调发展。全面贯彻落实科学发展观，统一筹划保险信息化工作，科学规划信息网络基础设施的建设和信息资源的开发，以应用为导向，不断加强信息资源的利用和共享，促进信息资源的优化配置，实现保险信息化与保险业、信息化建设与信息安全的同步和协调发展。

夯实基础，深化应用。深化信息技术在保险业务经营、管理和决策的应用是保险信息化发展的首要任务。要加快业务财务系统的改造优化，加强管理信息系统的建设和信息资源的开发利用，并通过信息技术推动业务流程再造；要不断完善保险信息制度规范和标准，加强数据中心和网络体系的建设与改造，促进保险信息化发展。

求实创新，安全可靠。推动保险业发展是保险信息化发展的出发点和最终目标，是评价保险信息化发展成效的最高标准。保险信息化发展要立足保险业实际，不断加强自主创新，同时借鉴行业内外的经验教训，避免形式主义、盲目发展和重复建设，要稳步提升信息化的经济效益和管理效益。要加强信息安全基础设施建设，积极运用先进技术，加强管理，提高保险信息系统的安全性和可靠性，促进保险信息化健康发展。

保险信息化发展任重道远，要充分利用国内外市场资源和现有信息化基础，推动技术、管理和制度创新，努力提高自主开发能力，整体推进保险信息化工作，力争后来居上，实现跨越式发展。

（二）发展目标

“十一五”期间，保险信息化水平要迈上新台阶。主要目标是：

信息化整体规划显著增强，信息化管理决策机制不断优化。动态的信息化发展规划机制基本形成，信息化工作的整体性和前瞻性进一步增强。信息化工作流程不断规范，管理与决策趋于优化，科学完备的信息化组织架构和绩效考核体系基本建立，保险信息化治理不断完善。

信息化建设资金投入不断增加，信息化投资结构不断改善。保险信息化建设资金投入逐年增加，信息化能够有力支撑保险业务的快速发展，信息化对于加强风险管控和决策支持的作用显著增强。在加强保险信息化基础设施建设的同时，加大软件、服务和信息化人才队伍建设的投入比例，有效地改善信息化投资结构，促进保险信息化的稳步发展。

“以客户为中心”的业务平台基本建立，业务财务系统实现无缝对接。业务平台实现统一化，主要业务系统的改造和整合取得阶段性成果，系统间的信息共享和联动处理显著改善，基本实现由单元业务管理信息化向集成业务管理信息化的转变，“以客户为中心”的业务平台初步建立。业务财务系统实现无缝对接，业务财务数据的一致性进一步增强。

信息化覆盖面不断扩大,信息技术支撑发展的能力进一步增强。面向产品开发、营销渠道开拓与整合、客户服务和再保险等方面的信息技术应用不断加强,信息化支持“三农”保险发展的能力逐步提高。保险投资管理信息化取得明显成效,资金运用风险的管控能力进一步加强。保险电子商务基础设施建设基本完成,应用范围不断扩大。

管理信息系统建设稳步推进,信息资源开发利用初显成效。信息化在业务管理、内控建设以及风险管理等方面的应用不断深化,逐步实现信息化由内部业务处理和数据管理为主向提高公司经营管理水平、全面优化企业资源配置转变。信息资源的开发利用不断加强,历史数据的清理基本完成,数据质量显著提高,支持保险产品开发、市场营销及客户服务等的力度明显增强。

保险监管信息系统体系基本成型,监管信息化显著加强。建立并完善与偿付能力、公司治理结构和市场行为监管相配套的保险监管信息系统,丰富并改善保险监管手段,进一步提高监管效率,信息化支持监管创新的能力显著增强,监管信息系统体系基本成型。保险监管机构办公自动化环境不断改善,政府门户网站的完善基本完成。

信息安全保障工作切实加强,信息安全保障体系逐步完善。保险信息安全的培训和宣传力度明显加大,安全意识不断强化,安全管理责任制全面落实;信息安全标准体系初步形成,信息安全通报机制、应急机制和灾难恢复计划基本确立并完善,安全基础设施建设不断加强,信息安全的资金投入进一步加大,抵御信息系统灾难的能力切实加强。2010年,信息安全投入达到信息化建设投入的10%,保险网络与核心信息系统无故障运行率不低于99.9%,数据异地备份与系统容灾建设取得显著成效。

保险信息化基础环境不断完善,信息化人才队伍不断壮大。合理的信息化制度体系基本形成,保险基础数据标准基本建立,信息标准体系不断完善;有效的信息化工作交流平台逐步成熟,信息共享与经验交流更加广泛,保险信息化理论与技术研究不断加强;完善的信息化培训体系基本形成,信息化人才的总量和素质基本满足信息化工作的需要。

三、主要任务

(一)完善保险信息化治理机制

依托公司发展战略和目标制订信息化发展的短期和中长期规划,规划要具有开放性和前瞻性,确保信息化建设的稳定性和延续性,体现未来信息技术与企业组织的战略集成。加强信息化建设决策的技术经济论证,建立有效的信息化战略执行评估体系,加强信息化绩效考核,提高信息化建设的质量,保障公司战略目标的实现。

建立公司层面的信息化工作管理、决策与审计机制，适时推进首席信息官制度，优化信息化工作的组织架构，明确各层级信息化工作的职责，规范信息化工作流程，建立既能加强风险管控，又富有弹性的科学的信息化管理架构。

（二）进一步加强信息化基础设施建设

紧跟保险公司集团化发展趋势，充分运用先进的信息网络和通信技术，加强信息资源的利用和共享，逐步实现信息资源的有效配置。推进信息网络的改造和优化，构建具有高可靠性、高稳定性、可扩展性、高安全性、易管理性的高性能的基础网络架构。建立完善的网络安全和管理系统，加强对网络资源的有效管理、监控和维护，保障网络系统的稳定可靠运行。

切实加强数据中心的规划与建设，积极启动并推进灾备中心等基础环境建设，形成企业发展战略的有效支撑，为保险业务发展和信息化建设提供坚实的基础保障。

（三）加快保险业务财务系统改造

根据竞争环境和客户需求的变化，紧跟保险业多元化和综合性的发展趋势，充分利用先进的信息技术对传统业务流程进行优化和再造，不断完善并深化信息技术在承保、理赔、再保以及防灾等环节的应用，加快业务系统的整合与改造，积极推动远程理赔等新的服务方式，建立以客户为中心的业务系统平台。

加快财务系统的改造与优化，加强偿付能力指标体系的应用，强化精算对业务、财务的支持与约束，推进财务系统与业务系统的整合，努力做到业务、财务的协同，基本实现资金流、信息流与业务流的有机整合。

（四）拓宽并完善保险信息化应用

加强并完善保险投资管理信息化建设，不断提高系统可稽性，强化授权管理及预警机制，进一步提高资金运用的风险管控能力。充分运用现代信息技术，提高保险产品的科技含量，加快信息化在营销渠道开拓与整合、再保险等方面的应用，建立功能强大、技术先进的综合客户服务平台，逐步提高信息化服务“三农”保险的能力。

建立并完善门户网站，大力推广保险电子商务，不断扩大并提高电子商务的应用范围和层次，努力使之发展成为对外宣传和客户服务的重要手段，并逐渐成为新的业务增长点。

（五）加强企业管理信息化建设

建立并完善客户关系管理信息系统，加大客户信息资源的开发利用，提高客户服务、市场营销以及产品开发的水平，增强公司差异化竞争的能力。提高公司内控管理的科技含量，逐步将各类单证管理纳入信息化范畴，积极推进信息化在风险管理、决策支持等方面的应用，充分发挥信息化在提高公司经营管理和决策水平方面的作用。

深化信息化在业务流程整合、再造等方面的应用，推进企业资源规划系统建设，逐步实现信息化由内部业务处理和数据管理为主向全面优化企业资源配置转变。

（六）稳步推进保险数据资源利用

整合业务、财务及管理等各类数据资源，合理解决历史数据的清理问题，完善保险基础数据建设，制订科学的数据集中方案，建立高效、统一的数据平台。

树立“数据是资产”的理念，不断提高数据的质量，开展数据模型的研究，充分利用数据仓库及数据挖掘的先进技术，加强数据分析，深入挖掘保险数据资产的潜在价值，为科学设计保险产品，加强核保核赔风险控制，改善经营管理决策，促进保险创新发展提供重要依据。

（七）加快保险监管信息化建设

稳步推进包括偿付能力监管、资金运用监管、条款费率监管、保险机构管理、从业人员管理、市场分析与决策支持以及现场稽查等在内的保险监管信息系统体系建设，建立保险监管基础信息库，不断丰富并完善保险监管手段和工具，加强对保险市场的有效监管并提供决策支持。

大力推进电子政务的基础环境建设，要建立保险行业信息发布平台，促进政务公开和为社会公众服务，积极推进各级保险监管机构办公自动化系统建设，建立监管机构与其他政府部门之间的电子政务信息交流渠道，健全高效统一的办公自动化环境，提高办公自动化水平。

（八）构建信息安全保障体系

坚持信息安全建设与信息化建设同步规划的方针，强调保险信息安全保障工作的重要性和长期性，确保并加大信息安全的投入，积极开展教育培训和宣传，强化信息安全意识，全面落实信息安全管理责任制。

坚持“积极防御、综合防范”的工作方针，进一步加强信息安全基础设施的建设，推进保险信息系统灾难恢复工作，积极开展信息安全风险评估，健全信息安全监控体系和通报机制，完善信息安全管理架构，建立信息安全标准规范，逐步构建完善的信息安全保障体系，实现信息安全保障与信息化建设同步和协调发展。

（九）夯实保险信息化发展基础

借鉴国内外信息化工作的成熟经验，深入研究国际上主流的信息化管理服务的标准规范，建立健全保险信息化管理制度及实施规范，逐步统一并完善信息系统建设和运维的各类标准，打造良好的信息化发展的制度环境。

吸引高素质的信息技术和管理人才，促进高技术人才的合理有序流动。建立较为完善的保险信息化培训体系,加强信息技术的普及培训,着重培养精通保险业务和信息技术的综合型人才以及各类信息化专业技术人才,鼓励信息技术和信息管理人员学习国际先进技术和先进管理经验。

四、政策措施

(一)加强研究,提高认识。整合行业内研究力量,充分利用社会资源,加强保险信息化的理论和技术研究,促进管理创新,为保险信息化的发展提供理论指导和支持。

保险信息化建设是实现保险创新、引领保险改革、提升核心竞争力和防范经营管理风险的重要保证,要提高认识,转变观念,把思想统一到《国务院关于保险业改革发展的若干意见》的精神上来,加强信息技术在保险业的广泛和深入应用,加大信息化建设优秀成果的宣传力度,适时推出保险科技创新激励机制,提高保险科技创新意识和水平,同时要高度重视信息安全保障工作,促进保险业持续稳定健康快速发展。

(二)推动制度建设,完善信息标准。依据国家有关规定和标准规范,逐步加强信息安全管理制度的建设,制订信息安全等级标准,不断完善信息安全应急机制。同时,要推动保险机构信息化相关的制度规范建设,完善信息化工作规范。

标准化工作是保险业持续快速发展的基础保障,要借鉴国内外标准化组织的工作经验,创新并完善标准研究机制,参考国际通用的保险数据标准,从制订保险基础数据、接口数据信息标准着手,完善保险统计数据接口标准,推进保险数据标准的应用,促进保险业信息共享和资源整合。

(三)优化发展环境,加强信息技术风险监管。引导保险机构根据信息化流程改造公司业务流程和组织架构,不断完善保险信息化治理结构。进一步规范新设保险机构的信息化工作,提高市场准入的信息化要求。

信息技术风险监管是及时防范化解保险信息系统风险,提高保险信息化水平,推动保险信息化与保险业的同步和协调发展的重要手段。要逐步将信息技术风险监管纳入保险监管的统一框架之中,建立并完善保险信息技术风险监管体系,加强对保险信息化的日常监管,督促并引导保险机构提高信息技术风险管理水平,促进保险信息化建设整体质量的有效提高和稳定发展。

(四)促进合作,扩大交流。促进并加强保险业与银行、证券等行业以及保险业内在信息化领域的各项合作,积极探索信息技术资源的共享,研究解决保险信息化发展中的重大问题,促进保险信息网络的互联互通和金融信息共享平台建设,加快信息技术在保险业的广泛深入应用,推进保险信息化的发展。

信息化工作交流是促进保险信息化发展,提升保险信息化水平的重要途径,要建立保险信息化交流机制,引进国外保险信息化建设的成功经验,推动保险业内信息化建设先进经验的交流，加强跨行业信息化工作的沟通，组织讨论研究保险信息化面临的关键问题和关键技术，促进保险信息化水平的整体提高。

“十一五”时期是保险业推进信息化进程，提高信息化水平的重要时期。保险信息化要全面贯彻落实科学发展观，紧密围绕保险业又快又好发展和做大做强的宏伟目标，充分利用各种有利条件，发挥各方面的积极性，全面开创保险信息化的新局面，促进保险业发展再上一个新台阶。

关于加强保险业信息化工作重大事项管理的通知

（2007年3月5日） 保监厅发〔2007〕8号

各保险集团（控股）公司、保险公司、保险资产管理公司：

为贯彻落实《中国保险业发展“十一五”规划信息化重点专项规划》，防范化解信息技术风险，进一步加强并规范保险业信息化工作重大事项的管理，现就有关要求通知如下：

一、各公司应高度重视保险信息化工作重大事项的管理，按照“谁主管、谁负责，谁运营、谁负责”的原则，加强组织领导，完善工作机制，落实责任，切实做好重大事项的报告和及时处置工作。

二、各公司应向中国保监会及时报告下列信息化相关的工作及重大事项：

（一）信息化发展战略、规划的正式形成或重大修订；（15个工作日内上报）

（二）信息化工作上一年度总结及本年度工作计划；（每一年度的第一季度内上报）

（三）数据中心、灾备中心新建或迁移计划的正式形成，新数据中心、灾备中心的正式启用；（15个工作日内上报）

（四）对公司经营管理有重大影响的信息系统建设或改造；（随时上报）

（五）公司信息化工作主要负责人、信息技术部门主要负责人和联系人的变更等；（5个工作日内上报）

（六）其他需要报告的重要事项。

三、各公司发生下列网络与信息安全重大事件时，应立即采取措施，妥善处置，并在24小时内向中国保监会报告：

（一）网络中发生有害信息或计算机病毒的大规模传播；

（二）网络或信息系统发生重大系统性故障，造成应用服务中断四小时以上或数据篡改、丢失；

（三）已经确定或可能遭受网络与系统入侵、网络诈骗、网络侵财、网络恐怖等违法犯罪活动；

（四）其他影响网络与信息安全的重大事件。

报告内容包括事件类型、影响范围、损失及危害情况、分析研判结果和已采取的措施等。

四、各公司应于2007年3月31日前将2006年信息化工作总结和2007年工作计划、信息化工作主要负责人、信息技术部门负责人及联系人的联系方式（手机、座机、传真以及邮箱地址）报送中国保监会统计信息部。

联系人：朱培标

联系电话：010－66286106　010－66288109（传真）

24小时值班电话：010－66286355　010－66286688转值班室

关于加强保险中介机构信息化建设的通知

（2007年4月10日）　保监发〔2007〕28号

各保监局、各保险中介机构：

为了加强保险中介机构的信息化建设，提高保险中介机构的经营管理水平，促进保险业持续健康快速发展，根据《中华人民共和国保险法》、《中华人民共和国行政许可法》、《保险代理机构管理规定》、《保险经纪机构管理规定》和《保险公估机构管理规定》，现将保险中介机构信息化建设的有关要求通知如下：

一、充分认识加强保险中介机构信息化建设的重要意义

加强保险中介机构的信息化建设，对实现保险中介行业规范化、专业化经营具有重要意义，有利于提高保险中介行业的整体经营管理水平，增强保险中介机构的自主创新能力，从而提升保险中介机构的核心竞争力。当前我国保险中介行业的信息化建设还处于起步阶段，远远滞后于保险业发展的要求，已经成为影响保险中介行业持续健康发展的重要因素。因此，加强保险中介行业的信息化建设，是实现保险中介行业健康和谐发展的重要举措。

保险中介机构应以业务和财务管理软件的建设为契机，优化业务流程和管理流程，充分发挥信息化建设的综合效能，加强内控建设，切实提高经营管理水平和客户服务水平，促进中介业务健康发展。

二、加强保险中介机构信息化建设的目标任务

（一）建立保险中介业务和财务管理软件。建立业务和财务管理软件是当前保险中介机构信息化建设的首要任务，目的是实现保险中介机构对主要业务、财务流程的信息化管理，确保业务和财务信息的及时、准确与安全，促进保险中介机构及其分支机构持续稳定高效运营。

各保险中介机构应结合自身情况，统筹规划本机构的信息化建设工作。保险中介机构建立业务和财务管理软件的途径包括：自主创新、联合开发或购买商业专用软件等。保险中介业务和财务管理软件应当具备单证管理、客户管理、收付费结算、保险中介服务统一发票管理等基本功能。

（二）加强保险中介业务档案的电子化管理。各保险中介机构及其分支机构除妥善保存纸质业务档案之外，还应当建立完整规范的业务电子档案。良好的数据管理是信息化建设的前提条件，保险中介机构应高度重视业务数据的电子化管理，采取有效措施，保证业务数据的真实、准确和完整，为信息化建设打好坚实基础。

三、保险中介机构信息化建设的实施步骤和要求

（一）自2007年10月1日起，凡是申请设立保险中介机构的单位，应当制订信息化管理制度，具备保险中介业务和财务管理软件，否则将按照有关保险法律法规予以处理。

（二）凡是于2007年10月1日之前设立的保险中介机构及其分支机构，应在2007年10月1日前制订信息化管理制度，配备保险中介业务和财务管理软件，否则将按照有关保险法律法规予以处理。

（三）自2007年10月1日起，各保险中介机构及其分支机构应当按本通知的规定，建立完整规范的业务电子档案，否则将按照有关保险法律法规予以处理。

保险中介机构的信息化建设是一项基础性、系统性的工作，各保监局和各保险中介机构应高度重视，认真组织，确保本通知的各项要求得到贯彻落实。在执行通知的过程中，如有意见及建议，请及时向我会反映。

附件：1. 保险代理机构业务电子档案数据格式（共六张表）（略）
2. 保险代理机构业务电子档案数据格式说明（略）
3. 保险经纪机构业务电子档案数据格式（共八张表）（略）
4. 保险经纪机构业务电子档案数据格式说明（略）
5. 保险公估机构业务电子档案数据格式（共四张表）（略）
6. 保险公估机构业务电子档案数据格式说明（略）

关于开展保险业信息系统安全等级保护定级工作的通知

（2007年9月6日） 保监厅发〔2007〕45号

各保监局，各保险公司、保险资产管理公司，中国保险行业协会：

为贯彻落实国家信息安全等级保护制度，按照《关于开展全国重要信息系统安全等级保护定级工作的通知》（公信安〔2007〕861号）要求，中国保监会将在保险行业内开展信息系统安全等级保护定级工作。现将有关事项通知如下：

一、等级保护定级工作的要求及组织方式

各单位应按照“准确定级、严格审批、及时备案、认真整改、科学测评”的要求和“自主定级、自主保护”的工作原则，成立相应的领导及实施机构，结合本单位的实际情况，准确开展信息系统等级保护定级工作。

保监会成立等级保护定级工作领导小组，统一领导、解决保险行业信息安全等级保护定级工作中的重大问题；保监会等级保护定级工作领导小组下设办公室，具体负责保监会机关信息系统等级保护定级的具体实施工作和行业定级工作的指导审核。

各保监局负责本局内独立运行的信息系统等级保护定级工作，并对各自辖区内的保险公司分支机构的等级保护定级工作进行指导审核。

各保险集团公司、保险控股公司负责本公司信息系统等级保护定级工作以及其下属子公司信息系统等级保护定级工作的组织协调和指导。各保险总公司统一部署本公司和分公司的信息系统等级保护定级工作。

二、定级工作安排及定级范围

（一）定级工作安排

为稳妥做好等级保护定级工作，拟在保险行业内分步分批实施。

保险行业第一批定级单位包括：保监会及各保监局，中国保险行业协会，中国人民保险集团公司、中国人寿保险（集团）公司、中国再保险（集团）公司、中国出口信用保险公司、民生人寿保险股份有限公司、阳光保险控股股份有限公司、中国平安保险（集团）股份有限公司、中国太平洋（集团）股份有限公司及其下属各子公司和分公司。

其余公司作为第二批定级单位（具体时间安排另行通知）。

（二）定级范围

1. 保险监管部门监管、办公及网站等重要信息系统；保险公司和中国保险行业协会经营、管理、办公等重要信息系统(以下简称“重要信息系统”)。

2. 涉及国家秘密的信息系统(以下简称“涉密信息系统”)。

(三)主要工作步骤

第一阶段:自主定级(9 月 20 日前完成)

各单位按要求成立相关定级实施机构,对本系统内的重要信息系统和涉密信息系统展开摸底调查,全面掌握信息网络和信息系统的数量、分布、业务类型、系统结构、应用或服务范围等基本情况,按照《信息安全等级保护管理办法》(以下简称“《管理办法》”,附件 1)和《信息系统安全等级保护定级指南》(附件 2)的要求,确定定级对象并初步确定保护等级,形成定级报告(报告模板见附件 3)。

涉密信息系统的等级确定按照国家保密局的有关规定和标准执行。

第二阶段:审核(9 月 25 日前完成)

各保监局将各自独立运行的重要信息系统和涉密信息系统的定级报告报保监会审核。

各公司对本公司内的重要信息系统和涉密信息系统定级进行统一审核,对跨省联网运行且由公司总部统一确定等级的,由总公司将重要信息系统和涉密信息系统的定级报告报保监会审核(有集团或控股公司的,由集团或控股公司将定级报告统一报保监会审核);保险公司分公司将经过总公司审核的,且在分公司独立运行的重要信息系统和涉密系统定级报告报当地保监局审核。

保险行业协会将所确定的重要信息系统和涉密信息系统的定级报告报保监会审核。

保监会及各保监局在接到定级报告审核文件后,对不符合要求的于 5 个工作日内要求其改正,审核通过者不再单独答复。

第三阶段:备案(9 月 30 日前完成)

根据《管理办法》,各单位定级报告通过保监会或保监局审核后,对重要信息系统安全等级确定为二级以上的信息系统应到公安部网站下载《信息系统安全等级保护备案表》(见附件 4)和辅助备案工具,并持填写的备案表和利用辅助备案工具生成的备案电子数据文件,到公安机关办理备案手续(保险行业协会确定的信息系统、保险总公司统一定级的跨省联网运营的信息系统,向公安部备案;保险公司分公司将总公司定级的跨省联网在当地运行、应用的分支系统以及在当地分公司独立运行的信息系统,向当地省级公安机关备案)。备案完成后,各级单位将备案证明复印件报相对应的保险监管机构存档。

涉密信息系统建设使用单位依据《管理办法》和国家保密局的有关规定,填写《涉及国家秘密的信息系统分级保护备案表》(见附件 5),按照属地化管理原则,将所确定的涉密信息系统,报送相对应的保密部门备案。备案完成后,各级单位将备案证明复印件报相对应的保险监管机构存档。

第四阶段：总结工作(10月15日前完成)

各单位应对等级保护定级工作进行总结，并报保监会等级保护定级工作领导小组。保监会根据定级工作开展的情况和定级工作报告，总结工作经验，研究并启动第二批等级保护定级工作。

联 系 人：李春亮、王晓鹏

联系电话：010－66286602

附件：1. 信息安全等级保护管理办法(略)

2. 信息安全技术信息系统安全等级保护定级指南(略)

3. 信息系统安全等级保护定级报告(略)

4. 信息系统安全等级保护备案表(略)

5. 涉及国家秘密的信息系统分级保护备案表(略)

关于印发《保险业信息系统灾难恢复管理指引》的通知

(2008年3月21日) 保监发〔2008〕20号

各保险公司、保险资产管理公司：

为加强保险信息安全基础设施建设，推进信息系统灾难恢复工作，根据《中华人民共和国保险法》和国家有关信息安全法律法规，我会制订了《保险业信息系统灾难恢复管理指引》，现印发给你们，请遵照执行。

保险业信息系统灾难恢复管理指引

第一章 总 则

第一条 为规范并指导我国保险业信息系统灾难恢复工作，提高防范灾难风险的能力，保障持续运营，保护客户和股东的合法权益，根据《中华人民共和国保险法》、国家信息安全法律法规及有关规定，制定本指引。

第二条 保险业信息系统灾难恢复工作应坚持“统筹规划、资源共享、平战结合、等级灾备”的原则，平衡成本与风险，确保工作的有效性。

第三条 本指引所称保险机构是指，经中国保险监督管理委员会(以下简称“中国保监会”)批准设立，并依法登记注册的保险公司、保险资产管理公司、外国保险公司分公司及港、澳、台地区保险公司在大陆地区的分公司。

第四条 本指引所称灾难恢复为信息系统灾难恢复。灾难恢复工作是指，为保障信息系统持续运营，防范灾难风险并减轻灾难造成的损失和不良影响而开展的一系列工作，包括：组织机构设立和职责、灾难恢复需求分析、灾难恢复策略制定、灾难备份系统实施、灾难备份中心的建设与运行维护、灾难恢复预案管理、应急响应和恢复。

本指引所称区域性灾难是指，造成所在地区或有紧密联系的邻近地区的交通、电讯、电力及其他关键基础设施受到严重破坏，关键信息网络设备毁损、重大故障或大规模人口疏散的事件，将会导致信息系统无法正常运行。例如：地震、大型公共卫生事件、恐怖袭击、区域性通信网故障、区域性电网故障、机房内关键设备毁损等。

本指引所称同城灾备是指，生产中心与灾难备份中心处于同一地理区域，面临同一区域性灾难风险，能够抵御小范围区域内的灾难，例如小面积停电、火灾、设备故障等，距离通常在数十公里左右。

本指引所称异地灾备是指，生产中心与灾难备份中心处于不同地理区域，一般不会同时面临同一区域性灾难风险，能够抵御较大范围区域内的灾难，例如大面积停电、地震、战争等，距离通常在数百公里以上。

本指引所称自建是指，自行出资建设和拥有灾难备份中心，为自身提供灾难恢复服务。

本指引所称共建是指，多个机构共同出资建设和拥有灾难备份中心，为参与单位提供灾难恢复服务。

本指引所称外包是指，选择外部资源来承担或协助完成信息系统灾难恢复的规划、实施、运营维护，以及应急响应和恢复工作。

第五条 中国保监会负责对保险业信息系统灾难恢复工作实施监督和管理。

第六条 《信息安全技术信息系统灾难恢复规范》(GB/T20988－2007)中的条款通过本指引的引用而成为本指引的条款。

第二章 总体工作要求

第七条 保险机构应统筹规划信息系统灾难恢复工作，自本指引生效起五年内至少达到本指引规定的最低灾难恢复能力等级要求。

保险机构新建信息系统时，应同步规划和实施灾难备份系统建设。本指引生效后新成立的保险机构应在成立五年内达到本指引规定的最低灾难恢复能力等级要求。

第八条 保险机构应持续开展灾难恢复工作，以保障灾难恢复策略、灾难备份系统和灾难恢复预案的适用性。

灾难恢复的需求应定期进行再分析。灾难恢复需求再分析周期最长为三年。当信息系统及相关业务流程发生重大变更时，应立即启动灾难恢复需求的再分析，并根据最新的灾难恢复需求分析重审和修订灾难恢复策略。

保险机构应根据灾难恢复策略定期复审和调整灾难恢复技术方案、灾难恢复预案，并定期开展灾难恢复预案培训和演练工作。

第九条 保险机构应加强与其业务密切相关的机构间的协调，共同评估面临的风险，协同制定灾难恢复策略，提高整体风险防范和灾难恢复能力。

第三章 组织机构

第十条 保险机构法定代表人或主要负责人是灾难恢复工作的责任人。

保险机构董事会或最高决策层应参与制定和审核灾难恢复策略，保证灾难恢复策略与经营目标的一致性。

第十一条 灾难恢复的组织机构由保险机构的管理、业务、技术、财务和行政后勤等相关人员组成。

保险机构应设立灾难恢复管理委员会，统一负责灾难恢复的规划、实施、运营维护、应急响应和恢复的管理和决策工作。

保险机构应设立或依托现有部门设立灾难恢复工作办公室作为灾难恢复管理委员会的常设办公机构，负责处理灾难恢复工作的具体事务。

第十二条 保险机构灾难恢复组织机构在灾难恢复规划、实施和运营维护阶段的主要职责：

（一）灾难恢复需求分析和策略制订；

（二）资源准备和经费审批；

（三）灾难备份中心的选择和建设；

（四）灾难备份中心的日常运行和维护；

（五）灾难恢复预案的制订、维护和演练；

（六）人员的教育和培训；

（七）监督检查和审计。

保险机构灾难恢复组织机构在应急响应和恢复阶段的主要职责：

（一）应急响应和预警报告；

（二）事件通报和沟通；

（三）损害评估、抢修拯救和敏感数据保护；

（四）灾难恢复工作的重大决策；

（五）生产中心的恢复、重建和回退；

（六）业务恢复和客户服务；

（七）资源保障和供应；

（八）媒体公关和信息通报；

（九）恢复成效评估和总结。

第十三条 从事灾难恢复的专业工作人员应符合以下要求：

（一）具备良好的职业道德和风险意识，掌握履行灾难恢复相关岗位职责所需的专业知识和技能；

（二）未经岗前培训或培训不合格者不得上岗；经考核不适宜的工作人员，应及时进行调整。

第四章　需求分析和策略制定

第十四条 灾难恢复需求分析包括风险分析和业务影响分析。保险机构的风险分析和业务影响分析应符合以下要求：

（一）应全面分析、识别可能影响信息系统正常运行的灾难风险以及来自内部和外部的威胁。根据风险发生的概率和可能造成的损失，评估风险可接受的程度，针对不可接受的风险，制定相应的风险防范措施；

（二）应根据信息系统支持的业务区域范围，分析信息系统面临的灾难风险。应充分考虑残余风险导致的灾难事件发生在最不利的时间和地点，以及影响范围的广泛性；

（三）应根据业务经营范围确定关键业务功能。关键业务功能包括但不限于承保、理赔、投资和财务管理等。采用定量和/或定性的方法分析关键业务功能的经济和非经济损失。

第十五条 保险机构应根据风险分析和业务影响分析的结果，确定信息系统的灾难恢复目标，包括：

（一）信息系统的灾难恢复范围；

（二）信息系统的灾难恢复顺序；

（三）信息系统的灾难恢复能力等级。

第十六条 保险机构应加强重要数据的备份和传输安全管理，保证数据的完整性。重要数据应异地备份，防范区域性灾难风险。重要数据包括但不限于：客户数据、承保数据、赔付数据、资金运用数据、财务数据及相关日志等。

第十七条 保险机构应根据风险分析和业务影响分析的结论，将直接或间接支持关键业务功能的信息系统分成三种类别：

第一类：信息系统短时间中断会造成重大社会影响；或影响保险机构关键业务功能，并造成重大经济损失。

第二类：信息系统短时间中断会造成较大社会影响；或影响保险机构部分关键业务功能，并造成较大经济损失。

第三类：信息系统间接支持关键业务功能；或保险机构对系统中断具有一定容忍度的系统。

第十八条 信息系统的最低灾难恢复能力等级要求：

（一）第一类

1. 第4级电子传输及完整设备支持

2. RTO < =36 小时，RPO < =8 小时

（二）第二类

1. 第3级电子传输和部分设备支持

2. RTO < =72 小时，RPO < =24 小时

（三）第三类

1. 第2级备用场地支持

2. RTO < =7 天，RPO < =36 小时

第十九条 保险机构应制定统一的灾难恢复策略。灾难恢复策略包括灾难恢复建设计划、灾难恢复资源要素的具体要求和灾难恢复建设模式。

保险机构应根据各信息系统的灾难恢复目标，确定灾难恢复所需的七个方面的资源要素：

（一）数据备份系统；

（二）备用数据处理系统；

（三）备用网络系统；

（四）备用基础设施；

（五）专业技术支持能力；

（六）运行维护管理能力；

（七）灾难恢复预案。

第二十条 保险机构应编写风险分析报告、业务影响分析报告、灾难恢复策略报告。灾难恢复策略经决策层审查和批准后，按本指引要求备案。

第五章 灾难备份中心的建设与运行维护

第二十一条 保险机构的灾难备份中心应设置在中华人民共和国境内（不包括港、澳、台地区）。

保险机构应根据风险分析的结果，确定同城和/或异地灾备建设方案。灾难备份中心应具备接替运行后持续运作至生产中心正常运转的能力。

第二十二条 灾难备份中心的基础设施应符合以下要求：

（一）根据信息系统和数据分布特点，选择或建设专业的灾难备份中心；

（二）灾难备份中心与生产中心之间距离合理，应避免灾难备份中心与生产中心同时遭受一定的同类风险；

（三）灾难备份中心应便于灾难恢复工作的开展，考虑灾难恢复所需的数据、人员等资源可及时到达；

（四）灾难备份中心应具有业务恢复座席等灾难恢复工作所需的辅助设施，灾难备份中心或其周边应具备所需生活设施；

（五）灾难备份中心机房环境至少应达到《GB/T 9361－88 计算站场地安全要求》B 类机房标准，并通过当地消防部门验收；

（六）灾难备份中心应具有两种或两种以上的电力供应或接入方式，只有一种电力供应或接入方式的必须配备能够维持灾难备份中心持续稳定运行的供电设备；

（七）灾难备份中心与生产中心应保持两种以上的网络通讯接入线路服务。

（八）灾难备份中心机房应具备门禁系统、监视系统和报警系统。

第二十三条 灾难备份系统的建设应符合以下要求：

（一）根据灾难恢复策略制定灾难备份系统技术方案，建立数据备份系统、备用数据处理系统和备用网络系统等。技术方案中所涉及的系统应获得同信息系统相当的安全保护，具有可扩展性；

（二）应确保技术方案满足灾难恢复策略的要求，组织开展灾难恢复技术方案和业务功能恢复的测试，并记录和保存测试结果，以保证灾难恢复时最终用户能正常使用灾难备份系统；

（三）应充分考虑到灾难备份中心接替生产中心运行后，灾难备份系统的处理能力、存储容量、网络带宽能否满足业务运作要求；

（四）应根据灾难恢复策略的要求，建立灾难备份系统的技术支持体系。

第二十四条 灾难备份中心的运行维护应符合以下要求：

（一）建立完善的灾难备份中心运行维护管理制度和流程，包括：灾难备份的流程和管理制度，灾难备份中心机房的管理制度，硬件系统、系统软件和应用软件的运行管理制度，灾难备份中心信息安全管理制度，灾难备份系统的变更管理流程，灾难恢复预案以及相关技术手册的保管、分发、更新和备案制度等；

（二）灾难备份中心专业运行维护队伍包括基础设施和灾难备份系统运行维护和技术支持人员，保障设备和系统正常稳定运行；

（三）定期检测维护灾难恢复设施，保持备份数据的一致性、可用性和完整性，保障数据备份系统、备用数据处理系统、备用网络系统在灾难恢复和运行阶段的正常运作，保障能提供切换和运行时的技术支持；

（四）支持关键业务功能恢复的灾难备份中心应实行 7×24 小时监控。记录灾难备份系统运行过程中输出的相应记录表单与统计信息；记录机房环境、系统运行和网络状态等监控信息。

第六章　资源和专业服务的获取和保障

第二十五条　灾难恢复建设可以采用自建、共建和外包等模式，并按有关要求向中国保监会备案。

第二十六条　保险机构在进行灾难恢复外包时，应根据灾难恢复策略确定外包服务范围，认真分析和评估外包存在的风险，制定相关的风险管控措施。应与外包服务商签署服务水平协议，并定期验证灾难恢复服务商的服务水平和能力，加强外包系统的安全和保密管理。中国保监会采纳国家认可的有关测评机构对灾难恢复服务商的评估结果。涉密信息系统的灾难恢复工作应符合国家有关保密规定。

灾难恢复外包服务商应至少符合以下要求，国家另有规定的应从其规定：

（一）在中华人民共和国境内注册的法人机构；

（二）具备三年以上灾难恢复外包服务经验，服务的灾难恢复外包客户不少于三家；

（三）具备完整的服务质量保证体系和信息安全管理体系，通过相关权威认证；

（四）基础设施应达到本指引的要求，灾难恢复能力等级应在四级以上；

（五）中国保监会规定的其他要求。

第二十七条　采用共建模式的灾难恢复建设应至少满足各参与单位的最低灾难恢复能力等级要求，并明确权责，签订相关的合同或协议。

第七章　灾难恢复预案的管理

第二十八条　保险机构应制订灾难恢复预案，预案应包含：灾难恢复组织机构各工作岗位的职责、灾难恢复的整个过程以及灾难恢复所需的资料和配套资源等。预案的结构、内容和步骤清晰明确，适合在紧急情况下使用。

保险机构应加强灾难恢复预案与其他应急预案体系的有机结合。

第二十九条　保险机构所制定的灾难恢复预案，应按照由模拟到实际、从易到难、从局部到整体的原则进行测试和演练，及时总结评估，完善灾难恢复预案，通过演练使得相关人员熟练灾难恢复操作及流程。

灾难恢复预案的演练包括但不限于桌面演练、模拟演练、实战演练、部分演练和全面演练。保险机构应定期组织开展灾难恢复预案的演练工作。灾难恢复预案每年至少演练一次，演练类型可以是模拟演练、实战演练、部分演练和全面演练。

演练工作文档应包含演练计划、现场记录和结论评估，演练工作文档应存档保管。

第三十条 保险机构应安排专人负责灾难恢复预案的日常维护管理,预案可以以多种形式的介质拷贝保存在不同的安全地点,并确保在生产中心以外的安全地点存放灾难恢复预案。灾难恢复预案的调用需进行严格授权。

灾难恢复预案涉及的内容发生重大变更后,应立即更新灾难恢复预案;演练后应根据演练评估结论,立即更新灾难恢复预案;每年应至少组织一次灾难恢复预案的审查和批准工作。

第三十一条 灾难恢复预案的教育和培训应贯穿灾难恢复规划和实施的全过程。保险机构应定期组织预案培训,并保存培训文档。

第八章 应急响应和灾难恢复

第三十二条 保险机构针对信息系统的风险应建立科学的预警机制,在信息系统发生紧急事件后,应建立应急指挥中心,统一领导、协调和指挥所有应急响应工作,加强信息沟通和跨部门协调,提高机构整体的应急响应和应急处置能力;组织灾难恢复专业人员尽快对事件进行响应和评估;采取相应的风险处置和弥补工作,降低可能造成的损失,防范事态恶化;根据对紧急事件的处置和评估结果,决策是否对灾难备份中心发出灾难预警或灾难宣告。

保险机构应加强媒体公关和客户服务工作,避免造成恶劣的社会影响。发生重大灾难事件,应根据有关要求,及时向中国保监会报告。

第三十三条 灾难恢复工作人员应根据灾难恢复预案执行相关的指挥和操作工作,并及时跟踪事态变化和恢复进程,加强沟通,加强恢复工作的统一指挥和管理。

保险机构应保证并合理配置恢复所需的各项资源,确保灾难恢复工作的顺利实施。

第三十四条 保险机构应明确信息系统的重建方案,在进行信息系统重建前应评估灾难造成的损失。根据损失评估情况,结合灾难备份系统运行可接受的最长时间,确定修复或者重新建设方案,执行信息系统的重新建设和功能恢复。

信息系统的回退是指将灾难备份系统的功能转移到新建或恢复的信息系统,各项业务恢复到正常运行状态的过程。加强信息数据安全处理,防止重要信息的泄露,将灾难备份系统恢复为备用状态。

第三十五条 灾难恢复之后,应及时组织相关人员进行总结,修订灾难恢复策略和灾难恢复预案。

第九章 审计和备案

第三十六条 灾难恢复工作的审计分为内部审计和外部审计。内部审计由保险机构内部人员组织实施。外部审计由具有国家相应监管部门认定资质的中介机构组织实施。

中国保监会可依据法律法规，委托并授权具有资质的中介机构对保险机构进行外部审计。中介机构根据保监会或其派出机构委托或授权对保险机构进行审计时，应出示委托授权书，并依照委托授权书上规定的委托和授权范围进行审计。中介机构根据授权出具的审计报告经中国保监会审阅确定后具备法律效力，被审计保险机构应对该审计报告在规定时间内提出整改意见，并按审计报告中提出的建议进行及时整改。

审计报告应作为风险管控措施的成果进行存档，审计过程所涉及的资料调阅应有交接手续，严格控制审计过程中的涉密资料的保管和发放，中介机构应保守被审计保险机构的商业秘密和风险信息。

第三十七条 审计工作主要包括以下内容：

（一）灾难恢复项目的建立和管理；

（二）风险评估和管控；

（三）组织协作和授权机制；

（四）业务影响分析；

（五）灾难恢复策略；

（六）应急管理和操作；

（七）灾难恢复预案；

（八）培训和认知；

（九）演练和维护；

（十）公共关系和危机通讯。

第三十八条 保险机构应根据信息系统的灾难恢复工作情况，确定审计频率，每三年至少进行一次审计。

第三十九条 保险机构灾难恢复工作报告和审计报告应在中国保监会进行备案。灾难恢复工作报告备案工作在每年的第一季度进行，审计报告备案工作在审计结束后的三个月内进行。灾难恢复工作报告主要内容包括：

（一）短期和中长期灾难恢复规划和策略；

（二）上年度灾难恢复工作以及重大变更情况。

第四十条 中国保监会根据工作需要，可对保险机构的信息系统灾难恢复规划、建设、运营等进行不定期抽查、现场检查。

第十章 附 则

第四十一条 本指引由中国保监会负责解释、修订。

第四十二条 本指引自颁布之日起施行。

关于印发《保险公司信息化工作管理指引(试行)》的通知

(2009年12月29日) 保监发〔2009〕133号

各保监局,各保险公司、保险资产管理公司:

为加强保险公司信息化工作管理,提高保险业信息化工作水平,中国保险监督管理委员会制定了《保险公司信息化工作管理指引(试行)》。现印发给你们,请遵照执行。

保险公司信息化工作管理指引(试行)

一、总　则

第一条　为加强保险公司信息化工作管理,促进信息化工作规范化与标准化建设,提高保险业信息化工作水平,根据《中华人民共和国保险法》及国家有关法律法规,制定本指引。

第二条　本指引适用于在中华人民共和国境内依法设立的保险公司和保险资产管理公司。

第三条　本指引所称信息化工作,是指计算机、通信、网络等现代信息技术在保险公司业务处理、经营管理等方面的应用,包括相应的信息化组织架构建立、制度建设,以及基础环境建设等工作。

第四条　各公司应把信息化工作纳入公司全面发展框架进行统筹考虑,建立有效的信息化治理机制,明确信息化工作决策权归属,实现信息资源的合理利用,确保信息化工作与业务发展目标一致;加强信息系统风险管理,确保信息系统安全、稳定运行。

实现信息化工作集中管理的保险集团(控股)公司,可以集团(控股)公司为单位对信息化工作统筹规划执行。

第五条　中国保监会依法对保险公司信息化工作实施监督管理。

二、组织管理与规划

第六条　各公司是信息化工作规划、建设、管理和安全的责任主体。公司法定代表人或主要负责人对此负有最终责任。

第七条 各公司应建立信息化工作委员会，明确其工作职责和工作制度。定期或根据需要召开工作会议，对信息化工作重大事项决策研判，并提交公司最高决策层批准实施。

第八条 信息化工作委员会负责人应由公司高级管理人员担任，组成人员应包括信息技术、业务、财务、人事、发展规划和风险控制等部门的负责人。有条件的公司可聘请外部专家参加。

信息化工作委员会应下设办公室，负责落实和协调信息化工作委员会的具体事宜。办公室原则上应设置在信息技术部门。

第九条 各公司应设立首席信息官或指定公司高级管理人员作为信息化工作的直接责任人。直接责任人应负责公司信息化建设工作，并参与公司经营、管理和决策，其任职条件应符合监管部门规定。

第十条 各公司应建立组织结构合理、人员岗位分工明确的信息技术部门。信息技术部门负责信息化工作相关的规划、建设、管理和运维等工作。

第十一条 各公司应结合信息化工作特点和内部控制要求，明确信息化工作中各相关部门及各级分支机构的职责，加强对分支机构信息化工作的指导和管理，将信息化工作相关的权利和责任落实到位。

第十二条 各公司应制定明确的信息化工作制度、标准和操作流程，定期或根据需要及时进行更新、发布。

第十三条 各公司应根据公司业务发展战略，制订明确的信息化工作规划。规划应具有开放性和前瞻性，符合公司经营管理的需要，并确保信息化建设的稳定性和延续性。规划应经过信息化工作委员会的审批，并提交公司最高决策层批准实施。

第十四条 各公司应建立信息化规划定期审查、评估和修订机制，规划的审查、评估工作至少每年一次，修订后的规划应经信息化工作委员会审批，并提交公司最高决策层批准实施。

三、基础环境与信息系统建设

第十五条 各公司信息化建设、管理及信息化工作中涉及的数据信息，应符合国家及行业的有关规范、标准和监管部门要求。

第十六条 各公司应实现数据信息集中管控，建立健全数据管理的有效机制，提高数据资产价值的利用能力和水平。

第十七条 各保险集团（控股）公司可根据业务管理、风险管控等需要，对下属各子公司信息化建设统筹协调管理，提高信息资源的利用率。

实现信息化工作集中管理的保险集团（控股）公司，应确保集团内各法人机构之间的信息系统及相关硬件、网络等有效安全隔离，并符合国家及监管部门有关要求。

第十八条 各公司应按照有效性、可用性和安全性的原则，对信息化基础设施和信息系统的功能、性能和安全保障等方面做出规定并按规定实施，至少保证满足公司未来两年的业务发展要求。

第十九条 各公司应根据信息化发展需要，建设相应的计算机中心机房和灾备机房，自建、共建或租用第三方的机房建设均应符合国家相关规范标准和监管部门要求。

第二十条 各公司应全面梳理公司经营管理流程，建立与经营管理相适应的信息系统，加强信息系统间的集成与整合，实现财务、业务等核心系统的无缝对接，提高系统的协同工作水平。

第二十一条 各公司应运用信息技术加强内部控制与合规建设，促进内部控制流程与信息系统的有机结合，实现对各项业务和事项的自动控制，减少人为操控因素。

第二十二条 新开发的系统或经过重大改造的系统在上线运行前，应对功能与性能进行严格测试，并通过安全评测。经过一般性改造的系统在上线运行前应遵循审慎原则，做好相关测试工作。

第二十三条 各公司应加强知识产权保护工作，优先采购自主可控的硬件设备和软件产品，严禁侵权盗版；根据自身实际情况，积极研发具有自主知识产权的信息产品，并采取有效措施保护公司信息化工作成果。

四、安全保障与风险控制

第二十四条 各公司应加强信息安全与信息系统的同步规划和同步建设，构建完善的信息安全保障体系。应通过管理机制和技术手段，确保信息系统安全，保证重要信息的可用、保密、完整及真实，保障业务活动的连续性。

第二十五条 各公司应按照“谁主管、谁负责，谁运营、谁负责，谁使用、谁负责”的原则，明确信息安全各相关方的责任，加强人员管理，强化信息安全意识，全面落实信息安全管理责任制。

第二十六条 各公司应建立健全信息安全监控体系和报告机制，明确风险预警标准，加强信息安全的监控和预警，提高风险防范处置能力。

第二十七条 各公司应按照国家有关规定和监管要求，对信息系统进行安全等级划分，按照安全等级实施信息系统安全等级保护。

第二十八条 各公司应制订重要数据的备份制度和策略，实施有效的数据备份措施，并按照监管部门有关要求，推进信息系统灾难恢复建设工作。

第二十九条 各公司应建立信息系统重大突发事件的应急处理机制，制定应急预案。应急预案要明确启动机制、责任人员、处置流程、具体方案和外部资源，并根据工作实际进行动态调整和定期应急演练，确保应急预案的可操作性。

第三十条 各公司应建立外联网络接入标准和安全规范，明确审批机制、风险评估机制及对应的风险控制措施，加强外联网络的接入管理。对门户网站、电子商务等互联网系统进行统一规划、统一管理，采取必要技术手段和管理措施确保相应信息系统安全。

第三十一条 各公司应加强信息化工作外包服务管理，不得将信息化管理责任外包。应按照监管部门要求，结合外包服务实际需要，制订外包服务的基本规范，确保对信息系统安全的控制能力。

五、发展环境

第三十二条 各公司应结合信息化工作规划实施的需要，制定信息化工作经费预算，并保障信息化工作经费预算的执行，确保信息化建设的正常有效开展。

第三十三条 各公司应根据自身实际并结合信息化工作的特点，合理配备信息技术人员，制定并实施有利于公司可持续发展的信息化人力资源政策，鼓励建立信息技术专业职级体系。

第三十四条 各公司应积极探索、建立并实施信息化工作投入产出的评价体系，完善信息化工作绩效考核机制。

第三十五条 各公司应加强信息化工作相关研究，建立创新激励机制，鼓励科技创新。有条件的公司可探索建立科技创新基金。

第三十六条 各公司应将全体员工信息化培训列入培训计划，培训至少每两年一次。新员工上岗前，应经过信息化相关培训和考核。

第三十七条 各公司应根据履行职责的需要，每年开展信息技术人员的专业技能培训和业务培训。

第三十八条 各公司应积极参与行业信息技术交流活动，提高行业信息化工作水平。

第三十九条 各公司应支持行业信息标准化工作，确保行业信息标准的贯彻落实。

六、审计与备案

第四十条 各公司应建立信息化工作的风险评估机制和信息系统审计制度，由独立于信息技术部门的有关部门负责审计工作，至少每两年进行一次审计。审计结果应在审计完成后三个月内报保监会备案。

鼓励公司在符合国家有关法律、法规和监管要求情况下，聘请具备相应资质的外部机构进行外部审计和风险评估。

第四十一条 各公司应于每年第一季度向保监会报送信息化工作报告。报告内容包括上一年度信息化工作情况与本年度信息化工作计划。

第四十二条 各公司应按监管部门有关要求及时向保监会报告信息化工作重大事项。

七、附 则

第四十三条 本指引由中国保监会负责解释。

第四十四条 本指引自2010年1月1日起施行。

关于发布《保险信息安全风险评估指标体系规范》行业标准的通知

（2010年7月13日） 保监发〔2010〕57号

各保监局，保监会机关各部门，国有保险公司监事会，中国保险行业协会，中国保险学会，各保险公司、保险资产管理公司，全国金融标准化技术委员会保险分技术委员会：

全国金融标准化技术委员会保险分技术委员会（以下简称保标委）制定了《保险信息安全风险评估指标体系规范》（标准编号为JR/T0058－2010），并通过了审查，按照《全国金融标准化技术委员会保险分技术委员会章程》，现予以发布，请遵照执行。

联 系 人：崔秀 王冠

电　　话：010－66286711，010－66290355

传　　真：010－66288109，010－66290335

电子邮件：xiu_cui@circ.gov.cn，wangguan@iachina.cn

关于印发《保险公司信息系统安全管理指引(试行)》的通知

（2011 年 11 月 16 日） 保监发〔2011〕68 号

各保险公司、保险资产管理公司：

为防范化解保险公司信息系统安全风险，完善信息系统安全保障体系，确保信息系统安全、稳定运行，中国保险监督管理委员会制定了《保险公司信息系统安全管理指引(试行)》。现印发给你们，请遵照执行。

保险公司信息系统安全管理指引(试行)

一、总　　则

第一条　为防范化解保险公司信息系统安全风险，完善信息系统安全保障体系，确保信息系统安全、稳定运行，根据《中华人民共和国保险法》、国家信息安全相关法律法规和有关要求，制定本指引。

第二条　本指引适用于在中华人民共和国境内依法设立的保险公司和保险资产管理公司。

第三条　本指引所称信息系统安全，是指利用信息安全技术及管理手段，保护信息在采集、传输、交换、处理和存储等过程中的可用性、保密性、完整性和不可抵赖性，保障信息系统的安全、稳定运行。

第四条　信息系统安全是公司持续稳定发展的重要基础。各公司应通过管理机制和技术手段，加强信息安全保障工作，保障业务活动的连续性。

实现信息化工作集中管理的保险集团(控股)公司，可以集团(控股)公司为单位对信息系统安全工作统筹规划执行。

第五条　中国保监会依法对保险公司信息系统安全工作实施监督管理。

二、安全管理总体要求

第六条　信息系统安全工作应按照“积极防御、综合防范”的原则，与自身业务及信息系统同步规划、同步建设、同步运行，构建完备的信息系统安全保障体系。

第七条 各公司是信息系统安全的责任主体。公司法定代表人或主要负责人为信息系统安全的第一责任人。

第八条 信息化工作委员会之下应设立信息安全专业工作机构,全面统筹协调公司信息系统安全相关事项的研判决策,并应指定公司级高级管理人员负责信息安全专业工作机构,作为信息系统安全的直接责任人。

第九条 各公司应履行以下信息系统安全管理职责:

(一)贯彻落实国家和监管部门有关信息系统安全管理的法律法规、技术标准和相关要求。

(二)组织公司信息系统安全规划与建设工作,制订相关管理规定。

(三)建立有效的信息系统安全保障体系并定期或根据工作需要及时进行检查、评估、审计、改进、监控等工作。

(四)对信息系统安全事件进行管理、处置和上报。

(五)组织公司员工信息系统安全教育与培训。

(六)开展与信息系统安全相关的其他工作。

第十条 建立覆盖物理环境、网络、主机系统、桌面系统、数据、存储、灾备、安全事件管理及应用等各层面的安全管理规章制度,并定期或根据需要及时对安全管理规章制度进行评审、修订。

第十一条 针对信息系统安全的各层面、各环节,结合各部门和岗位职责,建立职责明确的授权机制、审批流程以及完备有效、相互制衡的内部控制体系,并对审批文档和内部控制过程进行及时记录。

第十二条 配备足够的具有专业知识和技能的信息系统安全工作人员。明确信息系统安全相关人员角色和职责,建立必要的岗位分离和职责权限制约机制,实行最小授权,避免单一人员权限过于集中引发风险,重要岗位应设定候补员工及工作接替计划。

第十三条 定期或根据工作需要及时对高级管理人员开展信息安全管理与治理相关培训,对参与信息系统建设、运行维护和操作使用的人员进行安全教育、技能培训和考核。加强岗位管理,明确上岗与离岗要求,重要岗位须签署相关岗位协议。对涉密岗位工作人员应特别进行保密教育培训,并签订保密承诺书。

第十四条 按照国家和监管部门信息系统安全规范、技术标准及等级保护管理要求,明确信息系统安全保护等级,实施信息系统安全等级保护,按等级安全要求进行备案并定期测评和整改。

第十五条 制定信息管理相关制度和流程,规范管理信息采集、传输、交换、存储、备份、恢复和销毁等环节,加强重要数据信息控制和保护,保障信息的合法、合规使用。

第十六条 按照国家和监管部门信息系统灾难恢复管理要求、规范和技术标准，推进信息系统灾难恢复建设工作并定期进行演练，确保业务连续性。

第十七条 对信息系统安全事件进行等级划分和事件分类，制定安全事件报告、响应处理程序等应急预案，并定期进行演练，评审和修订。遇有重大信息系统事故或突发事件，应按应急预案快速响应处理，并按规定及时向中国保监会报告。

第十八条 建立有效可靠的安全信息获取渠道，获取与公司信息系统运营相关的外部安全预警信息，汇总、整理公司内部安全信息，及时提交公司信息安全专业工作机构，并按相关流程发布实施。

第十九条 设立独立于信息技术部门的信息科技风险审计岗位，负责信息科技审计制度制订和信息系统风险评估与审计。至少每年对信息安全控制策略和措施及落实情况进行检查，至少每两年开展一次信息科技风险评估与审计，并将信息科技风险评估审计报告报送中国保监会。

鼓励公司在符合国家有关法律、法规和监管要求的情况下，聘请具备相应资质的外部机构进行外部审计和风险评估。

第二十条 加强信息系统知识产权保护和推进正版化工作，禁止复制、传播或使用非授权软件。

第二十一条 申请信息安全管理体系认证的公司应按国家及监管部门要求，加强信息安全管理体系认证安全管理，选择国家认证认可监督管理部门批准的机构进行认证，并与认证机构签订安全和保密协议。

第二十二条 在信息系统可能对客户服务造成较大影响时，根据有关法律法规及时和规范地披露信息系统风险状况，并以适当的方式告知客户。

三、基础设施与网络设备环境

第二十三条 根据信息化发展需要，建设相应的中心机房和灾备机房（以下统称“机房”）。机房应设置在中华人民共和国境内（不包括港、澳、台地区），机房建设须符合国家有关标准规范和监管部门要求。将机房外包托管的公司，应保证受托方机房符合上述标准，主机托管应具有独立的操作空间和严格的安全措施。

第二十四条 建立健全机房运行维护安全管理制度，指定专门部门及专人负责机房安全管理，采取合理的物理访问控制，对出入机房人员进行审查、登记，确保对机房实施 7×24 小时实时监控。

第二十五条 建立信息系统资产安全管理制度，编制资产清单，明确资产管理责任部门与人员，规范资产分配、使用、存储、维护和销毁等各种行为，定期对资产清单进行一致性检查并保留检查记录。

第二十六条 根据设备功能及软件应用等性质设立物理安全保护区域，采取必要的预防、检测和恢复控制措施。重要保护区域前应设置交付或过渡区域,重要设备或主要部件应进行固定并设置明显的标记。

第二十七条 根据业务、应用系统的功能及信息安全级别,将网络与信息系统划分成不同的逻辑安全区域,在网络各区域之间以及网络边界建立访问控制措施,部署监控手段,控制数据流向安全。

第二十八条 建立较为完备的网络体系,具有合理的网络结构,重要网络设备和通信线路应具有冗余备份,确保业务系统安全稳定运行。

第二十九条 建立网络安全管理制度,规范管理网络结构、安全配置、日志保存、安全控制软件升级与打补丁、口令更新、文件备份和外部连接等方面的授权批准与变更审核,保障安全策略的有效执行。

第三十条 内部网络与互联网、外联单位网络等连接时,应明确网络外联种类方式,采用可靠连接策略及技术手段,实现彼此有效隔离,并对跨网络流量、网络用户行为等进行记录和定期审计,同时确保审计记录不被删除、修改或覆盖。

第三十一条 严格控制移动式设备接入、无线接入和远程接入等网络接入行为,明确接入方式、访问控制等措施要求,形成网络接入日志并定期审计,确保未经审查通过的设备无法接入。

第三十二条 加强信息系统平台软件安全管理,确保配置标准落实。对入侵行为、恶意代码、病毒等风险即进行防范部署,严格控制信息系统身份访问、资源访问,监控主机系统的资源使用情况,并在服务水平降低到设定阈值时发出报警。

第三十三条 分类对计算机终端的安全提出要求,制订终端网络准入、安全策略、软件安装等管理规范。

第三十四条 规范化管理信息系统相关硬件设备,规范设备选型、购置、登记、保养、维修、报废等相关流程,实时动态监控设备运行状态,定期进行巡检、维护和保养并保留相关记录。

第三十五条 制定介质分类管理制度。根据介质存储内容与重要性明确存储介质类型、存放技术指标、保存期限等,并定期检查介质中存储的信息是否完整可用。重要备份介质应进行异地存放。介质送出维修或销毁时,应保证介质信息预先得到审查并妥善处理。对于存储客户隐私等涉密信息的存储介质,应严格依据国家及监管部门要求进行保存与销毁等管理。

四、应用系统与数据安全

第三十六条 建立完善的信息系统开发运行维护管理组织体系,制订完备管理制度与操作规范,确保信息系统开发与运行维护过程独立、人员分离。

第三十七条 生产系统应与开发、测试系统有效隔离,确保生产系统安全、稳定运行。

第三十八条 信息系统开发、实施过程应明确控制方法和人员行为准则，保存相关文档和记录。制定信息系统代码编写安全规范，规范开发人员对源代码访问权限的管理，有效保护公司信息资产安全。涉及公司核心或机密数据的信息系统，应采取必要的保密措施确保其开发实施安全，不得使用敏感生产数据用于开发、测试环境。

第三十九条 信息系统正式上线运行前，应对系统进行功能、性能与安全性测试与验收，经相关流程审批后方可投入使用。

第四十条 制定有效的信息系统变更管理流程，控制系统变更过程，分析变更影响，确保生产环境的完整性和可靠性。包括紧急变更在内的所有变更都应记入日志，并做好系统变更前准备。

第四十一条 对信息系统的运行维护负责，保持运行维护控制力。加强安全入侵检测监控，进行风险评估与安全扫描，及时发现并处置安全事件。

第四十二条 建立覆盖信息系统全生命周期的信息安全问题管理流程。建立系统身份鉴别机制，严格帐号权限控制管理，规范权限分配和回收流程，保存审计记录，及时进行分析处理。确保全面的追踪、分析和解决信息系统问题，并对问题记录、分类和索引。

在遇有系统及数据升级、存档、存储、迁移、消除等需要系统终止运行情况，应妥善处理，保证系统及数据安全。

第四十三条 根据内部控制与审计的要求，保存信息系统相关日志，并采取适当措施确保日志内容不被删除、修改或覆盖。

第四十四条 对主机系统进行审计，妥善管理并及时分析处理审计记录。对重要用户行为、异常操作和重要系统命令的使用等应进行重点审计。

第四十五条 建立信息系统灾难恢复管理机制。根据数据及系统的重要性，明确数据及系统的备份与灾难恢复策略。

第四十六条 采用必要的技术手段和管理措施，保证数据通信的保密性和完整性。涉密信息应进行加密处理，确保涉密信息在传输、处理、存储过程中不被泄露或篡改。

与外部相关单位信息交换时要保证信息交换协议、策略、密钥等开发运维安全管理，采用国家和行业相关数据交换标准，保障数据交换过程安全可控。

第四十七条 按照国家密码管理相关规定和要求，建立健全密码设备管理制度，加强密码设备使用人员管理，使用符合国家要求和信息加密强度要求的加密技术和产品，加强相关信息系统安全保密设计和建设。

第四十八条 加强互联网门户网站系统安全管理工作，建立严格信息发布审批制度,严格控制网站内容发布权限,对网站系统进行安全评估,确保网站系统安全稳定运行。

第四十九条 电子商务、交易系统等应用系统建设应具备相应管理规范,明确各交易环节或过程安全要求,采取必要安全技术和管理措施,保护个人信息和客户敏感商业信息,保留交易相关日志,确保交易行为安全可靠。

第五十条 加强信息系统病毒防护工作,集中进行防病毒产品的选型测试和部署实施,及时更新防病毒软件和病毒代码,发现病毒或异常情况及时处理。

建立恶意代码防范管理制度,并部署防恶意代码软件,对防恶意代码软件的授权使用、恶意代码库升级、定期汇报等做出明确规定,采取管理与技术措施,确保具备主动发现和有效阻止恶意代码传播的能力。

五、信息化工作外包与采购服务

第五十一条 实施信息化工作外包的公司,应制定完备的外包服务管理制度,将外包纳入全面风险管理体系,合理审慎实施外包。

不得将信息系统安全管理责任外包。对涉及国家及本公司商业秘密和客户隐私等敏感信息系统内容进行外包时,应遵守国家和监管部门有关法律法规与要求,并经过公司决策机构批准。

第五十二条 根据国家与监管部门有关外包与采购规定,结合风险控制和实际需要,建立有效的外包和采购内部评估审核流程与监督管理机制。

第五十三条 实施数据中心、信息科技基础设施等重要外包应格外谨慎,在准备实施重要外包时应以书面材料正式报告中国保监会。

第五十四条 建立健全外包承包方考核、评估机制,定期对承包方财务状况、技术实力、安全资质、风险控制水平和诚信记录等进行审查、评估与考核,确保其设施和能力满足外包要求。公司应优先选用通过信息安全管理体系认证的信息技术服务机构提供外包服务。

第五十五条 与外包承包方签订书面外包服务合同,合同包括但不限于外包服务范围、安全保密、知识产权、业务连续性要求、争端解决机制、合同变更或终止的过渡安排、违约责任等条款,且承包方须承诺配合保险公司接受保险监督管理机构的检查。

第五十六条 严格控制外包承包方的再转包行为。对于确有第三方外包供应商参与实施的项目,应采取有力措施,确保外包服务质量和安全不受影响和不衰减。

第五十七条 与外包承包方建立有效信息交流与沟通机制,确保外包服务人员的相对稳定性。对于人员的必要流动,应要求外包承包方承诺确保外包服务的连续性与安全性。

第五十八条 中国保监会根据需要对外包活动进行现场检查,采集外包活动过程中数据信息和相关资料,对于违反相关法律、法规或存在重大风险隐患的外包情形,可以要求公司进行整改,并视情况予以问责。

六、附 则

第五十九条 本指引由中国保监会负责解释、修订。

第六十条 信息化工作重大事项范围请参考《关于加强保险业信息化工作重大事项管理的通知》(保监厅发〔2007〕8 号)。

第六十一条 本指引自发布之日起实施。

四、其他

保险业重大突发事件应急处理规定

（2003年12月18日） 保监会令〔2003〕3号

第一章 总 则

第一条 为了有效预防、及时应对保险业重大突发事件（以下简称“重大突发事件”），维护社会安定，确保保险业正常运行，及时履行经济补偿和社会管理职能，制定本规定。

第二条 本规定所称重大突发事件，是指与保险业相关的、突然发生的，可能严重影响或者危及保险业正常运行、保险公司偿付能力和社会安定的自然灾害、重大意外事故以及其他保险监督管理机构认为应当采取应急处理机制的重大事件。

第三条 中国保险监督管理委员会（以下简称“中国保监会”）为重大突发事件应急处理的主管机关，负责指导中国保监会派出机构（以下简称“保监会派出机构”）、保险公司建立重大突发事件应急报告制度和制定重大突发事件应急预案（以下简称“报告制度”和“应急预案”），负责监督、检查保监会派出机构、保险公司重大突发事件的预防、报告和应急处理工作。

第四条 中国保监会、保监会派出机构、保险公司和保险公司所属分支机构（以下简称“各单位”）应当遵循预防为主、常备不懈的方针，贯彻统一领导、分级负责、反应及时、措施到位、加强合作的原则，结合本单位或者当地实际情况，依法、科学、合理地建立报告制度和制定应急预案。

第五条 保监会派出机构应当结合辖区实际情况，负责指导辖区内保险公司分支机构建立报告制度、制定应急预案，监督、检查辖区内保险公司分支机构做好应对重大突发事件的预防、报告和应急处理工作。

第六条 保险公司应当结合公司实际情况，负责指导其所属分支机构建立报告制度和制定应急预案，管理和协调其所属分支机构处理重大突发事件应急处理工作。

第七条 各单位应当加强对重大突发事件的预警和监测工作。

中国保监会支持保险公司和保监会派出机构建立重大突发事件预警和监测反

应处理系统，开展重大突发事件处理技术的交流与合作。

第二章　报告和信息发布

第八条　中国保监会办公厅是中国保监会处理重大突发事件信息的常设机构，负责保监会派出机构、保险公司重大突发事件信息报告的接收和处理工作。

保监会派出机构、保险公司及其分支机构应当在报告制度中，明确其办公室或者综合管理部门为负责重大突发事件报告工作的专门机构。

第九条　重大突发事件发生后，相关保监会派出机构、保险公司及其分支机构应当主动实施报告制度。

第十条　符合下列规定情形之一的重大突发事件，保监会派出机构、保险公司应当及时向中国保监会办公厅报告：

（一）发生洪水、台风、地震等严重的自然灾害或者重大火灾、生产、交通安全等严重事故，造成保险财产损失 5000 万元以上或者人身伤亡赔付 3000 万元以上的；

（二）发生群体性疾病、重大食物中毒等公共卫生事件，造成重大社会影响，可能引发大面积保险索赔的；

（三）保险公司现金流出现支付危机，或者偿付能力突然恶化可能导致破产的；

（四）保险公司计算机系统发生系统性故障，造成大量客户数据资料丢失；

（五）100 名以上的投保人或者保险营销员集体上访、静坐或者采取其他过激行为，或者虽然不足 100 人但影响恶劣的；

（六）100 名以上投保人集体退保或者起诉保险公司的；

（七）保险公司在承保或者资金运用过程中发生严重违法违规行为，被新闻媒体和公众广泛关注的；

（八）外资保险公司境外母公司出现严重危机，严重影响其在中国境内业务开展的；

（九）保险公司高级管理人员突然集体辞职、失踪、发生重大意外事故或者涉嫌犯罪被司法机关采取强制措施的；

（十）其他严重危及保险业，或者与保险业相关的、对社会影响大、危害程度高的重大突发事件。

区域性重大突发事件的范围和标准，由保监会派出机构根据当地实际情况制定。

第十一条　重大突发事件以外的一般重大事故的报告，按照中国保监会相关规定办理。

国务院对重大突发事件的报告有规定的，报告单位应当同时按照有关规定办理。

第十二条 重大突发事件的报告应当包括以下主要内容:

(一)重大突发事件发生时间、性质和波及范围;

(二)对保险公司造成或者可能造成的损失或者影响;

(三)已经或者拟采取的紧急应对措施;

(四)其他应当报告的情况。

第十三条 重大突发事件发生后,保险公司应当在第一时间向中国保监会办公厅报告重大突发事件的情况,并随时补充报告事态发展和核实情况。

保险公司应当根据重大突发事件的具体情况,及时报告当地政府及相关部门。

第十四条 重大突发事件发生后,保险公司分支机构应当按照本规定第十一条的报告要求,及时向总公司报告,并同时报告所在地保监会派出机构。

第十五条 保监会派出机构收到保险公司分支机构报告后,应当及时与相关部门进行信息沟通,对重大突发事件作进一步了解,汇总事件情况后,立即报告中国保监会办公厅,并随时补充报告重大突发事件的性质、危害程度及事态发展情况。

保监会派出机构应当根据重大突发事件的性质和危害程度,及时向当地省(市)级人民政府报告。

第十六条 中国保监会可以根据重大突发事件的发展势态,要求部分或者全部保监会派出机构、保险公司实施报告制度。

第十七条 保监会派出机构、保险公司及其分支机构的主要负责人是报告制度的责任人。

第十八条 保监会派出机构、保险公司及其分支机构应当实事求是地报告重大突发事件,不得瞒报、缓报、谎报。

第十九条 重大突发事件发生后,中国保监会、相关保监会派出机构、保险公司对重大突发事件实行信息发布制度。

信息发布应当指定专门的新闻发言人,统一对外发布信息。其他相关人员未经批准不得擅自对外发布信息。

信息发布应当及时、准确、全面。

第二十条 中国保监会根据重大突发事件的严重程度和事态发展情况,决定是否向国务院报告。

第三章 应急预案和应急准备

第二十一条 各单位应当成立重大突发事件应急处理指挥机构,指挥机构应当实行单位主要负责人责任制。

第二十二条 各单位应当建立严格的重大突发事件防范和应急处理责任制，制定严密的应急预案，确保重大突发事件应急处理工作的正常进行。

第二十三条 保险公司分支机构应当将应急预案报所属总公司，同时报当地的保监会派出机构；保监会派出机构、保险公司应当将应急预案报中国保监会。

中国保监会负责制定中国保险业重大突发事件应急预案，并对外发布。

第二十四条 保险公司及其分支机构的应急工作机制和应急预案是保险公司内部控制制度的重要内容，中国保监会、保监会派出机构应当进行监督检查。

第二十五条 各单位应急预案应当包括以下内容：

（一）重大突发事件应急处理指挥机构的组成和相关部门职责；

（二）重大突发事件的监测和预警；

（三）重大突发事件的预防和应急准备；

（四）重大突发事件信息收集、分析、报告制度；

（五）重大突发事件的分级和应急处理工作方案；

（六）其他应当包括的内容。

第二十六条 各单位应当根据重大突发事件的变化和实施中发现的问题，及时修订应急预案，充实应急预案内容，提高应急预案的科学性和可操作性。

第二十七条 各单位应当与有关部门建立协调沟通机制，建立重大突发事件监测和预警信息网络，确保重大突发事件早发现、早报告、早处理，尽量避免或者减少重大突发事件造成的损失。

第二十八条 各单位应当进行重大突发事件应急演练，加强应急人员培训，提高应急能力，查找应急处理工作中的不足和漏洞，确保重大突发事件发生后各项应急工作的正常开展。

第四章 应急预案的启动、终止和应急处理

第二十九条 中国保监会办公厅收到保监会派出机构、保险公司重大突发事件报告后，应当及时组织相关部门对重大突发事件进行核实、确认，向有关单位了解、咨询重大突发事件情况，对相关信息进行分析和综合评估，提出处理意见，报告中国保监会分管主席。

第三十条 中国保监会办公厅认为必要时，应当向中国保监会主席建议启动中国保监会重大突发事件应急预案，中国保监会主席决定是否启动应急预案。

第三十一条 中国保监会主席可以根据重大突发事件的发展态势，决定是否成立重大突发事件应急指挥中心（以下简称“指挥中心”）。

第三十二条 指挥中心是负责重大突发事件应急处理工作的领导机构，接受国务院的统一部署和协调。

第三十三条 指挥中心成员单位包括相关保险公司、保监会派出机构和保监会相关部门。

指挥中心成员单位的主要负责人为指挥中心组成人员，按照指挥中心的命令开展工作。

指挥中心组成人员在处理重大突发事件期间出差、出国必须向指挥中心请假，无正当理由不得离开工作岗位。

第三十四条 指挥中心总指挥由中国保监会主席担任。总指挥在必要时可以指定若干名副总指挥。特殊情况下，中国保监会主席可以指定一名副主席担任指挥中心总指挥。

中国保监会办公厅是指挥中心的工作机构，负责处理指挥中心的具体事务。

第三十五条 指挥中心的职责是：

（一）收集、分析、发布重大突发事件有关信息；

（二）调查、核实、分析重大突发事件；

（三）领导、指挥、协调重大突发事件处理工作；

（四）提出防灾、减灾，促进保险业稳定持续发展的政策建议；

（五）必要时可以要求保险公司调动资金、物资和调配相关工作人员；

（六）制定重大突发事件应急行动方案、启用保险保障基金、巨灾风险基金或者其他特别融资方案。

第三十六条 中国保监会决定启动重大突发事件应急预案后，中国保监会办公厅应当及时对外发布相关信息，包括：

（一）启动中国保监会应急预案；

（二）指挥中心总指挥、副总指挥；

（三）指挥中心成员单位及组成人员；

（四）指挥中心主要职责；

（五）其他相关应急处理工作事项。

第三十七条 指挥中心总指挥根据重大突发事件性质，指定中国保监会有关部门或者人员组成应急处理工作小组，并根据需要调集有关单位人员参加应急处理工作。

第三十八条 指挥中心可以要求相关保监会派出机构、保险公司实施报告制度和启动应急预案。

第三十九条 中国保监会可以根据重大突发事件情况决定调整指挥中心职责，终止重大突发事件应急预案，解散指挥中心。

第四十条 重大突发事件发生后，保监会派出机构可以根据重大突发事件形势向中国保监会或者指挥中心提出启动本单位应急预案，或者应中国保监会、指挥中心要求启动应急预案。

第四十一条 保监会派出机构在启动应急预案的同时，成立所辖地区重大突发事件应急指挥中心，并根据应急预案规定的职责开展工作。

保监会派出机构重大突发事件应急指挥中心统一领导辖区内保险公司分支机构重大突发事件的应急处理工作，可以要求辖区内保险公司分支机构启动报告制度和应急预案。

第四十二条 保监会派出机构可以根据重大突发事件发展形势，向中国保监会或者指挥中心提出并经批准后，终止应急预案、解散保监会派出机构重大突发事件应急指挥中心。

第四十三条 重大突发事件发生后，相关保险公司或者其分支机构可以根据重大突发事件发展形势，决定是否启动重大突发事件应急预案，或者应其上级公司、保监会派出机构、中国保监会或者指挥中心要求，启动应急预案。

第四十四条 保险公司或者其分支机构启动应急预案后，应当严格按照应急预案要求做好各项应急处理工作，随时向中国保监会、指挥中心、保监会派出机构或者保监会派出机构重大突发事件应急指挥中心报告工作情况。

第四十五条 保险公司或者其分支机构可以视重大突发事件发展形势，报经中国保监会、指挥中心或者当地保监会派出机构同意后，终止应急预案，解散应急指挥机构。

第四十六条 实施报告制度和启动应急预案的单位应当实行重大突发事件24小时值班制度，确保重大突发事件发生后信息畅通，保证上情下达、下情上达。

第四十七条 重大突发事件发生后，各单位重大突发事件应急指挥机构应当加强与媒体的沟通，及时、统一发布相关信息。

第四十八条 对违反本规定的单位和个人，中国保监会及其派出机构按照有关规定给予处罚。

第五章 附 则

第四十九条 本规定自2004年2月1日起施行。

中国保险监督管理委员会政府信息公开办法

(2008年8月18日中国保险监督管理委员会主席办公会审议通过
2008年11月18日公布　自2009年1月1日起施行)　保监会令〔2008〕3号

第一章　总　　则

第一条　为了保障公民、法人和其他组织依法获取保险政府信息,提高保险监督管理工作的透明度,促进依法行政,充分发挥保险政府信息对人民群众生产、生活和经济社会活动的服务作用,根据《中华人民共和国政府信息公开条例》以及国家有关规定,制定本办法。

第二条　本办法所称保险政府信息(以下简称政府信息),是指中国保险监督管理委员会(以下简称中国保监会)及其派出机构在履行职责过程中制作或者获取的,以一定形式记录、保存的信息。

第三条　中国保监会及其派出机构公开政府信息,应当遵循公正、公平、便民的原则。

第四条　中国保监会及其派出机构应当及时、准确地公开政府信息,发现影响或者可能影响社会稳定、扰乱社会管理秩序、严重损害保险行业形象或者扰乱保险市场秩序的虚假或者不完整信息,应当在职责范围内发布准确的政府信息予以澄清。

第五条　发布政府信息依照国家有关规定需要审批的,未经批准不得发布。

中国保监会及其派出机构建立健全政府信息发布协调机制。拟发布的政府信息涉及其他行政机关的,中国保监会或者其派出机构应当与有关行政机关进行沟通、确认,保证发布的政府信息准确一致。

第六条　中国保监会办公厅是中国保监会及其派出机构政府信息公开工作的管理部门,依法指导、协调、推进、监督中国保监会及其派出机构政府信息公开工作。

第七条　中国保监会办公厅是中国保监会的政府信息公开工作机构;中国保监会派出机构应当根据工作需要,指定本单位政府信息公开工作机构。

政府信息公开工作机构履行下列职责:

(一)承办本单位政府信息公开的具体事宜;

(二)维护和更新本单位公开的政府信息;

（三）组织编制本单位政府信息公开指南、政府信息公开目录和政府信息公开工作年度报告；

（四）对拟公开的政府信息进行保密审查；

（五）拟发布政府信息涉及其他行政机关的，与有关行政机关进行沟通、确认；

（六）中国保监会依法规定的与政府信息公开有关的其他职责。

第八条 中国保监会及其派出机构公开相关政府信息，不得危及国家安全、公共安全、经济安全和社会稳定。

第二章 公开范围

第九条 中国保监会及其派出机构依法主动公开下列政府信息：

（一）本单位职能、地址、联系方式、部门设置、办事程序；

（二）保险类法律、行政法规、规章和规范性文件；

（三）保险业发展规划、信访投诉基本情况以及依法应当公布的保险统计数据；

（四）保险行政许可事项、依据、条件、数量、程序、期限、申请行政许可需要提交的全部材料目录以及办理情况；

（五）行政处罚结果；

（六）经审批的保险条款和保险费率，经备案的保险产品目录；

（七）中国保监会及其派出机构的重要人事任免；

（八）工作人员录用计划以及实施情况；

（九）保险业突发公共事件应急预案、预警信息以及应对情况；

（十）行政事业性收费的项目、依据、标准；

（十一）政府集中采购项目的目录、标准以及实施情况；

（十二）重大建设项目的批准和实施情况；

（十三）保险机构、保险中介机构、外国保险机构驻华代表机构的基本情况；

（十四）保险中介从业人员资格考试情况，保险中介从业人员资格证书和执业证件信息；

（十五）其他应当依法公开的政府信息。

中国保监会在前款规定的范围内确定拟公开的各项政府信息的具体内容，纳入编制的政府信息公开指南或者政府信息公开目录，中国保监会及其派出机构据此内容实施主动公开。

第十条 除依照前条规定由中国保监会及其派出机构主动公开的政府信息外，公民、法人或者其他组织还可以根据自身生产、生活、科研等特殊需要，向中国保监会及其派出机构申请获取相关政府信息。

第十一条 涉及国家秘密、商业秘密、个人隐私的政府信息不得公开。但是，经权利人同意公开或者中国保监会及其派出机构认为不公开可能对公共利益造成重大影响的涉及商业秘密、个人隐私的政府信息,可以公开。

第三章　公开程序和方式

第十二条　中国保监会根据本办法规定的主动公开的政府信息范围,依法编制、公布政府信息公开指南和政府信息公开目录,并及时更新。

政府信息公开指南,包括政府信息的分类、编排体系、获取方式,政府信息公开工作机构的名称、办公地址、办公时间、联系电话、传真号码、电子邮箱等内容。

政府信息公开目录,包括政府信息的索引、名称、内容概述、生成日期等内容。

第十三条　政府信息在公开以前,应当由中国保监会或者其派出机构依法进行保密审查。

第十四条　中国保监会及其派出机构通过中国保监会或者其派出机构网站、新闻发布会、报刊、广播、电视等便于公众知晓的方式公开政府信息。

中国保监会及其派出机构可以设立公共查阅室、资料索取点、信息公告栏、电子信息屏等场所、设施,公开政府信息。

中国保监会及其派出机构应当及时向国家档案馆、公共图书馆提供主动公开的政府信息。

第十五条　属于主动公开范围的政府信息,应当自该信息形成或者变更之日起 20 个工作日内予以公开。法律、法规对政府信息公开期限另有规定的,从其规定。

第十六条　公民、法人或者其他组织依照本办法第十条向中国保监会及其派出机构申请获取政府信息的,应当采用书面形式(包括数据电文形式);采用书面形式确有困难的,申请人可以口头提出,由中国保监会或者其派出机构的受理部门代为填写政府信息公开申请。

政府信息公开申请应当包括申请人姓名或者名称、联系方式、申请公开政府信息的内容描述和形式要求。

第十七条　对申请公开的政府信息,中国保监会及其派出机构根据下列情况分别作出答复:

(一)属于公开范围的,告知申请人获取该信息的方式和途径;

(二)属于不予公开范围的,告知申请人并说明理由;

(三)依法不属于本单位公开的,告知申请人,对能够确定该政府信息公开机关的,告知申请人该行政机关的名称、联系方式;

(四)该政府信息不存在的,告知申请人;

(五)申请内容不明确的,告知申请人进行更改、补充。

第十八条 申请公开的政府信息中含有不应当公开的内容，但是能够作区分处理的，中国保监会及其派出机构应当向申请人提供可以公开的信息内容。

第十九条 中国保监会或者其派出机构认为申请公开的政府信息涉及商业秘密、个人隐私，公开后可能损害第三方合法权益的，应当书面征求第三方意见；第三方不同意公开的，不得公开。但是，中国保监会或者其派出机构认为不公开可能对公共利益造成重大影响的，应当予以公开，并将决定公开的政府信息内容和理由书面通知第三方。

第二十条 中国保监会及其派出机构收到政府信息公开申请，能够当场答复的，当场予以答复；不能当场答复的，自收到申请之日起15个工作日内予以答复；如需延期答复，应当经中国保监会办公厅负责人或者派出机构政府信息公开工作机构负责人同意，并告知申请人，但延长答复的期限最长不得超过15个工作日。

申请公开的政府信息涉及第三方权益的，中国保监会或者其派出机构征求第三方意见所需时间不计算在前款规定的期限内。

第二十一条 中国保监会及其派出机构依申请公开政府信息，应当按照申请人要求的形式予以提供；无法按照申请人要求的形式提供的，可以通过安排申请人查阅相关资料、提供复制件或者其他适当形式提供。

第二十二条 中国保监会及其派出机构依申请提供政府信息，除可以依法根据国务院有关部门拟定的标准收取检索、复制、邮寄等成本费用外，不得收取其他费用；中国保监会及其派出机构不得通过其他组织、个人以有偿服务方式提供政府信息。

第二十三条 申请公开政府信息的公民确有经济困难的，经本人申请、中国保监会办公厅负责人或者派出机构政府信息公开工作机构负责人审核同意，可以减免相关费用。

申请公开政府信息的公民存在阅读困难或者视听障碍的，中国保监会及其派出机构应当为其提供必要的帮助。

第四章 保障和监督

第二十四条 中国保监会及其派出机构应当建立健全政府信息公开工作考核制度、社会评议制度和责任追究制度，定期对政府信息公开工作进行考核、评议。

第二十五条 中国保监会办公厅和监察局负责对中国保监会及其派出机构政府信息公开实施情况进行监督检查。

中国保监会派出机构监察部门根据中国保监会的规定，对派出机构政府信息公开的实施情况进行日常监督检查。

第二十六条 中国保监会及其派出机构在每年3月31日前公布本单位上一

年度政府信息公开工作年度报告。

政府信息公开工作年度报告包括下列内容：

（一）主动公开政府信息的情况；

（二）依申请公开政府信息和不予公开政府信息的情况；

（三）政府信息公开的收费及减免情况；

（四）因政府信息公开申请行政复议、提起行政诉讼的情况；

（五）政府信息公开工作存在的主要问题及改进情况；

（六）其他依法需要报告的事项。

第二十七条　公民、法人或者其他组织有证据证明中国保监会或者其派出机构提供的与其自身相关的政府信息不准确的，可以提出书面申请要求中国保监会或者其派出机构予以更正。

中国保监会或者其派出机构应当对申请人提交的相关证据进行核实，政府信息确有错误的，应当及时予以更正，无需更正、无权更正或者难以证明确有错误不应更正的，除无法联络申请人的情形以外，应当向申请人说明原因。

第二十八条　公民、法人或者其他组织认为中国保监会或者其派出机构不依法履行政府信息公开义务的，可以依照下列途径举报：

（一）认为中国保监会不依法履行政府信息公开义务的，可以向中国保监会办公厅、监察局举报；

（二）认为中国保监会派出机构不依法履行政府信息公开义务的，向中国保监会办公厅、监察局或者中国保监会派出机构监察部门举报。

中国保监会办公厅、监察局或者中国保监会派出机构监察部门收到举报，应当予以调查处理。

第二十九条　公民、法人或者其他组织认为中国保监会或者其派出机构在政府信息公开工作中的具体行政行为侵犯其合法权益的，可以依法申请行政复议或者提起行政诉讼。

第三十条　中国保监会或者其派出机构有关部门应当按照中国保监会的规定，在对政府信息的真实性、准确性进行谨慎审查后，及时将有关信息报送中国保监会办公厅或者派出机构政府信息公开工作机构。

未按照前款规定审查或者报送政府信息的，由中国保监会办公厅或者派出机构政府信息公开工作机构责令改正；造成严重后果的，根据有关规定对该部门主要责任人给予处分。

第三十一条　中国保监会依法接受全国政府信息公开工作主管部门和国家监察机关对中国保监会政府信息公开工作的监督检查。

第三十二条　中国保监会派出机构违反本办法，未建立健全政府信息发布保密审查机制的，由中国保监会办公厅、监察局责令改正；情节严重的，对派出机构主要负责人依法给予处分。

第三十三条 中国保监会派出机构违反本办法，有下列情形之一的，由中国保监会办公厅、监察局责令改正；情节严重的，对直接负责的主管人员和其他直接责任人员依法给予处分；涉嫌犯罪的，依法移送司法机关处理：

（一）不依法履行政府信息公开义务的；

（二）不及时更新公开的政府信息内容、政府信息公开指南和政府信息公开目录的；

（三）违反规定收取费用的；

（四）通过其他组织、个人以有偿服务方式提供政府信息的；

（五）公开不应当公开的政府信息的；

（六）违反本办法规定的其他行为。

第五章 附 则

第三十四条 本办法由中国保监会负责解释。

第三十五条 本办法自 2009 年 1 月 1 日起施行。

中国保险监督管理委员会信访工作办法

(2005年5月26日中国保险监督管理委员会令2005年第1号发布　根据2013年6月25日中国保险监督管理委员会主席办公会《中国保险监督管理委员会关于修改〈中国保险监督管理委员会信访工作办法〉的决定》修正)　保监会令〔2013〕9号

第一章　总　　则

第一条　为了规范中国保险监督管理委员会(以下简称中国保监会)及其派出机构的信访工作,维护保险信访秩序,保护保险信访人的合法权益,根据《信访条例》等有关法律、行政法规,制定本办法。

第二条　本办法所称信访,是指公民、法人或者其他组织采用书信、电子邮件、传真、电话以及走访等形式,向中国保监会及其派出机构反映情况,提出与保险监管相关的意见、建议或者投诉请求,依法应当由中国保监会或者派出机构处理的活动。

本办法所称信访人,是指采用前款规定的形式,反映情况,提出意见、建议或者投诉请求的公民、法人或者其他组织。

保险消费投诉处理适用《保险消费投诉处理管理办法》。保险违法违规行为举报处理由中国保监会另行规定。

第三条　保险信访工作应当坚持属地管理、分级负责,谁主管、谁负责,依法、及时、就地解决问题与疏导教育相结合的原则。

第四条　中国保监会及其派出机构应当科学、民主决策,依法履行职责,从源头上预防导致信访事项的矛盾和纠纷。

中国保监会及其派出机构应当建立统一领导、部门协调、统筹兼顾、各负其责的保险信访工作格局,畅通信访渠道,建立健全转办督查、排查调处、联席会议等信访工作机制,及时化解矛盾和纠纷。

中国保监会及其派出机构的负责人应当高度重视保险信访工作,坚持阅批重要来信,接待重要来访,听取信访工作汇报,研究和解决信访工作中的突出问题。

第五条　中国保监会及其派出机构应当建立健全信访工作责任制,对信访工作中的失职、渎职行为,严格依照法律、行政法规和本办法的规定追究相关人员的责任。

中国保监会及其派出机构应当将信访工作绩效纳入相关工作人员的年度考核体系。

第六条 信访人反映的情况,提出的意见和建议,对改进保险监管工作有突出贡献的,由中国保监会按照有关规定给予奖励。

第二章 信访工作机构和职责

第七条 中国保监会办公厅为全国保险信访工作的管理部门,设立专门的信访工作机构,配备专职信访工作人员,负责对全国保险信访工作进行指导、检查、督办和考核。

派出机构办公室为辖区内保险信访工作的管理部门。派出机构办公室应当确定辖区内的保险信访工作机构和人员。

第八条 保险信访工作机构应当履行下列职责：

(一)受理、交办、转送保险信访事项;

(二)承办上级机关交办、其他单位或者部门转送的保险信访事项;

(三)督促检查保险信访事项的处理和落实情况,对重要的保险信访投诉进行核查或者参与核查;

(四)协调处理重大、紧急的保险信访事项;

(五)指导和检查中国保监会、派出机构所辖单位的信访工作;

(六)建立健全保险信访工作制度,建立信访档案资料库;

(七)开展调查研究,分析保险信访工作情况,反映保险信访工作中发现的问题,提出完善政策和改进工作的建议;

(八)协助有关单位、部门处理与保险监管相关的信访事项;

(九)协助宣传保险法律、法规、规章和相关政策;

(十)承办其他有关保险的信访工作事项。

第九条 中国保监会及其派出机构应当为保险信访工作机构和工作人员提供必要的工作条件,设立专门的信访接待场所,并对保险信访工作人员进行保险业务知识和法律知识的培训。

第三章 信访渠道

第十条 中国保监会及其派出机构应当向社会公布信访工作机构的通信地址、电子信箱、传真、信访电话、信访接待的时间和地点等相关事项。

中国保监会及其派出机构应当在信访接待场所或者网站上公布与信访工作有关的法律、法规和规章,信访事项处理程序,以及其他为信访人提供便利的事项。

第十一条 派出机构应当建立负责人信访接待日制度,定期听取信访人反映情况，并协调处理信访事项。信访人可以在公布的接待日和接待地点向派出机构负责人当面反映信访事项。

第十二条 中国保监会及其派出机构应当建立并完善保险信访信息系统，为信访人查询信访事项办理情况提供便利。

第四章 信访事项的提出

第十三条 信访人可以依照本办法向中国保监会或者派出机构提出保险信访事项。

第十四条 信访人提出信访事项，一般应当采用书信、电子邮件、传真等书面形式，并载明信访人的姓名或者单位名称、住址、联系方式。信访人提出投诉请求的，还应当写明被投诉单位、人员的名称或者姓名、投诉请求、事实及理由，并附上相关证明材料。

采用口头形式提出信访事项的，保险信访工作人员应当记录信访人的姓名或者单位名称、住址、联系方式和请求、事实及理由。

采用走访形式提出信访事项的，信访人应当到中国保监会或者派出机构指定的接待场所办理登记手续。多人采用走访形式提出共同信访事项的，应当推选代表，代表人数不得超过5人。

第十五条 信访人提出信访事项，应当客观真实，对其所提供材料内容的真实性负责，不得捏造、歪曲事实，不得诬告、陷害他人。

第十六条 信访人在信访过程中应当遵守法律、法规，自觉维护社会公共秩序和保险信访秩序，不得有下列行为：

（一）在中国保监会或者派出机构办公场所周围非法聚集，围堵、冲击办公场所，拦截公务车辆，或者堵塞、阻断交通的；

（二）威胁、侮辱、殴打中国保监会、派出机构工作人员，或者非法限制他人人身自由的；

（三）在信访接待场所滞留、滋事，或者将生活不能自理的人弃留在信访接待场所的；

（四）煽动、串联、胁迫、以财物诱使、幕后操纵他人信访或者以信访为名借机敛财的；

（五）携带危险物品、管制器具的；

（六）扰乱社会公共秩序、妨碍保险信访工作秩序的其他行为。

第十七条 信访人扰乱、妨碍社会公共秩序和保险信访秩序的，保险信访工作人员可以劝阻、批评或者教育。信访人违反治安管理规定的，保险信访工作人员可以将其移交公安机关依法处理。

第五章 信访事项的受理

第十八条 中国保监会依法受理下列信访事项：

(一)对保险监管工作提出意见、建议的；

(二)对中国保监会机关及其工作人员、派出机构及其负责人的职务行为提出异议的；

(三)对全国性保险社会团体及其工作人员的职务行为提出异议,或者反映其有关情况,提出意见、建议,依照有关规定应当由中国保监会处理的；

(四)中国保监会依法处理的其他信访事项。

第十九条 派出机构依法受理下列信访事项：

(一)对辖区内保险监管工作提出意见、建议的；

(二)对派出机构负责人以外工作人员的职务行为提出异议的；

(三)对辖区内保险社会团体及其工作人员的职务行为提出异议,或者反映其有关情况,提出意见、建议,依照有关规定应当由派出机构处理的；

(四)派出机构依法处理的其他信访事项。

第二十条 信访人提出下列事项之一的,中国保监会及其派出机构不予受理,但应当转由保险公司、保险资产管理公司或者保险中介机构处理：

(一)反映保险公司、保险资产管理公司或者保险中介机构工作人员违纪问题,但不涉及有关保险监管的法律、行政法规和中国保监会规定的；

(二)反映保险公司、保险资产管理公司、保险中介机构内部管理问题的；

(三)对保险产品的解释事项以及对保险公司、保险资产管理公司、保险中介机构经营状况咨询的；

(四)其他应当由保险公司、保险资产管理公司或者保险中介机构处理的事项。

第二十一条 信访人提出下列事项之一的,中国保监会及其派出机构不予受理,但应当转由保险行业协会处理：

(一)咨询保险行业协会会员单位基本情况和保险知识的；

(二)反映保险行业协会会员单位从业人员职业道德问题的；

(三)反映保险从业人员的培训、执业、流动和奖惩问题,可以由保险行业协会处理的；

(四)反映损害保险行业形象的问题,可以由保险行业协会处理的；

(五)涉及保险行业协会会员单位之间、会员单位与保险从业人员之间、保险业与其他行业之间关系,可以由保险行业协会处理的；

(六)其他可以由保险行业协会处理的事项。

第二十二条 对信访人提出下列事项之一的,中国保监会及其派出机构不予

受理,但应当告知信访人依照有关法律、行政法规的规定向有关单位提出:

(一)依照有关规定应当由其他单位处理的;

(二)已经或者依法应当通过诉讼、仲裁、行政复议等法定途径解决的;

(三)有关国家机关已对信访人反映的问题作出最终处理决定的。

第二十三条 信访事项由信访工作机构统一受理。

第二十四条 中国保监会及其派出机构信访工作机构收到信访事项,应当予以登记,并区分情况,在15日内分别按下列方式处理:

(一)对属于受理范围的信访事项,应当向信访人出具受理凭证,并依照有关程序处理。信访人的姓名、名称或者住址不清的除外;

(二)对本办法第二十二条规定的事项,应当书面告知信访人依照有关法律、行政法规的规定向有关单位提出。相关书面信访材料应当及时转送有关单位或者退还信访人;

(三)对本办法第二十条、第二十一条规定的事项,应当转送有关保险公司、保险资产管理公司、保险中介机构或者保险社会团体。接收单位应当按照中国保监会或者派出机构的要求报告受理情况和办理结果。无法及时报告相关情况的,接收单位应当向中国保监会或者派出机构书面说明原因;

(四)对本办法第十九条规定的事项,中国保监会应当转送相关派出机构。派出机构应当自收到转送信访材料之日起15日内决定是否受理并书面告知信访人。派出机构应当及时向中国保监会报告信访事项的受理情况和办理结果。不能按期办结信访事项的,派出机构应当及时向中国保监会书面说明原因;

(五)对本办法第十八条规定的事项,派出机构应当转送中国保监会。中国保监会应当自收到转送信访材料之日起15日内决定是否受理并书面告知信访人。

第二十五条 信访人提出的信访事项已由派出机构受理,信访人在处理期限内向中国保监会提出同一信访事项的,中国保监会不予受理。

信访人在处理期限内针对已经受理的同一信访事项提出新的事实和理由需要查证的,可以合并处理。信访处理期限自中国保监会或者派出机构收到新材料之日起重新计算,并书面告知信访人。

信访事项已经办结,信访人没有新的事实和理由再次提出同一信访事项的,中国保监会或者派出机构不予受理。

第二十六条 涉及两个或者两个以上派出机构的信访事项,由中国保监会指定一个派出机构受理,相关派出机构配合办理。

第二十七条 中国保监会及其派出机构应当制定保险业重大信访事项报告制度和应急预案,加大对重大、紧急信访事项的处置力度,并在职责范围内依法及时采取措施,防止不良影响的产生、扩大。

对可能造成重大社会影响的信访事项和信访信息，派出机构应当及时向中国保监会和当地人民政府报告，并按照有关规定和应急预案的要求采取紧急措施，防止事件升级。

第六章　信访事项的办理和督办

第二十八条　中国保监会及其派出机构工作人员办理信访事项应当查明事实，秉公办理，不得推诿、敷衍、拖延。

第二十九条　中国保监会及其派出机构应当制定信访事项的分工处理规则，明确各类信访事项的具体承办部门，落实工作责任，保证信访工作顺利开展。

第三十条　承办部门对接办的信访事项应当逐件登记，分类办理。对意见、建议类信访事项，应当认真研究。对解决问题类和举报类信访事项，应当按照国家法律、行政法规和本办法规定，组织调查处理。

承办部门可以要求信访人、有关组织和人员说明情况，提供相关材料，或者直接进行调查核实。

对重大疑难的信访事项，承办部门可以举行听证。听证应当公开举行，通过质询、辩论、评议、合议等方式，查明事实，分清责任。具体听证程序由中国保监会另行制定。

第三十一条　对属于中国保监会或者派出机构受理范围的匿名信访事项应当区别情况，按下列方式办理：

（一）被信访人明确，所举报内容和提供的线索具体清楚，并且附有相应证明材料的，承办部门应当调查处理；

（二）被信访人和所举报内容陈述模糊，或者缺乏明确线索和相应证明材料的，承办部门可以酌情处理。

第三十二条　信访事项经调查核实后，承办部门应当作出下列处理，并由信访工作机构书面答复信访人：

（一）事实清楚，信访请求符合法律、行政法规和中国保监会有关规定的，予以支持，并督促有关单位执行；

（二）请求事由合理但缺乏法律依据的，应当对信访人做好解释工作；

（三）请求缺乏事实根据或者不符合法律、行政法规和中国保监会有关规定的，不予支持。

第三十三条　对上级机关交办的重要信访事项，中国保监会及其派出机构的信访工作机构应当及时报送分管领导或者主要负责人批示，并按照要求在规定时限内报送处理结果。处理报告应当内容具体、事实清楚、文字准确、结论性意见明确。

第三十四条　信访事项应当自受理之日起60日内办结。情况复杂的，经本单位负责人批准，可以适当延长办理期限，但延长期限不得超过30日，并书面告知信访人延期理由。

第三十五条 信访人对派出机构处理意见不服的，可以自收到书面答复之日起30日内请求中国保监会复查。中国保监会应当自收到复查请求之日起30日内提出复查意见，并书面答复信访人。

第三十六条 中国保监会及其派出机构的信访工作机构发现信访事项处理有下列情形之一的，应当及时督办，并提出改进建议：

（一）无正当理由未按规定的办理期限办结信访事项的；

（二）未按规定报告信访事项受理情况和办理结果的；

（三）未按规定程序办理信访事项的；

（四）办理信访事项推诿、敷衍、拖延、弄虚作假的；

（五）不执行信访处理意见的；

（六）其他需要督办的情形。

第三十七条 收到改进建议的承办部门应当在30日内向中国保监会或者派出机构的信访工作机构书面说明该信访事项的处理情况。未采纳改进建议的，应当书面说明理由。

第三十八条 中国保监会及其派出机构处理信访事项的工作人员与信访事项或者信访人、被信访人有直接利害关系的，应当回避。

第三十九条 对在信访工作中不履行职责、推诿塞责、弄虚作假的工作人员，信访工作机构可以建议其所在单位或者部门给予批评教育；造成严重后果的，可以向有关纪检监察部门和人事部门提出给予行政处分的建议。

第四十条 中国保监会及其派出机构的信访工作机构应当对信访材料进行整理分析，并建立定期信访通报制度。

对于信访人反映集中的政策性问题，中国保监会及其派出机构的信访工作机构应当及时向上级机关和本单位负责人报告，并会同有关部门深入调查研究，提出完善政策、解决问题的建议。

派出机构的信访工作机构应当定期总结信访工作情况，并按照中国保监会的要求提交信访工作报告。

第七章 法律责任

第四十一条 中国保监会及其派出机构处理信访事项的工作人员不遵守保密规定，将信访人的检举、揭发材料或者有关情况透露给被检举、揭发的人员或者单位的，由其所在单位给予行政处分。

第四十二条 中国保监会及其派出机构处理信访事项的工作人员与信访事项

或者信访人、被信访人有直接利害关系，未按照本办法规定进行回避的，由其所在单位责令改正；情节严重的，给予行政处分。

第四十三条 因下列情形之一导致信访事项发生，造成严重后果的，由中国保监会或者派出机构责令改正，对直接负责的主管人员和其他直接责任人员依法给予行政处分；构成犯罪的，依法追究刑事责任：

（一）超越或者滥用职权，侵害信访人合法权益的；

（二）应当作为而不作为，侵害信访人合法权益的；

（三）适用法律错误或者违反法定程序，侵害信访人合法权益的；

（四）拒不执行上级机关作出的支持信访请求意见的。

第四十四条 处理信访事项过程中有下列情形之一的，由中国保监会或者派出机构责令改正；造成严重后果的，对处理信访事项的相关工作人员依法给予行政处分：

（一）对收到的信访事项不按规定登记和处理的；

（二）对属于受理范围的信访事项不予受理的；

（三）未在规定期限内书面告知信访人是否受理信访事项的；

（四）推诿、敷衍、拖延信访事项办理，弄虚作假或者未在法定期限内办结信访事项的；

（五）在处理信访事项中，作风粗暴，激化矛盾并造成严重后果的；

（六）对事实清楚，符合法律、行政法规和中国保监会有关规定的信访投诉请求未予支持的。

第四十五条 中国保监会、派出机构及其工作人员对可能造成社会影响的重大、紧急信访事项和信访信息隐瞒、谎报、缓报，或者授意他人隐瞒、谎报、缓报，造成严重后果的，对直接负责的主管人员和其他直接责任人员依法给予行政处分；构成犯罪的，依法追究刑事责任。

第四十六条 中国保监会及其派出机构工作人员打击报复信访人的，依法给予行政处分；构成犯罪的，依法追究刑事责任。

第八章 附 则

第四十七条 对外国人、无国籍人、外国组织提出的涉及我国商业保险的信访事项的处理，参照本办法执行。

第四十八条 本办法所称保险中介机构，是指经中国保监会或者派出机构批准设立的保险代理机构、保险兼业代理机构、保险经纪机构和保险公估机构。

第四十九条 本办法由中国保监会负责解释。

第五十条 本办法自2005年7月1日起施行。2002年3月7日中国保监会发布的《中国保险监督管理委员会信访工作办法》同时废止。

中国保险监督管理委员会规章制定程序规定

(2006年3月14日中国保险监督管理委员会令2006年第2号发布　根据2013年11月6日中国保险监督管理委员会主席办公会《中国保险监督管理委员会关于修改〈中国保险监督管理委员会规章制定程序规定〉的决定》修正)　保监会令〔2013〕11号

第一章　总　　则

第一条　为了规范中国保险监督管理委员会(以下简称中国保监会)的规章制定工作,促进保险行政立法的程序化和科学化,提高规章质量,根据《中华人民共和国立法法》、《规章制定程序条例》等法律、行政法规,制定本规定。

第二条　本规定所称规章,是指中国保监会为行使国务院授予的行政管理职能,依据法律和行政法规以保监会令形式颁布施行的规范性文件。

第三条　规章一般称为"规定"、"办法"。中国保监会制定的规章以外的规范性文件不得称为"规定"。

前款规定的规范性文件的内容不得与规章的内容相抵触。

第四条　规章制定程序包括立项、起草、审核、发布、备案、修改、解释以及废止。

中国保监会法制部门(以下简称法制部门)负责规章制定的组织工作。

第五条　制定规章,应当遵循立法法确定的立法原则,切实保障公民、法人和其他组织的合法权益,应当体现行政机关的职权与责任相统一的原则,科学规范行政行为,并应当符合精简、统一、效能的原则。

第六条　规章以外的规范性文件不适用本规定。

第二章　立　　项

第七条　中国保监会根据保险业发展与改革的需要,制定年度规章立法计划。

第八条　纳入规章立法计划的立法事项应当符合下列条件:

(一)立法条件成熟或者具有迫切立法需要的;

(二)公开发布,具有普遍约束效力的;

(三)具有较长效力期限,短期内不会频繁修改的;

(四)效力等级要求较高,用一般规范性文件无法有效规范的。

第九条 中国保监会各部门应当对制定规章的必要性、可行性进行充分论证后，决定是否提出立项建议。

各部门于每年度末按照法制部门的要求提出本部门下一年度的规章立项建议，报送法制部门汇总。规章立项建议应当包括规章名称、制定目的及必要性、法律依据、拟确立的主要制度、对现行制度的影响和计划完成时间等。

第十条 法制部门应当按照本规定第八条对各部门规章立项建议进行审核。对不符合要求的立项建议，法制部门应当及时与相关部门协商，并说明不将其纳入立法计划的理由。

第十一条 法制部门在对各部门的规章立项建议审核后汇总形成下年度中国保监会规章立法计划，经起草部门和法制部门的分管会领导审签，并报主席批准后实施。

规章立法计划应当包括规章名称、制定目的、主办部门以及计划完成时间。

第十二条 对于未纳入当年度规章立法计划但有迫切立法需要的立法事项，起草部门应当按照本规定第九条向法制部门书面补报规章立项建议。

法制部门应当对起草部门补报的立项建议进行审核，认为确有立项必要的，经起草部门和法制部门的分管会领导审签，并报主席批准后实施。

第三章 起　　草

第十三条 中国保监会机关各部门负责起草其主管业务范围内的规章。

规章内容涉及两个或者两个以上部门的，由主席或者相关部门分管会领导指定部门起草。

第十四条 法制部门负责对规章的起草工作进行指导协调。

第十五条 规章应当结构严谨、条理清楚、概念明确、文字简练规范。

规章应当采用条文形式，条文较多的可以区分章节。

第十六条 规章应当包括下列内容：

（一）制定依据和目的；

（二）适用范围和相关主体；

（三）具体行为规范；

（四）法律责任；

（五）解释权；

（六）施行日期。

第十七条 起草规章应当注意与现行法律、行政法规的衔接，不得出现与上位法不一致的规定。

新规章取代旧规章的，应当写明拟废止的旧规章的名称。

第十八条 起草规章应当遵循下列规定：

（一）不得增设新的行政许可项目；

（二）不得增设违反上位法的行政许可条件；

（三）增设的行政处罚种类及处罚幅度限于警告及3万元以下罚款。

第十九条 起草规章，应当深入调查研究，总结实践经验，广泛听取有关机关、组织和公民的意见。听取意见可以采取书面征求意见、座谈会、论证会、听证会等多种形式。

第二十条 对于涉及中国保监会其他业务部门或者国务院其他部委职责范围的规章，起草部门应当采取征求意见函等方式充分协商，并保存相关的文字资料。

第二十一条 对于直接涉及公民、法人或者其他组织切身利益的规章，有关机关、组织或者公民对其有重大意见分歧的，起草部门应当向社会公布，征求社会各界的意见，必要时也可以举行听证会。

第二十二条 起草部门应当纂写规章起草说明。

规章起草说明应当包括起草背景与起草过程、立法指导思想和原则、法律依据、规章的体例和主要内容、规章施行的可行性和预期效果、主要问题的不同意见以及需要说明的其他问题。

与国务院部委、中国保监会相关业务部门的协商要点、公开征求后的主要反馈意见以及听证会的主要争议点应当写入规章起草说明。

第四章 审 核

第二十三条 起草部门应当将规章送审稿、起草说明、历次征求意见的资料以及最近一次征求意见汇总表等相关资料一并送交法制部门审核，属于规章修改的，同时送交修改前后对照表。

第二十四条 法制部门收到规章送审稿后，应当从下列方面进行审核：

（一）该规章是否列入当年度立法计划或者经会领导特别批准；

（二）该规章是否违背上位法，是否与中国保监会现有规章有效衔接；

（三）该规章是否切实保障了保险消费者和其他相关利益主体的合法权益，是否体现了行政机关的职权与责任相统一的原则；

（四）该规章是否体现了简化行政管理手续，促进政府职能向经济调节、社会管理和公共服务转变的改革精神；

（五）该规章是否充分征求了有关方面的意见，是否有效协调了起草和听证过程中的主要争议；

（六）该规章是否符合立法技术要求；

（七）该规章的具体规则是否具有可操作性；

（八）需要审核的其他内容。

第二十五条 法制部门通过对规章送审稿和相关资料的审核，发现存在较大意见分歧的，可以要求起草部门作相关说明，并进一步协调有关各方的意见。必要时，法制部门可以组织有关单位和专家进行论证。

第二十六条 法制部门应当就规章送审稿或者规章送审稿涉及的主要问题征求有关各方的意见。

规章送审稿直接涉及公民、法人或者其他组织切身利益，有关机关、组织或者公民对其有重大意见分歧，起草部门在起草过程中未向社会公布，也未举行听证会的，法制部门可以向社会公布，也可以举行听证会。

第二十七条 有关机构或者部门对规章送审稿涉及的主要措施、管理体制、权限分工等问题有不同意见，经法制部门协调仍不能达成一致意见的，法制部门应当将主要问题、有关机构或者部门的意见以及本部门的意见报主席决定。

第二十八条 规章送审稿有下列情形之一的，法制部门可以缓办或者退回起草部门：

（一）制定规章的基本条件尚不成熟的；

（二）规章主要内容与现行法律、行政法规相抵触的；

（三）有关机构或者部门对规章送审稿规定的主要制度存在较大争议，起草部门未与有关机构或者部门协商的；

（四）规章的结构和内容存在重大缺陷的；

（五）上报送审稿及相关材料不符合本规定第二十三条的。

第二十九条 法制部门完成初步审核并与起草部门协商一致后，形成规章征求意见稿，应当按照国务院的有关规定通过互联网公开征求意见。

第三十条 规章送审稿经法制部门审核后提交主席办公会审议。审议时由法制部门负责人和起草部门负责人作起草说明。

主席办公会上提出重大问题或者修改意见的，由法制部门会同起草部门进行修改。修改后，由法制部门报主席签发。

第五章 发布与备案

第三十一条 中国保监会制定的规章，由中国保监会以保监会令形式发布。

规章对外发布应当包括制定机关、序号、规章名称、通过日期、施行日期、主席署名以及公布日期等内容。

第三十二条 规章应当自公布之日起30日后施行；但涉及国家安全、外汇汇率、货币政策的确定以及公布后不立即施行将有碍规章施行的，可以自公布之日起施行。

第三十三条 中国保监会应当在规章公布之日起30日内按照《法规规章备案

条例》的规定向国务院法制办备案。

第三十四条 规章签署公布后,中国保监会应当在中国保监会网站和公开发行的报纸上公布,或者以其他方式公布。

第六章 修改、废止和解释

第三十五条 现行规章有下列情形之一的,应当予以修改:

(一)因新的法律、行政法规制定,或者有关法律、行政法规修改、废止,需作相应修改的;

(二)因国家政策发生变化,需作相应修改的;

(三)因保险市场或者保险监管的实际情况发生变化,现有规章已不能完全适应现实需要的;

(四)其他需要修改的情形。

第三十六条 规章修改的建议由规章起草部门向法制部门提出,规章修改的程序参照适用本规定。

第三十七条 中国保监会应当定期对规章进行清理,发现现行规章有下列情形之一的,应当予以废止:

(一)因有关法律、行政法规的废止或者修订而失去立法依据的;

(二)规章所规定的事项已被新的法律、行政法规或者规章取代的;

(三)规章所规定的事项已不存在、已执行完毕或者已无继续施行必要的;

(四)其他需要废止的情形。

第三十八条 现行规章的废止,由起草部门提出意见,经法制部门审核后,报主席批准,以保监会令形式公布。

第三十九条 规章由中国保监会负责解释。规章的解释应当予以公布。

第四十条 规章有下列情形之一的,由起草部门提出解释意见,法制部门审核后报主席签发:

(一)规章的规定需要进一步明确具体含义的;

(二)规章制定后出现新的情况,需要明确适用规章依据的。

依前款作出的规章解释与规章具有同等效力。

第七章 附 则

第四十一条 中国保监会起草法律、行政法规的程序,参照适用本规定。

中国保监会与国务院其他部委联合制定规章,适用本规定。

第四十二条 本规定自2006年5月1日起施行。中国保监会1999年7月2日发布的《保险行政规章制定程序的规定》(保监发〔1999〕111号)同时废止。

关于印发我国加入 WTO 法律文件有关保险业内容的通知

（2002 年 3 月 12 日） 保监办发〔2002〕14 号

机关各部门、各保监办：

现印发我国加入 WTO 法律文件有关保险业的内容，供内部工作参考。机关各部门和各保监办要认真组织学习，掌握有关保险业对外承诺的内容。

我国加入 WTO 法律文件有关保险业的内容

一、承诺时间表

（一）寿险

1. 加入时

允许外国寿险公司在上海、广州、大连、深圳和佛山设立合资公司，外资比例不超过 50%，外方可以自由选择合资伙伴。允许上述公司向外国公民和中国公民提供个人（非团体）寿险服务。

营业许可的发放不设经济需求测试或许可数量限制，设立条件如下：（1）投资者应为在 WTO 成员境内有超过 30 年经营历史的外国保险公司；（2）必须在中国设立代表处连续 2 年；（3）在提出申请前一年的年末总资产不低于 50 亿美元。

2. 加入后 2 年内

开放地域扩大到北京、成都、重庆、福州、苏州、厦门、宁波、沈阳、武汉和天津。

3. 加入后 3 年内

取消地域限制，允许合资公司向中国公民和外国公民提供健康险、团体险和养老金/年金服务（除外资比例不超过 50% 及设立条件限制外，没有其他限制）。

（二）非寿险

1. 加入时

允许外国非寿险公司跨境从事国际海运、航空和运输保险业务。允许外国非寿险公司在上海、广州、大连、深圳和佛山设立分公司或合资公司，外资比例可以达到 51%。允许上述公司从事没有地域限制的“统括保单”和大型商业险保险业务，允许提供境外企业的非寿险业务、在华外商投资企业的财产险、与之相关的责任险和信用险服务。

营业许可的发放不设经济需求测试或许可数量限制,设立条件与寿险公司完全相同。

2. 加入2年内

允许外国非寿险公司设立独资子公司。开放地域扩大到北京、成都、重庆、福州、苏州、厦门、宁波、沈阳、武汉和天津,允许向外国和中国客户提供全面的非寿险服务。

3. 加入后3年内

取消地域限制(除设立条件外,没有其他限制)。

(三)再保险及法定分保

1. 加入时

允许外国保险公司跨境从事再保险业务。允许外国保险公司以分公司、合资公司或独资子公司的形式提供寿险和非寿险的再保险业务,没有地域限制或发放营业许可的数量限制。

营业许可的发放不设经济需求测试或许可数量的限制,设立条件与寿险公司完全相同(除设立条件外,没有其他限制)。

外资保险公司不允许经营法定保险业务。

加入时,必须就非寿险、个人事故和健康险的基本风险的所有业务向一家指定的中国再保险公司进行20%的分保。

2. 加入后1年内

分保比例为15%。

3. 加入后2年内

分保比例为10%。

4. 加入后3年内

分保比例为5%。

5. 加入后4年内

取消强制分保。

(四)保险经纪

1. 加入时

允许外国保险经纪公司跨境从事大型商业险经纪,国际海运、航空和运输保险经纪及再保险经纪业务。允许外国保险经纪公司在上海、广州、大连、深圳和佛山设立合资公司,外资比例可以达到50%。允许上述公司从事大型商业险经纪,再保险经纪,国际海运、航空和运输险及其再保险经纪业务;同时允许其在国民待遇的基础上提供"统括保单"经纪业务。

营业许可的发放不设经济需求测试或许可数量限制,申请设立公司的最低年末总资产要求为5亿美元，其余条件与寿险公司相同。

2. 加入后1年内

申请设立公司的最低年末总资产要求为4亿美元。

3. 加入后2年内

申请设立公司的最低年末总资产要求为3亿美元。

4. 加入后3年内

取消地域限制，外资比例不超过51%。

5. 加入后4年内

申请设立公司的最低年末总资产要求为2亿美元。

6. 加入后5年内

允许设立外商独资子公司（除设立条件和业务范围限制外，没有其他限制）。

二、关于我国具体承诺减让表中部分术语的解释

（一）统括保单

"统括保单"指对同一法人位于不同地点的财产和责任进行统一承保的保单。统括保单只能由保险公司总公司或其授权的省级分公司的业务部门出具。其他分支机构不允许出具统括保单。

1. 保险标的为国家重点项目的统括保单业务

保险标的为国家重点建设项目（即国家发展计划委员会每年列名和公布的项目），且投资者符合以下要求之一，可由投资单位法人所在地的保险机构以统括保单的形式办理业务。

（1）保险标的的投资全部来自中国（包括在中国的外商投资企业的再投资），且投资者的投资额占总投资额的15%以上。

（2）部分投资来自国外、部分投资来自中国（包括在中国的外商投资企业的再投资），且中国投资者的投资额占国内总投资的15%以上。

（3）项目投资全部来自国外的，每个保险公司均可以以统括保单的形式办理该项业务。

2. 对于涵盖同一法人的不同保险标的的统括保单

对于位于不同地点、由同一法人拥有的保险标的（不包括金融、铁路和邮电行业和企业），如符合以下条件之一，则可出具统括保单。

（1）出于支付保费税的考虑，允许在投保人的法人或核算单位所在地组成的保险公司出具统括保单。

（2）如保险标的50%以上的保险金额来自一大中型城市，则位于该城市的保险公司可被允许出具统括保单，无论该投保人的法人或核算单位是否位于该城市内。

机动车辆险、信用险、雇主责任险、法定险和中国保监会未包括的其他保险业务不能由保险标的所在地以外的保险公司承保或分保，或由统括保单承保。

（二）大型商业险

大型商业险指符合下列条件的对任何大型商业企业承担的保险风险：加入时，年保费总收入超过 80 万元人民币且投资额超过 2 亿元人民币；加入 1 年后，年保费总收入超过 60 万元人民币且投资额超过 1.8 亿元人民币；加入 2 年后，年保费总收入超过 40 万元人民币且投资额超过 1.5 亿元人民币。

（三）法定保险

中国的具体承诺减让表中的法定保险仅限于下列具体险种，且不再增加其他行业或产品：汽车第三者责任险、公共汽车和其他商业运载工具驾驶员和运营者责任险。

（四）有关定义的变更

对“统括保单”和“大型商业险”定义的任何变更将与中国的具体承诺减让表及在 GATS 项下的义务相一致，以便逐步开放对这些服务部门的准入。

三、其他事项

（一）对于申请获得进入中国市场许可的外国保险公司的资格条件不适用于已在中国设立的、寻求设立分公司或支公司的外国保险公司。

（二）分公司和支公司是母公司的延伸，而不是单独的法律实体，且中国将在此基础上、并在符合中国具体承诺减让表，包括最惠国待遇规定的情况下，允许据此设立分支机构。

（三）关于保险部门中设立商业机构的以往经验要求。如新实体继续提供保险服务，则一保险公司的合并、分立、改组或法律形式的其他变更不会影响中国具体承诺减让表所包含的以往经验要求。

关于印发《保险政务信息工作管理办法》的通知

（2004年12月20日） 保监发〔2004〕151号

各保险公司、各保监局、保监会机关各部门、中国保险行业协会、中国保险学会：

为进一步健全保险行业信息网络、拓宽信息覆盖面、提高信息质量、加快报送频率，加强行业内信息交流，更好地为各级领导科学决策提供参考，促进保险业持续快速协调健康发展，保监会制定了《保险政务信息工作管理办法》。现予印发，请认真遵照执行。

保险政务信息工作管理办法

第一章 总 则

第一条 为进一步加强保险业政务信息工作，实现政务信息工作的科学化和规范化，根据中共中央办公厅、国务院办公厅政务信息工作有关规定，结合保险业实际，制定本办法。

第二条 保险政务信息（以下简称信息）区别于财务统计等特定信息，是指与保险业发展相关的监管、经营和保险社团组织活动等反映保险业重要情况的政策性、综合性、动态性、学术性信息。

第三条 保险信息工作的基本任务是：通过高效灵敏的信息网络和工作机制，紧紧围绕保险业各时期中心工作和保险业改革发展目标，全面、准确、及时地汇集信息，为全行业互通有无和各级领导统揽全局、科学决策提供服务和依据。

第四条 中国保险监督管理委员会（以下简称保监会）办公厅是信息工作的归口管理部门，负责信息工作的组织、协调、指导、监督、检查和评比。

第二章 信息工作主体

第五条 保险信息工作的主体是各保险机构、保监会机关各部门、各保监局、各保险社团组织（以下统称各单位）。

各保险机构是指各保险集团公司、保险控股公司、保险公司、再保险公司、保险资产管理公司、保险经纪公司、保险代理公司、保险公估公司和保监会确定的信息直报点。

信息直报点是为了减少中间环节，及时全面地反映保险业基层的经营管理情况和改革发展中出现的困难和问题，由保监会根据保险市场情况从保险公司的分支机构中直接指定的信息采集报送点。信息直报点直接向保监会报送信息。

第六条 做好信息工作是各单位的重要职责。各单位必须增强信息工作意识，完善规章制度，掌握基本的工作方法和程序，把报送信息作为一项重要任务，切实履行责任，常抓不懈。

第七条 各单位应指定一名分管领导作为本单位的信息工作责任人，指定1-2名了解本单位情况并具有一定分析问题能力和文字水平的人员担任信息工作联络员（简称信息员），具体负责本单位的信息采集、综合、分析和上报工作。

信息工作责任人和信息员工作变动后，应及时补充并在10个工作日内报保监会办公厅备案。

第八条 各单位信息工作的基本职责是：提高对信息工作的认识，创造有利于开展信息工作的环境；围绕保险业改革发展和本单位实际，研究制订信息工作计划，并认真实施；收集、整理、报送本单位以及所在地区的信息；加强调查研究，不断提高信息工作质量。

第三章 信息工作联络员

第九条 信息员应具备的基本条件是：

（一）热爱信息工作，有较强的事业心和责任感；

（二）熟悉国家政策尤其是经济、金融、保险等领域的大政方针和本单位各项工作的开展情况；

（三）具有较高的理论文字水平和较强的组织协调能力；

（四）善于把握大局，有较强的政治敏感性和鉴别力，及时发现、捕捉、反映各类重要信息。

第十条 信息员的基本任务是：

（一）主动了解国家宏观经济政策、保险业发展战略、本单位工作进展及动态、所在地区保险业发展情况和重要事件；

（二）协调本单位各部门的信息工作，全面、准确、及时、客观地收集、整理、报送信息；

（三）与保监会办公厅经常保持联系，承办有关信息事务。

第十一条 信息员的基本权利是：

（一）按有关规定调阅本单位与采编信息有关的资料、上级机关下达的内部文件，列席有关会议与活动，优先了解本单位各项政策及有关方面的工作动态；

（二）根据工作需要指定本单位其他部门撰写信息稿件或者协助提供相关

信息；

（三）对本单位的信息工作提出意见和建议；

（四）参加信息业务培训。

第十二条 保监会办公厅根据需要不定期举办信息工作培训。培训工作要坚持理论联系实际和注重实效的原则，着力提高信息员的理论水平和实际工作能力。

第四章 信息采编

第十三条 要根据保险业发展实际和本单位中心工作，进行信息采集。主要内容是：

（一）贯彻落实党中央、国务院和保监会重大决策的情况；

（二）有关保险业的热点、难点、焦点问题；

（三）党中央、国务院及各部委、各省、自治区、直辖市的主要领导和保监会领导视察各单位的情况；

（四）各单位工作的新思路、新经验、新举措以及取得的成绩；

（五）各单位的重大活动，重要会议，大型项目，高层人事变动等；

（六）重要的突发性事件与敏感问题；

（七）调研报告、考察报告、专题研究报告；

（八）保险行业与地方的合作共建情况；

（九）保险业改革与发展中存在的问题，各单位领导和各级工作人员的意见和建议；

（十）保监会办公厅布置的信息收集或调研任务；

（十一）其他对领导决策有参考作用的信息内容。

第十四条 各单位应对采集到的信息认真进行筛选、分类、加工、处理；编辑信息要做到事实确凿、主题鲜明、格式规范、言简意赅、文字通顺、专业术语准确。

信息采编的内容质量应符合以下要求：

（一）准确性：信息内容、观点、概念、时间、数据等必须真实可靠，事实正确客观，既不能夸大渲染、也不能随意缩小；

（二）时效性：避免因工作拖拉失去有价值信息的报送时机，导致信息的迟报和漏报；

（三）全面性：要注意从多侧面、多角度采集信息，做到点面结合、喜忧结合；

（四）适用性：各单位要根据各自工作的重点和特点，结合保监会办公厅的信息需求要点，有针对性地报送信息；

（五）综合信息要有一定深度。要透过表面现象，揭示事物的本质和深层次问题，努力做到有情况、有分析、有预测、有建议，既有定量分析，又有定性分析。重大问题要跟踪调研和开展专题调研。

第十五条 信息工作人员对编辑的信息要在内容筛选、文字加工、送审等各个环节,实行严格的责任制,确保工作质量和信息安全。

第五章 信息报送

第十六条 信息报送应一事一报,主要采用计算机网络等快捷方式及时报送;机密事项的报送,要采取有效的安全措施,严防失泄密。

第十七条 信息报送的时限要求:

(一)党中央、国务院和保监会、各部委、省、自治区、直辖市领导到各单位视察工作情况,要在视察后的2个工作日内报送;

(二)重大突发性事件应在事件发生后24小时内报送有关情况,并及时续报事件进展和处理情况;

(三)一般事件在5个工作日内报送;

(四)保险业改革发展和监管工作中的情况、问题、经验和政策建议等综合性信息,应及时报送。

第十八条 保监会机关各部门和各保监局通过保监会办公自动化系统"日常办公"中"信息报送"条目报送;各保险机构和保险社团组织将信息发至保监会对外接收信息邮箱 info@ circ. gov. cn。必要时各单位可以同时用传真报送,报送时应使用附件中提供的格式。

第十九条 各单位报送保监会的内部信息刊物,不得替代向保监会的信息专门报送。

第二十条 信息报送前,需经信息部门负责人签发,重大信息要送单位主管领导审批。对重要的突发性事件,在无法向领导请示的情况下可直接报送,但要在事后补办审签手续。

第六章 信息发布

第二十一条 保监会信息发布的主要途径有信息刊物、和网上发布两种形式。信息来源主要为各单位报送的信息、约稿或者领导批示刊载的信息。

(一)信息刊物:信息刊物是信息的重要载体。保监会办公厅主要刊物有《保监会专报信息》、《送阅信息》、《值班简报》、《保险工作简报》和《保险监管参考》等刊物。

(二)网上发布:信息刊物《保险工作简报》、《保险监管参考》、《值班简报》同时通过内部网络信息平台发布。《保险工作简报》、《保险监管参考》同时刊载在保监会对外网站。

第二十二条 保监会办公厅可根据需要，对信息发布的形式进行调整和修改。

第七章 信息保管

第二十三条 采用后的信息原件和领导签批件应妥善保管，并按照档案管理有关要求移交档案部门。

第二十四条 各单位要加强信息的保密工作。对有密级的信息刊物要按照国家有关规定，妥善保管和处理。

第八章 信息工作考评

第二十五条 保监会办公厅根据积分情况，并结合各单位的信息工作机构和网络等方面的建设情况，对信息工作进行评比，对优秀单位、个人进行通报表彰和奖励。

对报送信息不积极或迟报、漏报重大信息的单位督促其作出改进，并通报批评。对不称职的信息员及时更换。

信息直报点采取末位淘汰制，每年积分排在最后三位的不再作为下一年度信息直报点，由所在公司另行推荐后重新指定。

第二十六条 采用信息积分标准：被《值班简报》采用1条信息2分，被《保险工作简报》采用1条信息5分，采用1条简讯2分，被《保监会专报信息》或《保险监管参考》采用一次10分，被《送阅信息》采用一次15分；采用后被保监会领导批示或报中办、国办后被刊登，加10分；如被党中央、国务院领导批示，再加10分。瞒报、漏报、误报1条重大信息扣10分，造成不良后果的扣20分。

第二十七条 每季度积10分、每年积50分为信息工作达标单位。

第二十八条 保监会办公厅定期发布《保险信息工作要点》，对近期报送信息工作的重点进行提示；每月发布《保险信息情况通报》，对上月各单位信息报送和采用情况进行通报。在《保监会专报信息》、《送阅信息》等非普发性刊物上刊发的信息，定期反馈供稿单位。

第二十九条 各单位对信息分管领导和信息员的期末绩效考核应与保监会对该单位的信息工作考评结果挂钩。

第九章 附　　则

第三十条 本办法由保监会办公厅负责解释。

第三十一条 本办法自2005年1月1日起施行。

附件1：各单位分管信息领导和信息联络员名单（略）

2：中国保监会信息刊物简介（略）

3：信息报送格式（略）

关于进一步做好突发事件的保险新闻宣传工作的通知

（2005年7月25日） 保监厅发〔2005〕104号

各保监局、各保险公司：

近一段时期以来，自然灾害、突发事件频繁发生，引起了党中央、国务院的高度重视和社会公众的广泛关注。各保险公司讲政治、顾大局、负责任，积极配合当地政府开展抢险救灾和理赔工作，充分体现了保险的经济补偿和社会管理功能，对维护社会稳定起到积极的作用。但同时也有个别公司急功近利，进行新闻炒作，干扰了正常理赔工作，在一定程度上损害了保险业的形象和声誉。为改进保险公司的新闻宣传工作，经研究，现就进一步做好突发事件的保险新闻宣传通知如下：

一、要正确认识保险理赔宣传工作。理赔是保险公司应尽的义务，提高理赔质量是保险公司规范经营和提高核心竞争力的核心内容，更是保险业诚信建设的一项重要工作。因此在新闻宣传中，要突出宣传保险业积极投入救灾理赔的整体情况，充分展现保险业及时理赔的工作成效，展现保险业奉献爱心，服务大众，讲究诚信，回报社会，维护社会安定的良好行业风貌和高尚情操。

二、杜绝对具体赔案进行新闻炒作。保险业的新闻宣传要强调“以人为本”的原则，在具体宣传中，各保险公司要防止以具体赔案为例渲染投保人、被保险人领取保险金的情况，并且冠以“第一赔付”等称谓，把投保人的不幸作为展业和盈利的机会，对保险业的形象造成负面影响。

三、各保监局、各保险公司负责新闻宣传的领导和工作人员，要切实加强自身的政治、思想、业务建设，不断提高应对突发事件新闻报道工作的质量和水平，及时主动，准确把握，正确引导舆论，注重维护社会稳定，确保保险新闻宣传工作有利于党和国家工作大局，有利于维护被保险人切身利益，有利于保险业稳定持续健康快速发展。

关于印发《关于加强保险行业文化建设的工作方案》的通知

（2012年4月18日） 保监发〔2012〕30号

各保监局、机关各部门、中国保险行业协会、中国保险学会、各保险公司：

现将《关于加强保险行业文化建设的工作方案》印发给你们，请结合实际，认真抓好贯彻落实。

关于加强保险行业文化建设的工作方案

为贯彻落实党的十七届六中全会精神，大力培育和发展先进保险行业文化，提升行业发展软实力，树立保险业良好社会形象，促进保险业科学发展，现就加强保险行业文化建设工作提出本方案。

一、指导思想

以邓小平理论和“三个代表”重要思想为指导，深入贯彻落实科学发展观，认真贯彻党的十七大和十七届六中全会精神，积极践行社会主义核心价值体系，构建具有时代精神和保险特色的行业文化体系，充分发挥文化在提升行业凝聚力和创造力方面的重要作用，为推动行业加快转变发展方式、不断提升行业服务能力和水平、切实保护保险消费者利益、增强行业的核心竞争力、促进保险业科学发展提供强大的精神动力和文化支撑。

二、主要目标

力争用3年左右的时间，体现保险行业核心价值理念的行业文化体系初步建立。保险行业核心价值理念逐步渗透和融入保险经营管理和服务全过程，较好地体现在各项制度和规范之中，在行业内深入人心，成为广大从业人员共同的价值追求和行为准则。文化激励约束功能有效发挥，行业凝聚力和创造力显著增强。从业人员文明程度和道德素养明显提升，队伍整体素质不断提高。保险行业服务能力和水平明显提升，人民群众对保险的认知度和满意度显著提高，保险行业形象明显改善。

三、基本原则

（一）坚持服务大局与促进发展相结合。坚持从服务经济社会发展大局来谋划保险行业文化建设，切实提高保险业服务经济社会发展的能力水平，努力提升人民群众保险保障程度。按照建设现代保险强国的目标,着力从文化层面促进解决行业发展和服务等方面存在的突出矛盾和问题,促进保险业持续健康发展。

(二)坚持以人为本与体现特色相结合。始终坚持以人为本的原则,从体现保险本质属性及特色出发,既要充分尊重广大从业人员的主体地位,培养员工爱岗敬业、甘于奉献的责任感和事业心,发挥他们的主动性和创造性,更要促进行业更好地服务广大保险消费者,把维护保险消费者合法权益的理念始终贯穿于行业文化建设的过程之中,培育体现保险特色的行业文化。

(三)坚持强化教育与注重实践相结合。既要注重对员工进行先进的保险行业文化理念学习教育,加强思想引导,又要强化对保险机构经营管理行为和从业人员服务行为的规范约束,化"虚"为实、重视实践,努力把行业文化建设成效体现在加强经营管理、提升服务水平的具体措施上。

(四)坚持继承传统与探索创新相结合。既要继承保险业在发展历程中形成的优秀文化成果,又要在学习借鉴其他行业先进经验和文明成果的基础上,与时俱进、勇于创新,努力使保险行业文化建设体现时代特征和保险业发展的客观规律。

(五)坚持统筹兼顾与分类指导相结合。保险行业文化建设要统筹兼顾保险业改革发展、精神文明建设、保险经营管理、企业文化建设、保险知识宣传普及等方面工作,做到协调推进、互相促进。在保持行业文化整体性和统一性的前提下,各保险机构可以结合实际,建设和发展具有自身特色的企业文化。

四、工作机制

建立在保监会党委领导下,由党委宣传部牵头,各有关单位各负其责、协同配合的工作机制。

保监会党委宣传部负责指导推动和督促检查行业文化建设工作。

保监会财产保险监管部、人身保险监管部、保险中介监管部、稽查局、保险消费者权益保护局等部门结合各自监管业务领域推动保险机构把保险行业核心价值理念内化到经营管理过程中。健全完善能够体现保险行业核心价值理念要求的监管指标体系。

保险行业协会负责行业文化建设的实施工作,制定具体工作方案,组织开展行业文化创建活动,健全完善行业文化建设相关机制制度。

保险学会负责开展行业文化建设的理论课题研究,负责提炼形成保险行业核心价值理念。

各保险机构按照行业文化建设的统一部署,结合自身实际制定实施细则。主动参与,广泛发动,积极开展形式多样的创建活动。加强制度建设,把保险行业核心价值理念内化到企业的经营管理活动之中。

五、方法步骤

保险行业文化建设自2012年起，整体上按三个阶段分步推进。

第一阶段，总结提炼保险行业核心价值理念（2012年）

1. 总结提炼保险行业核心价值理念。4月中旬到6月底，各保险机构要认真组织好学习和文化建设大讨论活动，大讨论活动要围绕“为什么开展行业文化建设”、“建设什么样的行业文化”、“怎样建设行业文化”等重大问题深入展开。通过组织大讨论、调研、征文等活动，对行业核心价值理念进行深入研究，提出包括行业核心价值观、行业使命、共同愿景、行业精神、职业道德等内容的保险行业核心价值理念体系建议方案，并于6月30日前报中国保险学会。

7月上旬至8月底，中国保险学会对各保险机构报送的行业核心价值理念体系建议方案进行汇总整理，初步提炼出若干组行业核心价值理念体系的候选表述语，并征求保险监管机关和保险机构的意见。修改完善后将候选表述语在保监会、保险行业协会网站和有关媒体上公布，征求社会公众的意见。同时通过调研、座谈等方式，征求党委政府、基层从业人员、专家学者、保险消费者对候选表述语的意见建议，并作进一步修改。

9月上旬至10月中旬，保险学会组织专家学者对候选表述语进行研究评审。10月下旬，将行业核心价值理念体系的候选表述语上报保监会党委审定。10月底发布保险行业核心价值理念体系。

2. 10月中旬，制定《关于推进保险行业文化建设指导意见》，对行业文化建设进行总体部署，有序推进行业文化发展。

3. 综合运用网络、报刊、电视等媒体大力宣传行业文化建设，营造全行业广泛参与的舆论氛围。

第二阶段，宣导推广保险行业核心价值理念（2013年）

1. 加强行业文化理念宣导。组织开展形式多样的宣导活动，深化从业人员尤其是高管人员对保险行业核心价值理念的认同。

2. 根据保险行业核心价值理念的要求修订完善行业服务标准和从业规范，并推动保险机构将保险行业核心价值理念体现在企业绩效考核体系之中。

3. 制定生动鲜明的行业文化形象标识，并采用适当的载体在全行业推广。

4. 加强职业道德、职业素质教育，开展岗位技能练兵，推进行业文明服务示范单位创建等活动。

5. 深化行风建设，推进行风民主评议工作，完善行风监督制度。

6. 广泛开展讲文明、树新风活动，大力弘扬雷锋精神，培育、树立行业先进典型，发挥先进典型的示范引领作用，提升先进典型的社会影响力。

7. 开展公益性宣传，创新运用微电影、网络视频、手机媒体等新媒体宣传行业文化,提升行业社会形象。

第三阶段,巩固落实保险行业文化建设成果(2014 年及以后)

1. 系统评价行业文化建设工作成效,建立对行业文化建设督促检查工作机制,定期对各保险机构的行业文化建设情况进行检查和指导,确保保险行业核心价值理念在各单位得到深入贯彻落实。

2. 广泛开展学习交流活动,提高全行业文化建设水平。举办行业文化建设成果展,促进行业文化的传播与推广。

3. 构筑由电视、电台、报纸、网络等媒体组成的行业文化宣传阵地,着重宣传保险知识、保险行业核心价值理念、先进典型,提升群众的保险意识,树立良好的行业形象。

4. 建设行业文化精品工程,探索创作歌曲、广播剧、小说、影视等作品,反映保险从业人员艰苦创业、诚信服务、无私奉献的精神风貌。

5. 建立完善涵盖学习研究、宣传教育、考评督导、激励约束、组织保障等内容的行业文化建设长效机制。

六、相关要求

(一)高度重视行业文化建设。各保险机构要充分认识加强行业文化建设的重要意义,把文化建设列入本单位的重要议事日程、摆到突出位置,及时研究有关重要问题,切实加强组织领导。要周密安排、精心组织、明确责任、抓好落实,将行业文化建设工作与其他重要工作同部署、同检查、同考核、同奖惩。各保险机构主要负责人要对本单位有关行业文化建设工作负总责,率先垂范,积极组织开展行业文化建设各项活动。

(二)建立健全保障体系。行业文化建设是一项系统工程,各保险机构要建立健全统一领导、齐抓共管、职能部门统筹协调、广大干部职工共同参与的工作机制和工作格局。要明确牵头部门和配合部门,配备必要的人力,并在经费上给予保障。

(三)加大宣传引导力度。要及时总结行业文化建设的先进经验,综合利用电视、网络、报刊等媒体重点宣传行业文化建设相关活动、文化成果以及行业先进典型,营造促进保险业持续健康发展的良好社会舆论环境。

(四)加强对行业文化建设的指导。保监会、各保监局以及保险行业协会、学会要加强对行业文化建设工作的指导、督促和检查。同时要搞好服务、提供支持。要组织从事行业文化建设的工作人员开展学习培训和交流活动,提升他们做好这项工作的水平。要加强信息沟通,及时掌握活动进展情况。要加强理论研究,探索保险行业文化建设的理论体系和实现途径,为行业文化建设提供理论指导。

关于印发《中国保险监督管理委员会规范性文件制定管理办法》的通知

（2013年12月30日） 保监发〔2013〕101号

机关各部门，各保监局：

为建立健全规范性文件制定管理制度，我会制定了《中国保险监督管理委员会规范性文件制定管理办法》。现予印发，请遵照执行。

中国保险监督管理委员会规范性文件制定管理办法

第一条 为了规范中国保险监督管理委员会（以下简称"中国保监会"）及其派出机构规范性文件的制定和管理，提高保险监管制度建设质量，推进依法行政，根据《国务院关于加强法治政府建设的意见》（国发〔2010〕33号）等有关规定，结合保险监管工作实际，制定本办法。

第二条 本办法所称规范性文件，是指中国保监会及其派出机构为执行法律、行政法规、国务院规定和中国保监会规章，履行保险监管职责，依照法定权限和程序制定并公布，涉及不特定的公民、法人或者其他组织的权利义务，具有普遍约束力并能够反复适用的文件。

第三条 中国保监会及其派出机构按照本办法的要求规范本单位规范性文件的制定管理。中国保监会对派出机构规范性文件的制定管理进行监督、指导。

本办法所称起草部门，是指中国保监会机关各部门或者派出机构各处室。本办法所称法制部门，是指中国保监会法规部或者派出机构法制处。

第四条 规范性文件的制定应当遵循合法、科学、公开的原则。

第五条 规范性文件的内容应当符合法律、行政法规、国务院规定以及中国保监会规章的规定，应当遵循权利与义务相对应、职权与职责相统一的原则。

派出机构制定的规范性文件，还应当符合中国保监会规范性文件的规定。除中国保监会有明确规定或者授权的以外，派出机构一般不得就中国保监会已经规定的事项再作出规定。

第六条 规范性文件不得设定行政许可、行政处罚以及行政强制，不得设定行政事业性收费以及其他应当由法律、行政法规、规章设定的事项。

第七条 规范性文件应当结构严谨，内容明确具体，文字准确规范。

规范性文件之间应当协调一致，避免针对同一问题作出不同规定。

第八条 规范性文件的名称应当根据具体内容确定，一般使用“办法”、“通知”等名称，但不得称为“规定”。

第九条 规范性文件的立项、起草、审核、公布、解释、清理等工作，适用本办法。

第十条 各部门负责其主管业务范围内规范性文件的立项和起草工作。规范性文件内容与两个或者两个以上部门主管业务范围相关的，由相关部门协商确定牵头部门，相关部门不能协商一致的，报请单位主要负责人决定。

第十一条 起草部门应当对制定规范性文件的必要性、可行性进行充分论证后，决定是否立项。

派出机构的法制部门应当加强对本单位规范性文件立项的统筹指导。

第十二条 起草部门应当深入开展调查研究，根据实际需要征求相关各方意见。

起草对公民、法人、其他组织的权利义务产生直接影响的规范性文件，应当通过官方网站或者召开听证会等公开征求意见。

第十三条 起草规范性文件，应当明确制定目的和依据、适用范围、相关主体权利义务、拟确立制度的内容和程序、实施日期等内容。

起草规范性文件应当明确列举因该文件施行而失效或者废止的文件的名称、文号。

第十四条 对公民、法人、其他组织的权利义务产生直接影响的规范性文件，应当会签法制部门。需要会签其他部门的，应当在其他部门会签完毕后送法制部门。

第十五条 规范性文件送法制部门会签时，应当送交规范性文件草案以及起草说明。

起草说明的内容应当包括：制定的必要性和可行性、制定目的和依据、征求意见的基本情况、拟确立的主要制度、与现行制度的关系以及对保险业发展和保险监管可能产生的影响等。

第十六条 法制部门对会签的规范性文件，从以下方面进行法律审核：

（一）是否符合法律、行政法规、国务院规定以及中国保监会规章的规定；

（二）是否属于中国保监会或者派出机构的法定职责范围；

（三）是否就重大问题征求相关方面的意见；

（四）是否符合本办法的其他要求。

第十七条 法制部门应当在15个工作日内完成法律审核，情况复杂的，可以延长5个工作日。

第十八条 法制部门在法律审核过程中可以要求起草部门进行说明、补充提供相关资料，或者会同起草部门进行修改。

前款规定的说明、补充资料以及修改的时间，不计入本办法第十七条规定的法律审核期限内。

第十九条 法制部门审核完毕后，根据不同情况作出如下处理：

（一）审核无异议，或者经协商与起草部门达成一致意见的，予以会签；

（二）与起草部门不能就规范性文件制定的合法性等问题协调一致的，提出审核会签意见，由起草部门报请所在单位分管负责人决定。

第二十条 规范性文件应当由中国保监会或者派出机构的主要负责人或者其授权的负责人签发。

对公民、法人或者其他组织的权利义务产生直接影响的重要的规范性文件以及对保险业发展和保险监管影响重大的规范性文件，应当经起草部门提请中国保监会主席办公会或者派出机构局长办公会审议决定后签发。

第二十一条 规范性文件应当通过官方网站向社会公布。

第二十二条 名称中有“试行”、“暂行”字样的规范性文件，必须规定施行期限。

第二十三条 规范性文件的解释工作由起草部门具体负责。解释内容涉及其他部门的，应当会签有关部门。

第二十四条 起草部门应当及时了解规范性文件的实施情况，并进行分析、评估。

第二十五条 规范性文件应当定期清理，由法制部门负责组织，并及时公布废止的规范性文件名录。

第二十六条 派出机构应当于每年1月31日前向中国保监会法制部门上报上一年度本单位制定、修改以及废止的规范性文件名录。

第二十七条 中国保监会加强对派出机构规范性文件的监督审查，可以对派出机构规范性文件的合法合规性以及实施情况进行评估，有权要求派出机构对相关规范性文件进行修改，并有权改变或者撤销派出机构制定的不适当的规范性文件。

第二十八条 制定下列规范性文件，可以根据具体情况简化程序：

（一）因应对突发重大灾害等突发事件、保障公共安全和重大公共利益需要立即制定的；

（二）因执行党中央、国务院的紧急命令和决定需要立即制定的；

（三）因其他原因需要立即制定的。

第二十九条 中国保监会或者派出机构与其他单位联合制定的规范性文件，参照适用本办法。

第三十条 中国保监会制定的规章不适用本办法。

第三十一条 下列文件不适用本办法：

（一）规定中国保监会及其派出机构的组织人事、纪检监察、财务、保密、保卫、外事等内部事务的；

（二）仅涉及特定公民、法人或者其他组织权利义务的；

（三）对相关规范性文件进行转发，且未增加规范内容的；

（四）根据《政府信息公开条例》和《中国保险监督管理委员会政府信息公开办法》等规定，属于不予公开或者依申请公开的；

（五）其他不具有普遍约束力或者不可以反复适用的。

第三十二条 本办法自2014年2月1日起实施。